高等院校金融专业教材系列

U0649892

证券投资分析 （第四版）

Investment Analysis

主编　杨朝军

编委　蔡明超　陶亚民　姚亚伟　万孝园

格致出版社　上海人民出版社

内容简介

随着世界金融市场日新月异的变化，以及中国金融市场近些年突飞猛进的发展，证券投资分析的相关内容也在不断变化和充实。本书首先从宏观上对金融市场与投资环境作了简单介绍；然后，将视角收缩到证券市场，分析了证券产品与证券市场等相关的基础概念；其次重点介绍了证券投资分析理论，不仅涉及传统投资理论，如基本分析（包括宏观经济金融分析、行业分析和公司估值）和技术分析，而且涵盖现代金融投资理论，如现代资产组合理论（MPT）、资本资产定价模型（CAPM）、套利定价模型（APT）和有效市场假说（EMH）等；最后，介绍了债券和衍生产品以及如何评估投资结果。

本书以培养证券投资人才为目标，授课对象为高等院校金融投资相关专业的本科生与研究生。

作者简介

杨朝军，上海交通大学安泰经济与管理学院金融学教授、博士生导师，证券金融研究所所长。在金融投资领域，已发表文章百余篇；承接主持国家级科研项目八项，省部级科研项目十多项，企事业单位咨询项目三十多项；目前为国家社科基金重大项目"产业升级背景下优化发展中国多层次资本市场体系问题研究"首席专家。主要著作有：《香港证券市场纵横》《决胜华尔街》《现代公司金融学》《中国股市投资新主题》《金融投资风格与策略》等。

更多信息可参见个人主页：http//www.yangchaojun.com。

前言

自 1989 年初在上海交通大学管理学院创设证券投资分析课程,1991 年出版《证券投资分析》教材以来,至今已有二十多年了。在这二十多年中,世界金融市场发生了巨大的变化,我国的金融市场乃至金融业也因经济体制改革而发生了翻天覆地的变化。同时,在这些年的教学及研究实践中,我们对于证券投资这一领域的认识也在不断变化。所以,编写出版一部新的《证券投资分析》既是时代发展的必然要求,也是我们的认识发生变化的结果。

记得 1993 年我在《上海证券报》上发表《迈向金融经济时代》一文,表述了我对当时中国经济发展路向的观点:中国经济从 1980 年改革开始,已经由产品经济、工业经济时代走向了金融经济时代。笔者在本书第一版前言中对此观点作了进一步补充:

> 在未来 20 年中,中国经济的发展方向将由过去 20 年中的经济金融化演进为金融证券化,以直接金融为主的国家金融发展战略已经为我们指明了这一方向。我们可以确信,至 2020 年,中国证券市场资本市值及其他规模指标都将位于世界前茅。

这一预见中的某些指标在本书第三版出版之时(2012 年)就已提早实现,如今中国股票市场资本市值已位列世界第二;同时,笔者认为,中国自 1990 年至 2010 年的经济金融化大潮已演进为金融证券化新潮。借助本书第三版前言,笔者对这一观点稍作总结:

> 2010 年是中国金融证券化之元年,其标志是中国资本市场的三大创新。第一,在宏观市场创新层面,中国创业板成功开出;第二,在中观交易机制创新层面,中国股票市场引入买空卖空信用交易机制;第三,在微观产品创新层面,中国股票市场推出了股指期货这一最主要的金融衍生产品。这一新趋势将主导未来二十年中国经济金融发展之方向。

在当今世界金融证券化发展趋势的影响下,证券投资学理所当然地成了当代金融学主要的研究领域,而《证券投资分析》也就自然成为当今全球名牌高校管理学院金融专业的重要课程。应该说,证券投资分析是一门大学问,从知识层面上讲,证券投资学不仅包含了宏微观经济学、行业分析及公司研究等诸多传统投资分析理论与方法,而且自 20 世纪 80 年代现代资产组合理论诞生以后,更是包容了大量的现代投资分析技术,如现代投资组合理论(MPT)、资本资产定价模型(CAPM)、套利定价模型(APT)及期权理论等。在飞速发展的计算机技术支持下,现代组合投资分析技术在大规模机构投资管理中正发挥着越来越大的作用。可以说,现代投资组合理论的出现是一场巨大的金融学革命,它不仅大大地改变了传统投资分析的逻辑与视野,而且迅速地渗透到整个金融领域,如有关银行和保险的研究之中。

然而,始于 2007 年的美国次贷危机最终扩散成为全球金融危机,令我们金融研究者与教育工作者不得不进行反思。现代金融理论(包括 MPT、CAPM、EMH 等)是近代金融学术界的重大发展,我们自 1988 年起就努力将其引进国内。但现在对此理论体系作一反思,笔者发觉很多地方仍存在问题。例如,现代金融理论体系中忽略了对流动性这第三个金融要素的研究,假设其不存在问题,但近年来世界金融市场中频繁出现的危机已显示,金融市场危机的本质是市场流动性危机;另外将收益率方差作为风险测度指标亦值得再研究,而整个现代金融理论实证研究只需要价格时间序列一个输入变量,则使其脱离基础面而浮于空中。诸多方面的问题在此次金融危机爆发后促使金融专业人士进行了深刻反思,教育工作者在授课时也应以批评性的方式启发学生学习这一理论,以保证"风险分散化"原理不再被滥用而招致整个金融系统的风险大爆炸。

本书第一版出版至今,历经十多年。2007 年出版第二版后,间隔五年再出版第三版,直至今年更新至第四版,不仅因为世界金融市场日新月异的变化,更是因为中国金融市场突飞猛进的发展,本书作为金融专业基础教材,不断更新再版,实是与时俱进之必然。第三版将宏观经济与金融政策独立而成一章,这是基于 21 世纪以来金融动荡频繁,而中国宏观经济与金融政策对行业与公司中微观层面影响日盛的原因,因此需加强学生宏观经济与金融政策的学习;第四版则根据当前金融发展态势更新了数据表格,并对近些年政策和形势的改变进行了相应内容的调整,同时更新了大部分附录内容,增加了包括行为金融学在内的最新内容,以更准确反映当今中国相关领域的发展。

证券投资分析是一门专业,但绝非《证券投资分析》一门课或一本教材所能全面包罗的,故此,在内容方面有所取舍乃是作者个人的必然选择。不过本书的逻辑方向是十分明确的,即以培养证券投资人才为目标,授课对象为高等院校相关专业研究生与本科生。此外,作者还认为,证券分析、证券市场分析、证券投资分析三者概念是不一样的,唯有确切明了此点,方能编写好这本教材,上好这门课。

杨朝军

2018 年 7 月于上海交通大学安泰经济与管理学院

目录

第1章

金融市场与投资环境

1.1 金融市场概述

1.1.1 概述

在一个封闭的经济环境中,整个国家的事后储蓄等于事后投资,但在一个经济单位中,储蓄和投资就可能不相等。在某一个时期内,总有一部分经济单位或由于收入增加,或由于缺乏适当的消费和投资机会,或为了预防不测,或为了将来需要而积累,而处于总收入大于总支出的状态。这类单位,我们称之为盈余单位。同时,又有一些经济单位或由于收入减少,或由于消费超前,或由于进行额外投资,或由于发生意外事故等,而处于总收入不敷总支出的境地,这类经济单位则称之为赤字单位。

在经济生活中,盈余单位有多余的资金,但又不想在当前作进一步的开支;而赤字单位想作更多的开支,但又缺少资金,计划不能实现。这就需要有某种机制,来使盈余单位多余的资金转移到赤字单位。资金在这两类单位之间实现有偿的调动(或让渡),就是资金的融通或称"金融"。可以说,储蓄和投资的差异是金融产业存在的前提。金融是整个经济体系的一个重要组成部分,金融市场与实物商品市场构成了完整的市场体系。

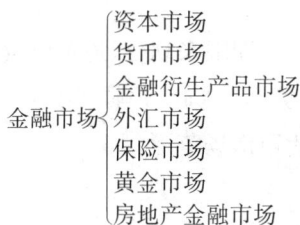

金融市场 $\begin{cases} 资本市场 \\ 货币市场 \\ 金融衍生产品市场 \\ 外汇市场 \\ 保险市场 \\ 黄金市场 \\ 房地产金融市场 \end{cases}$

图 1.1 金融市场全景图

对于金融市场的理解有广义和狭义之分。广义的金融市场非常宽泛,包括资本市场、货币市场、金融衍生产品市场、外汇市场、保险市场、黄金市场、房地产金融市场等。狭义的金融市场只包括资本市场和货币市场。

1.1.2　金融市场的要素

研究金融市场和研究实物商品市场一样,首先需要研究市场三要素,即商品、交易价格和交易的参与者三大要素。

金融市场上的交易对象就是金融商品。人类创造生产的商品数以万计,可以将其归纳成两大类,即实物商品与金融商品。实物商品是满足人类物质需求的、具有物理属性的产品,其价值取决于满足某一物理功能的属性,价格由市场供求关系所决定。微观经济学主要研究实物商品的价格决定问题。金融商品不是直接服务于人的某种物理功能的需求,其价值功能在于为所有者带来保值增值利益。从使用价值角度而言,金融商品和实物商品是完全不一样的。金融商品的种类很多,第二章将要介绍的股票、债券、基金等有价证券就是其中的重要组成部分。

从上可见,金融商品的交易价格取决于金融商品的预期收益率,它是投资者购买金融商品所获得的回报率,因此也是投资者在购买金融商品时的决策依据。不同金融商品的收益率是不相同的,但彼此之间又存在密切的联系。例如,国债和股票是两种不同的金融商品。它们的收益率不同,股票的收益率要高于国债,这是因为股票的风险要高于国债。

金融市场的参与者包括参与交易的个人、企业、各级政府和金融机构,按是否专门从事金融活动划分,企业可以分为非专门从事金融活动和专门从事金融活动两大类。专门从事金融业务的企业一般称作金融机构,金融机构中可进一步划分为银行业金融机构和非银行业金融机构两大类。一般而言,银行业金融机构称为传统金融业,而非银行业金融机构则称为现代金融业。两类金融机构最大的区别主要在于创造货币这一功能上。

1.1.3　金融市场结构

金融市场的范围很广,按照不同的方法可以划分成多种类型。

1. 市场结构分析法

这种方法主要是按资金运用的期限来划分,通常将资金借贷期限在一年以下的市场称作货币市场,一年以上的称为资本市场。资本市场主要是证券市场,但作为证券市场整体中的短期证券市场则属于货币市场范围。

2. 金融结构分析法

这种分析法是从资金在实际部门之间融通循环的角度来观察金融市场的结构,对金融市场资金的供求加以分析,哪些部门缺少资金、哪些部门有资金剩余,资金是如何在缺少资金部门和剩余资金部门之间流动的,以达到对金融市场运转的本质特征的认识。通过这种分析方法,根据资金流动所经过的市场不同,可将金融市场分为"直接金融市场"和"间接金融市场"。直接金融是借款人直接向贷款人提供资金,而间接金融是银行等金融机构将资金剩余部门的资金集中起来,然后贷给资金缺少的部门,如图 1.2 所示。

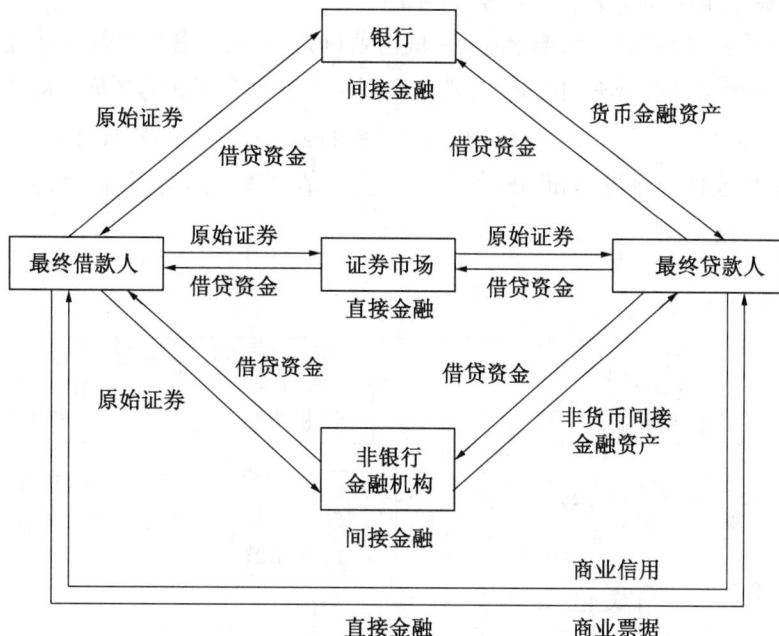

图 1.2　金融结构分析

值得注意的是金融中介机构在直接金融和间接金融中扮演的法律作用是不相同的。以银行贷款和公司债券为例。银行将公众的存款集中起来向企业发放贷款,分别与公众和企业构成债权和债务关系,银行不能因为企业不归还银行贷款而解除与公众的债权债务关系,这种情况就属于间接金融。证券承销机构为企业发行债券时,它的作用是代理企业将债券发售给投资者,和企业订立的承销合同,而与企业和投资者均没有债权债务关系。投资者需要自己承担债券到期不能偿还的风险,所以企业和购买该企业债券的投资者直接发生债权债务关系,属于直接金融。因此,金融中介机构在直接金融和间接金融中的法律地位和承担的责任是不相同的,所面临的风险大小也不一样,这也是金融业分业经营、分业管理的主要依据。

1.2　金融机构

金融市场是一个巨大的舞台。在这个舞台上除了个人、企业和政府之外,还有一类非常重要的参与者——金融机构。一般来说,金融市场上的盈余单位和赤字单位在资金的规模或金融工具的偏好上往往难以达到完美的匹配。如果让盈余单位和赤字单位直接交易,则效率低、风险大,整个金融市场的发展也很缓慢。金融机构的出现,大大提高了盈余单位和赤字单位之间资金融通的效率,推动了金融市场的发展。金融机构是金融市场上连接盈余单位和赤字单位的桥梁和纽带。

在现代社会,金融市场上出现的金融机构名目繁多,功能各异。同一功能类型的金融机构在不同国家可能有不同的名称,甚至在同一国家也有不同的名称。从功能定位不同的角度,大体上可以将一国金融市场上的金融机构分为四大类:管理性金融机构、政策性金融机构、商业性金融机构和国际性金融机构。结合我国国情,我们可得金融机构全景图如图 1.3 所示。

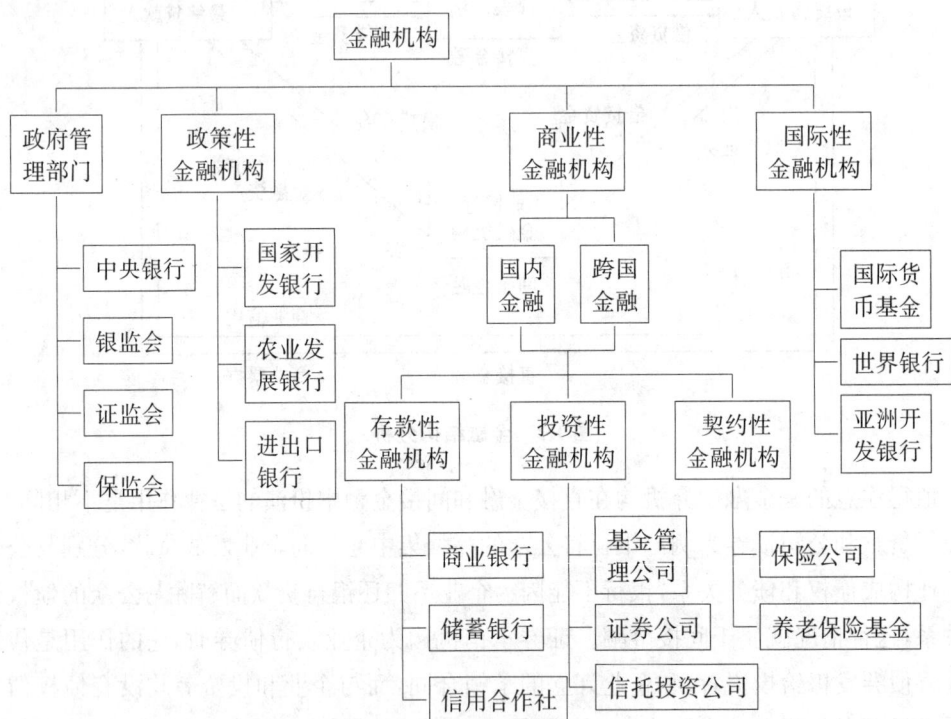

图 1.3　金融机构全景图

金融市场上的四大类金融机构中,管理性金融机构、政策性金融机构和国际性金融机构的功能相对更注重于实现政府官方的意图和维护整个金融市场的稳定;而商业性金融机构则是纯粹的市场主体,一般以追求自身利益的最大化为目标,具有商业性质。而且,商业性金融机构是金融市场上最活跃和最主要的金融机构,也是与金融市场上的个人和企业联系最为紧密的金融机构。所以,有时人们就将商业性金融机构狭义理解为金融机构。本节只对商业性金融机构进行介绍。

传统上按照能否开立支票账户,金融机构可以分成银行和非银行金融机构两大类。这样分类的依据是银行开立支票账户就可以"创造货币",换言之,银行的负债可被存款持有人当作货币使用。但是对这两类机构的划分一直存在争论。目前，比较一般的说法是，银行和非银行金融机构有着共同的基本特点，即它们两者都执行着金融中介的职能，起着金融中介的基本作用。它们之间的区别是程度上的不同而不是类别上的差异。特别是银行和非银行金融机构为最后贷款人创造的各类金融资产具有共同的性质，不过在程度上不同而已——流动性、安全性和盈利性是任何金融资产都具有的，但各自在这些性质的组合上有所不同，这些差异取决于这些金融资产的不同来源。必须承认，商业银行的负债，的确具有可以被当作货币——支付手段和交换媒介——使用的特性，而其他金融机构创造的其他金融资产则不然。

商业性金融机构可以划分为存款性金融机构和非存款性金融机构。存款性金融机构是指那些以吸收存款的方式来筹集资金的金融中介，主要包括商业银行、信用合作社和储蓄银行等。非存款性金融机构是指不以吸收存款为主要资金来源，而主要从事投资或其他金融服务的中介组织。非存款性金融机构并不是绝对不吸收存款，但存款不是其主要负债业务。其中，非存款性金融机构又可以进一步划分为契约性金融机构和投资性金融机构。契约性金融机构以契约的方式定期、定量地从持约人手中获得资金，按契约规定向持约人提供服务的金融机构，包括保险公司和养老保险基金等。投资性金融机构是在金融市场上为个人、企业或政府的投资、融资活动提供中介服务的金融机构，包括证券公司、基金管理公司等。

1.2.1　存款性金融机构

存款性金融机构以吸收存款为主要资金来源，然后将存款及其他渠道获得的资金用于各种贷款和投资。因此，存款性金融机构的收入来源主要有三个方面：贷款、投资和其他收费服务。其中，吸收存款被称为负债业务，贷款、投资活动被称为资产业务，其他收费服务被称为中间业务。

一般来说，存款性金融机构可以分为三类：商业银行、储蓄银行和信用合作社。这三类机构都是存款性金融机构，本质上没有区别，只是相互的分工及各自专注的市场领域有所不同。

1. 商业银行

商业银行是最早的金融机构。从传统上讲，商业银行是一个主要从事吸收公众存款和发放贷款的金融机构，即主要通过吸收支票存款、活期存款和定期存款来筹集资金，用于发放商业贷款、消费者信贷和抵押贷款、购买政府债券等。

按不同的服务对象分，商业银行提供的服务可以分为三类：个人业务、机构业务和国际业务。个人业务包括消费信贷、住房抵押贷款、信用卡融资、经纪服务、学生贷款、个人信托投资业务等，机构业务包括向非金融机构、金融机构或政府机构提供的贷款、商业地产融资、租赁、管理养老基金、信托、结算和电子转账等，国际业务包括信用证、外汇业务和资本市场业务等。以上这些服务,涉及利息收入的是商业银行的资产业务,涉及经纪收费的是商业银行的中间业务。

2. 储蓄银行

储蓄银行出现的最初原因是为低收入者提供储蓄服务,因为当时的商业银行轻视小额储蓄。后来,储蓄银行逐渐发展成为个人和居民购买住房提供贷款。随着银行法规的放松,储蓄银行的贷款组合也逐渐多元化,消费信贷、企业信贷、政府债券投资等都迅速发展起来。同时,其资金来源也得到了扩展,除了传统的存款业务外,也能像商业银行一样接受支票存款。因此,储蓄银行与商业银行的界限日益模糊,存款性金融机构间的竞争趋于激烈。

3. 信用合作社

信用合作社是由私人和团体所组织的互助性金融机构。它的产生是作为高利贷的对立物出现的,而且相对于主要为工业和对外贸易提供融资服务的商业银行而言,信用合作社最早是为较为落后的农业和传统手工业提供融资支持而发展起来的。

从组织方式上看,信用合作社具有自由参与、民主平等的合作性。它采取公共积累、利润返还、股金分红的分配原则,采用一人一票的投票方式,而不是其他股份制商业银行普遍采用的一股一票的方式。从经济属性来看,信用合作社是具有法人资格的金融企业,同时也是一种非营利性的互助社团组织。

1.2.2 契约性金融机构

1. 保险公司

保险公司是以取得保费,建立保险基金,对发生保险事故进行经济补偿的金融机构。保险公司不仅是契约储蓄机构,也是重要的金融投资机构。因此,保险公司的收入包括收取的保费和投资收益。

保险公司一般分为财产保险公司和人身保险公司。因为从整体上来看,保险的标的只有两种:一是经济生活的主体,即人身;二是经济生活的客体,即财产。其中,人身保险包括人寿险、意外伤害险、健康险等;财产保险包括火灾险、海上险、航空险、汽车险、工程险等。在现代社会,新的保险业务也不断涌现,如责任险和再保险等。

2. 养老保险

养老保险又称养老基金(pension fund),包括私人养老基金和公共养老基金。其中,前者是由私人部门(企业)发起设立,为其雇员提供退休津贴的一种计划。后者是由政府部门发起设立,为劳动者提供退休收入的一种社会保险制度。与保险公司的商业保险性质相比,养老基金更具有社会保险的性质。

当然,养老基金在不同国家或地区有不同的形式。在中国内地,私人养老基金是指处于起步阶段的企业年金制度,公共养老基金是中国社会保障基金的一部分。

1.2.3 投资性金融机构

1. 基金管理公司

在证券市场发达的国家,由于个人资金有限,不便直接进行证券的买卖,且直接投资的风险和成本都很大,于是证券市场上出现了专门从事投资的机构投资者——证券投资基金(investment fund)。

证券投资基金在美国称为共同基金(mutual fund),在英国称为单位信托基金(unit trust),它是将个人的资金集中起来,在证券市场上进行分散投资和组合投资的一种集合投资方式。世界上第一个共同基金于 1924 年在美国的波士顿成立,此后股票基金、债券基金、货币市场共同基金、免税货币市场共同基金以及各种特殊目的的股票、债券、金融衍生产品基金纷纷出现。目前在美国,证券投资基金和养老基金已经成为金融市场上非常重要的机构投资者。

2. 证券公司

一般认为,典型的证券公司是在证券市场上从事承销、经纪和交易等业务的金融机构。它在一级市场上为资金赤字方融资,在二级市场上充当证券买卖的经纪人和交易商。证券公司在不同国家有不同的名称,比如在美国称为投资银行,在英国称为商人银行,在日本称为证券公司。

证券公司主要有以下两种类型:

一是独立的专业性证券公司。这种形式的证券公司在世界范围内广泛存在,比如美国的高盛、美林、摩根士坦利等,日本的野村证券、大和证券等,中国的申银万国、中信证券等。

二是全能银行从事证券公司业务。这种形式的证券公司主要在欧洲大陆,在经营商业银行业务的同时从事证券公司业务,如德国的德意志银行。

1.3 金融市场

本节从广义的金融市场视角对各子市场作一介绍。

1.3.1 货币市场

货币市场是短期资金的借贷市场。货币市场的参与者非常广泛,包括政府、金融机构、企业和个人,但主要的参与者还是大机构和专业人员。交易额既有整笔的大额交易,也有小额交易。政府是货币市场的积极参与者,往往以借款人的身份出现,其发行的短期国债是一种非常重要的货币市场工具。金融机构尤其是商业银行往往是一些货币市场工具的供给方,同时由于流动性管理的需要也是一些货币市场工具的需求方,是货币市场的主要参与者。在现代社会,很多国家的中央银行在货币市场上以短期国债为主进行公开市场业务的操作。

货币市场的交易价格是利率,即收益率。一般来说,利率是由货币市场资金的供求决定的,因此利率的高低成为反映货币市场资金松紧的重要依据。市场利率偏高意味着市场上流动性偏少,银根较紧;市场利率走低意味着市场上流动性增多,银根趋软。一般来说,不同货币市场工具的利率也不同,因为它们的信贷风险、流动性、税收等可能不同。

货币市场上交易的对象是货币市场工具。货币市场工具都是债务契约,期限从1天到1年不等,主要由信用状况良好的借款人发行。由于货币市场工具期限较短,风险较低,价格相对稳定,所以往往被用来进行流动资金的管理。货币市场工具种类很多,而且随着金融创新的发展,新的货币市场工具不断涌现,本节介绍一些主要的货币市场工具。

1. 国库券

国库券(treasury bills)即短期国债,是由政府发行并提供信用担保的期限在1年以下(包括1年)的有价证券。国库券的风险小,价格稳定,变现能力强,基本上在任何需要的时候都能够以市场价格变成现金,是一种非常活跃的货币市场工具。与其他同期限的金融工具相比,由于风险最低、流动性最高的特点,国库券通常被作为测算其他有价证券风险程度和价值的基础,其利率通常被当作基础利率,即其他金融工具利率的基础。

国库券一般不附带利息,发行时价格低于票面金额,到期时按票面金额偿还,因此又称零息债券或贴现债券。

2. 大额可转让存单

大额可转让存单(certificates of deposit)是由商业银行发行的一种货币市场工具,也是商业银行筹集资金的一种方式。大额可转让存单由普通银行存贷发展而来,具有面额大、期限固定、可以自由流通转让的特点。因为它具有定期存款的较高的收益率,又提供了近似活期存款的流动性,所以很受大额短期资金拥有者的欢迎。

大额可转让存单的交易以机构投资者为主,市场上进行交易的通常是一些专业交易商。商业银行和其他金融机构可以将大额可转让存单作为储备资产,在需要资金的时候订立回购协议向中央银行或其他金融机构取得融资。

大额可转让存单是金融市场创新的产物,最早产生在20世纪60年代的美国。由于美国政府对银行支付的存款利率规定上限,而上限往往低于市场利率水平。为了吸引客户,商业银行推出了大额可转让存单。购买存单的客户随时可以在市场上将存单出售变现,从而客户能够以实际上的短期存款取得按长期存款利率计算的利息收入。

3. 短期商业票据和银行承兑汇票

短期商业票据(commercial paper)是一种没有担保、没有抵押的短期商业本票。本票是由出票人签发的,承诺自己在见票时无条件支付确定金额给收款人或者持票人的票据。但是,在货币市场上能够发行这种短期商业票据的单位只限于信誉非常好的知名公司和金融机构。

货币市场上的商业票据不同于在商品交易中发生的企业间体现商业信用的本票和汇票。货币市场上的商业票据不再体现商品和劳务的买卖关系,直接面向货币市场上的投资者发行,是一种单纯的债权债务关系。而且,票面金额也由原来的零整不一变为标准化的整齐划一,期限采取类似于其他货币市场工具的形式,并且可以自由转让。商业票据的利率加上发行成本通常低于同期限的银行贷款利率,因此商业票据市场比同期限的银行贷款市场更为活跃。

与商业本票发展成商业票据市场类似,商业汇票的发展也形成了银行承兑汇票(bankers' acceptances)市场。汇票是出票人签发的,委托付款人在见票时或者在指定日期无条件支付确定的金额给收款人或持票人的票据。银行承兑汇票既有出票人的付款承诺,又有承兑银行的付款保证,是一种安全性极高的短期投资工具。

银行承兑汇票的投资者主要是商业银行、货币市场基金、企业和外国央行等。银行承兑汇票同样以面值贴现和无记名方式发行,期限一般有1个月到6个月。一般来说,由于有银行的付款保证,其收益率低于商业票据。

以上两种票据的持有人可以持有票据到期,也可以在到期日之前将票据向指定的贴现机构进行贴现。在现实生活中,购买未到期票据的一般是商业银行。票据贴现是指持票人将未到期的票据以低于票面金额的价格出售,取得货币收入。因此,票据贴现实际上相当于银行向未到期票据的持有人提供了短期贷款,票据的票面金额与贴现金额之差就是贴现利息。

商业银行可以将持有的未到期票据进一步向中央银行再贴现。中央银行的再贴现率是金融市场最重要的基准利率,商业银行可以根据票据的风险和企业的资信情况,自行决定自己的贴现率,商业银行的贴现率由中央银行的再贴现率加上一定的风险升水决定。

4. 回购协议

在货币市场工具的交易中,尤其是在国库券的买卖中,"回购"和"反回购"协议技术近年来发展很快。回购协议(repos)是指证券出售时卖方向买方承诺在未来某个时间将证券买回。大多数回购协议期限都是隔夜的,类似于一笔以证券作为抵押的短期贷款。这一协议有利于投资者获得短期资金的利息收入,又使借款人以低成本获得急需的资金。回购协议是针对借款人而言的,反回购协议则针对贷款人而言,是指贷款人购买证券放出资金,到期时卖出证券获得一定收益。

回购协议涉及的有价证券可以是国库券、公司债券、大额可转让存单或银行承兑汇票等。机构间大笔金额的交易多采用回购协议,而且回购协议的利率与证券本身的利率无关。回购协议的利率取决于基础证券的特点和初始出售方的信用度,以买卖的价差表示，一般由买卖双方协定。回购协议市场的参与者主要是具有短期资金盈余的银行、货币市场基金和其他金融机构等。一般来说，回购协议的利率比同期限的非回购协议方式的同业拆借利率要低。

回购协议的出现，显著地增加了金融市场上已有的金融工具的流动性和资产组合的灵活性。中国的债券回购包括交易所和银行间债券回购市场，交易非常活跃，并且逐渐成为中国货币市场和资本市场资金流通的重要渠道。

5. 同业拆借市场

同业拆借市场(inter-bank offer)是各类金融机构之间进行短期资金借贷活动形成的市场。金融机构相互之间进行同业拆借的原因是在日常的经营活动中出现了头寸的不足或盈余，需要通过资金的隔夜拆借或短期借贷来消除。

银行间同业拆借的一个重要内容是调剂存款准备金量，以满足中央银行规定的法定存款准备金率。商业银行通过银行间同业拆借市场可以将其拥有的存款准备金量压到最低程度，从而最大限度地降低银行的运营成本。同业拆借的期限很短，大多为隔夜或一星期，也有更长时间如 3 个月、6 个月的，但最长不超过 1 年。同业拆借的利率相对较低，因为一般以中央银行的再贷款和再贴现利率为基准，并由同业拆借市场供求决定，如伦敦银行同业拆借利率 LIBOR(London Inter Bank Offered Rate)。一般来说，同业拆借利率反映了银行获得短期资金的基本成本，也被认为是金融市场的一种基础利率。同时，同业拆借利率也是中央银行控制货币供应量以实现货币政策目标的一个重要参考指标。

目前，中国银行间同业拆借市场的交易主体不仅限于商业银行，还包括一部分的证券公司和基金管理公司。这些非银行金融机构的参与，增加了银行间同业拆借市场中短期资金的来源和运用的渠道，有利于合理搭配资产的期限结构，提高金融机构自身的经济效益。

1.3.2 资本市场

资本市场是指资金借贷期限在 1 年以上的金融子市场。从严格定义上来讲，只要期限在 1 年以上的市场即可认为是资本市场。但我们通常只将期限 1 年以上的中长期有价证券交易的市场称为资本市场，如股票市场和债券市场。

资本市场上的交易工具具有收益率高但安全性较差的特征，往往具有长期投资的性质。投资的风险主要由投资者自己承担，而不是通过金融机构这个中介来承担，因此属于直接金融市场的范畴。

1. 债券市场

债券市场是以中长期债券作为交易对象的直接金融市场。债券的发行人既可以是企业，也可以是政府，还可以是第三部门(非政府、非营利性组织)。由于品种和期限的各种组合,债券市场上的债券类型非常多,而且随着金融创新的不断发展,债券的结构也会越来越复杂。常见的主要有:政府债券和公司债券。

债券市场上的参与者主要有:(1)发行人,即债券的供给者,可以是中央政府、地方政府、企业、金融机构及社会团体;(2)投资者,即债券的需求者,可以是政府机构、企业、金融机构、社会团体及自然人;(3)发行中介,主要是以证券公司为代表的金融机构,还包括信用评级等其他机构;(4)证券交易所内的经纪人或自营商;(5)场外债券交易的做市商等。

在一个成熟的金融市场中,货币市场和资本市场是连通的,货币市场的一个很重要的功能是提供基础利率。然而金融市场中并非只有一种利率,而是存在着一个由多种利率组成的利率结构。决定利率的因素有很多,我们将在以后的章节进行讨论。债券的价值受其未来提供的现金流和相应利率期限结构的影响。债券的未来现金流一般是确定的,因此也被称为固定收益债券。

2. 股票市场

股票市场是以股票作为交易对象的直接金融市场。股票是一种无期限的投资工具,投资者购买了股票后不能够退股,而只能在二级市场上通过转让股票收回投资。这种无期限的性质使公司具有一笔稳定的自有资本。投资者不仅可以从股票转让中获得资本利得,还可以在股票持有期间享有公司分配的股利收益。

股票市场上的参与者主要有:(1)发行人,即向公众募集资金的上市股份公司;(2)投资者,即股票的购买者和转让者,包括机构投资者和个人投资者;(3)发行中介,主要是为股票发行提供服务的证券公司等;(4)股票交易所,即股票市场的组织者,负责提供交易场所、制定交易规则、实施交易管理、提供交易清算服务等;(5)股票交易所内的经纪人、自营商等;(6)场外股票交易的做市商等。

股票的价值受公司的未来现金流和风险的影响。一般来说,公司的未来现金流很难预测,而且公司的风险也难以准确地度量,因此股票的价值相对债券来说更难精确确定。为此,几乎所有的国家都设立了正规集中的股票交易市场,如美国的纽约股票交易所(NYSE)、伦敦证券交易所(LSE)、东京证券交易所(TSE)等。

3. 基金市场

基金市场是指基金发行、上市交易(赎回)的市场。基金市场是资本市场的一个新的形态,本质上是股票、债券等有价证券投资的机构化。它克服了个人分散投资的种种不足,让个人投资者也可以进行分散风险的组合投资,从而极大地推动了资本市场的发展。

随着金融创新的不断发展,新形式的基金品种将会不断涌现,比如 ETF(Exchange Traded Fund),即交易型开放式指数基金。它是以被动的方式管理,同时又可在交易所挂牌交易的开放式基金。对 ETF 基金份额,投资者可以像封闭式基金一样在交易所二级市场进行方便的交易。另外,它又可以像开放式基金一样申购、赎回。不同的是,它的申购是用一揽子股票换取 ETF 份额,赎回时也是换回一揽子股票而不是现金。

4. 货币市场与资本市场

(1)货币市场与资本市场的功能差异。

从功能上看,货币市场的交易对象是充当货币职能的"货币"。因此,货币市场主要用来满足经济主体的支付性需求,其运行结果是调节各经济主体之间的货币供求,对决定经济体系中的货币供应量发挥着重要作用。货币市场利率成为其他市场利率的风向标,货币市场成为货币政策初始作用的市场。而资本市场的交易对象是充当资本职能的"货币"。因此,资本市场直接服务于资本的增值性需求,其运行结果是货币资本通过资本市场进入到生产和流通等实体经济领域,并实现价值增值,资本市场成为企业融资的重要场所。

货币市场与资本市场在风险和收益上存在差异。货币市场风险较小,收益相对较低,是风险厌恶者的理想投资场所。而资本市场风险较大,收益相对较高,这种较高的收益中包含了较高的风险溢价。因此,对资本市场运行的监管要更加严格。

(2)货币市场与资本市场的相互影响。

货币市场和资本市场在融通长短资金方面的功能差异是相对的,只是专业化分工的不同。实际上,货币市场和资本市场之间是竞争和互补的关系。

在总量既定的前提下,一般认为货币市场和资本市场的资金存在着相互竞争的关系。在利润最大化的动机驱使下,货币市场资金往往会通过多种渠道流向资本市场,资本市场资金也通过上市公司在商业银行存款以及证券公司在商业银行的保证金存款流回货币市场。市场主体为了获得高收益,使资金频繁地在货币市场和资本市场之间流动,哪个市场的收益高,资金就流向哪里。

货币市场与资本市场具有很强的互补性,它们之间的融合和连通是短期资金与长期资金相互转化的重要渠道,因此,这两个市场之间的有效融合才能实现短期资金与长期资本之间顺利转化,提高资金使用效率,促进经济增长。货币市场和资本市场的互补性还表现在它们对货币当局政策的反应机制上。货币市场是央行货币政策的初始作用者,而资本市场更接近于实体经济,因此,央行的货币政策正是通过这两个市场的互补性作用,最终对实体经济发生效应。

此外,货币市场提供的基准利率不仅是众多货币市场工具利率形成的基础,也是资本市场运行的基础。它直接决定资本市场的价格及其波动,如债券和股票的价格都以基准利率为影响因素之一。当然,资本市场的运行还受诸多其他因素的影响,如上市公司的盈利状况、市场预期等。因此,在货币市场和资本市场相互连通时,市场可以达到均衡,一般存在以下三种联动关系。

一是货币市场利率间的联动。不同的货币市场工具利率构成了一个利率体系,不同利率之间可能存在固定的利差,如果基准利率发生变化,其他的利率也要随之发生变化,直到达到新的均衡为止。犹如"抖动绳子的一端,绳子的其他部分也必然要发生波动"。

二是资本市场价格间的联动。不同的资本市场工具价格之间不是独立的,也存在某种联动的关系。比如债券价格和股票价格之间,同一时刻不同期限的政府债券之间等。

三是货币市场利率与资本市场价格之间的联动。货币市场基准利率的变动,必然引起资本市场工具价格的波动。在其他条件不变的情况下,利率上升,股票价格下降,债券价格下降,反之亦然。

1.3.3　金融衍生产品市场

金融衍生产品是指其价值依赖于基本标的金融资产价格的金融工具,如远期、期货、期权、互换等。从全球来看,金融衍生产品市场是在特定的金融环境下产生并发展起来的,虽然其历史不长,但却因其在套期保值、套利以及风险管理方面的巨大作用获得了飞速的发展,成为整个金融市场的一个非常重要且充满活力的子市场。

由于信息的不对称性,金融市场上的参与者掌握的信息是不完全的,使得行为主体无法作出准确的预期和及时的调整。而且金融市场上的交易是在竞价过程中进行的,价格调整不是即时完成。因此,金融市场活动中充满着不确定性和交易价格的不稳定性,随着市场化的加速发展以及自由化趋势,比如价格市场化、利率市场化、浮动汇率制取代固定汇率制等,巨大的风险也相伴而生。这样,金融市场上转移风险、避险保值的衍生产品以及相应的市场就应运而生。

金融衍生产品虽然不具备融资的功能,既不能为生产经营筹资,也不能为投资获得利息,但却为金融市场提供了风险的补偿和避让的机制。对于货币市场和资本市场来说,这一机制是在利率、有价证券的价格波动的情况下赖以正常运行的支持。对于投资者来说,这一机制也可以用来防止市场价格和市场利率剧烈波动给融资和投资活动带来的损害。因此,金融衍生产品市场又称为保值市场。可以说,没有金融衍生产品的金融市场称不上是一个完整的市场体系。

金融衍生产品市场的交易一般是保证金交易,比如投入 5%—15% 的资金就可以从事 100% 的交易,具有很高的杠杆性,因此是高风险也是高收益的市场。如果没有对冲措施,投入一定量的资金,交易者可能获得数倍甚至数十倍的收益,但同时也面临着数倍甚至数十倍的风险。然而,正是由于金融衍生产品市场的这种高杠杆的特点,也吸引着众多的投机者参与其中。

1.3.4　其他子市场

1. 外汇市场

外汇市场是专门从事外汇交易的场所。包括金融机构之间的同业外汇买卖市场(批发市场)和金融机构与顾客之间的外汇零售市场。外汇市场是连接国内金融市场与国外金融市场的桥梁。外汇是以外国货币表示的在国际结算中被普遍接受的支付手段。不同的货币之间存在一个比价,这是外汇市场交易得以进行的前提。用一国货币表示的另一国货币的价格叫做汇率。其中,以一定单位的外国货币为标准,来计算折合若干单位的本国货币的汇率标价方法称为直接标价法,反之称为间接标价法。

外汇市场上的参与者主要有:(1)外汇经营机构,包括外汇指定银行和外汇经纪人。外汇指定银行是根据相关法律,由中央银行制定可以经营外汇业务的商业银行和其他金融机构。外汇经纪人是指凭借自身的专业知识和与个人外汇指定银行的密切联系,促成外汇交易并从中收取佣金的专业个人和机构。(2)中央银行。一般来说,一国的中央银行往往都是外汇市场上最大的庄家。中央银行在外汇市场上进行外汇买卖影响外汇汇率,保持本币汇率稳定,调剂外汇储备量,实现既定的外汇政策目标。此外,中央银行还对外汇市场实施监管,保证市场运行的规范化和稳定性。(3)最初供求者。供给方是指进行商品或劳务出口贸易的外汇收入者,和有投资收益或接受外国援助或贷款的企业或个人。需求方是指有商品或劳务进口的外汇支出者和外国投资者等。其中,出于国际贸易结算、调剂外汇余缺及规避外汇风险的需要,一些跨国公司和专业进出口商会频繁地在外汇市场上进行各种套期保值的交易活动。(4)外汇投机者。指按照自己对汇率走势的判断,进行买入(做多)或卖出(做空)的外汇交易,赚取汇率差价的单位。

从汇率制度的类型上来看,不同国家的汇率制度只有固定汇率制和浮动汇率制两种选择。固定汇率制是指政府用行政或法律手段选择基本参照物,公布和维持本国货币与该参照物货币的固定比价。充当参照物货币的可以是黄金,也可以是某一种货币或某一篮子货币。当然,固定汇率制并非一直固定不变。在纸币流通的条件下,当实体经济形势发生较大变化时,就需要对汇率水平进行调整。因此在现代社会,实行固定汇率制的国家实际上是一种可调整的固定汇率制。浮动汇率制是指汇率水平完全由外汇市场上的供求决定,政府不加干预的汇率制度。但现实中,各国政府或多或少地都对汇率水平进行干预和指导。有干预和指导的浮动汇率制称为管理浮动汇率制。根据不同国家的实际不同,在可调整的固定汇率制与管理浮动汇率制之间,又有形形色色的折中汇率制度。

2. 黄金市场

从历史上来看,黄金的性质很特殊,介于货币和实物商品之间。在金本位制度下,黄金作为本位货币占据主导地位,执行货币的价值尺度、流通手段、支付手段、储藏手段和世界货币这五项基本职能。因此在那个时代,黄金市场其实就是金融市场的代名词。后来过渡到金块本位制或金汇兑本位制后,黄金的货币职能大为削弱,取而代之的是各国普遍实行的纸币,金融市场的外延也越来越大。随着证券市场和外汇市场的发展,黄金市场在整个金融市场的地位在逐步下降。

布雷顿森林体系崩溃以后,黄金的货币职能逐渐丧失以至最终非货币化,黄金市场的性质也由原来的以金融子市场为主转变为金融子市场和商品子市场并举的市场。然而，由于黄金的保值作用，其作为一般金融资产的特性仍然存在，黄金仍然是投资组合中的重要投资工具之一。黄金价格的波动仍会受到汇率、利率、通货膨胀及其他金融市场因素的影响，同时黄金市场的波动也会影响到其他金融市场。所以，黄金市场仍然是当今金融市场中一个不可或缺的组成部分。

目前，全世界共有四十多个可以自由买卖黄金的国际市场，主要分布在发达国家的经济中心城市，其中伦敦、苏黎世、纽约、芝加哥和中国香港是世界五大黄金市场。中国的上海黄金交易所于 2002 年 10 月 30 日正式开业。

3. 保险市场

保险市场是指进行保险商品交换的场所。在现代社会中，由于信息网络技术的发展，对市场的理解不再局限于固定的、直接的、有形的市场，而几乎所有的市场都可以做到非固定、间接、无形。保险市场是一国广义金融市场的重要组成部分，其功能是向社会提供风险防范机制。

保险市场上的参与者主要有：(1)保险供给方，即保险人。保险人也称承保人，是指保险合同的一方当事人，向投保人收取保费，在保险事故或事件发生时，对被保险人承担赔偿损失或给付责任的人。保险人一般是法人，如各种类型的保险公司和社会保险机构。(2)保险需求方，包括投保人和被保险人。投保人是与保险人签订保险合同的另一方当事人，对保险标的具有可保利益(法律上认可的经济利益)，向保险人申请订立保险合同，并负有缴纳保费义务的法人或自然人。被保险人是指其财产或人身受保险合同保障，享有保险金请求权的法人或自然人。被保险人可以是投保人，也可以是第三方。(3)保险中介人。保险中介人是指充当保险供求双方的媒介把保险人和投保人联系起来，建立保险合同并收取佣金和手续费的人。保险中介人又包括保险代理人、保险经纪人和保险公估人。

保险市场上交易的对象是保险合同，即保单。当保险事故或事件发生时，保单持有人可以向保险人请求经济赔偿或给付保险金，保单是获得经济保障的凭证，保单的功能也会不断增强。比如保单可以作为抵押进行贷款(保单抵押贷款)，投资性保单具有保障和投资的双重功能，是现代保险市场上的主要交易品种之一。随着现代金融混业经营趋势的发展，保险公司和社会保险机构成为货币市场和资本市场的重要机构投资者，保险机构资产财力的增减直接影响到资本市场和货币市场的发展。

4. 房地产金融市场

房地产，一般也称为不动产。房地产金融市场是指房地产资金供求双方运用金融工具进行各类房地产资金交易的总和。房地产金融市场是房地产业和金融业相互融合形成的一个市场。房地产业是一个典型的资金密集型行业，需要大量的资金投入，天然地决定了需要发达金融业的支撑。对房地产业的参与，使得金融业自身的发展也开辟了新的空间,包括一些新的金融工具不断涌现,比如房地产信贷、住房抵押贷款(mortgage)及其证券化(MBS)、房地产投资信托(REITs)、房地产保险等。而且,类似于黄金这一特殊商品,房地产除了本身具有的实物资产属性外,也具有金融资产的属性。这一双重属性使得房地产具备了非常好的投资特性,成为一种优良的投资品种。

房地产金融市场上的参与者主要有:(1)房地产企业。房地产企业是房地产金融市场上资金的最大需求者,因为房地产开发要求投入大额资金,并且资金的回收期较长。因此,房地产企业的融资方式有向金融机构借款或发行股票、债券等。(2)居民。一般来说,居民是房地产的最终消费者。房地产商品价值量庞大,如果单纯依靠个人储蓄积累要经过很长时间才能形成现实的购买力,或者采用一次性付款,普通居民都难以承受房价的压力。这就促使居民通过房地产金融市场融资,如申请住房抵押贷款。另一方面,居民也可以是房地产金融市场资金的提供者。通常情况下,居民日常消费支出后会有部分剩余,如果居民将这部分钱来购买房地产股票、债券或者用于住房储蓄,此时居民就变成了房地产金融市场上资金的盈余方了。(3)金融机构。参与房地产金融市场的金融机构非常广泛,包括专营性的房地产金融机构和兼营性的房地产金融机构。专营性的房地产金融机构包括住房储蓄银行、住宅合作社、抵押银行等。兼营性的房地产金融机构有商业银行、证券公司、保险公司、房地产投资信托等。(4)政府。政府也是房地产金融市场的重要参与者。除了对资金的供给和需求外,政府的最重要职能是对房地产金融市场的监管和调控。比如,政府可以采取利率、价格、税收等经济手段或者行政、法律手段来保证市场的健康有序发展。

1.4　金融监管

政府在金融市场中除了是一个重要的市场交易参与者之外,还承担着一个重要的角色,即金融市场的管理者。金融市场最基本的功能是进行高效的资源配置。然而,金融市场并不是完美无瑕的,可能出现市场失灵的时候,甚至可能发生金融危机。因此,政府有必要对金融市场进行监管。

世界各国金融市场的监管都包含了两个要素,即金融监管模式和金融监管法规。

首先来看金融监管模式。虽然各国的金融市场监管模式有着许多差别,但归纳起来,可以划分为两大类:分业监管和混业监管。

分业监管是指政府按照本国金融体系中的不同行业特征,设立相应的监管机构和法规制度,针对不同行业分别进行监督和管理。最常见的分类是将金融业划分为三大行业,即银行业、证券业和保险业。

混业监管是指政府设立或授权一个或少数几个监管机构,对本国的金融业实行统一监管。以下监管模式都存在过:对银行业单独监管,对证券业和保险业由另外的机构统一监管;对银行业和证券业统一监管,对保险业单独监管;对银行业和保险业统一监管,对证券业单独监管;对银行业、保险业和证券业统一监管。

可见,金融监管模式具有多元性和复杂性,一个国家究竟采取何种模式要由该国的政治体制、经济体制和具体国情来决定。不同国家在其不同的发展阶段,金融监管的模式也在不断地变革。从全球范围来看,20 世纪 90 年代以来,随着世界性金融环境的变化,许多国家对其金融市场监管模式进行了调整。

其次来看金融监管法规。金融监管法规是政府通过立法形式确定的金融市场行为主体的行为规范,各国金融监管当局依据这些法规对金融市场实施监管。由于 20 世纪 30 年代源于美国的金融危机导致了全球经济的大萧条以及战后金融创新的不断发展,世界各国的金融监管法规也处于不断地变化和演进中。

1.4.1　国外金融市场监管

1. 美国的金融监管

(1) 美国的金融监管模式。

美国的分业监管模式。形成于 20 世纪大萧条后,其监管模式相当复杂,简称“双线多头”。“双线”是指联邦政府和州政府两条线,“多头”指有多个履行金融监管职能的机构。在银行监管方面,货币监理局、联邦储备委员会、联邦存款保险公司 3 个联邦级的管理机构并存,各州还设有州银行管理机构;在证券监管方面,由证券交易委员会(SEC)作为全国最高一级的证券投资和交易活动管理机构,下设 9 个地区证券交易委员会协助工作;在保险监管方面,由州保险监管署(SIC)根据各州保险法对保险公司、代理店、中介公司实行限制监督,并成立了全美保险厅长官联席会议。自 2000 年始已变更为混业监管。

(2) 美国的金融监管法规。

从历史上来看,美国的金融市场经过了“混业—分业—混业”的历程。相应地,其对金融市场的监管法规也在不断变化,以适应金融市场的变化和发展。美国的法规体系主要分三级:联邦政府、州政府和自律组织。

① 联邦政府。20 世纪 30 年代以前,美国的银行、证券和保险业是允许混业经营的。1933 年《格拉斯—斯蒂格尔法》宣布证券业和银行业分离,标志着美国金融业进入了分业经营分业监管的时代。1999 年《现代金融服务法案》废除了《格拉斯—斯蒂格尔法》对分业的限制,开创了混业经营、混业监管的新时代。2010 年颁布了《多德—弗兰克华尔街改革和消费者保护法》。这部新的美国监管法律涵盖了消费者保护、金融机构、金融市场、薪酬改革等诸多内容,对美国乃至全球金融监管秩序带来深远影响。此外,联邦政府还针对不同行业制定了其他不同的具体法规,如《1933 年证券法》《1934 年证券交易法》;《银行合并法》《银行管理体制法》;《1939 年信托契约法》《1940 年投资公司法》《1976 年

证券投资者保护法》《2002 年萨班斯—奥克斯利法案》等。

② 州政府。各州政府的证券法规在美国通称为《蓝天法》。美国对保险业的监管以各州一级政府为主体,由各州保险监管局具体负责。1945 年的《麦卡伦—弗格森法》构成了美国的保险立法体系。此外,各州政府对银行业的监管也有各自不同的法规。

③ 自律组织,如各大交易所和行业协会等。这些自律组织制定的规章对于各行业的从业人员也具有不亚于立法的效力。

2. 英国的金融监管

(1) 英国的金融监管模式。

英国的金融监管模式为由分业监管到混业监管的演进。1998 年 7 月之前,英国主要设置了有 9 家金融监管机构,分别是英格兰银行的审慎监管司(SSBE)、证券与投资管理局(SIB)、私人投资监管局(PIA)、投资监管局(IMRO)、证券与期货管理局(SFA)、房屋协会委员会(BSC)、财政部保险业董事会(IDT)、互助会委员会(FSC)和友好协会注册局(RFS),这些监管机构分别行使对银行业、保险业、证券投资业、房屋协会等机构的监管职能。随着金融的国际化以及金融创新的不断发展,为了更好地监管英国金融业,1998 年 7 月出台了被称为"大爆炸"式金融改革方案。英国政府将九大监管机构合并为金融监管总署,对金融业实行统一监管,即混业监管。

(2) 英国的金融监管法规。

英国对金融市场的监管强调市场参与者"自律"监管为主,一般采取道义劝告和君子协定来解决问题,政府干预较少,立法也很少。由于金融机构的配合,整个金融市场也保持了较高的效率和稳定性。直至 1979 年首次颁布的《1979 年银行法》,使得英国的金融监管向法制化、正规化的方向迈进;之后又出台了修订的《1987 年银行法》。1997 年,英国成立了金融服务监管局(Financial Services Authority,简称 FSA),取代了原来的九家监管机构构成的多头监管体系,统一行使对银行、保险、证券的监管职能,从而成为英国整个金融行业中唯一的监管当局。《1998 年英格兰银行法》将英格兰银行的监管权力剥离出去,赋予了其独立制定货币政策的能力。《2000 年金融服务和市场法》从法律上正式确认了上述金融监管体制的改革。

1.4.2　中国金融市场监管

1979 年前我国实行大一统的金融机构体系,中国人民银行既充当央行的角色,又承担商业银行的职责。改革开放后,先后恢复了中国农业银行等银行类金融机构、保险类金融公司、证券类金融机构以及资产管理类等金融机构。2003 年中国银监会的成立标志着中国"一行三会"的监管模式正式形成。1995 年以来,国家制定并颁布了一系列金融法规,用来规范金融行业的行为,促进金融业的健康发展。随着金融改革的推进,中国金融市场监管法规也在不断地修订和完善。

　　中国金融行业实行分业经营和"一行三会"的分业监管模式。其中"一行三会"的"一行"指中国人民银行，"三会"指中国银监会、中国保监会、中国证监会。四大金融机构各司其职，对我国金融市场进行分业监管。

　　(1)中国人民银行。

　　中国人民银行是中国的中央银行，主要负责制定和执行货币政策，如公开市场操作、再贴现、确定存款准备金率以及银行基准存贷款利率等。改革开放前其同时承担其他金融机构的职责。1983年国务院决定中国人民银行专门行使国家中央银行职能。

　　中国人民银行除了担当发行货币、经营国库、制定货币政策等传统中央银行职能以外，还负责监督管理银行间同业拆借市场和银行间债券市场、外汇市场和黄金市场。

　　(2)中国银行业监督管理委员会。

　　中国银行业监督管理委员会简称中国银监会，成立于2003年。中国银监会根据授权，统一监督管理银行、金融资产管理公司、信托投资公司以及其他存款类金融机构，维护银行业的合法和稳健运行。其主要职责有：依照法律、行政法规制定并发布对银行业金融机构及其业务活动监督管理的规章、规则；依照法律、行政法规规定的条件和程序，审查批准银行业金融机构的设立、变更、终止以及业务范围；对银行业金融机构的董事和高级管理人员实行任职资格管理。

　　(3)中国保险业监督管理委员会。

　　中国保险业监督管理委员会简称中国保监会，成立于1998年。中国保监会根据授权，统一监督管理保险市场及保险业机构。其主要职责为：监管保险市场，维持保险市场正常秩序；制定促进保险市场正常运行相关法律、法规。

　　(4)中国证券监督管理委员会。

　　中国证券监督管理委员会简称中国证监会，成立于1992年，其职权范围随着市场的发展逐步扩展。1997年8月，国务院决定，将上海、深圳证券交易所统一划归中国证监会监管；同时，在上海和深圳两市设立中国证监会证券监管专员办公室。1998年4月，根据国务院机构改革方案，决定将国务院证券委员会与中国证监会合并组成国务院直属正部级事业单位。中国证监会根据授权，统一监督管理全国证券期货市场，维护证券期货市场秩序，保障其合法运行。其主要职责为：监管证券市场，维持证券市场正常秩序；制定促进证券市场正常运行相关法律、法规。

1.5　金融市场发展新趋势

1.5.1　经济金融化

　　人类社会的经济发展曾经历了原始畜牧业、农业和工业经济社会三大形态，近代工业经济社会中共存着农业、工业、商业和金融业四大产业支柱。其中前三类可称为实物经济活动,体现物质产品(或服务)的生产、分配和消费过程;金融经济活动则以货币和信用为主要组成要素,包括资本的运动、汇率和信用。

20世纪50年代,从发达国家开始了一场巨大的被称为"金融创新"的带有革命性的金融变革。这种变革在70年代之后再次掀起高潮,并一直持续至今。这股创新潮流使一大批新型的金融工具或货币替代物不断涌现,反映在统计数据上便是"货币外"金融工具的迅速增长以及原先定义的货币存量增长步伐的相对趋缓。这是此次金融变革与17世纪新式银行出现以来的多次变革最明显的区别,各类新型金融工具再难以用"货币"这一单一概念涵盖。正是金融创新使货币量与宏观经济量之比值的增长相对放慢甚至降低,经济与金融的融合及互相渗透已不再通过"货币化"体现,而是代之以其他形式。对货币与金融在现代经济中的地位和作用的研究在"经济货币化"的范畴下受到限制。"经济金融化"理论随之产生。

一般将"经济金融化"定义为一国国民经济中货币及非货币性金融工具总值与经济产出总量之比值的提高过程及趋势。与经济货币化不同,经济金融化考虑进了非货币性金融工具因素。从金融总量的增长过程看,最初阶段主要表现为用于直接交易的货币量增加;随后便是货币量和准货币量(主要是存款)同时增加,且后者的增加更快;当经济比较发达之后,货币量和准货币量的增长速度便相应放慢,而非货币性金融工具(各类债券、票据、基金凭证、权益等)的增长速度相应加快。

各国对金融工具种类及其总值的统计都是通过金融资产进行的,全社会的金融资产总值即是全部金融工具总值。在现代社会中,非金融部门持有的金融资产大都反映在金融部门的资产负债之中,因此,分析经济金融化程度,可以用金融机构的资产量与经济总量的比值来代替。表1.1是6个国家金融机构资产与国民生产总值的比值。

表 1.1   1880 年、1913 年和 1960 年 6 个国家金融机构资产与
国民生产总值比值表(10 亿本国货币)

国家	1880 年			1913 年			1960 年		
	(1)	(2)	(3)	(1)	(2)	(3)	(1)	(2)	(3)
美 国	4.6	9.3	0.49	34.0	37.3	0.91	787.3	503.8	1.56
英 国	1.15	1.213	0.95	2.7	2.06	1.03	39.37	25.54	1.54
德 国	13.5	18.5	0.73	91.0	57.5	1.58	328.8	296.8	1.11
日 本	—	—	—	—	—	—	22 041	15 504	1.42
加拿大	0.25	0.581	0.43	2.65	2.7	0.98	46.3	36.28	1.28
印 度	0.25	10.0	0.025	1.5	20.9	0.07	76.4	158.3	0.48

注:(1)栏为金融机构资产量;(2)栏为国民生产总值;(3)栏为二者的比值。国民生产总值以1963年币值计算。

资料来源:戈德·史密斯:《金融结构与金融发展》,上海三联书店1994年版。

在经济金融化过程中,金融关系在整体经济关系中不断扩散和渗透,主要表现在:社会财富日益金融资产化,多种虚拟金融资产(如存款凭证、权益、国债和保险单等)比重不断加大,从而相继取代了以实物为主或以货币存款为主的财富持有形式;经济关系日益金融关系化,即社会经济主体间的纽带更多为债权债务关系、股权股利关系和风险与保险关系等金融关系;金融作为经济资源对经济增长和发展作用日益突出,金融由于其在国民经济中的独特地位,促进了要素投入量和其他资源利用效率提高,而本身作为一个行业也直接对经济发展起到了举足轻重的作用;金融政策日益成为经济政策的核心,它包括货币政策、汇率政策、国际收支政策、金融监管政策、金融发展战略等一系列政策,在调节产量、稳定物价、促进经济健康运行和持续发展等诸方面均起到主导作用;但同时,正是由于金融在经济中的地位日趋核心化,国家范围内和世界性金融危机不断爆发且产生严重危害,20 世纪 90 年代有 133 个国家和地区(即大约 3/4 的国际货币基金组织成员国)都经历了程度不同的金融困难或危机。

1990—1997 年,世界国民生产总值年均增长率为 2.7%;相对而言,金融经济的规模则正以一种"爆炸"性的速度飞速增长。与此同时,金融经济活动的交易金额也急剧膨胀,1995 年世界贸易总额首次突破 6 万亿美元,而同期全球外汇市场的日交易额就高达 1.5 万亿美元,全球外汇交易与世界贸易额的比率已由 1983 年的 10∶1 升至 70∶1,若把金融衍生品的交易额计算在内,全球贸易总额占金融交易额的比重不到 0.5%。

可以说,金融是经济运行的润滑剂和催化剂,经济金融化程度将必然影响一国的资本积累、技术创新和资源配置效率。正是在经济金融化的基础上,进一步衍生出金融证券化趋势。

1.5.2　金融证券化

20 世纪 70 年代至 90 年代,世界金融市场产生了"金融证券化"或"非中介化"(亦称"脱媒",disintermediation)趋势,改变了传统的信用交易基础。企业的资金融通从主要依靠银行贷款发展到发行证券(如权益、债券、商业票据等)进行直接融资;居民储蓄结构也出现了证券化倾向,储蓄存款开始流向证券投资。借款人和贷款人日益通过直接融资实现资本的转移,而不是仅通过银行的中介来确立债权和债务关系。金融证券化贯通了间接金融和直接金融,金融资产风险转移的直接化正是金融证券化的特色所在。直接金融大发展虽然在间接金融之后,但直接金融的发展大大快于间接金融,其地位和作用不断提高。在整个金融市场中,证券的比例越来越大,金融证券化趋势日益显现。与此同时,居民储蓄结构也出现了证券化倾向。出于保值和增加收益的需要,人们将储蓄从银行存款转向证券投资。

金融证券化具体表现在融资方式证券化和资产证券化两方面。一方面,现代企业对资金的需求数量大、期限长,在以银行借贷为主的间接金融中,债权债务关系和借贷期限固定、契约关系风险大,而证券市场能够实现把投资者的闲散资金转化为长期的生产资本,使得企业在短时间内迅速筹集巨额资本进行大规模投资从而扩张规模。据统计,1993—1998 年,国际银行信贷融资净额从 2 000 亿美元降至 1 150 亿美元,而同期国际证券融资净额却从 1 949 亿美元猛增到 6 703 亿美元。

另一方面,银行等金融机构在经营过程中引入了资产证券化创新,即将住房按揭贷款、汽车抵押贷款等缺乏流动性但具有未来现金流收入的信贷资产集中起来,进行结构性重组转变为可在金融市场出售和流通的有价证券。信贷资产证券化不仅增强了银行资产的流动性与安全性、提高了银行的资本充足率,而且为相关产业的发展提供了巨大的资金来源,并促进了金融领域的不断创新和完善。在资产证券化趋势下,商业银行可以缩小资产和负债在期限和流动性方面的不匹配。另外,资产证券化创设了"构造"有价证券方案的新型金融组织 SPV(Special Purpose Venture,主要是投资银行参与),SPV沟通了资金需求者与供给者的联系,成为资本市场上又一重要中介。

据美国证券业协会的统计,20 世纪 90 年代以来美国证券市场(包括公司股票和债券、私募发行以及中期票据计划)的筹资额急剧上升,1998 年突破 2.5 万亿美元,为美国经济增长提供了强大的资本引擎。

衡量金融证券化程度同样有其比例指标,这就是"国民经济证券化率"(股票市值占GDP 的比重)。目前发达国家和地区该指标基本上都在 100% 以上,上市公司总市值与国内生产总值的比值可以反映这一趋势。

表 1.2 上市公司总市值与国内生产总值的比值(%)

年　份	美　国	日　本	印　度	中国香港	英　国	中国内地
1990	46.73	94.36	11.82	108.39	77.74	—
1992	69.09	58.52	22.20	164.94	80.95	4.33
1994	70.30	74.06	38.44	198.44	100.25	7.78
1996	104.69	64.17	30.67	281.26	130.97	13.29
1998	142.18	62.32	24.53	203.43	149.48	22.69
2000	146.89	66.73	31.07	363.14	165.74	48.48
2002	100.70	51.98	25.00	278.36	106.25	31.85
2004	132.98	76.41	53.75	509.44	122.54	23.06
2006	141.23	105.91	86.28	886.11	146.11	41.96
2008	78.75	64.25	52.87	605.97	66.88	39.02
2010	115.50	69.61	95.51	1 185.86	129.04	66.69
2012	115.56	58.40	69.23	1 078.30	115.47	43.70
2014	151.78	95.25	76.30	1 110.13	106.48	58.01
2015	139.68	118.71	73.12	1 027.61	—	75.35

资料来源:世界银行。

从关键时点角度来看,几个西方发达国家 1998 年的有关统计资料就已经揭示出,经济水平高的国家的债券余额和股票市值已远远超过其货币供应量及国民生产总值。对于亚洲几个经济较为发达的国家和地区(新加坡、中国台湾、中国香港),其当时的股票市值和国民生产总值之比也高达 110%,而同期发展中国家的平均水平只有 20% 左右。

表 1.3　主要发达国家相关宏观经济量比较(1998 年底数据)(亿美元)

	GNP	债券余额和股票市值	货币供应量
美　　国	48 473	73 000	72 300
日　　本	29 545	59 000	6 330
英　　国	8 715	11 000	1 236
联邦德国	12 488	10 000	5 830

资料来源:《世界经济年鉴》1999 年。

思考题

1. 说明金融商品价格的理论定义。其与实物商品价格有何区别?
2. 试比较直接金融与间接金融的异同,并解释金融证券化趋势产生的原因。
3. 存款性金融机构与非存款性金融机构有何区别?
4. 简要说明回购协议的基本原理。
5. 请说明货币市场与资本市场的关系。
6. 金融衍生产品市场产生的原因是什么?
7. 为什么说黄金市场是金融子市场?

参考文献

杨朝军:《迈向金融经济时代》,《上海证券报》1993 年 7 月 22 日。

杨朝军:《论世界金融证券化趋势》,《上海金融》1997 年 1 月。

[美]雷蒙德·W.戈德史密斯著,周朔、郝金城、肖远企等译:《金融结构与金融发展》,上海三联书店 1995 年版。

[美]安东尼·桑德斯、马西娅·米伦·科尼特著,王中华译:《金融市场与金融机构》(第 2 版),人民邮电出版社 2006 年版。

朱宝宪:《金融市场》,辽宁教育出版社 2002 年版。

周业安:《金融市场的制度与结构》,中国人民大学出版社 2005 年版。

[美]弗兰克·J.法伯兹等著,康卫华主译:《金融市场与机构通论》,东北财经大学出版社 2000 年版。

Frederic S.Mishkin, Stanley G.Eakins, *Financial Markets and Institutions*, 3rd e-dition,清华大学出版社 2003 年版。

J.Madura, *Financial Markets and Institutions*, 6th edition,北京大学出版社 2003 年版。

Zvi Bodie et al., 2003, *Investments*, 4th Canadian edition, McGraw-Hill Ryerson.

附录 1.1 中国金融市场概览

中国金融市场包括资本市场、货币市场、外汇市场、黄金市场和保险市场等,资本市场将在本书下一章介绍。

一、货币市场

1. 我国货币市场综述

1996 年 1 月,中国人民银行建立了全国统一的银行间同业拆借市场;1997 年 6 月,银行间债券交易从交易所市场转移至银行间债券市场;2003 年,银行间同业拆借中心又将票据交易纳入市场,形成了票据市场,至此我国的货币市场才基本成形。

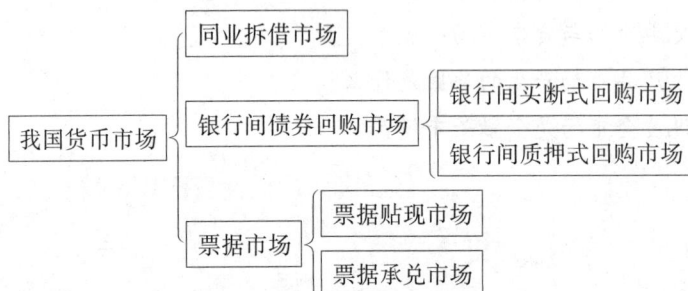

图 1 我国货币市场结构图

表 1 2012—2016 年中国货币市场发展概况(亿元)

年　份		2012	2013	2014	2015	2016
债券回购	交易额	1 413 499.262	1 581 662.413	2 243 520.127	4 572 326.102	6 004 111
	增速(%)	41.38%	11.90%	41.85%	103.80%	31.31%
	占比(%)	64.40%	66.14%	69.52%	73.33%	76.89%
同业拆借	交易额	465 473.048	352 823.257	376 622.699	642 135.85	959 130.9
	增速(%)	40%	−24.20%	6.75%	70.50%	49.37%
	占比(%)	21.21%	14.75%	11.67%	10.30%	12.28%

续表

年　份		2012	2013	2014	2015	2016
票据贴现	交易额	316 000	457 000	607 000	1 021 000	845 000
	增速(%)	26.40%	44.62%	32.82%	68.20%	−17.24%
	占比(%)	14.40%	19.11%	18.81%	16.37%	10.82%
合计	交易额	2 194 972.31	2 391 485.67	3 227 142.826	6 235 461.952	7 808 242
	增速(%)		31.01%	26.17%	30.80%	11.97%

资料来源:国泰安数据库。

2. 市场体系

(1) 同业拆借市场。

同业拆借市场是我国目前发展较为成熟的货币市场。自 1993 年以来,同业拆借市场在不断整顿的基础上,得到不断规范和稳定发展。特别是 1996 年 1 月 3 日全国统一拆借市场的建立,标志着同业拆借市场进入了一个新的发展阶段。在这之后,中国人民银行运用计算机网络,建立了全国统一银行间同业拆借交易网络系统,形成了以中国人民银行全国统一的资金拆借屏幕市场为中心的一级网络和由 35 家融资中心为核心组织的二级网络。

全国银行间同业拆借市场自运行以来,市场发展十分迅速,市场参与主体不断增多。2007 年,中国人民银行在同业拆借市场上推出了作为基准利率的上海银行间同业拆借利率(SHIBOR),并公布了《同业拆借管理办法》,进一步扩大了市场参与主体,延长了拆借期限,放宽了拆借限额。目前,中国同业拆借市场的主要参与者包括银行、证券公司、财务公司、农村信用社、城市信用社和信托公司等多种类型机构。随着中国金融市场的发展,基金公司、证券公司和其他非银行金融机构陆续进入同业拆借市场。其中,国有商业银行和其他商业银行是拆借资金的最大净融出者,其他金融机构是拆借资金的最大净融入者,证券公司净融入资金量最多。

表 2　2001—2016 年全国银行间同业拆借市场交易期限分类统计(亿元)

年份	期　　　限										
	1 天	7 天	14 天	20 天	30 天	60 天	90 天	120 天	6 个月	9 个月	1 年
2001	1 039	5 607		934	353	94	47	9			
2002	2 015	8 523		1 003	292	108	48	118			
2003	6 419	14 563		566	441	101	102	28			
2004	2 833	10 414		307	189	92	58	26			
2005	2 230	8 963		604	299	75	141	15			
2006	6 352	12 904	1 468	381	191	120	52	14	2	2	16

续表

年份	期　　限										
	1 天	7 天	14 天	20 天	30 天	60 天	90 天	120 天	6 个月	9 个月	1 年
2007	80 305	21 780	2 736	502	342	279	318	133	31	24	16
2008	106 514	35 005	4 744	1 107	1 135	445	666	185	292	213	185
2009	161 666	21 348	5 978	1 022	2 048	538	710	62	97	13	23
2010	244 862	24 269	5 061	650	1 613	466	1 340	198	185	30	10
2011	273 200	42 401	9 986	2 283	2 705	1 120	1 674	351	601	39	54
2012	402 814	41 934	12 068	2 370	4 476	1 626	1 170	81	379	29	97
2013	289 636	44 024	11 579	1 828	5 070	1 034	1 748	67	119	2	83
2014	294 983	61 061	11 767	899	4 665	1 237	1 670	60	100	22	163
2015	539 953	76 974	15 305	1 372	4 243	1 006	2 445	120	146	17	553
2016	839 763	92 765	12 771	2 209	4 463	2 129	3 477	263	510	259	522

资料来源：中国人民银行网站。

（2）银行间债券回购市场。

我国 1981 年恢复国债发行，1988 年允许国债流通转让，由此形成了最初的债券市场。1990 年后随着证券市场的推出，债券交易出现场内交易和场外柜台交易并存的格局。1997 年，为遏止银行资金违规进入股市导致股价异常波动的现象，商业银行被迫要求退出交易所市场，同时建立银行间债券市场。经过 10 年的发展，我国银行间债券市场已经基本形成，市场规模不断扩大，产品不断丰富。债券品种包括国债、中央银行票据、政策性金融债、金融债、企业债等；交易类型分为现券交易、远期交易和回购交易（包括质押式回购和买断式回购，后者于 2004 年 5 月 20 日开始在银行间债券市场正式启动）等；用于回购的债券包括国债、中央银行票据和政策性金融债等；回购期限包括 1 天至 1 年的 11 个品种。2016 年，银行间债券回购累计成交 599.4 万亿元，同比增加 35.9%。

表 3　2016 年中国质押式回购交易的投资者参与情况（亿元）

成员类别	正回购	逆回购
特殊结算成员	15 657.09	1 413 643.52
商业银行	3 447 242.78	2 848 337.88
信用社	398 086.60	107 249.90
非银行金融机构	38 888.96	12 403.68
证券公司	157 642.11	7 652.33
保险机构	57 068.04	80 515.33
基金类	662 500.76	306 971.70
其中：商业银行理财产品	58 668.01	16 890.79
合　计	4 777 086.34	4 777 086.34

资料来源：中国债券信息网。

表4　2016年中国买断式回购交易的投资者参与情况（亿元）

成员类别	正回购	逆回购
特殊结算成员	0.00	7.60
商业银行	23 650.02	16 9907.45
信用社	4 350.05	33 511.03
非银行金融机构	1 024.18	834.92
证券公司	192 306.43	9 528.78
保险机构	3.10	0.00
基金类	2 907.71	10 451.70
其中:商业银行理财产品	21.40	20.75
合　计	224 241.48	224 241.48

资料来源:中国债券信息网。

银行间债券市场的参与主体,主要包括银行、证券公司、基金、保险机构、信用社和其他非金融机构等。从市场份额来看,商业银行仍然是回购交易的主要参与者,总体上银行体系仍是资金净流出。

从交易品种看,交易期限有1天、7天、14天、21天、1个月、2个月、3个月、4个月、6个月、9个月、1年共11个品种。从不同期限回购交易的额度来看,1天、7天和14天的短期交易仍然是回购交易的主体部分,其中1天回购最为活跃,其次是7天回购,全年累计成交932 528亿元,占全年97.23%。从2001—2011年,1天、7天和14天期限回购交易占比为97.89%,其中占比最大的1天回购交易占比达到82.31%。

表5　债券回购交易量比较表（亿元）

年　份	上海证券交易所	深圳证券交易所	银行间债券市场
2000	13 088	1 550	15 714
2001	15 369	102	40 209
2002	24 418	0	100 919
2003	55 335	19	116 122
2004	46 602	5	96 943
2005	24 919	0	159 298
2006	16 299	2	265 914
2007	18 609	7	447 951
2008	24 307	0	581 331
2009	35 476	46	702 779
2010	65 878	356	875 938
2011	199 581	4 888	994 795
2012	346 361	22 175	1 417 003
2013	580 225	50 496	1 581 662
2014	812 941	65 764	2 242 392
2015	1 166 863	84 255	4 410 864
2016	2 177 033	132 474	5 994 292

资料来源:中国人民银行交易网站。

另外,银行间债券回购的交易量一直处于上升趋势,逐渐超过了证券交易所市场,成为了回购市场的主体,在中国货币政策传导机制中起到越来越重要的作用。债券回购目前基本在银行间债券市场进行,占整个债券市场交易 70%左右份额。

(3)票据市场。

我国票据市场在 20 世纪 80 年代初开始起步,发展大致经历了三个阶段。第一阶段是 1995 年之前。1982 年,为了解决企业普遍存在的"三角债"问题,中国人民银行率先在上海开展了同城商业票据结算业务,贴现业务开始试点。1986 年中国人民银行开始试办再贴现业务。但由于当时银行管理操作缺乏经验,票据市场违规现象严重。1988—1994 年间各银行基本停办票据业务,票据市场发展处于停滞状态。第二阶段是 1995—2002 年。从 1994 年下半年开始,中国人民银行针对一些重点企业拖欠货款、资金周转困难的状况,开始在国内部分行业和领域大力推广使用商业汇票,并于 1996 年实施了《中华人民共和国票据法》。2000 年 9 月,中国工商银行在上海成立第一家票据营业部,此后,各票据专营机构纷纷建立。第三阶段是自 2003 年至今。2003 年 6 月 30 日,由中国外汇交易中心暨全国银行间同业拆借中心承建的"中国票据网"开始正式运行,解决了汇票的贴现交易缺乏统一交易平台的问题,为中国票据市场由分割走向统一奠定了制度基础。中国票据市场的发展进入了一个新的阶段。

1999 年以来,中国票据贴现余额、贴现贷款比以及贴现短贷比均呈总体上升趋势。1999 年,票据贴现余额为 552 亿元,贴现贷款比为 0.59%,贴现短贷比为 0.86%;到 2005 年,贴现余额为 1 万亿元,贴现贷款比为 5.64%,贴现短贷比为 11.52%;到 2010 年,贴现余额为 19 729 亿元,贴现贷款比为 6.35%,贴现短贷比为 15.4%。票据融资的快速发展有效地加大了金融机构对企业的信用支持。

2015 年,中国票据市场的交易额为 102.1 万亿元,占货币市场交易总额的 16.27%。2016 年,中国票据市场的交易额为 84.5 万亿元,占货币市场交易总额的 10.82%。

二、外汇市场

1994 年前,我国一直不存在真正意义上的外汇市场,仅存在调剂外汇余缺的外汇调剂市场。随着外汇体制的改革,1994 年 4 月 4 日,中国外汇交易中心在上海正式联网运行,这标志着全国统一银行间外汇市场从此诞生。

2005 年末,外汇管理局决定,在银行间外汇市场推出即期询价交易的同时引入银行间外汇做市商制度。当时共有 13 家做市商,其中中资银行 8 家,外资银行 5 家。做市商制度推出是中国汇率制度改革迈出的重要一步,提高了中国外汇市场的流动性。

外汇市场引入做市商制度之后,中国银行间即期外汇市场年成交量首次超过 1 万亿美元,同比翻了一番。2006 年推出的即期询价交易成交较为活跃,交易量远远超过即期竞价交易,银行间外汇市场即期询价交易量与竞价交易量之比约为 18:1。

从参与主体来看，2005 年 7 月之前，中国外汇交易系统共有 366 个会员，主要成员是政策性银行和商业银行。2005 年 7 月以后，非银行金融机构以及非金融公司基于本身的外汇实际需求在满足中国人民银行要求的前提下，都可以作为银行间市场的会员参与市场交易。截至 2016 年末，人民币外汇市场会员共有 558 家；人民币外汇远期和掉期市场会员分别为 133 家和 133 家；外币对市场会员 172 家，做市商 16 家。

此外，做市商制度还对人民币汇率中间价有影响。2005 年 7 月 21 日，中国对人民币汇率形成机制进行了改革，人民币兑美元等交易货币中间价的形成方式改为由前一日的收盘价格决定。银行间外汇市场交易主体可自主选择 OTC 方式与撮合方式，进行即期外汇交易。在新的市场框架下，做市商成为了银行间外汇市场流动性的主要提供者和市场风险分担的主渠道。人民币兑美元汇率中间价的形成方式改为：中国外汇交易中心开盘前向所有银行间外汇市场做市商询价，并将全部做市商报价作为人民币兑美元汇率中间价的计算样本；去掉最高和最低报价后，将剩余做市商报价加权平均，得到当日人民币兑美元汇率中间价；权重由中国外汇交易中心根据报价方在银行间外汇交易量及报价情况等指标综合确定。

三、黄金市场

中国黄金市场是一个新生的市场，2002 年之前，黄金价格一直被政府管制，由中央银行对其进行定价。2002 年 10 月，上海黄金交易所成立，标志着中国黄金"统购统配"制度彻底结束，中国黄金市场正式形成。

1. 市场结构

目前，中国黄金市场由场内市场和场外市场共同构成，并且已经形成了一个较为完整的市场体系。上海黄金交易所和上海期货交易所是场内市场的主要载体，投资者通过两个交易所的交易平台进行竞价交易。场外市场的询价交易活动主要由三个部分组成：一是商业银行间的黄金业务；二是企业与企业之间的黄金交易；三是企业与个人之间的交易等。

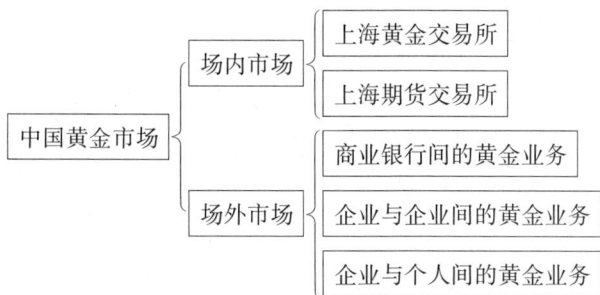

中国黄金市场
- 场内市场
  - 上海黄金交易所
  - 上海期货交易所
- 场外市场
  - 商业银行间的黄金业务
  - 企业与企业间的黄金业务
  - 企业与个人间的黄金业务

图 2　中国黄金市场结构图

2. 交易品种

上海黄金交易所的交易产品可分为现货和保证金两大类八个品种。现货交易共有四个品种：Au99.95、Au99.99、Au50g 和 Au100g。保证金品种有四个：Au(T＋D)、Au(T＋5)、Au(T＋N1)和 Au(T＋N2)，它们以保证金方式进行交易，可以选择当日交收，也可以延期至下一个交易日交收，同时引入延期补偿费机制平抑供求矛盾。

上海期货交易所的交易产品共有 12 个交易合约。根据《上海期货交易所黄金期货标准合约》等相关规则，黄金期货合约的交易单位为 1 000 克/手，最低交易保证金为合约价值的 7％，以元(人民币)/克为报价单位，每日价格最大波动限制为不超过上一交易日结算价±5％，交易手续费暂定为 30 元/手，自然人客户不能进行实物交割。

在场外市场的产品中，商业银行提供的黄金产品和黄金服务是一个重要方面，主要包括：一是商业银行的账户金业务；二是品牌金；三是商业银行代理个人投资者进行实物黄金交易的个人黄金投资业务；四是商业银行代理个人投资者进行保证金交易的 T＋N1 和 T＋N2；五是黄金寄售、黄金租赁、黄金拆借、黄金远期等。除了商业银行的黄金业务之外，场外市场交易还包括黄金生产、加工、零售企业之间的非标准金交易，以及黄金零售企业向个人出售金条和金饰品等。

3. 交易主体与交易量

上海黄金交易所现在共有 163 家会员，其中包括 25 家国内金融类会员、5 家外资金融类会员、130 家综合类会员以及 3 家自营类会员。会员单位的黄金年产量约占全国的 80％，用金量占全国的 90％，冶炼能力占全国的 90％。

上海黄金交易所在 2016 年全年黄金累计成交 48 676.6 吨，同比增加 42.88％；成交金额 130 240.6 亿元，同比增加 62.63％；日均成交 203 吨，同比增加 42.88％。

上海期货交易所的黄金期货自上市以来就表现良好，上市的第一年按单边统计，累计成交 389 万手。如根据交易吨数计算，则名列全球黄金期货交易量的第 5 位，成为全球黄金期货市场的重要组成部分。2016 年我国黄金期货共成交 6 951.9 万手，同比增长 37.29％。

第2章

证券分析

2.1 证券概述

2.1.1 证券的产生

证券是商品经济和信用经济发展到一定阶段的产物,并伴随着市场经济的发展而逐步演变。人类最早的经济形态是以物物交换为基础的,当货币充当交换的媒介后,产品的物物交换变成了商品流通,进而形成了商品经济。生产者首先要用货币购买机器设备、原材料、劳动力等生产资料,然后通过出售商品或提供劳务获得货币,于是产生了社会的货币流通。然而由于市场、管理、成本、季节等方面的众多原因,经济运行中的各个个体在某一时刻内对货币的需求量往往和当时的拥有量发生背离。货币剩余者可以将剩余货币在一定时间内让渡给货币短缺者使用,并要求一定的补偿,这种补偿就是利息;而货币短缺者,则在确定的时间内希望受让这种货币的使用权并同意支付使用成本。这种货币信用关系的建立促成了货币市场和银行的形成,使货币信用手段得到了拓展,也使货币资金的运用效率得到了提高。但是这种短期资金的融通市场远远满足不了商品经济发展的需要,一些大型的投资项目需要大量稳定和长期的资金,私人无法提供,也不愿承担如此巨大的风险,于是股份制应运而生。股份公司将资本分为若干等份的定额单位,分售给不同的投资者,这样既有利于筹集资金,又分散了风险。经济的发展创造出各种新的筹融资方式,也带来了各式各样的金融产品。如今,在商品经济发达、货币信用成熟的国家中,逐步形成和发展了政府发行国债、公司发行债券和股票、银行等金融机构发行金融债券等资金募集方式,购买这些证券的行为就是证券投资,发行和交易这些证券的场所或网络就是证券市场。

2.1.2　证券的概念与分类

广义上的证券是一种表明对某项财物或利益拥有所有权的书面凭证,是用来证明证券持有人有权取得相应权益的凭证,如债券、股票、票据、提单、保险单、存款单等。债券是经济主体为筹措资金向投资者出具的承诺到期还本付息的债权债务凭证,股票是股份公司发行的用以证明股东的身份和权益并据以获得股息的凭证,如此等等。

证券可以分为两大类:无价证券和有价证券。无价证券的特征是,政府或国家法律限制它在市场上作广泛的流通,并不得通过流通转让来增加持券人的收益。无价证券主要有证据证券和凭证证券。证据证券是指只是单纯证明事实的文件,包括信用证、证据等。凭证证券是指认定持有人是某种私权的合法权利者,证明持证人所履行的义务有效的文件,如借据、收据等。

有价证券是一种具有一定票面金额,证明持券人有权按期取得一定收入,并可自由转让和买卖的所有权或债权证书,狭义上的证券指的就是这种有价证券。有价证券多种多样,从不同角度,按照不同的标准,可以对其进行不同的分类。

1. 按发行主体分类

按发行主体的不同,可分为政府证券、金融证券和公司证券。

政府证券即政府债券,是指政府为筹措财政资金或建设资金,凭借其信誉,采用信用方式,按照一定程序向投资者出具的一种债权债务凭证。政府债券又分为中央政府债券(即国家债券)和地方政府债券。

金融证券是指商业银行及非银行金融机构为筹措信贷资金而向投资者发行的承诺支付一定利息并到期偿还本金的一种有价证券,主要包括金融债券、大额可转换定期存单等。

公司证券是公司为筹措资金而发行的有价证券。公司证券包括的范围比较广泛,内容也比较复杂,主要有股票、公司债券等。

2. 按所体现内容分类

按所体现的内容不同,有价证券可分为货币证券、资本证券和商品证券。

货币证券指可以用来代替货币使用的有价证券,是商业信用工具。货币证券在范围和功能上与商业票据基本相同,即货币证券的范围主要包括期票、汇票和本票等,其功能则是主要用于单位之间的商品交易、劳务报酬的支付以及债权债务的清算等经济往来。

资本证券是有价证券的主要形式,它是指把资本投入企业或把资本贷给企业和国家的一种证书。资本证券主要包括股权证券和债权证券。狭义的有价证券通常仅指资本证券。

商品证券也称货物证券,是表明对某种商品或货物拥有提取领用权的凭证,它证明证券持有人可以凭单提取单据上所列明的货物。货物证券主要包括仓栈单、运货单及提货单等。

2.1.3 证券制度的基础

历史上最早出现的企业制度是个人业主制企业,即由一个人或一个家庭所拥有的企业。这类企业只有一个产权所有者,企业的财产就是业主的个人财产,企业通常由业主直接经营。这种形式的企业,生产规模小,承担无限责任,没有法人资格。随着经济的发展,对工业生产规模的要求也越来越大,于是就产生了比个人企业进步的企业组织形式,即合伙制企业。它由两个或两个以上的合伙人共同投资并经营,共同管理和共同监督企业,分享企业所得,因而也共担风险。但是合伙人对企业承担无限连带债务责任,不经其他合伙人同意,不能随意转让股份。当某一投资者出现问题时,就可能导致企业解体。所以,合伙制企业是一种不稳定的企业制度。无论是个人业主制还是合伙制,其基本状态都是所有者和经营者合一,带有"家族制"烙印。它们的所有人或出资人为数不多,且所有者之间总有些直接或间接的血缘关系,或是沾亲带故,或是旧友新交。

随着技术进步和经济发展,个人业主制和合伙制企业越来越不能适应社会化大生产的需要,一种新的企业制度——公司制便逐步产生了。公司制这种现代企业制度的成长首先出现在铁路业。铁路营运的准确性、整体性、连贯性不仅需要巨额的长期投资,而且要求专业性很强的管理。铁路公司公开面向社会发行股票募集资金,并雇用了大量的支薪经理。于是,以股份公司为代表的现代企业制度在铁路业率先迅速崛起,并进一步扩展到其他行业部门。股份有限公司特别是上市的股份有限公司,大大扩展了企业集资的规模和企业经营的规模,是资本高度社会化的企业组织形式。股份公司的建立,公司股票和债券的发行,为证券市场的产生和发展提供了现实的基础和客观的要求,所以企业股份化是证券制度存在的基础。

2.2 股票

2.2.1 股票的概念

股票是股份公司公开发行的用以证明投资者的股东身份和权益,并据以获得股息和红利的凭证。股票一经发行,持有者即为发行股票公司的股东,每个股东所拥有的公司所有权份额的多少,取决于其持有的股票占公司总股份的比例。股东依据这个比例,参与公司的决策,分享公司的利益,同时也要分担公司的经营风险,但仅以其出资额对公司的债务承担有限的责任。股票一经认购,持有者不能以任何理由要求退还股本,只能通过证券市场将股票转让和出售。

并非所有的公司都能发行股票,只有符合一个国家的法律,满足了一定条件的公司才能成为股份公司。不同的国家对成立股份公司有着不同的要求。

2.2.2 股票的特征

1. 收益性

股票的收益性主要来自两个方面：一是公司发放的股息红利；二是通过证券市场赚取买卖股票的差价，属于资本利得。前者是指持有者凭其持有的股票，有权按照公司章程从公司领取股息和红利，获得投资收益；后者是指股票持有人可以通过在股票市场上低买高卖，赚取价差利润。

2. 风险性

股票的风险性是指不能获取预期报酬或者遭受无法预料的投资损失。股票的风险是与收益相对应的，高风险带来高收益，投资者在可能获取较高收益的同时，必须承担相应的风险。所有影响股票价格的因素都会给股票投资带来风险。这些因素主要来自公司和市场两个方面，分别称为公司风险和市场风险。公司风险是指股票的收益随公司的经营状况和盈利水平而波动，公司经营得越好，股票持有者获取的股息和红利就越多；公司经营不善，股票持有者能分得的盈利就会减少，甚至无利可分。市场风险指股票的收益受到股票市场行情的影响，股票价格下跌，股票持有者就会因股票贬值而遭受损失。

3. 流动性

股票在市场上可以作为买卖对象随时转让，需要现金的投资者通过卖出股票使股票迅速变现，因此股票具有较高的流动性。股票转让意味着股票所代表的股东身份及各种权益的转移。流动性是股票的一个基本特征，持有股票类似于持有货币，随时可以在股票市场兑现。股票的流动性促进了社会资金的有效利用和资金的合理配置。

股票除了上述所有金融产品都有的三大特性以外，还有其自身的特征。

4. 权利性

股票的持有者即是发行股票公司的股东，有权参与股东大会，选举公司的董事会，听取董事会报告，对公司经营状况、决策管理、重大筹资投资项目以及分红派息方案都有发言权和表决权。股东参与公司经营决策的权利大小，取决于其所持有的股份的多少。

5. 非偿还性

股票代表股东对公司资产的所有权，是股东对公司的投资，因此公司与股东不存在借贷关系。股票是一种无限期的法律凭证，一般情况下，股东不能将股票退还给公司，但可以在市场上转让。股票的这种特性，从根本上保证了公司生产经营的连续性和稳定性，同时也确保了公司和股东的权益。

2.2.3 股票的类型

股票按照不同的标准，有不同的分类方法，但按其最根本的性质可分为两种：普通股和优先股。

1. 普通股

普通股股票是指每一股份对公司财产都拥有平等权益，并未受特别限制的股票，同时能随股份有限公司利润的大小而分得相应股息。它是股票家族中最基本、最重要的成员。普通股享有公司经营管理和公司利润、资产分配上最基本的权利。普通股的股息必须在偿还了公司债务和支付优先股股息后才能根据公司剩余利润的多少进行分配，所以普通股股东承受的风险最大。我国目前上市交易的股票都是普通股。

普通股股票具有以下特征：

(1) 所有权与经营权。普通股是公司发行的标准股票，其有效期与股份有限公司的存续期间相一致。普通股持有者就是公司的基本股东，平等地享有股东权利，如有权参加股东大会，享有发言权、质询权，对董事会和监事会人选、公司重大经营决策有表决权。

(2) 优先购股权。每当公司发行新股或进行配股时，给予现有股东优先购买公司新股票的权利。数量的多少根据股东现有股数乘以规定比例而定，这样就保证老股东对公司所有权的比例不至于下降。

(3) 剩余索偿权。这一方面是指普通股红利和股息的发放在还债和支付优先股股息之后，另一方面是指当公司倒闭破产时，普通股股东在公司偿付各类债务和优先股股东的权益后，才能按比例参与公司剩余财产的分配。

2. 优先股

优先股股票是指由股份有限公司发行的在分配公司收益和剩余资产方面比普通股股票具有优先权的股票。可见，优先股股票是相对于普通股股票而言的。它并不完全具备通常定义的股票的一般特征，是具有股票和债券某些共同特点的证券。

优先股的特征表现在以下方面：

(1) 优先和固定的股息率。优先股股票在发行时即已约定了固定的股息率，且股息率不受公司经营状况和盈利水平的影响。优先股股东可以先于普通股股东向公司领取股息，所以，优先股股票的风险要小于普通股股票。可见，优先股的收益与公司业绩关系不如普通股来得密切，但高于债券。

(2) 优先清偿剩余资产。当公司因解散、破产等进行清算时，优先股股东对公司剩余财产的清偿权是在债权人之后，普通股股东之前的。如果优先股股东权益未得到满足，不能对普通股股东进行资产的分配。

(3) 有限的表决权。优先股股东一般不享有公司经营参与权，即优先股股票不包含表决权。然而，在涉及优先股股票所保障的股东权益时，如公司连续若干年不支付或无力支付优先股股票的股息，优先股股东就享有表决权。

(4) 股票可由公司赎回。公司如有需要，可以依照优先股股票上所附的赎回条款，由公司赎回优先股股票。大多数优先股股票都附有赎回条款。公司赎回优先股股票时，可以在优先股价格的基础上适当地加价,从而使优先股股东从中得到一定的利益。

总之,对投资者来说,优先股股票收益固定,风险相对较小,而且投资的收益率要高于公司债券及其他债券的收益率。对股票发行公司来说,由于优先股股东一般没有表决权,可以避免公司经营决策权的分散。

除了上面一般意义上的优先股外,还有三种类型的优先股:累积优先股、可转换优先股和参与优先股。累积优先股,是指由于公司经营发生亏损、无力支付股息时,可以累积于次年,或以后等待有盈余时再行发放的优先股。可转换优先股,是指在一定期限内,按一定比例,可由投资者自行决定是否把优先股换成普通股。参与优先股,是指公司在盈利丰厚之时,规定优先股股东除了原有固定股息外,还可与普通股股东共同分享公司剩余利润。

2.2.4　股票的几个重要价值指标

股票价格种类有很多,在不同场合可分为不同的价格,也有不同的称谓。

1. 票面价格

股票的票面价格又称面值,是股份公司在发行股票时所标明的每股股票的票面金额。票面价格是股份公司发行股票的第一个价格,印制在票面上,它表明每股股份对公司总资本所占有的比例。

2. 账面价格

股票的账面价格也称为股票的净值,是公司会计记录所反映的每股股份价值。这个价格实际代表每股股票的净资产价值,即是采用公司总资产减总负债,得出净资产总额,再除以总股本得出的账面价格。

3. 内在价值

股票的内在价值即股票未来收益的现值,取决于股票收入和市场收益率。它代表股票的真实价值,是在预计股票未来收益的基础上产生的。股票的内在价值是市场价格的基础,但市场价格又不完全等同于其内在价值。对于内在价值的深入分析,本书第六章将有更详细的论述。

4. 市场价格

人们通常将市场价格称为行情,是指在证券市场上买卖股票的价格,股票转让的即时价格。它变化无常,最难以把握,任何一个微小的影响都会导致市价的起伏波动。股价是各种决定股票供求和价格变化的因素共同作用的结果。市场价格是个综合概念,它包括开盘价、收盘价、最高价、最低价、买入价、卖出价等几种,其中以每日收盘价最为重要,它是投资者分析行情和绘制技术走势图表的基本数据。

5. 虚拟资本值

虚拟资本值可以用公式 $V=E/i$ 来计算,E 为每股收益,i 为市场基准利率。股票的价值源于其对企业利润的分享权，由利润分享权衍生出的股票价值，称为虚拟资本值。

6. 市盈率

股票的市盈率等于股价除以每股收益，反映了投资人对每元净利润所愿支付的价格，是股票的相对股价。市盈率的高低反映了市场对公司未来发展前景的预期，是投资的重要参考指标。

2.2.5　股票的股息与红利

股息是股东定期按一定的比率从上市公司分得的盈利，红利则是在上市公司分派股息之后按持股比例向股东分配的剩余利润。获取股息和红利，是股民投资于上市公司的基本目的，也是股民的基本经济权利。

股息与红利的分配受股份公司的经营业绩、股利政策及国家税收政策等方面的影响。

股息红利作为股东的投资收益，是以股份为单位计算的货币金额，如每股多少元。但在股份公司实施具体分派时，其形式可以有四种：财产股利、负债股利、现金股利和股票股利。

财产股利是股份公司用现金以外的其他资产向股东分派的股息和红利。它可以是公司持有的其他公司的有价证券，也可以是实物。负债股利是股份公司通过建立一种负债，用债券或应付票据作为股利分派给股东。这些债券或应付票据既是公司支付的股利，又确定了股东对公司享有的独立债权。现金股利是股份公司以货币形式支付给股东的股息红利，也是最普通最常见的股利形式，如每股派息多少元，就是现金股利。股票股利是股份公司用股票的形式向股东分派的股利，也就是通常所说的送红股。

采用送红股的形式发放股息红利实际上是将应分给股东的现金留在企业内作为发展再生产之用，其实质是股东再投资，上市公司增资。股票股利使股东手中的股票在名义上增加了，与此同时公司的注册资本增大了，股票的净资产含量减少了，但实际上股东手中股票的总资产含量没什么变化。

股份公司发放股息红利的形式虽然有四种，但公司进行利润分配一般只采用股票股利和现金股利两种，即通常所说的送红股和派现金。当公司向股东分派现金股息时，就要对股票进行除息；当公司向股东送股票股利时，就要对股票进行除权。

当一家股份公司宣布上年度有利润可供分配并准备予以实施时，该只股票就称为含权股，因为持有该只股票就享有分红派息的权利。在这一阶段，公司一般要宣布一个时间称为"股权登记日"，即在该日收市时持有该股票的股东就享有分红的权利。

在以前的股票有纸交易中，为了证明对股份公司享有分红权，股东们要在公司宣布的股权登记日予以登记，且只有在此日被记录在公司股东名册上的股票持有者，才有资格领取公司分派的股息红利。实行股票的无纸化交易后，股权登记都通过计算机交易系统自动进行,股民不必到股份公司或登记公司进行专门的登记,只要在登记日的收市时还拥有股票,股东就自动享有分红的权利。

进行股权登记后,股票将要除权除息,也就是将股票中含有的分红权利予以解除。除权除息都在股权登记日的收盘后进行。除权之后再购买股票的股东将不再享有分红派息的权利。

在股票的除权除息日,证券交易所都要计算出股票的除权除息价,以作为股民在除权除息日开盘的参考。因为在开盘前拥有股票是含权的,而在收盘后的次日进行交易的股票将不再参加利润分配,所以除权除息价实际上是将股权登记日的收盘价予以变换。这样,除息价就是登记日收盘价减去每股股票应分得的现金红利,其公式为:

$$除息价 = 登记日的收盘价 - 每股股票应分得的现金红利$$

对于除权,股权登记日的收盘价格除去所含有的股权,就是除权报价。其计算公式为:

$$除权价 = 股权登记日的收盘价 \div (1 + 每股送股比例)$$

若股票在分红时既有现金红利,又有股票送配,则除权除息价为:

$$\begin{aligned} 除权除息价 = (&股权登记日的收盘价 - 每股应分得的现金红利 \\ &+ 每股配股比例 \times 配股价) \div (1 + 每股送股比例 + 每股配股比例) \end{aligned}$$

2.2.6 股票的拆股与并股

拆股就是指股份公司增加发行在外的股票股数,减少每股股票的票面价值,即用新股票按一定的比例替换发行在外的旧股票。拆股之后,新的流通股数量一般会比原来的流通股数量超过 25% 甚至更多。例如,对面额为 1 元的股票进行 1∶2 的拆股,则持有 200 股旧股票的股东就会拥有 400 股面额为 0.5 元的新股票。拆股与发放股票股利一样,不会使股东权益的数额发生任何变化,并且两者都会使股东获得更多的股票数,但是在数量和会计处理方法上两者却不相同。一般来说,在发放股票股利之后,股份公司股东权益项中各个科目的余额会发生改变;而在拆股之后,这些余额是不会发生变化的。

并股是指将数张股票合并为一张。并股的结果只是减少股票数量,增加股票面值,而公司股东权益总额并不改变。例如,若进行 2∶1 的并股,就是将 200 股面值为 1 元的股票变成 100 股面值为 2 元的股票。

在跟踪某个公司股票价格的变化时,必须将股票股利的发放及拆股、并股考虑进来。例如,股票价格的大跌可能完全是由拆股引起的,为了避免混淆,大多数金融服务公司都提供经过一定调整的数据信息,因此如果某股票在 2011 年 1 月 30 日进行了 1∶2 的拆股,则将 2011 年 1 月 30 日以前的股价除以 2 以便与当前的股价进行比较。

下面我们来分析拆股的原因。

由于拆股既不会增加收益,也不能减少成本,而仅仅是改变了投资者买卖股票的单位的大小,不仅如此,这一过程还会增添许多行政上的麻烦和额外的执行成本,因此有些人对拆股这种行为持怀疑态度。

然而也有些人赞成拆股,具有代表性的观点有两种:一种观点认为,股东对这种能"感觉得到的"公司成长有积极的反应;另一种观点认为,拆股能使股票的价格下降,而较低的价格又能使股票有更好的交易流动性,从而增加公司流通股的总价值。

图 2.1 描述了 1945 年到 1965 年间发生的 219 起拆股中股票回报的平均变化情况。对每一起拆股,股票的超额收益是用其月回报率与股票市场的月回报率相比而求出的,用这种方法对拆股前以及随后的 54 个月逐月累计计算,然后再将各个公司的计算结果加以平均,就得到了图 2.1 中所示的结果。

如图 2.1 所示,股票在拆股前 54 个月大约有近 30% 的超额回报。该图还告诉我们,拆股是在股价不正常的上升之后才进行的,也就是说,当公司有意外的发展时(如未预期到的收益大幅度增长),股价会大幅度上升,于是公司决定拆股。从拆股后的表现来看,投资者不再获得超额收益。从图 2.1 中显示的结果看,拆股之

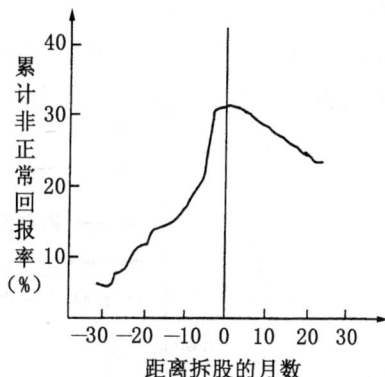

资料来源:Sasson Bar-Yosef and Lawrence D. Brown, "A Re-examination of Stock Splits Using Moving Betas", *Journal of Finance*, 32, no.4(September 1977):p.1074。

图 2.1 拆股前后的非正常股票回报率

后投资者甚至有所损失。另外一些使用不同股票和不同期间的研究结果表明,拆股之后并无超额收益,或者说只有极小的超额收益。

2.2.7 股票回购

股票回购是指上市公司从股票市场上购回本公司一定数额发行在外股票的行为。回购的股票就被库存起来称为金库股票。金库股票没有表决权,也不能分享股息,在经济上与未发行股票等值。

上市公司进行股票回购的方式有两种:一种是二级市场回购;另一种是自我收购报价方式。在一个对 1 300 起股票回购交易的研究中发现,有 90% 的回购交易是在二级市场上进行的,剩下的 10% 是通过自我收购报价方式完成的。自我收购报价又可分为两种方式,它们的使用频率大体相同。第一种是固定价格的自我收购报价,即公司提出以一个事先确定的价格购回一定数量的股票;第二种方式是荷兰式竞价拍卖的自我收购报价,方法是公司提出购买一定数量的股票,但价格是现有股东竞卖形成的,最后的成交价

是能够满足事先确定的股票数量的最低报价。

在上市公司宣布回购股票前后,股票价格会发生变化,但对于三种不同的回购方式,变化情况不一样。对于每一种回购方式,股票的超常回报是用该股票的日回报率与股票市场指数的日回报率相比较而求出的。用这种方法对宣布回购前50天和后50天进行计算,然后对每一种回购方式中的公司股票的超常回报进行平均,就得到了图2.2。从该图中我们可以看出,二级市场回购通常是在股票价格经历了超跌时发生的,而固定价格和竞价式回购通常是在股票价格有一定正常回报时发生的。该图还表明,在公司宣布股票回购之后,三种回购方式中的股价都大幅度上扬(在回购宣布的当天,固定价格回购方式平均上扬幅度为11%,竞价式回购方式为8%,而二级市场回购方式为2%)。最后,当回购期满之后,股票价格一般不会跌回到宣布回购前的原来价格。

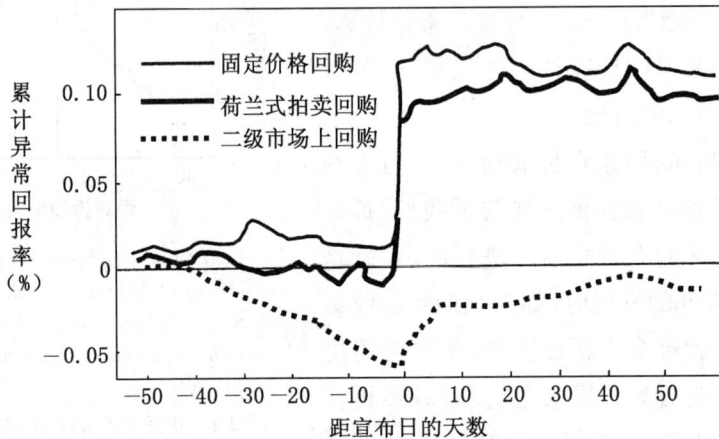

资料来源:Robert Comment and Gregg A. Jarrell, The Relative Signaling Power of Dutch-Auction and Fixed-Price Self-Tender Offer and Open-Market Share Repurchases, *Journal of Finance*, 46, no.4 (September 1991): p.1254.

图 2.2　公布回购前后的股价非正常行为

研究发现,由于股票回购能引起非正常的收益现象,因此投资者采取一定的投资策略就可以从中获得收益。特别是对于固定价格自我收购方式,如果在投标期结束前几天股票售价低于投标价3%以上,投资者就可以买进该种股票,然后在投标结束日将股票卖给公司。

一般情况下公司回购股票有以下三种原因:

第一,公司通过股票回购对被收购或接管进行反击。如果公司的盈利潜力未得到充分发挥,则会有被收购或接管的可能。一般情况下,收购人在投标报价宣布之前先通过经纪人在二级市场上买进公司的股票,然后向公众公开投标报价,进一步大量收购公司的股票。此时进行股票回购是公司进行反击的一种方式。

第二，公司试图通过股票回购向股东和公众发出信号，认为其股票在市场上被低估了。公司的内部管理者与股东之间的信息不对称可能导致股票定价错位。如果管理者认为股票的价值已被低估，那么公司回购股票就意味着对市场发出信号——它要投资购进定价错位的股票。市场会把这一行为看作股票低估的暗示，积极的股价反应应该是纠正定价错位。

第三，公司用现金利润回购股票而不是发放现金股息，对公司股东会有某些税收方面的好处。例如，某股东曾经以每股 40 元的价格购买了 10 股股票，若现在的股价是每股 50 元，则每股产生 10 元的未实现资本收益，总共有 100 元的未实现资本收益。如果该股东从公司接受每股 10 元的现金股息，则股价会重新跌回 40 元的价位，同时股东所收到的全部股息会作为股东个人收入被课以所得税。相反，公司也可以用同样多的钱来回购自己的股票。如果股东按比例地将其持有的股票卖给公司，则该投资者卖掉两股就可以获得 100 元，同时也只需对 20 元（$=100-40\times2$）的资本收益进行纳税。因此，股东目前只需对 100 元中的 20 元进行纳税，而且仍拥有 8 股的每股 10 元的未实现资本收益（因为股价仍保持为每股 50 元），这些收益只有在日后股票被出售时才需纳税。所以，股东可以从股票回购中获得两方面的好处：一是目前的应税金额较小；二是资本利得所得税税率要大大低于收入所得税税率。

2.3 债券

2.3.1 债券的概念

债券是一种有价证券，是各类社会经济主体为了筹措资金而向投资者出具的并且承诺按一定利率定期支付利息和到期偿还本金的债权债务凭证。由于债券的利息通常是事先确定的，所以债券又被称为固定收益证券。债券作为一种以法律与信用原则为基础的借款凭证，具有法律的约束力，反映借贷双方的经济权益关系，双方都必须严格按照合同规定履行自己的权利和义务。债券的票面上一般载明了债券的面额、利息及支付方式和债券到期的时间等基本要素。

2.3.2 债券的特征

从投资者的角度看，债券具有以下三个特征：

1. 偿还性

这是指债券必须规定到期期限，到期后债务人必须向债权人支付既定利息并全额偿还本金。当然，也曾有过例外。有些国家曾发行无期限永久性的债券，如无期公债或永久性公债，这种公债不规定到期时间，债权人也不能要求清偿，只能按期收取利息。

2. 流动性

这是指债券能够迅速并且不遭受损失地转换为货币的特性。债券并非都可自由转让流通,要经过管理部门批准才可上市流通。不上市流通的债券,其流动性就较差,投资者要么持有债券到期,要么寻找一个愿意购买该债券的投资者,但这往往并不容易。

3. 风险性

债券收益要比股票收益稳定,但仍然存在风险,主要有两类:信用风险和市场风险。信用风险指债务人不能按时支付利息和偿还本金的风险,这主要与发行者的资信情况和经营状况有关。市场风险指债券的市场价格因市场利率上升而跌落的风险,债券的市场价格与利率呈反方向变化。市场利率上升,债券价格下降;市场利率下降,债券价格上升。

2.3.3　债券的类型

对债券可以从各种不同的角度进行分类。按目前国际国内的通行方法,主要有以下几种债券类型:

1. 按计息的方式分类

(1) 附息债券。这是指债券上附有各种息票的债券。息票上标明利息额、支付利息的期限和债券号码等内容。息票一般以 6 个月或 1 年为一期。息票到期时,持有人从债券上剪下息票并据此领取利息。中长期政府公债及公司债券大多采用这一方式。

(2) 贴现债券。亦称无息债券或贴水债券,是指债券上不附有息票,发行时按某一折扣率,以低于票面价值的价格出售,到期按面额兑现。贴现债券的发行价格与面额的差价即为贴现债券的利息。

(3) 单利债券。这是指债券利息的计算采用单利计算方法,即按本金只计算一次利息,利不能生利。目前我国国债大部分以这种方式发行。

(4) 累进利率债券。这是指债券的利率按照债券的期限分为不同的等级,每一个时间段按相应利率计付利息,然后将几个分段的利息相加,便可得出该债券总的利息收入。

2. 按发行主体分类

(1) 政府债券。又称国债或公债,是一国政府以国家名义,为弥补财政赤字、筹集建设资金、归还旧债本息等原因在证券市场上融资,凭其信誉按照一定程序向投资者出具的承诺在一定时期支付利息和到期偿还本金的一种格式化的债权债务凭证,可分为中央政府债券、地方政府债券和政府保证债券。

政府债券一般具有以下几个特点:

① 安全性。由于国债是由政府发行的,它以一国的税收作保证,因此具有最高的信用地位,风险也最小。当然,利率也较一般债券要低。

② 免税待遇。大多数国家都规定,国债的利息无需交纳所得税,这对那些利息收入大的投资者很有吸引力。

由于国债具有较高的安全性和流动性,一般被广泛地用于各种抵押和保证行为中,而且国债还是中央银行的主要交易品种。中央银行通过对国债的公开市场交易对货币供应量进行调节,实现其货币政策的目标。

(2) 公司债券。这是由公司企业发行并承诺在一定时期内还本付息的债权债务凭证。发行公司债券一般是为了筹集长期资金,期限大多为 10—30 年。

公司债券除了具有债券的一般性质外,与其他债券相比还具有以下特征:

① 风险性较大。公司债券的还款依靠公司的经营状况,如果公司经营不善,就会使投资者面临利息甚至是本金损失的风险。

② 收益率较高。投资于公司债券要承担较高的风险,其收益率也较高。正因为如此,公司债券才吸引了许多投资者。

③ 债券持有者比股东有优先的收益分配权,并且在公司破产清理资产时,有比股东优先收回本金的权利。

(3) 金融债券。这是由银行或非银行金融机构发行的债券,利率要高于同期存款的利率水平。由于各国对金融机构的运营实行较为严格的监管,而且金融机构一般资金实力雄厚,资信度高,金融债券的安全性较高。严格地讲,金融债券也属于企业债券的一种,因商业银行本身就是自负盈亏的企业。

(4) 国际债券。这是由外国政府、外国法人或国际组织和机构发行的债券。它包括外国债券和欧洲债券两种形式。外国债券是一个国家在另一个国家以该国货币为面值发行的债券。欧洲债券是一个国家在另一个国家以第三国的货币为面值发行的债券,又称境外债券或欧洲货币债券。欧洲债券并非局限于地理概念上的欧洲范围。欧洲债券市场是一个开放度极高的国际市场,它不属于某一国家。

3. 按偿还期限分类

按到期日长短,债券可以分为短期、中期、长期债券。各国对短期、中期、长期债券的期限划分不完全相同。一般的标准是:期限在 1 年或 1 年以下的为短期债券;期限在 1 年以上、10 年以下的为中期债券;期限在 10 年以上的为长期债券。

4. 按债券的利率是否浮动分类

(1) 固定利率债券。这是指债券利率在偿还期内不发生变化的债券,如果存在通货膨胀,固定利率债券的实际收益将下降。

(2) 浮动利率债券。这是指债券的息票利率会在某种预先规定的基准上定期调整的债券。作为基准的大多是一些金融指数,如伦敦银行同业拆借利率(LIBOR)。浮动利率债券一般还规定利率浮动的下限,这样就减少了持有者的利率风险。

5. 按是否记名分类

（1）记名债券。这是指在债券上注明债权人姓名，同时在发行公司的名册上进行登记。转让记名债券时，要在债券上背书和在公司名册上更换债权人姓名。债券投资者必须凭印鉴领取本息。它的优点是比较安全，但是转让时手续复杂，流动性差。

（2）不记名债券。这是指在债券上不注明债权人姓名，也不在公司名册上登记。不记名债券在转让时无需背书和在发行公司的名册上更换债权人姓名，因此流动性强；但缺点是债券遗失或被毁损时，不能挂失和补发，安全性较差。

6. 按有无抵押担保分类

（1）信用债券。亦称无担保债券，是指仅凭债务人的信用发行的，没有抵押品作担保的债券。一般包括政府债券和金融债券，少数信用良好的公司也可发行信用债券。

（2）担保债券。这是指以抵押财产为担保而发行的债券。抵押物可以是土地、房屋、机器、设备等不动产，也可以是股票、国债等有价证券。如果债券到期，债务人无力支付债务，抵押物就用来抵偿债务。担保债券还可以由第三者担保还本付息。这种债券的担保人一般为银行或非银行金融机构或公司的主管部门，个别的是由政府担保。

2.3.4　债券与股票的区别

债券和股票实质上是两种不同性质的有价证券，二者反映着不同的经济利益关系。债券所表示的只是对公司的一种债权，而股票所表示的则是对公司的所有权。这种性质上的差别就决定了债券不同于股票，具体表现在以下几个方面：

从收益方面看，债券在购买前利率已定，到期就可获得固定的利息，而不管发行债券的公司经营获利与否；股票一般在购买之前不定股息率，股息收入随股份公司盈利情况的变动而变动。

从本金方面看，债券到期可收回本金；股票则无到期之说，只能转让。

从权利方面看，债券持有者一般不能过问公司的经营管理；而股票持有者作为公司的股东，有参与公司经营管理的权利。

从风险方面看，债券的市场价格变动幅度不大，投机性小，安全性高，因而收益较低；股票不仅是投资对象，更是金融市场上重要的投机对象，其转让的周转率高，市场价格变动幅度大，可以暴涨暴跌，安全性低，风险大，但能获得较高的预期收益。

从面额上看，债券面额比股票要大得多，原因有二：一是债券的发行对象一般为企业机构，或是少数富有个人，而股票的发行对象则是广大中小个人投资者；二是股票能随着企业的发展而使其价值逐年增长，小面额股票有利于日后其价值大幅增长，而债券则不存在价值增长问题，不必留下增长空间。

2.4　证券投资基金

2.4.1　证券投资基金的含义与性质

1. 证券投资基金的基本含义

证券投资基金是通过发行基金证券,集中投资者的资金,交由专家管理,从事股票、债券等金融产品投资,投资者按投资比例分享收益并承担风险的一种制度,其本质就是"受人之托,代人理财"。证券投资基金将分散的规模较小的资金集中起来由专家进行投资,具有交易成本低、投资方便、风险分散和收益共享等优势,对稳定市场也有积极的作用。

2. 证券投资基金的性质

(1) 证券投资基金是介于投资者和证券之间的媒介。它把投资者的资金转换成基金券,通过专门机构在金融市场上再投资,从而使资产增值。证券投资基金的管理者运用专业知识,经营管理投资者所投入的资金,保证投资者的资金安全和收益最大化。

(2) 证券投资基金是一种金融信托形式。一般的金融信托关系主要有委托人、受托人、受益人三个关系人,其中受托人与委托人之间订有信托契约。证券投资基金除了上述的关系人外,还有一个不可缺少的托管机构,它不能与受托人(基金管理公司)由同一机构担任,而且基金托管人一般是商业银行。

(3) 证券投资基金与股票、债券的区别。证券投资基金本身属于有价证券范畴,它发行的凭证即基金券(或受益凭证、基金单位、基金股份)与股票、债券一起构成有价证券的三大品种。但证券投资基金与股票、债券所反映的关系是不同的。股票反映的是一种产权关系,其收益受多种因素的影响,因此其投资收益是不固定的,风险性较大。证券投资基金反映的是一种信托关系,除公司型基金外,购买基金券并不是取得所购基金券发行公司的经营权。至于债券,它反映的是债权人和债务人之间的一种借贷关系,双方通常事先确定利率,债务人到期必须还本付息给债权人,因此债权人的收益是固定的。

2.4.2　证券投资基金的主要类型

证券投资基金在发展过程中,由于各国的历史、社会、经济、文化等环境不同,呈现出各种各样的形态。世界各国的证券投资基金虽然形式多样,但仍然可以根据不同的标准来对它们进行分类。

1. 按组织形式和法律地位分类

(1) 契约型投资基金。

契约型投资基金也称信托型投资基金,它是依据信托契约通过发行受益凭证而组建的投资基金。该类基金一般由基金管理人、托管人及收益人三方订立信托契约,规定当事人各自的权利和义务。基金管理公司是基金的发起人,通过发行受益凭证将资金筹集起来组成信托财产,并按基金契约规定运用和管理基金资产投资,及时、足额地向基金受益人支付回报,编制基金财务报告,按期公告基金资产净值。基金托管人一般由商业银行担任。托管人要安全保管基金的全部资产,执行基金管理人的投资指令,并监督基金管理人的投资运作,出具基金业绩报告,提供基金托管情况,审查基金资产净值及基金价格报告。基金受益人也是基金持有人,有权出席基金持有人大会,取得合法收益,监督基金运行情况,有权申购、赎回或转让基金等。基金发行的受益凭证表明投资者对投资基金所享有的权益。

(2)公司型投资基金。

公司型投资基金依公司法成立,通过发行基金股份将集中起来的资金投资于各种有价证券。公司型投资基金在组织形式上与股份有限公司类似,基金公司资产为投资者(股东)所有,由股东选举董事会,由董事会选聘基金管理公司,基金管理公司负责管理基金业务。公司型基金的设立要在工商管理部门和证券交易委员会注册,同时还要在股票发行交易所在地登记。

公司型基金的组织结构主要有以下几个方面当事人:基金股东、基金公司、投资顾问或基金管理人、基金托管人、基金转换代理人、基金主承销商。实际管理和经营基金资产的是一种独立的基金管理公司,即基金的投资顾问。投资顾问所负职责和所得报酬由基金公司和基金管理公司订立的顾问协议规定下来。投资顾问的主要职责包括有价证券的研究分析、制定投资组合和从事日常的基金管理。基金托管人一般是银行,它的主要职责是保管基金资产及股息核算等,托管人也要同投资公司签订保管契约并收取保管费。转换代理人通常也由银行或其他金融机构承担,由其负责基金股票的转移以及股息分配等。基金承销商负责基金股票发售的具体工作,是管理公司的代理机构,负责按净资产价值购买基金的股份并按净值加佣金卖给证券交易商或其他人,再由他们负责卖给投资者。

(3)公司型基金和契约型基金的区别。

① 二者的法律依据不同。

公司型基金根据国家的公司法成立,具有法人资格。公司型基金除了两个当事人,即基金公司及其股东外,其他当事人之间的关系与契约型基金一样,基金公司及其股东之间的权利与义务以及基金的运用必须遵守公司法的要求。基金公司如果本身不是管理公司,则基金公司与基金管理公司之间也需要通过委托管理契约来进行规范。契约型基金根据国家的信托法组建,基金本身不具有法人资格。契约型基金有三个当事人,即委托人、受托人和受益人,三者之间的权利与义务以及基金的运作遵守信托法的规定。

② 二者依据的章程契约不同。

公司型基金凭借公司章程、委托管理契约和委托保管契约等文件经营信托财产；而契约型基金则凭借信托契约来经营信托财产。

③ 二者的基金发行凭证不同。

公司型基金组织公司的信托财产是通过发行普通股票筹集起来的，契约型投资基金组织信托财产是通过发行受益凭证筹集起来的。前者既是一种所有权凭证，又是一种信托关系；后者反映的仅仅是一种信托关系。

④ 二者的投资者的地位不同。

公司型基金的投资者即基金公司股东，他们有权对公司的重大决策进行审批，发表自己的意见，并以股息形式收取投资收益；契约型基金的投资者是信托契约的当事人，通过购买受益凭证获取投资收益，对基金如何运用所作的重要投资决策通常不具有发言权。

⑤ 二者的基金融资渠道不同。

公司型基金由于具有法人资格，因此可以向银行借款，这比较有利于公司扩大资产规模，公司发展有雄厚的资本作保证。契约型基金因不具备法人资格，一般不通过向银行借款来扩大基金规模。

⑥ 二者的基金具体运作不同。

公司型基金募集资金在发售证券方面有很多优势，可以迅速将股票销售完毕，这当然要对承销商和经销商支付一定费用。投资者办理股票移交手续后即成为股东。对于契约型基金而言，投资者只要向基金管理公司购买受益凭证，即可成为该基金的受益人。在基金运营中，公司型基金同一般股份公司一样，除非根据公司法到了破产清算阶段，一般情况下基金公司都具有永久性，这有利于公司稳定经营。从宏观经济角度看，基金公司不能随意成立和终止，这有利于一个国家证券市场的稳定和国民经济的平稳发展。而契约型基金由于依据信托契约建立和运作，随着契约期满基金运营也就终止，这不利于基金的长期经营，也不利于证券市场的稳定。

就两类基金的共性而言，无论是公司型基金还是契约型基金，都涉及四个方面当事人：基金受益人或基金投资人（公司型基金的投资人包括基金公司的投资人和基金公司两个层次）、基金管理人即基金管理公司（有的基金公司本身即是管理公司）、基金托管人即基金托管公司，以及基金代理人即承销公司。它们通称为基金组织的四要素，在基金的运用过程中发挥着不同的作用。从世界基金业的发展趋势看，公司型基金除了比契约型基金多了一层基金公司组织外，其他各方面都有与契约型基金趋同化的倾向。

2. 按运作和变现方式分类

（1）封闭型投资基金。

封闭型投资基金是基金发行规模事先确定，在发行完毕后和规定的期限内，不论出现何种情况,基金的资本总额及发行份数都固定不变,处于封闭状态,也称为限额投资基金或固定型投资基金。由于封闭型投资基金的股票及受益凭证不能被追加、认购或赎回,投资者只能通过证券经纪商在证券交易所进行基金的买卖,因此有人又称封闭型投资基金为公开交易共同基金。

封闭型投资基金的单位价格虽然以基金净资产价值为基础,但更多的是随证券市场供求关系的变化而变化,或高于基金净资产价值(溢价),或低于净资产价值(折价),并不必然反映基金净资产价值。

封闭型基金的优点是:因封闭基金期限固定,有利于管理操作的计划性和稳定性以及中长期的投资组合;期限相对较长,有利于组合中包括变现能力相对较弱的股权投资,促进公司资产重组以及提高重大项目的投资效益;基金转让的外在性,即基金转让并不涉及基金管理操作,避免了在市场动荡时,因投资者的竞相挤兑赎回而给基金带来损失。

封闭型基金的缺点是:基金转让的外在性,从另一方面又容易产生过度炒作行为;由于其封闭性,基金操作人易滋生某种惰性或暗箱操作带来的违规行为,无压力感和紧迫感,这也不利于其经营水平的提高。

(2)开放型投资基金。

开放型投资基金也称追加式或不定额型投资基金,是指基金的资本总额及持份总数不是固定不变的,而是可以随时根据市场供求状况发行新份额或被投资人赎回的投资基金。开放型投资基金不上市交易,基金管理公司开设柜台交易,其交易价格由基金资产净值决定,大多不随行就市,每日由基金管理公司公布资产净值并据此确定投资者的申购价和赎回价。因此,基金份额不固定,资产净值也无法固定,价格也随波逐流。基金管理公司必须保留部分现金以备投资者赎回。根据上述定义,由于基金的股份总额随时因市场供求变动而变化,这样,若新份额被购买,则基金就有更多资产供投资用;若基金的股份被赎回,则基金的投资总额就要相应减少,从而引起基金投资组合中的资产变动。若基金被赎回的份额过大,超过基金正常的现金储备,基金管理机构必须出售手中的有价证券以换取现金。开放型投资基金的买卖价格是由基金的净资产价值加一定手续费确定的。由于基金的资本总额根据市场供求关系的变化而变化,基金的买卖价格必然反映基金的净资产价值。

开放型基金的优点是:可依据需要,随时扩大发行规模和空间,十分方便灵活。基金规模由市场决定,有利于提高基金经营水平,符合优胜劣汰的市场法则。基金的申购与赎回均以净值为标准,可避免封闭型基金人为炒作的风险。基金投资于变现能力强、流动性好的证券品种,也防止封闭型基金容易产生的固定呆滞性投资,降低了风险。

开放型基金的缺点是:因基金规模可持续扩大,易发生基金管理人操纵市场的行为,形成风险;反之,又会在行情低迷时出现挤兑,基金管理机构被迫抛售手中有价证券以套现,形成证券市场的持续下跌,恶性循环,危及基金及投资者的利益。因为基金的开放度高,流动性强,管理人难免产生短线投资行为,加剧市场震荡,难以获得长远利益。由于要保留相当的备付金,在一定程度上也影响了投资效益。

(3) 封闭型基金和开放型基金的区别。

① 基金规模可变性不同。

封闭型基金与开放型基金的主要区别在于基金所持份额是否能够赎回,或者基金资本规模是否可以变动。封闭型基金在存续期限内不能赎回,只能按市场价格转让,基金规模固定。开放型基金的规模在存续期限可随意扩大或缩小,导致基金资金额每日变动。

② 基金单位交易价格不同。

封闭型基金价格受市场供求影响而具有不确定性,或溢价或折价交易。开放型基金按相对固定的资产净值定价,不受市场直接影响。

③ 基金的买卖方式不同。

开放型基金的投资者可以随时直接向基金管理公司或通过经销商购买,封闭型基金的投资者必须根据这类基金的不同阶段采取不同的购买方式。在封闭型基金刚发起设立时,投资者可以向基金管理公司或经销机构按面值或规定价格购买;当发行完毕或基金已经上市交易后,投资者则只能通过经纪商在证券交易市场上按市价买卖。因此,开放型基金的流动性要高于封闭型基金,可以随时变现或买入。

除此之外,封闭式基金和开放式基金尚有差异见表 2.1。

表 2.1 封闭式基金与开放式基金的差异比较

	封闭式基金	开放式基金
基金期限	有固定封闭期,期满后可以清盘或封转开	无期限限制,理论上可以无限期存在,但存在清算风险
交易方式	场内交易,在基金投资者之间进行	场外交易,在基金投资者和基金式管理人或代理人之间进行
	ETF、LOF 等创新型开放式基金实现场内和场外同时交易模式	
信息公布	每周公布一次净值	每个交易日均公布净值
交易成本	无印花税、过户费,仅买卖佣金	申购费率和赎回费率较高
适应市场	规模较小、开放程度较低的市场	规模较大、开放程度较高的市场
管理难度	难度较小	难度较大
特 性	分红效应、折价率存在(存在边际安全缓冲)	无
交易便利性	即时交易,盘中可把握买卖时机	未知价申购,份额赎回,在收市前委托申购或赎回指令
产品流动性	易于变现(T+1)	不易变现(T+3)

2.5 金融衍生证券

2.5.1 金融衍生证券的概念与金融创新发展

有价证券可以分为两大类,一是基本证券,股票、债券和投资基金都属于这类;二是金融衍生证券,这是本节所要阐述的。

金融产品有三大特性:盈利性、流动性和安全性。盈利性是指金融产品能给投资者带来收益;流动性是指一种金融产品能迅速转换成现金而对持有人不造成损失的能力;安全性是指金融产品给投资者带来损失的可能性,也称为风险性。金融产品的流动性、盈利性和安全性三者之间往往是矛盾的。一般来说,盈利性与安全性之间存在对立关系,盈利水平高的产品一般承担的风险都比较大。同样,盈利性与流动性也存在矛盾,流动性强的产品盈利水平往往较低。所以,同时达到盈利性、安全性和流动性的各自最优水平是不可能的。

不同投资者对金融产品三要素的要求是不相同的,有些人愿意冒高风险去获取较大收益;有些人则希望风险最小。金融创新就是采用新的技术和方法,改变金融体系基本要素的搭配和组合,在盈利性、流动性和安全性之间进行权衡,创造出符合不同投资者需要的金融产品。金融衍生证券就是金融创新的结果,是从基本证券中派生出来的金融产品,它的产生满足了投资者趋利避险的要求。

金融衍生证券主要采用保证金交易,即只要支付一定比例的保证金就可进行全额交易,有较大的杠杆效应。结算交割往往不需实际上的标的物的转移,而是以合约的形式直接采用现金结算盈亏的方式进行。

2.5.2 金融衍生证券的主要类型

1. 根据金融衍生证券的特性分类

根据金融衍生证券的特性,可以分为远期、期货、掉期和期权四大类。

远期合约和期货合约都是交易双方约定在未来某一特定时间以某一特定价格买卖某一特定数量和质量的资产的交易形式。它们的区别是:第一,交易场所不同。期货合约在交易所内交易,具有公开性,而远期合约在场外交易。第二,合约的规范性不同。期货合约是标准化合约,除价格以外,合约的品种、规格、质量、数量等都有统一的规定,而远期合约的所有事项都要交易双方协商决定,谈判过程比较复杂,但条款灵活。第三,流动性不同。由于期货是交易所指定的标准合约,其流动性较高,而远期合约的流动性较低。

掉期合约是一种由交易双方签订的在未来某一时期相互交换某种资产的合约。更为准确地说,掉期是当事人之间在未来某一期间内相互交换他们认为具有相等经济价值的现金流。较为常见的是货币掉期合约和利率掉期合约。前者指两种货币之间的交换,即两种货币资金本金交换交易,后者是同种货币资金不同种类利率之间的交换,一般不作本金交换。

期权交易是买卖权利的交易。期权合约规定了在某一特定时间以某一特定价格买卖某一特定种类、数量、质量的资产的权利。期权合同有在交易所上市的标准化合同,也有在柜台交易的非标准化合同。购买期权的向出售期权的支付了一定的费用后,即获得了能以确定的时间、价格、数量和品种买卖标的物的权利。买入方可根据自己的意愿决定是否执行该权利。

2. 根据所依附的资产分类

根据所依附的资产,金融衍生证券大致可以分为股票、利率、汇率和商品四大类。

股票类中包括具体的股票和由股票组合形成的股票指数;利率类中可分为以短期存款利率为代表的短期利率和以长期债券利率为代表的长期利率;汇率类包括各种不同币种之间的比值;商品类中包括各类大宗实物商品。

3. 根据交易方法分类

根据交易方法,可分为场内交易和场外交易。

场内交易,又称交易所交易,指所有的供求方集中在交易所进行竞价交易的交易方式。交易所向交易参与者收取保证金,同时负责进行清算和承担履约担保责任。在场内交易的金融衍生证券一般都是标准化的金融合同,由投资者选择与自身需求最接近的合同和数量进行交易。所有的交易者集中在一个场所进行交易,这就增加了交易的密度,一般可以形成流动性较高的市场。期货交易和部分标准化期权合同交易都属于这种交易方式。

场外交易,又称柜台交易,指交易双方直接进行交易的方式。这种交易方式有许多形态,可以根据每个使用者的不同需求设计出不同内容的产品,因此场外交易不断产生金融创新。由于每个交易的清算是由交易双方相互负责进行的,交易双方仅限于信用程度高的客户。掉期交易和远期交易是具有代表性的柜台交易的衍生产品。

2.5.3　两种最基础衍生证券

下面,我们主要介绍两种与股票相关的金融衍生证券。

1. 认股权证

(1) 认股权证的定义及其性质。

认股权证(warrant)是国际证券市场上近年来兴起的一种最初级的股票衍生产品。它是由发行人发行的、能够按照特定的价格在特定的时间内购买一定数量该公司普通股票的选择权凭证,实质上它类似于普通股票的看涨期权。认股权证的应用范围包括:股票配股、增发、基金扩募、股份减持等。根据不同的发行主体,认股权证可以分为股本认购证和备兑权证两种。股本认购证属于狭义的认股权证,它是由上市公司发行的。而备兑权证属于广义的认股权证,它是由上市公司以外的第三方发行的,不增加股份公司的股本。

(2)认股权证的功能及特点。

认股权证的功能表现在三个方面:首先,从市场功能来看,它丰富了市场投资品种,为证券市场提供风险管理工具;其次,对发行人来说,它可以加大融资工具对投资者的吸引力,顺利实现筹资目的;第三,对投资者来说,权证能发挥杠杆作用,达到以小搏大的目的。

认股权证一般具有融资便利、对冲风险、高杠杆等特点。具体来说,它具有以下五个特点:

第一,权证的持有者有权利而无义务,两者都有期权的特征。在资金不足、股市形势不明朗的情况下,投资者可以购买权证而推迟购买股票,以减少决策失误而造成的损失。

第二,风险有限,可控性强。从投资风险看,认股权证的最大损失是权证买入价,其风险锁定,便于投资者控制。

第三,权证为投资者提供了杠杆效应。投资人可用少量资金购买备兑权证,取得认购一定数量股份的权利,具有以小搏大的特性。

第四,结构简单,交易方式单一。认股权证是一种个性化的最简单的期权。它的认购机理简单,交易方式与股票相同,产品创新的运作成本相对较低。大部分衍生产品都是以现金进行交割,而认股权证可以用实券交割,更符合衍生产品发展初期投资者的交易习惯。

第五,备兑权证的发行不涉及发行新股或配股。它的发行是因为发行人已拥有大量已发行的股票,或通过市场吸纳了现有的股票,以备各备兑权证持有者行使权利,因此发行备兑权证具有套现的目的,它并不增加证券的总量,不会摊薄正股的每股盈利;而一般认购证因涉及发行新股或配股,所以在发行时都伴随着股本的扩张,具有集资的目的。

(3)认股权证与看涨期权的区别。

认股权证(备兑认股权证)和看涨期权性质差不多,区别仅在于认股权证是由股票所在公司发行的,而看涨期权则是另一个投资者发行的。因此,认股权证的发行会影响企业的价值,执行认股权证时,公司获得股票的执行价格收入,但同时发行在外的股票数目上升了,而发行在外的认股权证数目下降了。

2. 可转换债券

(1)可转换债券的概念及特点。

可转换公司债券(简称可转换债券)是一种可以在特定时间、按特定条件转换为普通股股票的特殊企业债券。可转换债券兼具有债券和股票的特性。可转换债券的发行人拥有强制赎回债券的权利。一些可转换债券在发行时附有强制赎回条款,规定在一定时期内,若公司股票的市场价格高于转股价达到一定幅度并持续一段时间时发行人可按约定条件强制赎回债券。

由于可转换债券附有一般债券所没有的选择权,因此,可转换债券利率一般低于普通公司债券利率,企业发行可转换债券有助于降低其筹资成本。但可转换债券在一定条件下可转换成公司股票,因而会影响到公司的所有权。

(2) 可转换债券的合同内容。

① 票面利率。

由于可转换债券也是一种企业债券,因此,它也和企业债券一样具有票面利率。但由于可转换债券包含了将债券转换成普通股的期权,而股票价格的波动可能会给可转换债券的持有人带来远高于票面利息的收入,因此其利率通常较一般企业债券低好几个百分点,这几个百分点的利息损失就是可转换债券的转股期权费。在实际操作中,可转换债券的利率比普通债券低 2—4 个百分点。

② 转换期限。

转换期限也就是将可转换债券转换为股票的起讫时间。转换期限有四种规定方式:第一种方式是发行日至到期日;第二种方式是发行日至到期前某日;第三种方式是发行后某日至到期前某日;第四种方式是发行后某日至到期日。如果无特殊要求,可以采取第一、第二种转换期限的规定;如果公司现有股东不希望过早引入股权资本来稀释权益,可以采取第三、第四种方式。对于投资者来说,第一种的转换期限最长,第三种的转换期限最短。转换期限越长,投资者选择的转换机会越多,相应的可转换债券的利率越低,以体现包含的转换股票的期权费越大。

③ 转换价格。

转换价格是指可转换债券转换为公司股票时每股股票所支付的价格。上市公司一般以可转换债券发行前一段时期内的股票价格的简单算术平均数为基础,上浮一定比例作为转换价格(通常上浮 10%—30%)。非上市公司往往选择公司上市前预期可比市盈率和税后利润来估算公司股票价值,进而估算转换价格。

④ 转换比率。

转换比率是指一份可转换债券能够转换成的股票的数量。它与转换价格的关系为:

$$可转换债券的面值 = 转换价格 \times 转换比率$$

⑤ 赎回条款。

这是在可转换债券到期前,发行公司可在一定条件下赎回债券的条款。设立这一条款的主要目的在于迫使投资者尽快将债券转换为股票,保护发行公司自身的利益。当然,发行公司只能在一定条件下如市场上股价连续一段时间高于转换价格的130%—150%时,才能行使赎回权,即按事先约定的价格(高于面值)买回未转股的可转换债券。

⑥ 转换价格的调整条件。

可转换债券的投资者承担了一定的公司风险。可转换债券发行后至转换前,发行公司会有进行股权融资、股利政策、分立或并购等行为,引起公司资本结构及股票名义价格下降。这时,可转换债券的转换价格必须相应调整,否则在公司股票名义价格因上述活动而不断下跌的情形下,高出公司当前股价的固定转换价格将使可转换债券持有人无法进行有利的转换,并因此而蒙受损失。

(3) 可转换债券的价值。

可转换债券的价值可分为三个部分:纯粹债券价值、转换价值和期权价值。

① 纯粹债券价值。

纯粹债券价值是指可转换债券在没有转换成普通股票,而是被投资者当作债券持有的情况下能以何价格出售。债券持有价值取决于利率的一般水平和违约风险程度。

可转换债券的纯粹债券价值是债券的最低限价。

② 转换价值。

转换价值是指如果可转换债券能以当前市价立即转换为普通股,则这些可转换债券所能取得的价值。转换价值典型的计算方法是:将每份可转换债券所能转换的普通股股票份数乘以普通股的当前价格。

③ 期权价值。

可转换债券的价值通常会超过纯粹债券价值和转换价值。之所以会发生这种情况,一般是因为可转换债券的持有者不必立即转换。相反地,持有者可以通过等待并在将来根据纯粹债券价值和转换价值二者孰高来选择对己有利的策略(即是转换普通股还是当作债券持有)。这份通过等待而得到的选择权(期权)也有价值,它将引起可转换债券的价值超过纯粹债券价值和转换价值。

当公司普通股的价格较低时,可转换债券的价值主要显著地受到其基本价值如纯粹价值的影响。然而,当公司普通股的价格较高时,可转换债券的价值主要由基本转换价值决定。

总之,可转换债券价值等于其纯粹债券价值和转换价值二者之间的最大值与期权价值之和。

在本章的最后,我们从投资者的角度对证券的分类进行一下总结,形成证券家族图系(见图2.3)。

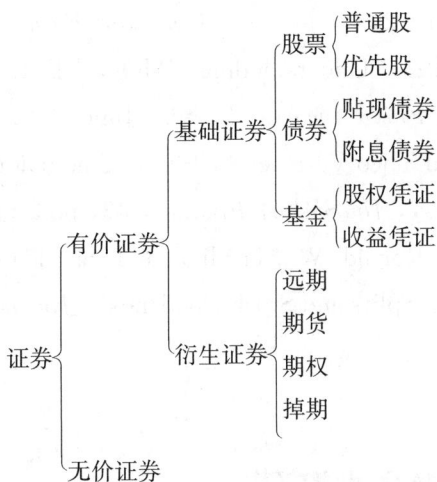

图 2.3　证券家族图系

思考题

1. 为什么说普通股是风险最大的股票?

2. 与普通股票相比较,优先股票的特点表现在哪几个方面?

3. 普通股几个最重要的价值指标是什么?

4. 债券与股票有哪些相同点和不同点?

5. 契约型投资基金和公司型投资基金有什么异同?

6. 封闭型投资基金和开放型投资基金有什么区别?

7. 简要说明各种金融衍生产品的独特功能及其原理。

8. 金融产品的三要素是什么? 它们之间的逻辑关系如何?

9. 比较中美金融衍生产品种类的差别,为什么我国种类很少?

参考文献

杨朝军:《中国投资基金发展述评》,《经济管理》1996 年第 4 期。

杨朝军等:《上海股票市场公司分配行为特点及趋势》,《证券市场导报》1999 年第 6 期。

Frank J.Fabozzi and Franco Modigliani,1994,*Capital Markets：Institutions and Instruments*,Prentice Hall.

Earl Baldwin and Saundra Stotts,1990,*Mortgage-Backed Securities*,Probus Publishing.

David A.Dubofsky，1992，*Options and Financial Futures*，McGraw-Hill.

Andrew Carron，1992，"Understanding CMOs，REMICs，and Other Mortgage Derivatives"，*Journal of Fixed Income*，2，no.1(June).

Josef Lakonishok and Theo Vermaelen，1990，"Anomalous Price Behavior Around Repurchase Tender Offers"，*Journal of Finance*，45，no.2 (June).

Mark S. Grinblatt，Ronald W. Masulis，and Sheridan Titman，1984，"The Valuation Effects of Stock Splits and Stock Dividends"，*Journal of Financial Economics*，13，no.4(Dec.).

附录 2.1　中国证券大类概况

一、中国股票市场现状

中国现有两个证券交易所——上海证券交易所和深圳证券交易所。目前，上海证券交易所只有主板市场；深圳证券交易所有主板、中小板和创业板三个市场，中小板于2004年5月开板，创业板于2009年10月开板。大型公司一般在上海证券交易所主板上市，中小型公司一般在深圳证券交易所中小板和创业板上市。

2016年底，中国股票市场规模如表1所示。

表 1　中国股票市场规模情况(截至 2016 年 12 月 31 日)

股票市场规模情况	上海证券交易所	深证证券交易所				合　计
	主　板	主　板	中小板	创业板	小　计	
上市公司总数(家)	1 182	478	822	570	1 870	3 052
上市 A 股总数(只)	1 175	467	822	281	570	1 745
上市 B 股总数(只)	51	49	0	0	54	105
股票总市值(亿元)	284 608	72 710	98 114	52 255	223 078	507 686
股票流通市值(亿元)	240 006	58 770	64 089	30 537	153 395	393 401
投资者开户数(万户)	22 485				20 897	43 382

资料来源：上海证券交易所、深圳证券交易所。

2016年全年中国股票市场交易情况，总成交金额564.2万亿元。以期末流通市值计算两市全年换手率为230%，其中上海证券交易所全年换手率为152%，深圳证券交易所换手率为426%。

2016年国内大型公司在上海证券交易所主板进行 IPO，中小型公司在深圳证券交易所的中小板和创业板进行 IPO，深圳证券交易所主板已经停止新公司的上市。2016年全年中国募集公司总数为1 052家，合计募集资金18 713亿元。

表 2　2016 年中国股票市场成交情况(截至 2016 年 12 月 31 日)

股票市场规模	上海证券交易所	深证证券交易所				合　计
	主　板	主　板	中小板	创业板	小　计	
成交金额(亿元)	2 838 724	934 426	934 426	934 426	2 803 278	5 642 002
日均成交金额(亿元)	11 634	3 830	3 830	3 830	11 489	23 123
成交数量(亿股)	52 545	19 719	20 578	951	41 248	93 793
日均成交数量(亿股)	215	81	84	4	169	384

资料来源:同表 1。

表 3　2016 年中国各股票市场募集资金情况

2016 年 股票市场融资情况	上海证券交易所	深圳证券交易所				合　计
	主　板	主　板	中小板	创业板	小　计	
募资公司数(家)						
IPO	103	0	46	78	124	227
增发	221	109	265	219	593	814
配股	4	3	3	1	7	11
合计	328	112	314	298	724	1 052
募资金额(亿元)						
IPO	1 017	0	221	258	479	1 496
增发	7 014	3 595	4 400	1 910	9 904	16 918
配股	215	64	16	4	84	299
合计	8 246	3 659	4 637	2 171	10 467	18 713

资料来源:同表 1。

二、中国债券市场概况

中国债券市场包括三个市场,商业银行柜台市场、交易所场内债券市场和银行间场外债券市场。其发展可以分为三个阶段:1988—1992 年以柜台市场为主,1992—2000 年以场内市场为主,2000 年至今以场外交易市场为主。

表 4　中国债券市场规模总览(截至 2016 年 12 月 31 日)

债券托管量(亿元)	2016 年 12 月 31 日	其他项目(亿元)	2016 年 12 月 31 日
本币债	437 268.14	债券市值(本币债)	443 379.50
不可流通债券	13 886.95	托管债券数	7 459
可流通债券	423 381.18	待购回债券余额	46 958.25
其中:跨市场托管量	233 529.73	质押式回购	42 479.15
美元债(美元)	48.65	买断式回购	4 479.10

数据来源:中国债券信息网。

目前,中国债券市场以政府债券和政策性银行债券为主,合计发行金额为 12.34 万亿,占总发行量的比例达 88%。而企业债券市场发展相对落后,2016 年企业债券发行量为 5 926 亿元,仅占债券总发行量的 4%。

表5　2016 年中国各类债券发行量一览表

2016 年	发行次数(次)	占　比	发行金额(亿元)	占　比
国　　债	140	5%	29 458	21%
地方政府债	1 158	39%	60 428	43%
央行票据	0	0%	0	0%
政策性银行债	624	21%	33 470	24%
政府支持债券	14	0%	1 400	1%
商业银行债券	62	2%	3 657	3%
企业债券	498	17%	5 926	4%
资产支持证券	332	11%	3 561	3%
中期票据	0	0%	0	0%
其　　他	125	4%	3 508	2%
合　　计	2 953	100%	141 409	100%

数据来源:同表4。

2016 年中国现券交割量为 79.54 万亿,通过银行间完成的现券交割量占据绝大部分。

表6　2016 年中国债券交易量一览表

项目名称	面额(亿元)	次　数	项目名称	面额(亿元)	次　数
现券交割量	795 359	1 008 231	回购交割量	5 001 328	1 256 214
银行间	795 271	868 761	质押式回购	4 777 086	1 048 752
柜台	88	139 466	买断式回购	224 241	207 462
美元债(美元)	1	4	远期成交量	0	2
债券借贷成交量	15 451	7 323	债券兑付量	55 733	16 380

数据来源:同表4。

三、中国基金市场概况

中国基金业发展历程可以分为三个阶段。(1)早期探索阶段(1991—1997 年):1991 年中国最初的一批老基金——武汉证券投资基金和深圳南山风险投资基金宣告成立,标志着中国基金业正式起步。(2)试点发展阶段(1998—2004 年):在 1998 年和 1999 年,中国最老的十家基金管理公司成立,48 只封闭式基金成功发行;2001 年 8 月 17 日,证监会正式批准设立国内首家契约型开放基金——华安创新证券投资基金。(3)快速发展阶段(2004 年至今):2004 年 10 月发行第一支开放式基金(LOF)——南方积极配置基金;

2004 年年底推出国内首支交易型开放式指数基金(ETF)——华夏上证 50；2004 年深国投推出全国首个阳光私募"赤子之心"。

2016 年年底,中国有 117 家基金管理公司,封闭式基金 181 支,开放式基金 4 159 支,基金规模合计 9.22 万亿元。

表 7　中国前十大基金管理公司基金管理规模一览表(截至 2016 年 12 月 31 日)

基金公司简称	基金只数	基金资产净值(亿元)	基金资产净值市场占比	基金资产净值排名	基金份额规模(亿份)	基金份额规模市场占比	基金份额规模排名
华夏基金	53	8 455.24	9.17	1	8 458	9	1
嘉实基金	106	5 535.86	6.00	2	5 603	6	2
易方达基金	105	4 033.03	4.37	3	3 103	3	10
南方基金	124	3 900.64	4.23	4	3 597	4	7
博时基金	113	3 821.66	4.14	5	3 986	4	3
广发基金	183	3 799.56	4.12	6	3 674	4	6
华安基金	86	3 791.30	4.11	7	3 787	4	4
大成基金	130	3 519.01	3.82	8	3 739	4	5
工银瑞信	122	3 475.02	3.77	9	3 369	4	9
银华基金	136	3 070.75	3.33	10	2 992	3	11

资料来源:中国基金网。

四、中国金融衍生品市场概况

1. 中国权证市场

2005 年,权证作为股权分置改革的一种工具被引入中国。2005 年 8 月 22 日,中国第一支股改权证、第一支备兑权证——宝钢认购权证于上海证券交易所挂牌上市,开启了中国权证交易市场。2005 年 11 月 23 日,第一支认沽权证——武钢认沽权证于上海证券交易所挂牌上市。在后来的六年时间里,中国 A 股市场曾经先后发行过 95 支权证,其中 68 支为认购权证,27 支为认沽权证。

但是权证作为 A 股市场上唯一的"T+0"品种,一直被当作疯狂炒作的对象,这也使得行权的比例越来越小。2011 年 8 月 11 日,中国 A 股市场最后一支权证——长虹 CWB1 完成了其最后一个交易日。它的落幕意味着 A 股权证告一段落。

2. 中国股指期货市场

2010 年 4 月 16 日,中国又一个金融衍生产品诞生——沪深 300 股指期货正式在中国金融期货交易所上市交易,从此拉开了中国股指期货市场的序幕。中国股指期货合约标的为沪深 300 指数,该指数为上海和深圳证券市场中选取 300 支 A 股作为样本组成的成分股指数。

表 8　中国股指期货交易情况(2010—2016 年)

沪深 300 股指期货	2010 年	2011 年	2012 年	2013 年	2014 年	2015 年	2016 年
成交量(万手)	4 587	5 041	10 506	19 322	21 666	27 710	423
成交金额(万亿)	41	44	76	141	163	342	4
持仓量(手)	29 805	48 443	110 386	119 534	215 437	37 457	40 093

资料来源:中国金融期货交易所。

五、中国金融证券化的发展趋势

随着中国经济逐步走向市场化,证券市场逐渐成为中国经济资源市场化配置的重要平台。证券市场为企业拓宽了外部融资渠道,改变了原来单纯依赖银行贷款的局面,在

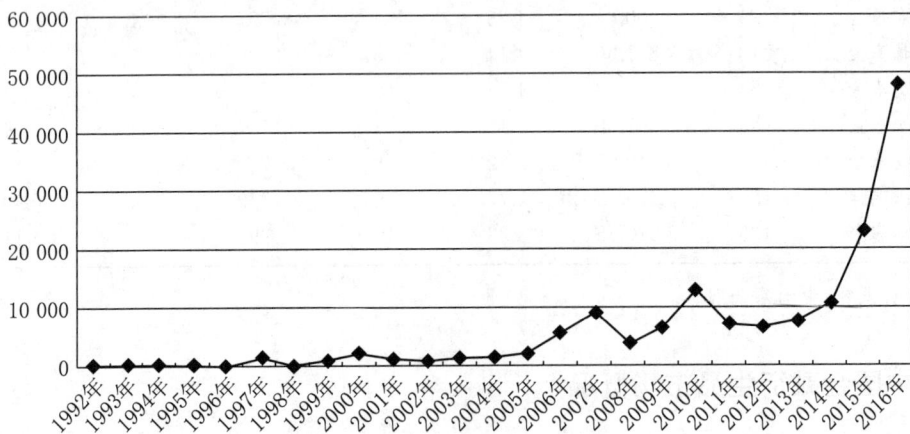

注:证券市场境内外为 A 股、B 股、H 股和企业债券筹资合计。
资料来源:中国证监会。

图 1　历年股票筹资额(亿元)

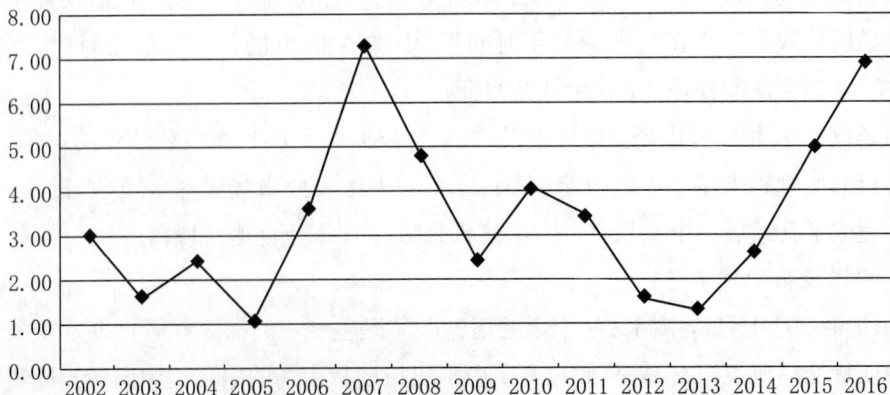

资料来源:中国证监会、国家统计局。

图 2　非金融企业境内股票融资占社会融资规模比例(%)

一定程度上降低了企业的负债率。同时,证券市场加速了资源向优势企业集中,增强了企业核心竞争力,推动了一批企业的壮大,并促进了机械制造、金融、电子、能源、钢铁、化工等行业的发展。

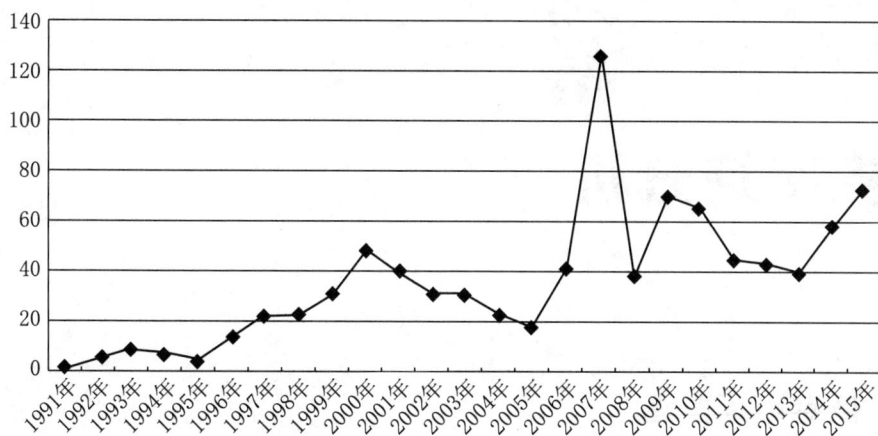

资料来源:中国证监会、国家统计局。

图 3　股票年末市值占 GDP 比值(%)

第**3**章
证券市场分析

3.1 证券市场概述

证券市场就是证券发行和流通的场所,也可以说是进行有价证券发行、交易的场所和网络的总和。它是资本市场的重要组成部分。下面分别介绍证券市场的功能、参与者及市场结构。

3.1.1 证券市场的功能

在现代发达的市场经济中,证券市场是完整的金融体系的重要组成部分,它不仅反映和调节货币资金的运动,而且对整个经济的运行具有重要作用。证券市场最主要的功能是优化资源配置,这主要表现为:证券市场的出现在很大程度上消除了生产要素在部门间转移的障碍。因为在证券市场中,企业产权已商品化、货币化、证券化,资产采取了有价证券的形式,可以在证券市场上自由买卖,这就打破了实物资产的凝固和封闭状态,使资产具有最大的流动性。证券在二级市场上的流动性,意味着资金通过证券这一载体不断发生转移,这种转移本身是社会资源重新进行配置的过程。资本的趋利性,决定了社会资金要向经济效益最高的行业和企业集中。证券市场不仅具有发现并反映经济效益最好的行业和企业的功能,而且具有一种最具效率的资源配置机制,可将社会资金快速、高效地由夕阳产业向朝阳产业转移、集中,从而为朝阳产业的迅速发展创造条件。随着证券市场运作的不断发展,其对产业结构调整的作用将大大加强,同时得到发展的产业结构又成为证券市场组织结构、交易结构、规模结构的经济载体,促进证券市场的发展。这种证券市场与产业结构调整的关系,就在于它使资产证券化,从而有助于生产要素在部门间的转移和重组。

证券市场的一个基本特征,便是企业经营的透明度。投资者可以根据各种证券发行者公布的财务信息,及时、准确地了解到资金使用者的经济效益、技术水平和管理能力,据此选择和改变投资对象,保证投资于经济效益最好的部门。同样,对于收益率低下、缺乏盈利增长潜力部门,即资金使用者效益欠佳、前景黯淡的证券,投资者必将抛售,转而投向收益率高、增长前景好的证券。这样,效益好、有发展前景的朝阳产业就能够不断获得充足的发展资金,而效益差、前景黯淡的夕阳产业将无后续资金,难以为继,最终被市场所淘汰。这样,"优胜劣汰"和"效率优先"的市场经济资源配置的基本原则,将得到充分贯彻和体现,使投资和资金流向趋于合理,资源配置效率不断提高。

围绕优化资源配置功能,证券市场还派生出许多其他功能,具体表现在以下几个方面。

1. 筹集资金

企业筹集资金有两种方式:间接融资和直接融资。间接融资是银行通过它所拥有的遍布全社会各个角落的分支机构,以存款或储蓄的形式及其承诺的固定比例回报吸收居民的闲散资金,据此向工商企业发放贷款,并收取一定比例的贷款利息。企业通过证券市场,直接面对广大投资者发行股票和债券来筹集资金,这就是所谓的直接融资。利用直接融资方式从证券市场筹集资金,与间接融资方式相比,有着明显的优点:一是筹集的资金是长期稳定的资金。投资者投资入股,意味着资金所有权的让渡,他们不能再向筹资者要求偿还本金,只能将股份向第三方转让。这样,企业通过发行股票就可以筹集到大量可以长期使用的"自有资本金"。二是可以连续筹资。企业在证券市场上初次发行股票或债券之后,如果业绩优良、信誉卓著,将得到投资者的进一步认同,它可以以递减的成本再次或多次发行新的证券,实现高效连续筹资的良性循环。三是筹资的规模与速度大大提高。证券投资的收益一般要高于银行存款利息,尤其是股票二级市场的买卖收益更具吸引力,因此,证券发行一般较受投资者欢迎,因此证券发行人可以在短期内筹集到大量的社会资金。

2. 资产定价

证券市场有利于证券价格的统一和定价的合理。证券交易价格是在证券市场上通过证券需求者和证券供给者的竞争所反映的证券供求状况所最终确定的。证券商的买卖活动不仅由其本身沟通使买卖双方成交,而且通过证券商的互相联系,构成一个紧密相联的活动网,使整个证券市场不但成交迅速,而且价格统一,使资金需求者所需要的资金与资金供给者提供的资金迅速找到出路。证券市场中买卖双方的竞争,使均衡价格易于获得,这比场外个别私下交易公平得多。

3. 提供证券交易的流动性

证券市场保证了证券交易的流动性,从而可以把不同投资者不同时间的闲散资金聚集起来,用于长期投资。发行证券,无论是股票,还是债券(政府发行的短期国库券除外),都是以筹集长期资金为目的的。债券一般都是数年才能还本,有的还本期长达

20—30年,而股票则是一种永久性投资,根本不存在还本问题。而对购买这些长期性证券的投资者来说,如果没有相应的流动性,谁也不敢投资于这类金融工具。可见,投资者与发行者在资金的投入与运用的时间长短上存在着矛盾。只有证券市场的出现,才使这一矛盾得到了解决。因为有了证券市场,原始投资者购买那些长期投资的证券以后,随时可以在证券市场脱手转让。如果没有证券市场,原始投资者就会裹足不前,从而使筹资者难以达到筹资的目的。

3.1.2 证券市场的参与者

证券市场的参与者是证券市场运转的动力所在。证券的发行、投资、交易和证券市场的管理都有不同的参与主体。一般而言,证券市场的参与者包括证券市场主体、证券市场中介、自律性组织和证券监管机构四大类。这些主体各司其职,充分发挥其自身作用,构成了一个完整的证券市场参与体系。

1. 证券市场主体

证券市场主体是指包括证券发行人和证券投资者在内的证券市场参与者。证券发行人主要包括政府、金融机构、企业等,其中政府是指中央政府和地方政府。中央政府为弥补财政赤字或筹措经济建设所需资金,在证券市场上发行国库券、财政债券、国家重点建设债券等国债。地方政府为本地方公用事业的建设发行地方政府债券。金融机构可以在证券市场上发行金融债券,增加信贷资金来源。企业可以发行债券,也可以发行股票。

投资者既是资金的供给者,也是金融工具的购买者。投资者的种类较多,既有个人投资者,也有机构投资者,其中个人投资者是证券市场最广泛的投资者。企业不仅是证券发行者,同时也是证券投资者。各类金融机构,由于其资金拥有能力和特殊的经营地位,成为发行市场上的主要需求者。投资基金公司的主要运作对象是各类债券和股票。证券公司、信托投资公司的证券部等证券专门经营机构,既可进行股票和债券的代理买卖,也可进行股票和债券的自营买卖。各种社会基金作为新兴的投资者,也选择了证券市场这一投资场所。信托基金、退休基金、养老基金、年金等社会福利团体虽是非营利性的,但这些基金可以通过购买证券(主要是政府债券)以达到其保值、增值的目的。

2. 证券市场中介

证券市场上的中介机构主要包括:(1)证券承销商和证券经纪商,主要指证券公司(专业券商)和非银行金融机构证券部(兼营券商);(2)证券交易所以及证券交易中心;(3)具有证券律师资格的律师事务所;(4)具有证券从业资格的会计师事务所或审计事务所;(5)资产评估机构;(6)证券评级机构;(7)证券投资咨询与服务机构。

3. 自律性组织

自律性组织一般是指行业协会,它发挥政府与证券经营机构之间的桥梁和纽带作用,促进证券业的发展,维护投资者和会员的合法权益,完善证券市场体系。我国证券业自律性机构是中国证券业协会。

4. 证券监管机构

现在世界各国证券监管体制中的机构设置,可分为专管证券的管理机构和兼管证券的管理机构两种形式,它们都具有对证券市场进行管理和监督的职能。

美国是采取设立专门管理证券机构的证券管理体制的国家。实行这种体制或类似这种体制的国家,还有加拿大、日本、菲律宾等国,但这些国家都结合本国的具体情况对专管证券的管理体制进行了不同程度的修改和变通。英国的证券管理体制传统上以证券交易所自律为主,政府并无专门的证券管理机构。实行类似管理体制的国家还有荷兰、意大利、德国等。

3.1.3 证券市场的结构

按功能划分,证券市场分为一级市场与二级市场。一级市场即证券发行市场,二级市场即证券交易市场。二者相互依存、相互制约,共同组成一个完整的证券市场体系。正是通过这一市场体系,使证券从发行者手中转移到广大投资者手中,并且使证券在投资者之间得以流通交换,保证了证券的流动性,从而保证了证券投资机制的正常运作。

按交易的证券品种划分,证券市场包括股票市场、债券市场、基金市场和衍生证券市场等子市场,并且各个子市场之间是相互联系的。例如,衍生证券市场就是以基础证券的存在和发展为前提的;基金主要投资于股票市场和债券市场,所以基金价格和股票、债券的价格密切相关。

3.2 发行市场

证券发行是指新发行的证券从发行者手中出售给投资者的活动过程。证券发行市场又称为"初级市场"或"一级市场",是资金需求者筹措资金的重要渠道,同时又为资金供给者提供投资及获得收益的机会。从形式上说,证券发行市场是证券交易市场的基础,它与证券交易市场构成统一的证券市场整体。

3.2.1 发行方式

1. 按发行对象分类

(1) 私募发行。私募发行是指仅向少数特定投资者发行证券的一种方式,也称内部发行。发行对象一般是与发行者有特定关系的投资者,如发行人的职工或与发行人有密切关系的金融机构、公司、企业等。发行者的资信情况为投资者所了解,不必像公募发行那样向社会公开内部信息，也没有必要取得证券资信级别评定。私募发行手续比较简单，可节省发行费用，但私募证券一般不允许上市流通。

（2）公募发行。公募发行是指向广泛的不特定的投资者发行证券的一种方式。公募发行涉及众多的投资者，其社会责任和影响很大。为了保证投资者的合法权益，政府对证券的公募发行控制很严，要求发行人具备较高的条件，如募集公司必须向社会提供各种财务报表及其他有关资料等。公募证券可以上市流通，具有较高的流动性，因而易于被广大投资者接受。公募发行提高了发行者在证券市场的知名度，扩大了社会影响，能够在较短的时间内筹集到大量资金，因而也有利于发行者。公募发行的不足之处是手续比较复杂，发行成本较高。

2. 按发行过程分类

（1）直接发行。直接发行是指发行人不通过证券承销机构而自己发行证券的一种方式。发行人自己直接发行证券，大多是私募发行。这种方式的优点是，发行者可以直接控制发行过程，实现发行者的意图，发行费用较少。但也存在缺点，即筹资时间较长，当应募额达不到预定的募集额时，剩余部分由发行公司的主要发起人或董事承受。因为要发行人自己承担直接发行的风险，所以一般而言，以直接筹资为目的的证券发行，都不轻易采用直接发行方式。

（2）间接发行。间接发行亦称承销发行，是指发行人不直接参与证券的发行过程，而是委托给一家或几家证券承销机构承销的一种方式。证券承销机构一般为投资银行、证券公司、信托投资公司等。间接发行对于发行人来说，虽然要支付一定的发行费用，但是有利于提高发行人的知名度，筹资时间较短，风险也较小。因此，一般情况下，证券发行大都采用间接发行方式。根据承销商责任的不同，间接发行又可分为三种不同的形式。

① 代销。证券发行人将证券发行事宜委托证券承销商办理，但如果发生应募额不足时，证券承销商不承担剩余证券的责任，而将未售出的证券全部退还给发行人。

② 全额包销。证券承销商以自己的名义将发行者的证券全部买下，然后再向公众投资者出售，承担的风险较大。采用这种方式，发行公司可以立即筹到所需的资本，但发行手续费较高。

③ 余额包销。证券承销商承诺购入所有未售出的证券，这样承销商实际上承担了募集的风险，而发行者无后顾之忧。

股票发行有许多种类型。首次发行是设立股份有限公司时的发行，配股是股份公司向其现有股东按其所持有股份的比例配售股份的行为，增发新股不局限于公司原有的股东，但原有股东具有优先认购权。另外，股份公司发股票股利，公积金转增资本，可转换债券转换成普通股股份等，也可以看成是股票的发行。

3.2.2　发行价格

1. 股票的发行价格

确定股票发行价格是股票发行工作中最重要的内容,既要考虑发行人的利益,又要考虑投资者的利益,还要顾及股票上市后的表现。

(1) 发行价格的种类及基本规定。

股票发行价格指股份有限公司将股票公开发售给特定或非特定投资者所采用的价格。根据发行价与票面金额的不同差异,发行价格可以分为面值发行、折价发行和溢价发行。根据我国《公司法》的规定,股票不能以低于股票票面金额的价格发行,所以我国没有折价发行这种方式。

一般而言,在确定股票发行价格时,应综合考虑公司的盈利水平、发展潜力、发行数量、行业特点以及股市状态等影响股价的基本因素。

(2) 确定发行价格的方法。

确定股票发行价格的方法有市盈率法、净资产倍率法和竞价确定法。

① 市盈率法。

市盈率是股票市场价格与每股收益的比率,其计算公式为:

$$市盈率 = 股票市价 / 每股收益$$

每股收益即每股税后利润,其计算通常有两种方法:一种为完全摊薄法,即用发行当年预测全部税后利润除以总股本,直接得出每股税后利润;另一种是加权平均法。不同的方法得到不同的发行价格。每股税后利润确定采用加权平均法较为合理,因为股票发行的时间不同,资金实际到位的先后将对企业效益产生较大影响,同时投资者只有在购股后才可享受应有的权益。

加权平均法的计算公式为:

$$每股年税后利润 = 新股发行后的每股月利润 \times 12$$

$$\begin{array}{c}新股发行后的\\每股月利润\end{array} = \begin{array}{c}新股发行后的\\公司税后利润\end{array} \div \begin{array}{c}新股发行后\\当年剩余月份\end{array} \div \begin{array}{c}新股发行后的\\公司总股本\end{array}$$

通过市盈率法确定股票发行价格,首先应根据专业会计师审核后的盈利预测计算出发行人的每股净盈利;其次可根据二级市场的平均市盈率、发行人的行业情况(同类营业公司的股票市盈率)、发行人的经营状况及其成长性等拟订发行市盈率;最后依发行市盈率与每股净盈利之乘积决定发行价。

发行价计算公式为:

$$发行价 = 每股净盈利 \times 发行市盈率$$

② 净资产倍率法。

净资产倍率法又称资产现值法,是指通过资产评估(物业评估)和相关会计手段确定发行人拟募股资产的净现值和每股净资产值,然后根据证券市场的状况将每股净资产值乘以一定的倍率或一定折扣,以此确定股票发行价格的方法。

净资产倍率法常用于房地产公司或资产现值有重要商业利益的公司的股票发行。以此种方式确定每股发行价格不仅应考虑公平市值,而且还必须考虑市场所能接受的溢价倍数或折扣倍率,其公式为:

$$发行价格＝每股净资产值×溢价倍率(或折扣倍率)$$

③ 竞价确定法。

竞价确定法是指投资者在指定时间内通过交易柜台或者证券交易所交易网络,以不低于发行底价的价格并按限购比例或数量进行认购委托,申购期满后,由证券交易所的交易系统将所有有效申购按照价格优先、同价位申报按照时间优先的原则,将投资者的认购委托由高价位向低价位排队,并由高价位到低价位累计有效认购数量,当累计数量恰好达到或超过本次发行数量的价格,即为本次发行的价格。

如果在发行底价上仍不能满足本次发行股票的数量,则竞价的底价为发行价。

发行底价可由发行人和承销商根据发行人的经营业绩、盈利预测、投资的规模、市盈率、发行市场与股票交易市场上同类股票的价格及影响发行价格的其他因素,共同研究协商确定。

2. 债券的发行价格

债券的发行价格是指债券投资者认购新发行的债券时实际支付的价格。按发行价格债券的发行可以分为平价发行,即债券的发行价格正好等于面值的发行;折价发行,即债券的发行价格低于面值的发行;溢价发行,即债券的发行价格高于面值的发行。在面值确定的情况下,调整债券的发行价格,目的在于使投资者得到的实际收益率与市场收益率相同。

3.3　流通市场

证券流通市场又称为"二级市场",是转让和买卖已经发行证券的场所。在证券流通市场,证券持有人可随时出售其所持有的证券,以获得所需资金;另一方面,拥有资金的人则可以随时购入证券,以充分利用其所持有的货币资金。

3.3.1　证券市场的流动性

证券市场是一个高度规范、集中的市场,其效率体现在流动性、有效性、稳定性、透明性四大目标之中,而这四大目标中,流动性居于中心的地位。

流动性实际包含两个方面:速度(交易时间)和价格(交易成本)。当一种资产能够以较小的交易成本迅速转换成现金时,我们说该资产具有流动性。速度主要指证券交易的即时性,从这一层面衡量,流动性意味着一旦投资者有买卖证券的愿望,通常总可以立即得到满足。但是,在任何一个市场,如果投资者愿意接受极为不利的条件,交易一般均能够得到迅速执行。因此,流动性还必须具有第二个条件,即交易即时性必须在成本尽可能小的情况下获得,这就意味着,买卖某一证券的价格必须等于或接近占主导地位的市场价格。

在一个理想效率的市场中,价格反映了交易对象的预期价值,如果一个证券市场的流动性较差,就会增加交易价格的不确定性,从而降低市场效率。因为这种不确定性会使价格不能反映可以获得的信息,或使市价暂时偏离市场的均衡价格,从而影响市场的效率。流动性的缺乏或丧失增加了投资者构造最优投资组合的约束条件,大大降低了机构投资者对市场的兴趣,并会进一步导致市场的动荡。在 1987 年 10 月席卷世界证券市场的股灾中以及亚洲和俄罗斯的金融危机中,流动性突然从世界主要国家的证券市场上消失,给世界经济带来了严重的创伤。因此一个有效、健康的证券市场必须建立在流动性的基础上。

流动性可以从宏观和微观两个层面来加以衡量。

1. 市场流动性宏观指标

年换手率是证券市场流动性的一个宏观指标,表 3.1 和表 3.2 分别列出了上海证券交易所和其他一些国家或地区交易所的换手率。

年换手率是从宏观角度衡量证券市场流动性和活跃程度的主要指标。从表 3.1 和表 3.2 来看,比较成熟的证券市场的年平均换手率在 50%—100% 之间,而发展中国家的换手率相对较高,但这并不一定说明发展中国家的证券市场流动性优于成熟的证券市场。因为换手率的高低不仅与证券市场的流动性有关,而且与一个国家证券市场上的投机程度有关。发展中国家较高的换手率,在某种程度上可能反映了这些国家证券市场上的投机因素。

表 3.1　2000—2015 年国内股票市场年换手率(%)

交易所	2000 年	2002 年	2004 年	2006 年	2008 年	2010 年	2012 年	2014 年	2015 年
上　海	492.9	214.0	288.7	541.1	392.5	198.5	128.0	211.3	560.9
深　圳	509.1	198.8	288.3	524.5	418.4	553.3	335.7	463.7	946.2

注:换手率 = 全年成交金额 /[(本年末流通市值＋上年末流通市值)/2]×100%。
资料来源:上海证券交易所、深圳证券交易所。

表 3.2 2000—2015 年世界主要交易所年换手率(%)

交易所	2000 年	2002 年	2004 年	2006 年	2008 年	2010 年	2012 年	2014 年	2015 年
纳斯达克	383.9	319.5	249.5	269.9	1 026.5	340.4	200.9	186.1	174.1
纽 约	87.7	94.8	89.8	134.3	240.2	130.2	93.4	84.2	92.5
伦 敦	69.3	97.3	116.6	124.8	152.7	76.1	55.7	63.8	64.9
韩 国	243	254.4	147.2	171.4	196.3	176.3	138.1	106.3	147.5
新加坡	58.5	53.8	60.8	58.2	63.7	53.3	48.7	36.1	39.2
东 京	58.8	67.9	97.1	125.8	151.2	109.6	101.5	122.7	115.4
中国香港	60.9	39.7	57.7	62.1	86	62.2	42.3	46.3	59.3
中国台湾	259.3	217.4	177.3	141.7	145.5	135.3	97.3	84.6	77.6

资料来源:World Federation of Exchanges。

2. 交易流动性微观指标

Kyle(1985)详细地给出了做市商制度下市场流动性的计量刻画方法。根据所需目的的不同,市场流动性可分为下面 4 个度量指标:

(1) 市场宽度(breadth,width),即交易价格偏离市场有效价格的程度,它是投资者支付的流动性升水。市场宽度的观测值是做市商的买卖差额,只有当这个差额为零时,才可认为这个市场完全达到流动性。

(2) 市场深度(depth),即在不影响当前价格下的成交量。从市场深度来看,流动性高意味着在当前价格下投资者可以大量买入或抛出股票。市场深度的观测值是某一时刻做市商在委托簿(order book)报出的委托数量。

(3) 市场弹性(resiliency),即由交易引起的价格波动消失的速度,或者说委托簿上买单量与卖单量之间不平衡调整的速度。关于市场弹性学术界还没有一个统一的指标,一种测量方法是用当前最佳卖价与下一个最佳卖价之间的差额。由于下一个报价是从当前报价簿上看不到的,因此市场弹性是观测不到的变量,可以用相邻两次委托的价差作为估计。在不考虑新信息的出现而影响股票价值的前提下,价格会随机地以价值为中值波动,市场弹性越好,价格偏离价值以后返回的速度越快。相应地,两次委托价差越小,则返回需要的时间越短,表明市场弹性越好。

(4) 市场及时性(immediacy),即一定量的股票在对价格影响一定的条件下达成交易所需要的时间。

图 3.1 给出了做市商制度下流动性中宽度、深度、弹性的直观表示。OO' 和 OO'' 分别表示做市商当前时刻报出的最佳卖出价和最佳买入价,$O'A$ 和 $O''B$ 分别为在这一价格下的卖出量和买入量。假设下一时刻(成交一笔以后)的最佳卖出价为 OM,卖出量为 MN,则市场宽度的观测值为 $O'O''$,市场深度为 $O'A$,市场弹性为 $O'M$。曲线 AA' 的坐标对应的是其他委托单(次佳卖出价等)的卖出量和卖出价。曲线 AA' 也称为市场反应曲线(market reaction curve),市场反应曲线的斜率包含了做市商是否愿意积极交易的信

息。当斜率越大,曲线越陡峭时,在相同的委托股数下,次佳的委托价越偏离最佳委托价,说明做市商越不愿意交易,这时市场的流动性也越差。

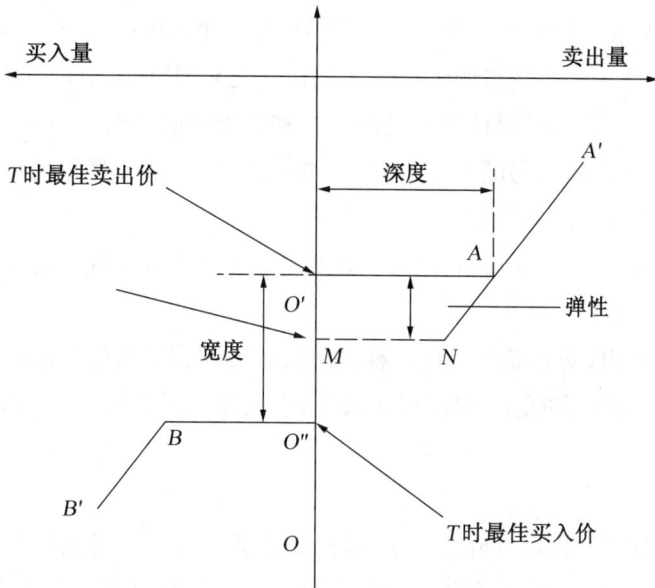

图 3.1　市场流动性的刻画尺度

影响市场流动性的因素主要有如下几项:

(1) 市场结构。例如证券市场的组织形式是采取做市商形式,还是采取竞价形式;是连续竞价形式,还是集合竞价形式;是手工交易,还是电子交易;等等。

(2) 价格形成方式。例如价格是由做市商报价,还是由经纪商或电脑自动匹配等。

(3) 市场集中程度。如在一定条件下,交易活动的集中化也可以增加市场的流动性。

(4) 竞争。在其他因素不变的情况下,市场的有效竞争程度也影响到市场的流动性。竞争包括诸多内容,如做市商能否自由进入、每只股票的做市商数目等。一般来说,有效竞争程度越高,流动性也就越大。

3.3.2　二级市场的结构

证券流通市场是由场内市场和场外市场构成的。场内交易市场是由证券交易所为代表的集中有形交易市场,具有固定的场地和交易时间,证券交易所允许符合规定的证券经批准上市买卖。场外交易市场与之相对应,分为柜台交易市场、第三市场和第四市场等,基本特点是都不在证券交易所内进行交易,价格、时间灵活,其佣金手续费低廉,无场地限制,但相对投机性强,风险度大。

1. 证券交易所

证券交易所是由经纪人和证券商组成的进行证券集中交易的场所,在整个证券市场的构成中占有核心的地位。它不仅为证券交易提供了固定的场所、人员和设施,同时对证券交易进行了周密的组织和管理。证券交易所是一个封闭的组织,不是任何人都可以入内交易的,必须具有一定资格的经纪人才能在此交易,其他人员的证券买卖必须委托有资格的经纪人经办。这是对证券交易的组织和管理所必需的。由于证券交易所的人员容量有限,更为了确保交易的安全进行,必须限制参与证券交易所交易人员的数量,同时要求交易人员具备一定的资格。

开设证券交易所,以集中有价证券的大量供求,由此来提高证券的流动性,形成并公平反映供求关系的价格。

在证券交易所内,交易需按一定章程、细则、规格和管制条例等进行,但证券交易所本身并不从事上市证券的买卖,也不代客买卖,它只是为买卖各方提供交易的场所和便利条件。

2. 场外市场

场外市场也称作柜台市场或店头市场,是和证券交易所市场相对应的,在证券交易所外部通过证券商之间或证券商与客户间完成证券交易的市场。在场外交易的主要是未上市的证券,有时也包括一些上市的证券。

随着场外市场的发展,一种新的交易市场——二板市场逐渐形成,并以独立的姿态迅速发展壮大。二板市场是相对于主板市场而言的,它们之间的主要区别是服务对象的不同。二板市场是主要为创新性中小企业服务的股票市场,其上市条件不如主板市场的上市条件那么严格。世界上最著名的二板市场是美国的纳斯达克市场(NASDAQ, National Association of Securities Dealers Automated Quotations)。NASDAQ 是美国的场外交易市场,成立于 1971 年,是世界上第一个电子化股票市场,也是美国成长最快的股票市场。

3. 第三、第四市场

第三市场是指在场外市场上从事已在交易所挂牌上市的证券交易。这种市场交易时间并不固定,甚至在交易所停止交易后,证券仍然可以在第三市场交易。这一部分交易原属于场外市场的范围,由于近年来这部分交易量增大,其所具有的独立地位日益提高,以至于许多人都认为它已成为一个独立的市场。

一般来说,根据证券交易所的法令规定,只有属于交易所组织成员的证券商、经纪人才能在交易所内代客或自行买卖证券,在交易所买卖的股票必须是经批准挂牌上市的证券,同时买卖这些证券还有最低佣金的限制,不允许任何降低佣金的标准。机构投资者在买卖大量证券时,为降低费用,常倾向于寻求交易所以外的场外市场。与此同时,一些非交易所会员为了招揽业务,赚取较大利润,常以较低廉的费用吸引机构投资者,双方相互作用，促进了第三市场的发展。

随着机构投资者在证券市场上地位的上升和交易数量的扩大，这些交易都委托经纪人来进行，势必使交易费用和不方便感也随之增加，许多机构因此抛弃了经纪商和交易所，直接进行证券交易，这种买卖双方直接交易的市场称为第四市场。在美国这种交易是计算机自动报价和撮合成交，当然投资者也可以通过该系统寻找潜在的买主或卖主，然后通过电话商谈具体的价格和数量。在该市场上，机构投资者还可以进行整个证券组合的交易，而不限于单个的证券。

不同市场上交易的证券有所不同，一般来说，股票基本上在证券交易所交易，而债券则主要在场外交易。这主要是因为债券的价格比较容易确定，投机性比股票小，没有必要通过交易所集中大量的买卖形成合理的价格。另外，债券的发行品种多，即使同一公司不同时期发行的债券条款也各不相同，持有者零星分散，难以到证券交易所上市交易。

3.3.3　证券交易

1. 证券交易的分类

（1）根据价格形成方式分类。

根据价格形成方式的不同，证券交易可划分为做市商（dealer）交易和竞价（auction）交易。

做市商交易是指证券交易的买卖价格均由做市商给出，证券买卖双方并不直接成交，而是从做市商手中买进或向做市商卖出证券，做市商则以其自有资金进行证券买卖。

竞价交易是指证券买卖双方的订单直接进入或由经纪商呈交到交易市场，在市场的交易中心以买卖价格为基准按照一定的原则进行撮合。

（2）根据在时间上是否连续分类。

根据在时间上是否连续的特点，可将证券交易划分为间断性交易和连续交易。

间断性交易也称集合交易，是指证券买卖订单不是在收到之后立刻予以撮合，而是由交易中心（做市商或证券交易所等）将在不同时点收到的订单积累起来，到一定时刻再进行集中撮合。与集合交易相反，在连续性市场，证券交易是在交易日的各个时点连续不断地进行的，只要根据订单匹配规则，存在两个相匹配的订单，交易就会发生。

（3）大宗交易。

大宗交易，简单地说，就是单笔交易规模远大于市场平均单笔交易规模的交易。证券交易市场建立专门的大宗交易制度的目的是：降低大宗交易对市场价格的冲击，降低机构投资者的交易成本，满足投资者大宗股票转让的需求，同时提高市场的流动性和稳定性。而且，大宗交易制度的建立还为兼并收购的实施提供了便利，提高了证券市场的资源配置效率。

判别大宗交易的标准主要有两种：一种是以单笔交易的股数或交易金额作为判别交易是否为大宗交易的依据；另一种是以交易使用的信息披露系统或交易系统作为判别交易是否为大宗交易的依据。从世界各证券交易市场的实践看，单笔交易的股数或金额是判别大宗交易的主要标准。

对大宗交易的单笔交易最小交易股数或金额的规定方式有三种：一是对大宗交易的单笔交易最小交易股数或金额采用统一规定的方式；二是对大宗交易的单笔交易最小交易股数或金额采用分类规定的方式；三是根据不同股票的大宗交易规模，对大宗交易的单笔交易最小交易股数或金额采用以交易量和买卖价差以内的正常委托量为基础进行不同规定，并对该规定进行经常性更新的方式。采用哪种规定方式，主要是由各证券市场的交易品种和交易的基本单位决定的。

2. 证券交易的程序

在证券交易所内交易的证券都要遵守交易规则与程序。交易程序可以分为六个步骤，即开户、委托买卖、竞价成交、清算、交割和过户。

（1）委托买卖。

投资者可以通过柜台、电话、电传、传真、信函等方式委托经纪人买卖证券。随着科学技术的发展，新的委托方式不断涌现，如网上交易等，这使得交易成本大为下降。

交易数量有三种情况，即整数、零数和整零混合。整数是指委托的数量是交易所规定的成交单位的倍数，在股票交易中标准的成交单位为 100 股，也就是通常所说的"一手"，而债券是以 1 000 元为一手。零数是指委托的数量不足交易所规定的成交单位。在成交单位以上，又不是成交单位倍数的数量则成为整零混合，例如 351 股普通股可以看成 3 手整数交易和 51 股的零数交易。

投资者必须明确委托的有效时间，即经纪人应在什么时间范围内执行交易指令。当日委托是指只在当日有效的委托，如果营业日终了还未成交的话，委托自动作废。一周委托和一月委托是指委托在委托填写时所处的日历周的周末和日历月的月末到期。只要未到期，委托在成交前或被投资者撤销前一直有效。与此相反，立即执行否则撤销委托则指如果不能马上执行就随即作废。

委托的类型主要有四种，即市价委托、限价委托、止损委托和止损限价委托。

① 市价委托。这种委托要求经纪人立即在市场上买卖规定数量的证券。在这种情况下，经纪人的义务是在收到委托后尽可能获得最佳的价格，即尽可能低的买价和尽可能高的卖价。所以，市价委托能够相当肯定地成交，但是成交的价格却无法确定。

② 限价委托。这种委托要求经纪人在投资者限定的价格内交易，如果是买入委托，经纪人就只能以低于或等于限价的价格执行委托；如果是卖出委托，经纪人只能以高于或等于限价的价格执行委托。限价委托不一定能够成交，但是一旦成交，价格是可以肯定的。

③ 止损委托。投资者为了保住账面盈利或限制可能遭受的损失,指令当某一品种行情上升或下降到其指定的价位时,即按市价买入或卖出。投资者要为止损委托设定一个止损价格,如果是卖出委托,止损价格要低于委托时的市价;如果是买入委托,止损价格要高于委托时的市价。

④ 止损限价委托。止损限价委托避免了止损委托执行价格不确定的不足。在止损限价委托中,投资者要注明两个价格:止损价格和限价,一旦市场价格达到或超过止损价格,止损限价委托自动形成一个限价委托。例如,假定止损限价委托的限价为19元,止损价格为20元,只有当该股票的市场价格低于20元,19元的限价才有效,这样,成交价格一定在19元和20元之间。

(2) 竞价成交。

证券商在接受了客户的委托后,通过专线电话与派驻在交易大厅内的代表人(俗称"红马甲")联系,或直接通过先进的计算机和通讯系统,将客户的委托内容报告给证券交易所。由于要买进或卖出同种证券的客户都不止一家,故他们通过双边拍卖的方式来成交,也就是说,在交易过程中,竞争同时发生在买者之间与卖者之间。证券交易所内的双边拍卖主要有三种方式,即口头竞价交易、板牌竞价交易、计算机终端申报竞价。竞价成交的一般原则是价格优先和时间优先。所谓价格优先原则,是指较高买进申报优先于较低买进申报,较低卖出申报优先于较高卖出申报。计算机终端申报竞价和板牌竞价时,除上述的优先原则外,市价买卖优先满足于限价买卖。所谓时间优先原则,是指同价位申报,先申报者优先于后申报者。

竞价的方式有两种:集合竞价和连续竞价。

① 集合竞价。集合竞价是将数笔委托报价或某一时段内的全部委托报价(订单)集中在一起,然后根据以下四个原则确定成交价格。

a. 所有市价订单必须得到执行;

b. 至少一个限价订单必须得到执行;

c. 所有高于所确定价格的买进订单和所有低于所确定价格的卖出订单必须得到执行;

d. 如果买卖订单在数量上不平衡,应把限价订单分拆成若干更小的订单,以使买卖订单数量平衡。

例如,有7个买进市价订单和9个卖出市价订单,以及6个买进限价订单和8个卖出限价订单,为保证全部市价订单和至少一个限价订单得到执行,均衡价格应为100元。这个均衡价格的形成过程见表3.3。

再看一个例子,存在19个卖出市价订单和4个买进市价订单,为平衡买卖订单,使全部市价订单得到执行,至少需要15个额外的买进订单,因此,均衡的成交价格为98.5元。这个均衡价格的形成过程见表3.4。

表3.3　集合竞价中均衡价格的形成(1)

委托种类	买进订单	价　格	卖出订单
市　价	7	市价	9
限　价		100.5	5
限　价	2	100	3
限　价	1	99.5	
限　价	2	99	
限　价	1	98.5	

表3.4　集合竞价中均衡价格的形成(2)

委托种类	买进订单	价　格	卖出订单
市　价	4	市价	19
限　价	4	100	
限　价	3	99.5	
限　价	2	99	
限　价	6	98.5	

② 连续竞价。在连续竞价方式下,对申报的每笔买卖委托,由电脑交易系统按照"价格优先,时间优先"的原则进行排序,然后按下列两种情况分别产生不同的成交价格。

① 买入申报价格大于或等于市场即时揭示的最低卖出申报价格时,成交价格为即时揭示的最低卖出申报价格;

② 卖出申报价格小于或等于市场即时揭示的最高买入申报价格时,成交价格为即时揭示的最高买入申报价格。

集合竞价后,主机内买方队列的最高买入价必然低于同一券种卖方队列的最低卖出价。连续竞价时,主机内进行如下处理:

新的买入申报进来,只要与卖方队列排在最前面的申报比较价格,如果买价大于等于卖价,以卖出价成交,否则此买入申报按"价格优先,时间优先"的原则插入买方队列。

同样,新的卖出委托进来,只要与买方队列排在最前面的委托比较价格,如果卖价小于等于买价,以买入价成交,否则此卖出申报按"价格优先,时间优先"的原则插入卖方队列。

表3.5列举了一个关于连续竞价中成交价格形成的例子。

表3.5　连续竞价中成交价格的形成

	股　票	A	B	C	D
即时	Bid(最高买入价)	40.40	38.00	14.20	9.05
行情	Off(最低卖出价)	40.50	38.20	14.21	9.09
	最新申报	卖:40.40	买:38.20	买:14.23	卖:9.04
	成交价格	40.40	38.20	14.21	9.05

（3）交割。

股票清算后即办理交割手续。所谓交割，就是卖方向买方交付股票而买方向卖方支付价款。交割有以下几种方式：

① 当日交割，指买卖双方在成交后的当日就办理完交割事宜，也称为 T＋0 制度。这种制度有利于投资者进行短期操作，证券成交后，可以立即进行反向操作，使资金在一日内频繁来回数次。

② 次日交割，指成交后的下一个营业日开市前办理完成交割事宜，如逢法定假日，则顺延一天，也称为 T＋1 制度。

③ 例行交割，即自成交日起算，在第五个营业日内办完交割事宜。

3.3.4 保证金交易制度与卖空机制

保证金交易又称为信用交易或垫头交易，是投资者以自有资金为担保，向证券商或经纪人融通一定额度的资金或证券进行买卖交易的行为。信用交易可以分为保证金多头交易和保证金空头交易两种。

1. 保证金多头交易

当投资者预料某种证券价格会上升，希望买进一定数量的该种证券，以期今后在更高的价格卖出，但个人又没有足够的资金，于是通过信用交易方式，按照规定的比例预交一部分价款，其余部分向证券商或经纪人借入。这就是保证金多头交易，也称为买空交易，实质为融资行为。

（1）保证金。

投资者向证券商融资规模的大小取决于保证金比例。购买证券之初，投资者自己支付购买价款的最小比例被称为初始保证金。初始保证金的大小是由金融监管当局控制的，而证券交易所和证券商可以在此基础上根据各自的情况，将此比例定得更高。例如，某投资者购买每股价格为 20 元的 A 公司股票 100 股，假设初始保证金的比例为 60％，那么他必须付给证券商 1 200 元（＝2 000×60％），其余 800 元（＝2 000×40％）由证券商贷给投资者，并以投资者购买的股票为抵押。

因为证券商自有资金有限，贷给客户的资金主要来自银行，这样证券商除了收取佣金外，还可以通过借贷的利息差获得收益。

由于股票价格的波动，实际保证金比例在不断变化，为了有效地控制信用交易的风险，需要每天计算投资者账户的实际保证金，这种做法被称作盯市（marked to the market），其计算公式如下：

$$实际保证金比例 = \frac{资产市值 - 贷款}{资产市值}$$

从上面的式子可以看到,当股票价格上升时,实际保证金比例上升;当股票价格下降时,实际保证金比例就下降。沿用上例,假如 A 公司的股票由 20 元上升至 40 元,实际保证金比例上升到 80%[=(4 000−800)/4 000];如果 A 公司股票跌到 10 元,实际保证金比例只有 20%[=(1 000−800)/1 000]。这时如果 A 公司股票继续下跌到 8 元以下,那么股票的市值就小于贷款的数额,证券商的利益就会受到威胁。为了避免这样的情况发生,证券商要求投资者在账户中保留一定比例的实际保证金,这一定比例的保证金被称为维持保证金。

如果账户的实际保证金低于维持保证金,经纪人就会通知投资者追加保证金,投资者可以在账户中存入现金或证券,或者出售部分证券以收入偿还部分贷款。如果投资者不行动或达不到要求,经纪人根据协议有权出售账户中的证券以使实际保证金至少达到维持保证金的要求。

相反,如果股票价格上升,实际保证金超过初始保证金,投资者就可以把增加的部分提现,在这种情况下,账户就被称为无限制账户或保证金盈余账户。实际保证金处于维持保证金和初始保证金之间的账户,被称作限制性账户,这种账户不允许任何使实际保证金进一步减少的交易,包括提现。

(2)收益率。

保证金多头交易可以产生杠杆效应,放大收益,当然也可能扩大损失。设原股价为 P_0,上涨到 $P_0(1+x)$,不考虑交易成本,采用现金交易的收益率 $R_1=x$;如果采用保证金多头交易,并假设初始保证金比例为 $b(0<b<1)$,贷款利息为 r,那么买空交易的收益率 $R_2=\dfrac{x-r(1-b)}{b}$,则:

$$R_2-R_1=\frac{(x-r)(1-b)}{b}$$

所以,当证券的收益率大于贷款的成本时,保证金多头交易的收益率就大于现金交易的收益率;相反,如果证券的收益率小于贷款的成本,保证金多头交易的收益率就不如现金交易的收益率。

2. 保证金空头交易

如投资者预料证券的价格会下跌,但手中缺少证券,在这种情况下,他可以向经纪人交纳一定比例的保证金,向经纪人借入证券,同时将证券卖出。当日后证券价格下跌,投资者再以市价买入同等数量的证券还给经纪人。这就是保证金空头交易,也称为卖空交易,实质为融券交易。

一般认为,卖空会加剧市场价格下跌(这种假定对有效市场是不合适的),所以监管当局对卖空交易有一定的限制条件,规定只有在价格上升或不变的情况下,才能进行卖空交易。经纪人借给卖空者的证券,可以是自己的存货,也可以从其他持有者手中借入。

如果贷出证券的人想要出售证券,只要经纪人能够从其他地方借到证券,卖空者就不必偿还,只是发生贷放人的转移。然而,如果经纪人不能从其他地方借到证券,卖空者就必须立即归还借入的证券。事实上,只有经纪人知道借贷双方的身份,而借贷双方并不了解彼此的身份。

(1) 卖空过程中股东权益的处理。

我们通过一个例子来说明卖空交易中股东权益的处理。卖空前,X 投资者拥有 A 公司 100 股普通股,为了交易的方便,一般情况下,X 并不直接持有 A 公司股票,而是由他的经纪人 B 公司以街名(street name)的方式为他持有。所谓街名,是经纪公司要求保证金账户购买的证券以经纪公司的名义持有。这意味着从发行者角度看,证券的所有者是经纪公司,结果普通股的发行者会把所有现金、财务报告和选举权交给经纪公司而不是投资者,经纪公司再将这些东西转给投资者。

某天,投资者 Y 委托 B 经纪公司卖空 100 股 A 公司的股票。在这种情况下,B 经纪公司将把他替 X 投资者持有的 100 股 A 公司股票卖给其他人,假设为 Z 投资者,这时,A 公司将收到通知,告知他的股票已经从 B 经纪公司名下转到 Z 投资者名下。

如果 A 公司宣布发放现金红利,由于目前 Z 投资者是公司的股东,红利就支付给 Z,同时 B 经纪公司会支付相同的金额给 X 投资者,并要求 Y 投资者支付给经纪公司相应的现金。股票除权后,股价下跌的幅度和红利相当,Y 投资者减少了偿还股票的成本,所以所有各方的利益都没有因为红利发放而发生变化。

财务报告和投票权的处理略有不同。在卖空前,A 公司将年报和投票权交给 B 经纪公司,再由 B 经纪公司转给 X 投资者。卖空后,B 经纪公司不再收到 A 公司的财务报告,但经纪公司很容易得到免费的财务报告,所以,经纪公司会从 A 公司那里要几份并寄一份给 X 投资者。至于投票权,如果 X 投资者坚持需要,经纪公司要从其他地方借,否则 X 投资者可能因股票被借并被卖空而得不到投票权。

(2) 保证金。

投资者卖空股票所得的收入必须存放在账户里,但这并不能完全保证经纪人的利益。当股票价格上升时,账户内的资金就不足以购买与卖空数量相同的股票。所以,保证金空头交易也有初始保证金的要求。例如投资者借入每股 20 元的 A 公司股票 100 股用于卖空,假设初始保证金比例为 60%,则他需要在账户内存入 1 200 元(=2 000 × 60%)。

初始保证金只给经纪人一定程度的保护。如在上例中,当股票价格到达 32 元时,经纪人的利益就会受到威胁,所以还需设立一个维持保证金。当实际保证金降到维持保证金以下,经纪人就会通知投资者在账户内增加现金或证券。实际保证金比例随着股价的波动不断变化,其计算公式为:

$$实际保证金比例 = \frac{初始账户金额(卖空股票收入＋初始保证金金额)－资产市值}{资产市值}$$

沿用上例,当 A 公司的股票上升到 25 元时,实际保证金比例为 28%[=(2 000＋1 200－2 500)/2 500]。

(1) 卖空前

(2) 卖空

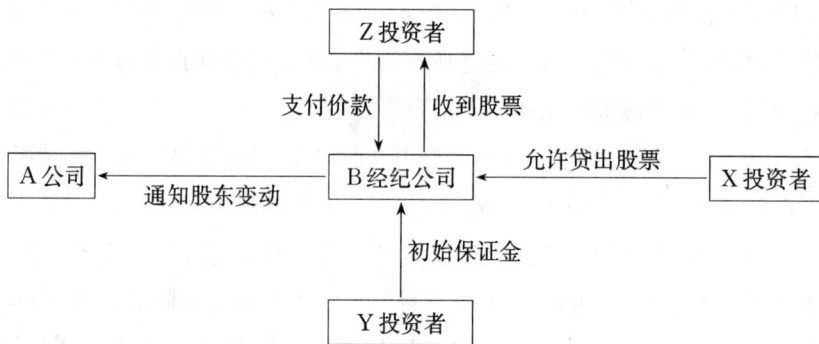

(3) 卖空后

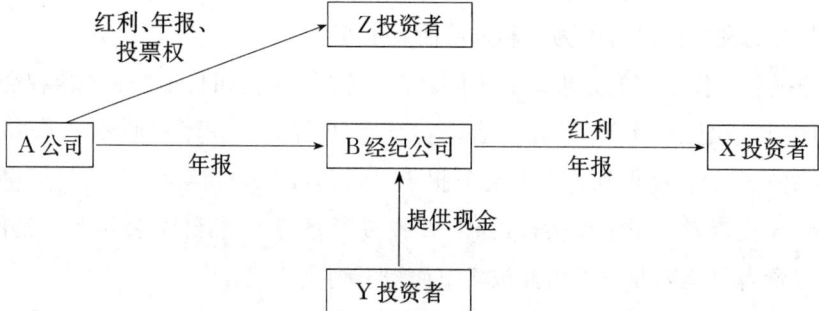

图 3.2　保证金空头交易示意图

如果实际保证金超过初始保证金要求,投资者就可以提现,这时的账户是无限制的。当实际保证金处于维持保证金和初始保证金之间时,这时的账户受到限制,即不允许任何使实际保证金进一步减少的交易。

(3) 收益率。

卖空交易后,投资者在账户内的现金一般是不计息的,有些甚至要为借股票支付额外的费用。大的机构投资者卖空股票时,通常要和经纪公司谈判分享利息;而小投资者卖空的现金收入由经纪公司保管和支配,卖空者没有任何直接的补偿。在这种情况下,经纪公司不但赚取卖空者的佣金,而且还从卖空所得的现金上取得收益。

卖空交易也能够放大收益和损失。假设，原来股价为 P_0，而后下降为 $P_0(1-x)$，初始保证金比例为 $b(0<b<1)$，如果不考虑利息，卖空交易的收益 $=\dfrac{x}{b}>x$，也就是说，卖空交易的收益率要大于股价下降的幅度，但如果股价上升，投资者的损失会比股价上升的幅度大。

3.3.5 证券交易动机与驱动力

1. 投资和投机

对于股票持有者来说，持有股票的总收益（return）包括两个部分：一部分是股息（dividends）；另一部分来自股票买卖的价差，称为资本利得（capital gain）。用等式可以表示为：

$$总收益＝资本利得＋股息$$

如果股票购买者对其收益来源预期主要是股息的话，那么他的动机称为投资；如果股票购买者预期其主要收益来源于资本利得，则他的动机称为投机。一般情况下，投资者持有股票的时间较长，投机者持有股票的时间较短。

在证券市场中，投机具有积极作用，主要表现在以下两个方面：

一是有助于平衡证券市场价格：投机者的低买高卖，既能对过于高涨的证券价格起到一定的抑制作用，又能对过于低落的证券价格起到一定的支持作用，使证券的供求状况随证券价格的变化不断地得到相应的调整，从而使证券价格达到动态平衡。

二是有助于证券的流动性，亦即证券交易的连续性：投机者越多，证券交易就越频繁，证券买卖的流通量就越大，从而投资者买卖证券越方便，越可以随时变现。

当然，证券市场中过度的投机，会造成证券市场价格的暴涨暴跌，影响证券市场，乃至整个社会的稳定性。

2. 信息驱动和流动性驱动的交易

大多数交易主要受两个原因的驱动而产生，一个是信息，另一个是流动性。如果投资者认为他拥有市场上一般人没有的信息，并以此判断某一证券被错误地定价了，则他会在该证券价格被低估时买进或在被高估时卖出。这种交易行为称为信息驱动的交易，相应的投资者称为信息驱动的交易者。如果投资者仅仅是为了获取现金而卖出证券或因为有了新获得的现金而买进证券，这样的交易行为则称为流动性驱动的交易，相应的投资者称为流动性驱动的交易者，这些投资者在交易中并不认为证券有错误的估价。

在证券市场上，任何金融资产的价值取决于未来的前景，而这种前景几乎经常是不确定的，任何与之有关的信息都会引起证券估值的修正，因此，信息驱动的交易将会导致交易价格的变化，从而出清市场。同时，交易价格本身还传导信息，驱动交易。交易价格的这种双重作用有很多含义。例如，流动性驱动的交易者应该注意宣扬他的动机，以避免他的交易对执行价格产生副作用,所以,以持有典型证券为目的而为养老基金购买证券的机构,应该表明他并非是因为证券价格低估而购买。另一方面,任何因发现价格偏离而进行买卖的机构都应该掩饰他的动机,不过在交易的对手试图发现事实真相的情况下,这种努力可能是徒劳的。

3.4　股价指数

证券市场上股票的价格每天都在波动变化着,单就某种股票而言,股价上涨和下跌是显而易见的,但就整个证券市场而言,有些股票上涨,有些股票下跌,股价变化的总趋势就复杂化了,这就需要编制价格指数来描述整个市场价格的波动情况。一般要求股价指数应该具备准确性、敏感性、代表性和稳定性。

指数除了用来衡量市场表现外,还可以评价投资基金的管理水平,构造指数投资组合,分析投资风险和投资风格,作为衍生证券的标的,等等。每一种指数都反映了市场某一方面的特性,根据不同的需要,指数选取的样本和采用的计算方法是不一样的。

3.4.1　股价指数的编制方法

归纳起来,股价指数的编制方法有三种:简单算术平均、加权算术平均和几何平均。

1. 简单算术平均

它是从股票市场上选择若干股票作为样本,将其市场价格相加,除以样本个数,得到该时刻市场的价格水平,被选作样本的股票称为成分股。其公式如下:

$$I_t = \sum_{i=1}^{N} P_{it}/N$$

其中,I_t 是 t 时刻的指数;N 是样本数;P_{it} 是样本中第 i 种股票 t 时刻的价格。

例如,假设样本中有三个股票 A、B、C,某日的收盘价分别为 10 元、8 元、3 元,则该日的指数 $I_t = (10+8+3)/3 = 7$,第二天 A、B、C 的收盘价变为 12 元、7 元、5 元,指数 $I_{t+1} = (12+7+5)/3 = 8$。

当成分股发生了变化或成分股的股本结构发生了变化,为保证指数的连续性,需要采用"除数修正法"修正原固定除数,修正公式为:

新除数 = 修正后的股票价格总数 / 修正前的股价指数

承上例,假定 A 股 1 股拆成 2 股,价格从 12 元变成了 6 元,则新的除数 $d = (6+7+5)/8 = 2.25$。

简单算术平均方法只考虑了股票价格因素,忽略了股票的发行量,但事实上,发行量大的股票对市场的影响大,简单算术平均反映不出这一点。著名的道·琼斯工业平均价格指数采用的就是这种方法。我国最早的股价指数"静安指数"于 20 世纪 80 年代末编制使用,采用的也是简单算术平均法。这种编制方法得出的股价指数容易受个别高价股的影响。

2. 加权算术平均

加权算术平均的权数可以是成交量、流通股数和总股数等,其计算公式有两个:

$$I_t = \sum P_{it}n_{it} \Big/ \sum P_{i0}n_{it}$$

$$I_t = \sum P_{it}n_{i0} \Big/ \sum P_{i0}n_{i0}$$

其中,n 为权数;0 为基期;t 为报告期。两者的区别是,第一个公式是以报告期的数量为权数,称为派许公式;第二个公式是以基期的数量为权数,称为拉斯贝尔公式。以上市股数为权数编制的股价指数基本采用派许公式,比如影响巨大的标准普尔股价指数。

假定 A、B、C 在基期和报告期的股价和发行量如表 3.6 所示,并假定基期指数为 100,则报告期指数 $I = \dfrac{100 \times 12 + 200 \times 7 + 135 \times 5}{100 \times 10 + 200 \times 8 + 135 \times 3} \times 100 = 108.985$。

表 3.6　用加权算术平均法计算股价指数

股　　票	发行量	基期股价	报告期股价
A	100	10	12
B	200	8	7
C	135	3	5

和简单算术平均一样,当成分股发生了变化或成分股的股本结构发生了变化或成分股的总市值出现非交易因素的变动时,采用"除数修正法"调整原除数,修正公式为:

$$\frac{\text{修正前的总市值}}{\text{原除数}} = \frac{\text{修正后的总市值}}{\text{新除数}}$$

其中,修正后的总市值=修正前的总市值+新增(减)市值,由此公式得出新除数(即修正后的除数,又称新基期),并据此计算今后的股价指数。这样计算的股价指数容易受个别大盘股的影响。

3. 几何平均

几何平均的计算公式如下:

$$I_t = \Big(\prod_{i=1}^{n} P_{it}/P_{i(t-1)} \Big)^{1/n} \times I_{t-1}$$

仍然用上面的例子,$I = \Big(\dfrac{12}{10} \times \dfrac{7}{8} \times \dfrac{5}{3} \Big)^{1/3} \times 100 = 102.5071$。

目前大多数的股价指数采用的是加权算术平均方法,只有为数不多的股价指数采用的是几何平均,如价值线指数(value line index)。几何平均可以消除异常的股价波动对股价指数的影响,相对于算术平均指数,几何平均的波动幅度较小,故适于作为股指期货的标的。价值线指数是第一个用于股指期货标的物的股价指数,正由于上述原因,它能生存至今。但它的缺点是无法复制,不能成为指数投资标的。

3.4.2　国内外主要股价指数介绍

1. 国内股价指数

(1) 综合指数。

① 上证综合指数。

上证综合指数是上海证券交易所股票价格综合指数的简称。上证综合指数是上海证券交易所于 1991 年 7 月 15 日开始编制和公布的,以 1990 年 12 月 19 日为基期,基期值为 100,以全部的上市股票为样本,以股票发行量为权数进行编制。随着上市品种的不断丰富,上海证券交易所在这一综合指数的基础上,从 1992 年 2 月起分别公布 A 股指数和 B 股指数;1993 年 5 月 3 日起正式公布工业、商业、地产业、公用事业和综合五大类分类股价指数。

② 深证综合指数。

深证综合指数是深圳证券交易所股票价格综合指数的简称,由深圳证券交易所于 1991 年 4 月 4 日开始编制发布。它以 1991 年 4 月 3 日为基期,基期值为 100,采用基期的发行量为权数计算编制。该指数以所有上市股票为采样股,当有新股上市时,在其上市后第二天纳入采样股计算;若采样股的股本结构有所变动,则以变动之日为新基日,并以新基数计算。

③ 综合指数存在的问题。

上证综合指数和深证综合指数的主要缺陷为:

a. 将不断上市的新股逐一计入指数计算范围,影响了指数的前后可比性和内部结构的稳定性。

b. 采用总股本作为权重不能十分确切地反映流通市场股价的动态演变。

c. 把亏损股计入指数计算范围会把亏损股股价的非理性波动带入指数的波动。

(2) 成分股指数。

① 上证 180 指数。

上证 180 指数是上海证券交易所编制的一种成分股指数,其前身是上证 30 指数。上证 30 指数是由上海证券交易所编制,以在上海证券交易所上市的所有 A 股股票中最具市场代表性的 30 种样本股票为计算对象,并以流通股数为权数的加权综合股价指数,取 1996 年 1 月至 1996 年 3 月的平均流通市值为指数基期,基期指数定为 1000。上证 30 指数存在一些缺陷,如行业代表性逐渐降低;个别股票权重过大,容易被操纵;样本股市值和成交额的比重不高等。为此,上海证券交易所从 2002 年 7 月 1 日起,在对原上证 30 指数进行调整和更名后,发布了上证 180 指数,其编制方法如下:

a. 成分股的选择。

样本空间:剔除下列股票后的所有上海 A 股股票。

上市时间不足一个季度的股票;

暂停上市股票;

经营状况异常或最近财务报告严重亏损的股票;

股价波动较大、市场表现明显受到操纵的股票;

其他经专家委员会认定的应该剔除的股票。

样本数量:180 只股票。

选样标准:行业内的代表性;规模;流动性。

选样方法:

根据总市值、流通市值、成交金额和换手率对股票进行综合排名;

按照各行业的流通市值比例分配样本只数;

按照行业的样本分配只数,在行业内选取排名靠前的股票;

对各行业选取的样本作进一步调整,使成分股总数为 180 家。

b. 样本股的调整。

上证 180 指数依据样本稳定性和动态跟踪相结合的原则,每半年调整一次成分股, 每次调整比例一般不超过 10%。有特殊情况时也可能对样本进行临时调整。

c. 指数的权数及计算公式。

上证 180 指数采用派许加权综合价格指数公式计算,以样本股的调整股本数为 权数。

$$报告期指数 = \frac{报告期成分股的调整市值}{基日成分股的调整市值} \times 1000$$

其中,调整市值 $= \sum (市价 \times 调整股本数)$,基日成分股的调整市值亦称为除数,调整股 本数采用分级靠档的方法对成分股股本进行调整。上证 180 指数的分级靠档方法如表 3.7 所示。比如,某股票流通股比例(流通股本/总股本)为 7%,低于 10%,则采用流通股 本为权数;某股票流通比例为 35%,落在区间(30,40]内,对应的加权比例为 40%,则将 总股本的 40% 作为权数。所以可以近似地认为上证 180 指数是以流通股为权重的成分 股指数。

表 3.7 上证 180 指数的分级靠档(%)

流通比例	≤10	(10,20]	(20,30]	(30,40]	(40,50]	(50,60]	(60,70]	(70,80]	>80
加权比例	流通比例	20	30	40	50	60	70	80	100

d. 指数的修正。

当样本股名单发生变化或样本股的股本结构发生变化或股价出现非交易因素的变动时,采用"除数修正法"修正原固定除数,以维护指数的连续性。

上证 180 指数为进一步推出指数衍生产品打下了一定的基础,对于推动指数基金产品具有重要的作用。

② 深证成分股指数。

深圳证券交易所自 1995 年 1 月 3 日开始编制深圳成分股指数,并于同年 2 月 20 日实时对外发布。该成分股指数是通过对所有上市公司进行考察,按一定标准选出 40 家有代表性的公司编制成分股指数,采用成分股的可流通股数作为权数,采用派许加权算术平均法进行编制。深证成分股指数按照股票种类分 A 股指数和 B 股指数。该指数及其分类指数的基日为 1994 年 7 月 20 日,基日指数指定为 1000 点。该指数的发布内容包括前日收市、今日开市、最高指数、最低指数和当前指数。

③ 恒生股票价格指数。

该指数是由香港恒生银行根据在香港各行各业具有代表性的 33 种股票价格加权而成的,也是香港股票市场历史最为悠久、影响最大的一种股价指数。它从 1969 年 11 月 24 日开始发布,其基期为 1964 年 7 月 31 日,基期指数为 100。33 只成分股被划分成四大类,其中包括金融类 4 只,公用事业类 3 只,地产类 10 只,工商业 16 只,总市值占到香港联合交易所市场资本总额的 70% 左右。恒生指数成分股经过广泛向外咨询和严格周详的程序而挑选出,任何公司均须符合以下基本准则,才有机会获选成为成分股:a.必须居于在联交所上市的所有普通股股份总市值前 90% 之列(市值指过去 12 个月的平均值);b.必须居于在联交所上市的所有普通股成交额前 90% 之列(成交额指将过去 24 个月分为 8 个季度,以个别季度的成交额计);c.一般要求在联交所上市满 24 个月;d.并非外国公司,以联交所定义为准。

定出符合资格的股票后,再根据以下准则作最终评选:公司市值;四个大类的股票在恒生指数内各占的比重须反映四类股票在股市中的比重;公司的财务状况。

从上面的分析可以看到,不同指数具有其各自的特点,但也存在一定的局限性,所以只有将各种指数综合起来考虑,才能对市场的总体趋势做出准确的判断。

2. 国外股价指数

(1)道·琼斯工业股票价格平均指数。

道·琼斯工业股票价格平均指数(Dow Jones Industrial Average,DJIA)是历史最悠久的股价指数,最早是由查尔斯·亨利·道(Charles Henry Dow)编制的。他是《华尔街日报》的首位编辑和道琼斯(Dow Jones)公司的创始人之一。1844 年 7 月 3 日,该指数发表于《每日通讯》(《华尔街日报》的前身)上,当时包括 11 家公司的股票,其中 9 家是铁路公司,只有 2 家是工业公司,指数是由这些股票的收盘价之和除以 11 得到的。在接下来的 12 年里,查尔斯·道一直尝试着编制一个完全的工业股票价格指数,终于在 1886 年 5 月 26 日,第一个包括 12 家工业公司的股价指数诞生了。同时,他还创建了 20 个股票的铁路股票价格指数(后来成为运输股票价格指数)。此后人们在编制该股票价格平均指数时,对采用的股票种类和数目以及编制方法都作过多次调整。目前,道·琼斯指数包括 30 种工业股票价格平均指数,20 种运输业股票价格平均指数,15 种公用事业股票价格平均指数,以及综合前三组 65 种股票价格平均指数而得出的综合指数。其中,30 种工业股票价格平均指数是纽约股票市场最有影响、最具代表性的股价指数,是报刊上经常引用的股价指数。

(2) 标准普尔 500 股票综合指数。

标准普尔 500 股票综合指数(Standard & Poor's 500 Composite Stock Price Index) 是美国最大的证券研究机构标准普尔公司编制发表的用以反映美国股票市场行情变化的股价指数。标准普尔指数 1932 年开始编制,最初采样股票共 233 种,涵盖了 26 个行业。1957 年采样股票扩大到 500 种,其中工业股票 425 种,铁路股票 15 种,公用事业股票 60 种,涉及的子行业增加到 83 个。1976 年 7 月又进行了改动,采样股票仍为 500 种,但其构成变为工业股票 400 种,运输业股票 20 种,公用事业股票 40 种,金融股票 40 种。1988 年 4 月,标准普尔指数取消了对各个行业股票数量的限制,决定根据公司的实际情况来判断是否加入样本,但样本的总数仍保持在 500 家。标准普尔指数采用加权平均法,以 1941—1943 年间的平均市价总额为基期值,基期指数为 100,以上市股票市值为权数进行计算。

(3)《金融时报》股票价格指数。

它是由英国伦敦《金融时报》编制发表的反映伦敦证券交易所工业和其他行业股票价格变动的指数,采用加权算术平均法计算。该指数的采样股票分为三组:第一组在伦敦证券交易所上市的英国工业有代表性的 30 家大公司的 30 种股票;第二组和第三组分别由 100 种股票和 500 种股票组成,其范围包括各行各业。该指数以 1935 年 7 月 1 日为基期,基期指数为 100。该指数以能及时反映伦敦股票市场动态而闻名于世。

(4) 日经股票价格指数。

该指数采用简单算术平均编制,是由日本经济新闻社编制并公布的反映日本股票市场价格变动的股票价格平均数,基期为 1950 年 9 月 7 日。按计算对象和采样数目不同,该指数分为两种:一是日经 225 种平均股价。其所选样本均为在东京证券交易所第一市场上市的股票,这些采样股票原则上是固定不变的。由于日经 225 种平均股价是自 1950 年开始并一直延续下来的,具有可比性和连续性,成为考察分析日本股票市场股价的长期演变及其趋势最常用、最可靠的指标。二是日经 500 种平均股价,自 1982 年 1 月 4 日开始编制。该指数样本不是固定的,每年 4 月根据前三个结算年度各股份有限公司的经营状况、股票成交量、市价总额等情况更换采样股票。日经 500 种平均股价所选样本多,具有广泛的代表性,因而能比较全面、真实地反映日本股市行情的变化,还能反映日本产业结构的变动情况。

思考题

1. 证券市场功能目标及其细分功能是什么?

2. 试用市盈率法和净资产倍率法估算一家公司新股的发行价格。

3. 对于散户投资者和机构投资而言,测量证券市场流动性的指标哪个最为重要?

4. 某位投资者完成了这样一笔保证金多头交易:该投资者向其经纪人借了 1 500 元,并以每股 25 元的价格购买了 100 股甲公司的股票。(1)该投资者购买时的初始保证金比例为多大? (2)如果甲公司股票价格上升到每股 30 元,该投资者股票的实际保证金比例为多少? (3)如果甲公司股票价格下降到每股 20 元,该投资者股票的实际保证金比例为多少?

5. 某投资者在年初以每股 30 元的价格购买了 500 股某公司的股票,初始保证金比例要求为 55%,这位投资者支付 13% 的贷款利息。(1)如果在年末该投资者以每股 40 元的价格卖掉股票,则该投资者在这一年的投资收益为多少? (2)如果在年末该投资者以每股 20 元的价格卖掉股票,则该投资者在这一年的投资收益又是多少?

6. 某位投资者以每股 50 元的价格卖空 200 股某公司的股票,初始保证金比例为 45%。(1)如果公司股票价格上升到每股 60 元,则实际保证金比例为多少? (2)如果公司股票下降到每股 40 元,则实际保证金比例为多少?

7. 结合中国实际情况,比较各种指数编制方法的优缺点。

8. 某交易所采取样本指数,基期为 6 月 30 日,基期股价指数为 100,有 4 只采样股,8 月 1 日去掉一只采样股(乙),增加 1 只采样股(戊),请根据下表计算 8 月 1 日的新基准股票市价总值、股价指数和 8 月 2 日的股价指数。

	6 月 30 日		8 月 1 日		8 月 2 日	
	收盘价 (元)	上市股票数 (万股)	收盘价 (元)	上市股票数 (万股)	收盘价 (元)	上市股票数 (万股)
甲	8.8	1 500	9.2	1 500	9.6	1 500
乙	3.6	1 000	3.8	1 000	3.8	1 500
丙	10.5	3 000	10.9	3 000	11.0	3 000
丁	12.7	1 000	13.5	1 000	13.8	1 000
戊			15.1	1 000	15.8	1 000

参考文献

廖士光、杨朝军:《卖空交易机制对股价的影响——来自台湾股市的经验证据》,《金融研究》2005 年第 10 期。

杨朝军:《中国大型国企海外上市发行定价问题研究》,《金融研究》2007 年第 3 期。

杨朝军等:《微观结构、市场深度与非对称信息》,《世界经济》2002 年第 11 期。

David A.Hsieh and Merton H.Miller, 1990, "Margin Requirements and Market Volatility", *Journal of Finance*, 45, no.1(March).

Ian Domowitz, 1990, "The Mechanics of Automated Execution Systems", *Journal of Financial Intermediation*, 1, no.2(June).

Gary C.Sanger and John J.McConnell, 1986, "Stock Exchange Listings, Firm Value, and Security Market Efficiency", *Journal of Financial and Quantitative Analysis*, 21, no.1(March).

Hans R.Stoll, 1989, "Inferring the Components of the Bid-Ask Spread: Theory and Empirical Tests", *Journal of Finance*, 44, no.1(March).

Richard A.Brealey and Stewart C.Myers, 1991, *Principles of Corporate Finance*, McGraw-Hill.

G.William Schwert, 1990, "Indexes of US Stock Prices from 1802 to 1987", *Journal of Business*, 63, no.3(July).

附录 3.1　中国多层次股权资本市场 *

2012 年 5 月,中国证监会下发了《关于规范区域性股权交易市场的指导意见(征求意见稿)》,从政策层面首次确认中国多层次股权资本市场包括四个层次:沪深主板为一板,深市创业板和中小板为二板,新三板为三板,区域性股权交易市场为四板。2013 年初,《政府工作报告》再次强调,深化金融体制改革,必须加快发展多层次股权资本市场。经过各股权资本市场的蓬勃发展,我国互联网股权众筹市场也在 2015 年开始兴起。目前,我国已经建立起了多层次的股权资本市场体系。

具体来说,在我国多层次股权资本市场中,主板市场是一板市场,上市公司在上海证券交易所和深圳证券交易所挂牌交易。主板的服务对象主要是大型企业,挂牌上市的单

---

* 摘自杨朝军等国家社科重大项目"优化发展中国多层次资本市场"报告(2016 年 12 月)。

个企业募集资金规模达到 10 亿元级别,一些特大型国有企业上市融资规模甚至达到上百亿元。创业板和中小板市场是二板市场,上市公司在深圳证券交易所挂牌交易,市场服务对象是中型企业。新三板市场全称为全国中小企业股份转让系统,向全国各高科技园区的企业开放,服务对象以机构投资者和高净值个人投资者为主,明确规定个人投资者要求持有证券资产市值要超过 500 万元。新四板市场是各地区性的股权市场,主要服务于地方辖区内的小型企业股权转让和交易。

而对于新五板的界定,美国传统定义的五板市场是指在券商交易的柜台交易市场,但随着互联网技术的发展以及新的金融创新方式的产生,旧五板已经逐渐衰退。在如今新媒体时代的背景下,我国利用日益完善的互联网技术直接发展股权众筹市场作为国内的五板,即互联网股权众筹是我国的"新五板",其服务对象主要是国内微型企业股权融资。

表 1   中国多层次股权市场概况(截至 2016 年 12 月)

股权市场	服务对象	企业数量	总市值(元)	平均每家企业的市值(元)
主板	大型企业,单个企业募集资金规模达到 10 亿元级别以上	1 641 家	43.8 万亿	266.91 亿
二板(创业板+中小板)	中型企业	1 370 家	5.23 万亿	38.18 亿
新三板	中小企业	9 789 家	0.96 万亿	0.98 亿
各省股权市场	各省辖区内的小企业	58 000 家+	1 万亿+	0.17 亿
股权众筹市场	国内微企业			

资料来源:上交所、深交所官网、万得资讯。

本书第 2 章附录 2.1 中已经对主板市场和二板市场进行了介绍,接下来主要对新三板市场、四板区域股权市场和新五板互联网股权众筹市场进行详细介绍。

一、新三板市场发展现状

新三板市场,即全国中小企业股份转让系统。三板市场起源于 2001 年"股权代办转让系统",最早用于承接两网公司和退市公司。2006 年,中关村科技园区非上市股份公司进入代办转让系统进行股份报价转让,称为"新三板"。之后在 2012 年和 2013 年,国务院逐渐放开新三板的挂牌限制,自 2013 年 12 月 31 日起股转系统面向全国接收企业挂牌申请。

在多层次资本市场中,新三板是连接上市交易市场(主板/二板)和股权市场(区域性股权市场)的中间层次,因此市场参与者对新三板定位和发展前景的理解分歧很大。有些学者认为新三板是以纳斯达克为蓝本的可以公开发行的集中交易市场,有些则认为它是股权市场,只是增加企业的透明度,便于企业进行私募融资。在新三板设立以来,国务院和证监会发布的多个文件都提及新三板的定位和功能问题,总体归结为以下几点:(1)新三板是全国性证券交易场所,是独立的市场,主要为创新型、创业型、成长型中小企业的发展服务;(2)新三板投融资体制是小额、快速、灵活、多元的,适合为中小企业服务;(3)新三板是多层次资本市场的组成部分,条件成熟时挂牌公司可以向沪深交易所转板。

近年来,新三板发展迅速,截至2017年4月底,新三板挂牌企业已经达到11 112家,成为全球挂牌企业数量最多的证券市场。从行业分类上看,企业集中在制造业、信息技术服务业等行业,其中制造业企业数量最多,达到5 585家,占比一半以上。从市值分布来看,截至2017年4月,所有企业市值均值为5.92亿元,市值最大的企业是"巨无霸"九鼎集团,市值已经达到1 024.5亿。

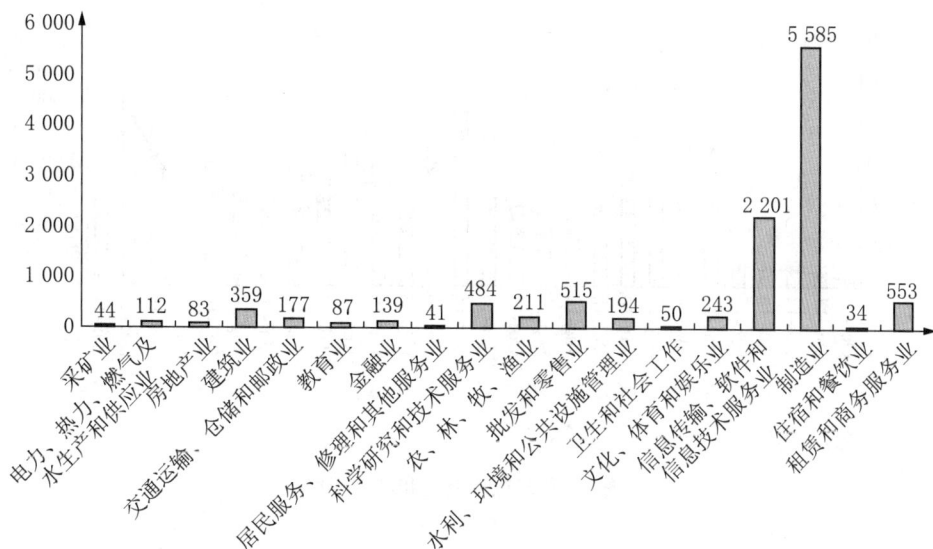

资料来源:万得资讯。

图1 新三板企业行业分类情况

此外,目前新三板企业还被分成了基础层和创新层企业,具体分类标准如下:

(1)最近两年连续盈利,且平均净利润不少于2 000万元;最近两年平均净资产收益率不低于10%;最近3个月日均股东人数不少于200人。

(2)最近两年营业收入连续增长,且复合增长率不低于50%;最近两年平均营业收入不低于4 000万元;股本不少于2 000万元。

(3)最近3个月日均市值不少于6亿元;最近一年末股东权益不少于5 000万元;做市商家数不少于6家。

在达到上述任一标准的基础上,还需满足最近3个月内实际成交天数占可成交天数的比例不低于50%,或者挂牌以来完成过融资的要求,并符合公司治理、公司运营规范性等共同标准,这样的挂牌公司将被筛选进创新层。创新层公司将优先进行融资制度、交易制度的创新试点,而基础层公司主要以现行市场制度为基础运行。截至 2017 年 4 月,创新层企业共 941 家,基础层企业共 10 161 家。

从整体交易上来看,从 2015 年开始新三板市场交投日渐活跃,2015 年 4 月份和 2016 年 12 月成交量与成交额均出现高点,但总体来看,2016 年相比 2015 年场内活跃的资金总量没有太大的提升。从流动性上看,2015 年新三板月换手率总体呈现降低趋势,年底月换手率不足 5%,并且 2016 年 20% 的换手率相对于 2015 年 35% 的换手率仍呈现下降趋势。相比主板、二板,新三板流动性相对匮乏,其主要原因是新三板目前投资者准入门槛过高,500 万的资产限制让很多投资者望而却步,投资者数量不足以及投资者结构不合理造成了目前新三板流动性不足的局面,严重影响了新三板融资功能的发挥。

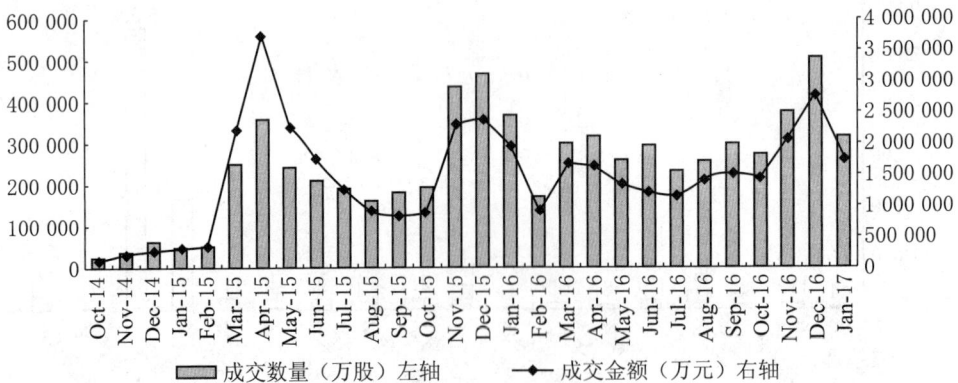

成交数量（万股）左轴　　成交金额（万元）右轴

资料来源:万得资讯。

图 2　新三板成交量和成交规模

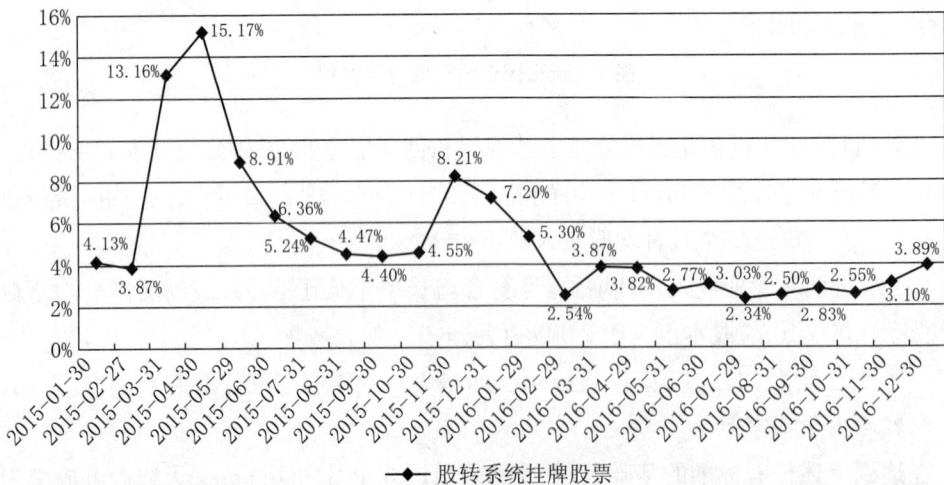

股转系统挂牌股票

资料来源:万得资讯。

图 3　2015 年以来新三板月换手率(整体法)

在交易方式上,目前新三板主要采用协议转让和做市转让两种交易方式。协议转让是指投资者买卖双方在场外自由对接,协商并确定买卖意向,再回到新三板市场,委托主办券商办理申报、确认成交并结算;做市转让是指买卖双方向主办券商做出定价委托,委托主办券商按其指定的价格买卖不超过其指定数量的股份。截至 2017 年 4 月,所有挂牌公司中协议转让 9 533 家,做市转让 1 580 家。在协议转让中,公司股东具有定价权,买卖信息透明化,市场参与者能直观地看到买卖报单信息,但同时也存在着价格可操控、价格波动过大等弊端。做市转让相对更加利于公允价格的形成,更有利于流动性的改善。做市商对做市股票进行双向报价,不但可以获得交易佣金,还可以靠买卖价差获取收益。

二、四板区域性股权交易市场现状

区域性股权交易市场是为特定区域内的企业提供股权、债券的转让和融资服务的私募市场,是我国多层次资本市场的重要组成部分。区域性股权交易中心作为多层次资本市场的塔基,具有准入门槛低、挂牌申请周期短、投资者要求宽松等优点,主要服务于地方辖区的小企业的融资经营。区域性股权交易中心有利于为最广大的小微企业提供个性化和多样化的资本市场服务,有利于拓宽小微企业直接融资渠道,推动民间资本向产业资本转化,促进大众创业、万众创新,切实加强对实体经济薄弱环节的支持。

区域性股权交易市场拥有鲜明的特点,主要概括成以下几个方面:(1)从服务对象上看,股权交易中心作为新三板市场的补充,主要服务还处于发展初期的"两高两非"企业(国家级高新技术产业园区内的高新技术企业;非上市非公众股份有限公司),通过展开股权融资和私募融资等多种业务,为企业提供资金,并在企业挂牌过程中帮助其建立规范的治理结构。(2)从挂牌要求上看,相较于主板和二板市场,股权交易中心对企业净利润、营业收入等财务情况和信息披露的要求较低,符合绝大多数小微企业的发展现状。(3)从交易模式上看,根据国务院颁布的《国务院办公厅关于清理整顿各类交易场所的实施意见》规定:"不得采取集中交易方式进行交易。包括集合竞价、连续竞价、电子撮合、匿名交易、做市商等交易方式,但协议转让、依法进行的拍卖不在此列。"所以目前我国股权交易中心均采用协议转让的方式进行证券交易。

截至 2016 年底,全国除云南省还未设立外,已有 40 家区域性股权市场,挂牌企业1.74 万家,展示企业 5.94 万家,为企业实现融资 2 871 亿元。在区域性股权市场蓬勃发展的同时,也暴露出了一些亟待解决的问题。例如,目前国内股权交易中心的挂牌企业数量呈现出明显的断层现象。深圳、上海、武汉、甘肃等地的股权交易中心挂牌企业均突破了 5 000 家,而大多数省市的股权交易中心企业挂牌数量则集中在 1 000—2 000 家,但有一些股权交易中心仅有 100 多家挂牌企业,各地股权交易中心发展存在明显差距。此外,目前区域性股权市场还缺乏有效的监管,没有规范统一的信息披露制度,投资者投资风险过高,严重影响了整个市场的功能发挥。

表 2 国内前十大股权交易中心(截至 2016 年 12 月)

股交中心	成立时间	挂牌企业数(家)
前海股权交易中心	2012 年	13 586
上海股权托管交易中心	2012 年	9 774
武汉股权托管交易中心	2011 年	6 395
甘肃股权交易中心	2013 年	5 919
浙江股权交易中心	2012 年	5 613
齐鲁股权交易中心	2010 年	4 049
北京股权交易中心	2013 年	4 022
湖南股权交易所	2010 年	2 783
安徽省股权托管交易中心	2013 年	2 592
厦门两岸股权交易中心	2014 年	1 728

资料来源:各股交中心官方网站。

三、互联网股权众筹市场现状

互联网股权众筹市场,是在新媒体时代背景下,依附于互联网股权众筹平台上的新兴股权资本市场,也是我国多层次股权资本市场的重要组成部分。互联网股权众筹市场将互联网透明公开以及众筹低投资门槛两个特点有效结合,非常适合微型企业进行种子轮融资,补充了传统风险投资所覆盖不到的地方,对于我国微型企业的发展具有十分重要的意义。具体来说,股权众筹作为直接融资方式,能有效提升融资效率,降低融资成本。一方面,股权众筹平台具有社会化媒体特征,能将项目信息快速传播给公众,并借助社会网络将信息几何级扩散,大大降低搜寻和关注成本,在短期内集聚大量社会资本。另一方面,众筹融资依托平台经济,具有近似零边际成本的特征。平台可以建立标准化的融资交易流程,降低平均缔约成本。股权众筹借助社会化和平台化网络,能有效降低搜寻成本与缔约成本,提升社会资源配置效率。

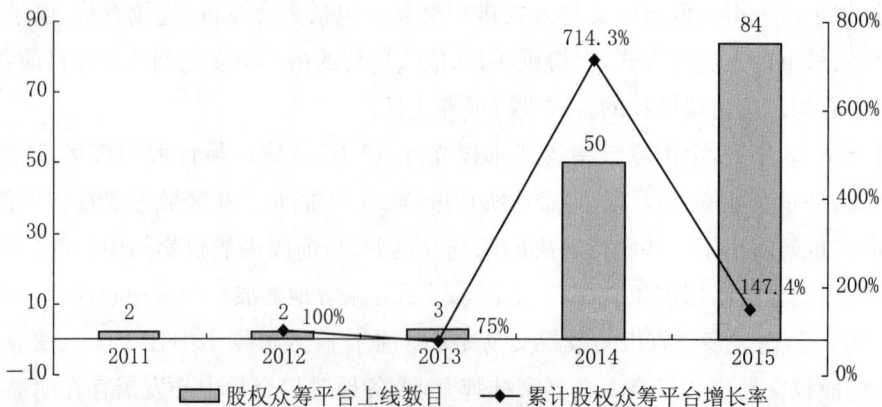

资料来源:云投汇。

图 4 股权众筹平台上线年份分布

　　2014—2015 年,受到政策鼓励以及互联网金融整体高速增长的积极影响,股权众筹平台的数量呈现出"井喷"式的增长,截至 2015 年底,中国股权众筹平台已有 141 家,投资项目分布广泛,主要分布在移动互联、消费生活、智能硬件等细分行业,也体现了股权众筹对国家产业升级、消费升级的大力支持。截至 2016 年底,由于股份有限公司股东人数累计不超过 200 人的限制,国内已取得"公募"股权众筹试点资格的公司"公募"股权众筹业务都还没有正式上线。

　　根据众筹之家 2017 年 1 月份数据,众筹项目成功融资金额为 12 257 万元,其中股权众筹融资金额为 7 278 万元,占比 60% 左右。相比于国内其他高层次资本市场,股权众筹市场的规模仍有较大的发展空间。

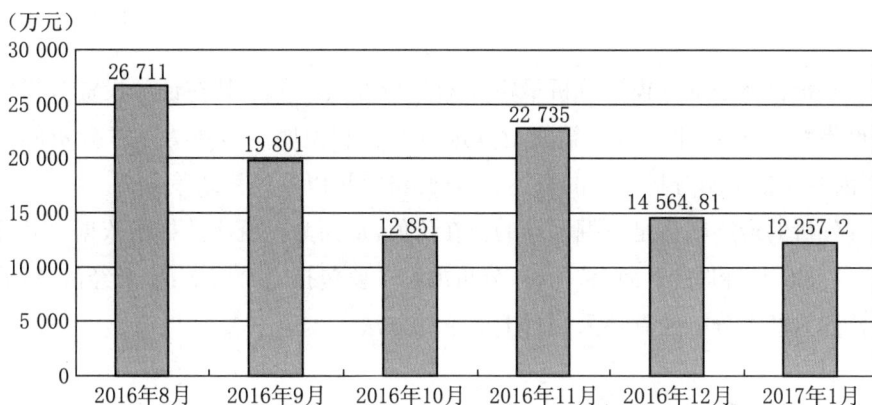

资料来源:众筹之家。

图 5　互联网权益类众筹月金额变化趋势

　　作为新生事物,股权众筹行业仍有很多不成熟之处亟待完善。(1)平台间各自为战,行业性基础数据库缺失,不利于行业的健康发展。合格投资人、融资企业、中介等行业数据库的建立有助于实现企业信息资源共享,搭建金融风险防范信息沟通平台,逐步形成行业标准。(2)创新业态与现行行政管理制度之间的不适应性。当前,股权众筹以"互联网非公开股权融资"名义开展,通行做法是投资人以"有限合伙企业形式"进入被投企业;但除了北上广深等一线城市外,其他地区申请设立有限合伙或变更登记,都必须到工商局进行办理登记手续。(3)股权众筹平台的商业模式也存在一些内在的问题,比如一些众筹平台的盈利模式是收取融资中介费,存在平台对创业项目过度包装,或引入一些不具备投资价值的项目的现象;一些众筹平台对"投后管理"不重视,当项目到达退出期,平台无法兑现当初对投资者的承诺,导致大量纠纷产生。

第4章

基本分析(一)——宏观经济与金融分析

基本分析目前是证券投资分析最主要的分析方法。基于其在证券投资分析中的基础性和重要性,我们将用三章的篇幅对其进行阐释和说明。本章为基本分析的第一部分,主要内容包括基本分析方法的概述、宏观经济分析以及经济政策分析。

基本分析的最终归宿是发掘证券的内在价值,从而为投资决策提供依据。其分析方法包括"自上而下"和"自下而上"两种,分析内容主要包括三个层次:宏观经济、行业和公司。本教程对基本分析的阐述采用自上而下的方法。

4.1 基本分析方法概述

4.1.1 基本分析的概念

证券投资基本分析法是分析影响证券未来收益的基本经济要素的相互关系和发展趋势,据此预测证券的收益和风险,并最终判断证券的内在价值的一种分析方法。其出发点是证券所具有的内在价值,证券的交易价格最终围绕其内在价值而波动。

基本分析法的产生可追溯到 20 世纪 30 年代,其标志是 1934 年本杰明·格雷厄姆和大卫·多得的《证券分析》一书的出版。在这之前,证券投资缺少能够形成体系的推理分析方法,市场上弥漫着投机气氛,投资大众常常因受骗、听信谣言或者从众心理而购买股票,股价几乎没有任何业绩支持。《证券分析》一书的出版使投资者得以对市场上各种证券采用一种系统的逻辑方法进行估值。

基本分析方法比较注重证券价值的发现,力图用经济要素的相互关系和变化趋势来解释证券市场上的价格变动。基本分析人员需要研究影响证券发行公司经营状况的宏观经济与行业背景,以及发行公司自身的情况,并据此来预测公司的收益,从而发掘证券的内在价值。虽然不同的金融分析师用基本分析法对同一证券得出的结论不尽相同,甚至相悖,但是到目前为止,西方经济学家仍然认为,基本分析方法是科学的、客观的,也是最主要的分析方法。

4.1.2　基本分析的内容

基本分析方法认为证券的内在价值表现为向投资者提供未来的收益,因为这种分析方法完全建立在对未来的基本经济要素及供求关系的预测基础上。基本分析方法认为公司的业绩取决于公司运营的经济环境,取决于各种投入资源的供求价格、公司或服务的供求价格。因此,基本分析的内容包括宏观经济、行业和公司三个层次的系统分析。

基本分析大体分为自上而下和自下而上两种方法。多数基本分析遵循自上而下的程序,即分析人员首先对整个国民经济作出预测,然后分析行业,最后对公司的业绩进行预测。行业预测是以整个经济的预测为基础,接下来的公司预测是以前两者为前提。少数基本分析采用自下而上的程序,即从对公司前景的估计开始,然后建立对行业和整个经济前景的估计。

在实践中,人们常常将两种方法结合起来使用。例如,按自上而下方法对经济进行预测,然后把这种预测结果提供给为个别公司自下而上预测的分析师作参考。单个公司预测的综合应当与总的国民经济预测相吻合。否则,人们将重复做这一工作,以保证达到两种方法的一致。

基本分析方法对选择具体的投资对象特别重要,对预期整个证券市场的中长期前景很有帮助,但对把握短期股市变化的把握作用不是很大。

4.2　宏观经济短期分析

根据上一节的分析,我们知道基本分析的最终归宿在于发掘证券的基本价值。基本价值取决于公司的未来收益等因素,而公司的未来收益却在很大程度上依赖于整个宏观经济情况。因此,宏观经济对证券市场具有很强的直接影响,正确地判断和预测宏观经济形势,对于证券投资分析具有决定性的意义。本书将宏观经济分析分为三个部分加以阐述,即宏观经济短期分析、宏观经济长期分析和经济政策分析。

宏观经济短期分析,采用动态比较分析的方法,通过判断、预测宏观经济因素的短期变化,来预测判断证券市场价格的近期走势。

4.2.1　政治因素分析

政治不但是经济的集中表现,而且还深刻地影响着经济。一国的政局是否稳定对证券市场有着直接影响。一般而言,政局稳定则证券市场稳定运行;相反,政局不稳定则常常会引起证券市场价格下跌。在全球经济一体化的背景下,不但本国的政治对该国证券市场有直接影响,外国政治变化也会对本国证券市场产生重大影响,如海湾战争、伊拉克战争等皆对全球股市产生重大影响。正如亨廷顿在《文明的冲突》中所言,现代政治因素变化往往具有突发性,它们来得突然,很难预测,因而其对证券市场的影响也往往具有难以预测性。通常而言,政治因素包括的内容十分广泛,如政府更迭、国内战争、民族冲突、国内罢工、政治丑闻以及重要官员的更替等。因而,证券市场往往烙有政治的印迹。

4.2.2 国外经济因素分析

在经济全球化、金融国际化的背景下,国外经济对证券市场有着直接而重大的影响。国外经济状况主要包括国外经济增长速度、国外金融市场变化以及国外经济政策。

1. 国外经济增长速度

在经济全球化的背景下,全球经济联系日益密切,因而外国的经济增长必然会直接或者间接地影响本国的证券市场,其影响主要有以下两种渠道。

(1)出口。

近些年来,全球每年的贸易额一直呈两位数的速度增长。出口已经成为决定国际收支状况的一个非常重要因素,同时也是拉动国内经济增长的重要因素。如果一个贸易严重依赖国外经济的经济体,或者一个国家的主要贸易伙伴的经济呈现加速或者减慢增长的话,必然会对该国经济产生影响,同时会引起该国出口企业的利润与预期值相差很大。

(2)海外投资收益。

海外投资收益包含两层含义:一是在国外的实业投资收益;二是在国外的金融投资收益。在经济全球化、金融国际化的背景下,很多企业都以跨国组织的形式出现。同时一些企业为了分散风险采取多元化投资,将一部分资金以金融资本的形式投向国外。在这些形式下,如果国外经济增长出现下滑,在该国的海外投资收益必然受到影响,从而通过财富效应等渠道影响本国经济。

2. 国外金融市场变化

在当今世界,全球金融市场存在着密切的联系。伴随着通讯交易工具的日益便捷,全球已经形成了一个全天候交易市场,其资金规模业以每年两位数的速度增长。而在这个密切联系的金融链条中,一国金融市场的变化往往通过利率、汇率等渠道向外传播,并通过媒体等加以放大。最终不仅会对本国证券市场产生重大影响,还会对国外证券市场产生重大冲击。从 20 世纪 30 年代的美国金融危机,到 1997 年的东亚金融危机,再到 2007 年的美国次贷危机,这一切都说明,国外金融市场的动荡会通过各种途径对国内经济形成重大的冲击。

3. 国外经济政策

在全球经济一体化的背景下,一国经济往往会受到他国,特别是贸易关系密切国家的经济政策的影响。国外的经济政策包括很多方面,这里着重谈一下贸易保护政策。当今国家大体可分为发达国家和发展中国家两大类。发达国家在高科技以及资本密集型行业领域占有较大优势,而发展中国家一般在低端产品以及劳动密集型行业占有优势。发达国家往往是民主国家,劳动力成本高;发展中国家通常是劳动力成本低,并且往往具有发展民族产业的愿望。在这种情形下,发达国家政府出于政治考虑必然会在贸易政策方面保护本国不具竞争力的产业,从而增加就业;而发展中国家必定会制定相关政策扶植本国相关行业,抑制国外某些行业产品或者服务的出口。而这些保护性贸易政策的实施必然会对他国的经济和企业利润产生影响。从20世纪70年代的日美贸易战到21世纪的中美贸易战,每一次他国保护性贸易政策的制定和实施都会对宏观经济和企业利润产生影响。

4.2.3　短期国内经济因素

证券市场与国内宏观经济密切相关,尤其是股票市场素有宏观经济晴雨表之称,所以国内宏观经济的分析对证券投资来说非常重要。上市公司的生产经营活动总是在一定的经济环境中运行,其运行效果自然受到宏观经济的影响,因此证券市场价格会随着宏观经济运行状况的变化而变化。国内宏观经济的变化对证券市场的影响是全局的、直接的。所以,要成功地进行证券投资分析,首先必须认真研究宏观经济状况及其走向。影响证券市场短期宏观经济的因素主要包括以下几个方面。

1. 国内生产总值

国内生产总值(GDP)是指在一定时期内一个国家或地区新生产的产品或者服务的货币价值总和。通常而言,GDP是衡量一国经济情况的一个总体指标。当一国的GDP增长率较快时,说明该国经济处于扩张期,从而为该国企业扩大销售提供更多的机会;相反,当一国的GDP增长率较慢甚至是负增长时,说明该国经济处于衰退期甚至萧条期,从而影响该国企业的扩张。

2. 失业率

失业率是一个国家正在寻找工作的失业劳动力人口与劳动力人口的比值。一个国家的失业率虽然和社会保障、福利等各方面因素有关,但是失业率的高低仍然是反映一个国家宏观经济状态的重要指标和依据。当一个国家的失业率高于自然失业率时,说明这个国家处于未充分就业状态,现行GDP低于潜在GDP,经济处于衰退状态;当一个国家的失业率低于自然失业率时,说明该国经济已经超出充分就业状态,即经济过热。

3. 通货膨胀

通货膨胀是指一段时期内社会价格的普遍、持续上涨现象。通常而言,我们用消费者价格指数(CPI)来衡量通货膨胀。通货膨胀按照物价上升速度可以分为爬行通货膨胀、温和通货膨胀和恶性通货膨胀;按照通货膨胀的诱因可以分为成本推动型通货膨胀和需求拉动型通货膨胀。根据短期菲利普斯曲线,通货膨胀率和失业率之间存在一定的替代关系。一般而言,温和型通货膨胀对经济是没有害处的,它可以促进经济趋于充分就业。一个社会可接受的通货膨胀率往往取决于政府的政策选择。过高的通货膨胀率肯定是对经济有害的。首先,它会引起收入的再分配,而这种再分配影响消费、投资,甚至引发社会问题。虽然通货膨胀是一定时期内价格的普遍、持续上涨现象,但并不是所有商品、工资的价格都是同比例上涨的,因而必然导致收入的重新分配,如高通胀有利于借款人,不利于退休工人等。其次,会增加投资、消费决策的不确定性,从而影响经济的正常运行。第三,在固定汇率制下,它会导致本币的实际汇率上升,从而削弱本国产品的国际竞争力,从而影响企业利润。

上面讨论的是通货膨胀率为正的情况。当通货膨胀率为负,即通货紧缩时,整个社会的流动性大大减少,负债企业实际成本增高;同时由于生产具有过程性,当期产品是由前期原材料产出,从而产品降价,必然导致企业利润减少。另外市场实际利率提高,从而企业减少投资,影响经济增长。根据日本1991—2003年的教训,可以认为通货紧缩比通货膨胀更为可怕。

4. 利率

利率是货币资金的价格,反映了市场上资金的供求状况。利率可以通过多种渠道影响国民经济。首先,利率通过影响投资来影响经济。企业在考虑投资时,通常要考虑资金成本问题。如果利率提高,投资成本就会增加,从而抑制投资;如果利率降低,就会减少投资成本,从而鼓励投资。其次,利率通过托宾 q 影响经济。托宾 q 是美国著名经济学家托宾提出的,其含义为资产价格与其重置成本的比值。当利率降低时,通常而言,资产价格就会上涨,当其高于重置成本时,或者说托宾 $q > 1$ 时,企业就会增加投资,从而通过乘数效应拉动经济增长。第三,通过汇率渠道影响国民经济。利率的变化最终会影响汇率的变化(名义汇率或者实际汇率),从而影响本国企业的出口,进而通过乘数效应影响本国的经济增长。

5. 汇率

由于世界经济一体化趋势逐步增强,金融业也日益呈现国际化的趋势,因而一国汇率的变化也会影响其他证券市场价格的变化。一般而言,在直接标价法下,汇率上升,本币贬值,从而增强本国产品在国际市场上的价格优势,促进出口,最终通过乘数效应促进经济增长;汇率下降,本币升值,本国产品在国际市场上价格升高,从而抑制出口,最终会通过乘数效应影响国民经济增长。

6. 国家财政赤字

国家财政赤字是指国家支出与收入的差额。如果财政赤字是正的,就意味着国家发行国债进行了融资。这会造成社会资金紧张,导致市场利率提高,从而产生挤出效应,抑制投资,影响社会总需求,从而影响经济增长。

7. 市场情绪

市场情绪是指消费者和生产者对未来经济所持的态度,通常指乐观或者悲观。如果消费者和生产者持乐观情绪,则消费者信心指数上升,消费增加,生产者增加投资和提高存货水平,从而促进经济增长好于预期。这时社会需求扩大,从而促进经济增长。如果相反,即消费者和生产者持悲观情绪,则消费者信心指数下降,消费减少,生产者减少投资和降低存货水平,经济增长低于预期。这时社会需求减少,从而影响经济增长。

4.3 宏观经济长期分析

宏观经济因素的短期波动或者变化会对证券价格产生直接、全局的影响,可用于预测证券市场价格的近期走势。然而宏观经济的短期变化往往是难以把握和预测的,只有把其放在一个特定的经济发展阶段,我们才能对短期波动有一个全面的了解和系统的把握;同时只有了解了经济发展的阶段,才能更好预测证券市场价格的长期趋势和证券市场的短期变化。

宏观经济长期分析就是对整个经济所处阶段的一个判断。历史上不同的学者采用不同的方法将人类社会经济发展分成不同阶段。罗斯托(W.W.Rostow)采用产业部门的非总量分析法,基于经济视角将人类社会分成传统社会阶段、起飞前提条件阶段、起飞阶段、走向成熟阶段、大众消费阶段以及超越大众消费阶段六个阶段。熊彼特通过对历史宏观经济数据的研究,在前人的基础上,根据经济波动的规律和趋势,以"创新理论"为基础,将经济阶段分为长、中、短三个周期。另外还有库兹涅茨、钱纳里等也对经济发展阶段提出了不同的论断。

由于篇幅的限制,本节只讲述目前为大部分经济学家所认可的罗斯托的经济增长理论和熊彼特的经济周期理论。同时我们也指出,任何一种理论用于分析证券市场的长期趋势都存在一定的局限性,因为任何一种理论都有其特定的限制条件,而现实社会是时刻变化的。因而在分析证券市场价格长期走势时,应该综合运用多种理论和方法。

4.3.1 罗斯托经济增长阶段分析

1. 罗斯托经济增长阶段理论

罗斯托通过对世界经济史的研究和归纳,采用非总量的分析方法,从经济的角度将经济增长阶段划分为六个阶段:传统社会阶段、起飞前提条件阶段、起飞阶段、走向成熟阶段、大众消费阶段以及超越大众消费阶段。

(1)传统社会阶段。

根据罗斯托的理论,所谓的传统社会是指科学的创新有限,科学技术应用于生产领域也非常有限,从而使社会生产水平始终处于一个有限的阶段。其是围绕生存而展开的经济,而且通常都是封闭或者孤立的经济。世界经济史上最早出现传统社会向现代社会过渡的是西欧国家。一般而言,经济学家将牛顿自然科学体系的出现作为西欧传统社会阶段的终结。

但是,传统社会的概念不是静态的,经济也会出现较大的增长。一些特别的技术创新能被引进到社会生产活动中去。无论何时,传统社会的历史都是一部不断发展变化的历史。社会内部的贸易随着政权更迭、社会动荡而发生变化;人口及一定限度内的生活水平不仅随收成好坏而变化,也随战争以及疾病的影响而变化;手工业(或者制造业)有不同程度的发展,但是生成率水平始终因为没有现代科学及其科学意识而受限制。

一般而言,传统社会由于生产率发展受限,因而其绝大部分生产要素被投入到农业中,并且在农业体系中产生了社会的分层。虽然处于社会分层顶端的是中央统治,且其范围已经超越了相对自给自足的地区,但是政治权利的中心一般集中在地方,集中在控制土地资源的人的手中。这就是传统社会的政治情况。

传统社会的特点可以归纳为:经济技术生产率进步有限。根据这个特征,可以认为目前北非的部分地区仍然处于传统社会阶段。由于其生产力低下、经济发展落后,基本上不存在直接资本市场。

(2) 起飞前提条件阶段。

这一经济阶段是一个过渡的过程,即为起飞创造前提条件的阶段,是为社会持续增长做准备的时期。转变传统社会需要利用现代化科学的成果,阻止规模报酬递减,从而享受复利增长带来的福利。

根据罗斯托的研究,起飞的前提阶段往往不是从传统社会内部开始的,而是由于较先进的外部入侵产生的。这些入侵直接或者间接地动摇了传统社会,开始或者加速了传统社会的解体;同时,这些外来入侵也推动了社会思想和感情的变化,而这些又引起了在旧社会基础上建立的现代社会替代传统社会的过程。

① 过渡阶段的经济特征。

首先,从投资率的角度来看,过渡期的投资率要提高到经常地、大量地和明显地超过人口增长率的水平。只有投资率有一定的提高,社会资本品才会不断增加,从而为起飞做准备。

其次,从产业的角度来看,农业在这一阶段表现为扩张性的发展。传统社会向工业社会的过渡,固然最终归宿是要发展工业,但是其前提必须是农业的扩张性发展,因为:

第一,农业必须提供大量的粮食。在过渡时期,社会人口伴随着一个较快速度的转移,即人口从农村转移到城市,因而必须增加粮食供给,并把粮食从农村运到城市,供给城市人口。

第二,提供经济发展需要的大量外汇。在过渡时期,工业还不能建立起一个很大的生产基础,不能赚取足够的外汇来偿付进口的增加。因此在过渡过程中,人口增加、城市化以及固定资本和流动资本所需的外汇增加,必然全由农业部分来承担。因而农业必须快速发展,增加出口,换取外汇。

第三,为现代生产部门提供资金。从土地收入中得到的剩余收入必须从挥霍者手中转移到生产者手中,后者将其投资于现代生产部门。然后随着生产率的提高,经常性地把利润用于再投资。

以上三点决定了在社会过渡阶段农业部门必然伴随着较大的发展。

再次,运输等基础资本产业有较大发展。伴随着城市化以及工业的初步发展,必然要求基础资本产业有较快发展,因为:

第一,降低生产成本的需要。基础资本产业的发展,可以扩大原材料来源,降低运输费用,增强产业的竞争力。

第二,扩大消费市场。基础产业资本的快速发展,可以大大降低运输成本,扩大产品的销售半径。

② 起飞前提阶段的标志性事件。

虽然介于传统社会和起飞之间的过渡性阶段在其经济和社会价值平衡方面都经历了重要的变化,但是一个决定性的特征是表现在政治上的——建立一个有效的中央集权的民族国家。总之,在传统社会,经济领域中社会投资率有较大提高,高于人口增长率,城市化水平不断增长,农业、采掘业以及基础资本产业有较大发展;同时在政治上,出现了一个有效的、具有民族主义倾向的中央集权国家。

(3) 起飞阶段。

起飞是稳定增长的障碍和阻力得以最终克服的时期。促进社会进步的力量扩大并开始支配整个社会,增长成为正常状态。表 4.1 列举了部分国家起飞阶段的年份。

表 4.1 部分国家起飞阶段年份

国 别	起飞时间	国 别	起飞时间
英 国	1783—1802 年	德 国	1850—1873 年
法 国	1830—1860 年	加拿大	1896—1914 年
美 国	1843—1860 年	瑞 典	1868—1890 年

资料来源:[美]W.W.罗斯托著,郭熙保、王松茂译:《经济增长的阶段——非共产党宣言》,中国社会科学出版社 2001 年版。

起飞的开始通常可以追溯于一种特别剧烈的刺激力量。刺激力量可能表现为政治革命或者政变的形式,这种革命直接影响社会权利和有效价值观念的平衡,影响经济制度的性质、收入的分配、投资支出的形态及潜在的创新,如 1848 年的德意志革命、1868 年的日本明治维新等。

① 起飞阶段的必备条件。

第一,生产性投资率提高,生产性投资从较低水平迅速上升到占国内生产总值的10%以上。

第二,有一个或者多个重要制造业部门以很快的速度发展。

第三,出现一种政治、社会和制度结构,这种结构推动现代部门扩张冲力和起飞的潜在外部经济效应,并且使增长具有不断前进的性质。

② 起飞阶段的特征。

第一,高速经济增长率。在这一阶段,国民经济往往处于较高的增长率水平,有些国家在该阶段平均增长率始终保持在两位数。但是高的收入并不一定必然带来高的消费增长,或者快速提高消费在国民生产中的比重。因为这一阶段,消费在国民生产中比重的提高不仅取决于经济的增长,也取决于收入分配是否均衡。

第二,高投资率、高储蓄率。根据对欧美等西方国家历史数据的分析,当这些国家处于起飞阶段时,均具有较高的投资率和储蓄率。例如,加拿大在起飞阶段,净资本形成率一度达到国内生产总值的20%。

第三,高资本输入率。由于处于起飞阶段的国家具有较高的生产性红利,这时,国外资本纷纷进入,以满足国内的投资性需求。

第四,城市化率加速。在传统社会阶段,社会结构比较稳定,人口绝大多数分布在农村,同时农村和城市人口比例基本稳定。在过渡阶段,由于社会生产有一定程度的发展,农村人口向城市小规模的转移,城市人口比例增长缓慢。但是到了起飞阶段,城市人口增长就相当迅速。根据美国经济学家的研究,这一阶段的城市化率每年平均以1%的速度向前推进。

第五,起飞中的主导部门。正如前文所述,罗斯托所采用的分析方法为非总量分析法,其认为社会经济的发展在不同阶段是由不同的产业或者部门来推动的。主导部门就是那个起主要推动作用的部门或者产业,其特征是在一段时期内在国民经济中占有较大比重,且处于高速增长状态,该部门或者产业的生产函数不断扩张。根据对发达国家经济史的研究,该阶段的主导产业先后分别为以纺织业为代表的劳动密集型产业、以钢铁业为代表的重化工产业和以铁路交通为代表的基础装备产业。这一产业的演进,既和生产要素的比例演进有关,又和科技的扩散传播相联系。

第六,起飞阶段,经济只集中在工业和技术相对狭小的产业部门。

第七,起飞阶段存在重商主义倾向。在起飞阶段,后进的国家往往鼓励出口,发展外向经济,存在重商主义倾向。

第八,起飞的阶段较短。根据罗斯托对西方国家的起飞阶段研究,这一经济增长阶段大约持续20—30年。罗斯托在其《经济增长的阶段——非共产党宣言》一书中认为,英国的起飞阶段经历了20年,美国历时18年,法国历时31年,德国历时24年,日本历时 23 年,俄罗斯历时 15 年,加拿大历时 19 年。

第九,起飞阶段的风险性。除了少许率先进入起飞阶段的国家外,后进国家的促进生产函数迅速扩大的技术往往是非原创的,或者说是由先进国家传播进来的。由于技术已经成熟,不需要太多创造性研究,可以直接应用于生产。在这种条件下,如果后进国家不注重科技创新,经济发展最终会出现停滞,因为科技创新才是推动经济发展的原动力。20 世纪 60 年代拉美国家就是在起飞阶段后期由于缺乏科技创新而使经济处于停滞,这也就是所谓的"拉美中等收入陷阱"。

第十,起飞阶段结束的标志通常是经济的萧条。从结构上来看起飞阶段是少数几个部门产出的迅速增长。由于投资过程的性质,这些部门必然会过度增长。在起飞阶段的第一次生产高潮中的关键部门一旦生产过度,在经济上就有必要迅速重新组织和分配生产要素,以便增长在新的部门继续。因此,衡量起飞阶段结束就是看社会有没有能力迅速重新组织它的生产要素,从而加速新的部门发展。如果起飞阶段出现了经济萧条,就意味着起飞阶段的结束。同时我们也要指出,在主导产业更替的阶段也会出现经济的向下波动现象,但是和萧条有本质区别。

第十一,起飞阶段的改革往往是不彻底的。从非经济方面来讲,起飞通常表明要使社会现代化的人坚持不放弃传统社会或者寻求其他目标的人在社会、政治和文化方面取得胜利;但是这一阶段存在强烈的民族情绪,这种胜利往往表现为新兴集团和传统集团相互适应的形式或者过程,而不是前者摧毁后者,或者说是一种不彻底的改革。

(4)走向成熟阶段。

根据罗斯托的定义,成熟阶段是一个社会已经把(当时的)现代技术有效地应用于它的大部分资源中。在这个阶段经济展现出了超越它起飞的初始工业的能力,以及在非常广泛的资源范围上吸收和有效地采用(当时条件下)现代技术的最先进成果的能力。在这样的一个阶段,一个经济体能生产出一切它想要生产的东西(当然这些东西都是符合科学原理的,如永动机等除外),而不是生产一切东西(一国经济可能根据要素禀赋特定类型的产品,但是它还依赖于一个国家的经济选择或者更多的是政治上优先考虑的选择,生产的产品并不是一个技术或者制度的必然结果)。表 4.2 列举了部分国家走向成熟阶段的年代。

表 4.2　部分国家走向成熟阶段年代

国　别	年　代	国　别	年　代
英　国	19 世纪 50 年代	德　国	20 世纪 10 年代
法　国	20 世纪 10 年代	加拿大	20 世纪 50 年代
美　国	20 世纪前 10 年	瑞　典	20 世纪 30 年代

资料来源:同表 4.1。

① 走向成熟阶段的特点。

第一,经济增长相对放缓。在该阶段,国民经济增长速度相对于起飞阶段而言相对放缓,但仍然处于稳定的高速,快于人口的增长率,但平均增速低于10%。

第二,投资趋于稳定。每年国民收入的10%—20%被稳定地用于投资。

第三,主导产业发生重大变化。在起飞阶段,主导产业主要为劳动密集型的轻工业以及重化工业;而在成熟阶段,主导产业演变为高端装备制造产业、精细化工产业以及先进电子产业等。

第四,生产性服务业比例迅速提升以及企业兼并收购现象层出不穷。

第五,起飞阶段结束到达到成熟阶段的时间。根据罗斯托的研究,西方发达国家大概在起飞开始后约60年到70年,或者说起飞结束后约40年达到成熟阶段。但是随着科技和通信技术的发展,以及在经济全球化、金融国际化的背景下,这个时间长度与过去相比肯定会发生较大的变化。

第六,成熟阶段是个危险的时期。在达到成熟阶段后,往往出现三种选择:一种是走向大众消费时代,如美国;一种是走向高福利社会,如西欧;一种是走向军国主义,发动战争,如德国。

② 达到成熟阶段的标志。

第一,劳动力起了重要变化。首先,由起飞阶段城市化率的50%—60%左右,升高到80%以上。当然由于各国实际情况不同,会存在一定的差异。其次,工人的实际工资和福利得到大幅提升。第三,工人的技能和素质得到很大提高。

第二,企业管理者的性质发生重大变化。企业管理者由企业的所有者转变为职业经理人。

第三,社会思想出现多元化。此时,人们追求的不再全是生产力的提高和对自然界的征服,出现了对人与自然关系的重新思考。同时审美、道德标准等也会出现差异,甚至还会出现后现代化思潮。

(5) 大众消费阶段。

① 大众消费阶段的必然性。

正如我们在前文所说,成熟阶段是个危险的时期。在达到成熟阶段后,往往出现三种选择。根据目前社会发展的情况而言,德国发动两次世界大战,最终以失败而告终,表明军国主义者的选择最终是行不通的;西欧国家在达到成熟阶段后选择了高福利社会模式,经历了几十年后,特别是2007年次贷危机后,西欧经历了一系列经济、金融危机,其根源皆为高福利制度,而最终解决其危机的办法,可能是重新作出美国的选择,即重新回到大众消费的选择。

② 大众消费阶段的特点。

第一,国民经济增长水平比较缓慢,有时可能会出现负增长。

第二,主导产业转向服务业和耐用消费品。

第三,劳动力结构发生变化。首先城市化率进一步提高;其次工人中技术人员比例进一步提高。

第四,消费在国民经济中的比例大幅提高,远远高于投资和政府支出。

第五,人们在休闲、教育、保健、国家安全、社会保障项目上的花费增加。

以上就是大众消费阶段的一个概述。目前而言,一些主要的发达国家(包括西欧这些高福利国家)都已进入这一发展阶段。

(6) 超越大众消费阶段。

罗斯托对大众消费阶段以后的社会并没有一个清晰的概念,但是他认为该阶段的主要目标是提高生活质量。随着这个阶段的到来,一些长期困扰社会的问题,如全球气候变暖、核武器等问题有望得到解决。

2. 罗斯托经济增长阶段与证券市场关系分析

根据前文对罗斯托经济增长阶段理论的论述,本文对罗斯托经济增长各阶段的宏观经济进行具体的分析和总结。根据前文述,目前世界上几乎所有国家(除了北非部分国家)都已经经历过了传统社会阶段和起飞前提条件阶段;另外,超越大众消费阶段尚未到来。故此在这里只讲述起飞阶段、走向成熟阶段以及大众消费阶段的宏观经济情况。

(1) 起飞阶段的宏观经济分析。

首先,根据前文的理论分析,在该阶段,国民经济处于以平均两位数的速度向前发展,经济增长率处于一个较高的发展水平。当该阶段结束时,该国国民收入将处于世界中等国家收入水平。

其次,该阶段处于一个城市化率快速发展的阶段。大量的农村人口向城市转移,该阶段结束时,城市化率由开始阶段的 10%—20% 提升到 50%—60%。

第三,在起飞阶段,主导产业先后经历了劳动密集型的轻化工型产业到资本密集型的重化工产业,因而起飞阶段的前后两期分别是这两个行业快速扩张、迅速发展的黄金时期。

第四,起飞阶段后期基础资源类大宗商品价格快速上涨。由于起飞阶段的两个主导产业都是基础资源消耗型的,如果世界上的很多国家在同一时期都处于起飞阶段,或者此时处于起飞阶段的国家已经成为一个世界经济大国,那么由于下游产能的快速增加,再加上上游基础资源类大宗商品资源缺乏供给弹性,或者存在垄断,必然导致大宗商品等基础资源价格的快速上涨。

第五,工业地产和住宅地产行业处于较快发展水平。起飞阶段前期,由于工业规模不断扩大,无论是轻工业还是重工业,都需要大量的土地,从而导致工业地产需求旺盛,因而工业地产行业处于快速扩张阶段;在起飞阶段后期,伴随着城市化的快速推进,人口从农村转移到城市,对城市住宅的需求快速增加,因而该阶段住宅不动产行业处于快速扩张的黄金阶段。

最后,起飞阶段将以经济萧条告终。正如前面理论部分所言,由于该阶段带来生产函数变化的科技多为没有创新的舶来品,这些技术往往容易掌握吸收,但是到后期技术不能在其他产业部门迅速扩散,发展失去引擎,因而经济会出现萧条,此时起飞阶段也宣告结束。如果该国在一个较长的时间内不能出现科技创新,则该国经济就会从起飞阶段的快速增长转到经济的长期停滞,拉美国家 20 世纪六七十年代后所经历的"中等国家收入陷阱"就是一个很好的例子。

(2)走向成熟阶段的宏观经济分析。

首先,在这个阶段,国民经济增长速度虽然相对变缓,经济增长平均速度低于 10%,但仍然以较快的速度增长。

其次,根据前文的分析,起飞阶段的结束是以经济萧条为标志的。因而该阶段初期,伴随着科技创新的出现,并在产业部门间的扩散,经济逐步走出谷底,开始复苏、繁荣。

第三,从主导产业来看,该阶段的主导产业是精细化工、高端装备以及先进电子科技产业,这几个行业处于快速扩展的黄金期。同时,生产性服务业的比例不断提高。

第四,工人的实际工资得到较大改善。由于在起飞阶段,城市化率已经有了很大提高,该阶段城市化速度相对变化。这也就意味着劳动力的供给弹性减少,同时资本品积累也有了一定的基础,因而工人的实际工资水平会得到较大的提高。而伴随着工人工资水平的提高,中高档餐饮、服装、零售、中高端住宅不动产以及商业不动产行业也将迎来一个新的快速发展阶段。

(3)大众消费阶段的宏观经济分析。

首先,该阶段经济增长相对缓慢,平均而言,经济增长率不高于 5%。

其次,主导产业变为耐用消费品行业和服务业,这两个行业处于快速扩张阶段。

第三,医疗保健、医疗器械、生命医药以及教育等行业处于快速发展阶段。由于人们对环境、健康、教育等的重视,在这些方面的消费和投入将增加,需求扩大,因而医疗保健、医疗器械、生命医药以及教育等行业将出现快速的发展。

第四,随着人们财富的不断增加,收入的不断提高,高端住宅、餐饮以及奢侈品必将日益受到青睐,相关产业也将处于较好的发展阶段。

4.3.2 经济周期分析

经济周期,也称商业周期、景气循环,它是指经济运行中周期性出现的经济扩张与经济紧缩交替更迭、循环往复的一种现象。经济从来不是单向运动的,而是在波动性的经济周期中运行。这种周期性表现在许多宏观经济统计数据的周期波动上,如 GDP、消费、投资、就业率等。通常而言,经济周期分为繁荣、衰退、萧条和复苏四个阶段(如图 4.1 所示),其中复苏和繁荣阶段又称为扩张阶段,衰退和萧条阶段又称为收缩阶段。

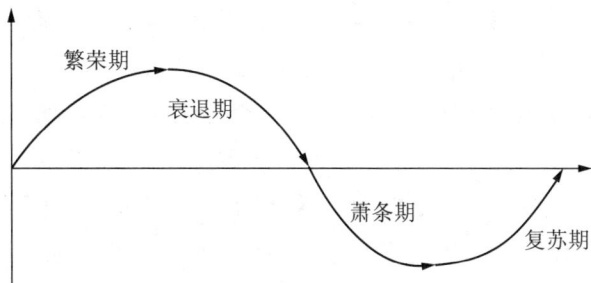

图 4.1　经济周期图

1. 经济周期理论

在资本主义经济运行的几百年里,各国经济学者对经济周期理论进行了深入的研究和探讨。虽然对其成因的解释并不相同,但是对于著名经济学家熊彼特对经济周期的归纳还是认同的。

目前学术界所广泛接受的三个周期为:基钦周期、尤格拉周期、康德拉季耶夫周期。

基钦周期是 1923 年由美国经济学家约瑟夫·基钦提出的。他从厂商生产过多时,就会形成存货,因而会减少生产的现象出发,把这种 2—4 年的短期调整称为存货周期,因而人们也称基钦周期为存货周期。

尤格拉周期是 1860 年法国经济学家克莱门·尤格拉提出的。他从投资周期是与主要产品和主要设备的更新寿命相对应的现象出发,提出了 9—10 年周期的存在。

康德拉季耶夫周期是 1926 年俄国经济学家尼古拉·D.康德拉季耶夫提出的。他从生产、利率、工资、外贸与价格运动关系变化现象出发,提出了 60 年左右长周期的存在。

熊彼特在综合归纳前人论点的基础上,首次提出在资本主义的历史发展过程中,同时存在着长、中、短“三种周期”的理论。在这里,熊彼特继承了康德拉季耶夫的说法,把近百余年来资本主义的经济发展过程进一步分为三个“长波”,以“创新理论”作为基础,以各个时期的主要技术发明及其应用,以及生产技术的突出发展作为各个“长波”的标志。中周期即“中波”为尤格拉周期。短周期即“短波”为基钦周期”。熊彼特还宣称,上述几种周期并存而且相互交织的情况,正好进一步证实了他的“创新理论”的正确性。在他看来,一个长周期大约包括有六个中周期,而一个中周期大约包含有三个短周期。

2. 经济周期的宏观经济分析

根据前文所述,宏观经济周期,不管是长周期、中周期还是短周期,都要经历繁荣、衰退、萧条和复苏四个阶段。我们接下来对这几个阶段的经济情况做具体的分析。

(1) 繁荣阶段。

在繁荣阶段,经济整体处于增长阶段。在前期,经济处于一个快速的增长期,失业率大幅下降,投资快速增加,消费需求不断扩大,企业销售迅速扩张,通货膨胀水平不高,经济整体处于充分就业状态;但是到了后期,伴随着投资的进一步增加、消费需求的迅速膨胀,整个经济慢慢超出了充分就业状态,即出现了过热,此时通胀水平也快速提高。

在繁荣阶段,虽然整个经济都处于较快的增长状态,但是周期行业的扩展速度名义快于其他行业;同时,在繁荣阶段后期,基础资源类行业业绩表现较为突出。

(2) 衰退阶段。

经济衰退指经济出现负增长的时期。不同的国家对衰退有不同的定义,但美国以经济连续六个月出现负增长为衰退的定义被人们广泛使用。而在宏观经济学上通常定义为"在一年中,一个国家的国内生产总值增长连续两个或两个以上季度出现下跌"。在经济衰退阶段,国内生产总值下滑,消费减少,投资下降,失业率增加,利率上升;同时一般而言,通货膨胀率也会下降(此时,如果通胀不降反升,则为滞胀),股市一般处于下跌状态。

(3) 萧条阶段。

经济萧条是指长时间的经济衰退,国内生产总值严重低于其潜在国内生产总值。在萧条阶段,国内生产总值处于负增长状态,需求极其不足,投资急剧下降,消费快速减少,失业率大增,出现通货紧缩,生产严重过剩,企业大量倒闭破产,银行呆坏账激增。

在萧条阶段,虽然整个经济处于负增长状态,但是防御性行业的整体业绩好于周期性行业的业绩。

(4) 复苏阶段。

经历了萧条阶段的市场出清,一些错误投资得到纠正,此时经济开始好转,也就是进入复苏阶段。在复苏阶段,经济处于增长状态,企业投资开始上升,居民消费开始增加;同时利率下降,通货膨胀率逐步由负向正转变,就业率也逐步回升。

4.4　经济金融政策分析

国家政府对经济的干预主要是通过货币政策、财政政策以及收入政策来实现的。根据国家宏观经济运行状况的不同,政府可以采取扩张或者紧缩的货币政策和财政政策,以及相应的收入政策,以促进经济的快速增长,保持价格总水平的稳定,实现充分就业。政策的实施及政策目标的实现均会反映到证券市场上。不同性质或者类型的政策手段对证券市场价格变动有着不同的影响。

4.4.1　货币政策分析

货币政策是一国或地区的中央银行或者类似机构为实现既定的宏观经济目标而采取的各种调节和控制货币数量与价格的方针和措施的总和。一般而言,货币政策的宏观经济目标是促进经济增长,维持物价稳定,降低失业率以及维护金融市场秩序。

1. 货币政策简介

(1) 传统货币政策三大措施。

中央银行为了实现既定的宏观政策目标而对金融市场进行间接的宏观调控,其常用的传统货币政策包括公开市场操作、法定存款准备金率以及再贴现利率。

① 公开市场操作。指中央银行为了既定宏观经济目标而在市场上公开买卖国债或者政府机构债券的行为。公开市场操作是中央银行最重要的货币政策,它具有灵活性、主动性的特点,而且不容易发生大的系统性错误。一般而言,中央银行在实行公开市场操作时的中介目标可分为量化和价格两种。量化是指货币量,价格是指基准利率。以美联储为例,在 20 世纪 80 年代,其公开市场操作的中介目标是 M_1,但是随着金融创新的不断发展,M_1 与宏观经济指标之间的关系日益远离。因而,经过将近十年的转变,美联储最终在 1994 年宣布其公开市场操作的中介目标是联邦基准利率。联邦公开市场操作委员会每六周召开一次会议,根据当前的经济、金融状况,决定联邦基准利率的范围,然后根据这个标准,联邦储备银行通过买卖国债或者机构债,影响金融机构在美联储账户上存款准备金的数量,从而在隔夜拆借市场上实现既定联邦基准利率的目标。

② 法定存款准备金率。指商业银行或者其他存款机构根据规定必须将一些负债按一定比例持有并且存放在中央银行账户的准备金。根据美国法律规定,只有联邦储备委员会具有决定法定存款准备金率的权利。法定存款准备金率对金融市场的影响比较大,很具杀伤力,而且同时具有灵活性和被动性,因而西方国家很少用。美联储规定的应留存准备金负债包括净交易账户负债(net transaction accounts)、非个人定期存款(non-personal time deposits)以及欧洲货币(Eurocurrency)负债。自 1990 年 12 月 27 日到现在,非个人定期存款和欧洲货币负债的法定存款准备金一直是零,而净交易账户负债法定存款准备金则根据金额而存在变化。例如,根据美联储 2011 年 12 月 29 日的规定,额度在 0—11 500 000 美元的,法定存款准备金率为零;额度在 11 500 000—71 000 000 美元的,法定存款准备金率为 3%;额度在 71 000 000 美元以上的,法定存款准备金率为 10%。

③ 再贴现利率。指金融机构为了解决短期资金流通问题而通过贴现窗口向中央银行贷款的利率。再贴现往往是中央银行扮演金融机构最后贷款人的体现,再贴现率往往具有政策导向性,同时也具有被动性。在美国,只有联邦储备委员会具有决定再贴现利率的权力。目前,美联储将再贴现利率分为三类:主要信贷(primary credit)、次要信贷(secondary credit)和季节性信贷(seasonal credit)。这三种信贷的利率依次提高,并且主要信贷的利率也高于市场短期贷款利率。

(2) 创新货币政策。

当发生重大金融、经济状况时,单单运用传统的货币政策工具无法实现宏观目标,中央银行往往会采取创新型的货币政策工具来达到促进经济增长的目的。以下几种创新型货币政策是美国次贷危机发生后,美联储所发明创造的新型货币政策工具。

① 期限延长计划和再投资政策(maturity extension program and reinvestment policy)。期限延长计划和再投资政策是指在货币市场上卖出短期国债,同时利用这些收益再在金融市场买入长期国债。这样虽然美联储的资产负债表不发生变化,但是资产组合的久期变长。期限延长计划和再投资政策的主要目的是在不改变市场基础货币量的情况下,降低长期债券的利率,减轻企业长期融资的资金成本,进而促进投资,促进经济增长。

② 定期资产支持证券贷款工具(term asset-backed securities loan facility)。定期资产支持证券贷款工具是指银行为了各种类型的消费者和企业的用资产抵押证券贷款提供支持而设立的资金工具。该政策的主要目的是为了防止由于金融资产的金融加速器效应而导致优质资产在经济形势不好时而出现的严重低估情况。通过这个政策工具,可以避免发生优质资产的过度下跌,增强流动性,从而可以促进投资和消费。

③ 定期存款工具(term deposit facility)。定期存款工具是指美联储面向金融机构参与者发行的具有存款性质、支付固定利率的短期金融工具。该工具的发行方式是竞拍,期限一般不超出 84 天。该工具的主要作用是可以根据经济金融情况而适时改变金融机构以致整个金融市场的流动性。

2. 货币政策的宏观经济分析

货币政策总体而言分为扩张性货币政策和紧缩性货币政策。当经济形势不好或者预期经济形势将要出现不好时,央行便采取扩张性的货币政策,以刺激经济,促进经济增长;当经济过热或者预期到经济将过热时,央行便采取紧缩性的货币政策,使经济趋向均衡。但是由于货币政策对经济的影响是间接的,因而存在一定的时滞。关于时滞的长短,不同的学者有不同见解。

货币政策对经济的影响大概可以分为以下几种渠道。

(1) 利率渠道。

当央行实行扩张性货币政策时,利率下降,从而刺激企业投资,进而通过乘数效应拉动经济增长;相反,当央行实行紧缩性货币政策时,利率上升,从而抑制企业投资,进而通过乘数效应影响经济增长。

(2) 资产渠道。

当央行实行扩张性货币政策时,预期资产价格上升,从而资产价格高于重置成本,也就是所谓的托宾 q 大于 1,从而刺激企业投资,推动经济增长;当央行实行紧缩性货币政策时,预期资产价格下降,资产价格小于重置成本,也就是所谓的托宾 q 小于 1,从而抑制企业投资,影响经济增长。

(3) 信贷渠道。

当央行实行扩张性货币政策时,货币存量增加,从而银行信贷增加,进而刺激投资和消费,促进经济增长;当央行实行紧缩性货币政策时,货币存量减少,从而银行信贷减少,进而抑制投资和消费,影响经济增长。

（4）汇率渠道。

当央行实行扩张性货币政策时,利率下降,从而会通过各种渠道导致本币实际汇率（直接标价法）上升,从而刺激出口,进而通过乘数效应促进经济增长;相反,当央行实行紧缩性货币政策时,利率上升,从而会通过各种渠道导致实际汇率（直接标价法）下降,从而抑制出口,而通过乘数效应影响经济增长。

4.4.2　财政政策分析

财政政策是通过财政收入支出的变动来影响宏观经济活动水平的经济政策。财政政策的主要手段有三个:一是改变政府支出;二是改变税率;三是改变政府转移支付。综合来看,实行扩张性的货币政策,增加财政支出,减少财政收入,可以增加社会总需求,使公司业绩上升,经营风险下降,居民收入增加,从而促进国民经济的增长;反之,实行紧缩性的货币政策,减少财政支出,增加财政收入,可减少社会总需求,使过热经济得到抑制,从而使公司业绩下滑,居民收入减少,这样会抑制经济的过热增长。

具体来看,不同财政政策手段对经济结构的影响是不同的。

公司税的调整直接影响公司盈利水平,并进一步影响公司扩大再生产规模的能力和积极性,从而影响公司未来的潜力。因此,公司税的调整对证券的影响就不言而喻了。另外,税收结构的调整将引起利润分配的变化,对纳税对象产生不同影响。例如,开征能源税,对能耗高的行业与能耗低的行业的影响程度是不同的。税收结构的调整将导致不同行业证券价格的相对运动。个人所得税将直接影响居民个人的实际收入水平,因而将影响到市场的供求关系。而证券交易税则直接关系到证券的交易成本。所以说,不同类型税率的调整对国民经济参与实体的影响是具有结构性的。

政府支出是社会总需求的一个重要组成部分。扩大政府购买水平,增加政府在道路、桥梁等非竞争性领域的投资,可以直接增加对相关产业,如水泥、钢铁、建材、机械等产业的产品需求;这些产业的发展又形成了对其他产业的需求,以乘数效应的方式促进经济发展。这样,公司利润增加,居民收入也得以提高。减少政府购买水平的效应刚好相反。政府支出的流向还会影响不同部门、不同行业的发展速度。例如,对某些行业的投资或者对某一地区的开发,会改善这些行业或者地区的经济环境,提高相关企业的经营利润,对其的影响相对于其他行业而言具有差异性。

改变政府转移支付水平主要从结构上改变社会购买力的状况,从而影响总需求。提高政府转移支付水平,如增加社会福利费用、为维护农产品价格而增加对农民的拨款等,会使一部分人的生活水平得到提高,也会间接地促进企业利润的增长,因此有助于国民经济的增长;反之降低政府转移支付水平将影响国民经济的增长。

4.4.3　收入政策分析

收入政策是指政府为了影响货币收入或物价水平而采取的强制性或非强制性措施,其目的通常是为了降低物价的上涨速度,是货币政策和财政政策以外的一种政府行为。

收入政策以成本推动通货膨胀理论为基础。根据这种理论,现代经济社会是以不完全竞争为特征的,工会也是一种垄断组织,货币工资和价格决定工会和公司的垄断势力。本来,高失业水平可以抑制工资和价格的上涨,但现代社会对失业变得不能忍受,工会和公司具有操纵工资和价格的力量,使开工不足或失业时也能提高工资和价格。因此,只有推行扩张性的财政政策和货币政策来实现充分就业,这也随之带来货币工资和价格的上涨,造成通货膨胀,即成本推动通货膨胀。

收入政策措施主要包括以下几个方面:(1)工资—物价指导线,即由政府根据长期劳动生产率来确定工资和物价的增长限度,要求把工资—物价增长限制在劳动生产率平均增长幅度内;(2)对特定工资或物价进行"权威性劝说"或施加政府压力;(3)实行工资—物价管制,即由政府颁布法令对工资和物价实行管制,甚至实行硬性冻结;(4)以税收政策对工资增长率进行调整。

当政府采取的政策旨在提高工人工资的时候,一方面对企业而言,生产成本增加,但同时工人工资的提高也会在一定程度上推动通货膨胀率,从而抵消一部分成本;另一方面对工人而言,收入增加会提高社会的有效需求。因而总体而言,对国民经济增长是利好的。当政府采取抑制工人工资时,企业成本减少,但工人收入减少,从而导致社会消费减少。

思考题

1. 基本分析法中,自上而下分析方法和自下而上分析方法的区别以及自上而下分析法的优点是什么?

2. 假设一国经济处于充分就业状态,此时该国央行采取了一项未被民众预期到的扩张性货币政策。请说明该政策长期以及短期内对以下五个变量的影响:通货膨胀率、实际利率、名义利率、就业率和真实产出。

3. 简要分析始于2007年的美国次贷危机对中国经济的影响以及影响的传播渠道。

4. 分析自1978年以来中国经济经历的经济周期及类型(长周期、中周期以及短周期)。

5. 长期以来,我国实行结售汇制,但是随着中国加入世贸组织,出口大幅增加,经常账户顺差不断扩大。这就导致央行被迫大量发行基础货币,同时由于我国国债量小、种类少,因而,我国央行从2004年起发行央票,用以对冲被迫发行的过多货币。请简要计算央行对人民币外汇占款的对冲率。

6. 请分别分析在固定汇率制和浮动汇率制下一国物价相对于他国物价的上涨对本

国经济的影响。

7.请分别用凯恩斯学派理论和货币主义学派理论来分析始于 2007 年的美国次贷危机。

8.请简要分析中、美两国货币存量与经济增长关系的差异性以及成因。

9.请简要分析通货紧缩的危害性,并以日本"失去的十年"为例加以分析。

10.分析:从长远来看,美元长期贬值(参考美元指数)对美国经济影响。

参考文献

[美]W.W.罗斯托著,郭熙保、王松茂译:《经济增长的阶段——非共产党宣言》,中国社会科学出版社 2001 年版。

[美]塞缪尔·亨廷顿著,周琪译:《文明的冲突与世界秩序的重建》(修订版),新华出版社 2010 年版。

Olivier Blanchand, *Macroeconomics* ,(4th edition),清华大学出版社 2009 年版。

[美]弗雷德里克·S.米什金,郑艳文、荆国勇译:《货币金融学》(第九版),中国人民大学出版社 2011 年版。

Zvi Bodie, Alex Kane and Alan Marcus, 2008, *Investments* (8th edition),McGraw-Hill/Irwin.

[美]约翰·G.格利、爱德华·S.肖:《金融理论中的货币》,上海三联书店 1988 年版。

杨朝军:《房地产业与国民经济协调发展的国际经验及启示》,《统计研究》2006 年第 9 期。

附录 4.1 中国人民银行货币政策概述

中国人民银行根据《中华人民共和国中国人民银行法》(以下简称《中国人民银行法》)的规定,在国务院的领导下依法独立执行货币政策。央行货币政策的目标主要是稳定币值和发展经济。由于历史的原因,中国人民银行于 1984 年才剥离商业银行业务,正式行使现代央行职责。

我国央行的货币政策调控分为直接调控和间接调控两种。1998 年之前,我国的货币政策以直接调控为主,即信贷余额管理,因而银行货币政策的中间目标是信贷余额;1998 年之后,我国的货币政策逐渐与世界接轨,由直接调控改为间接调控为主,此时,货币政策的中间目标是货币存量。虽然我国货币政策调控逐渐与西方接轨,但是调控工具却与西方国家存在很大差异。

一、货币政策间接调控工具

中国人民银行的宏观调控目前以间接调控为主,主要货币政策工具包括公开市场业务、存款准备金、中央银行贷款以及利率政策。根据《中国人民银行法》,银行设立货币政策委员会。中国人民银行货币政策委员会是中国人民银行制定货币政策的咨询议事机构,其主要职责是:在综合分析宏观经济形势的基础上,依据国家宏观调控目标,讨论货币政策的制定和调整、一定时期内的货币政策控制目标、货币政策工具的运用、有关货币政策的重要措施、货币政策与其他宏观经济政策的协调等涉及货币政策等重大事项,并提出建议。央行每个季度都要召开一次中国人民银行货币政策委员会例会,根据政策委员会委员的建议或者提议,央行最终通过综合考虑来决定具体的货币政策。

(一)公开市场业务

公开市场业务是中央银行吞吐基础货币、调节市场流动性的主要货币政策工具。通过中央银行与指定交易商进行有价证券交易,实现货币政策调控目标。在我国,公开市场操作包括人民币国债、央票操作等。1999 年以来,公开市场操作已成为中国人民银行货币政策日常操作的重要工具,对于调控货币供应量、调节商业银行流动性水平、引导货币市场利率走势发挥了积极的作用。

中国人民银行从 1998 年开始建立公开市场业务一级交易商制度,选择了一批能够承担大额债券交易的商业银行作为公开市场业务的交易对象。这些交易商可以运用国债、政策性金融债券等作为交易工具与中国人民银行开展公开市场业务。从交易品种看,中国人民银行公开市场业务债券交易主要包括回购交易、现券交易和发行中央银行票据。其中回购交易分为正回购和逆回购两种。正回购为中国人民银行向一级交易商卖出有价证券,并约定在未来特定日期买回有价证券的交易行为。正回购为央行从市场收回流动性的操作,正回购到期则为央行向市场投放流动性的操作。逆回购为中国人民银行向一级交易商购买有价证券,并约定在未来特定日期将有价证券卖给一级交易商的交易行为。逆回购为央行向市场上投放流动性的操作,逆回购到期则为央行从市场收回流动性的操作。现券交易分为现券买断和现券卖断两种。前者为央行直接从二级市场买入债券,一次性地投放基础货币;后者为央行直接卖出持有债券,一次性地回笼基础货币。中央银行票据即中国人民银行发行的短期债券。央行通过发行央行票据可以回笼基础货币,央行票据到期则体现为投放基础货币。

结售汇制也是我国央行发行货币的一个重要渠道。自 1994 年外汇体制改革以来,我国一直实行的是强制性的银行结售汇制。结汇是指外汇收入者将其外汇收入出售给外汇指定银行,后者按市场汇率付给本币的行为。结汇分为强制结汇、意愿结汇和限额结汇等形式。强制结汇是指所有外汇收入必须卖给外汇指定银行,不允许保留外汇;意愿结汇是指外汇收入可以卖给外汇指定银行,也可以开立外汇账户保留,结汇与否由外汇收入所有者自己决定;限额结汇是指外汇收入在国家核定的限额内可不结汇,超过限额的必须卖给外汇指定银行。自从中国加入世贸组织之后,中国经常账户和资本账户出现大量的双盈余,在这种情况下,央行就必须被迫发行大量货币,实现外汇资产和人民币负债的置换。

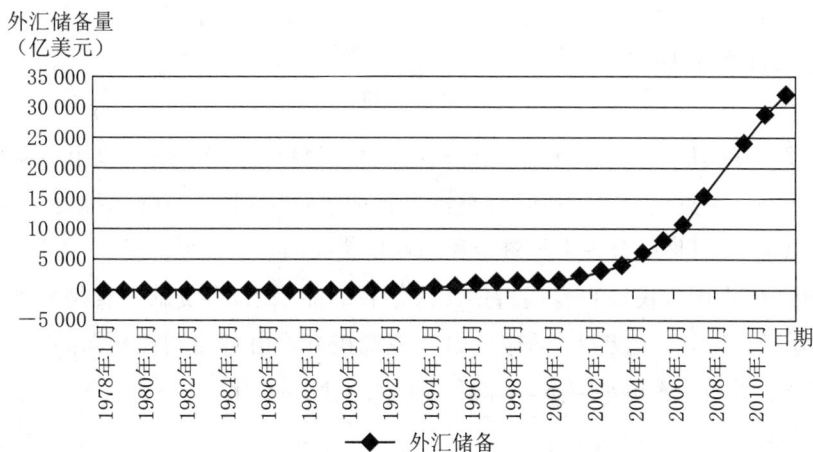

资料来源:外汇管理局网站,http://www.safe.gov.cn/model-safe lindex.html。

图 1　央行外汇储备

(二) 存款准备金

存款准备金是指金融机构为保证客户提取存款和资金清算需要而准备的资金,金融机构按规定向中央银行缴纳的存款准备金占其存款总额的比例就是存款准备金率。存款准备金制度的初始作用是保证存款的支付和清算,之后才逐渐演变成为货币政策工

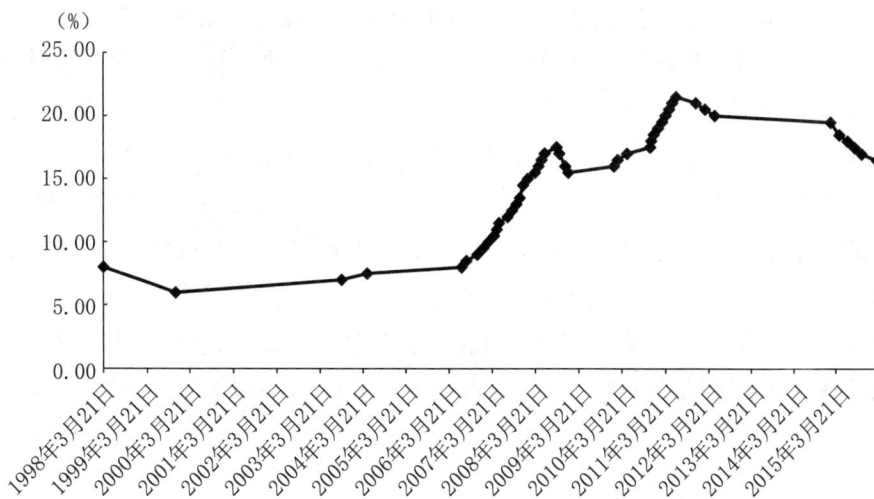

资料来源:中国人民银行网站。

图 2　中国存款准备金率变化情况

具。中央银行通过调整存款准备金率,影响金融机构的信贷资金供应能力,从而间接调控货币供应量。目前而言,存款准备金率的调整已经成为中国人民银行继公开市场操作之外最常用的间接调控工具。从 2008 年下半年开始,央行开始采取更加灵活的差异存款准备金率政策。

(三) 再贷款、再贴现

1. 再贷款

中央银行贷款指中央银行对金融机构的贷款,简称再贷款,是中央银行调控基础货币的渠道之一。中央银行通过适时调整再贷款的总量及利率,吞吐基础货币,促进实现货币信贷总量调控目标,合理引导资金流向和信贷投向。

自 1984 年中国人民银行专门行使中央银行职能以来,再贷款一直是我国中央银行的重要货币政策工具。近年来,适应金融宏观调控方式由直接调控转向间接调控,再贷款所占基础货币的比重逐步下降,结构和投向发生重要变化。

2. 再贴现

再贴现是中央银行对金融机构持有的未到期已贴现商业汇票予以贴现的行为。我国中央银行通过适时调整再贴现总量及利率,明确再贴现票据选择,达到吞吐基础货币和实施金融宏观调控的目的,同时发挥调整信贷结构的功能。

自 1986 年中国人民银行在上海等中心城市开始试办再贴现业务以来,再贴现业务经历了试点、推广到规范发展的过程。再贴现作为中央银行的重要货币政策工具,在完善货币政策传导机制、促进信贷结构调整、引导扩大中小企业融资、推动票据市场发展等方面发挥了重要作用。

1998 年以来,为加强再贴现传导货币政策的效果和规范票据市场的发展,中国人民银行出台了一系列完善商业汇票和再贴现管理的政策。改革再贴现、贴现利率生成机制,使再贴现利率成为中央银行独立的基准利率,为再贴现率发挥传导货币政策的信号作用创造了条件。同时,为了适应金融体系多元化和信贷结构调整的需要,扩大再贴现的对象和范围,把再贴现作为缓解部分中小金融机构短期流动性不足的政策措施,提出对资信情况良好的企业签发的商业承兑汇票可以办理再贴现,并将再贴现最长期限由 4 个月延长至 6 个月;而且推广使用商业承兑汇票,促进商业信用票据化;通过票据选择明确再贴现支持的重点,对涉农票据及县域企业和金融机构及中小金融机构签发、承兑、持有的票据优先办理再贴现;进一步明确再贴现可采取回购和买断两种方式,提高业务效率。

(四) 利率政策

利率政策是我国货币政策的重要组成部分,也是我国货币政策调控区别于西方市场经济国家最重要的一点。目前,中国人民银行采用的利率工具主要有:(1)硬性规定调整商业银行法定存贷款利率。(2)调整中央银行基准利率,包括:再贷款利率,指中国人民银行向金融机构发放再贷款所采用的利率;再贴现利率,指金融机构将所持有的已贴现票据向中国人民银行办理再贴现所采用的利率;存款准备金利率,指中国人民银行对金融机构交存的法定存款准备金支付的利率;超额存款准备金利率,指中央银行对金融机构交存的准备金中超过法定存款准备金水平的部分支付的利率。(3)制定金融机构存贷款利率的浮动范围。(4)制定相关政策对各类利率结构和档次进行调整等。

近年来,中国人民银行加强了对利率工具的运用。利率调整逐年频繁,调控机制日趋完善。随着利率市场化改革的逐步推进,作为货币政策主要手段之一的利率政策将逐步从对利率的直接调控向间接调控转化。

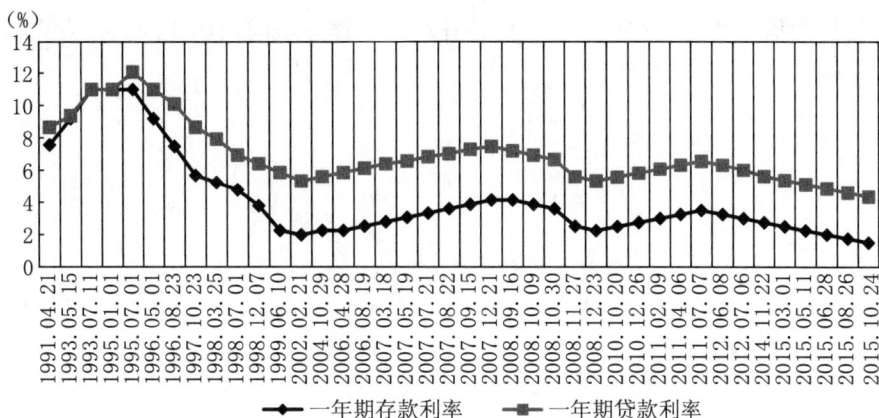

资料来源:中国人民银行网站。

图 3　中国央行存、贷款基准利率变化情况

二、间接调控政策

目前而言,央行间接货币政策中可以量化的主要就是信贷政策。目前阶段,间接金融居于主导地位,经济结构性问题突出,区域经济发展不平衡,利率没有市场化。单纯依靠财政政策调整经济结构受财力限制较大,发挥信贷政策作用是经济发展的内在要求。

中国目前的信贷政策大致包含四方面内容:(1)与货币信贷总量扩张有关,政策措施影响货币乘数和货币流动性,如规定汽车和住房消费信贷的首付款比例、证券质押贷款比例等;(2)配合国家产业政策,通过贷款贴息等多种手段,引导信贷资金向国家政策需要鼓励和扶持的地区及行业流动,以扶持这些地区和行业的经济发展;(3)限制性的信贷政策,通过"窗口指导"或引导商业银行通过调整授信额度、调整信贷风险评级和风险溢价等方式,限制信贷资金向某些产业、行业及地区过度投放;(4)制定信贷法律法规,引导、规范和促进金融创新,防范信贷风险。

　　信贷政策和货币政策相辅相成,相互促进。两者既有区别,又有联系。货币政策主要着眼于调控总量,通过运用利率、汇率、公开市场操作等工具借助市场平台调节货币供应量和信贷总规模,促进社会总供求大体平衡,从而保持币值稳定。信贷政策主要着眼于解决经济结构问题,通过引导信贷投向,调整信贷结构,促进产业结构调整和区域经济协调发展。从调控手段看,货币政策调控工具更市场化一些;而信贷政策的有效贯彻实施,必要时还须借助行政性手段和调控措施。在我国目前间接融资占绝对比重的融资格局下,信贷资金的结构配置和使用效率,很大程度上决定着全社会的资金配置结构和运行效率。信贷政策的实施效果,极大地影响着货币政策的有效性。

　　1998年以前,中国人民银行对各金融机构的信贷总量和信贷结构实施贷款规模管理,信贷政策主要是通过人民银行向各金融机构分配贷款规模来实现。信贷政策的贯彻实施依托于金融监管,带有明显的行政干预色彩。近年来,随着市场经济的不断发展,中国人民银行的信贷政策正在从过去主要依托行政干预逐步向市场化的调控方式转变。

第5章

基本分析(二)——行业分析

行业是指从事国民经济中相同性质的生产、服务或其他经营活动的经营单位或个体等构成的群体的组织结构体系，又称产业（sector）。但从严格定义，产业概念范畴比行业要大，一个产业可以跨越（包含）几个行业。为简化分析，本教材将产业和行业视为同一概念。一个行业或产业的经济活动是宏观经济的组成部分，宏观经济活动则是各个行业经济活动的总和。所以，行业分析就是介于宏观经济分析和企业微观经济分析之间的中观层次的分析。

在经济的不同发展阶段，每个经济体通常都会基于其经济体的比较优势形成其具有独特优势的行业或产业群。而随着经济周期的转换，各行业或产业群的生存状况、发展速度、盈利水平会发生很大的变化。而宏观经济政策中的货币政策和财政政策的变化都会直接影响到不同行业的发展，而且这种影响对不同的行业而言往往是不相同的。

一个国家的资源结构、人口及劳动力结构、技术创新能力等都会影响这个国家的产业政策制定和产业竞争优势的形成。而行业或产业自身的演变和发展同样会导致其发展前景发生深刻而剧烈的变化。影响一个行业或产业发展的具体因素非常复杂，但行业或产业发展的外部因素和内部演变是影响一个行业发展最基本的两大因素。

从投资角度来分析一个行业或产业的投资机会，关键是要寻找在一个特定的宏观经济环境下，哪些行业或产业会出现高于整个经济体的发展速度和盈利前景，哪些行业或产业会出现增长速度和盈利能力的转折，哪些领域会出现由于产业变革而导致的新的成长机会。

基于行业或产业研究的相关理论和方法相对于宏观经济分析而言一直是比较有限的。从纵向来说，由于每个国家各个行业或产业群自身的发展演变规律存在一定的差异性，在同一经济阶段各个行业或产业所处的发展阶段各不相同；从横向比较来说，同一时间点各个国家所处产业发展阶段也不一样。所以，在研究和分析一个具体行业或产业时，有效的分析框架并不完全相同，行业分析尚非一门系统理论。

通常我们可以遵循一个基本的程序来进行行业分析。首先,我们需要对行业进行分类,基于行业生命周期理论和行业的竞争结构,对行业进行基本定位。然后,借助产业竞争理论对该行业进行全面的分析,并结合产业链、供应链、价值链对其发展现状、未来演变趋势进行深入研究。研究的具体方法可以综合采用统计、计量经济分析工具,结合比较研究和案例研究法。通过以上分析,最终实现对一个行业或产业的发展阶段、在国民经济中所处的地位、影响行业发展的关键因素、行业未来发展趋势及实现路径等重要问题的分析,进而完成对一个行业或产业投资价值、投资机会的深入认识。

5.1 行业分类

行业分析的第一步是对行业进行分类。在日常生活中,人们按行业生产的产品或提供的服务来描述不同的行业。证券分析中也应用这类描述,但同时还进一步按某些经济特点来划分行业。

5.1.1 按行业生命周期分类

行业生命周期是最常用的划分依据,它能够反映出一个行业的发展历程。在这种方式下,行业被从始到终划分为初创期、成长期、成熟期和衰退期四个阶段。

初创期是行业生命周期中风险最大的阶段。初创期的行业正在努力为它的产品建立市场,对流动资金和固定资产有大量的需求,但经营仍处在亏损阶段或只是稍有盈利。只有为数不多的创业公司介入这一新兴行业,行业的企业数量少、集中程度高,而且由于技术相对不成熟,行业的产品品种单一,质量较低且不太稳定。但是,初创期行业具有获得巨大成功的可能性,吸引了敢于承担巨大投资风险的投资者。

第二阶段是成长期。典型的成长期行业都能刺激出消费者尚未意识到的产品需求。成长期的企业能够脱离经济周期的影响而独立趋向繁荣。除了销售额快速增长以外,成长期的行业往往有较高的毛利率,这种情况会一直延续到新的竞争者受高回报吸引而加入这一行业。在成长阶段,行业不仅高速成长,而且此时的成长具有较强的可测性。由于受不确定因素的影响较少,行业的波动也较小。在这种情况下,各生产厂商一方面通过扩大产量、提高市场份额来增加收入,另一方面依靠提高生产技术、降低成本以及研制和开发新产品的方法来争取竞争优势,战胜竞争对手和维持企业的生存。在激烈的市场竞争中,资本和技术力量雄厚、经营管理有方的厂商将占有优势,而那些财力与技术实力相对较弱、经营不善的企业则往往被淘汰或被兼并。因此,这一时期行业的利润虽然增长很快,但行业内部竞争压力也非常大,破产率与合并率相当高。随着竞争由激烈逐步转向稳定,行业过渡到成熟阶段。

成熟阶段是行业发展的巅峰阶段。在这一时期,通过激烈的市场竞争和优胜劣汰而生存下来的少数大厂商基本上垄断了整个行业的市场,每个厂商都占有一定比例的市场份额,由于彼此势均力敌,市场份额比例发生变化的程度较小,因此,成熟阶段也是行业发展的稳定阶段。这一阶段行业的集中程度很高,并出现了一定程度的垄断,进入的壁垒高,主要体现为规模壁垒,新企业很难打入成熟期市场。市场需求虽然仍在增长,但增长速度已明显减缓。如果说成长期行业的销售额和盈利增长高于平均水平,成熟期行业就只能带来平均的回报。成熟期行业提供销售情况稳定的产品或服务,这样的行业包括食品业、汽车工业和设备制造业等。

行业生命周期的最后一个阶段是衰退期。该阶段行业产品的需求稳步下降,剩余的竞争者在缩小的市场上相互争夺,销售下降,价格下跌,利润降低。由于缺乏需求和毛利率下降,行业吸引不了资本进入,并有公司开始退出。需求的逐渐枯竭使破产公司增加,剩余的参与者纷纷进行合并。经营良好的幸存者看到这种命运,于是将资金投向前景看好的行业来实现业务多样化。

图 5.1 和表 5.1 分别描述了企业在生命周期各阶段的盈利情况和风险特征。

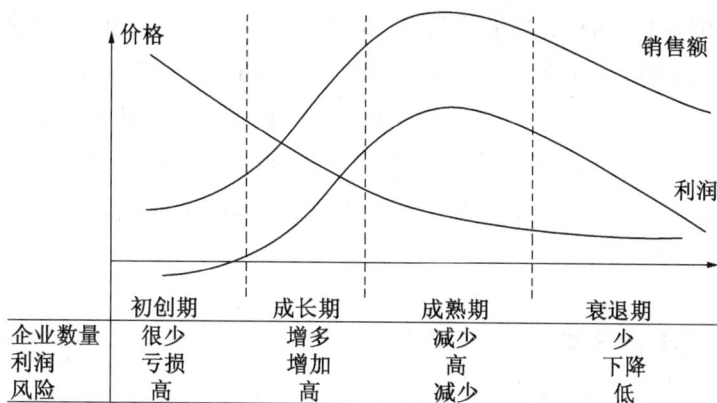

企业数量	初创期 很少	成长期 增多	成熟期 减少	衰退期 少
利润	亏损	增加	高	下降
风险	高	高	减少	低

图 5.1　企业在生命周期各阶段的盈利和风险情况

表 5.1　企业在生命周期各阶段的特征

生命周期阶段	特　　征
初创期	产品的市场接受度值得怀疑,商业战略的实施并不清晰,存在高风险和许多破产事件
成长期	产品已被接受,业务拓展开始,销售额和盈利加速增长,商业战略的正确实施仍是一个问题
成熟期	行业趋势与总体经济趋势相同,参与者在稳定的行业中争夺市场份额
衰退期	消费偏好的改变和新技术的出现使产品的需求逐步减少

5.1.2　按对经济周期的反应分类

以行业对经济周期的不同反应方式进行分类。在经济周期的每一阶段,都会有一些行业比其他行业更加繁荣。行业在经济周期中的行为方式可分为三类:增长性、防御性和周期性,它们的特征描述见表5.2。

表 5.2　行业在经济周期中的行为模式及其特征

行为模式	特　　　征
增长性	销售和利润独立于经济周期而超常增长
防御性	在经济周期的上升和下降阶段经营状况都很稳定
周期性	收益随经济周期的变化而变化,通常会夸大经济的周期性

增长性的行业能呈现出超过一般水平的增长形态。这种增长独立于经济周期。即使经济处于衰退阶段,增长性行业的销售和盈利也会增加。新技术和新产品是增长性行业的标志。例如,在过去的几十年内,计算机和打印机制造业就是典型的增长性行业。

防御性行业在整个经济周期中都有稳定的业绩,不论宏观经济处在经济周期的哪个阶段,行业的销售收入和利润均呈缓慢成长态势或变化不大。防御性行业通常处于成熟期,它们产品的需求弹性非常小,例如电力、煤气等公用事业和食品业。

周期性行业的盈利和经济周期一样呈现周期性的变化。它随着经济的繁荣而增加,随着衰退而减少,并且盈利的变动会大于经济周期的波动。典型的周期性行业生产的往往不是生活必需品,这种产品的消费取决于对经济前景的乐观程度,如汽车等耐用消费品就属于周期性行业。

5.1.3　按市场结构分类

按照市场竞争程度的不同,从厂商数目、产品差别程度、厂商对产量和价格的控制程度及厂商进入市场的难易程度这些特点,可以将行业分为完全竞争、完全垄断、垄断竞争和寡头垄断四种类型。这四种类型的行业的特点见表5.3。

表 5.3　按市场结构分类的行业类型及其特点

行业类型	厂商数目	产品差异程度	个别厂商控制价格程度	厂商进入行业难易程度	现实中接近的行业
完全竞争	很多	无差别	没有	完全自由	农业
垄断竞争	较多	有些差别	有一些	比较自由	零售业
寡头垄断	几个	有或没有差别	相当有	有限	汽车制造业
完全垄断	一个	唯一产品无替代品	很大,但常受政府管制	不能	公用事业

5.2　行业竞争性分析

5.2.1　五力模型

迈克尔·波特(Michael Porter)于 20 世纪 80 年代初提出的五力模型是现代广泛应用于行业竞争性分析的主流理论。新的潜在竞争对手的进入、替代品的威胁、买方的侃价能力、供方的侃价能力以及行业内现有竞争对手之间的竞争决定着一个行业中的企业获取超额收益的能力。这五种作用力的具体作用方式和途径随行业的不同而不同、随行业的变化而变化,具体表现为不同的行业的内在盈利能力不同。每一个企业都有做大做强的本能,但却受到行业中五种竞争作用力的钳制,而且这五种竞争作用力越大,竞争越激烈,利润越低,甚至亏损破产。相反,这五种竞争作用力越小,行业内企业的利润就越高。那么什么才是决定五种竞争作用力大小的因素呢? 答案是结构。下面就对这五种竞争作用力的结构进行分析。

1. 潜在的进入者

这里不仅指将要进入的新企业,也包括现有行业内企业的扩张。结构好的行业退出壁垒比较低,进入壁垒比较高。退出壁垒低主要是指企业资产群中专业类固定资产低、非标固定资产低以及政府和舆论对退出比较宽松。退出壁垒低使得该行业经营困难时企业不会死缠烂打。进入壁垒主要有以下几种。

(1) 垄断:主要有自然垄断(如矿山、地理位置),政府垄断(准入制度、特许经营),知识产权垄断(专利、专有技术)。

(2) 差异化:企业通过研发、质量管理、广告等把自己的产品(或服务)与其他企业同样功能的产品(或服务)区别开来,获得品牌或商誉。

(3) 规模经济效益:规模越大,单位产品(或服务)的成本越低。若行业内已有企业做到成本领先,新进入企业很难与之竞争。

(4) 资金:不仅仅是进入资金,还包括经营资金。例如,卖方贷款可以做到零首付、零利息,还可以以租代售。

(5) 转换成本:当企业的产品(或服务)为用户习惯时,改用其他企业的产品(或服务)会发生难以承受的成本。

(6) 学习经验曲线:指企业的产品(或服务)的质量和效率是随企业生产的产品(或服务次数)的积累而不断提升。

(7) 销售渠道控制:指企业通过投资、参股、控股以及关系控制下游企业的供应,或者一条龙产业链,或者一揽子解决方案等把持销售渠道,使得新进入者很难销售自己的产品(或服务)。

2. 行业内竞争

当一些企业生产的产品(或服务)功能相类似时,这些企业归为一个行业。它们之间的竞争是司空见惯的,但竞争的激烈程度却相差很大。那么,什么样的产业结构导致行业内竞争作用力弱,而什么样的产业结构会导致行业内的竞争作用力强呢?

通过以下几个指标,可以看出产业结构对行业内竞争力的影响。

(1)集中度:用洛伦茨曲线和基尼系数来度量(详见下文)。集中度越高,意味着垄断程度越高,结构越好,同行业竞争作用力就弱;反之,集中度低,且同行业主要企业规模相当,行业内竞争作用力就强。

(2)同质化或标准化:若行业内各企业产品(或服务)存在同质化,则产品(或服务)就可以互为替代,盈利模式(销售方式、生产方式、科研水平、采购方式、物流管理等)也会同质化。若行业内各企业一味模仿,导致行业内各企业的经济绩效全降低,这样的结构就很差。相反,行业内各企业根据自己的竞争优势,差异化地定位市场,错位竞争,这样的结构就好。

(3)产能过剩:指生产(或服务)的能力远远大于需求。消化过剩产能的时间越长,结构越不好。

(4)行业增长:指行业产品(或服务)处于成长期。行业增长时,行业内企业来不及满足市场需求,供不应求,使企业绩效明显提高。这样的结构就是好的。

(5)行业的产品(或服务)向其他行业的渗透力:随着本行业的技术不断创新,本行业的产品(或服务)功能不断扩大,用途越来越广(如计算机行业),向其他行业的渗透力就越来越强。渗透力越强,结构越好。

3. 替代品

替代品是指具有与该行业当前产品(或服务)相同或类似功能的产品(或服务)。互为替代品的交叉价格弹性系数大于零,且可替代性越大威胁越大。其中一种产品(或服务)价格上升,会引起替代品(或服务)需求增加。广义地看,所有公司都与生产替代品的行业竞争。替代品设置了公司可谋取利润的上限,限制了一个行业的潜在收益。

(1)替代品盈利很高:替代品利润高意味着降价空间大,则替代威胁就大,导致结构不好。

(2)替代品技术更新周期短:也就是说替代品技术更新越快,功能就会越来越强大,替代威胁越大。

(3)替代品性能价格比占优势:这会产生排挤原产业产品(或服务)的趋势,也会导致原产业重新洗牌,是老牌优秀企业较大的威胁,如数码技术替代感光胶片、液晶显示屏替代彩色显像管。

4. 买方侃价能力

人们总是希望自己拥有定价权,总是以为把市场建立在自己的地方就拥有定价权了。其实拥有定价权,即侃价能力是依靠实力的。买方侃价能力越大,竞争作用力越强,结构越不好。

(1) 购买是大批量的、集中的:这是相对于卖方而言的,也就是说买方行业的集中度大于卖方行业的集中度,买方容易形成默契订立价格同盟,因此,侃价能力较大。

(2) 买方购买成本和数量都大:这使买方对价格很敏感,因为关系到买方的利润水平甚至亏损。因此,买方必须具备较强的侃价能力。

(3) 购买标准的或非歧义产品:这意味着买方挑选余地大,可以货比三家,挑选价格最低的卖方。因此,侃价能力自然很大。

(4) 买方转换成本低:买方购买不同公司的产品(或服务),所付出的学习成本、使用成本等很小(相反牛奶公司要更换利乐包装转换成本就大)。因此,可以挑选价格最优惠的卖方,侃价能力大。

(5) 买方具备后向整合的威胁:指买方有能力自己生产本来需要购买的产品(或服务)。因此,根本不需要向卖方购买。只有在卖方提供的价格低于生产成本才会考虑购买。因此,买方具有绝对的侃价能力。

(6) 购买的产品(或服务)对买方无重大影响:因为买方认为购买的产品(或服务)对自己不重要,就不愿花大价钱购买。

(7) 买方掌握充分的信息:如果买方对购买的产品(或服务)的原材料成本、生产成本、技术成本、物流成本、销售成本甚至售后服务成本都了如指掌的话,侃价就会游刃有余。

(8) 买方可以选择替代品:特别当替代威胁比较大时,买方侃价能力更大。

5. 供方侃价能力

供方侃价能力的大小其实与买方侃价能力大小的关系是此消彼长的关系,买方弱才会有供方强。所以供方的结构分析与买方的结构分析是一样的,只不过结论相反。但还要补充三点。

(1) 买方行业不是供方的主要客户:也就是说买方的购买量占供方的销售比例较低,供方不太在乎卖出的这些产品,因此导致供方侃价能力强。

(2) 供方产品(或服务)是买方的主要投入品:就是供方的产品(或服务)对买方很重要,此时处于卖方市场,因此供方侃价能力当然强。

(3) 供方具备前向整合能力:供方可以向下游行业延伸,即供方能够自行销售买方需要的产品(或服务)。因此,供应商不需要买方购买其产品(或服务),自然具有很强的侃价能力。

关于上述五种竞争的作用力,我们还可以用图5.2来描述。

五种作用力中的任何一种都由行业结构和行业基本的经济和技术特征所决定。行业结构相对稳定,但又随行业的演化过程而发生变化。结构性转变会影响竞争作用力的总体或相对力量,并且也会对行业盈利能力产生正面或负面的影响。

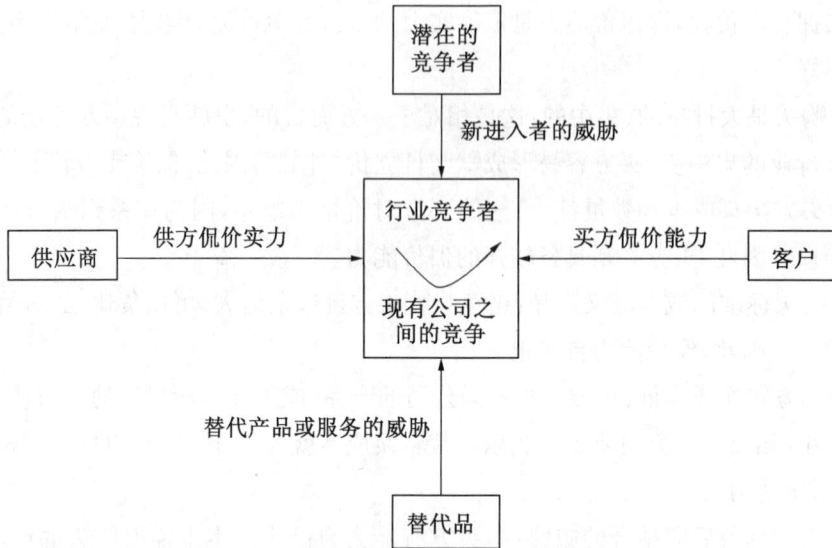

图 5.2   决定行业获利能力的五大竞争性因素

在各类行业中,并非所有五种作用力都同等重要,某种因素的重要性依据结构不同而不同。每一个行业都有其独特的结构。五种作用力的框架能使证券分析师透过复杂的表象看到本质,准确揭示对行业至关重要的竞争因素,并识别那些最能提高行业及企业本身的盈利能力的战略创新。

5.2.2 影响行业的外部因素

行业有其内在的发展规律,但是任何行业都不能生存在真空里,它的销售额和盈利要受许多外部因素的制约。外部因素可包括技术、政府、社会倾向、国外影响等,每一类因素都与某些特定行业相关。

1. 技术因素

技术进步一方面创造新产品,开拓新领域,从而使新行业不断出现;另一方面也创新工艺,推动现有行业的技术升级。当今世界上许许多多的行业都是技术进步的结果,而另一些行业在技术进步的冲击下衰落或消亡。对于技术因素的分析,首先关注的是行业的可生存性,即行业产品能否抵挡新技术带来的替代品的攻势。例如,尽管有隐形眼镜技术的出现,框架眼镜行业依旧繁荣。与此相反,唱片机则由于 CD 播放机的产生而销声匿迹了。

外部技术也常常能促进行业发展,例如生物科技领域的成果应用于农业,最终带来了更高的粮食产出率;民用航空技术的进步直接导致了旅游人数的激增,提高了旅游业的收入。

2. 政府因素

政府影响和干预经济的目的在于维护经济的公平和自由竞争,保证经济的健康运行和发展。政府对行业的干预主要是通过补贴、税收、关税、信贷、价格等经济手段来实现的,其他手段还有规划指导、额度限制、市场准入、企业规模限制、环保标准限制、安全标准限制、直接行政干预等。

国家对某一行业的扶持或限制,常常意味着这一行业有更多更快的发展机会,或者被封杀了发展的空间。而且,国家的行业政策往往是在对行业结构发展的方向和各行业发展规律的深刻认识的基础上作出并实施的,因而具有显著的导向作用。

3. 社会因素

社会因素可归纳为生活方式和流行趋势的变化。社会因素对关系经济增长的消费、储蓄、投资、贸易等诸方面产生影响,因而也就必然对行业的发展产生重要的影响。在两种社会因素中,流行趋势更加难以预测,这使研究以流行为导向的行业变得更为复杂。例如,女装的流行周期十分短暂,当前的流行服饰可能仅仅一两年之后就被其他样式所代替,玩具业、娱乐业和电影业中也有类似的现象。

在分析生活方式的变化时,常常采用人口统计学的方法。人口统计学是研究有关人口分布、年龄和收入等重要统计数字的学科。分析人员通过观察统计数字的变化趋势,找出不同行业的投资主题。例如,随着社会人口日趋老龄化,对医疗保健行业的需求会大大增加。

4. 国外因素

随着世界范围内贸易的增加,行业对国外影响越来越敏感。例如美国经济状况与美国石油进口的数量密切相关。这种海外资源供求的异常变动会波及许多行业。国内的行业会面临越来越多的国外竞争者的挑战。所以,应该着眼全球来评价某个行业,以反映全球经济自由化、一体化的趋势。

5.2.3 行业演变与行业集中

1. 行业演变

行业的结构是变化的,而且往往是根本性地变化。分析行业演变的出发点在于,若行业变化从根本上影响了五种竞争作用力,则变化就具有战略意义。影响行业演变的主要因素有:

(1) 产品创新。例如,数字手表的推出改变了手表行业的结构,因为生产数字手表比生产传统手表更具备规模经济,数字手表的竞争也需要巨额投资和完全不同于传统手表的全新技术基础,因此手表行业的进入壁垒以及其他方面迅速发生变化。

(2) 规模的变化。旅游车行业的初始进入者是一些白手起家的公司和一些较小的、其生产过程与旅游车类似的活动房屋生产厂家。当行业足够大时,大型农机公司和汽车公司开始进入。这些公司利用原有的资源足以在旅游车行业中进行竞争,但它们一直坐视小公司开发市场,在证明市场相当可观以后才开始进入。

（3）政府政策的变化。政府对行业结构的变化有明显的影响，最直接的影响莫过于对进入行业、竞争活动或价格这样一些关键变量进行全面的限制。例如，政府对证券手续费的规定，直接影响到证券公司的竞争策略。

（4）相邻行业的结构变化。例如，零售业连锁店的发展使得零售商对其供方的价格谈判能力加强了。零售商向服装生产企业订货的时间越来越靠近销售季节，并提出了其他苛刻的要求，服装生产企业不得不调整营销和促销战略，在这种情况下，服装制造业就可能趋向集中。

（5）替代品相对地位的变化。当电视广告收费急剧增长，电视广告时间变得日益珍贵时，对杂志广告的需求就会增加。

（6）互补品相对地位的变化。例如，立体声唱片的消费受到立体声音频设备供货能力的严重影响，优惠利率贷款促进耐用消费品的需求，等等。

当然，还有许多影响行业演变的因素，对不同行业要进行具体的分析。

行业演变具有改变原行业划分边界的趋势，创新或涉及替代品的创新都可能导致更多公开的直接竞争对手进入而扩大行业。

2. 行业集中

行业集中包括两个方面的含义：一个是指骨干企业规模的扩大，即行业的绝对集中；另一个是指骨干企业在整个行业规模中的比重增大，即行业的相对集中。与此相对应，衡量行业集中度的指标也可以分为以下两类：

（1）行业绝对集中的衡量指标，它既要考虑行业内企业个数的多少，又要考虑行业内企业的大小分布。设某行业有 n 个企业，各企业产量为 X_i，行业总产量为 $\sum X_i$，第 i 个企业的市场占有份额为 S_i，即 $X_i \big/ \sum X_i$，则有以下主要的绝对集中衡量指标：

① 企业数的倒数，即用 $1/n$ 来衡量集中水平。显然，这一指标考虑了企业数的多少，而没有考虑企业的相对大小。

② 集中比，是指某行业最大的 r 个企业所占市场份额，即：

$$C_r = \frac{\displaystyle\sum_{i=1}^{r} X_i}{\displaystyle\sum_{i=1}^{n} X_i} = \sum_{i=1}^{r} S_i$$

式中的 r 根据经验确定，通常取 3—5。

这一指标具有经济含义明确、资料容易取得、计算简便等优点。但当行业内 $(n-r)$ 个企业间发生兼并，尽管整个行业的集中水平提高了，C_r 却反映不出。

（2）行业相对集中的衡量指标。它可表明行业内全部企业的规模分布情况，还可用来表明大企业的规模在整个行业规模中比重增大状况。

洛伦茨曲线可用来表明行业的相对集中程度。

图 5.3 的内涵包括:①连接两对角线的直线(45°线)是市场占有份额的绝对平均线 a;②OLK 是分布的绝对不平等曲线;③介于上述两者之间的实际分布曲线 b 表示占有企业总数一定百分比的企业拥有的市场占有份额。显然,实际分布曲线 b 越远离 45°线,说明集中度越高。

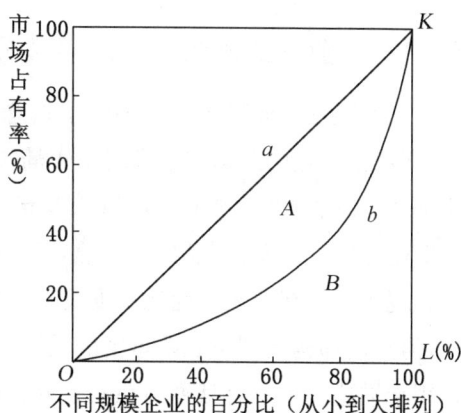

图 5.3　洛伦茨曲线示意图

由洛伦茨曲线可引出基尼系数,其计算公式为:

$$基尼系数 = \frac{45°线与洛伦茨曲线围成的图形面积}{下直角三角形面积} = \frac{A}{A+B}$$

基尼系数介于 0—1 之间,且数值越接近 1,表明行业集中度越高。

通过上述衡量行业集中化的指标,投资者可以分析研究各行业的竞争程度,以利于进行投资对象选择的决策。

如果一个零散的行业变成一个集聚的行业,那么必然会产生一家或几家在行业中占据绝对优势的企业,这就蕴含着巨大的投资机会。

造成行业零散的原因主要有:(1)进入壁垒低;(2)不存在规模经济或经验曲线;(3)高运输成本;(4)高库存成本或不稳定的销售;(5)多种市场需求;(6)高度的产品歧异化;(7)退出壁垒高;(8)地方法规或政府禁止;(9)新行业。

如果一个行业能够改变造成行业零散的主要因素,如创造规模经济或经验曲线,使多样的市场需求标准化,提高进入壁垒等,那么该行业就可能从零散型转变成集中型行业。

5.3　产业链和价值链

产业链分析能够给投资人提供一种不同的视角,对投资分析中常用的产业生命周期理论和产业竞争理论等有着一定的修补作用。近 10 年来在产业竞争中出现了一些新的趋势,产业链中的主导企业依托其在产业中的领导地位,充分利用了整个产业链中各参与方的资本力量。这种并不存在资本纽带关系的参与方为产业中的领导者贡献着越来越多的价值,这成为当今大量轻资产企业获取超额收益的一种非常重要的途径。这对习惯了以会计核算主体为分析标的的传统投资分析方法带来了很多新的挑战。

5.3.1　产业链的概念及形成要素分析

产业链是产业经济学中的一个概念,是各个产业部门之间基于一定的技术经济关联,并依据特定的逻辑关系和时空布局关系客观形成的链条式关联关系形态。产业链主要是基于各个地区客观存在的区域差异,着眼发挥区域比较优势,借助区域市场协调地区间专业化分工和多维性需求的矛盾,以产业合作作为实现形式和内容的区域合作载体。

现实中存在着大量拥有高度关联关系的企业群,它们未必属于传统意义上的同一行业,但它们却构成利益联系紧密的关联关系,这就是所谓的产业链关系。产业链的本质是用于描述一个具有某种内在联系的企业群结构,它是一个相对宏观的概念。产业链中大量存在着上下游关系和相互价值的交换,上游环节向下游环节输送产品(或服务),下游环节向上游环节反馈信息。影响产业链的关键要素主要有产业空间、市场开放程度、社会分工协作、技术或服务标准、商业模式及商业价值分布等。

一个产业的发展空间在很大程度上决定了产业中企业的未来发展规模,通常在市场上看到的大市值企业一定都出自拥有广阔空间的产业群。当我们在判断一家企业的未来发展时,必须要有一个市值空间的概念。也就是说,一个企业股权的市价总值表示着市场和价值空间的概念,不是任何企业都能做成大市值企业的。我们看到越来越多的基于整个产业的开放式平台型企业的出现,这种开放意味着其可以不断兼容越来越多的业务,特别是在互联网技术大量被运用到微观企业之后,如从主要经营家电的电器商发展到经营品种越来越广的综合型 B2B 电子商务平台。

产业链随着社会开放程度的提高和社会专业化分工的演变而变得越来越复杂,大量产业环节由于专业化、成本效益的要求而独立出来。这就导致了当今大量外包业务的出现。从以前的软件外包业务到如今的大量代工企业的出现,都是这种发展趋势的具体表现。

而争夺产业主导地位的技术、标准及商业模式成为企业最主要的竞争手段。非核心业务的剥离或外包不仅无损于企业的竞争地位,反而强化了企业产业链关键环节的竞争优势,降低了企业的运营成本,提高了企业的资本回报率。随着全球化运营的趋势成为经济运营的主流,这种企业竞争优势成为越来越多成功企业的选择。管理学上所谓微笑曲线两端的战略定位成就了类似苹果公司这类巨无霸企业的成功,其对整个产业链的影响力被无限放大。大量不存在资本纽带关系的企业都在为苹果公司创造价值,同时也带动了整个产业的迅猛发展,而外包业务也为大量产业链中的企业带来了大量的就业岗位和订单。

在金融资本的投资链上,出现大量资本运作前移的现象,从风险投资到私募股权,大量并未进入财务盈利期的企业被资本推动而进入资本市场,投资人更关注的是这类企业所蕴含的商业价值。无论是早期的互联网公司还是现在大量基于信息技术创新运用的新创企业,随着市场的培育和资本的不断孵化,很多已经体现出其强大的商业价值,有些已经进入财务盈利期。这种投资前移的趋势也许正是基于产业链逻辑驱动的。

5.3.2　苹果公司的产业链

苹果公司的业务涵盖了 4 大系统,其产业链从终端产品到操作系统再到囊括海量应用程序的产品商店,不断通过嵌入新的技术提升相关服务(见表 5.4)。

表 5.4　苹果公司的经营领域及相关产品

领　　域	产　　　　品
操作系统	iOS、Mac OS X
应用商店	iTunes Store、App Store、iBookstore、Mac App Store
终　　端	iPhone、iPad、Mac、iPod、Apple TV
服　　务	iCloud、Siri、iLife、iWork

从苹果公司公布的 156 家供应商来看,整个苹果公司的终端产品加工制造环节几乎全部是由产业链中的代工商完成的。苹果公司本身则把控着苹果产品的设计、技术、功能的整合及品牌和渠道的建设。

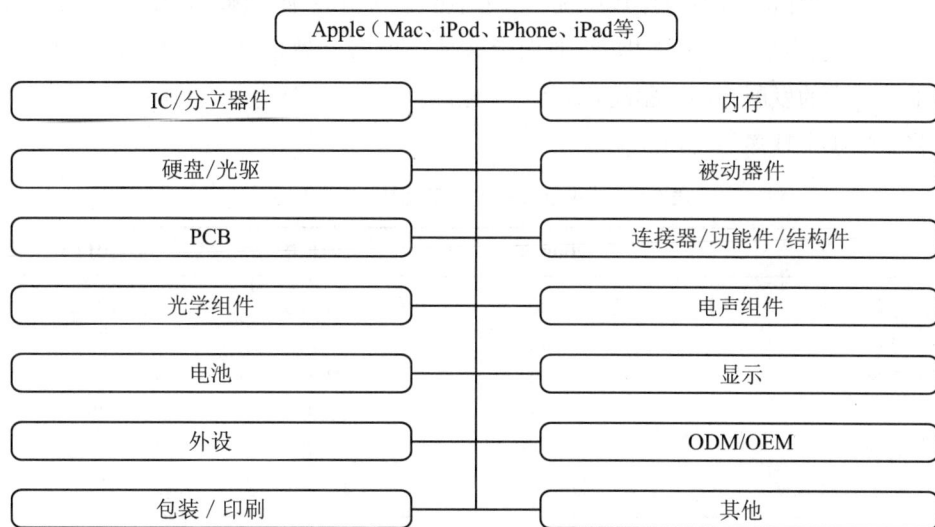

图 5.4　苹果终端产品的零部件拆分图

苹果公司不仅是一个优秀的终端产品的供应商,更通过其操作系统 iOS 带给用户最佳的使用体验,从而成为拥有超过 2 亿高端用户的庞大客户群的明星产品公司。用户的体验在于终端、操作系统及优质应用的结合,苹果应用商店 App Store 超过 60 万的优质应用程序是打通苹果产业链的关键,而这些应用程序的开发者可以通过苹果公司的分成实现其回报。App Store 成为一个内容和应用的开放式集成平台,而其通过 iOS 这个封闭的操作系统和时尚终端产品给苹果公司的用户带来的优质体验,成为苹果公司独特的商业模式。这种模式是建立在有效整合了终端、操作系统、应用体验内容和客户服务的全产业链基础之上的。无论是终端产品的加工制造,还是内容、应用程序的开发,苹果公司充分利用了整个产业链中各种资源的效用,用非资本控制的产业化运作实现了对整个产业的领导,真正意义上演绎了控制微笑曲线两端的全新模式(见图 5.5)。

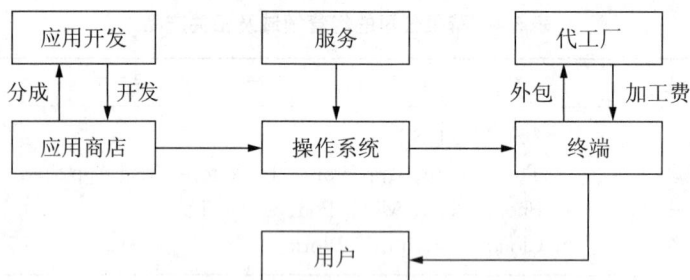

图 5.5   苹果公司全产业链商业模式

苹果公司每年都在不断推出升级版的终端产品,不断改善和提升终端产品的技术,通过升级操作系统来更好地提升用户的体验,并且还将通过 iCloud、Siri 等技术在服务上挖掘用户的价值。虽然在操作系统、应用商店、服务开发细分领域,苹果不一定是市场份额最高的,也不是唯一的提供者,但无疑这是一个迄今为止最完美的生态系统之一。未来随着技术的发展和创新驱动,苹果公司也许会褪色,甚至消失,但其对产业链开发的模式将影响越来越多的公司。

表 5.5   苹果近三年的财务指标(百万美元)

	2009 年	2010 年	2011 年
净销售额	42 905	65 225	108 249
净收益	8 235	14 013	25 922
平均股本	26 969	39 716	62 203
毛利	17 222	25 684	43 818
毛利率	40.14%	39.38%	40.48%
净资产收益率	30.54%	35.28%	41.67%

5.3.3   产业链分析的核心问题

(1)产业链的演变历史及演变趋势。从历史的角度审视产业链中公司的市场份额、产业拓展的空间、产业中主流盈利模式的改变、产业整合的方向(横向或纵向)、产业的竞争程度及产业中各环节的生存状态。

(2)产业链演变的核心驱动因素、技术、商业模式和产业竞争结构。确定主导产业演变的主要因素、产业竞争模式的稳定性、产业中是否出现新的领导者或寡头。

（3）产业细分化趋势不仅仅说明产业的竞争程度提升，也蕴含着对产业价值的重新分配。全产业链战略和细分产业战略因不同产业环境而各自拥有其不同的优势，产业中的追赶者通常都是在某细分产业战略成功后不断拓展在产业中的地位而逐渐实现对其他产业端的整合优势的。

5.3.4 价值链及分布

价值链理论是哈佛大学商学院教授迈克尔·波特于 1985 年提出的。波特认为，每一个企业都是在设计、生产、销售、发送和辅助其产品的过程中进行种种活动的集合体。所有这些活动可以用一个价值链来表明。企业的价值创造是通过一系列活动构成的，这些活动可分为基本活动和辅助活动两类。基本活动包括内部后勤、生产作业、外部后勤、市场和销售、服务等；辅助活动则包括采购、技术开发、人力资源管理和企业基础设施等。这些互不相同但又相互关联的生产经营活动，构成了一个创造价值的动态过程，即价值链。

价值链既有基于企业内部的价值链也有基于整个产业上下游之间的价值链，甚至可以扩展到不同国家或经济区域的价值链问题。随着产业的全球化运作逐渐成为主流，整个产业的价值在产业中的分配成为竞争的主要目标。

价值链的分布具有不平衡性和不稳定性，在整个产业中不同产业链端的企业的生存状况有着非常大的区别。就像 iPhone、iPad 的利润在整个加工链上的分配是非常不平衡的，这就意味着在同一个产业中的不同环节的价值创造能力差异非常之大。这在相当程度上决定了产业链中企业的盈利能力，生存环境落差悬殊。这对于投资分析是一个非常重要的分析点，必须搞清楚企业在整个产业链中的位置，以及其可能的未来演变，因为这可能就决定了企业的盈利能力及未来发展前景。

当产业中的技术演变和商业模式发生突变后，价值链的重新分配是导致价值链具有不稳定性的主要原因。由于技术演变和商业模式的创新往往具有非连续性特征，当新的技术、新的商业模式出现并逐渐成为新的主流时，整个产业的资源会重新组合。新的领导者将重新切分整个产业的价值，新的价值分布就出现了。这就是为什么我们在投资分析中需要极端重视技术的演变和商业模式创新的重要原因，这将直接导致产业中企业的价值空间发生巨大变化。

一个现实的例子就是中国大量的产业处于全球产业链的低端，这是一个后发经济体必须面临的产业发展阶段。但低端产业同样有其在产业中不可或缺的地位，无论是日本还是中国台湾地区，都是从低端产业加工发展起来的。劳动力优势使得低利润率的经营模式得以延续和发展，从低端切入逐渐向产业的中高端渗透是后发经济体的必然选择，而驱使企业不断发展的基本动力往往就是价值链的分配问题。但做好低端产业未必就不是一种可行的战略选择。

　　苹果公司可能是另一个比较极端的例子。我们看到产品设计、品牌、渠道运作与加工制造端的分离越来越成为一种重要的产业竞争选择模式,同样资本密集型和劳动力密集型产业环节的分离是这种选择的另一种表现。大量专业化、规模化、流程化的环节纷纷通过外包而相对独立出去,其驱动的本质在于价值链的优化分配。一方面外包制造方可以通过规模化、经验曲线的优化而提高生产效率并获取价值,通过把那些相对附加值较低的产业环节外包可能提升原有核心产业环节的优势并提升资本收益率,进而可以提升整个产业的优化进程。所以,某种程度上产业链演变模式本质就是由技术演变、商业模式的创新以及产业价值链的重新组合分配所驱动的。

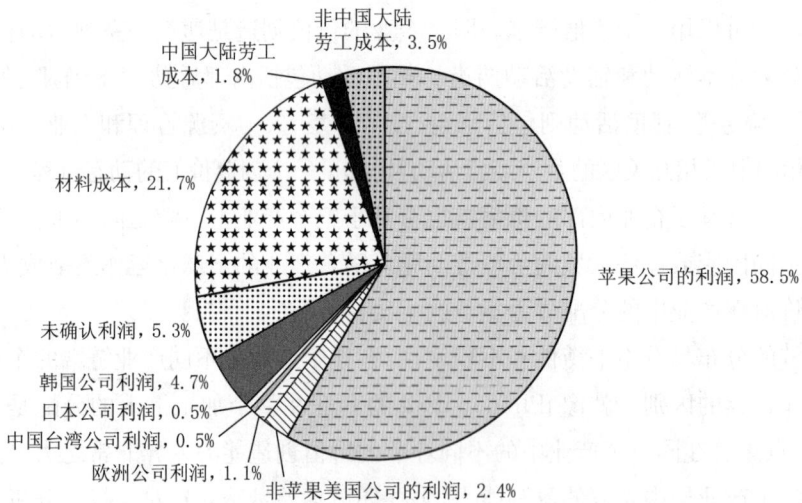

图 5.6　iPhone 利润在各国家/地区间的分配

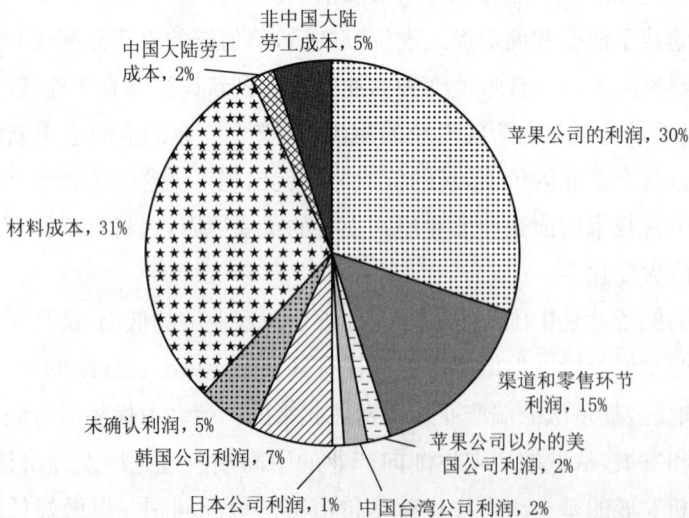

图 5.7　iPad 利润在各国家/地区间的分配(2010 年)

那么,从投资的角度我们必须研究的是在整个产业链中,哪些环节控制整个产业的核心价值创造,以及这种价值创造的未来演绎路径。从历史的角度来看,这种价值创造具有一种非连续性的特征,特别是在新技术领域内,这种价值链会经常由于技术演进的突变而发生重新分配。当我们看到苹果公司在智能手机时代,突破了诺基亚公司的商业帝国;当数字影像技术取而代之化学成像技术而导致柯达陨落的案例不断出现后,我们看到整个产业链和价值链的重构引发的投资机会是如此的变化莫测。其新进入者不再是按照原有的产业演进逻辑进行改良,而是对整个产业进行了重新整合。同样的情况在电子商务领域也不断重现,这对于投资分析的旧有理论和方法提出了新的挑战。

5.3.5　价值链分析的核心问题

(1) 价值链在整个产业中的分布及演变。产业发展过程中价值在不同产业端的分布是经常发生变化的,把握这种变化趋势是分析的关键。

(2) 产业价值创造的关键路径。推动产业价值创造的路径不仅可以通过技术的变革,也可以通过改变供应链、创新商业模式或盈利模式而实现。不同产业的价值创造路径可能不同,而关键路径的建设者或领导者往往获得超额的价值补偿。

(3) 获取产业价值最大化的典型模式。无论是苹果公司的应用商店、B2C 还是 B2B 都是在各自不同领域出现的带有典型意义的成功模式。这种典型模式不仅成为产业价值的主要攫取者,也深刻地影响着整个产业中的其他参与者的生存状态,还将影响产业未来变革的关键方向。

(4) 细分产业的价值。从全球的角度看,既有像苹果公司、Google 公司这样的领袖型企业,也同样存在像印度的软件外包,韩国及中国台湾的半导体、液晶面板、芯片产业集聚的优势产业群。做好细分产业同样可以在产业中占据一个重要且不可或缺的地位,同样可以分享产业发展带来的价值。

借助产业链和价值链的分析,可以帮助投资者拓展并加深在产业演变和发展中寻求好的投资机会的识别。这种分析思路和方法与原有的产业周期理论、产业竞争理论等不仅不冲突,而且可以起到很好的补充作用。产业链的空间决定了公司的发展空间,产业中的价值分布决定了产业中公司的不同盈利能力和投资价值,产业竞争模式和价值创造路径决定了公司价值的形成特征。从投资者的角度来看产业链和价值链,投资标的选择应该具有如下的特点:(1)产业中的领导者;(2)细分产业的小巨人;(3)产业中技术、商业模式创新的引领者;(4)拥有整合产业资源能力的公司。此外,产业链和价值链的分析不仅有助于对上市公司投资的选择问题,同样可以适用于风险投资、私募股权的投资标的选择,对专业化的产业投资基金更是一种重要的分析方法。

5.4 国内外主要行业分类标准

5.4.1 国外主要行业分类标准

1. MSCI 和 S&P 的全球行业分类标准

随着投资操作和资产管理的全球化,投资者需要快速方便地比较全球范围内各行业和部门的表现,因此对全球性行业分类标准(Global Industry Classification Standard,GICS)的需求越来越迫切。1998 年标普和美林公司创建了第一个专门为指数基金使用的美国行业分类系统,但系统存在一定的缺陷。之后几经修改,在 2006 年,MSCI 与标普重新编制了新的行业分类标准,以求与全球经济保持一致。GICS 为四级分类,由 10 个经济部门(Economic Sector)、24 个行业组(Industry Group)、67 个行业(Industry)和 147 个子行业(Sub-Industry)构成。对于每一个具体的公司,根据 GICS 和公司的主要商业活动,都可以把它归于一个确定的子行业,以及相应的经济部门、行业组和行业,在每一个级别上,一个公司只能属于一个类别。目前有 42 000 家交易活跃的公司已被分类,若包括交易不活跃的公司,则总数已超过 48 000 家。已分类的全球股票市场资产份额超过 90%。

GICS 的目的是为了加强全球范围内投资研究和资产管理工作,是为了从行业的角度提供一个全球投资集合的精确、完全、长期的概念,是和全球范围内无数的资产所有者、资产组合经理、投资分析师进行讨论的结果。

GICS 对公司进行行业分类的依据主要是销售收入,但利润和市场分析也是考虑的重要标准。首要考虑收入而不是利润的原因一是收入比利润波动小,更能准确地反映公司的活动,二是大部分公司都提供收入的行业和地区分解数据,但很多公司并不提供利润的行业和地区分解数据。然而,由于公司的价值与利润的联系更紧密而不是收入,所以利润仍然是要考虑的一个重要因素。作为一个总的原则,如果一个子行业的定义更近似地描述了能够产生公司的大部分收入的商业活动,则这个公司就被归于这个子行业。如果一个公司从事实质上不同的两种或多种商业活动,就被归于提供了公司大部分收入和利润的子行业。如果一个公司显著地跨三个或更多行业多元化经营,没有一个行业提供大部分的收入和利润,它就被归于工业经济部门中的工业综合子行业(Industrial Conglomerates Sub-Industry)或金融部门中的多部门持股子行业(Multi-Sector Holdings Sub-Industry)。对于一个新上市的公司,它的分类主要是基于招股说明书中对于公司活动的描述和上市前的情况。当一个公司发生重大重组活动,或发布新的财务报告时,它的行业分类就会被重新判定,但为了提供一个稳定的行业分类,将通过忽略公司不同行业活动中的暂时波动来尽量最小化其行业分类的变化。

GICS 在对公司进行分类和分析时,设计为是市场需求导向的。例如,当今社会严格区分商品和服务变得越来越困难了,因为它们往往是被一起出售的,所以,商品和服务之间的区别就用更市场导向的部门"消费者非必需品"和"消费者常用品"代替了,而在子行业里再区分商品和服务。另外,在当今全球经济一体化的情况下,对消费者提供非常重要价值的行业健康护理、信息技术和通讯服务,被列为大的独立部门。GICS 对公司进行行业分类所使用的主要信息来源是公司的年度报告和财务报表,其他来源包括投资研究报告和其他的行业信息。

由于随着科学、技术、经济和社会需求的发展变化,社会的各个行业也都在不断发生着变化,因此一个完整的行业分类标准应该是开放的、动态的,随着社会经济或上市公司行业结构的演变而不断进行调整,以准确反映经济或公司的行业结构。GICS 也根据经济发展等情况对其分类体系进行调整,MSCI 和标准普尔每年进行一次磋商,对变化较大的行业进行分析和评价,决定是否需对 GICS 的结构进行相应调整。

GICS 的 10 个经济部门包括:能源;材料;工业;消费者非必需品;消费者常用品;健康护理;金融;信息技术;电讯服务;公用事业。24 个行业组包括:能源;材料;资本商品;商业服务;交通运输;汽车与零部件;耐用消费品与器件;旅店、餐馆与休闲;媒体;零售;食品与药物零售;食品、饮料与烟草;家居与个人用品;保健设备与服务;制药与生物科技;银行;综合性金融服务;保险;房地产;软件服务;技术设备;电信服务;公用事业;半导体与半导体设备。

2. FTSE 的全球分类系统

金融时报指数是由金融时报和伦敦证交所联合成立的 FTSE 国际公司编制和维护的。FTSE 制定的行业分类标准称为全球分类系统(Globe Classification System),被广泛接受为一个全球性的行业标准。执行 FTSE 的 GCS 的机构有伦敦证交所、香港恒生指数(Hang Seng Index)、美国罗素指数(Russell Index)等。

伦敦金融时报 FTSE 全球分类系统目前由 10 个经济组(Economic Group)、36 个行业部门(Industry Sector)和 100 个行业子部门(Industry Sub-Sector)构成,共分为三个级别。每一家公司都被分配到与它的业务特征最接近的子部门,以及相应的部门和经济组。

FTSE 全球分类系统的主要目的是通过把公司分为业务相同的子行业,来为投资者提供服务。FTSE 对一个公司进行行业分类的基础信息是它的经过审计的会计报表和董事会报告。进行行业分类时,主要的考虑是公司各项业务的税前利润在总利润中所占的比例。公司被分配到其定义最吻合公司利润的来源或构成了利润的大部分的子部门。当一家公司有两个业务类别时,根据经过审计的财务报告和董事会报告中的会计分割(accounting segmentation),该公司被分配到提供最大部分利润的子部门。当一家公司从事三个或三个以上不同的业务类别,其中又没有一项业务的税前利润贡献达 50%,但各业务的贡献也均不小于 10%，这样的公司被归入综合类。当一家公司的结构由于合并或分拆发生重大变化，其行业分类要根据公司正式发布的财务数据重新评定。公司的分类可以经公司本身、有关专业顾问或全球分类委员会成员的请求重新审定。但是，为保持分类系统的平稳性，全球分类委员会不理会被认为是各单项业务的短期波动，也即一项业务的短期波动不影响公司的行业分类。全球分类系统的结构也随着科学技术、经济状况的发展而进行调整。行业部门的变动只在每年的 1 月份进行，子部门的变动，包括名称和定义，可以在需要的任何时候进行。

FTSE 全球分类系统的 10 个经济组分别为：能源；基础工业；信息技术业；一般工业；周期性消费品；非周期性消费品；周期性服务；非周期性服务；公用事业；金融业。

3. 联合国的国际标准产业分类

全部经济活动的国际标准产业分类（International Standard Industrial Classification of All Economic Activities, ISIC）是由联合国制定和发布的，该标准的分类对象是全球经济活动，而不仅仅是行业分类，分类的依据是经济活动的性质，它包括了经济系统所有分支的行业活动的分类。ISIC 目的是为了统计各国的全部经济活动，并使主要的统计量在全球范围内尽可能具有可比性，因此它必须适应具有不同经济结构、不同统计实践的各个国家的需要，便于经济系统不同、发展阶段不同的国家之间进行比较。ISIC 的最初版本于 1948 年推出，1958 年对之进行修改形成了 ISIC Rev.1，1968 年再次修改形成了 ISIC Rev.2，1989 年又修改形成了 ISIC Rev.3，1994 年又对之进行少量调整形成 ISIC Rev.3.1。1998 年，联合国统计委员会提出了修订 ISIC Rev.3.1，2007 年完成修订，2008 年 8 月 11 日发布了 ISIC Rev.4。

根据各国的反馈建议，ISIC Rev.4 对大类（Sections）、部门（Divisions）、组（Groups）和小组（Classes）的部分内容进行了调整；增加了反映世界经济发展变化的有关新概念，如信息业、专业技术服务、支助服务等；增加了判断单位行业类别的应用规则。ISIC Rev.4 类目变动概况如表 5.6 所示。

表 5.6 ISIC Rev.4 与 ISIC Rev.3.1 类目变动对照

	ISIC Rev.4	ISIC Rev.3.1
大类（Sections）	21	17
部门（Divisions）	88	62
组（Groups）	238	161
小组（Classes）	419	298

5.4.2 国内主要行业分类标准

1. 国家统计局国民经济行业分类标准

《国民经济行业分类与代码》（GB/T4754）国家标准于 1984 年首次发布，1994 年对其进行了第一次修订,1999年进行了第二次修订,为了适应我国国民经济不断快速发展变化的现状和进行国际比较需要,国家统计局从2009年起会同中国标准研究中心,在国务院有关部门以及各省、自治区、直辖市统计局的密切配合下,主持完成了新国家标准《国民经济行业分类》(GB/T4754—2011)的修订工作,并于2011年11月1日正式开始实施。该标准是国家统计局在参考联合国国际标准产业分类和世界其他国家的行业分类标准基础上,根据中国国情制定的,目的是为国民经济进行产业分类。该标准以新国民经济核算体系关于统计单位划分的原则作为行业划分的基本原则(国际通用的按照产品的统一性对产业进行分类),依据经济活动性质的同一性确定行业,而不再按其所属行政管理系统或其产品分类,并在分类中注意区分第一、第二、第三次产业。

新标准在制订过程中尽量与联合国国际标准产业分类 ISIC/Rev.4 靠近,以便于进行国际资料对比。我国新标准的分类体系和层次与之基本相同,新标准的每一个行业小类,全部与 ISIC/Rev.4 的最细一层分类建立了对应关系,通过软件可使我国的新标准直接转换到国际标准,实现了与国际标准的兼容,改变了我国统计资料与国际难以直接对比的状况。此外,为便于新标准的实施和推广,保证对经济活动的正确归类,国家统计局还在新行业分类标准的基础上,配套编制了《国民经济行业分类注释》,对每个行业小类的包括范围都作了详细说明,准备配合正式标准一起发行。同时,国家统计局还计划对行业包括的范围进行动态管理,定期更新,以适应新兴行业归类的需要。

新标准共有行业门类20个,行业大类96个,行业中类432个,行业小类1 094个,基本上反映了我国目前的行业结构状况。20个行业门类包括:农、林、牧、渔业;采矿业;制造业;电力、热力、燃气及水生产和供应业;建筑业;批发和零售业;交通运输、仓储和邮政业;住宿和餐饮业;信息传输、软件和信息技术服务业;金融业;房地产业;租赁和商务服务业;科学研究和技术服务业;水利、环境和公共设施管理业;居民服务、修理和其他服务业;教育;卫生和社会工作;文化、体育和娱乐业;公共管理、社会保障和社会组织;国际组织。

2. 中国证监会《上市公司行业分类指引》

为了提高证券市场规范化水平,1999年4月中国证监会在总结沪深两个交易所分类经验的基础上,以国家统计局制定的《国民经济行业分类与代码》(国家标准 GB/T4754-94)为主要依据,借鉴联合国国际标准产业分类(ISIC)、美国标准行业分类(SIC)及北美行业分类体系(NAICS)的有关内容,制定了《中国上市公司分类指引(试行)》,并根据试行的情况,于2001年1月结合国内、国际经济发展的新趋势,对其进行了修改和完善,制定了《中国上市公司行业分类指引》(以下简称《指引》)。之后几经修改,如今施行的是《指引》(2012年修订)。

《指引》的目的是对上市公司的行业进行科学、明确的界定,规范和提高上市公司信息披露质量,以使广大投资者及相关人员更好地了解上市公司的主营业务和经营方向。

尽管证监会称《指引》的目的是投资性的行业分类,但由于其是以国家统计局的《国民经济行业分类》为制定的主要基础,以国外主要管理性分类标准作为参考,所以事实上还是偏于对上市公司进行管理的方面。

由于上市公司是经营性的法人实体,而统计局的行业分类体系中包括有"国家机关、政党机关和社会团体"等非经营性行业,因此《指引》对统计局的分类体系进行了必要的调整,删去了其中的非经营性行业,并根据近年来国际、国内经济发展的新特点,增设了"信息技术产业"和"传播与文化业"等行业。

《指引》将上市公司的经济活动分为门类、大类两级,中类作为支持性分类参考。由于上市公司集中于制造业,《指引》在制造业的门类和大类之间增设辅助性类别。《指引》仅采用了营业收入比重一个指标对上市公司进行行业的划分。其分类原则是将上市公司经营业务中营业收入比重最高的业务所属产业作为该上市公司的类属。所采用财务数据为经会计师事务所审计的合并报表数据。

《指引》主要采用营业收入比重等财务数据为主要分类标准,当上市公司某类业务的营业收入比重大于或等于50%,则将其划入该业务相对应的行业;如果没有一类业务的营业收入比重大于或等于50%,但某类业务的收入和利润均在所有业务中最高,而且均占到公司总收入和总利润的30%以上(包含本数),则该公司归属该业务对应的行业类别;不能按照上述分类方法确定行业归属的,由上市公司行业分类专家委员会根据公司实际经营状况判断公司行业归属;归属不明确的,划为综合类。

思考题

1. 怎样的行业容易出现大市值公司,需要一些什么条件?

2. 一个行业的市场结构是否会发生转变? 若会发生转变,会如何转变? 请以零售业为样本解释说明。

3. 依托技术创新驱动发展的行业具有一些什么特点? 电子信息行业的演变发展和一般传统行业的发展有何不同?

4. 市场化垄断和政策性垄断行业有什么差别?

5. 请问下列行业处于生命周期的哪一个阶段:钻井设备;计算机硬件;计算机软件;生物工程;钢铁工业。

6. 指出在今后三年中决定通信行业和机械行业业绩的主要因素,同时说明该行业的发展前景。

7. 分别指出下列产业中哪一个对经济周期更敏感并指明原因:娱乐业与制药业;航空业与食品制造业。

8. 试着分析影响产业潜在利润的五种竞争作用力是如何影响中药行业和化学药行

业的。

9. 分析在现有条件下我国汽车工业的行业集中度如何,我国汽车行业的基尼系数大约是多少,影响我国汽车行业演变的主要因素是什么。

10. 以中国证监会《上市公司行业分类指引》分类结构与代码为基础,在上海证券交易所和深圳证券交易所各选 10 只股票进行分类。对于这种行业分类法,其划分原则是什么?

参考文献

杨朝军:《中国股市投资新主题》,上海交通大学出版社 2008 年版。

杨朝军:《沪深股票市场行业效应与投资风格实证研究》,《系统工程理论与实践》2006 年 4 月。

杨朝军:《中国上市公司行业分类标准理论与实证研究》,《科学学与科学技术管理》2004 年第 1 期。

郭鹏飞、杨朝军:《中国股市回报、风险与业绩的行业特征》,《系统工程理论方法应用》2004 年第 4 期。

Michael E.Porter, 1980, *Competitive Strategy*, Free Press.

Dennis W.Carlton and Jeffrey M.Perloff, 1994, *Modern Industrial Organization*, HarperCollins College Publishers.

Jeffrey C. Hooke, 1998, *Security Analysis on Wall Street*, John Wiley & Sons Inc.

附录 5.1　行业研究报告逻辑结构范例

一、行业发展历史与现状

(1) 与美日等发达国家比较分析(注意产业梯度转移原理);
(2) 行业内产品细分与比较分析。

二、确定行业竞争优势

(1) 行业结构分析,行业潜在市场及拓展方向;
(2) 行业与上、下游行业关系,价值链比较分析;
(3) 行业周期阶段;
(4) 行业集中度,市场占有率;

(5) 基本竞争战略的取舍。

三、目前行业几大特征

(1) 行业中企业数量及其规模,实力排序,各自拳头产品及优势;

(2) 企业总体财务状况,盈利能力(最近两年),该行业上市公司总体的财务状况;

(3) 企业区域分布。

四、未来三年发展趋势

(1) 政策导向;

(2) 内在自身发展规律,产业演变方向;

(3) 资产重组、行业重构的可能性。

美国哈佛管理学院教授迈克·波特的著作《竞争战略》是行业研究理论基础的读本之一,以下提出该书导读要点:

主导思想 ——— 选择行业(决定该行业平均利润率水平)
　　　　　 ——— 企业在行业中相对地位(决定该企业与平均利润率的比较)

(1) 某公司所在行业——哪一类行业
- 零散
- 新兴
- 成熟　(对应该书第二篇);
- 衰退
- 全球性

(2) 该产业结构状况(对应该书第一篇);

(3) 选择哪一种竞争战略(对应该书第二章和第三篇);

(4) 某公司具体分析(在该行业中的地位)。

第6章

基本分析(三)——公司研究

6.1 公司分析

6.1.1 公司竞争地位分析

企业要在行业中保持盈利,就要有持久的竞争优势。尽管企业相对于其竞争对手有很多优势和劣势,但可以归纳为两种基本的竞争优势:低成本或差异性。一个企业所具有的优势或劣势,最终取决于企业在多大程度上能够对低成本和差异性有所作为。

竞争优势的两种基本形式与企业寻求获取这种优势的活动范围相结合,就可以得到企业在行业中的三个基本竞争战略:成本领先战略、差异化战略和集聚战略。集聚战略有两种类型,即成本集聚和差异集聚。这些基本战略见图6.1。

		竞争优势	
		低成本	差异化
	整体市场	1. 成本领先	2. 差异化
竞争范围	细分市场	3a. 成本集聚	3b. 差异集聚

图 6.1 企业的三种基本竞争战略

企业采用任何一种战略都能获得竞争优势,但实现不同战略的途径和范围是不一样的。成本领先战略和差异化战略在整个行业的整体市场内寻求优势,而集聚战略在某个行业狭窄的细分市场中寻求成本优势(成本集聚)或差异化(差异集聚)。在不同的行业中,可行的基本战略是不同的,并且推行每一种战略所要求的具体实施步骤也因行业的不同而差别很大。

　　竞争优势不能以把整个公司看作一个整体的方式来理解。它来源于一家公司设计、制造、营销、分销及产品支持等诸多独立的活动。每一种活动都影响相关公司的成本,并且创造差异性的基础。例如,成本优势可能来源于迥然不同的方面,如低成本的分销系统,高效的装配过程,或优良的销售力量。差异性可能来源于相同广泛的因素,包括高质量的原材料,完善的订单登记系统,或优良的产品设计。

　　竞争优势为任何战略的核心所在,如果企业要获取竞争优势,它必须选择它所要获取的竞争优势的类型以及运用这种优势的范围。"事事领先,人人满意"的想法只会导致平庸的战略和低于平均水平的经营业绩,因为它常常意味着企业根本没有任何竞争优势。

1. 成本领先

　　成本领先大概是三种基本战略中最明确的一种。在这种战略指导下,企业的目标是要成为其行业中的低成本生产厂商。企业有广阔的活动空间,为行业的许多细分市场服务,甚至可能在不同的相关行业中经营。成本优势的来源各不相同,并取决于行业结构,规模经济、专有技术、优惠的原材料等都可能使企业获得成本领先的优势。

　　如果企业能够创造和维持全面的成本领先地位,那么它只要将价格控制在行业平均或接近平均的水平,它就能获取优于平均水平的经营业绩。在与对手相当或相对较低的价位上,成本领先者的低成本地位将转化为高收益。然而,成本领先者不能无视差异化战略。如果它的产品被认为与其对手不能相比或不被客户接受,成本领先者为了增加销售量,将被迫将价格降低到远低于竞争者的水平,这将抵消掉其理想的成本地位所带来的收益。

　　成本领先者尽管依赖于成本领先来获得竞争优势,但仍必须创造出和竞争对手价值相等或价值近似的产品,以获取高于行业平均水平的收益。价值近似意味着为获取满意的市场份额而进行的必要的削价不会抵消成本领先者的成本优势,因此成本领先者能赚取高于行业平均水平的利润。

　　成本领先的战略逻辑要求企业是唯一的成本领先者,而不是成为竞争这一地位的几个企业之一。当雄心勃勃的成本领先者不止一个时,它们之间的竞争常常十分激烈,因为市场份额的每一份都被视作至关重要。如果没有一个企业能获取成本领先并且"劝阻"其他企业放弃它们的成本战略,那么正如大量石油化工行业的例子一样,对盈利能力造成的后果可能是灾难性的。所以,成本领先战略是一种格外依赖先发制人策略的战略,除非重大的技术变革允许某个企业从根本上改变其竞争地位。

2. 差异化

　　第二种基本战略即差异化的经营战略。在差异战略的指导下,企业力求满足被行业内许多客户视为重要的一种或多种特质,并在这些方面独树一帜,从而获得超过行业平均水平的收益。每个行业都有各自不同的差异化战略,差异化战略赖以建立的基础是产品本身、销售交货体系、营销渠道及一系列其他因素。

　　一个能创造和保持经营差异性的企业,如果其产品价格溢价超过了它为产品的独特性而附加的额外成本,它就成为其行业中盈利高于平均水平的佼佼者。因此,一个实行差异化战略的厂商必须要探索能导致价格溢价大于为差异化而追加的成本的经营方式。由于差异化厂商的价格溢价会被其追加的成本所抵消,所以它绝不能忽视对成本地位的追求。这样,维持差异化战略的企业必须削减所有不至于影响差异性的各方面成本,旨在实现与竞争对手相比的成本相等或成本近似。

　　差异化战略的逻辑要求企业使自己的经营独具特色,企业如果期望得到价格溢价,它必须在某些方面真正被视为具有差异性。然而,与成本领先相反的是,如果存在多种为客户广泛重视的特质,行业中将可能有不止一种的成功的差异化战略。

　　3. 集聚战略

　　第三种基本战略是目标集聚战略。因为着眼于行业内一个狭小的空间,所以该战略与其他战略相比迥然不同。实行集聚战略的企业选择行业内一个或一组细分市场,并使其战略为它们服务而不是为其他细分市场服务。通过为其目标市场进行战略优化,实行集聚战略的企业致力于寻求其目标市场上的竞争优势,尽管它并不拥有在全行业市场上的竞争优势。

　　集聚战略有两种形式。在成本集聚战略指导下,企业寻求其目标市场上的成本优势;而在差异集聚战略指导下,企业则追求其目标市场上的差异优势。集聚战略的这两种形式都以目标市场与行业内其他细分市场的差异为基础。企业在目标市场上必须或者满足客户的特殊需要,或者适应目标市场的生产和交货体系与其他细分市场的不同之处。成本集聚战略在一些细分市场的成本行为中发掘差异,而差异集聚战略则是开发细分市场上客户的特殊需求。这些差别意味着在广阔的范围内竞争的厂商不能很好地服务于这些细分市场,因为它们在服务于部分细分市场的同时也服务于其他细分市场。因此,实行集聚战略的企业可以通过专门致力于这些细分市场而获取竞争优势。集聚战略的精髓就是利用一个狭窄的目标市场与行业的差异大做文章。如果实施集聚战略的企业的目标市场与其他细分市场并无差异,那么集聚战略就不会成功。

6.1.2　公司业务分析

　　对一个公司业务的全面分析,需要调查研究该公司生产经营等诸多方面的因素,这样才能对公司的业务状况作出准确的评价。

　　1. 公司业务分析要点

　　(1) 产品及市场。

　　分析公司的业务首先应该从公司出售的产品或提供的服务开始。投资者需要分析公司每种产品系列的销售数量和金额及其在各自细分市场中的地位,每种产品的利润

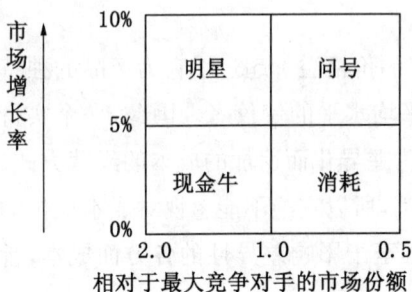

图 6.2 增长/市场份额矩阵

率,公司是否会推出新产品及新产品的市场潜力等内容。对产品及市场的分析常常采用增长/市场份额矩阵,见图 6.2。

左上角为明星产品,该种产品在一个拥有继续增长潜力的市场中占有较大的市场份额,可以推断,随着市场的不断增长,明星产品的销售量将会增大,单位产品成本会随之下降。因此,在市场增长而能继续保有较高市场份额的情况下,明星产品的现金流量和盈利能力都将不断改善。

右上角为问号产品,它是市场占有率小,但市场增长率高的产品,如果能扩大市场占有率,则这类产品是有潜力的。然而由于某种原因,它的市场占有率并没有随着市场的增长而扩大。问号产品之所以在市场上表现不佳,可能是公司推销不力,也可能是竞争激烈。问号产品有些可以上升为明星产品,有些则可能停产淘汰,因此应对这类产品进行仔细分析。

左下角为现金牛产品,顾名思义,这类产品是摇钱树。由于它们处于一个低增长率的市场中(一般处于其寿命周期中的市场成熟阶段),因此增长潜力甚微,但它们占有较大的市场份额,因此单位成本低,利润率较高。这种现金牛产品是产生现金的丰富来源,公司靠它提供的现金来开发其他的产品。

右下角为消耗产品,这类产品的市场没有什么增长潜力,产品在市场中占有的份额也较小。它们虽然也可能产生一些现金流和利润,但是提高利润可能性很小。因此,对这类产品增加市场营销投资必须谨慎,事实上这种投资往往是没有保障的。

(2) 生产。

对生产的分析要能够解释其制造成本的主要决定因素及生产过程的瓶颈所在。例如,天然气是甲醛生产商的主要原料,甲醛生产过程的一个瓶颈在于管道输送能力和裂化器容量大小。对于制造过程的考察,能够发现一个公司是否能完成其业务计划的生产。

(3) 分销。

某些行业强调分销功能。按传统的理论,当一个公司的销售量达到一定水平时,就应该控制自己的分销网络。专业分销公司和完整网络供应商的出现改变了这一定理。因此,投资者应该评价公司分销选择的优缺点。

(4) 管理。

公司的经营业绩与公司管理层的管理水平有密切关系。一些优秀的企业家扶大厦之将倾,使濒于破产的企业起死回生,创造出一个个经济奇迹,而一些错误的决策会导致企业经营失败乃至破产。

基于这个原因,投资者迫切需要逐个了解所分析公司的管理人员,需要知道这些经理怎样提炼信息,怎样预测竞争对手的反应,以及他们怎样完成所作出的决定。虽然评价一名经理人员的水平是一种主观感觉(因为大多数行业的经营环境极为复杂),经验丰富的投资分析人员的确能够分辨出经理人员的好坏。

(5)研究与开发。

公司发展依赖于稳定的产品延伸及创新,一些新产品可以由收购获得,但大部分的创新要靠内部研究与开发实现,所以研究与开发对一个公司的可持续发展具有重大影响。在研究与开发上的投入视情况而定,例如高科技公司就比非高科技公司要投入更多的精力。

2. 公司业务分析的特殊性

前述内容只是评价公司业务时需要考虑的一部分因素,在具体分析一个公司时,可能还要考察更多的其他因素。但是,对任何一个给定的公司,都有一个或更多的因素具有特别的重要性,即使这一因素在行业内并不普遍。例如,在地理上的客流中心拥有强大的市场份额对于航空公司是一项巨大的资产。又如造纸和纸浆行业,一两个工厂低于平均水平的成本就可以解释利润水平的显著差异。下面列举标准普尔公司分析纸浆及造纸业的重要评级因素,从中可以看出分析所要注意的重要因素。

标准普尔分析纸浆及造纸行业的重要评级因素

制造成本水平

低成本地位

    营业利润率;资产回报率;工厂总利润率

    工厂现金成本/吨;工厂总成本/吨;人工小时数/吨

现代有效资产基础

    过去10年的资本支出相对于固定资产净额百分比

    过去10年的维修及保养支出相对于固定资产净额百分比

    资本支出对经通胀调整的累计折旧的比率

    设备是否是"外嵌"(built-out),或是否为添加设备预留了空间

    设备是否一体化?机器新旧?是否运转良好

    工厂位置安排及内部布局;加工控制及计算机应用

工厂位置

    与成长中市场的距离远近;与主要都市地区的距离远近

    与外贸深水港口的距离远近;运费优势;出厂成本

劳工关系

    工会与非工会工厂;劳工纠纷的历史;工资优势及工作纪律的灵活性

    工会合同到期的时间表

顾客满意度

质量、服务、顾客忠诚度

　独立调查;商业出版公司;报纸及顾客的评价

产品组合

　附加价值及商品等级;每吨产品销售收入;产品多样化

　产品宽度:是完整系列或是单一产品

　消费者市场与非消费者市场(指生产资料市场);相对价格敏感度(以等级表示)

原料的自足

纤维的自我供给及长期充裕情况

　纤维来源:内部来源;长期私人采伐合同;政府合同;境外市场购买

　纤维成分:软木、硬木;废纸

　森林恢复方案

能源构成与自足

　燃料构成:内部来源;石油;煤炭;天然气

　火力发电,水力发电;迅速转换能源来源的能力

营销能力

　市场份额的获得或损失;分销渠道

　广告费用与销售收入的比率;新产品推介

　对定价影响的程度

远景

　用于不同设备的家用纸张百分比;批发和零售分销

6.1.3　公司财务分析

　　财务分析是公司分析中的重要内容。通过对公司财务数据进行加工、分析和比较,投资者能够掌握公司财务状况和运营情况,预测公司未来的经营前景,判断公司证券的价值,从而作出合理的投资决策。

　　1. 财务分析的方法

　　财务分析的方法主要有趋势分析法、结构百分比分析法、比率分析法和因素分析法。

　　(1)趋势分析法。

　　趋势分析法就是将两个或两个以上连续期的财务数据进行对比,以便计算出它们增减变动的方向、数额,以及变动幅度的一种分析方法。采用该种方法可以从企业的财务状况和经营成果的发展变化中寻求其变动的原因、性质,并由此预测企业未来的发展趋势。

　　在具体运用趋势分析法时,一般有两种分析的方式:绝对数趋势分析和百分比趋势分析。绝对数趋势分析比较财务数据增减的绝对数量,而百分比趋势分析比较财务数据增减的相对数量。

（2）结构百分比分析法。

结构百分比分析法将资产负债表、利润表、现金流量表转换成结构百分比报表。例如，在资产负债表中把资产定为 100%，在利润表中把主营业务收入定为 100%，而将其他科目转换成它们的百分比，这样就可以看出不同科目之间的比重关系，有利于发现有显著问题的项目。

（3）比率分析法。

财务比率是各会计要素的相互关系，反映各会计要素的内在联系。财务比率的计算是比较简单的，但是对它加以说明和解释是相当复杂和困难的。财务报表中有大量的数据，可以根据需要计算出很多有意义的比率，这些比率涉及企业经营管理的各个方面。

① 偿债能力比率。

a. 流动比率。

$$流动比率＝流动资产／流动负债$$

流动比率可以反映短期偿债能力。企业能否偿还短期债务，要看有多少负债，以及有多少可变现偿债的流动资产。流动资产越多，短期负债越少，则偿债能力越强。计算出来的流动比率，只有和同行业平均流动比率、本企业历史的流动比率进行比较，才能知道这个比率是高还是低。流动比率过低，会影响公司日常经营活动中资金的周转；流动比率过高，表明公司资金利用率低下，管理松懈，资金浪费，同时也表明公司过于保守，没有充分使用目前的借款能力。

b. 速动比率。

$$速动比率＝（流动资产－存货）／流动负债$$

因为存货在流动资产中的变现速度最慢，且存货估价还存在着成本与合理市价相差悬殊的问题，所以把存货从流动资产总额中减去而计算出来的速动比率更能反映企业的短期偿债能力。通常认为，正常的速动比率为 1，低于 1 的速动比率被认为是短期偿债能力偏低。这仅是一般的看法，因为行业不同，速动比率会有很大的差异，没有统一标准的速动比率。

在计算速动比率时，除扣除存货以外，还可以从流动资产中去掉其他一些可能与当期现金流量无关的项目（如待摊费用等），以计算更进一步的变现能力。如采用保守速动比率（或称超速动比率），其计算公式如下：

$$保守速动比率＝（现金＋短期投资＋应收账款净额）／流动负债$$

c. 资产负债率与产权比率。

$$资产负债率＝负债总额／资产总额$$

$$产权比率＝负债总额／股东权益$$

这两个比率都反映了公司的资产结构,比率越高,说明公司负债率越高,债权人提供的资金占总资产的比重越大。从债权人的立场看,他们最关心的是贷给企业的款项的安全程度,也就是能否按期收回本金和利息。如果股东提供的资本与企业资本总额相比,只占较小的比例,则企业的主要风险由债权人担负,这对债权人来讲是不利的。因此,他们希望债务比例越低越好,企业偿债有保证,贷款不会有较大的风险。从股东的角度看,由于企业通过举债筹资的资金与股东提供的资金在经营中发挥同样的作用,所以股东关心的是全部资产收益率是否超过借入款项的利率,即借入资本的代价。在企业所得的全部资产收益率超过因借款而支付的利息率时,股东所得到的利润就会加大。如果相反,运用全部资产所得的利润率低于借款利息率,则对股东不利,因为借入资本的部分利息要用股东所得的利润份额来弥补。因此从股东的立场看,在全部资产收益率高于借款利息率时,负债比例越大越好,否则反之。

上面的第一个和第二个指标主要反映了公司的短期偿债能力,而第三个指标则反映了公司的长期偿债能力。

② 经营管理能力比率。

a. 存货周转率。

在流动资产中存货所占的比重较大,存货的流动性将直接影响企业的流动比率,因此必须特别重视对存货的分析。存货的流动性,一般用存货的周转速度指标来反映,即存货周转率或存货周转天数。

$$存货周转率 = 主营业务成本 / 平均存货$$

$$存货周转天数 = 365 / 存货周转率 = (平均存货 \times 365) / 主营业务成本$$

$$其中:平均存货 = (期初存货 + 期末存货) / 2$$

公式中的主营业务成本数据来自利润表,期初存货和期末存货数据则来自资产负债表。

公式中的主营业务成本数据来自利润表,平均存货来自资产负债表中的“期初存货”与“期末存货”的平均数。

存货周转率是衡量和评价企业购入存货、投入生产、销售收回等各环节管理状况的综合性指标。用时间表示的存货周转率就是存货周转天数。一般来讲,存货周转速度越快,存货的占用水平越低,流动性越强,存货转换为现金或应收账款的速度越快。提高存货周转率可以提高企业的变现能力,而存货周转速度越慢则变现能力越差。

b. 应收账款周转率。

应收账款和存货一样,在流动资产中有着举足轻重的地位。及时收回应收账款,不仅可以增强企业的短期偿债能力,也反映出企业管理应收账款方面的效率。反映应收账款周转速度的指标是应收账款周转率,也就是年度内应收账款转为现金的平均次数,它说明应收账款流动的速度。用时间表示的周转速度是应收账款周转天数,也叫平均应收账款回收期或平均收现期,它表示企业从取得应收账款的权利到收回款项、转换为现金所需要的时间。

$$应收账款周转率 = 主营业务收入 / 平均应收账款$$

$$应收账款周转天数 = 365 / 应收账款周转率 = (平均应收账款 \times 365) / 主营业务收入$$

其中,

$$平均应收账款 = (期初应收账款 + 期末应收账款)/2$$

公式中的主营业务收入来自利润表,是指扣除折扣和折让后的主营业务收入净额;平均应收账款是指未扣除坏账准备的应收账款金额,它是资产负债表中期初应收账款和期末应收账款的平均数。一般来说,应收账款周转率越高,平均收账期越短,说明应收账款的收回越快,否则,企业的营运资金会过多地呆滞在应收账款上,影响正常的资金周转。

c. 营业周期。

$$营业周期 = 存货周转天数 + 应收账款周转天数$$

营业周期是指从取得存货开始到销售存货并收回现金为止的这段时间。营业周期的长短取决于存货周转天数和应收账款周转天数。一般情况下,营业周期短,说明资金周转速度快;营业周期长,说明资金周转速度慢。

③ 盈利能力比率。

a. 主营业务净利率。

$$主营业务净利率 = 净利润 / 主营业务收入$$

该指标反映每1元主营业务收入带来的净利润的多少,表示主营业务收入的收益水平。

b. 毛利率。

$$毛利率 = (主营业务收入 - 主营业务成本 - 主营业务税金及附加) / 主营业务收入$$

毛利率表示每1元主营业务收入扣除主营业务成本后,有多少钱可以用于各项期间费用和形成盈利。毛利率也称为主营业务利润率,是企业净利率的最初基础,没有足够大的毛利率便不能盈利。毛利率高低决定着公司能够承受期间费用的能力大小,具有高毛利率的企业一般具有某种技术专利、专营权或特定的差异化竞争优势。通常来说,每个行业内的企业其毛利率具有相当程度的可比性,但不同行业的毛利率差别可能非常大,因此,运用毛利率指标进行分析时,应注意行业差别。

c. 净资产收益率。

$$净资产收益率 = 净利润 / 平均净资产$$

其中,

$$平均净资产＝(期初净资产＋期末净资产)/2$$

该公式的分母是平均净资产,也可以使用期末净资产。根据中国证券监督管理委员会规定:

$$净资产收益率＝净利润 / 年末净资产$$

$$全面摊薄净资产收益率＝报告期净利润 / 期末净资产$$

加权平均净资产收益率(ROE)的计算公式如下:

$$ROE＝P/(E_0＋NP/2＋E_i×M_i/M_0－E_j×M_j/M_0)$$

其中,P 为报告期利润;NP 为报告期净利润;E_0 为期初净资产;E_i 为报告期发行新股或债转股等新增净资产;E_j 为报告期回购或现金分红等减少净资产;M_0 为报告期月份数;M_i 为新增净资产下一月份起至报告期期末的月份数;M_j 为减少净资产下一月份起至报告期期末的月份数。

作为企业所有者,股东更关心企业净资产的增值情况。净资产收益率反映股东的投资报酬率,是综合性最强、最具有代表性的一个指标,也是投资者分析公司财务状况的首要指标。

④ 现金流量分析。

a. 现金偿债能力比率。

真正能够用于偿还债务的是现金流量,现金流量和债务的比较更好地反映了企业偿还债务的能力。现金偿债能力比率主要有三个:

$$现金到期债务比率＝经营现金净流入 / 本期到期的债务$$

$$现金流动负债比率＝经营现金净流入 / 流动负债$$

$$现金债务总额比率＝经营现金净流入 / 债务总额$$

其中本期到期的债务,是指本期到期的长期债务和本期应付的票据,通常这两种债务不能展期,必须如数偿还。现金偿债能力比率越高,说明企业承担债务的能力越强。

b. 收益质量分析。

收益质量分析主要是分析会计收益和现金净流量的比例关系,评价收益质量的财务比率是营运指数。

$$营运指数＝经营现金净流量 / 经营所得现金$$

其中,

$$经营所得现金＝经营活动净收益＋非付现费用＝净收益－非经营收益＋非付现费用$$

⑤ 每股指标。

a. 每股收益。

$$每股收益＝(净利润－优先股股利)／普通股股数$$

每股收益是指净利润与普通股总数的比值。如果公司发行了优先股,则计算时要扣除优先股的股利,以使每股收益反映普通股的收益状况。

根据中国证券监督管理委员会规定:

$$全面摊薄每股收益＝报告期利润／期末股份总数$$

加权平均每股收益(EPS)的计算公式如下:

$$EPS=\frac{P}{S_0＋S_1＋S_i \times M_i/M_0－S_j \times M_j/M_0}$$

其中,P 为报告期利润;S_0 为期初股份总额;S_1 为报告期因公积金转增股本或股票股利分配等增加股份数;S_i 为报告期因发行新股或债转股等增加股份数;S_j 为报告期因回购或缩股等减少股份数;M_0 为报告期月份数;M_i 为增加股份下一月份起至报告期期末的月份数;M_j 为减少股份下一月份起至报告期期末的月份数。

b. 股利支付率、股利保障倍数和留存利润率。

$$股利支付率＝每股股利／每股收益$$

$$股利保障倍数＝每股收益／每股股利$$

$$留存利润率＝(净利润－全部现金股利)／净利润$$

股利支付率是指净收益中股利所占的比重,股利保障倍数是股利支付率的倒数,留存利润率是净利润减去全部现金股利的余额占净利润的比率,这三个指标反映了公司的股利分配政策和支付股利的能力。

c. 市净率。

$$市净率＝每股市价／每股净资产$$

市净率是每股市价和每股净资产的比率,反映市场对公司资产质量的评价。

d. 每股营业现金净流量。

$$每股营业现金净流量＝经营现金净流量／普通股股数$$

该指标反映了企业最大的分派现金红利能力,如超过此限度,就要借款分红。

(4) 因素分析法。

因素分析是根据分析指标和影响因素的关系,从数量上确定各因素对指标的影响程度。只有将一个综合性的指标分解成各个构成因素,才能从数量上把握每一个因素的影响程度。

例如,我们可以对净资产收益率进行分解:

$$净资产收益率 = \frac{净利润}{股东权益}$$

可进一步分解为：

$$净资产收益率 = \frac{净利润}{税前利润} \times \frac{税前利润}{息税前利润} \times \frac{息税前利润}{主营业务收入} \times \frac{主营业务收入}{总资产} \times \frac{总资产}{股东权益}$$

| 税收因素 | 利息因素 | 成本因素 | 周转率因素 | 财务杠杆因素 |

上面等式右边各项分别代表了公司的税收、利息、成本、周转率和财务杠杆因素,通过上面的式子就可以分析影响公司净资产收益率的因素。

2. 财务分析的局限性

(1) 财务报表本身的局限性。

财务报表是会计的产物,会计有特定的假设前提,并要执行统一的规范。我们只能在规定意义上使用报表数据,不能认为报表揭示了企业的全部实际情况。

财务报表的局限性表现在:

① 以历史成本报告资产,不代表其现行成本或变现价值。

② 假设币值不变,不按通货膨胀率或物价水平调整。

③ 稳健原则要求预计损失而不预计收益,有可能夸大费用,少计收益和资产。

④ 按年度分期报告,是短期的呈报,不能提供反映长期潜力的信息。

(2) 比较基础问题。

在比较分析时,必须要选择比较的基础,作为评价本企业当期实际数据的参照标准,包括本企业历史数据、同业数据和计划预算数据。

横向比较时使用同业标准。同业的平均数,只起一般性的指导作用,不一定有代表性,不是合理性的标志。通常不如选一组有代表性的企业求其平均数,作为同业标准,可能比整个行业的平均数更好。近年来,更重视以竞争对手的数据作为分析基础。有的企业实行多种经营,没有明确的行业归属,同业对比就更困难。

趋势分析以本企业历史数据作比较基础。历史数据代表过去,并不代表合理性。经营环境是变化的,今年比去年利润提高了,不一定说明已经达到应该达到的水平,甚至不一定说明管理有了改进。

实际与计划的差异分析,以计划预算作比较基础。实际和预算的差异,有时是预算不合理造成的,而不是执行中有了什么问题。

总之,对比较基础本身要准确理解,并且要在限定意义上使用分析结论,避免简单化和绝对化。

6.2　内在价值估测

对公司证券的价值作出评估,常用的评估方法有两种。一是贴现现金流法,即内在价值法。这种方法认为一项资产的内在价值应该等于该资产预期在未来所产生的全部现金流的现值总和。二是相对价值法。这种方法根据某一变量,如收益、现金流、账面价值或销售额等,考察同类可比资产的价值,借以对一项资产进行估值。在基本分析体系中,"内在价值"(intrinsic value)概念处于最核心的地位。本节介绍贴现现金流法,相对价值法将在下一节作介绍。

6.2.1　基本原理

本方法的理论基础是现值理论,即任何资产的内在价值等于其预期未来全部现金流的现值总和。1934 年,格雷厄姆在著作《证券分析》中提出"内在价值"的概念。在 1938 年,威廉姆斯(Williams)提出了贴现理论模型。

$$V = \sum_{t=1}^{n} \frac{CF_t}{(1+r)^t}$$

其中,V 表示资产的内在价值;n 表示资产的寿命;CF_t 表示资产在 t 时刻产生的现金流;r 表示反映预期现金流风险的贴现率。

现金流因所估资产的不同而不同。对股票而言,现金流是红利;对于债券而言,现金流是利息和本金。贴现率将取决于所预测的现金流的风险程度,资产风险越大,贴现率越高;反之,资产风险越小,贴现率越低。

对现金流的贴现要用与之相对应的贴现率,例如在估计公司股权价值时,要使用股权资本成本对预期股权现金流进行贴现。股权资本成本是投资公司股票的投资者所要求的收益率,预期股权现金流是扣除公司各项费用、支付利息和本金以及所得税的剩余现金流。而在估计整个公司的价值时,要用公司资本加权平均成本对预期公司现金流进行贴现。公司资本加权平均成本是公司不同融资渠道的成本按照其市场价值加权平均得到的。预期公司现金流是扣除公司各项费用和所得税后的剩余现金流,因此现金流中包括利息和本金。

6.2.2　现金流

债券的现金流是按期支付的利息和到期的本金,比较容易估计。股票现金流的估计比较复杂,有几种不同的观点,本节主要介绍三种常用的估计股票现金流的方法,即股利现金流、股权自由现金流(free cash flows to equity)和公司自由现金流(free cash flows to the firm)。

1. 股利现金流

股权的表现形式是股票,投资者从股票上获得两种现金流量,一是从公司获得的现金股利,二是通过卖出股票获得的现金流量。因为投资者通过卖出股票获得的现金流同样决定于公司未来向股东派发的股利,所以在公司持续经营的情况下,股票价值等于其未来股利的现值。

股利折现模型的基本形式为:

$$V = \sum_{t=1}^{n} \frac{D_t}{(1+r)^t}$$

其中,V 表示股票的价值;D_t 表示第 t 年的股利;r 表示贴现率,即必要收益率;t 表示年份。

2. 股权自由现金流

股权自由现金流($FCFE$)是公司在履行了各种财务上的义务(如偿还债务、弥补资本性支出、增加营运资本)后所剩下的那部分现金流。可以按照如下程序计算:

股权资本自由现金流 = 经营现金流 - 优先股股利 - 资本性支出
- 偿还本金 + 新发行债务收入

股权自由现金流折现模型的基本形式为:

$$V = \sum_{t=1}^{n} \frac{FCFE_t}{(1+r)^t}$$

其中,V 表示股票的价值;$FCFE_t$ 表示第 t 年的股权自由现金流;r 表示贴现率,即必要收益率;t 表示年份。

股权资本自由现金流是公司能否发放红利的一个指标,它和会计上的净收益的主要区别在于:

(1) 折旧和摊销。

尽管在利润表中折旧和摊销是作为税前费用来处理的,但它们和其他费用不同。折旧和摊销是非现金费用,也就是说,它们并不造成相关的现金流支出。它们给公司带来的好处是减少了公司的应税收入,从而减少了纳税额。对于那些折旧数额较大的资本密集型的公司而言,经营现金流将远高于净收益。

(2) 资本性支出。

股权资本投资者通常不能将来自公司经营活动的现金流全部提取,因为这些现金流的一部分或全部将用于再投资,以维持公司现有资产的运行并创造新的资产来保证未来的增长。由于未来增长给公司带来的利益通常在预测现金流时已经加以考虑,所以在估计现金流时应考虑产生增长的成本。例如,对于制造业中的公司而言,在现金流增长率很高的情况下,很少会出现没有或只有少量资本性支出的现象。

折旧和资本性支出之间的关系比较复杂,而且因公司所处的行业和增长阶段的不同而各异。通常,处于高速增长阶段的公司的资本性支出要高于折旧,而处于稳定增长阶段的公司,资本性支出和折旧则比较接近。例如,许多分析人员常常假定:处于稳定增长阶段公司的折旧与资本性支出相等。因此,当公司从高速增长阶段转向稳定增长阶段时,资本性支出对折旧的比率将会减小。

(3)营运资本追加。

公司的营运资本是流动资产与流动负债之间的差额。因为营运资本所占用的资金不能被公司用于其他用途,所以营运资本的变化会影响公司的现金流。营运资本增加意味着现金流出,营运资本减少则意味着现金流入。在估计股权自由现金流时,应该考虑公司营运资本追加因素。公司营运资本的需要量很大程度上取决于所属的行业类型。用营运资本占销售额的比例衡量,零售公司比服务性公司对营运资本的需要要大,因为它们有着较高的存货和信誉需要。此外,营运资本的变化与公司的增长率有关。一般而言,对于属于同一行业的公司,增长率高的公司的营运资本需求相应较大。

3. 公司自由现金流

股利现金流和股权自由现金流的估价对象是股权,但在有些情况下,如果对公司的整体价值进行评估较为容易而对公司股权进行估价较为困难的话,可以用公司自由现金流(FCFF)贴现计算出公司整体价值,然后减去公司债务的价值求得公司股权的价值。公司自由现金流是整个公司的权利要求人所拥有的自由现金流量。公司的权利要求人包括公司股东、公司优先股股东和债权人。利用息税前利润(EBIT)计算公司自由现金流量(FCFF)的公式为:

公司自由现金流 = EBIT × (1 − 所得税税率) + 折旧 − 资本性支出 − 营运资本追加

对公司自由现金流折现估算公司价值的一般公式如下:

$$V_c = \sum_{t=1}^{n} \frac{FCFF_t}{(1+WACC)^t}$$

其中,V_c 表示公司价值;$FCFF_t$ 表示第 t 年的公司自由现金流;$WACC$ 表示公司加权资本成本;t 表示年份。

公司自由现金流量和股权自由现金流量的差别在于公司自由现金流量模型是对整个公司而不是股权进行估价,所需预计的公司自由现金流量是债务偿还前的现金流量,所以使用公司自由现金流量折现模型估价的好处是不需要考虑与债务相关的现金流量。与债务有关的现金流量主要包括利息支出、本金偿还、新债发行三项内容。如果公司还发行了优先股,则发行优先股筹集的现金以及优先股股利也应包括在与债务有关的现金流量内。

6.2.3　贴现现金流模型

对股票运用贴现现金流方法估值时,不可能对现金流作出无限期的预测,所以人们根据对未来的增长率的不同假设构造出了几种不同形式的贴现模型。

1. 定常增长模型

定常增长模型也称作 Gordon 增长模型。该模型假设公司未来的现金流以不变的增长率增长,所以:

$$V = \sum_{t=1}^{\infty} \frac{CF_1(1+g)^{t-1}}{(1+r)^t} = \frac{CF_1}{r-g}$$

其中,CF_1 表示下一年的预期现金流;r 表示投资者要求的股权资本收益率;g 表示现金流增长率。

虽然 Gordon 增长模型是用来估计股票价值的一种简单、有效的方法,但是它的运用只限于以一稳定增长率增长的公司。运用该模型需要选择一个合理的稳定增长率。从理论上讲,公司不可能在长时间内以一个比公司所处宏观经济环境总体增长率高得多的速度增长。这样,如果一家公司以 12% 的速度持续增长,而宏观经济环境总体的增长率为 6%,那么最后公司将变得比宏观经济总量还要大。所以,Gordon 模型适用于一个与经济增长率相当或稍低的速度增长的稳定公司。

2. 两阶段增长模型

两阶段增长模型考虑了增长的两个阶段:增长率较高的初始阶段和随后的稳定阶段。该模型认为公司具有持续 n 年的超常增长时期,随后保持一个稳定的增长率 g_n。

$$V = \sum_{t=1}^{n} \frac{CF_t}{(1+r)^t} + \frac{CF_{n+1}}{(r-g_n)(1+r)^n}$$

如果假定前 n 年的超常增长率为 g,则:

$$V = \sum_{t=1}^{n} \frac{CF_1(1+g)^{t-1}}{(1+r)^t} + \frac{CF_{n+1}}{r-g_n} \times \frac{1}{(1+r)^n}$$

$$= \frac{CF_1 \left[1 - \frac{(1+g)^n}{(1+r)^n} \right]}{r-g} + \frac{CF_{n+1}}{(r-g_n)(1+r)^n}$$

两阶段增长模型适合具有下列特征的公司:公司当前处于高增长阶段,并预期在今后的一段时间内仍将保持较高的增长率,在此之后,支持高增长率的因素消失。例如,公司拥有一种在未来几年内能够产生丰厚利润的产品专利权,在这段时期内,预期公司将实现超常增长,一旦专利到期,预计公司将无法保持超常的增长率,从而进入稳定增长阶段;或者公司处于一个超常增长的行业,而这个行业之所以能够超常增长,是因为存在着很高的进入壁垒(法律或必要的基础设施所导致的),并预计这一进入壁垒在今后几年内能够继续阻止新的进入者进入该行业。这时,对公司作两阶段增长的假设是合理的。

两阶段增长模型实际上假设公司从较高的增长率一下子下降到稳定的增长率,虽然这种增长率的突然转变在实际中可能会发生,但是如果认为从超常增长阶段到稳定增长阶段的增长率变化是随时间逐步发生的,则更符合现实。

H 模型对传统的两阶段增长模型进行了修正,假设初始阶段的增长率不是常数,而是随着时间线性下降,直至到达稳定阶段的增长率水平,如图 6.3 所示。

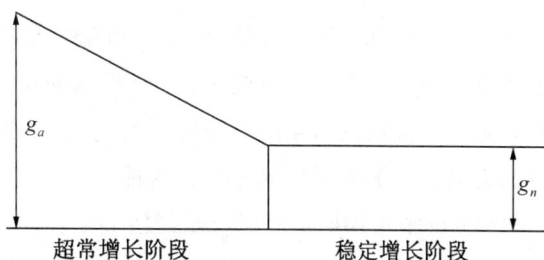

图 6.3　修正的两阶段增长 H 模型

增长率随时间线性下降适用于具有下列特征的公司:公司当前的增长率较高,但是当公司的规模越来越大时,预期增长率将随时间逐渐下降。与竞争对手相比,这些公司拥有的优势也逐渐丧失。

3. 三阶段增长模型

三阶段增长模型将公司分为初始的超常增长阶段、增长率下降的过渡阶段和最后的稳定增长阶段。公司增长率的变化如图 6.4 所示。

$$V = \sum_{t=1}^{n_1} \frac{CF_1(1+g_a)^{t-1}}{(1+r)^t} + \sum_{t=n_1+1}^{n_1+n_2} \frac{CF_t}{(1+r)^t} + \frac{CF_{n_1+n_2+1}}{(r-g_n)(1+r)^{n_1+n_2}}$$

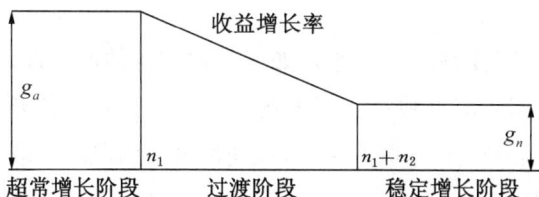

图 6.4　三阶段增长模型

其中,n_1 表示超常增长年数;n_2 表示过渡阶段年数;g_a 表示超常增长阶段的增长率;g_n 表示稳定增长阶段的增长率。

这一模型适合具有下列特征的公司:公司当前收益以很高的速度增长,这一增长速度预期将保持一段时间,但当公司的规模越来越大并开始失去其竞争优势时,公司预期的增长率将会下降,最后逐渐达到稳定增长阶段的增长率。

6.2.4　贴现现金流模型在特殊情况下的运用

在运用贴现现金流模型时,往往会碰到一些特殊情况,如周期性公司,经营暂时困难现金流为负的公司,这时该模型就必须加以修正。下面以周期性公司为例,介绍贴现现金流模型的修正方法。

周期性公司受宏观经济环境的影响,收益具有波动性。在经济繁荣时期,这些公司的收益可能会增长,而在经济衰退时期,公司的收益可能会下降。使用贴现现金流方法对这些公司进行估价时必须注意两点:一是关于基期收益的周期性问题;二是将公司收益波动性的影响考虑进公司的价值中。

1. 基期的收益

在绝大多数现金流贴现估价模型中,当前的年份被作为基期,并利用增长率来预测将来的收益和现金流。可是,对于周期性的公司,当基期正好处于经济繁荣期顶峰时,用当年收益作为基期收益可能太高,而当基期正好处于经济衰退期谷底时,则可能太低。如果被估价公司在当年由于经济不景气而发生亏损,那么现金流贴现模型存在的问题就更加突出了。解决问题的方法有两种:

(1) 调整预期增长率以反映经济周期。

最简单的方法是调整预期的增长率,特别是随后几年的增长率,以反映出预期经济周期将发生的变化。这意味着如果收益减少的原因是经济衰退(而经济是可能恢复的),那么我们在考察今后几年的增长情况时就应该选用一个稍高的增长率。如果当前经济繁荣而预期经济发展的速度将会减慢,那么情况正好相反。我们可以根据被估价公司的历史数据或相似公司在经济衰退时的经历来估计公司在"转折性年份"(经济进入或摆脱衰退的年份)中的实际的增长速度。

(2) 用正常化(平均)收益作为基期收益。

在估价中采用"调整增长率"的方法解决不了因当前经济衰退而产生负收益的周期性公司的估价问题。一种解决的方法是用足够长的跨越一个经济周期的时间段的平均收益作为基期收益。这个平均收益被称为正常化收益,因为它考虑了宏观经济的周期性。

2. 收益的波动性

在对周期性公司进行估价时,另外一个需要解决的问题是如何处理收益的波动性。一种办法是将对未来经济衰退或复苏的预期效应反映在公司的现金流中。另外一种办法是把收益的波动性与对公司估价时所选用的贴现率联系起来,周期性公司的风险一般较大,因而应该选用较高的贴现率。

6.3 相对价值法

6.3.1 相对价值法的概念

相对价值法把对比作为确定价值的基础。这种方法是基于这样的思想:如果几个公司处于同一行业,业绩纪录与资产负债表的情况又类似,那么这些公司应该符合相同的估价尺度。相对价值法运用大量的财务数据。常见的比率有:股票价格与每股净收益的比率、股票价格与每股账面价值的比率、股票价格与每股销售收入的比率等。还有许多特定的行业比率,例如零售业分析师就把股票价格与每股拥有的商店数量的比率作为计算相对价值的一项指标;有线电视业分析师采用股价与每股拥有的联网用户的比率;水泥业分析师采用股价与每股拥有的生产能力(吨数)的比率等。但市盈率还是最常用的相对估值数据。

6.3.2 市盈率的决定因素

市盈率反映了投资者为每 1 元利润所必须付出的价格,可以看作股票的"相对价格"。不同股市的平均市盈率是不同的,而同一股市在不同时点上的市盈率水平也不一样,是什么因素决定了市盈率?

依据内在价值法原理,假设企业处于稳定的增长状态,这时,可以把股价看成是由两部分组成,一部分为无增长状态下盈利资本化的价值,另一部分为"增长潜力的现值",用 $PVGO$ 表示。于是,股价可以用下面的数学公式来描述:

$$P_0 = E_1/r + PVGO$$

其中,E_1 为无增长状态下的每股盈利;r 为贴现率;$0 \leqslant PVGO < P_0$,因为若 $PVGO = P_0$,则必有 $E_1 = 0$,这显然是矛盾的。对上式稍加变化后有:

$$\frac{P_0}{E_1} = \frac{1}{r}\left(\frac{P_0}{P_0 - PVGO}\right)$$

设 b 为留存投资比例,D_1 为每股股利,I_{t-1} 为 $t-1$ 年的留存收益,则 $b = (1 - D_1/E_1)$,$0 \leqslant b \leqslant 1$。

$$E_t = E_{t-1} + I_{t-1} \times ROE$$

式中 I_{t-1} 为 $t-1$ 年的留存收益,ROE 为股东权益收益率。又因 $I_{t-1} = bE_{t-1}$,故有:

$$E_t = E_{t-1}(1 + b \times ROE)$$

也即是企业的盈利增长率 g 为 $b \times ROE$。

下面研究定常增长模式下 $PVGO$ 的值。因为第一年企业再投资额 $(E_1 - D_1)$,投资收益流为 $(E_1 - D_1)ROE$,假设再投资风险和原投资风险相同,第一年投资的现值为:

$$NPV_1 = -(E_1 - D_1) + \sum_{t=1}^{\infty} \frac{(E_1 - D_1)ROE}{(1+r)^t} = D_1 - E_1 + \frac{(E_1 - D_1)ROE}{r}$$

第二年再投资 $(E_1 - D_1)(1+g)$,投资收益流为 $(E_1 - D_1)(1+g)ROE$,因此第二年投

资现值为：

$$NPV_2 = -(E_1 - D_1)(1+g) + \frac{(E_1 - D_1)(1+g)ROE}{r} = NPV_1(1+g)$$

一般来说，$NPV_t = NPV_1(1+g)^{t-1}$，在增长率 g 小于贴现率 r 的条件下，有：

$$PVGO = \sum_{t=1}^{\infty} \frac{NPV_t}{(1+r)^t} = \frac{NPV_1}{r-g} = \frac{1}{r-g}\left(D_1 - E_1 + \frac{E_1 - D_1}{r}ROE\right)$$

因为 $ROE = E_1 g/(E_1 - D_1)$，代入有：

$$PVGO = \frac{rD_1 + gE_1 - rE_1}{r(r-g)}$$

最后有：

$$P_0 = \frac{E_1}{r} + PVGO = \frac{D_1}{r-g}$$

这一结论和经典证券分析结果相吻合。由此可见，公司盈利资本化价值和 $PVGO$ 二者共同决定股价水平。

再考察相对股价 P/E 比率，由公式：

$$\frac{P_0}{E_1} = \frac{1}{r}\left(\frac{P_0}{P_0 - PVGO}\right)$$

定义 $1/r$ 为"基础 P/E 比率"，记为 q；定义 $P_0/(P_0 - PVGO)$ 为"P/E 比率增长乘数"，记为 m；则有下式：

$$P_0/E_1 = m \times q$$

其中，q 仅由风险决定，而乘数 m 由 $PVGO$ 决定。

所以在市盈率（相对股价）的决定因素中，最关键的变量是企业盈利增长率，其次则为投资风险因素。

6.3.3   市盈率的估计

运用相对价值法首先要对相对价值指标作出准确的估计，下面以最常用的市盈率指标为例，介绍几种估计方法，其他指标的估计也可类似地参照这些方法。

1. 根据基本因素估计

市盈率是股票价格与每股收益之比，如果用贴现现金流模型所估计的价值代替股票价格，即可以得到影响市盈率的基本因素。例如在定常增长模型中，假设现金流是红利，则：

$$P = \frac{D_1}{r-g}$$

$$市盈率(P/E) = \frac{D_1}{E(r-g)}$$

所以,股票的市盈率是增长率和红利支付率的增函数,是公司风险程度的减函数。

2. 依据可比公司的平均数估计

估计一家公司市盈率最普遍使用的方法是选择一组可比公司,计算这一组公司的平均市盈率,然后根据待估公司与可比公司之间的差别对平均市盈率进行主观上的调整。可比公司可以是与待估公司同一行业中风险结构类似的公司。这种方法的主要问题是可比公司的选择,因为即使在同一行业中,不同公司在业务组合、风险程度和增长潜力等方面仍存在着很大的差异。

3. 横截面回归分析

用公司的横截面数据的回归分析也可以来预测市盈率,其中市盈率为被解释变量,而风险、增长率和红利支付率等为解释变量。例如 Kisor 和 Whitbeck 根据 1962 年 6 月美国 135 只股票的数据,得到下面的回归方程:

市盈率 = 8.2 + 1.5 × 盈利增长率 + 6.7 × 股利支付率 - 0.2 × 每股收益的标准差

回归分析是估计市盈率的一种简便途径,它将一大堆数据浓缩于一个等式之中,从而获得市盈率和公司基本财务指标之间的关系。但它自身也是有缺陷的。首先,回归分析的前提假设是市盈率与公司基本财务指标之间存在线性关系,而这往往是不正确的。第二,回归方程解释变量具有相关性,如高增长率常常导致高风险。多重共线性将使回归系数变得很不可靠,并可能导致对系数作出错误的解释,引起各个时期回归系数的巨大变动。第三,市盈率与公司基本财务指标的关系可能是不稳定的。如果这一关系每年都发生变化,那么从模型得出的预测结果就是不可靠的。

6.3.4　其他相对价值指标

1. 价格/账面价值

权益的账面价值是资产账面价值与负债账面价值间的差额。资产账面价值的度量在很大程度上取决于会计制度。资产的市场价值反映了该资产的盈利能力和预期未来现金流,而账面价值反映的是它的初始成本。因此,如果在获得一项资产后,其盈利能力显著增加或降低,那么,其市场价值就会与账面价值产生显著差异。

账面价值提供了一个相对稳定和直观的价值量度,投资者可以使用它作为与市场价格比较的依据。在计算和使用价格/账面价值比率时,也存在以下几点缺陷:第一,账面价值和盈利一样会受到折旧方法和其他会计政策的影响。当企业之间采用不同的会计制度时,我们就不能使用该比率对不同企业进行比较。第二,账面价值对于没有太多固定资产的服务行业来说意义不大。

2. 价格/销售收入

价格/销售收入也是一个较为重要的相对价值指标。首先,该指标不像市盈率和价格/账面价值那样,可能会因为负值而变得毫无意义。其次,与利润和账面价值不同,销售收入不受折旧、存货和非经常性支出所采用的会计政策的影响,因而也难以被人为地扩大。再次,价格/销售收入并不像市盈率那样易变,因此价格/销售收入对估价来说更可靠。例如,对于一家周期性公司,其市盈率变化要比价格/销售收入变化频繁得多。

用销售收入来代替利润或账面价值的好处之一是它的稳定性,然而这种稳定性在公司的成本控制出现问题时,也可以成为一种弊端。在这种情况下,尽管利润和账面价值有显著的下降,但是销售收入可能不会大幅下降。因此,当使用价格/销售收入来对一个有着负利润和负账面价值的处境艰难的公司进行估价时,可能因为无法识别各个公司成本、毛利润方面的差别,而得出极其错误的评价。

3. 行业特定比率

有时在估计某些经营困难公司的股票价值时,还根据该公司所处行业的特性,使用各种速算价值比率。这些比率依赖于财务数据以外的变量,并且通过使用与公司业务相关的资产或产值数据,这些比率可以很快计算出来。这是对基于会计数据得到的比率的补充,最适合那些不稳定、周期性强或者亏损的公司,但也可用于具有悠久历史和成功业绩纪录的企业,以确保评估工作的全面性,并反映可能存在的与会计比率所得的结果不相符合的地方。表 6.1 列举了一些常见的行业特定比率。

表 6.1   一些行业的相对价值指标

餐饮业	
	企业价值/饮食店数目 = 每家营业中饮食店的价值
电话服务业	
	固定电话:企业价值/电话线数目 = 每条电话线的价值
	移动电话:企业价值/覆盖区域的人口数目 = 每位潜在客户的价值
有线电视业	
	企业价值/用户数目 = 每位用户价值
水泥、钢铁及石油化工业	
	企业价值/年生产能力(吨数) = 每吨生产能力的价值
酒店业	
	企业价值/客房数 = 每间客房价值
	企业价值 /(客房数×平均入住率) = 每间入住客房价值
航空业	
	企业价值/每年飞行的里程数 = 每飞行公里的价值
	企业价值/每年乘坐率 = 每张售出座位的价值
影剧院业	
	企业价值/上映电影数量 = 每部上映电影的价值

6.3.5　公司估值模型比较分析

公司估值模型的作用在于将公司目前及未来预测的财务和非财务信息转换为市场价值。常用的估值模型有收益贴现模型、类比模型、期权模型和多因素回归模型四大类。公司估值的核心是在尽职调查的基础上,深刻理解产业及公司竞争动力,分析公司所在行业发展和竞争特征,及公司战略、运作方式和盈利模式,理解企业如何创造价值、识别企业竞争优势、价值驱动因素和可持续发展能力。

1. 收益贴现模型

(1) 股利折现模型(DDM)。

投资者购买股票所获得的收益由两部分构成:持有股票期间所获得的股利分配收入和售出股票时所获得的股票差价收入。而在理论上讲股票是无限期的,股票价格由未来股利分配所带来的现金流所决定。股利折现模型适用于具有稳定股利政策和可预测增长率的公司。

运用这种模型需要了解和分析与公司当前经营和未来竞争有关的内外充分信息,设定假设条件。在贴现模型下,不确定性程度越高,现金流风险越高,贴现率越高,价值越低。使用此模型时必须对公司未来无限期的盈利水平、股利分配政策,以及相应的要求回报率进行估计预测。

(2) 现金流贴现模型(DCF)。

现金流贴现模型分为公司自由现金流($FCFF$)和股权资本自由现金流($FCFE$)两种贴现模型。其中,公司自由现金流贴现模型是将预期的未来自由现金流用加权平均资本成本折现到当前价值来计算公司价值,然后减去债券的价值进而得到股权的价值。

这种模型适用于未来具有稳定现金流的公司,如公用事业型公司。其步骤为:①预测公司的自由现金流量;②计算 $WACC$;③计算终期值;④计算公司总价值;⑤计算每股价值;⑥敏感度分析。

股权资本自由现金流贴现模型是将预期的未来股权活动现金流用相应的股权要求回报率折现到当前价值来计算公司股票价值。一个公司的股权自由现金流($FCFE$)是在公司用于投资、营运资金和债务融资成本之后可以被股东利用的现金流。有永续稳定增长模型、两阶段增长模型和三阶段模型等。

永续稳定增长模型最适用于增长率接近于整个经济体系增长水平的公司。两阶段 $FCFE$ 模型最适用于分析处于高增长阶段并且将保持一定时期高增长的公司,如拥有专利的公司或处于具有显著进入壁垒行业的公司。主要步骤有:①预测公司的股权自由现金流量;②用 $CAPM$ 计算贴现率;③计算终期值;④计算公司总价值;⑤计算每股价值;⑥敏感度分析。

(3) 超额收益贴现模型。

超额收益贴现模型分为 Ohlson-Feltham 剩余收益定价模型和经济收益附加值

（EVA）估值法两种。前者是公司价值等于由目前账面值与未来剩余收益现值之和。实际上是由现金股利折现模型通过两个假设演化而来的。假设一：股利＝期初账面价值－期末账面价值＋盈余，假设二：超额盈余＝盈余－期初账面价值×权益资金成本。在会计盈余与股价之间建立了直接的理论联系。

EVA 就是企业税后净经营利润扣除经营资本成本（债务成本和股本成本）后的余额，它克服了传统的业绩衡量指标由于没有扣除股本资本的成本和以部分失真的会计报表信息为计算基础而无法准确反映公司为股东创造的价值的缺陷，比较准确地反映了公司使用实际投入资金为股东创造超额回报的能力。

EVA 估值法 20 世纪 90 年代中期以后逐渐在国外获得广泛应用，成为传统业绩衡量指标体系的重要补充。EVA 不适用于金融机构、周期性企业、新成立公司等企业。在计算 EVA 时须对某些传统的会计报表科目的处理方法进行调整；测算预测期内各期的 EVA；计算公司总价值。

2. 类比估值模型（可比公司法）

类比估值模型通过将目标公司与具有相同或相近行业特征、财务特征、股本规模或经营管理风格的上市公司进行比较，来对公司股票进行估值的方法。该模型的原理是金融学中的一价理论。该方法将可比上市公司价值与选用的经营参数作比较，以计算出估值倍数，然后用公司的经营参数乘以估值倍数，便可得到公司股权价值。类比估值模型形式简单，依赖股票市场信息，估值时无需明确假设条件，反映了股票市场对公司价值的各种预期和溢价。

具体有：(1)市盈率倍数法（P/E），P/E 适用于发展比较成熟的行业和处于成熟发展阶段的公司，如制造业、消费品、软硬件等行业的公司估值。(2)现金流倍数法 P/CF，适用于收益为负但现金流为正。FCFE 不像净收益那样容易被管理层操纵。(3)市净率倍数法（P/B 或 $Price/Book\ Value$），P/B 适用于公司股本的市场价值完全取决于有形账面值的行业，如银行、房地产公司。对于没有明显固定成本的服务性公司，账面价值意义不大。(4)市销率倍数法（P/S 或 $Price/Sales$），这种方法在任何时候都能使用，即使是对于经营十分困难、利润很少，甚至没有利润的公司也是适用的。比较适用于一些新兴行业的公司估值，如 Internet 公司。(5)$EBIT/EBITDA$ 倍数法，通常应用于需要大量先期资本投入支出的行业和摊销负担比较重的行业，如电信、石油天然气、航空、传媒等行业。(6)用户数目倍数法，在一些特殊的行业，由于每个公司用户在其生命周期内可以给公司带来平均的、稳定的现金收入，如电话、有线电视、ISP、无线通讯公司。

运用类比估值模型要确定一组可比较公司，计算它们选定比率的平均值，用这个平均值来估计目标公司选定比率的倍数。其中关键是可比公司的选择和经营参数的选择。选择可比公司时主要在经营方面和财务方面寻找类似的公司。在经营方面主要注意以下因素:行业、产品、销售渠道、市场、客户、生产销售的季节性、经营的周期性、经营策略等等;在财务方面则主要关注以下因素:资产规模、销售收入、营业利润、$EBIT$、净利润、负债率、股东结构、红利政策,以及销售收入、$EBITDA$、净利润的增长率等等。可比公司应该是同一行业或同一业务的公司,最好是处于同一细分市场的公司,股本规模和有关指标的增长率大体相当。其优点是简单、易于使用,尤其是当可比公司比较多,而且可比公司股票市场价格具有有效性时。其缺点是,从严格意义上讲,由于不可能存在在市场、风险及成长性等方面完全相同的可比公司,所以可比公司的选择是一个带有主观性的决定,容易受人为因素的影响。

3. 期权定价法

实物期权(real option)概念运用于公司投资决策分析中,反映了公司在其战略竞争能力基础上的潜在投资机会权的价值。投资机会选择权是指公司选择发展那些富有增值潜力的新业务的权利。与 DCF 相反,不确定程度越高,价值越大。公司价值 $=\sum$ 现有业务持续经营或重组价值 $+\sum$ 现有公开和明确的投资机会价值 $+\sum$ 未来潜在投资机会价值(选择权价值)。

20 世纪 90 年代中期以来期权定价法用于成长快但前景高度不确定性行业中的企业和处于重大转型期的企业,如创业企业、高新技术企业等,实物期权方法为弹性估值提供了理论上合理的方法。

虽然过于复杂,不易为实践接受,但在传统的现金流贴现估价法和相对估价法不尽适合时,期权估值模型提供了另一有益的视角。分析期权价值的来源,非财务信息的有用性要大于财务信息。

4. 多因素定价模型

采用多元回归统计分析方法,建立因素定价模型。

相对估值法适用范围广,尤其适用于绝对价值评估困难的情况。需要找出对股票价格产生重要影响的若干因素,包括行业属性、成长性、财务特性和股本规模等进行量化,建立股价与这些重要因素相关关系的回归模型。

前面介绍的几种估值模型,在实际使用时往往要根据具体情况灵活运用。例如如果目标公司是经营多种业务的公司,就必须根据不同业务的性质采用不同的模型分别估值,以反映不同业务的增长前景,然后将各部分业务的价值加总得到公司的总价值。

6.4 公司股票的成长性和价值分析

公司的普通股通常被分为两大类:成长型股票和价值型股票。尽管这两类股票之间的划分没有明确的界线,但是借助于两个基本的财务比率,我们可以区分成长型股票和价值型股票,它们是账面价值—市场价值比率(简称 BV/MV)和收益—价格比率(简称 E/P)。

6.4.1　账面价值—市场价值比率

账面价值—市场价值比率的计算方法如下:首先,用公司最近的资产负债表中股东权益的余额确定公司普通股的账面价值。其次,用公司股票最新的市场价格乘以流通在外的普通股数额,以确定公司股票的市场价值。最后,用上面两个数相除,就得到了 BV/MV 比率。该比率越低,说明该股票是成长型的,反之,则说明是价值型的。

对于股票回报率与 BV/MV 比率之间是否存在联系,Fama 和 French 通过研究发现,BV/MV 比率较大的股票回报率也较大。表 6.2 描述了他们的研究结果。

表 6.2 中(a)部分的数据是按以下步骤计算得到的。第一步,以 1992 年的会计年度财务报告为依据,在 1993 年 6 月底计算在 NYSE、AMEX 和 NASDAQ 挂牌上市的每一只股票的账面价值,并以账面价值除以以 1962 年 12 月底的股票价格计算的市场价值,从而得到 BV/MV 比率。第二步,将公司按这一比率从小到大分为 12 个证券组合。第三步,逐月计算每一组合从 1963 年 7 月到 1964 年 6 月的回报率。第四步,按第二步、第三步的方法对 1964 年 7 月到 1990 年 12 月的数据重新计算,然后对 12 个分组从 1963 年 7 月到 1990 年 12 月的所有月回报率进行平均,从而得到 12 个分组组合的月平均回报率。

从表 6.2 中(a)部分可以看出,组合的平均月回报率与 BV/MV 比率存在着明显的正向关系,即 BV/MV 比率越高,平均回报率就越高。注意到成长型股票一般倾向于具有较低的 BV/MV 比率,而价值型股票的 BV/MV 比率则相对较高,这说明在所分析的这段期间内,价值型股票的表现好于成长型股票。

表 6.2　成长型股票和价值型股票的比较

	证券组合编号											
	1	2	3	4	5	6	7	8	9	10	11	12
(a) 基于 BV/MV 比率的组合												
回报率	0.30	0.67	0.87	0.97	1.04	1.17	1.30	1.44	1.50	1.59	1.92	1.83
BV/MV	0.11	0.22	0.34	0.47	0.60	0.73	0.87	1.03	1.23	1.52	1.93	2.77
(b) 基于 E/P 比率的组合												
回报率	1.04	0.93	0.94	1.03	1.18	1.22	1.33	1.42	1.46	1.57	1.74	1.72
E/P	0.01	0.03	0.05	0.06	0.08	0.09	0.11	0.12	0.14	0.16	0.20	0.28
(c) 基于公司规模的组合												
回报率	1.64	1.16	1.29	1.24	1.25	1.29	1.17	1.07	1.10	0.95	0.88	0.90
$\ln(MV)$	1.98	3.18	3.63	4.10	4.50	4.89	5.30	5.73	6.24	6.82	7.39	8.44

6.4.2 收益—价格比率

收益—价格比率的计算方法是:首先,根据公司最近的财务报表,用税后的收益除以在外流通股数以得到每股净收益;然后,用每股净收益除以公司股票最近的市场价格,从而得到股东股票的收益—价格比率。一般来说,E/P 比率较小,说明公司是成长型的;反之,则是价值型的。

Fama 和 French 也研究了股票回报率与 E/P 比率之间的联系,发现股票的 E/P 比率越大,股票的回报率越高。表 6.2 中的(b)部分显示了这一研究结果。它的编制方法与(a)部分基本相同,只是其证券分组的标准是 E/P 比率,而不是 BV/MV 比率。同时,我们注意到成长型股票更倾向于较低的 E/P 比率,而价值型股票更倾向于具有较高的 E/P 比率,这进一步地证实了研究 BV/MV 比率所得出的结论,即在所研究的这段时期内,价值型股票优于成长型股票。

Fama 和 French 在研究中还发现,在以 E/P 比率为基础对证券进行分组组合时,如果将那些具有负收益即负的 E/P 比率的股票单独分为一组,结果该组合的平均月回报率为 1.46%。因此,如果将具有负 E/P 比率的组合看作最低 E/P 比率的组合与其他组合放在一起进行观察,则会出现这样一种现象:随着 E/P 比率的逐渐增大,组合的月平均回报率是先下降然后再上升。于是,Fama 和 French 将平均回报率与 E/P 比率之间的关系称为"U"字形关系。

6.4.3 公司规模

许多投资者常常通过图 6.5 中的两维坐标来划分股票,因此,按照 BV/MV 比率,股票可以划分为成长型股票和价值型股票;按照规模,股票可以划分为大盘股和小盘股。

通常公司的规模通过其总市值来衡量。Fama 和 French 在其研究中就是以每年 6 月底的总市值为依据,按规模大小对股票进行分组组合。与前面所用的方法一样,他们对所划分的 12 个证券组合分别计算了从 1963 年 7 月到 1990 年 12 月的所有月平均回报率。表 6.2 中(c)部分显示了回报率与股票规模的关系。

在表 6.2 中与(a)部分和(b)部分不同,(c)部分显示了回报率和规模具有一种反向关系,即较小公司的股票更倾向于具有较高的回报率。特别值得注意的是,规模最小的一个分组,其回报率明显地高于第二个分组和其余的分组。因此,当人们谈到股票的规模效应时,他们真正所指的是"小公司效应"。

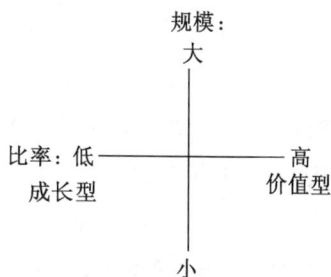

图 6.5 股票类型的划分

6.4.4　财务比率之间的相互关系

由于上面所说的三个财务变量（BV/MV 比率、E/P 比率和公司规模）都与股票回报率存在着某种关系，因此有必要对回报率之间的差异作出解释。为此，我们将讨论 BV/MV 比率、E/P 比率、公司规模与平均回报率之间的相互关系。下面我们先讨论 E/P 比率和公司规模对平均回报率的共同影响。

1. E/P 比率、公司规模与平均回报率

为了检查 E/P 比率和公司规模对股票平均回报率的综合影响，有一项研究将 NYSE 和 AMEX 上市的股票按公司规模和 E/P 比率在每年年末各划分为 5 个等级，然后用这两组分级指标构成 25 个小组，并在次年将每一种股票划入其中某一分组。具体步骤是，首先将 5 个规模分组中最小一组中的每一只股票划分到 5 个 E/P 分组中的任一组。然后将规模分组中第二小的一组中的每一只股票也同样划分到某个 E/P 分组中，如此下去，一直到得到 25 个规模——E/P 比率小组为止。最后对每一个小组逐年计算从 1963 年到 1977 年的日回报率。

通过比较这 25 个小组的平均回报率，该研究发现在任意一个 E/P 分组中，公司规模与平均回报率之间都存在着明显的反向关系。例如，在具有最低 E/P 等级的 5 个规模分组中，规模最大组合的平均回报率最小。

然而在任何规模等级的分组中，E/P 比率与平均回报率之间并不存在任何明显关系。例如，与最小规模等级对应的 5 个 E/P 小组中，具有最大和第三大平均回报率的小组却是 E/P 比率最小和次最小的小组。这一现象与前面研究的 E/P 比率和平均回报率之间的关系完全相反。因此，我们还需找出另一种未知的因素来解释股票收益的这种差异，而且这一因素与规模的关系比与 E/P 比率的关系更为紧密。

2. BV/MV 比率、公司规模与平均回报率

Fama 和 French 研究了 BV/MV 比率和公司规模对股票平均回报率的综合影响。相应地，他们每年以 BV/MV 比率和公司规模构成 100 个证券小组，对每一个小组计算从 1963 年到 1990 年底的月回报率。

Fama 和 French 通过比较这 100 个小组的平均回报率发现，在几乎所有的 10 个 BV/MV 比率等级中，公司规模和平均回报率之间都存在一种反向关系。例如，在最大的 BV/MV 比率等级所对应 10 个规模等级的小组中，总的说来是规模越大，平均回报率越小。唯一例外的是，在最小的两个 BV/MV 比率等级中，规模和回报率之间没有明显的关系。

该研究进一步发现，对任何规模等级，BV/MV 比率与平均回报率之间都存在明显的同向关系。例如，在最小的规模等级所对应的 10 个 BV/MV 比率等级小组中，$BV/$

MV 比率越大,平均回报率越高。Fama 和 French 认为至少还有两个未知因素需要找来解释股票收益的这种差异,而且这些因素与公司规模和 *BV/MV* 比率关系密切。

思考题

1. 选取你熟悉的一家上市公司,对该公司在行业中的竞争战略、竞争地位进行简要分析。

2. 说明内在价值的概念意义及其测算方法。

3. 以一家上市公司最新的年报为基准,试着计算该公司的各项财务比率,并将其与公司所在行业的财务比率进行比较,以说明公司财务状况。

4. 某公司的销售利润率低于行业平均水平,但是其资产收益率高于平均水平,这反映了公司资产周转率的什么信息?

5. 考虑以下一个 5 年的现金流:

年份	1	2	3	4	5
现金流(元)	3	4	7	9	11

设贴现率为 10%,请问该现金流的现值为多少?

6. 如果某股票的股息为 5 元,其预期年增长率为 6%,而市场上同等风险水平的股票的预期必要收益率为 14%,那么它的内在价值是多少?

7. 某公司是某特定商品的制造商,分析人员对公司收益和股利增长持有不同的看法,甲投资员预测股利按 5% 的比例无限增长,而乙投资员预测在今后 3 年内的股利增长率为 20%,而在此之后,增长率降为 4%,并永远保持下去。该公司目前支付的股利为每股 3 元,市场上同等风险水平的股票的预期必要收益率为 14%。问:(1)按照甲的预测,公司股票的内在价值是多少?(2)按照乙的预测,公司股票的内在价值是多少?

8. 三阶段增长模型相对于简单的定常增长模型来说,它有什么优点? 尽管三阶段模型与定常增长模型相比已经相对完善,三阶段模型还有什么缺点?

9. 选择一家上市公司计算该公司最近 3 年的市盈率,并与公司所在行业的市盈率进行比较,对该股票市盈率比行业平均市盈率高(或低)的原因进行分析。

10. 决定市盈率标准的两个最重要因素是什么? 它们之间呈什么关系?

参考文献

杨朝军:《论市盈率之实质及决定因素》,《上海交通大学学报》(社科版)Vol.3, 1994

年第 6 期。

杨朝军:《现代公司金融》,上海交通大学出版社 2007 年第 2 版。

单磊、杨朝军:《成长型股票及股利支付路径之最优化模型》,《华中科技大学学报》(自科版)2003 年第 10 期。

杨朝军、陶亚民:《东软股份公司核心竞争优势分析》,《上海证券报》1999 年 1 月 8 日。

Michael E.Porter,1985,*Competitive Advantage*,Free Press.

George Foster,1986,*Financial Statement Analysis*,Prentice Hall.

Sidney Cottle,Roger Murray and Frank Block,1988,*Graham and Dodd's Security Analysis*,McGraw-Hill.

Robert J.Angell and Alonzo Redman,1990,"How to Judge a P/E? Examine the Expected Growth Rate",*AA Ⅱ Journal*,12,no.3 (March 1990).

John Baijkowski,1993,"From Theory to Reality:Applying the Valuation Models",*AA Ⅱ Journal*,15,no.1 (January 1993).

Ashiq Ali,April Klein and James Rosenfeld,1992,"Analysts' Use of Information about Permanent and Transitory Earnings Components in Forecasting Annual EPS",*Accounting Review*,67,no.1 (January 1992).

附录 6.1　基本分析流派与风格

随着投资理论和实践的发展,从基本分析法中又逐渐演变出两种不同的投资风格:价值投资和增长投资。这两种投资流派都信奉证券具有内在价值,因此从理论渊源上看,两者是在基本分析的基础上发展而来的,属于基本分析的两个分支,但是各自的侧重点又有所不同。

两者的主要区别在于:价值投资认为只有当股票的市场价格低于其内在价值时,该股票才具备投资价值;增长投资则认为只要发行股票的公司未来能够高速成长,其股票就有投资价值。基于两种不同的投资理念,价值投资和增长投资在具体实践中也有所区别。价值投资者往往比较注重公司过去的经营业绩,着重分析公司历年的财务报表,而增长投资者把主要精力放在对公司未来前景的预测上。可以说价值投资者是向后看,而增长投资者向前看。由于增长投资基于对未来的预测,不确定的因素多,面临较大的投资风险,所以能够获得较高的收益;价值投资主要以历史数据等较为客观的事实为依据,投资往往比较保守,风险小,收益也较低。当然实际情况并非绝对如此,世界上有不少投资大师都依据各自不同的投资理念获得了巨大的成功。

一、价值投资

世界上第一个投资分析师本杰明·格雷厄姆被称为价值投资之父。

20 世纪初股市风险的加大促使本杰明·格雷厄姆思考"防御型"的投资策略,通过研究他发现购买并持有被低估的蓝筹股组合能取得较稳定的收益和较小的风险,这就是后来的价值投资。

格雷厄姆首创"安全边际"的稳健投资观念。他认为如股票价格低于实质价值,此种股票即存在"安全边际"。因此,他主张投资人只需将精力用于辨认价格被低估的股票,而不必管市场大盘的表现。本杰明·格雷厄姆极端轻视专利、品牌等无形资产,他看重的是资产实在的可感知性。他计算出股价的实质价值,再买入那些"便宜"的股票。在 20 世纪 30 年代的美国,他是一位备受推崇的大师。

在本杰明·格雷厄姆 1976 年去世后不久,巴菲特成为本杰明·格雷厄姆价值投资法的公认接班人。他继承了本杰明·格雷厄姆价值投资的衣钵,且青出于蓝而胜于蓝,远远超越了格雷厄姆。如今,巴菲特被称为最伟大的投资大师,并成为价值投资的同义词。巴菲特的伯克希尔·哈撒韦公司 32 年中有 29 年击败了标准普尔指数,更难能可贵的在其中 5 年美国股市陷入大熊市之际,它创下了"永不亏损"的纪录。巴菲特的投资理念为他创造了惊人的财富。

巴菲特的选股方法大致可概括为以下四种投资标准:

企业标准:

(1) 对企业非常熟悉;

(2) 企业有稳定的经营史;

(3) 企业必须是垄断性企业,并且长期发展远景看好。

经营标准:

(4) 经营者能够理性决策;

(5) 经营者对股东诚实、坦白、忠诚,始终以股东利益为先;

(6) 经营者不盲从其他投资机构的行为。

财务标准:

(7) 股东权益报酬率稳定;

(8) 股东盈余高;

(9) 毛利率高。

市场标准:

(10) 企业有较高实质价值;

(11) 企业不能以显著的价值折扣购得。

价值投资在股市整体处于低位时是最有效的,而当股市处于高价区时,满足价值投资的股票也就少了。在一个强劲上升的牛市中,成长性股票经常能比价值性股票涨得更快,所以20世纪90年代末,美国疯狂的牛市对大部分价值投资者来说是一段难熬的岁月,多年不佳的表现侵蚀着价值投资法的长期声誉。

二、增长投资

20世纪30年代以前的美国,股市的萧条使追求稳定收益的价值投资理念受到了投资者的广泛认同和热烈追捧。30年代后股票大牛市的到来使得增长投资作为一种理念得以发展,"增长投资寻找那些已经长期增长并且还将继续增长的公司股票",在六七十年代和最近,增长投资获得了相当高的收益。

彼得·林奇是投资界最受尊敬的投资大师之一。他经营的麦哲伦基金自1977年以后的13年中收益率高达2 700%。他是典型的增长投资专家,甚至在市场不景气的时候,他仍反对持有债券和现金,提倡持有优秀的证券组合。他写的《击败市场》被奉为增长投资的经典著作。彼得·林奇也因此被美国《时代》周刊誉为"第一理财家"。

彼得·林奇的信条是投资者完全能够通过智力和策略的结合发现有潜力的股票。他的中心观点是,人们喜欢的产品和服务都是由优秀公司所提供的,只要能研究这些公司并判断这些公司的股票是否物有所值,就有很大的机会获得收益。

价值投资者宣称只应该买自己喜欢的股票,投资自己熟悉的股票。彼得·林奇反对此论:"从几千个公众公司中进行筛选、研究资产负债表、调查公司的业务是最好的选择股票的方法。"

彼得·林奇建议个人投资者遵循以下原则:

(1) 对所持有的股票的情况保持了解,关注新的发展,判明股票是成长型、周期型还是价值型的,以及股票的表现好或差的原因。

(2) 注重事实,而非预测。

(3) 要有耐心,高收益股票往往在第三、第四年才获得大收益,有的则要等待十年以上。

(4) 进入要早,但不能太早。可以把投资成长性公司比喻成打棒球,到第三局才参与投资。因为研究已证明,如果在开球前就参与,就会承担不必要的风险,在第三和第七局之间有足够的时间,在那里能创造10到50倍的利润,如在末局,就太迟了。

(5) 不能因为便宜就买,而应该买正在发展的小公司的股票。

威廉·奥尼尔是华尔街最顶尖的资深投资人,他白手起家,30岁时就买下了纽约证券交易所的席次,并在洛杉矶创办执专业投资机构之牛耳的威廉·奥尼尔公司(William

J.O'Neil and Co., Inc.)。他目前是全球 600 位基金经理人的投资顾问,并且担任资产超过 2 亿美元的新美国共同基金(New USA Mutual Fund)的基金经理人,也是《投资者日报》的创办人。

威廉·奥尼尔通过分析 20 世纪 50 年代以来大幅上涨的股票在猛涨之前所体现出的一些共同特征,包括公司的季度盈余、年度盈余、交易量表现、普通股比例、新产品以及新管理方法等等,总结出价值投资的 CANSLIM 法则,每个字母代表大幅上涨的股票在带来巨额收益之前 7 个特征中的一个:

C:当季每股季度盈余增长越高越好;

A:年度盈余增长越大越好;

N:新产品、新管理层、股价新高;

S:供给与需求:股票表现加上对其的巨大需求;

L:选择市场上的领导股;

I:机构投资者的认同;

M:利用市场导向进行决策。

20 世纪 90 年代高技术股票的走强掀起了股市投资的狂潮,而增长投资策略无疑是选择高科技股的最好方法。随着 21 世纪新经济的深化,增长投资必将发挥越来越大的作用。

附录 6.2　公司研究报告逻辑结构范例

一、公司现状与发展

(1) 公司概要(客观):发展史、公司背景、产品、行业背景和地位。

(2) 公司治理结构及信息披露质量。

(3) 管理队伍(主观＋客观):管理体制、发展战略、思路、模式、目标。

(4) (历史)财务分析(客观):根据最近三年的财务数据进行分析,包括考察公司的分红政策与资本结构。

二、公司竞争优势分析

(1) 客户类别分析。

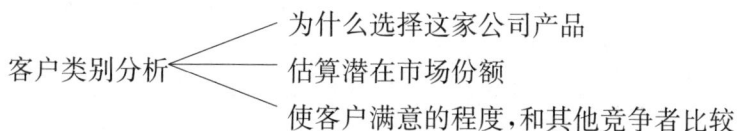

客户类别分析
- 为什么选择这家公司产品
- 估算潜在市场份额
- 使客户满意的程度,和其他竞争者比较

（2）竞争业务系统分析。

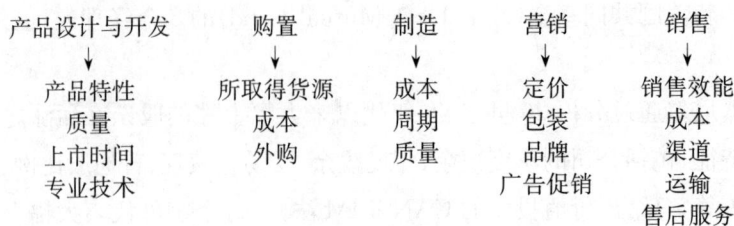

产品设计与开发　　购置　　制造　　营销　　销售
　　　↓　　　　　　↓　　　　↓　　　↓　　　↓
产品特性　　　所取得货源　　成本　　定价　　销售效能
质量　　　　　成本　　　　周期　　包装　　成本
上市时间　　　外购　　　　质量　　品牌　　渠道
专业技术　　　　　　　　　　　　广告促销　运输
　　　　　　　　　　　　　　　　　　　　　售后服务

图1　公司向客户提供产品特性的途径

（3）行业结构分析。

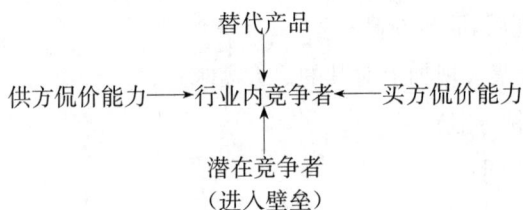

替代产品
　　　　　　　　↓
供方侃价能力——→行业内竞争者←——买方侃价能力
　　　　　　　　↑
潜在竞争者
（进入壁垒）

图2　公司在行业中地位

（4）分析该公司历史上价值创造的主要驱动因素，即盈利增长率来源和成长的路径。

三、公司未来发展

（1）（未来）项目分析（主观＋客观）：公司最近三年的项目分析，强调对下一年的情况作出预测。

（2）主要优势、弱点、竞争对手。

（3）预测公司未来三年的主要财务指标与价值指标，确定合理价值的范围。

（4）发展潜力、方向。

四、综合投资评判结论

（1）近一年二级市场股价表现分析。

（2）投资决策建议：中期、短期、长期。

第7章

技术分析

技术分析法着重研究证券价格的市场表现,力图寻找证券价格自身变化的模式,进而预测未来价格的走势。技术分析家认为证券的价格是由市场对证券的供求关系决定的。各种经济、政治和市场因素都会不同程度地改变证券的供求关系并最终影响证券价格。换句话说,证券的价格变化是各种因素综合影响的结果。只要研究证券价格的表现,就足以作出正确的投资决策。

西方学术界中,大多数金融学家对技术分析持保留甚至否定的态度。他们认为,技术分析方法缺少科学依据,预测的准确性较差。然而,在证券投资实务界里,几乎所有的证券经纪公司和投资咨询公司都拥有各自的技术分析专家,技术分析对于提高投资人的择时判断能力(timing)有一定的帮助作用。

7.1 技术分析概述

7.1.1 技术分析的概念

技术分析法是根据证券市场的历史交易资料,运用统计技术和图形分析的技巧,判断证券价格变动方向和变动程度的分析方法。技术分析法常常用于分析股票的价格趋势,以便选择最有利的买入或者卖出股票的时间。技术分析家认为,对于投资者而言,预测证券价格的未来走势,选择适当的投资时机比估计证券本身的价值更为重要。证券价格不仅根据基本经济因素理性地决定,而且还受到投资者的情绪、嗜好等因素的影响,包括非理性的成分。因此,证券的价格背离其内在价值的现象屡见不鲜。技术分析认为,成功的投资者往往并非那些最客观地判断证券内在价值的人,而是善于揣摩其他投资者的心理和投资行为,把握证券价格走势的人。技术分析家把证券投资比作为投资者之间的博弈行为:看谁能以更低的价格买进股票,以更高的价格售出股票。只要预料有人愿意以更高的价格来购买某种股票,那么不管其内在价值是多少,买进这种股票的决策无疑是正确的。

与基本分析法比较,技术分析方法不要求分析者具备专门的经济理论和财务分析的知识,不必收集从宏观经济到企业经营的各种信息数据。技术分析的图形、指标比较直观,容易理解。技术分析和基本分析方法的主要区别是:

(1) 技术分析着眼于描述证券价格的运动模型,不深入研究推动价格变动的内因。基本分析注重证券价值的发现,通过对政治、经济、市场和企业的运行情况的分析,确定证券本身的价值,把握价格变动的趋势。

(2) 技术分析家认为未来的价格趋势是过去价格运动的延续,因此,他们立足于过去,将证券交易的历史数据作为分析的依据。基本分析家认为证券投资价值取决于未来的投资收益,因此,他们立足于未来,将基本经济因素的预测值作为分析的依据。

(3) 技术分析法强调选择合适的投资时机,即什么时候买进证券,什么时候抛售证券。基本分析法强调选择投资对象,即买进价值被低估的证券,抛出价值被高估的证券。

(4) 技术分析法有通用性,即每一种技术分析方法适用于任何一种证券或者任何一个证券市场。基本分析法以针对性和特异性为特征,对不同的证券进行基本分析,不仅内容不同,方法也不尽一致。

(5) 技术分析法关心证券价格的短期变化,基本分析法偏重于分析中长期的投资价值。

7.1.2　技术分析的基本假设条件

技术分析是建立在两大基本假设条件基础之上的:市场行为包含一切信息;价格波动具有趋势性,历史会重演。

1. 市场行为包含一切信息

这一假设主要的思想是认为影响股票价格的每一个因素,包括内在的和外在的,都反映在市场行为中,不必对影响股票价格的具体因素是什么作过多的关心。市场上成千上万个理性的或者非理性的投资者对市场的希望、预期、担忧,以及对证券的有效需求和购买欲望,证券的实际供应量,可以用一个数字——证券的价格——来准确地描述。证券的价格唯一取决于证券的供求关系。

技术分析是从市场行为预测未来,如果市场行为没有包括全部所有的影响股票价格的因素,也就是说,对影响股票价格的因素的考虑只是局部而不是全部,这样得到的结论当然没有说服力。

这项假设是有一定合理性的。任何一个因素对股票市场的影响最终都必然体现在股票价格的变动上。如果某个消息一公布,股票价格同以前一样没有大的变动,这说明这个消息不是影响股票市场的因素。如果有一天我们看到,价格向上跳空高开,成交量急剧增加,不用问,一定是出了什么利多的消息,具体是什么消息,完全没有必要过问,它已经体现在市场行为中了;反之,向下跳空,成交量大增,也一定出了什么利空消息,上述现象就是这个消息在股票市场行为中的反映。再比如,某一天,别的股票大多持平或下跌,唯有少数几只股票上涨。这时,我们自然要打听这几只股票出了什么好消息。这说明,我们已经意识到外部的消息已经在价格的变动和反常的趋势中得到了表现。外在的、内在的、基础的、政策的和心理的因素,以及别的影响股票价格的所有因素,都已经在市场的行为中得到了反映。作为技术分析人员,只关心这些因素对市场行为的影响效果,而不关心具体导致这些变化的东西究竟是什么。

2. 价格波动具有趋势性,历史会重演

这项假设认为股票价格的变动是按一定规律进行的,股票价格有保持原来方向的惯性,如果忽略价格的细微波动,股票价格在相当长的一段时间内保持相对稳定的变动趋势。股市中常说的"顺势而为"反映的就是这种现象。正是如此,技术分析师们才花费大量心血,试图找出股票价格变动的规律。

从预测趋势的角度而言,历史会重演就是假设过去决定事物发展的因素也决定着事物未来的发展。也就是说,假定根据过去资料建立的趋势外推模型能适合未来,能代表未来趋势变化的情况。市场中进行具体买卖的是人,是由人决定最终的操作行为。人不是机器,他必然要受到人类心理学中某些理论的制约。一个人在某一场合,得到某种结果,那么,下一次碰到相同或相似的场合,这个人就认为会得到相同的结果。股票市场的某个市场行为给投资人留在头脑中的阴影和快乐是会永远影响股票投资人的。在进行技术分析时,一旦遇到与过去某一时期相同或相似的情况,应该与过去的结果比较。过去的结果是已知的,这个已知的结果应该是现在对未来作预测的参考。历史预示着未来,股票市场也不例外。

在两大假设之下,技术分析有了自己的理论基础,假设一肯定了研究市场行为已经全面考虑了股票市场,假设二使得我们能够找到规律并在实践中加以应用。

上述技术分析的两个理论假设有其合理的一面,但是并不是完全正确的。对于假设一,市场行为反映的信息只体现在价格的变动之中,同原始的信息是有差异的,信息损失是必然的。对于假设二,证券市场中的价格波动被认为是最没有规律可循的。价格沿某个方向波动的时间过长,就会增加反方向的力量,从而使本假设受到冲击。此外,价格的变动受到许多因素的影响,有些是我们根本想不到的,这使价格的波动表现出无规律的现象;股票市场是变化无常的,不可能有完全相同的情况重复,差异总是或多或少地存在。两大假设是进行技术分析的基础,它不是十全十美的,但是,不能因此而否定技术分析存在的合理性。

7.1.3 技术分析的要素——价、量、时、空

在证券市场中,价格、成交量、时间和空间是进行分析的要素,这几个要素的具体情

况和相互关系是进行分析的基础。

1. 价格和成交量

市场行为最基本的表现是成交价格和成交量。过去和现在的成交价格和成交量反映大部分市场行为,在某一时间的价格和成交量反映的是买卖双方在这个时间的共同的市场行为,是双方暂时的均衡点。随着时间的变化,均衡会不断地发生变化,这就是价量关系的变化。成交量和价格的关系主要有:

第一,成交量是推动股价涨跌的动力。在牛市中,股价的上升常常伴随成交量的放大,股价回调时成交量随即减小。在熊市中,股价下跌时会出现恐慌性抛售,成交量显著放大,股价反弹时,投资者对后市仍有疑虑,成交量并不增加。人们对于成交量与股价涨跌的因果关系尚有不同的看法,然而股价大幅度调整往往伴随成交量的增加,这种量价配合的现象是不容争辩的事实。

第二,量价背离是市场逆转的信号。技术分析家注意到:有时候股价大幅度升降,成交量却大幅度减少。例如在牛市中,股价连创新高,成交量却不见放大;在熊市中,股价连创新低,成交量极度萎缩。这种量价背离的现象说明价格的变动得不到成交量的配合,价格的变动趋势不能持久,常常是市场趋势逆转的征兆。

第三,成交密集区对股价运动有阻尼作用。技术分析家认为如果在一个价格区间沉积了数量巨大的成交量,股价突破这个价位向上运动时,势必有很多投资者因获利而抛售,增加了上升的阻力。相反,股价要冲破这个区间向下运动时,大多数股票持有人不会愿意以低于买进的价位抛售而蒙受损失,结果大批的股票被锁定使卖方的力量被削弱,股价下行受到阻力。成交越密集,阻力作用越大,因而成交密集区成为股价相对稳定的均衡区域。

第四,成交量放大是判断突破有效性的重要依据。根据上面的讨论,除非买卖双方力量发生了明显的倾斜,否则很难克服成交密集区的阻力推动股价的上升或下挫。因此,有效的突破必然伴随成交量的放大,否则说明买卖力量的均势没有打破,股价的变动不能确认为有效的突破。

2. 时间和空间

在技术分析中,"时间"是指完成某个过程所经过的时间长短,通常是指一个波段或一个升降周期所经过的时间。"空间"是指价格的升降所能够达到的程度。时间将指出"价格有可能在何时出现上升或下降",空间指出"价格有可能上升或下降到什么地方"。

时间体现了市场潜在的能量由小变大再变小的过程,而空间反映的是每次市场发生变动程度的大小,体现市场潜在的上升或下降的能量的大小。上升或下降的幅度越大,潜在能量就越大;相反,上升或下降的幅度越小,潜在能量就越小。

一般来说,对于时间长的周期,今后价格变动的空间也应该大;对于时间短的周期,今后价格变动的空间也应该小。时间长、波动空间大的过程,对今后价格趋势的影响和预测作用也大；时间短、波动空间小的过程，对今后价格趋势的影响和预测作用也小。

7.2　道氏理论

7.2.1　道氏理论的发展

道氏理论是以美国著名的证券分析家查尔斯·道的姓命名、使用最早和影响最大的技术分析方法。查尔斯·道与爱德华·琼斯在 1880 年共同创建了从事证券投资咨询的道·琼斯公司，并于 1889 年出版了影响力很大的《华尔街日报》。查尔斯·道悉心研究股票市场价格变动的规律，在一些杂志上发表了一系列分析股票价格走势的评论员文章。1902 年，查尔斯·道去世，其追随者萨缪尔·尼尔森将这些文章中的一部分整理出版，第一次采用了"道氏理论"的提法。1908 年起接任《华尔街日报》编辑的威廉·汉密尔顿撰写了很多应用道氏理论分析市场趋势的文章，为推广、完善和发展道氏理论做了大量工作，并于 1922 年出版了《股票市场的晴雨表》一书，确立了道氏理论在技术分析法中的地位。

7.2.2　道氏理论的内容

（1）可以用股票价格平均数的波动来研究整个股票市场的变动趋势，因为平均价格指数的波动已经包含了一切的信息。不论什么因素，股市指数的升跌变化都反映了公众的心态。

（2）股票价格的周期性变动可以分解成三种运动：主要趋势（tide）、次要趋势（wave）和短期波动（ripple）。主要趋势如潮起潮落，持续时间长，波动幅度大；次要趋势如海浪翻腾，持续时间不长，峰谷落差较小；短期波动如浪花滚动，转瞬即逝，变动范围最小。三种运动合成了复杂的股价运动。

主要趋势，也称基本趋势、长期趋势，是大规模的、总体上的上下运动，通常持续一年或数年之久。如果每一个后续价位上升到比前一个更高的水平，而每一次回调的低点都比前一次的低点高，那么这一主要趋势就是上升趋势，称之为牛市；如果每一个后续价位下跌到比前一个更低的水平，而每一次反弹的高点都比前一次的低，那么这一主要趋势就是下降趋势，称之为熊市。

次要趋势，又称中期趋势，是价格在沿着主要趋势演进过程中产生的重要反复，可以是在一个牛市中发生的中等规模的下跌（回调），也可以是在一个熊市中发生的中等规模的上涨（反弹）。正常情况下，它们持续三周到数月的时间，价格回撤到沿基本趋势方向推进幅度的三分之一到三分之二。

短期波动，又称为日常波动，持续的时间很短，一般小于 6 天。从道氏理论的角度来看,短期波动本身并没有多大的意义,没有利用的价值,在分析时不用理会。

如果把股市比作大海,那么主要趋势就像浪潮,我们可以把一个牛市比为一个涌来的浪潮,它将水面一步步推向海岸,直到达到一个最高点并开始反转;接下来的则是退潮,可以比作熊市。但是,无论是在涨潮还是退潮的时候,波浪都一直在涌动,不断冲击海岸并撤退。在涨潮过程中,每一个波浪都较其前浪达到海岸更高的水平,而其回撤时都不比其前次回撤低。在退潮过程中,每一个波浪上涨时均比其前浪达到的水位低,而在其回撤时均比其前浪离开海岸更远一点。这些波浪就是次要趋势。区别主要趋势还是次要趋势是看其运动的方向与海潮的方向是相同还是相反。与此同时,海面一直不断有小波浪、涟漪,它们有的与波浪趋势相同,有的相反,有的则横向穿行——这好比市场中的短期波动,每日都在进行着的无关紧要的趋势。

(3)主要趋势可以划分为三个阶段。

牛市的第一阶段是建仓。在这一阶段,有远见的投资者知道尽管现在市场萧条,但形势即将扭转,因而就在此时购入股票,并逐渐抬高其出价以刺激抛售,而一般公众则远离股市,市场活动基本停滞,但也开始有少许反弹。第二阶段是一轮十分稳定的上涨,交易量随着公司业务的好转不断增加,同时公司的盈利开始受到关注。也正是在这一阶段,技巧娴熟的投资者往往会得到最大收益。最后,随着公众蜂拥而上,市场高峰出现,第三阶段来临,所有信息都令人乐观,价格惊人地上扬,并不断创造新高,新股不断大量上市。在这一阶段的最后一个时期,交易量惊人地增长,而卖空也频繁出现。

熊市通常也以三个阶段为特点。第一阶段是出货。在这一阶段,有远见的投资者感到交易的利润已达至一个反常的高度,因而在涨势中抛出所持股票。尽管上涨趋势逐渐减弱,交易量仍居高不下,公众仍很活跃。但由于预期利润逐渐消失,行情开始显弱。第二阶段我们称之为恐慌阶段。买方少起来而卖方就变得更为急躁,价格跌势突然加速,成交量也放大,价格几乎是直线落至最低点。在这一阶段之后,可能存在一个相当长的次等回调或一个盘整,然后开始第三阶段。那些在大恐慌阶段坚持过来的投资者此时或因信心不足而抛出所持股票,或由于目前价位比前几个月低而买入。商业信息开始恶化,随着第三阶段推进,跌势并不快,但仍持续着,这是由于某些投资者因其他需要,不得不筹集现金而越来越多地抛出其所持股票。当坏消息被证实,而且预计行情还会继续看跌时,这一轮熊市就结束了,而且通常是在所有的坏消息公布之前就已经结束了。

然而,没有任何两个熊市或牛市是完全相同的。有一些可能缺少三个典型阶段中的一个,一些牛市由始至终都是极快的价格上涨。一些短期熊市没有明显恐慌阶段,而另一些则以恐慌阶段结束。任何一个阶段都没有一定的时间限制。例如,牛市的第三阶段,是一个令人兴奋的投机机会,公众非常活跃,这一阶段可能持续至少一年,也可能不过一两个月。

(4)成交量在确定趋势中起很重要的作用。趋势的转折点是进行投资的关键,成交量所提供的信息有助于我们作出正确的判断。通常,在多头市场,价位上升,成交量增加;价位下跌,成交量减少。在空头市场,当价格滑落时,成交量增加;在反弹时,成交量减少。当然,这条规则有时也有例外。因此,只根据几天的成交量是很难得出正确结论的。

(5)收盘价是最重要的价格。道氏理论并不注重一个交易日内的最高价和最低价,而只考虑收盘价。

(6)只有当出现了明确的反转信号时,才意味着一轮趋势的结束。当一个新的主要趋势第一次确定后,如果不考虑短期的波动,趋势会持续下去,直到出现了明确的反转信号。

7.2.3　对道氏理论的批评

道氏理论多次成功地判断了牛市与熊市的转换,提高了道氏理论的声誉,奠定了其作为技术分析理论基础的地位。但是,道氏理论也受到各方面的批评,主要有以下几个方面:

(1)道氏理论只能推断出股市的基本趋势,却不能判断趋势的升幅或者跌幅。

(2)道氏理论偏重于判断市场总体基本趋势的转折,没有对中期波动进行详尽的分析。

(3)道氏理论对市场逆转的确认具有滞后效应。

(4)道氏理论不适用对个别股票趋势的分析。

7.3　图形分析

7.3.1　K 线图分析

1. K 线图的含义

K 线图起源于日本江户时代,最早被用来分析米市的行情,由于其形状像蜡烛,又称作蜡烛线。K 线是反映股票价格在一定的时间内运动特征的图形,这些特征包括开盘价、收盘价、最高价和最低价。根据时间周期的长短,有日 K 线、周 K 线和月 K 线之分。由于 K 线图包含了较多的信息,它可以反映在一段时间内股票供求力量的消长,并据此预测股价未来的走势。

2. K 线的种类及其应用

由于四种价格的不同取值,K 线会产生不同的形状(见图 7.1),概括起来有以下几种:

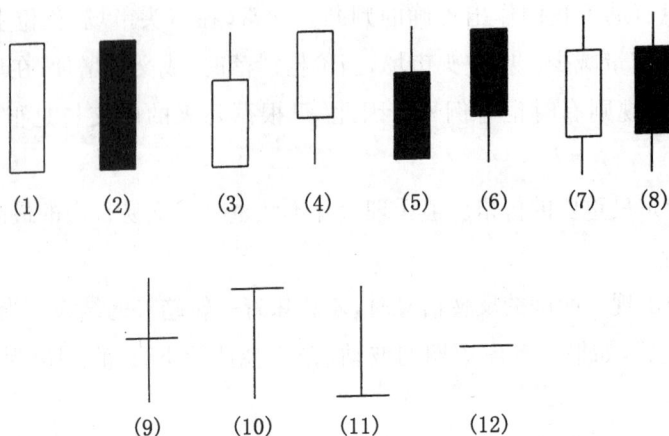

图 7.1　K 线的种类

（1）光头光脚的阳线，即没有上影线和下影线，只有阳实体的图形。这表示开盘价为最低价，股价呈上升趋势收盘于最高价。阳线表示买方的力量占据优势，阳线越长，这种优势越明显。

（2）光头光脚的阴线，即没有上影线和下影线，只有阴实体的图形。这表示开盘价即是最高价，股价一路下跌，收盘于最低价。阴线说明卖方的力量占据优势，阴线越长，这种优势越明显。

（3）光脚阳线，即由上影线和阳实体组成的图形，没有下影线。这种图形说明开盘价为最低价，开盘后股价攀升逐渐受到卖方的压力，到最高价处上升势头受阻，价格掉头回落，但收盘价仍比开盘价高。这种图形表示总体上买方的力量比卖方强，但是在高价位处卖方占有优势。这种图形属上升抵抗型。买卖双方力量的对比可以根据上影线与实体长度的比例来判断。实体越长，上影线越短，说明买方的优势越明显；反之，说明买方的优势越弱。在上升趋势的后期，出现上影线很长，阳线实体很短的图形，往往是上升趋势疲软、逆转的前兆。

（4）光头阳线，即由下影线和阳实体组成的图形，没有上影线。这种图形表示开盘后，价格一度下探，在最低价位处得到支撑，然后一路上扬，在最高价位收盘。图形属先跌后涨型。图形说明买方经受了抛盘的压力，开始显示出优势。双方力量的对比可以从实体与下影线的长度的比例中看出来。实体越长，买方的优势越明显。

（5）光脚阴线，即由上影线与阴实体组成的图形。这种图形表明开盘后，价格曾经上升，在最高价位处受阻回落，在最低价位处收盘，属于先涨后跌型的图形。这种形态说明卖方的力量占优，使得买方抬高股价的努力没有成功。实体部分越长，影线越短，表示卖方力量越强。

（6）光头阴线，即由下影线与阴实体组成的图形。它表示开盘后，价格顺势下滑，在最低价位受阻后反弹上升,但收盘价仍低于开盘价,为下跌抵抗型的图形。这种图形说明,开始阶段卖方的力量占优,但是在价格下跌的过程中,卖方力量逐渐削弱。在收盘前,买方力量稍稍占优,将股价向上推动。但从整个周期看,收盘价没有超过开盘价,买方的力量仍占下风。实体越长,表示买方力量越弱。

(7) 有上下影线的阳线,即带有上下影线,实体为阳线的图形。这是一种价格震荡上升的图形。在总体上,买方力量占优,价格有所上升。但是,买方在高价位处受到卖方的抛压形成上影线;在低价位区,卖方的力量并不占优,因而形成了下影线。对于买卖方优势的衡量,主要依靠上下影线和实体的长度来确定,一般来说,上影线越长,下影线越短,实体越短,越有利于卖方;上影线越短,下影线越长,实体越长,越有利于买方。

(8) 有上下影线的阴线,即带上下影线,实体为阴线的图形。这是价格震荡下挫的形态。虽然总体上卖方力量占优,但是买方在低价位区略占优势,遏制了价格的跌势,形成了下影线。上下影线越长,表明买卖双方的较量越激烈,股价上下震荡较大。如果实体部分的比例越大,则说明卖方的优势越大;反之,说明双方力量的差距较小。

(9) 十字形,即只有上下影线,实体长度为零的图形。它表示开盘价等于收盘价,买卖双方的力量呈胶着状态,当影线较长时,说明双方对现行股价的分歧颇大,因此,这种图形常常是股价变盘的预兆。

(10) T 字形,即由下影线和长度为零的实体组成的图形。它表示交易都在开盘价以下的价位成交,并以最高价收盘,属于下跌抵抗型,说明卖方力量有限,买方力量占有优势,下影线越长,优势越大。

(11) 倒 T 字形,即由上影线和长度为零的实体组成的图形。它表示交易都在开盘价以上的价位成交,并以最低价收盘,属于上升抵抗型,说明买方力量有限,卖方力量占有优势,上影线越长,优势越大。

(12) 一字形,是一种非常特殊的形状。它表示全部的交易只在一个价位上成交。冷门股可能会产生这种情况,或者在实行涨跌停板制度下,开盘后直接到涨跌停板,并维持到收盘时,也会出现这种情况。

总而言之,指向一个方向的影线越长,越不利于股票价格今后向这个方向变动。

单根 K 线图只反映了一天、一周或一个月内供求力量的对比。进行几根相邻的 K 线图的组合分析,往往能从价格的连续变化中,动态地反映供求力量的消长。技术分析家经常用几个月甚至数年的日 K 线的变化来分析股价中长期的趋势。

7.3.2　形态分析

技术分析家并不仅仅用图形客观地描述股价的运动,而且对各种图形进行整理、归纳,从中寻找出对预测股价未来走势有特殊意义的图形变化规律。

1. 头肩顶和头肩底

头肩顶和头肩底图形是实际股价形态中出现较多的形态,是最著名的反转突破形态,对于判断趋势的逆转有特别重要的意义。头肩顶形态如图 7.2 所示,其中 ABC 为左肩,CDE 为头部,EFG 为右肩,连接 CE 的直线为颈线。在左肩 AB 段,通常有大量的买盘推动价格上升,到达 B 点后逐渐回落,但交易量不大。在 C 点处再度上升,到达新高点 D,然后下跌到 E,这时虽然有买盘介入但力量不大,价格只升到 F 点,没能超过前期的顶点又告下滑。当股价落到 G 点时表明头肩顶图形已经完成,股价将进入下降趋势。由于在左头部和左肩部有大量的股票易手,成为一个密集区,在这个价格区间内购入股票的人不会在突破颈线后马上抛售,因此,下降的速度开始时不会太快,以后将逐渐加速。技术分析家常常将 G 点作为卖出信号。

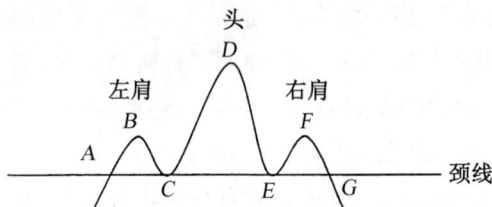

图 7.2　头肩顶图形

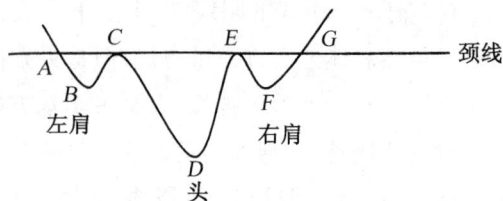

图 7.3　头肩底图形

头肩底图形是一个倒置的头肩顶图形,见图 7.3。B、F 分别为两个肩,D 为头顶,CE 为颈线。同样,当股价曲线在 G 点向上突破颈线时头肩底图形完成,表示新一轮的上升趋势已经开始。因此,G 点被视为买入信号。

头肩顶和头肩底一经确认,其下跌或上涨幅度一般不会少于头部到颈线的垂直距离。

2. 双重顶和双重底

双重顶图形又称为 M 形,有两个高点,见图 7.4。当价格从 A 点上升到 B 点后,在 A 点以前购买的投资者已有较高的获利而开始抛售,使得股价回落到 C 点,又有买盘介入,但力度不如 AB 段强,成交量没有相应放大,冲高到 B 点后再行滑落,形成英文字母"M"形状的图形。这也是上升趋势逆转时常见的形态。过 C 点的直线为颈线,股价线穿过颈线的交点 E 为卖出信号。

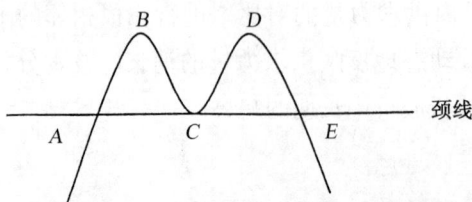

图 7.4　双重顶图形

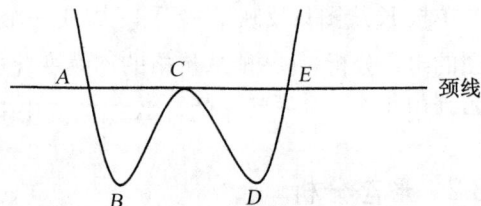

图 7.5　双重底图形

双重底图形又称为 W 形,是倒置的双重顶图形,有两个底部,见图 7.5。当价格到达

E点,突破颈线后,双重底图形构筑完成,预示股价下跌趋势已经被上升趋势替代。

双重顶和双重底不一定都是反转信号,有时也会是整理形态。这要看两个波峰或波谷之间的时差而定,通常间隔时间越长,反转的可能性越大。双重顶一经确认,其下跌幅度一般不会少于顶部到颈线的垂直距离;双重底一经确认,其上涨幅度一般不会少于底部到颈线的垂直距离。

3. 三角形

三角形是一种持续整理的形态,可以分为对称三角形、上升三角形和下降三角形,后两种又合称为直角三角形。三角形形态开始时,价格未来的变动方向不够确定,当股价线到达三角形的顶端即图形构筑完成时,股价的突破将不可避免。对称三角形大多发生在一个大趋势进行过程中,表示原有的趋势暂时处于休整阶段,股价的波动幅度逐渐减小。直角三角形是一条水平线和另一条斜线相交所形成的三角形。上面的直线水平,下面的直线向上倾斜的为上升三角形。下面的直线水平,上面的直线向下倾斜的为下降三角形。上升三角形每一波的峰值相近,底部逐渐抬高,常预示价格将会向上突破;下降三角形与之相反,峰值逐波下降,谷底值保持不变,常预示价格将会向下突破。

另外有一种发散三角形,表示价格的震荡幅度不断增加,且伴随成交量的放大。这种图形反映买卖双方的分歧不断加大,在上升趋势逆转前有时会出现这种图形。

以上几种三角形形态见图7.6。

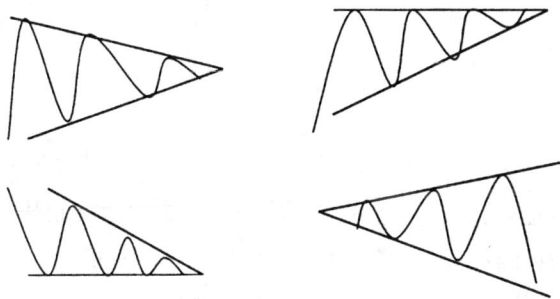

图7.6　三角形形态

4. 旗形

股价在两根近似平行的直线之间摆动的图形(见图7.7),常常是股价长期趋势中途出现的一种调整状态。旗形大多发生在市场极度活跃、股价运动剧烈,近乎直线上升或

图7.7　旗形形态

下降的情况下。由于上升或下降得过于迅速,市场必然会有所休整,旗形就是完成这一休整过程的主要形式之一。旗形有明确的形态方向,并且形态方向与原有的趋势方向相反。例如,股价在急剧下降的过程中出现一段向上的旗形调整,在调整末期又突破旗形继续原来的趋势。

5.矩形

矩形又称作箱形,也是一种典型的整理形态,见图7.8。股票价格在两根水平线之间摆动,作横向延伸的运动,在这段价格区间形成了成交的密集区。股价通过矩形整理后,一般会继续原来的趋势。如果原来的趋势是上升的,买方会占优并采取主动,使股价向上突破矩形的上界。如果原来是下降趋势,则卖方会采取主动,突破矩形的下界。

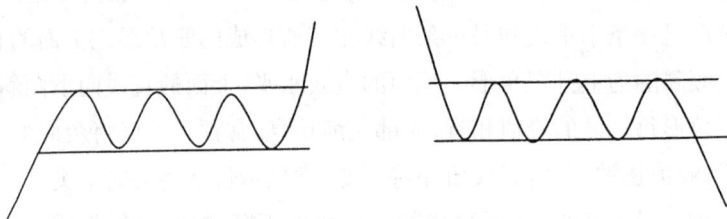

图7.8　矩形形态

除了上述基本形态以外,还有圆弧形、三重顶底形、楔形、菱形、喇叭形等形态,在此不一一介绍。

7.3.3　趋势分析

趋势是指股票价格在一段时间内保持的相对稳定的运动方向。趋势根据持续时间的长短可以分为长期趋势、中期趋势和短期趋势。股票的市场趋势是这三种趋势叠加而成的。由于中短期趋势的存在,在长期上升(下降)趋势中,股价也会有回落(反弹)。这就是说,股票价格的变动并不是直线的运动,而是波浪形的运动。股价趋势表现为前后波浪之间相对位置的变化。一系列逐波升高的波峰和波谷构成了上升趋势,一系列依次下降的波峰和波谷构成了下降趋势,一系列水平运动的波峰和波谷构成了水平趋势。上升与下降趋势的交替转换是股票市场价格变动的主要形式。水平运动有时候仅是上升与下降交替过程中的过渡形态。技术分析不但要识别趋势的类型,更要关心趋势的反转。

1.趋势线

上升趋势线是连接一系列升高的波浪的底部的直线,股价始终处于直线上方;下降趋势线是连接一系列下降的波浪的顶部的直线,股价始终处于直线的下方(见图7.9)。过两个波谷的底部或者波峰的顶部就能画出一条趋势线。通常认为,趋势线必须触及三个波谷的底部或波峰的顶部才能确认,触及的底部或顶部的次数越多,这条趋势线越有效。趋势线有以下特点:(1)趋势线一旦确认,它就会在一段时间内保持相对稳定。(2)趋势线的斜率越大,趋势线越倾斜,说明股价变动剧烈,这种趋势通常不够稳定,反之斜率较小的趋势线比较稳定,不容易改变方向。(3)趋势线持续的时间越长,趋势越有效,反转越不容易。

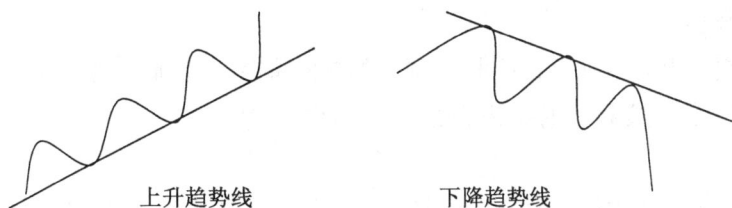

上升趋势线　　　下降趋势线

图 7.9　趋势线

2. 阻力线和支撑线

股价作波浪式运动时,如果每次上升到某个股价便掉头下行,那么这个股价就称作上升的阻力价位,连接一系列阻力价位的直线称为阻力线。如果每次下跌到某个股价水平后,股价便反转上升,则这个价位称为支撑价位,连接一系列支撑价位的直线称为支撑线(见图 7.10)。支撑线和阻力线之间构成的股价运动的空间称为通道。根据通道的斜率可以分成上升通道、下降通道和水平通道。水平通道是运动方向不确定的过渡状态,上升通道和下降通道是股价变动的基本形态。

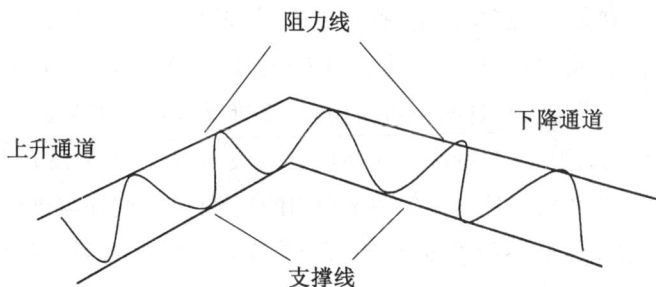

阻力线

下降通道

上升通道

支撑线

图 7.10　阻力线和支撑线

阻力线和支撑线主要是从人的心理因素方面来考虑的。当股价上升到某个价位,一些获利的投资者会抛售股票,造成供大于求,使股价下跌,上升的势头受挫。以后,每当股价接近这个价位,特别是这个价位附近成交量很大时,投资者会产生一种心理定势,即这个价位是近期的高点。在这个价位以下买进股票的投资者会认为这是获利了结的有利时机,一些看好后市的投资者也不会急于以较高的价位买进股票。渴望抛售和不情愿买进的心理造成了股价在这个价位上继续上升的阻力。除非有好消息,足以扫除投资者的心理障碍,否则这个价位就如一堵不可逾越的高墙。同样,当股价下降到近期的低点时，在这个价位以上购买股票的投资者不愿蒙受损失而抛售股票，以更低价位购买股票的投资者也不愿以近期的低价位出售，而想卖一个更好的价格，惜售心理使得股票的供给萎缩。另一方面，潜在的买主会认为这是逢低吸纳的时机，使得股票的需求增加，因此股价的下跌得到支撑。以后，每次股价下跌到这个价位，就会重复以上的情况，形成一条支撑线，直到有特别坏的消息，这种均衡才得以打破，市场将寻求一条新的支撑点，实现新的供求平衡。

当股价突破阻力线或者支撑线时，通道的方向将会改变，基本趋势发生逆转。因此，发现、确认阻力线或支撑线的突破是技术分析的重要内容。

3. 突破

阻力线和支撑线构筑的通道是一定时间内股票供求关系达到某种均衡的区间。然而，从长期的观点来看，这种暂时的均衡终将被打破，为新的均衡所替代。股价冲破阻力线或支撑线，改变原来的运动趋势的现象称为突破。股价运动就是通道——突破——新的通道不断交替的动态均衡的过程。有时候股票价格突然冲破阻力线或支撑线，但随即又会到原来的通道，这种现象称为突破失败。股价冲破阻力线或支撑线，并改变原来的运动方向才称为有效突破。

根据筛选原理判别突破有效性的标准是股价冲破阻力线或支撑线以后的变动幅度。对于股价变动幅度较小的股票，突破的临界值通常为股价的百分之五，即股价越过阻力线或支撑线以后继续上冲或下挫，其幅度超过股价的百分之五时，便可确认"突破"为有效。对于股价波动较大的股票，突破的临界值通常取为股价的百分之十。此外，冲破阻力线或支撑线以后成交量的多少也是判别"突破"是否有效的重要指标。由于股票在原来的通道内堆积了很高的成交量，一旦股价突破阻力线上行时，便会有大量的获利卖盘，因而需要有相当的买盘来消化这些抛售压力，才能推动股价远离阻力线。因此，股价冲破阻力线以后，有放大的成交量的配合才能确认突破为有效，如果没有出现成交量放大的情况，突破往往会以失败告终。突破一条稳固的支撑线时，同样需要有成交量的配合。原来通道持续时间越长，成交量越多，突破后的成交量也要求越多。向上突破时大量的成交量的沉积，使得原来的阻力线成为新的通道的支撑线。向下突破时，原来的支撑线转变为新的通道的阻力线。

4. 缺口

缺口是指股票价格在上升或下跌过程中发生跳跃，形成一段没有交易量的价格区间的现象。集合交易市场的股票成交价的变动是离散的，不能算作缺口，只有股价的变动超过涨跌停板的规定而无法成交时，才视为缺口。连续交易市场除非出现涨跌停板的情况，在交易时间内成交价的变动通常是连续的。如一天交易开始后，成交价格始终高于前交易日的收盘价，才算作缺口。

技术分析认为，缺口是股票价格非常态的运动形成的非稳态的图形。经过一段时间,股价还会回到原来的位置,封闭原来形成的缺口。缺口反映了股票供求关系的急剧变化,因此分析缺口大小、位置以及缺口处的成交量,有助于投资者了解股票供求的变化,预测股价的变化趋势。缺口可以分成普通缺口、突破缺口、超速缺口和衰竭缺口四种。

(1)普通缺口。普通缺口可以发生在股价图形的各种位置上。这种缺口形成的价格落差不大,也不伴随成交量的变化。这类缺口往往很快被随后的交易填补,股价继续维持原来的趋势。普通缺口不是股价走势发生变化的征兆,没有特殊的分析意义。

(2)突破缺口。这种缺口发生在股价突破原来的阻力线或者支撑线,股价走势发生转变的时候。这种缺口是有效突破的标志。缺口处成交量越高,突破后股价的趋势越稳健,短期内这种缺口不容易被填补。如果缺口处的成交量未见放大,则突破的有效性将受到考验,股价有可能回头填补缺口。向下突破时,缺口的大小比成交量更有分析价值,即使成交量没有明显放大,缺口也未必会在短期内被封闭。

(3)超速缺口。这种缺口又称为逃逸缺口,常常出现在价格上升或下降的基本趋势的中期,价格突然加速上升或者下挫而形成缺口。这种缺口是供求力量严重不平衡的表现,说明股价的基本趋势还将持续一段时间。但是,这种缺口对于供求的优势方的力量有很强的销蚀作用。如果出现两次超速缺口,通常认为股价的持续行情的中点便在两次缺口之间。如果连续出现多次这类缺口,说明股价上升或下跌行情即将告一段落。这种缺口常被用来估计未来股价的走势,因而又被称为测量缺口。

(4)衰竭缺口。这种缺口通常出现在上升或者下降趋势的后期,是基本趋势即将逆转的征兆。如果在上升趋势,出现成交量很大的缺口,随后几天成交量明显萎缩,上升的力度不足,便可确认为衰竭缺口。这种现象说明买方的优势基本上已经耗尽,买卖双方的力量对比即将反转。在下跌趋势中,如果出现成交量极度萎缩的缺口,也可判断为衰竭缺口。这种缺口往往在短期内被逆转的行情填补。

7.4 移动平均线

7.4.1 移动平均线的概念

根据道氏理论,股价的日常震荡对于分析股价的趋势没有显著的意义。从某种意义上讲,股价日常细微的波动是股价趋势中的"噪音"。技术分析中常运用统计分析中的平滑技术尽可能消除偶然的、细微的因素对股价的影响,使有价值的股价变化规律显现出来。

股价移动平均线就是描述一定长度的时间区间内股价平均水平的变动的曲线。通常用每天股票的收盘价来计算股价平均数。时间区间可选择 5 日、10 日、30 日、120 日、

200 日,甚至更长,分别反映短期、中期和长期的股价变动趋势,其计算公式如下:

$$MA_t = \frac{1}{n}\sum_{i=1}^{n} P_{t-i+1}$$

其中,MA_t 表示第 t 期的 n 天股价平均数;P_t 表示第 t 期的股票价格(通常用收盘价表示)。通过算术平均,得到的是 n 天股价的平均数,将连续的股价平均数连接起来便可以得到移动平均线。

考虑到近期股价对未来价格趋势的影响较大,有时候在计算股价平均数时对 n 天内每天的股价选用不同的权数,计算加权平均数,并绘制加权股价移动平均线,其计算公式如下:

$$MA_t = \sum_{i=1}^{n} W_i \times P_{t-i+1}$$

其中,W_i 是第 i 天的权数,$\sum_{i=1}^{n} W_i = 1$,权数可以根据具体情况加以规定。

7.4.2　移动平均线的特点

移动平均线的最基本的思想是消除偶然因素的影响,它具有以下几个特点:

(1)追踪趋势:移动平均线能够表示股价的趋势方向,不受小的反向波动的影响,并追随这个趋势。

(2)滞后性:由于移动平均线反映的是若干天的股价平均数,所以短时间内发生较大变化比较困难。在股价原有趋势发生反转时,移动平均线的行动往往过于迟缓,调头速度落后于大趋势。这是移动平均线的一个弱点,等移动平均线发出反转信号时,股价调头的深度已经很大了。

(3)稳定性:移动平均线的变动不是一天的变动,而是几天的变动的累积效果,一天的大变动平滑后,变动就会变小而显现不出来。这种稳定性有优点,也有缺点。

(4)助涨助跌性:当股价突破了移动平均线时,无论是向上突破还是向下突破,股价会继续向突破方向运动,这就是移动平均线的助涨助跌性。

(5)支撑线和阻力线的特性:由于移动平均线的上述四个特性,使得它在股价走势中起支撑线和阻力线的作用。移动平均线被突破,实际上是支撑线和阻力线的被突破。

移动平均线参数的选择可以加强移动平均线上述几方面的特性,参数选择得越大,上述的特性就越大。

7.4.3　移动平均线的应用

周期越长的移动平均线越平滑,反应长期趋势的意义也越明确,然而对当前股价变动的反应也越迟钝。周期越短的移动平均线,对当前股价变动的反应越敏感,但容易受

"噪音"的干扰,在判断股价基本趋势时容易出错。技术分析时常常将短期股价平均线与中期和长期股价平均线结合起来分析,比较并根据它们之间的位置变化,发现有价值的信息。

技术分析把下列情况视为卖出的信号:

(1)短期股价移动平均线自上而下穿过平坦的长期股价移动平均线,股价往往难以在短期内恢复上升的趋势。这种交叉称为死亡交叉,表明股价将有一段下跌的趋势。

(2)短期股价移动平均线在长期股价移动平均线之上,而长期股价移动平均线方向朝下。

(3)短期股价移动平均线从上向下穿过长期股价移动平均线后向上爬升,在接近长期股价移动平均线时重新转头向下。

(4)短期股价移动平均线向上骤升,远离长期股价移动平均线之上,很有可能急转回调。

以下的情况常被视为买进的信号:

(1)短期股价移动平均线自下向上穿过平坦的长期股价移动平均线,特别是中期股价移动平均线穿过长期股价移动平均线。这种交叉被称为黄金交叉,表明股价将有一段上升的趋势。

(2)短期股价移动平均线降到长期股价移动平均线之下,而长期股价移动平均线开始上升。

(3)短期股价移动平均线在长期股价移动平均线之上,并呈下降趋势,但在接近长期股价移动平均线之时重新掉头上升。

(4)短期股价移动平均线快速下降,远离长期股价移动平均线之下,股价极有可能反弹。

图 7.11　黄金交叉和死亡交叉

7.5　技术指标

按一定的数学方法对不同时间的股价或者成交量等市场统计值进行处理就能够得

到一系列的技术指标,不同的数学处理方法会得到不同的技术指标。目前全世界各种各样的技术指标有千种以上,这些指标所提供的信息并不一贯正确,有时还互相矛盾。本节将介绍一些市场上常用的技术指标。

7.5.1　相对强弱分析

股票市场上每个股票上涨或下跌的幅度不尽一致。人们通常将那些在牛市中比其他的股票涨幅更大,在熊市中比其他的股票跌幅更小的股票称为相对坚挺的股票。相对强弱分析就是比较、测量股票走势坚挺程度的一种分析方法,可以用来分析某种股票的走势强弱程度,也可以用来分析某类股票(例如某种行业,某地区的股票)的强弱,有时还用来分析整个市场在某段时间内的强弱变化。相对强弱分析的方法不止一种,可以直接比较各种股票近期的收益率,收益率较高的股票的走势相对坚挺,也可以把某个股票的走势与股价指数的走势比较,分析其与市场总体水平相比的强弱程度,还可以将股票近期的走势与该股票的平均趋势比较,分析其近期走势的强弱程度。下面介绍两种常用的指标:

1. 相对强弱比率

相对强弱比率(RRS)是某个股票价格与股价指数之比,其计算公式如下:

$$RRS_i(t) = \frac{P_i(t)}{I(t)}$$

其中,$RRS_i(t)$表示第i种股票在第t期的相对强弱比率;$P_i(t)$表示第i种股票在第t期的价格;$I(t)$表示第t期的股价指数。

由于每种股票的价格水平有较大差异,因此不同的股票的相对强弱水平的绝对值没有可比性。技术分析家主要观察相对强弱比率的变化趋势。如果某股票的价格涨幅大于股价指数的涨幅,或者价格跌幅小于股价指数的跌幅,则该指标的值上升,说明这个期间该股票的走势强于大盘;反之,如果该股票的价格跌幅大于该股价指数的跌幅,或股票的价格涨幅小于股价指数的涨幅,则相对强弱比率的值下降,说明这个期间该股票的走势弱于大盘。根据曲线的升降能分析该股票走势的坚挺程度。这个指标也常用于分析某公司股票价格相对于同行业股票的平均价格的走势强弱程度,或者分析某一个行业与整个市场的相对强弱程度。

2. 相对强弱指标

(1) 计算方法。

相对强弱指标(RSI)是将一定时间内某个股票价格上涨日的涨幅之和与这段时间内涨跌幅之和进行比较,以反映股票价格的坚挺程度。下面以 10 天为例,介绍其计算方法。

先找到包括当天在内的连续 10 天的收盘价,用每一天的收盘价减去上一天的收盘价,会得到 10 个数字。这 10 个数字中有正(比前一天高)有负(比前一天低)。设 $A = 10$ 个数字中正数之和,$B = 10$ 个数字中负数之和 $\times (-1)$,则:

$$RSI(10) = \frac{A}{A+B} \times 100\%$$

(2) RSI 的取值。

从数学上看,A 表示 10 天中股价向上波动的大小,B 表示向下波动的大小;$A + B$ 表示股价总的波动大小。相对强弱指标实际上是表示向上波动的幅度占总波动的百分比,如果占的比例大就是强市,否则就是弱市。相对强弱指标的取值介于 0—100% 之间。

当相对强弱指标为 50% 时,表示股价涨跌参半,买卖双方力量均衡。当指标大于 50% 时,表示股价涨势大于跌势,买方力量占优势。当指标大于 75% 时,表示买方力量明显占优,然而市场偏离均衡状态太急太远,短期内可能出现回调。因此,技术分析家通常认为 RSI 大于 75% 为超买区,应视为卖出信号;反之,当 RSI 小于 25% 时,称为超卖区,应视为买进信号。

当然,临界点的选取并不唯一,确定临界点位置与以下两个因素有关:

第一,与相对强弱指标的参数有关。不同的参数,其区域的划分就不同。一般而言,参数越大,分界线离中心线 50% 就越近,离 100% 和 0 就越远。

第二,与选择股票本身有关。不同的股票,由于其活跃程度不同,相对强弱指标所能达到的强弱程度也不同。一般而言,越活跃的股票,分界线的位置离 50% 就应该越远,越不活跃的股票分界线离 50% 就越近。

(3) 长期 RSI 和短期 RSI。

参数小的 RSI,我们称之为短期 RSI;参数大的 RSI,我们称之为长期 RSI。一般来说,短期 $RSI >$ 长期 RSI,则属多头市场;短期 $RSI <$ 长期 RSI,则属空头市场。

(4) RSI 的形态。

当相对强弱指标在较高或较低的位置形成头肩形和多重顶底,是采取行动的信号。这些形态一定要出现在较高位置和较低位置,离 50% 越远越好,越远结论越可信,出错的可能就越小。

相对强弱指标处于高位,并形成一峰比一峰低的两个峰,而此时,股价却对应的是一峰比一峰高,这叫顶背离。股价这一涨是最后的衰竭动作,这是比较强烈的卖出信号。与这种情况相反的是底背离。相对强弱指标在低位形成两个依次上升的谷底,而股价还在下降,这是最后一跌或者说是接近最后一跌,是可以开始建仓的信号。

相对强弱指标(RSI)与相对强弱比率(RRS)不同,它用于分析某个股票价格的近期走势坚挺程度与未来趋势,后者用于分析某个股票与大盘相比的强弱程度。因此,RRS 用于选择走势强于大盘的股票,RSI 不能用于选股,而是用于选择入市买卖股票的时机。

7.5.2 威廉指标和随机指标

威廉指标和随机指标是股市中很重要的技术指标,最早起源于期货市场,并受到人们的广泛注意。

1. 威廉指标

(1) 威廉指标($WMS\%$)的计算公式。

$$n \text{ 日 } WMS\% = \frac{C - L_n}{H_n - L_n} \times 100\%$$

其中,C 为当天的收盘价;H_n 和 L_n 为最近 n 日内(包括当天)出现的最高价和最低价。

威廉指标表示的含义是当天的收盘价在过去的一段日子的价格变动范围内所处的相对位置。如果威廉指标的值比较大,则当天的价格处在相对较高的位置,要提防回落;如果威廉指标的值较小,则说明当天的价格处在相对较低的位置,要提防反弹;威廉指标取值居中,在 50% 左右,则当天的价格上下的可能性都有。

(2) 威廉指标的应用。

威廉指标的操作法可以从两方面考虑:一是从威廉指标的绝对取值;二是从威廉指标的曲线形状。

第一,从威廉指标的绝对取值方面考虑。公式告诉我们,威廉指标的取值介于 0—100% 之间,以 50% 为中轴,将其分为上下两个区域。当威廉指标高于 80%,即处于超买状态,行情即将见顶,应当考虑卖出;当威廉指标低于 20%,即处于超卖状态,行情即将见底,应当考虑买入。为了避免偶然性的影响,要求 $WMS\%$ 多次碰顶或触底。

这里规定的 80% 和 20% 只是一个经验数字,不是绝对的,应该根据具体情况来确定合适的临界点。

第二,从威廉指标的曲线形状考虑。这里只介绍背离原则以及撞顶和底次数的原则。

在威廉指标进入高位后,一般要回头,如果这时股价还继续上升,这就产生背离,是卖出的信号。

在威廉指标进入低位后,一般要反弹,如果这时股价还继续下降,这就产生背离,是买进的信号。

威廉指标连续几次撞顶(底),局部形成双重或多重顶(底),则是卖出(买进)的信号。

2. 随机指标

(1) 随机指标(KD)的计算公式。

KD 指标是 K 指标和 D 指标的合称。对 WMS％进行指数平滑，就得到 K 指标：

$$K_t = WMS\%_t \times \alpha + K_{t-1} \times (1 - \alpha)$$

对 K 进行指数平滑，就得到 D 指标：

$$D_t = K_t \times \alpha + D_{t-1} \times (1 - \alpha)$$

其中，α 是平滑系数，一般取 1/3；K、D 的初值一般为 50％。

在介绍 KD 时，往往还附带一个 J 指标，其计算公式为：

$$J = 3D - 2K$$

在实际应用时，一般是将 J 作为超买超卖指标进行使用。当 J 值超过 100，被认为是超买；当 J 值低于 0，被认为是超卖。此外，J 还有别的计算公式。

（2）KD 指标应用法则。

KD 在应用时主要从四个方面进行考虑：KD 取值的绝对数字；KD 曲线的形态；KD 指标的交叉；KD 指标的背离。

从 KD 的取值方面考虑。K 和 D 的取值范围都是 0—100％，将其划分为几个区域：超买区、超卖区、徘徊区。按流行的划分法，80％以上为超买区，20％以下为超卖区，其余为徘徊区。这种操作是很简单的，同时又很容易出错，完全按这种方法进行操作很容易招致损失。

从 KD 指标曲线的形态方面考虑。当 KD 指标在较高或较低的位置形成了头肩形和多重顶底时，是采取行动的信号。注意，这些形态一定要在较高位置或较低位置出现，位置越高或越低，结论越可靠，越正确。

从 KD 指标的交叉方面考虑。下面以 K 从下向上与 D 交叉为例，对这个交叉问题进行介绍。

K 上穿 D 是黄金交叉，只是买入信号，是否应该买入，还要具备以下条件：第一，黄金交叉的位置应该比较低，是在超卖区的位置，越低越好。第二，有时在低位，K、D 要来回交叉好几次，交叉的次数以 2 次为最少，越多越好。第三，交叉点相对于 KD 线低点的位置，即常说的"右侧相交"原则。K 在 D 已经抬头向上时才同 D 相交，比 D 还在下降时与之相交要可靠得多。换句话说，右侧相交比左侧相交好。对于 K 从上向下穿破 D 的死亡交叉，也有类似的结果。

从 KD 指标的背离方面考虑。在 KD 处于高位或低位时，如果出现与股价走向的背离，则是采取行动的信号。当 KD 处在高位，并形成两个依次向下的峰，而此时股价还在一个劲地上涨，这叫顶背离，是卖出的信号；与之相反，KD 处在低位，并形成一底比一底高的态势，而股价还继续下跌，这构成底背离，是买入信号。

KD 指标是常用的预测短期趋势的技术分析方法。这种指标特别适合于水平盘整的市场状态分析,当市场处于长期上升或下降趋势时,将以前的股价波动计算威廉指标就不太合适,KD 指标的准确度就会受到影响。

7.5.3　乖离率指标

乖离率(BIAS)是描述股价与股价移动平均线的相对距离,其计算公式为:

$$BIAS_t(n) = \frac{P_t - MA_t(n)}{MA_t(n)}$$

其中,P_t 表示第 t 期股票价格;$MA_t(n)$ 表示第 t 期 n 天的股价平均数。

这个指标以 n 天的平均股价作为衡量目前股价高低的标准。乖离率越大,说明股价偏离平均价格越远,这种状态越不稳定。投资者可以根据市场特征和股票风险性质设定一个临界值。市场平稳时,临界值取得小一些,市场波动较大时,临界值取得大一些。假设某投资者将临界值取为全 15%,当乖离率高于 15% 时,说明股价高出均衡价很多,出现了超买现象,是卖出信号;当乖离率低于 −15% 时,说明股价低于均衡价很多,出现了超卖的现象,是买入信号。

临界值的选取与两个因素有关:(1)乖离率选择的参数(n)的大小;(2)选择的股票的波动情况。一般来说,参数越大,股票越活跃,采取行动的临界值就越大。

下面给出一些参考数字:

乖离率(5)>3.5%,乖离率(10)>5%,乖离率(20)>8%,乖离率(60)>10%,是卖出时机;

乖离率(5)<−3%,乖离率(10)<−4.5%,乖离率(20)<−7%,乖离率(60)<−10%,是买入时机。

乖离率常用来判断短期内股价偏离其均衡值的程度,移动平均值的周期不宜过长。这是因为长期移动平均线的滞后效应,往往导致与股价的偏差较大,特别在上升或下跌的基本趋势中,乖离率的提示信息容易出错。

7.5.4　ADL、ADR 和 OBOS 指标

1. ADL

ADL 指标又称作腾落指标,是上涨股票数量和下跌股票数量的差的累计值。

$$ADL_t = \sum_{i=1}^{t}(A_i - D_i)$$

其中,A_i 表示第 i 期上涨股票的数量;D_i 表示第 i 期下跌股票的数量。

腾落指标不考虑每种股票发行规模以及上涨、下跌的幅度,只反映市场上上涨股票与下跌股票的数量对比。这个指标避免了个别投资者操纵少数大盘股票的价格来影响

股价指数的弊端。

这个指标的大小与计算的起始日期有关,因此,腾落指标的绝对值对分析趋势没有多大意义。技术分析家关注腾落指标的变动方向。将各期的腾落指标连接起来,可以画出腾落曲线。技术分析家认为腾落曲线与股价曲线的变动方向通常是一致的,当腾落曲线变动方向与股价曲线变动方向不一致时,常常预示股价趋势的逆转。例如,ADL 连续上涨(下跌)了很长时间(一般是 3 天),而指数却向相反方向下跌(上升)了很长时间,这是买进(卖出)信号。

腾落指标计算简单,意义明确、直观。但是,这个指标只能用于判断整个市场的走势,不能用来分析某一个股票的行情。此外,这个指标提示的信号通常是中期趋势,即长期趋势中的反弹或者回调行情。

2. *ADR*

ADR 的基本思想是观察股票上涨数量与下降数量的比率,借以看出股市目前所处的大环境。

$$ADR(n) = \frac{n\ 日内上涨的股票数量}{n\ 日内下跌股票的数量}$$

选择几天的股票上涨和下降数量的总和,而不是一天的上涨和下降数量,目的是为了避免某一天的特殊表现而误导判断。参数究竟选几,没有一定标准,完全由人为决定。不过参数选择得是否合适是很重要的,选得过大或过小都会影响 *ADR* 的作用。目前,比较流行的参数选择为 10。*ADR* 的图形是在数值 1 附近来回波动,波动幅度的大小以 *ADR* 的取值为准。影响 *ADR* 取值的因素很多,主要是公式中分子和分母的取值。参数选择得越小,*ADR* 上下波动的空间就越大,曲线的上下起伏就越剧烈;参数选得越大,*ADR* 上下波动的幅度就越小,曲线的上下起伏就越平稳。

从 *ADR* 的取值看,*ADR* 的取值范围在 0 以上。从理论上讲,*ADR* 的取值可以取得很大,但实际情况中 *ADR* > 3 就已很少见。一般来说,由 *ADR* 的取值可以把大势分成几个区域。*ADR* 取值在 0.5—1.5 之间是 *ADR* 处在常态的状况,多空双方谁也不占大的优势。这个区域是 *ADR* 取值较多的区间。在极端特殊的情况下,主要是在外在消息引起股市暴涨暴跌的情况下,*ADR* 的常态状况的上下限可以扩大一些,上限可以达 1.9,下限可以到 0.4。超过了 *ADR* 的常态状况的上下限,就是非常态的状况。*ADR* 进入非常态状况就是采取行动的信号,因为这表示上涨或下跌的势头过于强了,有些不合理,股价将有回头。*ADR* 在常态状况说明多空双方对现状的认可,这个时候买进或卖出股票都没有太大的把握。

从 *ADR* 与综合指数的配合使用方面观察,如果 *ADR* 上升(下降)而综合指数同步上升(或下降),则综合指数将继续上升(下降),短期反转的可能性不大;如果 *ADR* 上升

（下降）而综合指数向反方向移动，则短期内会有反弹（回落）。

3. OBOS

OBOS 即超买超卖指标，是指一定时间内上涨股票数与下跌股票数的差，其计算公式为：

$$OBOS_t = \sum_{i=t-n+1}^{t} (A_i - D_i)$$

其中，A_i 表示第 i 期上涨股票的数量；D_i 表示第 i 期下跌股票的数量。

这个指标表示 n 天内股票供求力量的对比。它与腾落指标的区别在于这个指标没有规定计算起始日期，但是规定了计算期的年度，逐日滚动计算。也就是说，这个指标只考虑最近 n 天股票涨跌的数量对比，舍去了更远一些天数的影响。

OBOS 同 ADR 一样，是用一段时间内上涨和下跌的股票数的差距来反映当前股市多空双方力量的对比和强弱。ADR 选择的是两者相除，而 OBOS 选择的方法是两者相减。选择相除还是相减，是从两个方面描述多空双方的差距，只是方法不同，本质并未改变。从直观上看，OBOS 的多空平衡位置应该是 0，OBOS 大于 0 或小于 0 就是多方或空方占优势，而 ADR 是以 1 为平衡位置。

当市场处于盘整时期时，OBOS 取值应该在 0 的上下来回摆动。当市场处在多头市场时，OBOS 应该是正数，并且距离 0 较远；当市场处在空头市场时，OBOS 应该是负数，并且距离 0 较远。一般而言，距离 0 越远，则力量越大，势头越强劲。

OBOS 使用方法和特点与 ADL 和 ADR 相似，常常与股价指数走势结合起来分析。超买超卖指标的临界值取决于市场规模、市场状态（牛市或熊市）以及市场风险特征等因素。

思考题

1. 技术分析的基本前提是什么，它与基本分析的思想冲突吗？这些前提的合理性如何？

2. 尽管一些专家已经提出了许多观点和证据，认为技术分析在有效市场上无价值，但是许多投资者仍注重某些形式的技术分析，考虑为什么投资者会使用这类投资研究方法？

3. 成交量在技术分析法和基本分析法中处于什么样的重要地位？

4. 以上证综合指数为例，区分从 1992 年以来上海股市周期变化的主要趋势、次要趋势和短期波动。

5. 道氏理论中，股价运动被分解成哪几种次级运动？它们之间关系及其各自意义如何?

6. 根据某公司股票在近 6 天的开盘价、收盘价、最高价、最低价,画出该公司近 6 天的 K 线图。

天　数	1	2	3	4	5	6
开盘价	19.5	20	20	21	19.5	20.75
收盘价	20	20.75	21	21.175	21	21.75
最低价	19	18	19.5	20.125	19	20.75
最高价	21	20.75	22	22.875	23.25	22

7. 形态分析中,如何及早区别头肩顶和头肩底?

8. 移动平均线的理论基础是什么? 为什么黄金交叉有一定的预示作用?

9. 相对强弱指标(RSI)有一定的指导意义,其统计学解释意义为何?

10. 如何将技术分析和基本分析结合起来进行证券投资分析。

参考文献

[美]罗伯特·D.爱德华、约翰·迈吉著,李诗林译:《股市趋势技术分析》(第六版),东方出版社 1996 年版。

William Brock, Josef Lakonishok and Blake LeBaron, 1992, "Simple Technical Trading Rules and the Stochastic Properties of Stock Returns", *Journal of Finance*, 47, no.5 (December).

Andrew W. Lo and A. MacKinlay, 1990, "When Are Contrarian Profits Due to Stock Market Over-Reaction?", *Review of Financial Studies*, 3, no.2.

David Dremen, 1979, *Contrarian Investment Strategies*, Random House.

Josef Lakonishok, Andrei Shleifer and Robert W. Vishny, 1994, "Contrarian Investment, Extrapolation, and Risk", *Journal of Finance* 49, no.5 (December).

Eugene F.Fama and Kenneth R.French, 1988, "Permanent and Temporary Components of Stock Prices", *Journal of Political Economy* 96, no.2 (April).

Martin J.Pring, 1991, *Technical Analysis Explained*, McGraw-Hill Inc.

附录 7.1　行为金融分析流派

行为金融学(Behavioral Finance)研究的是人们在投资决策过程中的认知、感情、态度等心理特征,以及由此引起的市场非有效性。以有效市场假设和理性人假设为前提的传统金融学无法解释金融市场的大量异象,而行为金融学修正了理性人假设的论点,指出由于认知过程的偏差和情绪、情感、偏好等心理因素使投资者无法以理性人的方式做出无偏差估计。

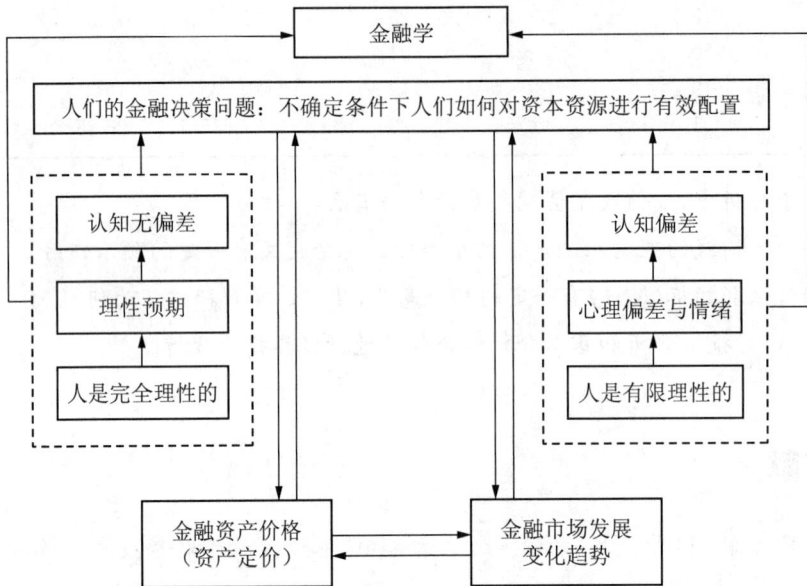

图1　传统金融学与行为金融学的区别

一、行为金融学的发展

大多数学者将心理学与金融研究相结合的起点作为行为金融学的开端。19世纪古斯塔夫·勒庞(Gustave Lebon)的《乌合之众》和曼凯伊(Mackey)的《非凡的公众错觉和群体疯狂》是研究投资市场群体行为的两本经典之作;凯恩斯(1936)提出股市"选美竞赛"理论和"空中楼阁"理论,强调心理预期在人们投资决策中的重要性,认为决定投资者行为的主要因素是心理因素。行为金融学真正取得突破性进展是在20世纪70年代末和80年代初。1985年,德邦特(DeBondt)和塞勒(Thaler)的《股票市场过度反应了吗?》正式掀开了行为金融学迅速发展的序幕。20世纪90年代是行为金融学发展的黄金时期,对标准金融理论体系形成了巨大冲击。一方面,对传统金融理论缺陷进行实证分析,发现在金融市场上人们存在诸多的行为认知偏差;另一方面,广泛吸取心理学、社会学、人类学,尤其是行为决策研究的成果,重新解释金融市场上的异常现象。20世纪90年代中后期行为金融学更加注重投资者心理对最优组合投资决策和资产定价的影响。

二、金融市场中的行为偏差

金融市场中的投资者试图以理性的方式判断市场并进行投资决策。但是,作为普通人而非理性人,他们的判断与决策过程会不由自主地受到认知、情绪、意志等各种心理因素的影响,导致金融市场中较为普遍的行为偏差。主要的认知和行为偏差有:

(1) 过度自信。

人们往往过于相信自己的判断能力,高估自己成功的机会,把成功归功于自己的能力,这种认知偏差称为过度自信(over-confidence)。过度自信是导致事后聪明式偏差(hindsight bias)的心理因素。事后聪明式偏差是指人们在得知事件结果后,会因记忆扭曲、对自身预测能力或事件发生必然性的需要的诱发,而表现出过高估计自己事前预测能力的现象。行为金融学认为,投资者由于过度自信,坚信其掌握了有必要进行投机性交易的信息,并过分相信自己能获得高于平均水平的投资回报率,因此可能导致大量盲目性交易的产生,即过度交易。

(2) 信息反应偏差。

股票市场中存在对信息的过度反应(over-reaction)和反应不足(under-reaction)等现象。过度反应是指投资者过于重视新的信息而忽略老的信息,即使后者更具广泛性。他们在市场上升时变得过于乐观而在市场下降时变得过于悲观。与个人投资者较多地表现为过度反应相反的是,职业投资人更多地表现为反应不足。动量效应和反转效应产生的根源在于对信息的反应不足与过度反应。

(3) 损失规避。

损失规避(loss aversion)是指人们总是强烈倾向于规避损失,一定数额的损失所引起的心理感受,其强烈程度约等于两倍数额的获益感受。作为预期理论基石之一的"损失规避"具有参照点依赖性,即获益和损失都是与参照点相比而言的。因此,可以把损失规避定义为,与参照点相比,损失比等量获益产生的心理效用更大。损失规避起源于风险领域,用以解释风险规避;在后续的研究中,损失规避的研究更多地集中于非风险领域——禀赋效应(endowment effect)。许多决策是在两种方案中选择:维持现状或者接受一个新的方案。可以将现状视为参考水平,因为损失比获益更让人难以忍受,所以决策者偏向于选择维持现状。人们不愿意放弃现状下的资产的现象称为禀赋效应。

(4) 后悔规避。

后悔规避(regret aversion)是一种非常普遍且非常容易理解的心理。人们常常为做了错误的决策而自责不已,这种情绪就是后悔。损失会让人很痛苦,而后悔是一种除损失之外,还认为自己必须对此负责的感受。因此后悔比损失更让人痛苦。后悔规避是指为了避免决策失误所带来的后悔的痛苦,人们常常会做出一些非理性的行为,如处置效应(disposition effect)。所谓处置效应是指投资者过长时间地持有亏损的股票,而过早地卖出盈利的股票。谢夫林(Shefrin)和斯塔曼(Statman)认为,投资者死守亏损的股票,不愿将损失兑现,是避免面对自己的错误;而过早地卖出盈利的股票,是为了避免在股票价格下跌之前没有卖出的后悔和痛苦。

(5) 羊群行为。

羊群行为(herd behavior)是一种特殊的非理性行为,是指投资者在信息环境不确定的情况下,行为受到其他投资者的影响,模仿他人决策,或者过度依赖于舆论,而不考虑自己的信息的行为。羊群行为涉及多个投资主体的相关性行为,对于市场的稳定性、效率有很大影响,与金融危机密切相关。

三、技术分析与行为金融的联系

技术分析试图通过发掘股票价格的波动周期和可预测的股价走势以获得优异的投资业绩。如果有效市场假说是正确的,则技术分析应该无效,因为市场价格能够正确反映所有的信息,包括历史价格。然而,学术上已经开始支持行为金融,即认为投资者不是完全理性的,且其行为偏差会导致价格偏离正确的水平。

技术分析员并不否认基本面信息的价值,但是他们相信价格只会逐渐接近真实价值。以行为金融中的处置效应为例,投资者倾向于持有已亏损的投资组合,不愿意将损失变成现实,即使股票的基本价值服从随机漫步,这种处置效应也会导致股票价格的动量效应。处置效应投资者对股票的需求取决于股票的历史价格,意味着价格随着时间的推移接近其基本价值,这与技术分析的核心目标一致。

行为偏差可能与技术分析员使用交易量数据一致。前述了一个重要的行为偏差——过度自信,即高估个人能力的系统性趋势。当投资者过度自信时,其交易可能较为频繁,从而导致了交易量与市场收益率之间的相关关系。而技术分析员则正是利用交易量和历史价格指导投资策略。

技术分析员认为市场的基本面会被非理性或者行为偏差扰乱,也会受到投资者情绪波动的影响。价格波动或多或少都会伴随着一个隐藏的价格趋势,从而发现盈利机会,直至价格波动得到平息。技术分析也采用情绪指标,如市场量指标、信心指数和卖出/买入比率。

四、艾略特波浪理论

波浪理论(Wave Principle)由美国技术分析大师艾略特(Elliott)在研究股票市场上投资群体的行为倾向,并将股票价格的变动情况转化为 13 种可辨认的波动形态后所提出的一整套价格波动趋势的理论。

在 1938 年出版的《波浪理论》(*The Wave Principle*)中,艾略特认为,股票市场价格的波动,受到人类社会行为变动的直接影响,而人类社会行为的变化又直接受某种或某些外界自然力(自然规律)的影响或制约。波浪理论的建立正是要为测度外部自然力对人类社会行为的影响提供一套原则体系,进而能使投资者近似把握市场价格波动规律,这套原则体系由三个基本方面构成,一是形态关系;二是时间关系;三是比例关系。形态指波浪的形态或构造;比例分析主要考虑各个波浪开始和结束的位置,通过计算这些位置,可以弄清各个波浪间的相互关系,确定股价的回撤点和将来股价可能达到的位置;波浪理论中各个波浪间在时间上是相互联系的,可以用时间验证某个波浪形态是否已经形成。后人又根据这三个方面进行发展而形成了不同的波动理论的分析派别,如精确化波浪记数派、费波纳契级数(Fibonacci Sequence)派、市场心理结合派以及目前最先进的计算机记数派等。

波浪理论基本内容如下:第一,股价的运动趋势后必有一个相反的运动趋势,即股价的上升和下跌会交替进行。第二,推动浪(impulse waves)和调整浪(correction waves)是价格波动两个最基本形态,而推动浪(即与大市走向一致的波浪)可以再分割成五个小浪,一般用第 1 浪、第 2 浪、第 3 浪、第 4 浪、第 5 浪来表示,调整浪也可以划分成三个小浪,通常用 A 浪、B 浪、C 浪表示。第三,在上述八个波浪(五上三落)完毕之后,一个循环即告完成,走势将进入下一个八波浪循环。第四,时间的长短不会改变波浪的形态,因为市场仍会依照其基本形态发展。波浪可以拉长,也可以缩细,但其基本形态永恒不变。

艾略特波浪理论的贡献在于从人类社会群体行为的本质出发,揭示了股票市场的整体运动呈现出波浪般的特性。艾略特描述出这种规律性的表现形式——波浪以及各种形态,也提出了这些表现形式的数学关系。但是,艾略特波浪理论只是作为人类对股票市场发展规律的一种思维方式,不代表它可以作为投资者具体的投资策略,波浪理论也存在以下缺陷。第一,波浪的起点不能定量、客观地精确化确定。在波浪理论中,由于第一个上升(或下跌)的完整过程都包括一个八浪周期,大浪中有小浪,小浪中有细浪,使数浪变得相当繁杂和难以把握。另外,推动浪和调整浪经常出现变化形态和复杂形态,使得对浪的正确划分更加难以界定,这是波浪理论的主要缺陷,也是波浪理论运用的最大难点。第二,波浪理论是一套以预测为主的分析系统。艾略特本人并没有制定将分析系统与实践操作转化的精细规则,这一问题直接决定了波浪理论只能从宏观层面定性使用,而在实践操作层面无法精细化使用。

第 **8** 章

资产组合理论

　　资产组合理论(portfolio theory)是为了适应金融资产多样化,经济主体必须对金融资产进行选择的需要而产生的。可以说,凯恩斯关于在货币与债券之间进行选择的流动性偏好理论是它的发展渊源。最初倡导这一理论的是美国经济学家托宾(J. Tobin)与马柯维茨(H. M. Markowitz)。马柯维茨因在创立这一理论的基础方面作出贡献而获得1990年诺贝尔经济学奖。该理论自20世纪70年代末起已成为欧美发达国家分析个人、企业、银行及非银行金融机构如何运用其财富进行投资的重要理论依据。

　　自20世纪初证券市场在发达国家得到极大发展以来,学者们一直在寻找对有风险证券进行定价及预测的方法。欧美等发达国家在20世纪70年代末之前盛行着两种传统的投资分析法,即"基础分析法"和"技术分析法",而"资产组合理论"则可以说是金融理论在70年代末的突破性发展。它首先创新了用资产收益历史数据的方差作为衡量风险大小的方法。对于风险这一概念用方差来定量化,人们感到难以认同的关键在于日常生活中,仅把投资收益相对于平均收益下降的可能性才看作是风险,而认为收益相对上升则显然是好事而非风险。风险的传统定义为遭受损失的可能性。但许多金融学家已证实,风险资产的收益概率分布是对称的。在这一前提条件下,方差就可以有效地作为风险衡量的指标。在风险定量化的基础上,资产组合理论建立了投资者行为假设为追求最大收益和避免风险的二元效用基础,确定了在资产结构中把风险和预期收益结合起来考虑的原则,否定了传统投资学中将预期收益最大化作为决策准则的思想。

8.1　金融学中效用函数基础

　　对效用函数的分析已广泛应用于金融学领域。效用是人的心理感觉,要把它用数学方程表示出来是难以完全科学的。虽然用较具体的数学方程表示效用很难,但对于效用函数一些"定性"的特征进行分析还是可能的。

设某风险资产未来的不确定收益可以用价值 W 度量，$U(W)$ 为结局为 W 的效用值，$P(W)$ 为收益等于 W 的概率，则期望效用为：

$$E(U) = \sum_W U(W) \times P(W)$$

假设投资者行为为追求最大效用，则投资者行为描述可用下式表示：

$$\max E(U)$$

显然，效用函数及其经过正线性变换后得到的效用函数在表达投资者的效用上是一致的。

例如，设某投资者效用函数为 $U(W)$，则其正线性变换的效用函数为：

$$U' = AU(W) + B \quad A、B \text{ 为常数}, A > 0$$

投资者行为：

$$
\begin{aligned}
\max E(U') &= \max\left[\sum_W U'(W) \times P(W)\right] \\
&= \max\left[\sum_W AU(W) \times P(W) + \sum_W B \times P(W)\right] \\
&= \max\left[A\sum_W U(W) \times P(W) + B\right] \\
&= A \times \max\left[\sum_W U(W) \times P(W)\right] + B \\
&= A \times \max E(U) + B
\end{aligned}
$$

可见，若 $U(W)$ 为表示该投资者的效用函数，则 $U'(W)$ 亦同样可以表示该投资者的效用函数。

按照经济学中"理性人"的假设，效用函数有以下一些特性：

(1) "多多益善"的特性，即 $U(X+1) > U(X)$，也就是 $U'(X) > 0$。

(2) 风险态度区别。

首先我们构造一个"公平游戏"(fair gamble)。

表 8.1　投资者的两种选择

投　资		不投资	
结局值	概　率	结局值	概　率
2	1/2	1	1
0	1/2		

可设想一个投资者，手头有 1 单位资金，他可作两种选择：投资或不投资，两种选择的可能结果见表 8.1。不投资显然就是保存此 1 单位资金不动，如果投资，则若成功可获

得 2 单位资金的收益,不成功便是损失了此 1 单位资金。

显然,"公平游戏"中两种投资策略的期望结局值均为 1。

投资:$1/2 \times 2 + 1/2 \times 0 = 1$;

不投资:$1 \times 1 = 1$。

每个投资者对风险的态度各不一样,参照"公平游戏"可分为下列三种:

风险厌恶者:对他来说,他不愿意进行投资,而宁愿采取不投资策略,即他不投资的期望效用大于投资的期望效用:

$$U(1) > \frac{U(2)}{2} + \frac{U(0)}{2}$$

即

$$U(1) - U(0) > U(2) - U(1)$$

亦即

$$U''(X) < 0$$

风险中性者:投资者无所谓哪一个策略,对他来说两种策略的期望效用是一样的。

$$U(1) = \frac{1}{2}U(2) + \frac{1}{2}U(0)$$

即

$$U(1) - U(0) = U(2) - U(1)$$

亦即

$$U''(X) = 0$$

风险爱好者:他偏好于选择投资的策略,以 1/2 概率获得 2 单位资金的结果是够刺激的,其效用也高。

$$U(1) < \frac{1}{2}U(2) + \frac{1}{2}U(0)$$

即

$$U(1) - U(0) < U(2) - U(1)$$

亦即

$$U''(X) > 0$$

结论:风险厌恶者的效用函数的二阶导数小于零,风险中性者效用函数的二阶导数等于零,而风险爱好者效用函数的二阶导数大于零。

(3) 进一步讨论投资者效用函数特性。可假设:

当投资者所拥有的全部财富值变化时,投资偏好变化的情况。

设 W 为投资者的财富总值,X 为其中投资在风险资产的值,若 W 上升引起 X 下降,则称"递增绝对风险厌恶"。数学推导可证明有:$A'(W) > 0$,其中 $A = -\dfrac{U''(W)}{U'(W)}$,如 $U(W) = W - C \times W^2$。

若 W 上升但 X 不变化,则称"定常绝对风险厌恶"。有 $A'(W) = 0$,如 $U(W) = -e^{-cW}$。

若 W 上升从而引起 X 也上升,则称"递减绝对风险厌恶"。有 $A'(W) < 0$,如 $U(W) = \ln W$。

再考察当 W 变化时,风险资产在总资产中的比例 $\dfrac{X}{W}$ 的变化情况。

设 $R(W) = W \times A(W)$,则若 W 上升而 $\dfrac{X}{W}$ 下降,称为"递增相对风险厌恶"。此时有 $R'(W) > 0$,如 $U(W) = W - b \times W^2 (b > 0)$。

若 W 上升而 $\dfrac{X}{W}$ 比率不变,称为"定常相对风险厌恶"。此时有 $R'(W) = 0$,如 $U(W) = \ln W$。

若 W 上升但 $\dfrac{X}{W}$ 也上升,称为"递减相对风险厌恶"。此时有 $R'(W) < 0$,如 $U(W) = -e^{\frac{2}{\sqrt{W}}}$。

对各种绝对风险厌恶和相对风险厌恶的解释:

递增绝对风险厌恶表示投资者在自己总财富量变多后,反而减少了他投资在风险资产上的投资数量。注意在此讨论的是他投资在风险资产上的绝对数量。这是一个十分"胆小"的人,"穷时破罐子破摔"不在乎,但富后就变得小心了,是"拿得起放不下"的典型。从定义上看,他一定是一个"递增相对风险厌恶者"。

定常绝对风险厌恶者也是一个递增相对风险厌恶者,该投资者也属于较"胆小"的怕风险一类人。

递减绝对风险厌恶者对风险不怎么害怕,但若 X 的上升赶不上 W 的上升,则仍是递增相对风险厌恶者;若成比例上升,则为定常相对风险厌恶者;若 X 上升幅度大于 W 上升幅度,则为递减相对风险厌恶者。

从以上分析可见,递减相对风险厌恶者是最敢于冒风险的,而递增绝对风险厌恶者最怕风险。

(4) 两个代表性效用函数的特性。

下面我们讨论两个特殊形式的效用函数,一个是二次多项式效用函数,另一个是对数函数。这两个函数作为效用函数有一定的代表性,并经常作为实际分析中投资者效用的近似函数。

先讨论二次多项式效用函数的一些特性。

$$U_1(W) = W - b \times W^2$$

$$U_1'(W) = 1 - 2bW$$

$$U_1''(W) = -2b$$

我们一般假设投资者为多多益善和风险厌恶者,所以其效用函数的一阶导数应大于零,二阶导数则必须小于零,从而有 $1 - 2bW > 0$ 和 $-2b < 0$,所以 $b > 0$,$W < \dfrac{1}{2b}$。

再看其绝对风险厌恶情况:

$$A(W) = -\frac{U''(W)}{U'(W)} = \frac{2b}{(1 - 2bW)}$$

$$A'(W) = \frac{4b^2}{(1 - 2bW)^2} > 0$$

故其为递增绝对风险厌恶。

再看其相对风险厌恶情况:

$$R(W) = W \times A(W) = \frac{2bW}{1 - 2bW}$$

$$R'(W) = \frac{2b}{(1 - 2bW)^2} > 0$$

所以是递增相对风险厌恶。实际上,已知为递增绝对风险厌恶,即可知其必为递增相对风险厌恶。

下面我们再考虑对数效用函数。

$$U_2(W) = \ln W$$

$$U_2'(W) = \frac{1}{W}$$

$$U_2''(W) = -\frac{1}{W^2}$$

显然 W 取值大于零,故上面后两式表明对数效用函数遵循我们对一般投资者行为的假设:多多益善和风险厌恶原则。又由于:

$$A(W) = \frac{-U''(W)}{U'(W)} = \frac{1}{W}$$

$$A'(W) = -\frac{1}{W^2} < 0$$

$$R(W) = 1$$

$$R'(W) = 0$$

可见为递减绝对风险厌恶和定常相对风险厌恶。

从上面的分析可以看出,自然对数效用函数对应着这样的投资者,他是一个多多益善和风险厌恶者,而且他投资在风险资产上的资本随其总财富的增长按相同比例增长。

8.2　资产组合的期望收益与标准差

研究有风险的投资策略,意味着对结局无绝对的把握,只有对各种结果可能发生的概率有一定的经验。对这种有风险的事件,一般可以用该事件各种结果可能发生的频率或概率来表示。如投资于某风险资产,可能有三种结果,各结果值的发生概率如表 8.2 所示。

表 8.2　某风险资产的可能结果值

收　益	概　率
12	1/3
9	1/3
6	1/3

表 8.2 中列举的投资项目情况较为简单,而现实中许多风险投资结局的可能性很多,像这样全部用表来描述太难也太复杂,并且其中的误差也大。如果借用概率论的知识,则一般可用两个可测量值来表示风险概率事件的基本特性,这两个可测量值就是数学期望和方差。

8.2.1　单个证券的期望收益率与方差

设可供某投资者选择的证券有 N 种,对于任一种证券,其收益有 M 种可能性,我们用 R_{ij} 表示证券 i 在第 j 种可能性下的收益率,用 P_{ij} 表示第 i 种证券的收益率出现第 j 种可能性的概率。则第 i 种证券收益的期望收益率为:

$$\overline{R}_i = \sum_{j=1}^{M} R_{ij} P_{ij}$$

然而,对证券投资者来说,仅知道某种证券期望收益率尚不足以对该证券有足够的把握,我们还必须知道收益率的离散程度,即要知道各收益率偏离期望值的情况。在表 8.3 中 A、B 两种投资结局的期望收益都为 10,但其离散程度不一样,显然个人选择时会感到这两种投资方式是不同的。

表 8.3   两种投资的收益分布

A		B	
结局收益(%)	概率	结局收益(%)	概率
12	1/3	16	2/5
10	1/3	10	1/5
8	1/3	4	2/5

有这样一个故事,有位数学家,他坚信均值足以描述任何事件,因此被淹死在一条平均深度只有 2 英寸的河里。每位投资者,至少从直觉上会感到,均值不是决策时唯一的考虑因素。从证券投资分析的角度,收益均值大小只表示某证券收益的期望值。对两种证券比较优劣时,不能光凭收益均值大小来决定,还要考虑各证券的风险程度。风险程度的大小,我们用收益率的标准差 σ 来衡量。收益率偏离均值越厉害,也就是标准差越大,它表示证券收益的变化越厉害,风险也越大。

第 i 种证券收益的方差定义为:

$$\sigma_i^2 = \sum_{j=1}^{M} P_{ij}(R_{ij} - \overline{R}_i)^2$$

如果证券收益 M 种可能性发生的概率相同,即 $P_{ij} = \dfrac{1}{M}$,则有:

$$\sigma_i^2 = \sum_{j=1}^{M} \frac{(R_{ij} - \overline{R}_i)^2}{M}$$

表 8.4 列出了 5 种证券资产情况,并设各种状况为等概率 1/3。

对于一种证券,选择时有何准则呢?若二者标准方差一样,则选择均值大者;若二者均值一样,则选择标准方差小者。如我们认为,在表 8.4 中 B 优于 A,B 优于 C。

表 8.4   5 种证券的收益情况

市场状况	收益				
	A	B	C	D	E
好	15	16	1	16	16
平均	9	10	10	10	10
坏	3	4	19	4	4
均值	9	10	10	10	10
方差	24	24	54	24	24
标准差	4.9	4.9	7.35	4.9	4.9

8.2.2 资产组合的期望收益率与方差

在上例中,我们可以大致了解这 5 种证券资产的情况并进行了比较,但问题并不仅仅限于在这五者之中进行简单取舍选择,我们还要考虑选择各种证券,并构成一个"组合体"。比如某投资者总投资 1 元,他投资 0.60 元在 B 上,0.40 元在 C 上,则其资产组合情况如表 8.5 所示。

表 8.5　资产组合的收益情况

市场状况	B	C	组合 ($60\%B + 40\%C$)
好	1.16	1.01	1.10
平均	1.10	1.10	1.10
坏	1.04	1.19	1.10

例如在市场状况好时,该投资者得 $1.16 \times 0.6 + 1.01 \times 0.4 = 1.10$ 元。

从上例我们见到,该投资者的证券组合均值为 1.10,方差却为零,也就是该组合风险没有了。这一现象并不奇怪,也非本例所特有,下面我们将就一般情况进行论述。

假设某投资者用 N 种证券组成了他的资产组合,设该资产组合用 P 表示,投资在证券 i 上的资本量占总投资的比例为 X_i $(i = 1, 2, \cdots, N)$,则有:

$$R_{Pj} = \sum_{i=1}^{N} X_i R_{ij} \quad j = 1, 2, \cdots, M$$

其中,R_{Pj} 表示在第 j 种可能结果下组合 P 的收益率。因此,P 的期望收益率为:

$$\overline{R}_P = E(R_P) = E\left(\sum_{i=1}^{N} X_i R_{ij}\right) = \sum_{i=1}^{N} E(X_i R_{ij}) = \sum_{i=1}^{N} X_i \overline{R}_i$$

以上讨论了资产组合的收益率,即组合的期望收益率等于组合内各证券的期望收益率的加权平均。关于组合收益的方差,首先看一个特例。设证券组合只包含两种证券,由概率论知识可知:

$$\sigma_P^2 = X_1^2 \sigma_1^2 + X_2^2 \sigma_2^2 + 2 X_1 X_2 \sigma_{12}$$

其中,σ_1、σ_2 分别为这两种证券的标准差;σ_{12} 为这两种证券的协方差。σ_{12} 符号不同,影响不一样。协方差反映了该两证券收益变动之间的联系,$\sigma_{12} > 0$ 表示两证券收益同方向变化,$\sigma_{12} < 0$ 表示两证券收益反方向变化,$\sigma_{12} = 0$ 表示它们互相独立。

如前例,由 B 和 C 组成的证券组合体中:

$$X_1 = 0.6, \ X_2 = 0.4, \ \sigma_1^2 = 24, \ \sigma_2^2 = 54$$

$$\sigma_{12} = E[(R_{Bj} - \overline{R}_B)(R_{Cj} - \overline{R}_C)] = -36$$

可计算得：

$$\sigma_P^2 = 0.6^2 \times 24 + 0.4^2 \times 54 - 2 \times 0.6 \times 0.4 \times 36 = 0$$

对于包含有 N 种证券的资产组合 P，其方差由下式决定：

$$\sigma_P^2 = \sum_{i=1}^{N} X_i^2 \sigma_i^2 + \sum_{i=1}^{N} \sum_{\substack{k=1 \\ k \neq i}}^{N} X_i X_k \sigma_{ik}$$

若该组合是等比例地投资在各证券上，即投资在各种证券上的资本量相等，$X_i = \dfrac{1}{N}$，则有：

$$\sigma_P^2 = \frac{1}{N} \sum_{i=1}^{N} \left[\frac{\sigma_i^2}{N} \right] + \frac{(N-1)}{N} \sum_{i=1}^{N} \sum_{\substack{k=1 \\ k \neq i}}^{N} \left[\frac{\sigma_{ik}}{N(N-1)} \right] = \frac{1}{N} \bar{\sigma}_i^2 + \frac{N-1}{N} \bar{\sigma}_{ik}$$

其中，$\bar{\sigma}_i^2$ 是 N 种证券方差之平均值；$\bar{\sigma}_{ik}$ 是 $N(N-1)$ 种证券协方差的平均值。

8.2.3　资产组合的风险分散原理

讨论：$\bar{\sigma}_i^2$ 和 $\bar{\sigma}_{ik}$ 是均值，当 N 增大时一般趋向稳定值，不会趋向无穷大。

观察：$\sigma_P^2 = \dfrac{1}{N} \bar{\sigma}_i^2 + \dfrac{N-1}{N} \bar{\sigma}_{ik}$。

在 N 增大时，等式右边第一项将趋向于零，而第二项却趋向于 $\bar{\sigma}_{ik}$，可见当 N 增大时，σ_P^2 趋向于 $\bar{\sigma}_{ik}$，即：

$$\lim_{n \to \infty} \sigma_P^2 = \bar{\sigma}_{ik}$$

上面这一特性具有非常重要的经济意义，它提出了资产组合收益的方差，也就是风险是由组合体内的各证券风险所产生的，每种证券风险对组合风险的"贡献"有两项：一项是其单个自身收益变化风险 σ_i^2，另一项是和别的证券收益变化发生联系而致的风险 σ_{ik}，随着组合体 P 所包含证券种类数 N 的增加，σ_i^2 部分的影响将会消失，但是 σ_{ik} 部分的影响则无法消除。

上面所述实际上就是有名的资产组合理论的基本原理——分散化原理。对每个证券组合而言，组成组合的单个资产的风险 σ_i^2 称为可分散化风险，也称作非系统风险或个股风险，而 σ_{ik} 则为不可分散化风险，也称作系统风险或市场风险。

表 8.6 所列数据显示了美国股票市场的实际情况，平均方差和平均协方差从纽约股票交易所所有上市股票的每月数据中采样。右列表示当组合所包括的证券数为 N 时组合的平均方差。当组合中只包含一个证券时，组合的风险为 $\bar{\sigma}_i^2 = 46.619$；当组合中包含的证券趋于无限多时，组合的风险为 $\bar{\sigma}_{ik} = 7.058$。从实证分析中不难看出，组合包括的

证券数目越多,组合的风险越小。

表 8.6　证券组合的方差与其所包含证券数目的关系

证券数	组合方差	证券数	组合方差
1	46.619	40	8.047
2	26.839	50	7.849
4	16.948	100	7.453
8	12.003	200	7.255
12	10.354	400	7.157
16	9.530	800	7.107
20	9.036	1 000	7.097
30	8.376	无穷大	7.058

由此可见,所谓分散化原理,就是如果证券组合中的证券种数尽可能多的话,则组合体的风险可减少,直至把可分散化风险全部消除。

图 8.1 是显示分散化原理的图形,采样自美国股票市场实际情况。图中纵轴代表了资产组合方差(风险)占单个证券风险的百分比,横轴为组合体证券种类数。从该图中可见,当 N 增大时,组合体的风险接近于 27% 的单个证券风险。

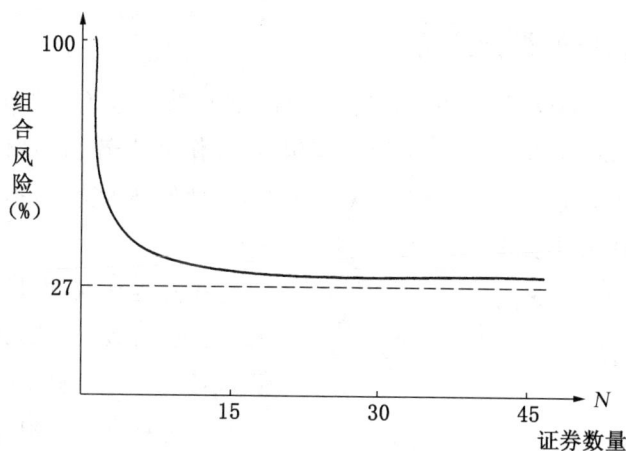

图 8.1　组合风险与单个证券风险的关系

作为一种特例,若 N 种证券都是互相独立,即 $\sigma_{ik}=0$,则组合体风险随 N 增大而趋向零:

$$\lim_{N \to \infty} \sigma_P^2 = 0$$

即组合体没有风险。但实际上证券市场上各证券之间是不互相独立的,它们随着整个证券行市波动而波动,更多的是呈正相关关系。

对于各个国家,其证券市场的情况也各有不同,各国证券市场上证券的平均方差和平均协方差都不一样,因此,"分散化"能消除的风险大小也不一样。

法国学者布鲁诺·索尼克(Bruno Solnick)1975 年在《证券投资分散化的优越性》(*The Advantages of Domestic and International Diversification*)一文中对西方几个发达国家股票市场进行了研究,表 8.7 的数字即摘自该文。表中右列是随机地抽取若干股票组成资产组合的可分散风险占单个证券风险的百分比。

表 8.7　发达国家资产组合的可分散化风险(%)

美　国	73	比利时	80.0
英　国	65.5	瑞　士	56.0
法　国	67.3	荷　兰	76.1
德　国	56.2	国际股票	89.3
意大利	60.0		

表 8.7 中的数字可近似看作是 $\dfrac{\overline{\sigma_i^2} - \overline{\sigma}_{ik}}{\overline{\sigma_i^2}}$ 的值,$\overline{\sigma}_{ik}$ 表示分散后剩下的风险,$(\overline{\sigma_i^2} - \overline{\sigma}_{ik})$ 表示被分散掉的风险。从该表中可以看出,比利时、荷兰两个国家股票市场单个证券的风险更容易分散,而系统风险占总风险比率最小的投资组合就是国际化证券投资。

8.2.4　偏斜度和证券组合分析

许多证券分析家建议,仅仅用证券收益分布的两个特征值尚不足以准确地反映收益的随机变化性,还必须再增加一个特征值"偏斜度"来作出补充。所谓偏斜度,是测量收益分布的非对称性情况的。正态分布为对称分布,因此偏斜度为零,但正态分布的自然对数函数就不是对称的,如图 8.2 所示。

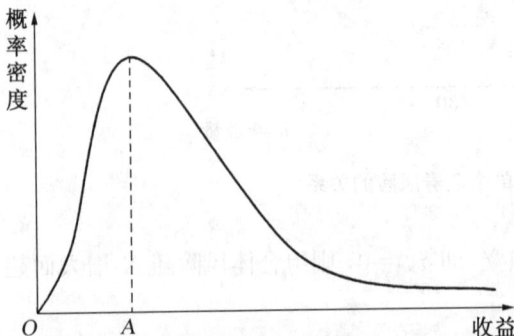

图 8.2　证券收益的自然对数正态分布

A 点为众数,即最大可能值。从图 8.2 可见,若收益分布为对数正态分布,则收益值更可能发生在 A 点的右边,我们称此为具有正偏斜度,或称其为偏于较高值。

分析家们提倡再补充一个偏斜度,主要是由于他们相信投资者都将会偏好于正偏斜度,若其他条件不变,则可认为投资者将更喜欢可能带来较高收益的证券组合。

若偏斜度被接受,则我们在前面讨论的证券组合问题就将在一个三维空间中被表达出来。这三个坐标轴分别为均值、均方差、偏斜度。

由于证券组合偏斜度不是由单个证券的偏斜度平均而得,类似于均方差,它取决于单个证券间的共同变化的关系,而要获得这些数据是艰难的,目前尚没有研究出有效的解决方法。因此,偏斜度倡议还只能停留在理论水平上,它真正被接受还有待于具体技术的发展。

8.3 有效资产组合曲线

有效资产组合曲线的分析按如下过程:我们首先考虑投资者将所有资金都投入风险资产的情况,即投资者既不能从市场上借入资金,也不拆出资金的情况;再讨论存在无风险借贷的情况,以及借入与拆出资金利息不一样的情况。

8.3.1 不存在无风险借贷(马柯维茨)

1. 不允许卖空

在接下来的分析中,我们将应用前面关于计算证券组合 P 的收益和方差的一些结论。设定 X_i 为投资在第 i 种证券上的资产价值比例,在不存在无风险借贷且不允许卖空的假设下显然有:

$$\sum_{i=1}^{N} X_i = 1$$

且 $X_i \geqslant 0$,因为"卖空"行为在经济意义上相当于负投资。

仍设有 A、B 两种证券,其中相关系数为 ρ_{AB}:

$$\overline{R}_P = X_A \overline{R}_A + X_B \overline{R}_B = X_A \overline{R}_A + (1 - X_A) \overline{R}_B$$

$$\sigma_P^2 = X_A^2 \sigma_A^2 + (1 - X_A)^2 \sigma_B^2 + 2 X_A (1 - X_A) \sigma_A \sigma_B \rho_{AB}$$

(1) 若设 $\rho_{AB} = 1$,则有:

$$\overline{R}_P = X_A \overline{R}_A + (1 - X_A) \overline{R}_B$$

$$\sigma_P = X_A \sigma_A + (1 - X_A) \sigma_B$$

其中,$0 \leqslant X_A \leqslant 1$。

上面方程组的 X_A 为共同参数,两方程均为线性方程,若消去 X_A 参数,可得 σ_P、$\overline{R}_P$ 线性方程如下:

$$\overline{R}_P = \left(\overline{R}_B - \frac{\overline{R}_A - \overline{R}_B}{\sigma_A - \sigma_B} \sigma_B \right) + \left(\frac{\overline{R}_A - \overline{R}_B}{\sigma_A - \sigma_B} \right) \sigma_P$$

此为一形如 $\overline{R}_P = \alpha + \beta \sigma_P$ 的方程。

为了便于掌握,举例设 $R_A = 8$,$\sigma_A = 3$,$R_B = 14$,$\sigma_B = 6$,则上述方程即为 $\overline{R}_P = 2 + 2\sigma_P$,其图形如图 8.3 所示。其中点 A 为 $(8, 3)$,点 B 为 $(14, 6)$,它们分别代表当 $X_A = 1$ 和 $X_A = 0$ 时的两个极端点。

(2)若设 $\rho_{AB} = -1$,则有:

$$\overline{R}_P = X_A \overline{R}_A + (1 - X_A) \overline{R}_B$$

$$\sigma_P^2 = [X_A \sigma_A - (1 - X_A)\sigma_B]^2$$

由于上式中括号中的值可能为负数,故:

$$\sigma_P = X_A \sigma_A - (1 - X_A)\sigma_B$$

或者

$$\sigma_P = -[X_A \sigma_A - (1 - X_A)\sigma_B]$$

σ_P 具体取哪个式子,取决于 X_A 的值,只要保证 $\sigma_P \geqslant 0$ 即可。

从上式可见,当 $X_A^* = \dfrac{\sigma_B}{\sigma_A + \sigma_B}$ 时,有 $\sigma_P = 0$,而 $\sigma_P = 0$ 时的 X_A^* 显然有 $0 < X_A^* < 1$。

沿用上面的例子,$X_A^* = 2/3$,$X_B^* = 1/3$,即当 A 和 B 证券的投资比例分别为 2/3 和 1/3 时,组合的风险为零。同时,我们也易知:

$$\sigma_P = 3 - 9X_B \quad 0 \leqslant X_B \leqslant \frac{1}{3}$$

$$\sigma_P = 9X_B - 3 \quad \frac{1}{3} \leqslant X_B \leqslant 1$$

将上述两个方程分别与 $\overline{R}_P$ 方程联立,消去 X_B,即可解出两个关于 $\overline{R}_P$、σ_P 的直线方程:

$$\overline{R}_P = 10 - \frac{2}{3}\sigma_P \quad 0 \leqslant X_B \leqslant \frac{1}{3}$$

$$\overline{R}_P = 10 + \frac{2}{3}\sigma_P \quad \frac{1}{3} \leqslant X_B \leqslant 1$$

将这两个方程所描述的 $\overline{R}_P$ 和 σ_P 的关系在坐标平面上表示出来,如图 8.4 所示。

当 $\rho_{AB} = -1$ 时,对于每一个给定的 X_B 值,我们可以计算出相应的 $\overline{R}_P$、σ_P。于是,经

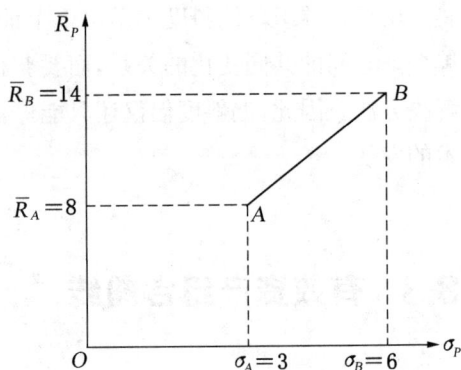

图 8.3　$\rho = 1$ 时证券组合预期收益与标准差的关系

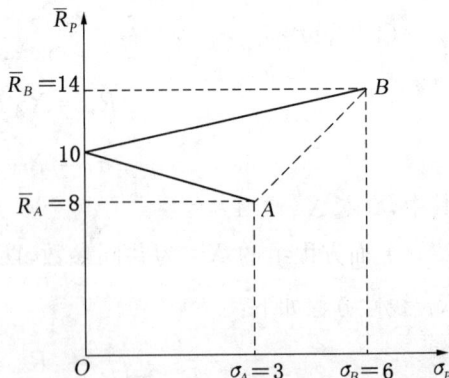

图 8.4　$\rho = -1$ 时证券组合的预期收益与标准差之间的关系

计算列出表 8.8。根据该表的数据也可以在坐标平面上画出 $\rho_{AB} = -1$ 时证券组合的预期收益与标准差之间的关系。

表 8.8　$\rho = -1$ 时证券组合的预期收益与标准差

X_B	0	0.2	0.4	0.6	0.8	1.0
$\overline{R}_P$	8.0	9.2	10.4	11.6	12.8	14.0
σ_P	3.0	1.2	0.6	2.4	4.2	6.0

（3）下面再讨论 $\rho_{AB} = 0$ 的情况，也就是两种证券之间线性无关。此时有：

$$\overline{R}_P = X_A\overline{R}_A + (1 - X_A)\overline{R}_B$$

$$\sigma_P^2 = X_A^2\sigma_A^2 + (1 - X_A)^2\sigma_B^2$$

该方程组较难解出，但我们可以通过描点法把 $(\overline{R}_P, \sigma_P)$ 曲线绘出。仍采用上面的例子：

$$\overline{R}_P = 8 + 6X_B$$

$$\sigma_P = (45X_B^2 - 18X_B + 9)^{1/2}$$

对上方程组进行列表计算，结果见表 8.9。

表 8.9　$\rho = 0$ 时证券组合的预期收益与标准差

X_B	0	0.2	0.4	0.6	0.8	1.0
$\overline{R}_P$	8.0	9.2	10.4	11.6	12.8	14.0
σ_P	3.00	2.68	3.00	3.79	4.84	6.0

根据表 8.9 画图，得图 8.5。

图 8.5 中有一点要特别注意，那就是最小风险之点 MV，在此点 σ_P 最小。

求 MV 点办法很简单，只要将 σ_P 表达式对 X_B 求导数，并令其为零，即可求出此点的 X_B，从而得知 MV 点的 $\overline{R}_P$ 及 σ_P。具体过程如下：

$$\sigma_P = [X_B^2\sigma_B^2 + (1 - X_B)^2\sigma_A^2 + 2X_B(1 - X_B)\rho_{AB}\sigma_A\sigma_B]^{1/2}$$

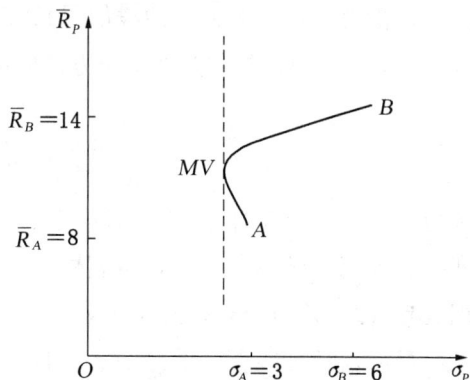

图 8.5　$\rho = 0$ 时证券组合的预期收益与方差之间的关系

对上式求导并令其等于零，即 $\dfrac{\mathrm{d}\sigma_P}{\mathrm{d}X_B} = 0$，得：

$$X_B = \frac{\sigma_A^2 - \sigma_B\sigma_A\rho_{AB}}{\sigma_B^2 + \sigma_A^2 - 2\sigma_A\sigma_B\rho_{AB}}$$

当 $\rho_{AB} = 0$ 时，有 $X_B = \dfrac{\sigma_A^2}{\sigma_B^2 + \sigma_A^2}$，再把本例数据代入，得 $X_B = 0.2$，再代入 $\overline{R}_P$、σ_P，得：

$$\overline{R}_P = 9.2 \quad \sigma_P = 2.68$$

在前面列表计算中，也可以得出当 $X_B = 0.2$ 时，σ_P 为最小，此时 $\sigma_P = 2.68$。

（4）一般实际经济生活中，两种证券间的相关系数都介于 0 和 1 之间，我们可设 $\rho_{AB} = 0.5$。

当 $\rho_{AB} = 0.5$ 时，

$$\overline{R}_P = X_A\overline{R}_A + (1 - X_A)\overline{R}_B$$

$$\sigma_P^2 = X_A^2\sigma_A^2 + (1 - X_A)^2\sigma_B^2 + X_A(1 - X_A)\sigma_A\sigma_B$$

代入前例数据，得方程如下：

$$\overline{R}_P = 8 + 6X_B$$

$$\sigma_P = (27X_B^2 + 9)^{1/2}$$

同样列表计算，结果见表 8.10。

表 8.10　$\rho = 0.5$ 时证券组合的预期收益与标准差

X_B	0	0.2	0.4	0.6	0.8	1.0
$\overline{R}_P$	8.0	9.2	10.4	11.6	12.8	14.0
σ_P	3.00	3.17	3.65	4.33	5.13	6.0

根据表 8.10 也可画一曲线如图 8.6 所示。

这里另外需注意的是在最小方差处：

$$X_B^* = \frac{9 - 18 \times 0.5}{9 + 36 - 2 \times 18 \times 0.5} = 0$$

所以，当 $\rho_{AB} = 0.5$ 时，这两种证券无论如何组合，组合之方差总不可能小于它们中间较小方差者，如上例 $\sigma_A < \sigma_B$，组合体方差在 $X_B = 0$ 时为最小，即全部投资在证券 A 上，此时，组合体方差即为证券 A 的方差。

最后，我们将 $\rho_{AB} = 1$，$\rho_{AB} = -1$，$\rho_{AB} = 0$ 及 $\rho_{AB} = 0.5$ 四条曲线画在一张图上，见图 8.7。

从图 8.7 中得到如下结论：对所有的证券资产而言，总存在着某一个 ρ 值，使资产组合风险（σ_P）不可能比单个证券中的最小风险小，如上例中的 $\rho = 0.5$，$\rho = 1$ 时的情况。但当 $\rho = 0$ 及 $\rho = -1$ 时，其 σ_P 可能会比单个证券的最小风险小。

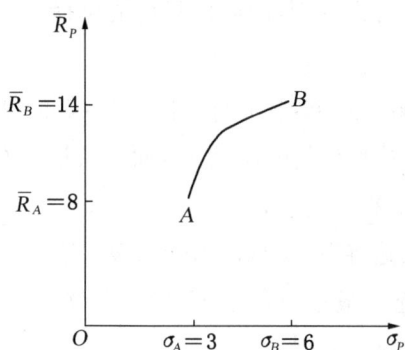

图 8.6　$\rho = 0.5$ 时证券组合的预期收益
与标准差之间的关系

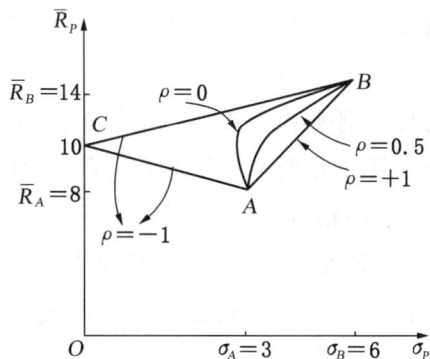

图 8.7　证券组合在各种相关系
数条件下的预期收益与标准差

另外我们也注意到，AB 直线（$\rho_{AB}=1$）为组合体的方差（σ_P）最大时的情况，通过数学方法可以证明任何两个证券的组合体之方差不可能再落到 AB 直线的右边。同时，$\rho_{AB}=-1$ 时亦为另一极端。所以，三角形 ABC 为组合体方差 σ_P 及收益 $\overline{R}_P$ 之关系所可能落在的区域。对 $-1<\rho_{AB}<1$ 中任一 ρ_{AB} 之定值，其对应的证券组合体的可能性曲线只会在此区域内，如 $\rho=0$ 及 $\rho=0.5$ 时的情况。

图 8.7 中所画出的（$\overline{R}_P$，σ_P）曲线称为组合可能性曲线。

2. 组合可能性曲线的形状

如图 8.8 所示，我们取有典型性的可能性曲线来进行研究，MV 点为最小 σ_P 点。

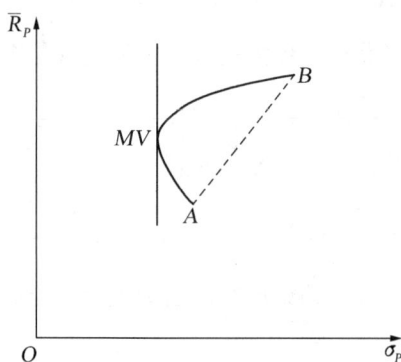

图 8.8　一条典型的组合可能性曲线

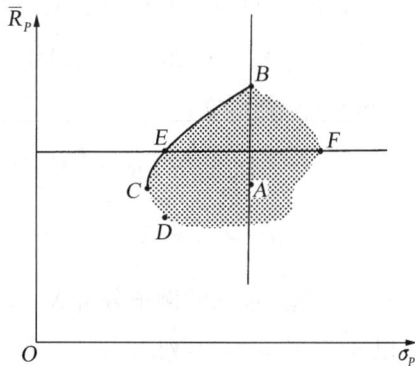

图 8.9　证券组合的各种预期收益
和标准差的可能性

（1）不允许卖空条件下的有效边界。

首先假定投资者遵循前面所作的两个合理行为假设，即同一风险水平下收益多多益善和同一收益水平下尽可能减少风险。

在不允许卖空情况下，投资者所有可能的组合的点集合如图 8.9 所示，其中 C 点为最小风险点。然而,由于我们假定了投资者两个行为原则,因此他只可能选择 B、C 曲线上的某一点。

例如,D 不是投资者所愿接受的,因为存在某一点 E,在此处风险一样,然而收益却要高出许多,故投资者只会选择 E 点。同样,投资者不会选择 A 点,而只会选择 C 点,因为虽然收益相同,但 C 点风险却要比 A 点小许多。

在现代证券资产组合中,BC 曲线称为"有效边界"(efficient frontier)。这是一个十分重要的概念。BC 曲线是一个凹曲线,它是连接最小方差点 C 和最大收益点 B 的曲线。

(2) 允许卖空下的有效边界。

一个完善的证券市场可以给投资者提供这样一种交易选择,当投资者预测某种证券下跌,即收益率为负值时,他可以卖空这种证券,当证券下跌以后再以较低价格买回,并且假设卖出证券所获得的资金投资者可以立即使用。允许卖空意味着在数学模型中 X_B 的值可以为负数,也可以为大于 1。$X_B < 0$ 表示卖空 B 证券,并把所获得的资金投到 A 证券上。$X_B > 1$ 表示卖空 A 证券,并把所获得的资金投到 B 证券上。因此,虽然 X_B 值变化范围扩大,$X_A + X_B = 1$ 的约束条件仍必须满足。这里举一个简单例子:设期初投资者拥有资金 2 000 元,A 股票价格为 10 元,B 股票价格为 10 元,但投资预测 1 个月后 A 价格会上升,B 价格为下降。于是,他卖出 B 股票 100 股,同时买入 A 股票 300 股,则 A、B 股票的投资比例分别为 1.5 和 -0.5,即 $X_A + X_B = 1$。如果一个月后 A、B 股票价格分别为 11 元、9 元,则 $\overline{R}_A = 10\%$,$\overline{R}_B = 10\%$,组合的收益率为 $\overline{R}_P = X_B \overline{R}_B + (1 - X_B)\overline{R}_A = 20\%$。通过卖空,投资者获得了更大的收益。但不管是否允许卖空,如下等式始终成立:

$$\overline{R}_P = X_A \overline{R}_A + X_B \overline{R}_B = X_A \overline{R}_A + (1 - X_A)\overline{R}_B$$

$$\sigma_P^2 = (1 - X_B)^2 \sigma_A^2 + X_B^2 \sigma_B^2 + 2(1 - X_B)X_B \sigma_A \sigma_B \rho_{AB}$$

接下来我们仍紧接前面的例子分析 $X_A > 0$,$X_B > 0$ 的约束放宽以后的组合可能曲线的形状。以 $\rho_{AB} = 0.5$ 为例,列表 8.11 计算如下:

表 8.11 $\rho_{AB} = 0.5$ 时允许卖空情况下证券组合的预期收益与标准差

X_B	-1	-0.8	-0.6	-0.4	-0.2	$+1.2$	$+1.4$	$+1.6$	$+1.8$	$+2.0$
$\overline{R}_P$	2.0	3.2	4.4	5.6	6.8	15.2	16.4	17.6	18.8	20.0
σ_P	6.0	5.13	4.33	3.65	3.17	6.92	7.87	8.84	9.82	10.82

其中从 0 到 1 值的计算和前面不准卖空情况下 ($\rho_{AB} = 0.5$) 一样,这里不再列出。

由表 8.11 画出图形,如图 8.10 所示。

在允许卖空情况下,可能性曲线的 ACB 部分和不允许卖空情况下可能性曲线重叠,但是多了两部分无限外伸部分,图中用箭头表示。其有效边界则为 CB 及向右上外延部分。

8.3.2　存在无风险借贷(托宾)

前面所分析的所有证券资产都是有风险的,现在引入一个无风险证券资产,即投资者可选择的资产种类中多了一种没有风险的资产。

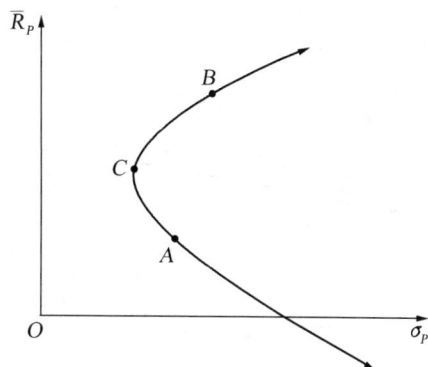

图 8.10　证券组合在允许卖空情况下的可能性曲线

对于无风险贷出,可认为是对一种能获得确定收入资产的投资,例如购买政府短期债券及储蓄存款等。由于假定单一时期投资决策,因此,该政府债券的到期日必须和投资者的持有时间相等,才能视为是无风险证券。对于无风险借入,则可认为将某种需支付确定利息的证券资产卖空,从而获得一笔借款,或是向银行借款,而付预定的利息。

我们首先分析无风险证券资产与单个证券构成的组合的有效边界,再分析引入无风险证券资产以后对资产组合的有效边界的影响。

假设投资者可以无限制地借贷无风险资金,开始时准备把一部分资本投放在某一证券资产组合 A 上,而另一部分则进行无风险借贷。

设 R_f 为无风险证券资产利率,X 为投放在 A 上的资本比例,$(1-X)$ 就是投放在无风险资产上的比例,新的资产组合设为 C,则有:

$$\overline{R}_C = X\overline{R}_A + (1-X)R_f \quad X \geqslant 0$$

$$\sigma_C = [(1-X)^2\sigma_f^2 + X^2\sigma_A^2 + 2X(1-X)\sigma_A\sigma_f\rho_{Af}]^{1/2} = X\sigma_A$$

(上式中无风险资产的 $\sigma_f = 0$。)

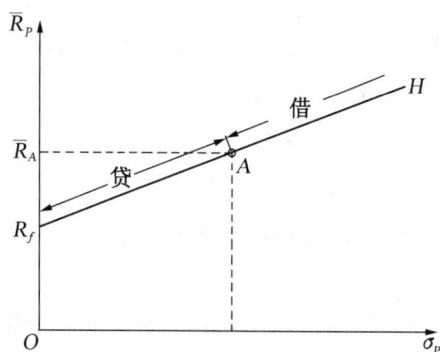

图 8.11　含有无风险借贷的证券组合的预期收益和风险

故有 $X = \dfrac{\sigma_C}{\sigma_A}$,代入 $\overline{R}_C$,得:

$$\overline{R}_C = R_f + \frac{\overline{R}_A - R_f}{\sigma_A}\sigma_C$$

这是一直线方程,如图 8.11 所示。

直线上 R_fA 段,是 $0 \leqslant X < 1$ 区域,意味着总资本一部分投放在资产组合 A 上,另一部分借出,并没冒大的风险。

直线 AH 段,是 $X > 1$ 区域,也就是说对应着投资者卖空无风险资产而把所获得收入

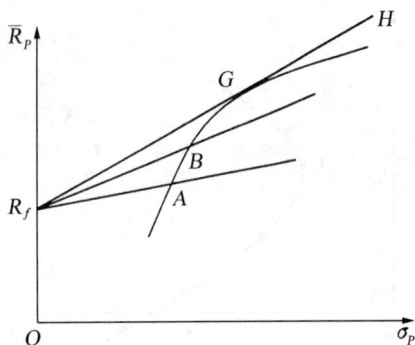

图 8.12　无风险资产与各种风险资产
组合构成的投资组合

连同原来资本一起投放到风险资产组合 A 上，这算是冒大风险了。

在 A 点，$X=1$，投资者不借不贷，全部资本投资在 A 上。

在前面的讨论中，证券资产组合 A 是任意的。根据有效边界理论，A 点首先必须在投资者的有效边界上。

如图 8.12 所示，其中曲线 ABG 为有效边界。

在图 8.12 中，A 点资产组合和 R_f 组合成的新组合体落在直线 $R_f A$ 上，B 点资产组合和 R_f 组合成的新组合体落在直线 $R_f B$ 上，显然 $R_f B$ 优于 $R_f A$，因为在同一风险下可获较多的收益。沿有效边界上移，我们最终可发现，直线 $R_f GH$ 最优，其中 G 点为通过 R_f 点的直线和有效边界的相切点。任何投资者，只要他面对着如此的有效曲线和无风险资产借贷，都会选择同一风险资产组合 G。这是我们至此获得的一重要结论，以后还要经常用到它。

在 $R_f G$ 段内，对应着较保守的战略，一部分资本投放在风险资产组合 G 上，另一部分则贷出获固定利息 R_f。

在 GH 段，对应着较冒险的战略，卖空无风险资产并把所获收入加上原资本全部投在 G 上。

在 G 点，不借不贷，全部资本投在风险资产组合 G 上。综合上面情况可见，不管如何，投资者的风险资产组合总是 G。

上面分析也使我们看到：我们不必要求获得某一投资者具体的一些特性或要求，就能知道他的最佳风险资产组合的构成。这一分析方法所获得的结果，一般称之为"分离定理"（separation theorem）。

我们继续讨论下去，若改变假设条件，情况将会有所不同。

如果只有无风险贷出，没有无风险借入，即投资者可贷给别人钱，却无法得到别人的贷款。此时情况如图 8.13 所示。按前面同样的分析方法，可知此时其有效边界为 $R_f GH$。

其中 GH 段为原风险证券资产组合的有效边界。有些投资者可能会选择 GH 段上某一点。但若某一投资者将一部分资本投入无风险资产，其余部分资本则必定投放风险组合体 G 上。

若虽有无风险借贷，但借入利率 R_f 却高于贷出收益 R_f。如图 8.14 所示，此时的有效边界为 $R_f GHI$。一般来说，这种情况是比较适用于实际市场状况的。

在这种特殊情况下，其有效边界曲线上各不同段所对应的实际投资策略也是不同的,读者可自行尝试解释之。

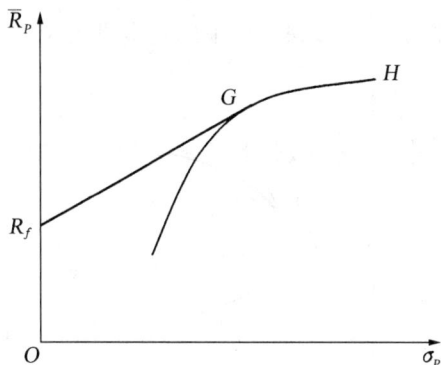

图 8.13　有无风险贷出而无借入时
证券组合的有效边界

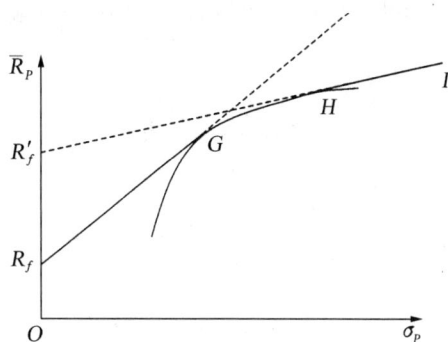

图 8.14　借入和贷出利率不等时
证券组合的有效边界

8.3.3　考虑不同投资者效用下的最优资产分配

在市场存在无风险资产的情况下,正如图 8.12 指出投资者的最优分配将是在无风险资产与资产组合 G 之间进行。在第 6 章我们分析了不同投资者的效用函数及等效曲线,下面我们将看到引入不同投资者的效用函数以后,每个投资者在无风险资产与股票市场上的资金分配比例将最终可以确定。或者说,每个投资者的效用函数不一样,则他在货币市场与股票市场进行分配形成的投资组合将不一样。

理性的投资者都是风险厌恶型的,因此我们只对不同风险厌恶程度的投资者进行分析。图 8.15 是两个风险厌恶程度不同的投资者的效用函数的图形。甲投资者多得 1% 收益,只愿多担 0.5% 风险;乙投资者为了多得 1% 收益,宁愿多担 2.5% 风险。因此尽管甲和乙投资者都是风险厌恶型的投资者,但相对来说甲更加厌恶风险,其等效曲线更加陡峭。

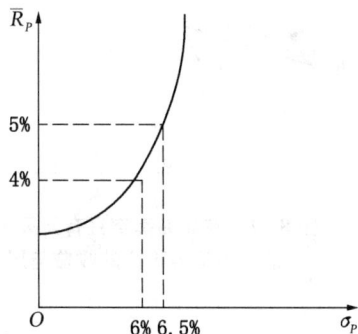

（a）甲投资者多得 1% 收益,只愿多担 0.5% 风险　　（b）乙投资者多得 1% 收益,愿多担 2.5% 风险

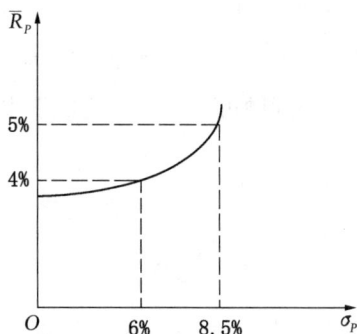

图 8.15　不同风险厌恶程度的投资者效用

下面将等效曲线与有效资产组合边界相结合进行分析。不难看出：等效曲线与有效资产组合边界相切的切点就是单个投资者的资产配置（asset allocation）情况。比较图8.16(a)和图8.16(b)可以看出，更厌恶风险的投资者在股票市场上的资金投入较少。

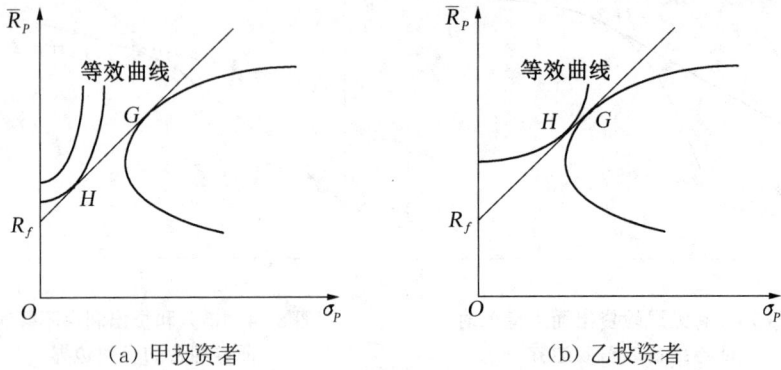

(a) 甲投资者　　　　　　　　　　(b) 乙投资者

图 8.16　不同风险厌恶程度的投资者的资产分配情况

8.4　有效边界的数学描述及计算技术

前面主要通过几何方法对有效边界进行了分析，这样的方法有助于通过直观的认知来理解有效边界的概念。接下来要在前一节基础上以严格的数学方式推导在给定一组资产的情况下如何选择有效资产组合。

8.4.1　允许卖空且有无风险借贷

参照图 8.17，按前节所叙述的原理，寻求有效边界实质即为求与过 R_f 点的直线相切的切点 B 所表示的资产组合构成，也就是要使此直线与横轴夹角达到最大。

设 θ 为夹角。求最大 θ 即为求最大 tg θ 值，所以此问题可归结为下述数学规划问题：

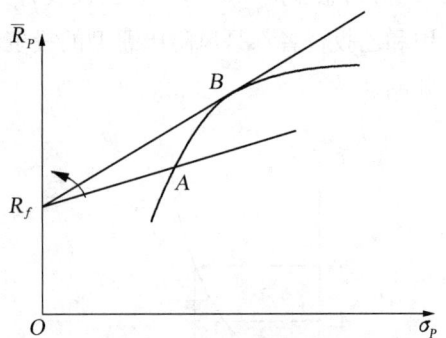

图 8.17　在允许卖空且有无风险借贷情况下证券组合的收益与风险

$$\max \theta = \frac{\overline{R}_P - R_f}{\sigma_P}$$

$$\text{s.t.} \sum_{i=1}^{N} X_i = 1$$

对此数学规划问题的解决方法如下：

因为 $R_f = 1 R_f = (\sum_{i=1}^{N} X_i) R_f = \sum_{i=1}^{N} X_i R_f$，将它代入 θ 消去了约束方程，变成无约束

极值数学问题:

$$\max \theta = \frac{\displaystyle\sum_{i=1}^{N} X_i(\overline{R}_i - R_f)}{\Big[\displaystyle\sum_{i=1}^{N} X_i^2 \sigma_i^2 + \sum_{i=1}^{N} \sum_{\substack{j=1 \\ j \neq i}}^{N} X_i X_j \sigma_{ij}\Big]^{1/2}}$$

即把 $\overline{R}_P$ 和 σ_P 分别用其组合内单个证券资产的特征值来表示。

对以上方程求解 $\dfrac{\mathrm{d}\theta}{\mathrm{d}X_i} = 0$ （$i = 1, 2, \cdots, N$），可整理得出如下方程组:

$$\overline{R}_i - R_f = Z_1 \sigma_{1i} + Z_2 \sigma_{2i} + \cdots + Z_i \sigma_i^2 + \cdots + Z_{N-1} \sigma_{N-1\,i} + Z_N \sigma_{Ni} \quad i = 1, 2, \cdots, N$$

$$(8.1)$$

其中，$X_i = \dfrac{Z_i}{\displaystyle\sum_{i=1}^{N} Z_i}$。从中我们可解方程组得 Z_i 值，求得 Z 后，再从 $X_i = \dfrac{Z_i}{\displaystyle\sum_{i=1}^{N} Z_i}$ 式子中求

出 X_i。

求出 X_i，就可得知风险资产组合 B 之构成，从而可求出其 $\overline{R}_B$ 及 σ_B，有效边界也就知道了。

公式在实际中具有重要的意义。举例如下，设有 A、B、C 三家股份有限公司，各公司股票收益的特征值由表 8.12 给出。

假设无风险借贷利率均为 5%，运用公式，得方程组如下:

$$\overline{R}_1 - R_f = Z_1 \sigma_1^2 + Z_2 \sigma_{12} + Z_3 \sigma_{13}$$

$$\overline{R}_2 - R_f = Z_1 \sigma_{21} + Z_2 \sigma_2^2 + Z_3 \sigma_{23}$$

$$\overline{R}_3 - R_f = Z_1 \sigma_{31} + Z_2 \sigma_{32} + Z_3 \sigma_3^2$$

表 8.12　A、B、C 三家公司股票收益的特征值

A		B		C		
$\overline{R}$	σ	$\overline{R}$	σ	$\overline{R}$	σ	$\rho_{AB} = 0.5$
						$\rho_{AC} = 0.2$
14%	6%	8%	3%	20%	15%	$\rho_{BC} = 0.4$

把上表中数据代入得:

$$14 - 5 = 36Z_1 + 0.5 \times 6 \times 3 \times Z_2 + 0.2 \times 6 \times 15 Z_3$$

$$8 - 5 = 0.5 \times 6 \times 3 \times Z_1 + 9Z_2 + 0.4 \times 3 \times 15 \times Z_3$$

$$20 - 5 = 0.2 \times 6 \times 15 \times Z_1 + 0.4 \times 3 \times 15 \times Z_2 + 225Z_3$$

简化后解方程组得:

$$Z_1 = 14/63 \quad Z_2 = 1/63 \quad Z_3 = 3/63$$

进一步由公式 $X_i = \dfrac{Z_i}{\sum\limits_{i=1}^{N} Z_i}$ 解得：

$$X_1 = 14/18 \quad X_2 = 1/18 \quad X_3 = 3/18$$

解出 X_i 值后再可解出：

$$\overline{R}_P = 14\frac{2}{3}\% \quad \sigma_P^2 = 33\frac{5}{6}$$

8.4.2 允许卖空但没有无风险借贷

对于这种情况,解决问题的思路是:认为无风险资产存在,如图 8.18 所示,然后再假设一系列的 R_f 值。

例如, $R_f = 4\%$ 、5% 、6% ,分别找出对应的最佳风险资产组合 A 、B 、C 这些点,即构成了有效边界曲线。

1. 一般解法

当 R_f 为某一值时,最佳风险资产组合中各风险资产比例 X_i 由下列方程组决定:

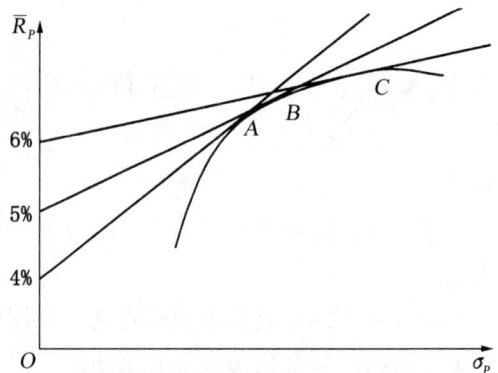

图 8.18 在允许卖空但没有无风险借贷的情况下证券组合的收益与风险

$$\overline{R}_i - R_f = Z_1\sigma_{1i} + Z_2\sigma_{2i} + \cdots + Z_i\sigma_i^2 + \cdots + Z_{N-1}\sigma_{N-1i} + Z_N\sigma_{Ni}$$
$$i = 1, 2, \cdots, N$$

对方程组求解 Z_i ,则可求解出形如 $Z_i = C_{0i} + C_{1i}R_f$ $(i = 1, 2, \cdots, N)$ 的线性方程,即 Z_i 是 R_f 的函数,而 C_{0i} 和 C_{1i} 为二常数, Z_i 随 R_f 的变化而变化,从而最终求得 X_i 值,有效边界也就可以求出。

仍用前述例子的数据,可得:

$$14 - R_f = 36Z_1 + 9Z_2 + 18Z_3$$
$$8 - R_f = 9Z_1 + 9Z_2 + 18Z_3$$
$$20 - R_f = 18Z_1 + 18Z_2 + 225Z_3$$

解此方程组得:

$$Z_1 = \frac{42}{189}$$

$$Z_2 = \frac{118}{189} - \frac{23}{189}R_f$$

$$Z_3 = \frac{4}{189} + \frac{1}{189} R_f$$

如此,给 R_f 以不同的值,将得到一系列不同的 $(Z_1 \, , Z_2 \, , Z_3)$ 值,从而勾画出有效边界曲线。

2. 特殊解法

前面我们已从一般解法中得知 $Z_i = C_{0i} + C_{1i} R_f$。若我们任意选定两个 R_f 值:R_f' 和 R_f'',则可以从上面一般方程组中得到相应的 Z_i' 和 Z_i'' 值。这样就可以通过方程组:

$$Z_i' = C_{0i} + C_{1i} R_f'$$

$$Z_i'' = C_{0i} + C_{1i} R_f''$$

求出 C_{0i} 和 C_{1i},得出 Z_i 的一般表达式,最终也就可以得到整个有效边界。

从前面的思路我们知道,在可投资的证券中,给定由这些证券组成的两个有效证券组合,则整个有效边界可由这两个组合的各种再组合而获得。

从前面的思路和深入发现的特性,我们可以得到如下的重要结论:若能直接先求出两个在有效边界上的风险资产组合,则整个有效边界可由这两个组合的各种再组合而得到。

我们已经知道,两个风险资产组合体的组合问题和两个单个风险证券资产的组合问题一样。设已知两个有效资产组合 A、B 的特征值为 $(\overline{R}_A \, , \sigma_A)$ 和 $(\overline{R}_B \, , \sigma_B)$,则 A、B 组合的特征值 $(\overline{R}_P \, , \sigma_P)$ 也容易求出。

3. 确定两个有效风险证券资产组合之间的相关系数

接上面所述,欲要知道 σ_P,就必须知道 σ_{AB},而一般情况下这是实际证券市场中难以提供的。虽然我们能从实际数据中获得两个单个证券的协方差,但两个有效风险证券资产组合之间的协方差就是另一回事了。

$$\sigma_P^2 = X_A^2 \sigma_A^2 + X_B^2 \sigma_B^2 + 2 X_A X_B \sigma_{AB}$$

对于此问题的解决方法如下:

设有三种资产 A、B、C,$\overline{R}_i$、σ_i^2 及 σ_{ij} 都已知。由方程组

$$\overline{R}_i - R_f = Z_A \sigma_{Ai} + Z_B \sigma_{Bi} + Z_C \sigma_{Ci} \quad i = A \, , B \, , C$$

解得 $Z_i = C_{0i} + C_{1i} R_f$,再由任意给定的两个 R_f' 和 R_f'' 值,得出两组 Z_i,从而得到 $(X_A' \, , X_B' \, , X_C')$ 和 $(X_A'' \, , X_B'' \, , X_C'')$,因此得到:

$$\overline{R}_P' = X_A' \overline{R}_A + X_B' \overline{R}_B + X_C' \overline{R}_C$$

$$(\sigma_P')^2 = (X_A')^2 \sigma_A^2 + (X_B')^2 \sigma_B^2 + (X_C')^2 \sigma_C^2 + 2 X_A' X_B' \sigma_{AB} + 2 X_A' X_C' \sigma_{AC} + 2 X_B' X_C' \sigma_{BC}$$

对应另一 R_f'' 的方程组:

$$\overline{R}''_P = X''_A \overline{R}_A + X''_B \overline{R}_B + X''_C \overline{R}_C$$

$$(\sigma''_P)^2 = (X''_A)^2 \sigma^2_A + (X''_B)^2 \sigma^2_B + (X''_C)^2 \sigma^2_C + 2X''_A X''_B \sigma_{AB} + 2X''_A X''_C \sigma_{AC} + 2X''_B X''_C \sigma_{BC}$$

设想把资产的各一半投资在这两个有效组合上,组成一个新的有效组合(X_A, X_B, X_C)。

从一个方面来看,该新组合的三种资产构成为:

$$X_A = \frac{1}{2} X'_A + \frac{1}{2} X''_A$$

$$X_B = \frac{1}{2} X'_B + \frac{1}{2} X''_B$$

$$X_C = \frac{1}{2} X'_C + \frac{1}{2} X''_C$$

它的方差为:

$$\sigma^2_P = X^2_A \sigma^2_A + X^2_B \sigma^2_B + X^2_C \sigma^2_C + 2X_A X_B \sigma_{AB} + 2X_A X_C \sigma_{AC} + 2X_B X_C \sigma_{BC}$$

但从另一方面看,该新组合是由两个组合所组成的一个新的有效组合(X_A, X_B, X_C)。

其方差应为:

$$\sigma^2_P = \left(\frac{1}{2}\right)^2 (\sigma'_P)^2 + \left(\frac{1}{2}\right)^2 (\sigma''_P)^2 + 2 \times \left(\frac{1}{2}\right) \times \left(\frac{1}{2}\right) \sigma_{12}$$

这里的σ_{12}即为我们所要寻求的两个有效组合间的协方差。第一个σ^2_P表达式可直接先算出,我们把此σ^2_P的值代入下一个σ^2_P的表达式,从而解出σ_{12}。

$(\overline{R}_1, \sigma^2_1)$、$(\overline{R}_2, \sigma^2_2)$及$\sigma_{12}$已知,整个有效边界也就确定了。整个有效边界可由$\overline{R}_P$及$\sigma^2_P$的表达式表示:

$$\overline{R}_P = X_1 \overline{R}_1 + X_2 \overline{R}_2$$

$$\sigma^2_P = X^2_1 \sigma^2_1 + X^2_2 \sigma^2_2 + 2X_1 X_2 \sigma_{12}$$

$$X_1 + X_2 = 1$$

从上面方程组中消去X_1、X_2,即可得$\overline{R}_P \sim \sigma_P$的关系函数。

8.5 国际分散化

人们常可发现,法国和德国的投资者常在其最优选择的证券组合中含有外国证券,美国投资者也常常如此。这种现象仅仅是个人的习惯呢,还是具有某些经济优化含义?本节将对此进行研究。

8.5.1　外国证券风险

表 8.13 所示数据为美国著名证券分析家们对一些国家在 1963—1972 年年间的证券市场之间相关系数的研究,计算时将各个国家最有代表性的市场指数的周平均收益,例如美国是道·琼斯指数,均按当时的汇率折算成美元。因此该表反映的是从一个美国投资者的角度观察的结果。从该表可见,相关系数是相当低的,平均只有 0.13 左右,而在美国国内,两证券间的相关系数平均值为 0.4,指数间的相关系数更高,比如美国证券交易所指数和纽约证券交易所指数之间的相关系数竟高达 0.90。这项研究明确地表明,国际间证券投资分散化可以大大降低证券组合的风险,因为我们在前面曾阐明:证券组合体的风险在足够分散化后将取决于“市场风险”即各证券间相关系数的大小。

表 8.13　一些国家证券市场之间的相关系数(1980—1993 年)

	加拿大	法　国	澳大利亚	日　本	英　国	德　国	美　国
加拿大	1.00						
法　国	0.39	1.00					
澳大利亚	0.56	0.34	1.00				
日　本	0.29	0.42	0.26	1.00			
英　国	0.54	0.51	0.50	0.43	1.00		
德　国	0.36	0.63	0.29	0.36	0.47	1.00	
美　国	0.73	0.44	0.43	0.26	0.53	0.37	1.00

资料来源:Bodie, Kane and Marcus, *Investments* (4th edition), McGraw-Hill Pyerson Press, 2003,p220。

法国学者索尼克(Solnik,1994)的著名研究结果为我们提供了两条曲线,如图 8.17 所示,纵轴表示证券组合体风险和单个证券风险的比值。

图 8.19 显示,若分散选择的证券仅限于美国国内,则证券组合体的风险随组合体中

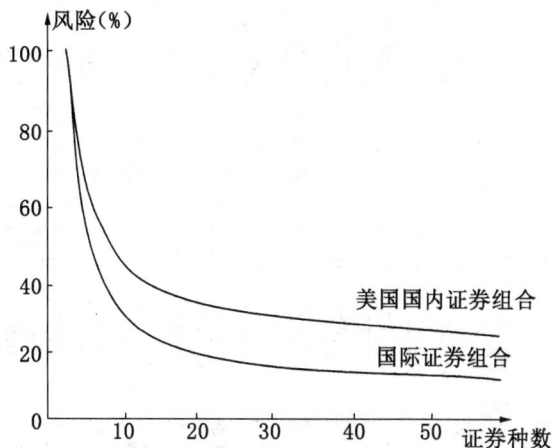

图 8.19　美国国内分散化投资组合与国际分散化投资组合的风险与证券种数之间的关系

表 8.14　2003—2008 年与 2008—2013 年的不同国家股市间相关系数比较

	美国	日本	英国	印度	加拿大	法国	德国	巴西	俄罗斯	埃及	墨西哥	意大利	印度尼西亚	土耳其	菲律宾	尼日利亚
美国		0.58	0.86	0.65	0.79	0.89	0.89	0.71	0.58	0.40	0.84	0.84	0.58	0.64	0.46	0.21
日本	0.72		0.60	0.64	0.63	0.57	0.55	0.50	0.59	0.48	0.63	0.58	0.51	0.57	0.33	0.24
英国	0.90	0.74		0.68	0.82	0.91	0.86	0.78	0.70	0.48	0.79	0.89	0.63	0.64	0.48	0.32
印度	0.70	0.64	0.73		0.73	0.65	0.63	0.63	0.57	0.47	0.63	0.65	0.68	0.62	0.56	0.26
加拿大	0.87	0.65	0.89	0.80		0.76	0.72	0.79	0.74	0.44	0.77	0.75	0.61	0.59	0.45	0.33
法国	0.88	0.70	0.91	0.71	0.81		0.96	0.74	0.65	0.48	0.80	0.94	0.63	0.62	0.43	0.26
德国	0.89	0.71	0.88	0.74	0.80	0.95		0.72	0.57	0.44	0.79	0.89	0.63	0.64	0.44	0.23
巴西	0.78	0.61	0.84	0.84	0.90	0.79	0.78		0.70	0.42	0.71	0.65	0.50	0.56	0.32	0.18
俄罗斯	0.79	0.62	0.86	0.78	0.88	0.79	0.80	0.88		0.52	0.67	0.64	0.55	0.53	0.31	0.36
埃及	0.62	0.56	0.60	0.65	0.61	0.59	0.63	0.64	0.64		0.50	0.48	0.61	0.50	0.46	0.27
墨西哥	0.89	0.71	0.84	0.80	0.88	0.82	0.84	0.82	0.82	0.61		0.74	0.64	0.57	0.53	0.26
意大利	0.81	0.67	0.89	0.68	0.75	0.96	0.91	0.74	0.75	0.54	0.74		0.66	0.63	0.37	0.28
印度尼西亚	0.72	0.62	0.67	0.75	0.71	0.67	0.72	0.71	0.67	0.63	0.78	0.58		0.76	0.54	0.19
土耳其	0.66	0.63	0.73	0.73	0.64	0.70	0.73	0.67	0.66	0.65	0.71	0.70	0.76		0.42	0.19
菲律宾	0.67	0.51	0.70	0.76	0.71	0.65	0.63	0.72	0.62	0.51	0.74	0.55	0.71	0.66		0.29
尼日利亚	0.39	0.33	0.46	0.41	0.49	0.39	0.38	0.38	0.54	0.36	0.41	0.36	0.26	0.31	0.37	

资料来源：股价指数数据来自彭博财经终端及 MSCI 网站。

证券种类数量增加而下降,最后可达到单个证券风险的 27%。但若可在国际上各国证券间进行选择的话,则最后组合体风险将可下降至单个证券风险的 11.7%。两条曲线均为平均投资,国内证券线是在美国国内证券中随机抽取的证券种类,而国际证券线则是等概率地在各国证券中抽取的。

以上两个研究结果都证明了国际间证券投资分散化能减小证券组合风险。但对于投资者来说,风险减小并不就是对证券组合进行选择的依据,还要看它的收益情况。显然,国际间分散化证券组合的风险减少了,但它的收益也就不怎么高了。

表 8.14 给出了 2003—2008 年与 2008—2013 年的不同国家股市间相关系数比较分析,表中上三角阵为 2003—2008 年间的国家股市间相关系数矩阵,下三角阵为 2008—2013 年间的国家股市间相关系数矩阵。从表中不难看出以下特点:(1)从横截面来看,发达国家间的相关系数显著高于发达国家与新兴市场间的相关系数,后者又显著高于新兴市场成员国间内部相关系数,比如相关系数最高的是德国与法国的系数为 0.96,相关系数最低的是尼日利亚与印度尼西亚,它们在第一个 5 年间的相关系数仅为 0.19;(2)从时间序列来看,世界各国股市间的联动性在迅速增强,新兴市场间的联动性上升最快(比如菲律宾与土耳其从 0.42 上升到 0.66),发达国家间由于历史上已经高度相关而导致上升幅度较小(比如美国与英国间的相关系数仅从 0.86 上升到 0.90),这表明通过国际分散进行风险降低的效应有所下降。

8.5.2　国际分散化证券组合的收益

大多数研究国际分散化证券组合之收益的专家都认为国际分散化证券组合的收益要比国内证券组合高。他们构造了一个最优的国际证券组合,观察其收益记录,然后将它和同期国内证券组合收益记录进行比较。

分析两种极端情况:第一种是假设单个证券的期望收益由其国内风险所决定,第二种是假设单个证券的期望收益由其国际市场的风险所决定。虽然这两个假设是极端化了,但对我们理解现实情况有帮助。

第一种假设情况,对于那些不能进入国际市场和不想使自己证券国际分散化的投资者是较实际的。在这种情况下,我们可以认为证券的收益取决于它的风险,而风险又由该证券和市场证券组合的相关系数所决定。这样,使证券组合国际分散化将可以消除大部分国内的"市场风险"。考虑两个国家,若两个国家内证券收益为相同的,则这两个国家的投资者使证券国际分散化就可获利,因为期望收益没变,但风险都减小了。若收益不等,则两国投资者仍然有可能通过证券国际化而有所获,对此,莱萨德(Lessard)在 20 世纪 70 年代作了大量实证研究,如表 8.15 所示。

表 8.15 美国投资者投资的外国证券必须具有的最低收益(%)

	美国证券收益 ($R_F = 6\%$)	
国　　内	10	15
加拿大	9.02	12.795
法　　国	7.6	9.6
联邦德国	8.756	12.201
日　　本	7.56	9.51
英　　国	7.96	10.41

从表 8.15 中的数据可以看出,对于一个美国投资者来说,当国内证券收益率分别为 10% 和 15% 的时候,他愿意投资于其他国家证券的最低收益率。例如,若现时美国国内证券收益率为 10%,则加拿大证券的收益率只要在 9.02% 或以上,美国投资者就将愿意投资;对于英国证券,则只要证券收益率在 7.96% 或以上就可以了。

现在让我们来考虑另一个极端情况。世界资本市场是充分一体化的,证券的收益将由一个世界市场指数来决定,也就是决定证券收益的风险是由世界市场组合所决定。在这种情况下,将自己的证券组合限制在国内证券的投资者将要遭受毫无报酬的额外风险。若证券组合国际化,这些风险本来是可以消除的。莱萨德于 20 世纪 70 年代研究了某些国家的投资者投资在一个国际分散化证券组合而非投资在一个具有相同风险的国内证券组合上所能得到的超额收益,见表 8.16。

表 8.16 各国投资者不进行国际化投资造成的损失

国　　家	持有国内组合的损失	国　　家	持有国内组合的损失
加拿大	0.85	日　　本	5.01
法　　国	4.47	英　　国	3.30
联邦德国	3.87	美　　国	0.31

例如,一个美国投资者由于没有使自己的证券组合国际化而遭受的损失为 31%,一个日本投资者则将损失 501%。我们将留给读者思考这样一个问题:为什么日本投资者的损失要比美国投资者大十多倍?

假如政府对外国投资赋税率和国内投资不同,则将会导致收益变化,影响我们上面所得到的一些结论。若不同的国家内交易成本相差甚大,则也会影响到已得的一些结论。另外一些诸如政府限制外国资本的抽出和流出规定也将影响外国投资者的实际收益,从而影响证券组合国际分散化的收益及其优势。

8.5.3　汇率风险的影响

汇率变化是严重影响投资者尝试证券组合国际分散化努力的一个重要因素。首先从一个例子来说明一些问题。假设美国和德国证券收益率都为 10%,进一步假设在年初时 1 美元相当于 3 马克,在年终 1 美元相当于 2.7 马克。

对一个投资于德国证券的美国投资者来说,他在年初用 1 美元换 3 马克,因年收益为 10%,故年底证券值 3.3 马克,再把它换回美元,得美元 3.3/2.7=1.22,因此该投资者实际收益率为 22%。

对一个投资于美国证券的德国投资者来说,他在年初用 3 马克换成 1 美元,年底值为 1.1 美元,再换回马克,得马克 1.1×2.7=2.97,该投资者实际收益率为 -1%。

对于汇率波动带来的损失,投资者可以通过订立期货合同得到一些防护。例如,投资于美国证券的德国投资者可以在年初用马克换美元时同时订立一个期货合同,规定好在一年后用同样的比率将美元换回马克。若该投资者能确切知道年底时他全部美国证券价值多少美元,则他将可以完全避免汇率变化所带来的损失,但由于证券价值变化不定,难以确知其将来价值,因此实际上只能保护到一部分。比如该德国投资者在年初用 3 000 马克换成 1 000 美元时订立一个期货合同,规定年底仍按 3:1 比例把 1 100 美元换回 3 300 马克。若年底时该投资者的证券真是值 1 000 美元,则该投资者将一点损失也没有,但若年初 1 000 美元的证券至年底时已值 1 200 美元,则其中 100 美元将无法得到保护,他只能换回 100×2.7=270 马克,损失 30 马克。

汇率波动并非总是坏事,在前面例子中美国投资者甚至从中得到了超额收益。若某一国货币和其他国家货币汇率之间是相互独立的,则通过国际分散化证券组合可以把汇率风险分散掉。同时,若汇率波动方向和国内经济状况相反,则对证券国际化更为有利。例如,若国家经济趋势上升,货币价值也上升,则可以减小国外证券组合和国内证券组合之间的相关系数,从前面我们已学过的知识,相关系数小将能减少证券组合的风险。

汇率波动仅仅在这样一种情况下才对国际分散化产生不利影响,那就是某一国的货币相对于其他国家货币的波动方向呈一致的趋势。例如,若美元相对于其他国家货币都是处于贬值的状态中,则汇率波动将会增加风险,因为导致了所有外国投资处于不佳状态而使持有多国证券的组合的风险减少程度下降。具体一点说,没有汇率波动,法国和日本证券之间是相对独立的,因此把这两个国家的证券包括进证券组合中将可以减少风险。然而,若美元对法郎和日元的汇率都是呈上升或下降的运动状态,则美国投资者投资在法国和日本的证券上将导致很高的相关系数,从而使不可分散的"市场风险"增大。

思考题

1. 考虑从下列 4 个证券资产中进行选择,它们分别是 A、B、C、D。

资　产	A		B		C		D		
市场状况	收益	概率	收益	概率	收益	概率	下雨量	收益	概率
好	16	1/4	4	1/4	20	1/4	丰盈	16	1/3
平均	12	1/2	6	1/2	14	1/2	平均	12	1/3
差	8	1/4	8	1/4	8	1/4	较少	8	1/3

（1）求出每个资产的期望收益和标准差；

（2）求出每两个资产之间的协方差；

（3）构造如下三个组合 P_1、P_2、P_3，求出它们的期望收益和标准差；

组　合	投资在各资产上的比例			
	A	B	C	D
P_1	1/2		1/2	
P_2	1/3	1/3		1/3
P_3	1/4	1/4	1/4	1/4

（4）在 $(\overline{R}_P, \sigma_P)$ 坐标平面上标画出各个证券资产的点和三个组合的点。

2. 设单个证券的平均方差为50，平均协方差为10，现以等比例投资构成的组合进行投资，问：当证券组合包含的证券数为5、10、20、50和100时，它们的方差分别是多少？若要使组合风险是最小风险的110%，需包含多少证券？

3. 数据见题1，

（1）设不允许卖空，问：

① 对于资产 A、B，求出其具有最小方差时的组合构成、标准差和期望收益；

② 画出所有可能组合比例的收益标准差图，即可能性曲线；

③ 标出有效边界。

（2）设允许卖空，重复上面要求。

4. 当两个证券资产之间的相关系数为 —1 时，推导出由这两个证券构成的组合在 $(\overline{R}_P, \sigma_P)$ 坐标系中所有可能位置的表达式。

5. 下表列出了 A、B、C 三种证券的特征值，设允许卖空，若无风险借贷利率为5%，试求最佳资产组合。

证　券	$\overline{R}_i$	σ_i	协　方　差		
			A	B	C
A	10	4		20	40
B	12	10			70
C	8	14			

6. 下表列出了两个有效资产组合的特征值,设允许卖空,试求出其有效边界。

组　合	$\overline{R}_i$	σ_i	
A	10	6	
B	8	4	$\sigma_{ij} = 20$

7. 考虑下表中的收益数据,其中汇率为阶段初每英镑美元数,试问:从美国投资者和英国投资者角度出发,两国市场的平均收益各是多少? 均方差各是多少? 两国市场收益的相关系数是多少?

阶　段	美国(%)	英国(%)	汇　率
1	10	5	3
2	15	−5	2.5
3	−5	15	2.5
4	12	8	2.0
5	6	10	1.5
6			2.5

参考文献

杨朝军:《资产组合理论发展概述》,《上海交通大学学报》(社科版)1994 年第 6 期。

陶亚民等:《上海股票市场收益率分布特征的研究》,《预测》1999 年第 2 期。

Markowitz H.,1952,"Portfolio Selection", *Journal of Finance*, 7, no.1(March).

Meir Statman, 1987, "How Many Stocks Make a Diversified Portfolio?", *Journal of Financial and Quantitative* Analysis, 22, no.3.

Philippe Jorion, 1992, "Portfolio Optimization in Practice", *Financial Analysts Journal*, 48, no.1.

Vijay K.Chopra and William T. Ziemba, 1993, "The Effects of Errors in Means, Variances, and Co-Variances on Optimal Portfolio Choice", *Journal of Portfolio Management*, 19, no.2.

James Tobin, 1958, "Liquidity Preferences as Behavior Towards Risk", *Review of Financial Studies*, 26, no.1.

Edwin J.Elton, Martin J.Grube and Manfred D.Padberg, 1976, "Simple Criteria for Optimal Portfolio Selection", *Journal of Finance*, 31, no.5.

Edwin J. Elton and Martin J. Grube, 1991, *Modern Portfolio Theory and Investment Analysis*, John Wiley & Sons, Inc..

Sharpe，William，1970，*Portfolio Theory and Capital Markets*，McGraw-Hill.

Markowitz，Harry，1959，*Portfolio Selection：Efficient Diversification of Investments*，John Wiley & Sons，Inc..

Johnson，and Shannon D.，1974，"A Note of Diversification and the Reduction of Dispersion"，*Journal of Financial Economics*，1，no.4.

Solnik，B.，1994，"Why not Diversify Internationally Rather than Domestically"，*Financial Analysts Journal*，July.

附录 8.1　基于系统性风险测度的最优组合数目研究 *

在组合构建过程中，分析组合风险随组合中证券数目增加所带来的边际风险是否显著降低，可以作为组合中合理证券数目的确定标准。

一、研究模型

假设组合中所有股票均按资金等权重投资，计算组合在不同股票数目时的标准差作为组合风险，利用数学模型构建组合风险与组合中股票数目之间的关系。

选取组合中不同证券的周收益率数据，然后转化为组合的年收益波动率（风险）。假设周收益数据相互独立同分布。在对系统性风险水平测度的研究方面，Evans 和 Archer（1968）提出组合的标准差与股票的数目之间存在着非线性关系，并提出了计量模型进行实证检验。模型如下：

$$\sigma_p = b(1/N) + a$$

本分析借鉴 Evans 和 Archer（1968）的方法，通过加入扰动项使得模型得以完善，方程为：

$$\sigma_p = b_1(1/N) + a_1 + \varepsilon$$

其中，N 表示组合中股票的数目；b 表示组合风险对组合中股票数目导数的敏感系数；a 为常数项；$\varepsilon \sim N(0, \sigma_\varepsilon^2)$ 表示为随机扰动项。

当 N 为市场上股票的数目时，组合的风险即为市场的系统性风险。当 N 值取值较小时，b 值反映了组合风险随着股票数目不断增加的弹性系数。b 值越大，在 N 取相同值时再加入同样数目股票，组合的绝对风险就下降得越快。

在对组合系统性风险测算的过程中，我们利用连续 T 检验，以判断加入不同股票后

---

* 摘自杨朝军、姚亚伟等国家自科基金报告《股票市场流动性价值理论与实证研究》。

组合的标准差均值是否会发生显著变化。即随着组合中股票数目的增加，组合边际风险显著下降需要的股票数目。

二、实证分析

1. 样本的选取

以上海证券交易所所有 A 股上市公司为研究对象，选取 1995 年 1 月 1 日至 2006 年 12 月 31 日历年上市公司股票价格复权后的周收盘率时间序列数据。同时，由于 2005 年和 2006 年受到股权分置改革的影响，部分股票的周收益数据存在较大的奇异，因此剔除周收益率绝对值大于 50％和连续 7 周无交易数据的公司。在统计每一年度的数据时，剔除掉年度内新股发行上市的公司数据。按照上述标准剔除后，每年符合条件的上市公司样本数目及每年有交易的周数目如表 1 所示：

表 1　剔除掉部分样本后历年上海证券交易所上市公司数目

	1995	1996	1997	1998	1999	2000
股票数目	159	173	269	352	402	445
序列数据	49	49	51	50	49	49

	2001	2002	2003	2004	2005	2006
股票数目	533	607	677	746	808	811
序列数据	48	48	50	52	50	52

资料来源：度量衡金融终端数据。

2. 系统性风险的测算

在对市场系统性风险进行测算时，为避免样本选取时主观因素的影响，本文采取随机抽样方法。利用 EXCEL 表格中随机数生成器的方法，在 $[0,1]$ 区间内生成均匀分布的序列。每一个随机生成数对应一个样本公司，然后按照随机生成序列进行排序，选择随机生成数较小的前 100 组样本作为分析对象。为避免对单一操作的依赖性，重复上次处理过程 20 次。对历年数据均按此处理。

上述操作完成后，可以将每次排序后的样本序列作为组合中依次加入股票数目的次序。以 1995 年为例，按第一次随机数生成排序后的第一个上市公司样本，作为最初的组合。而排在第二位的上市公司样本，作为组合中股票数目为 2 时的新增样本，以此类推。通过 20 次模拟选择，降低了组合风险对单一股票选择的依赖性。这样，对于每年的样本数目，均构建了 20 个包括 100 支股票的组合体。对于每个组合体，首先计算 100 支股票之间的相关系数和每支股票周收益率的标准差，求解出组合中包含不同股票时的组合风险，生成组合体 1 中组合风险序列为 $\{\sigma_{1,1}, \sigma_{1,2}, \cdots, \sigma_{1,100}\}$。按此方法分别对其余 19 个组合体按照相同的方法计算出组合风险序列，然后对 20 个组合体在不同股票数目时的组合风险取均值,依次计算出 1995 年至 2006 年历年组合中包括 1 至 100 支股票时的组合风险序列,将以周收益率计算的标准差转化为对应的年度数据。按照基于 Evans 和 Archer(1968)模型修正的公式,以组合的标准差与组合中包含的股票数目进行回归分析,结果如表 2 所示:

表 2   组合风险与组合中股票数目的回归结果

年 份	$\hat{\sigma}_p = \hat{b}(1/N) + \hat{a}$		
	常数项(%)	系数(%)	调整后方程决定系数
1995	54.226*** (1 218.96)	4.386*** (12.61)	0.615
1996	53.636*** (1 351.00)	11.557*** (37.22)	0.933
1997	27.581*** (659.37)	17.598*** (53.80)	0.967
1998	20.140*** (714.64)	17.567*** (79.71)	0.985
1999	24.291*** (592.49)	18.396*** (57.38)	0.971
2000	24.089*** (1 200.31)	18.965*** (120.83)	0.993
2001	18.729*** (756.54)	13.795*** (71.25)	0.981
2002	26.540*** (554.77)	10.269*** (27.45)	0.884
2003	22.005*** (387.91)	17.929*** (40.41)	0.943
2004	25.166*** (804.41)	18.931*** (77.372)	0.984
2005	27.311*** (824.69)	15.080*** (58.23)	0.972
2006	28.821*** (594.94)	21.723*** (57.34)	0.971

注:"***"表示在 1% 的检验水平下显著;括号中数值为系数的 t 统计值。
资料来源:根据度量衡金融终端数据,作者整理。

从表 2 可知,除 1995 年和 2002 年外,调整后的方程决定系数均在 0.93 以上,表明方程具有较好的拟合优度。而且方程的系数均在 1% 的检验水平拒绝系数与零无差异的原假设,表明常数项和组合中的股票数目对组合的风险具有显著的影响。

从图 1 中可知,随着组合中股票数目的增多,组合的风险水平趋近于一条渐进线,这条渐进线无限接近的水平就是市场的系统性风险水平 28.3%。从图中可知,当组合中股

表 3　股票组合风险随股票数目增加显著性变化 t 检验

年份	系统风险(%)	单支股票(%)	组合 1			组合 2			组合 3			组合 4			组合 5			组合 6		
			组合风险(%)	股票数目	新增数目	组合风险(%)	股票数目	新增数目	组合风险(%)	股票数目	新增数目	组合风险(%)	股票数目	新增数目	组合风险(%)	股票数目	新增数目	组合风险(%)	股票数目	新增数目
2006	28.85	49.86	44.81	2	1	38.26	6	4	34.49	13	7	32.31	22	9	30.98	39	17	30.22	68	29
2005	27.33	42.42	38.58	2	1	33.49	6	4	31.18	13	7	29.74	23	10	28.78	40	17	28.27	72	32
2004	25.19	42.83	38.98	2	1	33.39	6	4	30.14	13	7	28.39	23	10	27.28	39	16	26.60	65	26
2003	22.03	38.45	35.04	2	1	29.44	6	4	26.80	13	7	25.30	25	12	24.37	41	16	23.70	60	19
2002	26.56	34.93	33.42	2	1	31.05	7	5	29.59	13	6	28.55	22	9	27.85	36	14	27.41	56	20
2001	18.75	32.00	29.08	2	1	24.21	6	4	22.03	14	8	20.92	26	12	20.24	45	19	19.78	69	24
2000	24.13	42.87	37.82	2	1	31.18	7	5	28.49	15	8	26.92	27	12	25.98	46	19	25.37	74	28
1999	24.34	40.95	37.56	2	1	32.42	6	4	29.58	12	8	27.75	22	10	26.63	36	14	25.89	57	21
1998	20.19	36.44	33.13	2	1	27.65	6	4	24.85	13	7	23.19	23	10	22.17	38	15	21.51	61	23
1997	27.65	45.33	41.73	2	1	34.74	6	4	31.57	13	7	29.90	25	12	28.99	47	35	28.53	92	45
1996	53.70	65.57	62.77	2	1	58.51	6	4	56.16	13	7	54.97	25	13	54.43	53	28			
1995	54.25	58.75	58.28	2	1	56.20	6	4	54.98	12	6	54.46	26	14						

注：表中标识的组合为利用连续 t 检验时，从一个组合到另一个组合风险值均有显著差异时的临界组合。

票数目小于 10 时,组合的风险下降较多。当组合的风险降到 30% 左右时,组合的风险变化开始不明显,且渐趋近于稳定水平。仍然利用前面模拟计算出的历年 20 组组合的风险均值作为 T 检验的数据来源,从组合中包含一支股票开始,分别构建组合风险有显著变化时的组合,记为组合1、组合2、……。本文采用双尾检验,检验水平 $\alpha = 0.05$,利用连续 t 检验对组合风险检验的结果如表3所示。

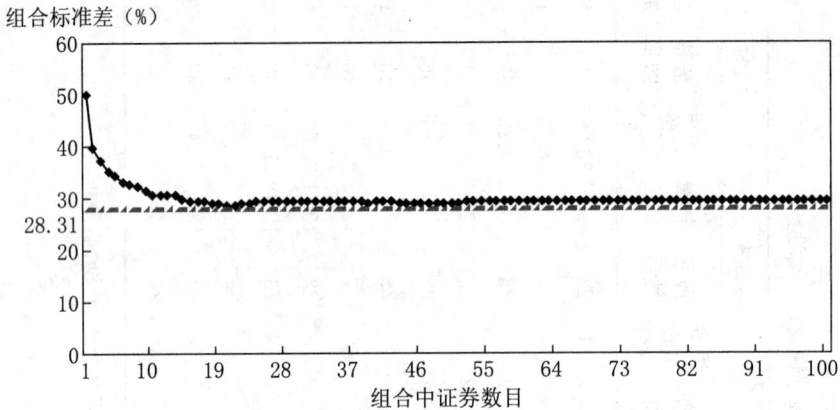

图 1   组合标准差随组合中证券数目变动情况(2006 年)

表 4   组合风险下降与所需增加股票数目之间的对比

年份	不同组合风险降低值(%)						不同组合风险显著下降时股票增加数目					
	组合1	组合2	组合3	组合4	组合5	组合6	组合1	组合2	组合3	组合4	组合5	组合6
2006	5.05	6.55	3.77	2.18	1.33	0.76	1	4	7	9	17	29
2005	3.84	5.09	2.31	1.44	0.96	0.51	1	4	7	10	17	32
2004	3.85	5.59	3.25	1.75	1.11	0.68	1	4	7	10	16	26
2003	3.41	5.6	2.64	1.5	0.93	0.67	1	4	7	12	16	19
2002	1.51	2.37	1.46	1.04	0.7	0.44	1	5	6	9	14	20
2001	2.92	4.87	2.18	1.11	0.68	0.46	1	8	12	19	24
2000	5.05	6.64	2.69	1.57	0.94	0.61	1	5	8	12	19	28
1999	3.39	5.14	2.84	1.83	1.12	0.74	1	4	8	10	14	21
1998	3.31	5.48	2.8	1.66	1.02	0.66	1	4	7	10	15	23
1997	3.6	6.99	3.17	1.67	0.91	0.46	1	4	7	35	45
1996	2.8	4.26	2.35	1.19	0.54	54.43	1	4	7	13	28
1995	0.47	2.08	1.22	0.52	0	0	1	4	6			

从表3中可知,随着组合中股票数目的增多,组合的风险水平持续下降,但下降的幅度逐步减缓。结合拟合方程 $\hat{\sigma}_p = \hat{b}(1/N) + \hat{a}$ 估算的历年的市场系统性风险水平,当达到组合3后,组合风险显著下降需要的股票数目增加较多,但风险下降却比较少,这一点

可以从表 4 中得以体现。但自组合 3 后,新增股票所实现的组合风险显著降低有限,如组合 3 平均降低的组合风险为 2.5%,在组合 5 时,新增 12 支股票所能带来的组合风险显著下降仅能达到 1%。因此,当组合中的股票达到一定数目后,新增股票对组合的风险下降贡献有限,而新加入股票对组合管理所带来的选股成本、择时需求、建仓成本等与所能实现的风险下降不能有效匹配。因此,在目前我国的资本市场条件下,组合中构建平均 12 支股票是较优的组合选择。

第 **9** 章
简化资产组合选择程序

从第 8 章的内容我们知道在对证券资产组合进行预期收益与风险分析时需要输入的信息很多,例如:

$$\overline{R}_P = \sum_{i=1}^{N} X_i \, \overline{R}_i$$

$$\sigma_P^2 = \sum_{i=1}^{N} X_i^2 \sigma_i^2 + \sum_{i=1}^{N} \sum_{\substack{j=1 \\ j \neq i}}^{N} X_i X_j \sigma_i \sigma_j \rho_{ij}$$

公式中需要 N 个单个证券的期望收益率 $\overline{R}_i$,N 个 σ_i,还有 $N(N-1)/2$ 个 ρ_{ij}。这些数值的收集和计算,对于证券公司大批分析专家来说,也是难以完成的。一般证券或投资公司需要追踪上千种证券的行情,也就是说 N 要达到上千数目。若设 $N = 1\,000$,证券分析家就得收集并计算出 502 000 个数据,这是一个极大的负担,给证券投资的管理带来巨大的困难。

基于上述种种原因,有必要提出一些理论假设来建立较好的模型,以简化证券投资分析程序,便于实际管理操作。

9.1 单指数模型

单指数模型是现代金融理论中最早被采用,并且已被事实所证明是较好地反映了实际市场情况的一种假设。

单指数模型最基本的假设是:证券收益之间的变化主要是由于其受到同一因素的影响。

单指数模型认为,各证券收益间之所以具有联系是因为它们对市场变化有共同的反应,对这种共同反应较好的表示方式是把单个股票收益和股票市场指数的收益联系起来。

大家知道,股价指数是将所有股票或采集几种有最大影响力的股票并对其价格进行加权平均后得到的,被采集的股票种类及其加权,即为我们前述的一种证券资产组合。该组合体收益被认为是市场价格的平均水平,我们以后将称其为市场指数收益,市场指数组合则用 m 来表示。

9.1.1 单指数模型及其假设

基本方程:

$$R_i = \alpha_i + \beta_i R_m + e_i$$

其中,R_m 是市场指数的收益率,为随机变量;R_i 是第 i 个证券的收益率,为随机变量;e_i 为随机余项。

单指数模型表明个股在某阶段的收益率与同期市场指数的收益率在统计上存在线性相关关系,由于线性回归模型依赖较强的假设,因此单指数模型必须满足一系列假设条件:

(1) 随机余项的期望值为 0,即 $E(e_i) = 0$;

(2) 影响证券收益率的市场指数因素与其他因素无关,即 $\mathrm{cov}(e_i, R_m) = 0$;

(3) 单指数模型提出了更为严格的假设,即影响不同证券收益率的非市场因素之间无关,即 $E(e_i, e_j) = 0$。

上述总结中,假设 $E(e_i, e_j) = 0$ 是最为关键的,也是最能充分反映单指数模型基本思想的抽象表示。它说明了 R_i 和 R_j 之间的相似变化,不是由于其他影响因素,而是由于 R_m 的影响所致。

9.1.2 单指数模型下组合的期望收益率与风险

对单指数模型简单运算后得到下列结果:

$$\overline{R}_i = \alpha_i + \beta_i \overline{R}_m$$

$$\sigma_i^2 = E[(\alpha_i + \beta_i R_m + e_i) - (\alpha_i + \beta_i \overline{R}_m)]^2$$

$$= E[\beta_i(R_m - \overline{R}_m) + e_i]^2$$

$$= \beta_i^2 E(R_m - \overline{R}_m)^2 + 2\beta_i E[e_i(R_m - \overline{R}_m)] + E(e_i)^2$$

$$= \beta_i^2 E(R_m - \overline{R}_m)^2 + E(e_i)^2$$

$$= \beta_i^2 \sigma_m^2 + \sigma_{e_i}^2$$

$$\sigma_{ij} = E[(R_i - \overline{R}_i)(R_j - \overline{R}_j)]$$

$$= E[(\beta_i(R_m - \overline{R}_m) + e_i)(\beta_j(R_m - \overline{R}_m) + e_j)]$$

$$= \beta_i\beta_j E(R_m - \overline{R}_m)^2 + \beta_j E[e_i(R_m - \overline{R}_m)] + \beta_i E[e_j(R_m - \overline{R}_m)] + E(e_i e_j)$$

$$= \beta_i\beta_j \sigma_m^2$$

其中，α_i 可认为是第 i 支股票的特殊回报率，$\beta_i \overline{R}_m$ 则为与市场相关联的回报率；σ_{e_i} 为获取 α_i 的不确定性，$\beta_i \sigma_m$ 为市场风险。

对于证券组合 P 来说，

$$\overline{R}_P = \sum_{i=1}^{N} X_i \overline{R}_i = \sum_{i=1}^{N} X_i \alpha_i + \sum_{i=1}^{N} X_i \beta_i \overline{R}_m$$

$$\sigma_P^2 = \sum_{i=1}^{N} X_i^2 \sigma_i^2 + \sum_{i=1}^{N} \sum_{\substack{j=1 \\ j \neq i}}^{N} X_i X_j \sigma_{ij} = \sum_{i=1}^{N} X_i^2 \beta_i^2 \sigma_m^2 + \sum_{i=1}^{N} \sum_{\substack{j=1 \\ j \neq i}}^{N} X_i X_j \beta_i \beta_j \sigma_m^2 + \sum_{i=1}^{N} X_i^2 \sigma_{e_i}^2$$

9.1.3 单指数模型特征

设 $\beta_P = \sum_{i=1}^{N} X_i \beta_i$，$\alpha_P = \sum_{i=1}^{N} X_i \alpha_i$ 为某一证券组合 P 的特征值，则有：

$$\overline{R}_P = \alpha_P + \beta_P \overline{R}_m$$

若我们把组合 P 的构成选择得和市场指数组合体 m 的构成一样，则 $\overline{R}_P$ 等于 $\overline{R}_m$。从上式中可见，α_P 应为零，而 β_P 应为 1，即 $\alpha_m = 0$，$\beta_m = 1$。

在单指数模型中，β 被认为是单个证券或组合的某种属性。我们把市场指数组合 m 作为比较的基准。若某投资者构成的资产组合之 $\beta_P > 1$，则称之为比市场平均水平更冒风险，若 $\beta_P < 1$，则称之为比市场平均水平安全。

再分析方差，

$$\sigma_P^2 = \sum_{i=1}^{N} X_i^2 \beta_i^2 \sigma_m^2 + \sum_{i=1}^{N} \sum_{\substack{j=1 \\ j \neq i}}^{N} X_i X_j \beta_i \beta_j \sigma_m^2 + \sum_{i=1}^{N} X_i^2 \sigma_{e_i}^2$$

$$= \sum_{i=1}^{N} \sum_{j=1}^{N} X_i X_j \beta_i \beta_j \sigma_m^2 + \sum_{i=1}^{N} X_i^2 \sigma_{e_i}^2$$

$$= \left(\sum_{i=1}^{N} X_i \beta_i\right)\left(\sum_{j=1}^{N} X_j \beta_j\right)\sigma_m^2 + \sum_{i=1}^{N} X_i^2 \sigma_{e_i}^2$$

$$= \beta_P^2 \sigma_m^2 + \sum_{i=1}^{N} X_i^2 \sigma_{e_i}^2$$

若投资方式为平均等比例投资，即 $X_i = \dfrac{1}{N}$，则有：

$$\sigma_P^2 = \beta_P^2 \sigma_m^2 + \frac{1}{N}\left(\sum_{i=1}^{N}\frac{1}{N}\sigma_{e_i}^2\right)$$

上式右边第二项分子为平均剩余方差,被分母 N 除后其值随 N 增大而趋于零,也就是说,$\sigma_{e_i}^2$ 对组合风险的影响随组合中所包括的证券种类数增加而变小并趋于零。$\sigma_{e_i}^2$ 是可分散掉的风险,称之为非市场风险,或非系统风险。因为 $\sigma_i^2 = \beta_i^2\sigma_m^2 + \sigma_{e_i}^2$,对组合体风险来说,$\beta_i^2\sigma_m^2$ 无法消除,β_i 为第 i 种证券不可分散掉风险的测度,现代金融理论中常把 β_i 称之为系统风险测度。20 世纪 80 年代,美国证监会同意用 β 作为衡量机构投资者风险的一个指标,可在季度报告中使用。由于

$$\lim_{N\to\infty}\sigma_P^2 = \beta_P^2\sigma_m^2 = \left(\sum_{i=1}^{N}X_i\beta_i\right)^2\sigma_m^2$$

所以第 i 种证券对其组合体之风险的"贡献"为 β_i,而剩余项变动的风险则对组合体无甚影响。

表 9.1 显示了剩余项风险随证券组合体中证券种数增加而迅速下降的情况。在单个证券的情况下,N 个证券的平均剩余项风险为 $\sum_{i=1}^{N}\frac{1}{N}\sigma_{e_i}^2$,但 N 个证券构成一个组合后的剩余项风险为 $\frac{1}{N}\left(\sum_{i=1}^{N}\frac{1}{N}\sigma_{e_i}^2\right)$。因此,当组合中只包含一个证券时,组合的剩余项风险就是单个证券的剩余项风险,当组合中包含 100 个证券时,组合的剩余项风险就只占单个证券平均剩余项风险的 1%。

表 9.1　证券组合体的剩余项风险随证券种数增加而迅速下降

证券数	组合剩余项风险占单个证券剩余项风险的百分比(%)	证券数	组合剩余项风险占单个证券剩余项风险的百分比(%)
1	100	10	10
2	50	20	5
3	33	100	1
4	25	1 000	0.1
5	20		

通过简化的单指数模型,我们得到了与第 6 章中相似的结论,即单个证券或组合的风险由市场风险和非市场风险两部分构成。但是在单指数模型下,所不同的是现在证券分析家们只要有 N 个 α_i 参数值,N 个 β_i 参数值和 N 个 $\sigma_{e_i}^2$ 值,再加 R_m 及 σ_m^2 值,就可以进行总体估计和计算,也就是说只要 $3N+2$ 个数值就可以了。若 $N=1\,000$,则共需 $3\,002$ 个数据,这和本章前面所指出的 $502\,000$ 相比,仅是原先工作量的 0.6%,简化程度由此可知。

9.1.4　β系数

前面我们已经知道单个证券的β系数表示其不可分散化的风险,因此确定单个证券的β系数就是一项非常必要的工作。特别是因为β系数纯系理论上假设模型中的参数,实际证券市场数据并不能直接提供它的值,因此它只能被估计出来。下面我们介绍关于β系数的几种估计方法及调整办法。

1. 根据历史数据估计β系数

如果一种证券的β系数长期保持不变,那么我们可以通过考察该证券历史收益率和市场指数历史收益率的关系来估算出它的值。用于计算这种事后β系数的统计方法称为简单线性回归,也就是通常所说的最小二乘法。一般用5年数据回归β系数。

下面我们通过一个例子用假想的市场指数来估算WM公司的事后β系数。表9.2列出了WM公司和市场指数在最近16个季度的收益率、计算α系数和β系数所需的中间结果,以及其他所需的统计参数。从表中数据可知,WM公司在这一时期的α系数和β系数分别为0.79%和0.63。因此,WM公司的单指数市场模型为:

$$R_{WM} = 0.79\% + 0.63R_m + e_{WM}$$

图9.1给出了市场指数收益率和WM公司收益率的散点图,同时还给出了WM公司市场模型的回归直线。该直线的方程为:

$$R_{WM} = 0.79\% + 0.63R_m$$

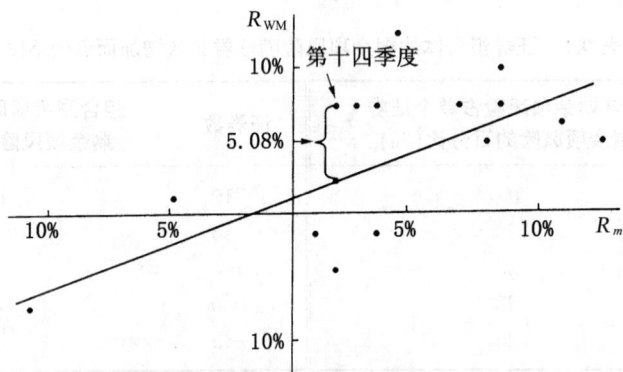

图 9.1　WM 制造公司的单指数市场模型

图9.1中的每一个散点到回归直线的垂直距离表示对应季度的估计随机误差,其准确数值可以由下列公式求得:

$$R_{WM} - (0.79\% + 0.63R_m) = e_{WM}$$

例如,从表9.2中的(A)部分可以看出,该证券和市场指数在第14季度的收益率分别为

7.55%和2.66%,这样我们通过上述公式可以计算出该季度的估计随机误差:

$$7.55\% - (0.79\% + 0.63 \times 2.66\%) = 5.08\%$$

使用同样的方法,我们可以计算出其他 15 个季度的估计随机误差。通过这 16 个计算结果就可以算出随机误差项标准差,亦即剩余标准差,在表 9.2 中为6.67%。剩余标准差可以看作是 WM 公司特有风险的估计值。

必须说明的是,用线性回归的统计方法求出的 β 系数估计值经常会发生变化,因为估算中存在各种各样的误差。例如,如果以另外 16 个季度的数据作为样本来计算,则求出的 WM 公司 β 系数的估计值几乎肯定不是 0.63。表 9.2 中所列出的 β 系数的标准差表示这种估计的误差程度。在给定一系列必要的假设条件下(比如,"真实的" β 系数在这 16 个季度内不发生变化),"真实的" β 系数有 2/3 的机会是落在 β 系数估计值的加、减一个标准差的范围内。因此可以说,WM 公司的"真实的" β 系数很可能大于 0.35(= 0.63 − 0.28),且小于 0.91(= 0.63 + 0.28)。 同样,α 系数的标准差也表示了在估算 α 系数的过程中所产生误差的大小。

表 9.2 中列出的相关系数表示 WM 公司的收益率和市场指数收益率之间的相关程度,其取值范围在 −1 到 1 之间。WM 公司的相关系数为 0.52,这说明两个收益率之间只有适度的正相关关系,即当市场指数的收益率越大时,WM 公司的收益率也越大。

表 9.2　WM 制造公司的市场模型

(A) 数据

季度	WM 公司收益率 Y	指数收益率 X	Y^2	X^2	XY
	(1)	(2)	(3)	(4)	(5)
1	−13.38%	2.52%	178.92	6.35	−33.71
2	16.79	5.45	282.00	29.71	91.54
3	−1.67	0.76	2.77	0.57	−1.26
4	−3.46	2.36	11.99	5.58	−8.18
5	10.22	8.56	104.53	73.36	87.57
6	7.13	8.67	50.79	75.19	61.80
7	6.71	10.80	45.07	116.59	72.49
8	7.84	3.33	61.47	11.08	26.10
9	2.15	−5.07	4.62	25.66	−10.89
10	7.95	7.10	63.22	50.42	56.46
11	−8.05	−11.57	64.74	133.87	93.09
12	7.68	4.65	58.97	21.58	35.67
13	4.75	14.59	22.55	212.97	69.29

续表

季度	WM 公司收益率 Y	指数收益率 X	Y^2	X^2	XY
	(1)	(2)	(3)	(4)	(5)
14	7.55	2.66	57.03	7.05	20.05
15	-2.36	3.81	5.58	14.54	-9.01
16	4.98	7.99	24.78	63.85	39.78
$\sum$	54.84	66.62	1 039.03	848.38	590.80
	$\sum Y$	$\sum X$	$\sum Y^2$	$\sum X^2$	$\sum XY$

(B) 计算

1. β 系数

$$\frac{(T \times \sum XY) - (\sum Y \times \sum X)}{(T \times \sum X^2) - (\sum X)^2} = \frac{(16 \times 590.80) - (54.84 \times 66.62)}{(16 \times 848.38) - 66.62^2} = 0.63$$

2. α 系数

$$(\sum Y/T) - [\beta \times (\sum X/T)] = (54.84/16) - [0.63 \times (66.62/16)] = 0.79\%$$

3. 随机误差项标准差

$$\sqrt{\frac{\left[\sum Y^2 - (\alpha \times \sum Y) - (\beta \times \sum XY)\right]}{T-2}} =$$

$$\sqrt{\frac{1\,039.03 - (0.79 \times 54.84) - (0.63 \times 590.80)}{16-2}} = 6.67\%$$

4. β 系数的标准差

$$\frac{\text{随机误差项标准差}}{\sqrt{\sum X^2 - \left[(\sum X)^2/T\right]}} = \frac{6.67}{\sqrt{848.48 - \left[66.62^2/16\right]}} = 0.28$$

5. α 系数的标准差

$$\frac{\text{随机误差项标准差}}{\sqrt{T - \left[(\sum X)^2/\sum X^2\right]}} = \frac{6.67}{\sqrt{16 - \left[66.62^2/848.38\right]}} = 2.03$$

6. 相关系数

$$r = \frac{(T \times \sum XY) - (\sum X \times \sum Y)}{\sqrt{\left[(T \times \sum Y^2) - (\sum Y)^2\right] \times \left[(T \times \sum X^2) - (\sum X)^2\right]}}$$

$$= \frac{(16 \times 590.80) - (54.84 \times 66.62)}{\sqrt{\left[(16 \times 1\,039.03) - 54.84^2\right] \times \left[(16 \times 848.38) - 66.62^2\right]}} = 0.52$$

7. 决定系数   (相关系数)^2 = 0.52^2 = 0.27

8. 非决定系数 $1 -$ 决定系数 $= 1 - 0.27 = 0.73$

表 9.2 中的决定系数表示 WM 公司收益率的变化中有多大比例与市场指数收益率的变化有关,即 WM 公司收益率的变动在多大程度上可用市场指数的变动来表示。WM 公司的决定系数为 0.27,这说明在近 16 个季度的估算期间,WM 公司的收益率变动中有 27% 的部分是由市场指数收益的变动而引起的。

表 9.2 中的非决定系数等于 1 减去决定系数,它表示 WM 公司收益率的变动中有多

大程度不是由市场指数变动引起的。WM 公司的非决定系数为 0.73,这说明其收益率的变动中有 73% 的部分与市场指数无关。

2. β 系数的调整

根据历史数据估算出来的 β 系数在准确性上还存在很多问题,还需要用一些方法对其进行调整。通过调整就能得出一个更切合实际的 β 系数的估计值,它处于 1.0 和完全基于历史数据而估算出来的 β 系数的估计值之间。

大多数计算 β 系数的投资公司在对 β 系数进行调整时都采用较为固定的程序。如果作特殊的调整,一般因时而异;在某些情况下,也因股票不同而有所差别。一般情况下,调整后的 β 系数是用约 34% 的权数乘以 β 系数的市场平均值 1.0 再加上约 66% 的权数乘以每一支股票基于历史数据而得到的 β 系数的估计值而获得的,其计算公式为:

$$\beta_a = (0.34 \times 1.0) + (0.66 \times \beta_h)$$

其中,β_a 和 β_h 分别是调整 β 系数和历史 β 系数。例如,如果某公司股票的历史 β 系数为 1.65,则该股票调整后的 β 系数为 1.43(=0.34×1.0+0.66×1.65)。不难看出,上述公式采取了将一种证券的历史 β 系数调整为更接近于 1.0 的策略。对于小于 1.0 的历史 β 系数,经调整后会变大一些,但仍小于 1.0;对大于 1.0 的历史 β 系数,经调整后会变小,但仍大于 1.0。这样的调整结果是合理的,因为实证研究表明,β 系数有一种趋向于 1.0 的倾向。

表 9.3　包含 100 种证券的各证券组合的事前事后 β 系数值

证券组合	1947 年 7 月—1954 年 6 月		1954 年 7 月—1961 年 6 月	1961 年 7 月—1968 年 6 月
	未调整 β 系数	调整 β 系数		
(1)	(2)	(3)	(4)	(5)
1	0.36	0.48	0.57	0.72
2	0.61	0.68	0.71	0.79
3	0.78	0.82	0.88	0.88
4	0.91	0.93	0.96	0.92
5	1.01	1.01	1.03	1.04
6	1.13	1.10	1.13	1.02
7	1.26	1.21	1.24	1.08
8	1.47	1.39	1.32	1.15

表 9.3 说明了调整后的历史 β 系数与未来 β 系数二者之间的差别程度。表 9.3 中栏(2)是 8 种证券组合的未经调整的历史 β 系数(每一种证券组合中都包含 100 种股票),它们是基于 1947 年 7 月至 1954 年 6 月间的月价格变化求出来的。表9.3中栏(3)是用美林公司的方法调整后的 β 系数,栏(4)是基于随后 7 年的价格变化估算的。从表 9.3 中不难看出,对大多数证券组合来说,调整后的 β 系数比未调整的 β 系数更接近于相连的

历史 β 系数。这一现象说明调整的历史 β 系数比未经调整的历史 β 系数能更精确地对未来 β 系数作出预测。

表 9.3 中栏(5)是用第 3 个 7 年间的数据估算的历史 β 系数。试比较第 2、4、5 栏中未经调整的历史 β 系数,我们可以看出这些数值都不断地趋近于平均值 1.0。因此,上述调整方法对预测未来期间的 β 系数具有一定的价值。

虽然证券组合的历史 β 系数能对其未来 β 系数的预测提供有用的信息,但单个证券的历史 β 系数却存在很大的偏差,需要作相应的调整。

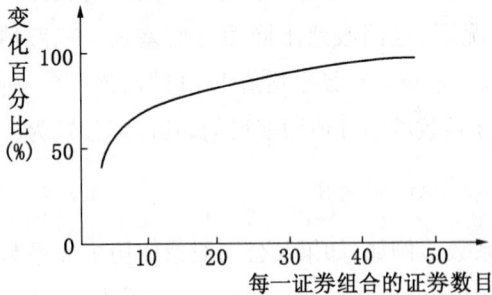

图 9.2　前一年的 β 系数变化引起的
β 系数值变化的百分比

在图 9.2 中,纵轴表示证券组合的 β 系数变化的百分比中有多大程度是由该组合的前一年的 β 系数变化引起的,横轴表示每一证券组合中的证券数目。从图 9.2 中可以看出,随着证券组合分散化程度的提高,其历史 β 系数的预测能力也随之提高。当组合中包含 10 至 20 支或更多证券时,组合的历史 β 系数就具有很高的预测能力。因此,单个证券的 β 系数对预测工作是有价值的,尽管从它们本身来看带有很大的不精确性,但当将它们置于一个证券组合中时,它们的这种不精确性就会相互抵消,从而产生对一个组合来说是很精确的 β 系数的估计。

3. 考虑财务杠杆作用的 β 系数

一个公司的 β 系数表示该公司总的综合价值对市场组合价值变化的敏感程度,它既依赖于市场对公司产品的需求状况,也依赖于公司的经营成本。由于大多数公司同时具有发行在外的流通股和债务余额,因此,公司权益(这里指股票)的 β 系数不仅依赖于公司的 β 系数,也依赖于公司的财务杠杆。例如,有 A、B 两家公司,它们除资本结构不同之外,其他条件完全相同;A 公司有债务,而 B 公司没有。因此,尽管 A、B 两家公司具有相同的税息前收益,但由于 A 公司必须支付利息,结果两者的税息后收益不同。在这种情况下,尽管这两家公司具有相同的公司 β 系数,但由于债务使得普通股的每股收益具有更大的易变性,从而导致 A 公司股票的 β 系数比 B 公司股票的 β 系数大。对于 A 公司股票的 β 系数,我们可以把它看成是在没有债务时的 β 系数(如 B 公司股票的 β 系数)加上具有债务余额时的调整数。

下面我们介绍一种衡量债务余额对公司股票 β 系数影响的方法。这种方法包括以下四个步骤:

第一,计算公司目前的债务余额市值(D)和股票的市值(E),则具有财务杠杆的公司的市场价值(V_L)可表示为:

$$V_L = D + E \tag{9.1}$$

第二,确定不含财务杠杆作用的公司的市场价值,我们可用下列公式表示:

$$V_u = V_L - TD \tag{9.2}$$

其中,V_u 表示没有财务杠杆作用的公司的市场价值;T 表示平均的公司所得税税率;D 表示公司债务余额的市场价值。

第三,通过估算公司债务的 β 系数 β_d 和公司股票的 β 系数 β_e,可以求出公司的 β 系数 β_f,其计算公式如下:

$$\beta_f = \beta_d \times \frac{(1-T)D}{V_u} + \beta_e \frac{E}{V_u} \tag{9.3}$$

第四,通过上述公式估算出了公司的 β 系数之后,我们还可以利用该公式的变形公式求得杠杆作用对股票的影响程度。变形公式如下:

$$\beta_e = \beta_f + (\beta_f - \beta_d)\left(\frac{D}{E}\right)(1-T) \tag{9.4}$$

必须注意的是,在上述公式中,当公司的债务权益比率 D/E 发生变化时,公司 β 系数 β_f 不会改变。不难看出,若债务 β 系数 β_d 不变,则提高公司的债务权益比率就能增加公司股票的 β 值。直观的经济解释是,提高公司债务权益比率会使公司的税后收益具有更大的易变性。相反,降低公司的债务权益比率会使税后收益的易变性减少,从而降低了股票的 β 值。

现在我们利用上述方法对最近改变了债务权益比率的某公司股票的 β 系数进行预测。该公司直到上个月前,总资产为 1 亿元,其中资本余额为 6 000 万元,债务余额为 4 000 万元,所得税税率为 30%。利用简单线性回归的方法对公司上个月以前的数据进行计算,可以得到该公司股票和债务的 β 系数分别为 1.40 和 0.20。现在,该公司又发行了 2 000 万元的股票,并用经营利润偿还了部分债务,目前公司的资本余额和债务余额分别为 7 400 万元和 2 000 万元。下面我们对该公司股票在资本结构调整后的变化情况进行分析。利用公式(9.1)易知该公司在新股发行前的总价值为 1 亿元;通过公式(9.2)可计算出不包含杠杆作用的公司价值为 8 800 万元(=1 亿元-0.3×4 000 万元);再利用公式(9.3)可计算出公司的 β 系数为:

$$\beta_f = 0.20 \times \frac{(1-0.3) \times 4\,000}{8\,800} + 1.40 \times \frac{6\,000}{8\,800} = 1.02$$

最后,当前公司股票的 β 系数(即发行 2 000 万元新股以后的股票 β 系数)可通过公式(9.4)计算出来:

$$\beta_e = 1.02 + (1.02 - 0.20) \times \left(\frac{2\,000}{7\,400}\right)(1-0.30) = 1.17$$

通过上述计算,我们可以看出,当公司的债务权益比率减少时,其股票的 β 系数也从 1.40 减少到 1.17。

4. 考虑行业影响的 β 系数

一般来说,对于不同行业,其公司股票的 β 系数是不同的,表 9.4 列出了不同的行业分类中公司股票 β 系数的平均值。对于那些生产必需品的行业来说,当人们预期经济前景发生改变时,其公司与其他行业公司相比,股票价格的变动较小,即这类生产必需品的行业(如食品行业)因为有较稳定的收益,β 值较小。相反,对于那些生产奢侈品的行业来说,当人们对经济前景的预期发生改变时,其公司股票价格会作出较大的反应,即这类生产奢侈品的行业(如旅游服务行业)因为收益具有较大的周期波动性而更可能具有较大的 β 值。

表 9.4　美国部分产业股票 β 系数的平均值(1966—1974 年)

产业名称	β 系数	产业名称	β 系数
空中运输	1.80	能源、原材料	1.22
房地产	1.70	公路、海运	1.19
旅游、户外消遣	1.66	药品业	1.14
电子	1.60	国内石油业	1.12
各种金融	1.60	农业、食品	0.99
耐用消费品	1.44	酒业	0.89
保险	1.34	银行业	0.81
航天	1.30	烟草业	0.80
商业服务	1.28	电话通讯业	0.75
化工	1.22	公用事业	0.60

根据表 9.4 中的数据可以对公司股票的历史 β 系数进行调整,调整后的 β 系数更具有合理性。例如,若某公司是航空运输企业,从表 9.4 中的数据可以知道,其行业 β 系数为 1.8,则将其股票的历史 β 系数向 1.8 调整,比用前面的公式向所有股票的平均值 1.0 调整更为合理。

为了得到基于行业影响的公司股票调整 β 系数,我们先将前面介绍的关于历史 β 系数的调整公式进行推广,从而得到更一般的公式:

$$\beta_a = a + b \times \beta_h$$

其中,a、b 都是正常数,且 $a+b=1$。进而考虑到不同行业 β 系数的区别,上述公式进一步推广为:

$$\beta_a = a\beta_i + b\beta_h$$

其中 β_i 表示该行业公司股票 β 系数的平均值。该公式就是考虑行业影响公司股票 β 系数的调整公式。

例如,设 a 和 b 的取值分别为 0.33 和 0.67,空中特快是一家航空运输业公司,其历史 β 系数为 2.0,由于航空运输业股票的 β 系数为 1.8,根据上述公式可以计算出:

$$\beta_a = 0.33 \times 1.8 + 0.67 \times 2.0 = 1.93$$

因此,空中特快的调整 β 系数为 1.93,介于其历史 β 系数 2.0 和行业 β 系数 1.8 之间。事实上,上述公式所要达到的目的,就是将历史 β 系数调整为历史 β 系数 β_h 和行业 β 系数 β_i 之间的一个值。

对于同时经营两个行业的跨行业公司,其调整 β 系数的计算公式可以将上述公式改写得到,即为:

$$\beta_a = a(E_{i1} \times \beta_{i1} + E_{i2} \times \beta_{i2}) + b\beta_h \tag{9.5}$$

其中,E_{i1} 和 E_{i2} 表示公司在行业 1 和行业 2 中的收益比重,β_{i1} 和 β_{i2} 分别为这两个行业的 β 系数。

例如,对于一家电子望远镜公司,其收益的一半来自电器行业,另一半来自航天行业。该公司的历史 β 系数为 1.2。假设 a 和 b 分别为 0.33 和 0.67,则调整的 β 系数可分以下两步进行计算:

第一,计算 $E_{i1} \times \beta_{i1} + E_{i2} \times \beta_{i2}$ 的值。根据表 9.4 中和上述假设的数据,可知该值为 1.45(= 0.5×1.6+0.5×1.3)。该数可以看作为任何在这两个行业中经营且有大致相同收益水平的公司的平均 β 系数。

第二,通过公式(9.5)将电子望远镜公司的历史 β 系数调整为 1.28(= 0.33×1.45+0.67×1.20)。注意到该值介于其历史 β 系数 1.20 和它所处的“行业”β 系数 1.45 之间。

在前面讨论的基础上,我们还可以利用各种有关的金融财务信息对公司股票的 β 系数进行调整。比如,具有较高股息发放率的股票,由于其价值是与近期股息而不是远期股息相联系,从而可能具有较小的 β 系数。为了得到基于财务信息调整的 β 系数,我们将公式(9.5)进行修正:

$$\beta_a = a(E_{i1} \times \beta_{i1} + E_{i2} \times \beta_{i2}) + b\beta_h + cY \tag{9.6}$$

其中 c 是常数;Y 是公司股息的股息率。

表 9.5 所示的就是这种形式的一个预测公式,它所用的是美国 1982 年间历史数据。用这种公式来预测一种证券的 β 系数,首先要确定该证券所属行业或部门的常数,然后用该常数加上该证券的历史 β 系数乘以 0.576,最后再加上:(1)证券的股息收益率乘以 −0.019;(2)证券的规模属性乘以 −0.105。用代数形式表示出来,模型为:

$$\beta_a = a_s + (0.576 \times \beta_h) + (-0.019 \times Y) + (-0.105 \times S) \tag{9.7}$$

其中,a_s 为证券所属行业的常数;β_h 为证券的历史 β 系数;Y 为股息率;S 为公司的规模。根据这一公式,如果一种证券具有较高的股息收益率或较大的资本余额市场价值,那么我们可以预测其将具有较小的 β 系数。

下面我们来看一个例子。假设一种股票被划为属于基础产业的行业,历史 β 系数为 1.2,过去 12 个月的股息收益率为 4%,资本余额的总市值为 70 亿美元,通过公式(9.7),调整 β 系数则为:

$$\beta_a = 0.455 + (0.576 \times 1.2) + (-0.019 \times 4) + (-0.105 \times \ln 7)$$
$$= 0.455 + 0.69 - 0.08 - 0.09 = 0.98$$

这种基于多因素模型的预测公式与那些仅仅适用历史 β 系数的预测公式相比,与历史数据更加吻合。一项研究表明,它的准确性比其他简单的 β 系数调整方法提高了 86%。

鉴于证券 β 系数的重要性,目前有许多国家提供各种经计算得到的 β 系数。但它们使用的计算方法不太一样,其中一些只使用过去的股票价格变化数据来计算 β 系数,而另一些则使用基于更多因素的模型来计算;有一些使用两年中每周的数据,而另一些则使用五年中每月的数据;有一些使用 S&P500 指数来计算,而另一些则使用纽约股票交易所的综合指数来计算;如此等等。在每一种计算方法中,对单个证券的计算结果都会存在误差,因此,不同的信息提供者对同一证券 β 系数的估计值可能不同。当然,这并不是说这些不同的估计值毫无价值,而是说在使用它们时应该得当和格外小心。

表 9.5　一个单因素模型导出的 β 系数的预测公式

不　变　项		不　变　项	
行　　业	值	行　　业	值
基础工业	0.455	运　　输	0.255
资本货物、生产资料	0.425	公用事业	0.340
稳定的消费品	0.307	可　变　项	
周期性的消费品	0.443	参　　数	系数
信用周期	0.429	β 系　数	0.576
能　　源	0.394	收　　益	−0.019
金　　融	0.398	规　　模	−0.105

9.2　多指数模型

前一节介绍了单指数模型,该模型认为只有一个因素影响证券的收益。学术界还提出了另外两种方法来研究证券收益率的结构,希望能捕捉到另一些非市场影响因素,这些因素也使得证券的价格运动产生共同的趋势,这两种方法都采用多指数模型。

采用多指数模型固然能增加影响证券收益的一些重要因素,但同时也产生了另一些问题,由于多元回归分析对回归的假设条件要求更加强烈,因此估计参数时准确度会下降。

9.2.1 多指数模型

模型为:

$$R_i = a_i^* + b_{i1}^* I_1^* + b_{i2}^* I_2^* + \cdots + b_{iL}^* I_L^* + c_i$$

其中,I_j^* 为第 j 指数变量;$E(c_i) = 0$;$\text{var}(c_i) = \sigma_{c_i}^2$。

但是,由于实际经济结构中,各指数之间可能有互相相关现象存在,即计量经济学中的多重共线性现象,这对估计带来危险。因此,需要将这 L 个指数正交化,使它们之间互不相关,得到模型如下:

$$R_i = a_i + b_{i1} I_1 + b_{i2} I_2 + \cdots + b_{iL} I_L + c_i$$

其中,I_j 之间不存在相关关系。

定义:$\text{var}(c_i) = \sigma_{c_i}^2$,$\text{var}(I_j) = \sigma_{I_j}^2$。

从模型的结构可得:

$$E(c_i) = 0 \quad i = 1, 2, \cdots, N$$

$$\text{cov}(I_j, I_k) = 0 \quad j = 1, 2, \cdots, L; k = 1, 2, \cdots, L; j \neq k$$

$$\text{cov}(I_j, c_i) = 0 \quad i = 1, 2, \cdots, N; j = 1, 2, \cdots, L$$

再假设:

$$\text{cov}(c_i, c_j) = 0 \quad i = 1, 2, \cdots, N; j = 1, 2, \cdots, N; i \neq j$$

最后的假设是多指数模型中很重要的假设,它表明了除 L 个指数外,没有其他因素影响证券收益的相关性。

由上面的模型可推导得到一些结果:

$$\overline{R}_i = a_i + b_{i1} \overline{I}_1 + b_{i2} \overline{I}_2 + \cdots + b_{iL} \overline{I}_L$$

$$\sigma_i^2 = b_{i1}^2 \sigma_{I1}^2 + b_{i2}^2 \sigma_{I2}^2 + \cdots + b_{iL}^2 \sigma_{IL}^2 + \sigma_{c_i}^2$$

$$\sigma_{ij} = b_{i1} b_{j1} \sigma_{I1}^2 + b_{i2} b_{j2} \sigma_{I2}^2 + \cdots + b_{iL} b_{jL} \sigma_{IL}^2$$

对这样的多指数模型进行证券组合的收益与方差分析,需要输入 $2N + 2L + LN$ 个数据,这个量虽然比单指数模型要多,但显然比没有模型时的原始方法要少得多。

9.2.2 行业指数模型

行业指数模型是一种特殊的多指数模型,它不但包括了市场指数,还包括加进了其他有关行业的指标指数。这种模型在多指数模型中属主要类型。

设 I_m 代表市场指数,它对应于单指数模型中的市场指数,第 j 行业指数则用 I_j 表示:
模型为:

$$R_i = a_i + b_{im}I_m + b_{i1}I_1 + b_{i2}I_2 + \cdots + b_{iL}I_L + c_i$$

上面模型为行业指数模型一般表示式,理论研究中常见的模型为:

$$R_i = a_i + b_{im}I_m + b_{ij}I_j + c_i$$

一般来说,该模型是用来描述属于 j 行业的第 i 企业之股票收益结构,它表示了企业股票收益首先与整个经济状况有关,其次则受本行业情况之影响,而其他行业对其收益并无影响,同一行业内其他企业的行为也与它无关。

在该模型假设下任意两个股票 i 和 j 之间求协方差有:

$$\mathrm{cov}(R_i, R_k) = b_{im}b_{km}\sigma_m^2 + b_{ij}b_{kj}\sigma_{Ij}^2$$

其中,i 企业和 k 企业都属 j 行业。

若 k 企业不属于 j 企业,则以上协方差变为:

$$\mathrm{cov}(R_i, R_k) = b_{im}b_{km}\sigma_m^2$$

这是因为 k 企业与 j 行业无关系,从而 $b_{kj} = 0$。

必须注意的是,模型中行业指数 I_j 必须变换成为与其他行业指数无关,也与市场指数无关的正交指数方能正确进行估计,否则,模型估计结果将失效。

对于多指数模型,其所包括的指数变量越多,就越能正确地反映历史数据的相关结构,但是用来预测却并不一定会产生更好的效果。

9.2.3　行业平均相关预测模式

平均相关预测模式的主要意思是把以往的历史数据的相关系数平均值用来作为将来相关度结构的预测值。

行业平均相关预测模式认为,同一行业内各股票收益之间的相关系数是相同的,并且其预测值等于以往同一行业内所有股票收益之间相关系数的平均值。

至于 i 行业股票收益与 j 行业股票收益之间的相关系数,则对于该两个行业内的所有企业都一样,即若 K 设为 i 行业内 K 企业,L 为 j 行业 L 企业,则该两企业之间收益相关系数 $\rho_{LK} = \rho_{ij}$,与具体 L、K 无关。

9.3　利用单指数模型决定有效边界

在前面的章节中,我们在理论上描述了证券资产组合有效边界的概念及其数学表达式。在本章指数模型假设下,我们知道组合的收益率与方差都可以用一个更简单的表达式来表示。因此,我们可以利用单指数模型简化确定有效边界的方法。

关于决定有效边界的技术,其推导的数学过程较艰深,本书不加说明地给出一些准则及计算方法(具体推导过程见附录)。

决定有效边界技术的基本逻辑过程如下:

(1) 给各证券确定某一指标;

(2) 把证券按其指标值排列;

(3) 求出有效边界指标值;

(4) 指标值大于有效边界指标值的证券就包括在最优组合里,指标值小于有效边界指标值的证券则弃之。

9.3.1　不允许卖空

给定指标:

$$D_i = \frac{\overline{R}_i - R_f}{\beta_i}$$

其中,$\overline{R}_i$ 是证券 i 的期望收益;R_f 是无风险证券资产收益;β_i 是单指数模型中的风险测度。

指标 D_i 的意义为:由于没有持有无风险资产,而持有风险资产 i 所引起的每承受一单位系统风险而获得的超额收益,也可以说是不可分散化风险的价格。从前面讲述的有效边界理论中,有效组合应满足低风险和高收益的特征,因此对 D 值要求应该是越大越好。

注意:这里的指标仅适用于存在无限制的借贷,但不允许卖空情况下的组合最优化。

下面为具体步骤:

(1) 把所有可选择证券的指标 D_i 计算出来,然后按 D 值的大小从大到小排列好。

我们已知,若某一 D_i 值的证券包括在最优组合中,则 D 值较大者就都包括在组合内;若某一 D_i 值的证券不包括在最佳组合内,则 D 值小于 D_i 值的证券就都不包括在最佳组合内。

从上面我们可看出,必须寻找一个划分值(cut-off)C^*,使得当 $D_i > C^*$ 时的证券包括在最佳组合内,而 $D_i < C^*$ 则都不包含在最佳组合内。

(2) 计算 C_i 值。

$$C_i = \frac{\sigma_m^2 \sum_{j=1}^{i} \dfrac{(\overline{R}_j - R_f)\beta_j}{\sigma_{e_j}^2}}{1 + \sigma_m^2 \sum_{j=1}^{i} \dfrac{\beta_j^2}{\sigma_{e_j}^2}}$$

并把其一一列表算出,然后比较 D_i 值和 C_i 值之大小,找出满足 $D_i > C_i$ 中最小的 i,则

C_i 即为划分 C^* 值。

例：如何应用单指数简化模型来分析证券投资基金的重仓持股？

每个季度结束后，证券投资基金都要公布其持有的按市值排名前 10 位的股票。某投资基金公布了其 2001 年 12 月 31 日持有的 10 支证券的比例如下：21%，18%，18%，15%，14%，6%，5%，1%，1%，1%。那么这一结构是否合理？现在来看如何应用单指数模型来进行调整分析。设 $R_f = 5\%$，$\sigma_m^2 = 10$，证券的其他指标如表 9.6 所示。

表 9.6　10 种证券的有关指标值

证券编号 i	$\overline{R}_i$	β_i	$\sigma_{e_i}^2$	D_i	C_i
1	15	1	50	10	1.67
2	17	1.5	40	8	3.69
3	12	1	20	7	4.42
4	17	2	10	6	5.43
5	11	1	40	6	5.45
6	11	1.5	30	4	5.30
7	11	2	40	3	5.02
8	7	0.8	16	2.5	4.91
9	7	1	20	2	4.75
10	5.6	0.6	6	1.0	4.52

表 9.6 的安排已经是经计算 D_i 值后，按 D_i 值从大到小排列并给相应证券种类编号。据前面的分析，可知 $C^* = 5.45$，因为只有在这个值，$i = 1, 2, 3, 4, 5$ 证券的 D_i 值是大于 C_i 值，而 $i = 6, 7, 8, 9, 10$，证券的 D_i 值小于 C_i。

C^* 值已知，从而得知最优证券组合包含编号 1—5 的证券。

下面来分析一下 C_i 值的意义。经过一些代数运算后，C_i 值表示式可简化成下式：

$$C_i = \frac{\beta_{iP}(\overline{R}_P - R_f)}{\beta_i}$$

其中，β_{iP} 为对应于最佳证券组合收益变化 1%；i 证券收益变化的期望值。

前面我们曾提到，对某一证券 i 而言，当其 D_i 值大于 C_i 值，则就可被加进最佳组合中，也就是：

$$\frac{\overline{R}_i - R_f}{\beta_i} > C_i$$

从而可以得到：

$$(\overline{R}_i - R_f) > \beta_{iP}(\overline{R}_P - R_f)$$

因此，对投资者来说，假设他已经组成了他的最佳证券组合，当市场上又出现一种新证券时，他要考虑该新增证券是否值得投资，即是否应加到他已构成的证券组合中。这时他不必要把所有证券再加该新证券重新进行最优组合分析，而只需按照上面的公式，比较一下

新证券之 $(\overline{R}_i - R_f)$ 值是否大于已构好组合之 $\beta_{iP}(\overline{R}_P - R_f)$ 值就可决定是否投资。

（3）决定了哪几种证券包括在最优证券组合中后，接着就要决定各种证券投资的比例，其由下列公式决定：

$$Z_i = \frac{\beta_i}{\sigma_{e_i}^2}\left(\frac{\overline{R}_i - R_f}{\beta_i} - C^*\right) \quad i = 1, 2, \cdots, N$$

其中：

$$X_i = \frac{Z_i}{\sum\limits_{j=1}^{N} Z_j}$$

从 Z_i 公式可见，包括在最佳组合中之 D_i 值比 C^* 值大，故 $Z_i > 0$，意思即为投资。而不包括在最佳组合中的 Z_i 值则小于零，或等于零，表示不投资，事实上，我们只要算出前几种包括在最优证券资产组合中的 Z_i 值就可以了。

应用公式于我们前面的例子，有：

$$Z_1 = \frac{2}{100}(10 - 5.45) = 0.091$$

$$Z_2 = \frac{3.75}{100}(8 - 5.45) = 0.095\,625$$

$$Z_3 = \frac{5}{100}(7 - 5.45) = 0.077\,5$$

$$Z_4 = \frac{20}{100}(6 - 5.45) = 0.110$$

$$Z_5 = \frac{2.5}{100}(6 - 5.45) = 0.013\,75$$

$$\sum_{i=1}^{5} Z_i = 0.387\,875$$

从而解得：

$$X_1 = 23.5\% \quad X_2 = 24.6\% \quad X_3 = 20\% \quad X_4 = 28.4\% \quad X_5 = 3.5\%$$

可见，根据单指数简化模型，该投资基金有必要对其投资组合进行调整，有一些证券可以完全抛售。

9.3.2　允许卖空

在允许卖空条件下，寻求最佳证券组合和前面不允许卖空情况稍有不同，但基本思想及步骤仍一样。

（1）按 $D_i = \dfrac{\overline{R}_i - R_f}{\beta_i}$ 大小排列证券并编号。

（2）计算 C^* 值时，情况是不一样的。在不允许卖空机制下，我们需要对各种证券进行取舍。但在允许卖空情况下，所有种类的证券都可以认为是包含在最优证券组合中，或是正投资，或是卖空（负投资），在个别情况下才会偶然出现既不持有也不卖空的情况，即投资为零。其公式如下：

$$C^* = \frac{\sigma_m^2 \sum\limits_{j=1}^{N} \dfrac{(\overline{R}_j - R_f)\beta_j}{\sigma_{e_j}^2}}{1 + \sigma_m^2 \sum\limits_{j=1}^{N} \dfrac{\beta_j^2}{\sigma_{e_i}^2}}$$

这里无需计算前 $(N-1)$ 个 C_i 值，只需计算一个 C^* 值就可以了，因为不用比较来决定 C^* 值。

（3）决定最优证券组合构成。

$$Z_i = \frac{\beta_i}{\sigma_{e_i}^2}(D_i - C^*)$$

显然，D_i 大于 C^* 值时，$Z_i > 0$，表示 i 证券处于正投资状态。D_i 小于 C^* 值时，$Z_i < 0$，表示 i 证券处于卖空状态（负投资）。若 k 证券之 D_k 和 C^* 值相等，$Z_k = 0$，表示 k 证券不在投资者的最佳证券组合中。

Z_i 值已知后，再决定 X_i 的值：

$$X_i = \frac{Z_i}{\sum\limits_{j=1}^{N} Z_j}$$

再看前面的例子：

$$C^* = C_{10} = 4.52$$

$$Z_1 = \frac{1}{50}(10 - 4.52) = 0.110$$

$$Z_2 = \frac{1.5}{40}(8 - 4.52) = 0.131$$

$$Z_3 = \frac{1}{20}(7 - 4.52) = 0.124$$

$$Z_4 = \frac{2}{10}(6 - 4.52) = 0.296$$

$$Z_5 = \frac{1}{40}(6 - 4.52) = 0.037$$

$$Z_6 = \frac{1.5}{30}(4 - 4.52) = -0.026$$

$$Z_7 = \frac{2}{40}(3 - 4.52) = -0.076$$

$$Z_8 = \frac{0.8}{16}(2.5 - 4.52) = -0.101$$

$$Z_9 = \frac{1}{20}(2 - 4.52) = -0.126$$

$$Z_{10} = \frac{0.6}{6}(1.0 - 4.52) = -0.352$$

$$\sum_{i=1}^{10} Z_i = 0.017$$

然后再从公式

$$X_i = \frac{Z_i}{\sum\limits_{j=1}^{N} Z_j}$$

中解出 X_i 的值。

思考题

1. 下表列出了三种股票的月收益率和标准普尔市场指数的平均收益率(%),共有 12 个月。

| 月份 | 股票 | | | S&P |
	A	B	C	
1	12.05	25.20	31.67	12.28
2	15.27	2.89	15.82	5.99
3	−4.12	5.45	10.58	2.41
4	1.57	4.56	−14.43	4.48
5	3.16	3.72	31.98	4.41
6	−2.79	10.79	−0.72	4.43
7	−8.97	5.38	−19.64	−6.77
8	−1.18	−2.97	−10.00	−2.11
9	1.07	1.52	−11.51	3.46
10	12.75	10.75	5.63	6.16
11	7.48	3.79	−4.67	2.47
12	−0.94	1.32	7.94	−1.15

要求计算：

(1) 每种股票的 α 值和 β 值；

(2) 每种股票回归方程的剩余项方差；

(3) 每种股票和市场指数收益间的相关系数；

(4) 市场平均收益率及方差。

2. 数据如题1,分别利用单指数模型法和直接历史数据法计算：

(1) 每种股票的期望收益和方差；

(2) 每两种股票间的协方差；

(3) 若以等比例投资组成一资产组合,计算其收益和标准差。

3. 假设单指数模型的所有假设条件都成立,但是剩余项之间的协方差为常数 K,而不是零,试推导出两种证券之间的协方差和任意组合的方差。

4. 假设所有证券之间的相关系数是相同的,均为 ρ^*,再假定单指数模型也成立,试推导出任意证券的 β 表达式。

5. 给定下表所列数据,若无风险借贷利率 $R_f = 5\%$,而不允许卖空,$\sigma_m^2 = 10$,试求最优证券资产组合。

证券编号 i	$\overline{R}_i$	β_i	$\sigma_{e_i}^2$
1	15	1.0	30
2	12	1.5	20
3	11	2.0	40
4	8	0.8	10
5	9	1.0	20
6	14	1.5	10

6. 数据和题5一样,但设允许卖空,试求出此时的最优证券资产组合。

参考文献

William F. Sharpe, 1963, "A Simplified Model For Portfolio Analysis", *Management Science*, 9, no.2.

Eugene F. Fama, 1976, *Foundations of Finance*, Basic Books.

William F. Sharpe, 1984, "Factor Models, CAPMs and the ABT", *Journal of Portfolio Management*, 11, no.1.

Mark Kritzman, 1993, "About Factor Models", *Financial Analysts Journal*, 49, no.1.

Eugene F.Fama and Kenneth R.French，1993，"Common Risk Factors in the Returns On Stocks and Bonds"，*Journal of Financial Economics*，33，no.1.

Elton，Wdwin J.，Gruber，Martin J.，and Padberg，Manfred W.，1978，"Optimal Portfolios from Simple Ranking Devices"，*Journal of Portfolio Management*，4，no.3.

Kwan，Clarence C.Y.，1984，"Portfolio Analysis Using Index，Multi-Index，and Constant Correlation Models：A Unified Treatment"，*Journal of Finance*，39，no.5.

Farrell，James，1976，"The Multi-Index Model and Practical Portfolio Analysis"，*The Financial Analysts Research Foundation Occasional Paper*，No.4.

附录 9.1 单指数模型，允许卖空

本附录中，我们要推导出在单指数模型假设和允许卖空条件下最优证券组合选择程序。

由前述章节我们已得到最优证券组合的方程为：

$$\overline{R}_i - R_f = Z_j\sigma_i^2 + \sum_{\substack{j=1 \\ j \neq i}}^{N} Z_j\sigma_{ij} \qquad i = 1, 2, \cdots, N$$

在单指数模型中我们也知道：

$$\sigma_{ij} = \beta_i\beta_j\sigma_m^2 \qquad \sigma_i^2 = \beta_i^2\sigma_m^2 + \sigma_{e_i}^2$$

把这关系代入上式得：

$$\overline{R}_i - R_f = Z_i(\beta_i^2\sigma_m^2 + \sigma_{e_i}^2) + \sum_{\substack{j=1 \\ j \neq i}}^{N} Z_j\beta_i\beta_j\sigma_m^2$$

$$= Z_i\sigma_{e_i}^2 + \sum_{j=1}^{N} Z_j\beta_i\beta_j\sigma_m^2$$

解此方程得：

$$Z_i = \frac{\overline{R}_i - R_f}{\sigma_{e_i}^2} - \frac{\beta_i\sigma_m^2}{\sigma_{e_i}^2}\sum_{j=1}^{N} Z_j\beta_j \quad i = 1, 2, \cdots, N$$

也就是，

$$Z_i = \frac{\beta_i}{\sigma_{e_i}^2}\left[\frac{\overline{R}_i - R_f}{\beta_i} - C^*\right] \quad i = 1, 2, \cdots, N$$

其中：

$$C^* = \sigma_m^2\sum_{j=1}^{N} Z_j\beta_j$$

因为 C^* 仍是 Z_j 的函数,为此,先对公式乘上 β_j,然后对 $j=1,2,\cdots,N$ 求和,得:

$$\sum_{j=1}^{N} Z_j\beta_j = \sum_{j=1}^{N} \frac{\overline{R}_i - R_f}{\sigma_{e_j}^2}\beta_j - \sigma_m^2 \sum_{j=1}^{N} \frac{\beta_j^2}{\sigma_{e_j}^2} \sum_{j=1}^{N} Z_j\beta_j$$

重新整理得

$$\sum_{j=1}^{N} Z_j\beta_j = \frac{\displaystyle\sum_{j=1}^{N} \frac{\overline{R}_i - R_f}{\sigma_{e_j}^2}\beta_j}{1 + \sigma_m^2 \displaystyle\sum_{j=1}^{N} \frac{\beta_j^2}{\sigma_{e_j}^2}}$$

从公式我们可以得:

$$C^* = \frac{\sigma_m^2 \displaystyle\sum_{j=1}^{N} \frac{\overline{R}_i - R_f}{\sigma_{e_j}^2}\beta_j}{1 + \sigma_m^2 \displaystyle\sum_{j=1}^{N} \frac{\beta_j^2}{\sigma_{e_j}^2}}$$

第 10 章

资本资产定价模型与套利定价

在"资产组合理论的经济学基础"这一章中,我们分析了单个投资者如何对无风险资产进行选择。市场上所有单个投资者对无风险资产选择的结果导致一部分人借入无风险资产,另一部分人贷出无风险资产,这样就导致了无风险资产收益率的均衡决定,这一过程就是无风险资产的定价过程。无风险资产定价的分析过程同样可应用于风险资产的定价,但风险资产的定价分析过程要复杂得多。单个投资者通过最优化的方式决定风险资产的买入或卖空比例,单个风险资产所有买入数量与卖出数量均衡时就决定了单个风险资产的收益率。一般而言,在金融理论中我们提到的定价模型公式里面往往不会出现金融资产的价格,而是收益率,因为在不考虑股息分配的情况下,由于风险资产的收益率在单期投资的情况下就是其价格上升的比例,因此资产的收益率决定过程也就是资本资产的定价过程。

在分析了单个投资者如何进行资产选择的基础上,本章将进一步分析市场上所有投资者的选择如何决定资本资产的价格。由于前提假设条件的不同,资产均衡定价模型的表现形式也不一样,一般将 Sharpe(1965)等人最早提出的资本资产定价模型(Capital Asset Pricing Model)称为标准 CAPM,而将其他学者在此基础上发展起来的其他形式的资本资产定价模型称为非标准 CAPM。

由于 CAPM 需要很多很严格的假设,于是许多金融经济学家开始寻找资本市场定价新理论,其中最有影响的为耶鲁大学著名学者斯蒂芬·罗斯(Steven Ross)。罗斯在20世纪70年代中期发展了"套利定价模型"APT。APT 仅需一价定律及投资者期望齐次性的基础假定,不需要 CAPM 中关于效用函数的严格假定。理解 CAPM 模型及 APT 模型需要一定的统计分析基础知识,主要是统计分析中的回归分析和因子分析。但现在很多统计分析软件,比如 SPSS 等提供了强大的统计分析功能,通过利用这类统计软件进行实证分析,资产定价模型变得容易理解。本章附录中就给出了 CAPM 模型在中国资本市场的实证检验过程。

10.1 标准资本资产定价模型

10.1.1 标准 CAPM 基础假设条件

CAPM 的假设条件很多很复杂，从学术研究来看也非常严格，可总结为如下 9 个方面：

(1) 市场上资本资产的买卖不需要费用。这是对实际资本市场的一个高度理论抽象及简化，这一假定的意义包含两个方面：资本市场上的交易成本为零，同时投资者在决定买卖前获取信息的成本也为零。投资者若想卖掉某一证券，他无需为此卖出成功付出代价。然而实际情况并非如此，投资者若想买进或卖出某一股票，他必须为此付出佣金。但相对其交易金额而言实际交易成本较小，在我们的理论研究中并不会由于假设其为零而影响到正确深刻地反映证券市场内在规律性，同时，假设市场无摩擦情况为理论研究创造了极有利的条件。

(2) 资本资产可以无限分割。这一假定意味着资本资产的交易量可任意小，从而使理论研究获得很大的便利。实际证券市场上并不如此，美国国库券最小面值 1 000 美元，而每张股票的交易价格也不可能小到 1 美元或 10 美分。但是相对于整个市场交易数量而言，认为交易量可任意小也是可以的。

(3) 无个人收入税。个人收入税是影响投资的一个因素，对投资者征税的原因来自两个方面：资本利得和红利所得。在标准 CAPM 中，我们先忽略个人收入税因素的影响。

(4) 个人投资者的行为不影响市场股票价格。这一假设实际上相当于微观经济学中完全竞争的假设。市场中每一参与者都是市场价格的接受者(price taker)，而没有力量去影响价格。故这一假设可认为是金融市场完全竞争的假定，而实际证券市场上有些大的投资公司拥有影响证券价格的力量。但总的来说，认为金融市场处于完全竞争状态并不会影响到我们模型反映世界的有效性。

(5) 投资者依据各证券资产的期望收益及其标准差作出决策。这一假设实际上使我们将能应用前面资产组合理论中的一些结论。投资者要综合考虑其预期收益率和风险后才能决定投资策略，即在给定风险情况下追求期望收益率最大，在给定收益情况下追求风险最小。

(6) 允许无限卖空。实际证券市场上确实可能使投资者有卖空的机会，但一般来说不可能是无限的。对于理论研究来说，这一假设仅是为了分析的方便。

(7) 投资者能够无限制地借贷无风险资产。假定投资者只要愿意，或能达到效用最大，就可以按照市场无风险利率借入或贷出资产，大量购买政府债券等。

(8) 期望齐次性。该假设可以认为是：市场上各个投资者对证券的期望收益、方差及相关系数的关心是一样的，并不因人而异。当这些因素相同时，投资者的决策结果相同。这一假设使得对市场投资者群体的行为能作出较确切的描述。

(9) 所有资本资产（包括劳动力在内）都是商品。该假设保证了所有资本资产都是可在市场上进行交易的，都具有价格。

综合以上 9 个方面的假设，我们显然能发现许多假设在现实经济生活中是站不住脚的。然而问题并不在于我们的假设是否完全和现实相符，真正重要的问题在于我们应知道：

实际经济活动被这些假设到底歪曲了多少？

这些假设将导致资本市场的一些什么结论？

这些结论描述了真实的资本市场情况吗？

针对这三个问题，我们将展开寻求资本资产定价的各个逻辑步骤。最终我们会发现，虽然这么多假设似乎不怎么符合实际现状，但其结论在实际中的应用却十分令人信服。

10.1.2　CAPM 逻辑过程

标准 CAPM 是由三位学者于 1964 年各自独立研究出来的，他们是夏普（Sharpe）、林特奈（Lintner）和莫辛（Mossin），由于夏普第一个提出资本定价理论，因此标准 CAPM 又称为 CAPM$_S$。他们的研究方法各异，而各种方法所需的严格性和数学艰深度也不一样。较复杂的方法严格性较强，同时其所允许讨论的范围也更宽，但相对而言其经济直观意义就较差。因此，我们将 CAPM 分为两个层次，并且从较简单的方法开始。

1. 导出 CAPM 的简单方法

(1) CAPM 假设下，市场组合是投资者的有效组合。

我们从前面章节已知，不管投资者具体对风险的态度如何，其有效的选择都将是这样的：他将总是选择 $R_f P_i$ 直线段上的某一点（见图 10.1）。选择该直线上的点意味着：所选风险证券资产的组合将总是 P_i，而与具体哪个投资者无关。

按照 CAPM 基本假设，投资者期望是齐次的，即每个投资者对市场上任意证券的期望收益率、风险以及两个证券之间的协方差估计相同。根据前一章的结论，每个投资者的有效边界都是一样。由于市场上只有一种无风险资产，所以图 10.1 中每个投资者的最优资产组合 P_i 是完全相同的（在这里 P_i 相同，是指每个投资者持有任一风险资产

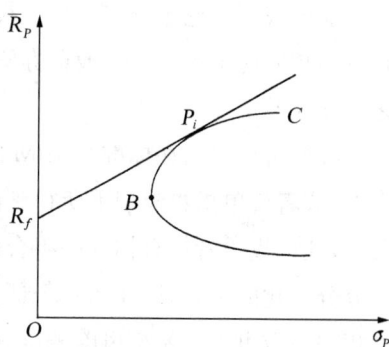

图 10.1　两资产组合原理

的比例相同,而不是任一风险资产的市值相同)。我们进一步知道,整个市场所有投资者集合体的有效风险证券资产组合亦为 P_i,也就是说,投资者个人的有效风险证券资产组合 P_i 之构成比例和市场现时各证券之比例所构成的整体组合 P_M 相同。这个组合叫市场组合,它包含市场上所有证券,其中对每一种证券的投资比例等于它的相对市场价值,一种证券的相对市场价值等于这种证券的总市值除以所有证券的总市值;反过来说,现有市场各证券所占的比例就是单个投资者有效风险证券资产组合 P_i 之构成。

上面所述原则称为"两资产组合决定原理"(two mutual fund theorem),即所有投资者之最优证券资产组合仅仅包括两个子组合:一个为市场风险证券组合 P_M,另一个为无风险资产。这两个组合中风险资产组合的比例由投资者的无差异曲线决定。

(2) CAPM 假设下,有效资产组合的定价模型——资本市场线。

现代金融理论中把图 10.1 中的直线 $R_f P_i$ 称作"资本市场线",它是投资者的有效边界线,即投资者的有效证券资产组合都将在此直线上,并且所有投资者所选择的证券资产组合最终都将落在这条直线上。

因为 P_i 组合即为市场组合 P_M,所以资本市场线可用下式表达:

$$\overline{R}_e = R_f + \frac{\overline{R}_M - R_f}{\sigma_M} \sigma_e \qquad (10.1)$$

其中 $\overline{R}_e$、σ_e 分别为该资本市场线上某一点所代表的证券资产组合或者说有效资产组合的期望收益和风险。

我们可认为 $\dfrac{\overline{R}_M - R_f}{\sigma_M}$ 是有效资产组合单位风险的市场价格,它和 σ_e 的乘数值可表示由于该证券承受风险而得到的报酬;R_f 是无风险资产收益,可看作是对推迟消费时间的一种报酬,故上式可表述为如下意义方程式:

风险资产收益 = 无风险资产的时间价格 + 单位风险的市场价格 × 风险量

(3) CAPM 假设下,一般资产的定价模型——证券市场线。

前面我们讨论了资本市场上投资者有效证券资产组合收益及风险的一些关系。现在我们转向讨论市场上一般证券资产组合(并非一定是有效边界上的)或单个证券资产之均衡收益。

我们可以得出在标准 CAPM 的假设下,组合或单个证券满足前一章介绍的单指数模型,或者说单指数模型下所得到的结论可以应用于 CAPM 模型。因为根据 CAPM 的假设,任何投资者持有相同的组合即市场组合,或者说任何投资者持有的组合都是一个充分分散化的组合,即任何一个证券预期收益率只与市场组合的预期收益率相关,其线性相关系数可以用系统风险测度 β 系数来表示。

设给定任意两个子资产组合 $A(\overline{R}_A, \beta_A)$ 和 $B(\overline{R}_B, \beta_B)$,则这两个子组合的任意组

合 P 必定在一条直线上。

这是因为我们应用单指数模型的结论,可以得到:

$$\overline{R}_P = X\overline{R}_A + (1-X)\overline{R}_B$$

$$\beta_P = X\beta_A + (1-X)\beta_B$$

从方程组中消去 X 后可得到形如 $\overline{R}_P = a + b\beta_P$ 的直线方程,或者说 $(\beta_P, \overline{R}_P)$ 在由点 $(\beta_A, \overline{R}_A)$ 和 $(\beta_B, \overline{R}_B)$ 决定的直线上。

若市场上存在着另一证券资产组合 D,如图 10.2 所示,组合 D 在 AB 直线上方,我们可以证明 D 组合是不可能长久存在下去的。因为我们总可以在直线 AB 上找到和 D 组合具有相同风险的一个组合 C,因此投资者都将卖空 C 组合并将所得资金投资于 D 组合,从而使组合 D 价格上升,收益下降,最终回到 C 点。同时,市场上也不可能存在 D' 这样的组合资产,因为我们总可在直线 AB 上找到和它具有相同风险,却有较高效益的组合

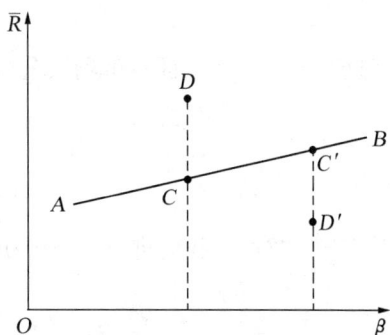

图 10.2　套利示意图

C',每个人都会卖空组合 D' 而去投资于 C',因此 D' 也是不可能长期存在的。

下面让我们来列表说明套利方式。设证券组合 C 的期望收益率为 11%,β 系数为 1.2,证券组合 D 期望收益率为 13%,β 系数和 C 一样,为 1.2。套利者可组合一个新的证券组合 E:卖空价值 100 元的组合 C 并投资于组合 D。(关于套利的理论后面将详细介绍。)

表 10.1　套利组合

组　合	初期投资	期望收益	β
C	-100	-11	-1.2
D	$+100$	$+13$	1.2
E	0	2	0

该投资者自己一分钱都不用就可以无风险地赚 2 元,这显然与事实不符,因此我们可确认在证券市场上 D 证券组合不可能较长久地存在。

至此,我们已证明整个市场之证券组合都将在一直线上,为寻找出此直线只需两点即可。我们很容易找到这么两点,其中一点为无风险资产,由于无风险资产与市场组合无关,不存在系统风险,所以 $\beta=0$;另一点则是市场组合 M 点,而前面我们已知市场组合之 β 系数为 1,即 $\beta_M=1$,故市场证券组合在 $(\overline{R}, \beta)$ 坐标系里的点为 $P_M(\overline{R}_M, 1)$。

上面直线可容易地得到,其方程为:

$$\overline{R}_i = R_f + \beta_i(\overline{R}_M - R_f) \tag{10.2}$$

该方程称为"证券市场线"(security market line),可决定任何单个证券或组合在市场上之均衡收益。这一公式在金融领域中的应用非常广泛,亦是近代金融领域中最重要的发现之一。

该公式向我们显示了对单个证券或证券组合来说,其期望收益仅仅与它自身的 β_i 相关,而与别的因素不相干。因为

$$\beta_i = \frac{\sigma_{iM}}{\sigma_M^2}$$

将这个表达式代入证券市场线公式,我们可得到另一形式的公式:

$$\overline{R}_i = R_f + \left(\frac{\overline{R}_M - R_f}{\sigma_M}\right) \times \left(\frac{\sigma_{iM}}{\sigma_M}\right)$$

对于 $\dfrac{\sigma_{iM}}{\sigma_M}$ 的意义,我们进行如下分析。因为

$$\sigma_M = \left[\sum_{i=1}^{N} X_i^2 \sigma_i^2 + \sum_{i=1}^{N}\sum_{\substack{j=1 \\ j\neq i}}^{N} X_i X_j \sigma_{ij}\right]^{1/2}$$

其中 X_i 为市场组合中第 i 种证券的比例之构成,求导数得:

$$\frac{\mathrm{d}\sigma_M}{\mathrm{d}X_i} = \frac{\dfrac{1}{2}\left[2X_i\sigma_i^2 + 2\displaystyle\sum_{\substack{j=1 \\ j\neq i}}^{N} X_j\sigma_{ij}\right]}{\left[\displaystyle\sum_{i=1}^{N} X_i^2\sigma_i^2 + \sum_{i=1}^{N}\sum_{\substack{j=1 \\ j\neq i}}^{N} X_i X_j\sigma_{ij}\right]^{1/2}} = \frac{\sigma_{iM}}{\sigma_M}$$

即 $\dfrac{\sigma_{iM}}{\sigma_M}$ 等于第 i 个证券的投资比例增加一个单位时,系统风险所增加的数量。可见,$\dfrac{\sigma_{iM}}{\sigma_M}$ 可认为是 i 证券对于市场指数组合风险影响的测度。所以,我们可以将前面资本市场线上任一点,即有效资产定价的经济含义推广到任意资产组合证券,即:

证券期望收益＝时间价格＋风险的市场价格×风险量

读者可以将任意证券的期望收益率的分解与前面介绍的有效证券的期望收益率的分解相比较。有效证券的期望收益率的分解是任意证券的期望收益率分解的一种特殊形式。

证券市场线在 $\left(\overline{R}, \dfrac{\sigma_{iM}}{\sigma_M}\right)$ 坐标系中亦为一直线。

2. 导出 CAPM 的严格方法

用 R 表示仅由风险资产构成的任意组合,它属于 Markowitz 可行集。P 表示引入

无风险资产后的任意组合,x 表示在新组合 P 中无风险资产所占的比例,$1-x$ 表示投资于风险资产组合 R 的比例。假设无风险利率为 R_f,风险资产组合 m 的预期收益率为 $\overline{R}_R$,标准差为 σ_R,则由无风险资产和风险资产组合 R 共同构成的新组合 P 的预期收益率为:

$$\overline{R}_P = xR_f + (1-x)\overline{R}_R \tag{10.3}$$

其中,当 $x > 0$ 时,表示投资者将初始资金一部分以无风险利率借出,一部分投资于风险资产组合 R;当 $x = 0$ 时,表示全部资金投资于该风险资产组合 R;当 $x < 0$ 时,则表示以无风险利率借入资金,与初始资金一起投资于风险资产组合 R。

组合 P 的方差为:

$$\sigma_P^2 = x^2\sigma_f^2 + (1-x)^2\sigma_R^2 + 2x(1-x)\rho_{f,R}\sigma_f\sigma_R \tag{10.4}$$

其中,σ_f^2 为无风险资产收益率的方差,显然,$\sigma_f^2 = 0$;ρ 为无风险资产与风险资产组合 R 的相关系数。公式(10.4)可以简化为:

$$\sigma_P^2 = (1-x)^2\sigma_R^2 \tag{10.5}$$

所以,组合 P 收益率的标准差为:

$$\sigma_P = (1-x)\sigma_R \tag{10.6}$$

在介绍 CAPM 模型推导之前,我们首先考虑当投资组合由无风险资产和风险资产构成时,组合的预期收益与风险之间的关系。

(1) 资本配置线。

我们用资本配置线(capital allocation line)来描述引入无风险借贷后,将资本在某一特定的风险资产组合 R 与无风险资产之间分配,从而得到所有可能的新组合的预期收益与风险之间的关系。

由公式(10.6)得:

$$x = 1 - \frac{\sigma_P}{\sigma_R} \tag{10.7}$$

将公式(10.3)和公式(10.7)联立,可推导出资本配置线的函数表达式,即:

$$\overline{R}_P = R_f + \frac{\overline{R}_R - R_f}{\sigma_R}\sigma_P \tag{10.8}$$

如图 10.3 所示,对于由风险资产组合 R 和无风险资产构成的新组合 P,其所对应的资本配置线是从无风险资产的对应点 A 出发的一系列射线,射线与风险资产有效前沿上的不同交点取决于所选择的风险资产组合构成。而在所有的这些资产配置线中,对于理性的投资者而言,将期望组合单位风险的超额收益补偿最大化,即要求公式(10.8)中

$\dfrac{\overline{R}_R - R_f}{\sigma_R}$ 的取值最大化。很显然，当从无风险资产的对应点 A 出发的射线与风险资

产有效边界前沿相切时，此时 $\dfrac{\overline{R}_R - R_f}{\sigma_R}$ 的取值最大化，即 $\max \dfrac{\overline{R}_R - R_f}{\sigma_R} = \dfrac{\overline{R}_m - R_f}{\sigma_m}$。

理性的投资者在组合中构建风险资产时，都会选择切点处的风险资产组合。

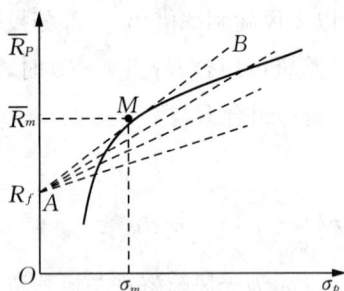

图 10.3　资本配置线　　　　图 10.4　资本市场线

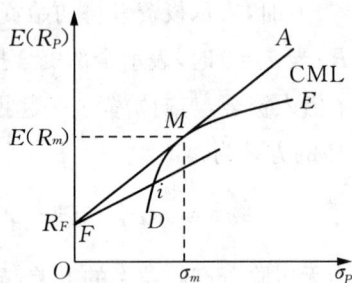

（2）资本市场线。

在图 10.4 中，通过对切点组合 M 的分析可知，所得到的线性有效集实际上是从无风险资产所对应的点 F 出发，经过市场组合对应点 M 的一条射线，它反映了市场组合 M 和无风险资产的所有可能组合的收益与风险的关系。这个线性有效集就是我们通常所说的资本市场线（capital market line，简记 CML）。其函数表达式如下：

$$\overline{R}_P = R_f + \frac{\overline{R}_M - R_f}{\sigma_M} \sigma_P \tag{10.9}$$

其中，$\overline{R}_M$ 是市场组合 M 的预期收益率；σ_M 是市场组合 M 收益率的标准差。

可见，资本市场线的实质就是在允许无风险借贷下的新的有效边界，它反映了当资本市场达到均衡时，投资者将资金在市场组合 M 和无风险资产之间进行分配，从而得到所有有效组合的预期收益率和风险的关系。值得注意的是，资本市场线上所有的点都是有效组合，且有效组合的风险中只有系统风险。

（3）证券市场线。

资本市场线反映了市场达到均衡时有效组合的预期收益与风险之间的关系。作为构成市场组合的单个资产以及它们的其他组合，由于是非有效的，资本市场线并没有体现其预期收益与风险之间的关系。为了更多地了解均衡条件下任意单个资产及其组合的预期收益从而对资产的价格进行预测，我们需要进行更深入地分析。

① 单个风险资产对市场组合的风险贡献。

我们假设组合中有 n 种风险资产，则组合的风险可表示为：

$$\sigma_M^2 = \mathrm{cov}(\sum_{i=1}^{n} x_i R_i, R_M) = x_1 \sigma_{1M} + x_2 \sigma_{2M} + \cdots + x_n \sigma_{nM} \tag{10.10}$$

其中，x_i 表示风险资产 i 在市场组合 M 中所占的比例；σ_{iM} 为风险资产 i 与市场组合的协方差。

可见，市场组合收益的方差等于构成组合的所有资产与市场组合的协方差的加权平均和，权重为各项资产在组合中所占的比重，单个资产与组合的协方差代表它对整个组合的风险贡献程度。

② 单个资产预期收益与风险的关系。

当市场达到均衡时，必须要求组合中风险贡献度高的资产按比例提供高的预期收益率。若某一资产在给市场组合带来风险的同时没有提供相应的预期收益，就意味着如果将这项资产从组合中剔除，将会使市场组合单位风险的预期收益有所上升；如果某一资产在给市场组合带来风险的同时提供过高的预期收益率，就意味着如果增加这项资产在组合中的比重，会使市场组合的预期收益相对于其风险有所上升。这样，市场组合将不再是最佳组合，资产的价格将因供需的变化而调整至均衡价格。

达到均衡时市场组合的预期收益率可以表示为：

$$\overline{R}_M = R_f + (\overline{R}_M - R_f) \tag{10.11}$$

其中，$\overline{R}_M - R_f$ 即为对应于市场组合的风险 σ_M^2 的风险溢价，因此单位风险所要求的预期收益率即为 $\dfrac{\overline{R}_M - R_f}{\sigma_M^2}$。根据以上分析，均衡时组合中任意一种资产 i 所提供的风险溢价应该等于 $\dfrac{\overline{R}_M - R_f}{\sigma_M^2} \sigma_{iM}$，所以资产 i 的风险与收益之间的均衡关系为：

$$R_i = R_f + \frac{\overline{R}_M - R_f}{\sigma_M^2} \sigma_{iM} \tag{10.12}$$

③ 证券市场线的数学推导。

当证券市场达到均衡时，无法通过改变市场组合中任意一项资产或资产组合的比重，而使得整个组合的预期收益相对于风险有所上升或使得单位风险的回报增加。现在我们构建一个新的组合 P，该组合中包括市场组合 M 和任意一种资产或者几种资产的某种组合 i。假定资产（组合）i 在新的组合中所占的比重为 α，那么市场组合 M 所占的比重就为 $1 - \alpha$。当 $\alpha = 1$ 时，表示组合 P 仅由资产（组合）i 构成；当 $\alpha = 0$ 时，这一新的组合 P 即为市场组合 M。要注意的是，当 $\alpha = 0.5$ 时，并不表示资产（组合）i 在新组合 P 中所占的比例为 0.5，因为在市场组合 M 中还有一定比例的 i 存在。所以当 α 为某一个小于 0 的值时，新的组合 P 中才不包括资产（组合）i。则有：

组合 P 的预期收益 $\overline{R}_P$ 和风险 σ_P 分别为：

$$\overline{R}_P = \alpha \overline{R}_i + (1 - \alpha)\overline{R}_M \tag{10.13}$$

$$\sigma_P = \left[\alpha^2 \sigma_i^2 + (1 - \alpha)^2 \sigma_M^2 + 2\alpha(1 - \alpha)\sigma_{iM} \right]^{\frac{1}{2}} \tag{10.14}$$

由上述分析可知,任意组合的对应点与无风险资产对应点的连线的斜率表示该资产单位风险所提供的预期收益率。由均衡的性质可以知道,当市场达到均衡时,所有的投资者持有的风险资产组合都为市场组合 M,此时射线 FMA 的斜率应该是 F 点与弧线 DE 上任意一点连线的斜率中最大的。也就是说在市场组合 M 基础上,无论是增加资产 i 还是减少资产 i 的比例,都不能得到更高的单位风险回报,即射线 FMA 也就是资本市场线与弧线 DE 相切,切点为市场组合 M 的对应点。

对预期收益和标准差分别对 α 求偏导,有:

$$\frac{\partial \overline{R}_P}{\partial \alpha} = \overline{R}_i - \overline{R}_M \tag{10.15}$$

$$\frac{\partial \sigma_P}{\partial \alpha} = \frac{\alpha \sigma_i^2 - (1 - \alpha)\sigma_M^2 + (1 - 2\alpha)\sigma_{iM}}{\sigma_P} \tag{10.16}$$

我们考察的关键是弧线 DE 在点 M,即 $\alpha = 0$ 处的斜率,此时 $\sigma_P = \sigma_M$,所以由公式(10.16)得:

$$\frac{\partial \sigma_P}{\partial \alpha}\Big|_{\alpha=0} = \frac{\sigma_{iM} - \sigma_M^2}{\sigma_P} = \frac{\sigma_{iM} - \sigma_M^2}{\sigma_M} \tag{10.17}$$

根据公式(10.15)和公式(10.17)可以得到:

$$\frac{\partial \overline{R}_P / \partial \alpha}{\partial \sigma_P / \partial \alpha}\Big|_{\alpha=0} = \frac{\partial \overline{R}_P}{\partial \sigma_P}\Big|_{\alpha=0} = \frac{\sigma_M(\overline{R}_i - \overline{R}_M)}{\sigma_{iM} - \sigma_M^2} \tag{10.18}$$

因为资本市场线与弧线 DE 在点 M 相切,所以资本市场线的斜率应该等于弧线 DE 在点 M 处的斜率,即:

$$\frac{\overline{R}_M - \overline{R}_f}{\sigma_M} = \frac{\sigma_M(\overline{R}_i - \overline{R}_M)}{\sigma_{iM} - \sigma_M^2} \tag{10.19}$$

整理得:

$$\overline{R}_i = R_f + \frac{\overline{R}_M - R_f}{\sigma_M^2}\sigma_{iM} \tag{10.20}$$

公式(10.20)就是证券市场线(security market line,简称 SML)的一般表达形式。它表明当市场达到均衡时,任意资产(组合)i(无论是有效组合还是非有效组合)的预期收益由两部分构成:一部分是无风险资产的收益率;另一部分是单位风险的预期收益率 $\dfrac{\overline{R}_M - R_f}{\sigma_M^2}$ 与其风险的乘积。需要注意的是,在这里,资产的风险已经不再用预期收益率的标准差来衡量,而是用该资产与市场组合的协方差来衡量(协方差形式的证券市场线,见图 10.5)。这是因为,风险回避的投资者都尽量通过资产的多元化来降低风险。当市场达到均衡时,所有的投资者都会建立市场组合与无风险资产的某种比例的组合,从而最大限度地降低风险,最终使得非系统风险等于 0,只剩下不可分散的系统风险。自然单个资产的风险回报就应该与它对系统风险的贡献而不是与总风险成比例,因为其中的非系统风险已经通过组合消除了。所以不能认为总风险很大的资产相对于总风险较小的资产,必然会给市场组合带来较大的风险,从而应该提供较大的回报。

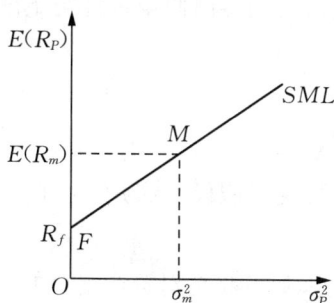

图 10.5　证券市场线—协方差

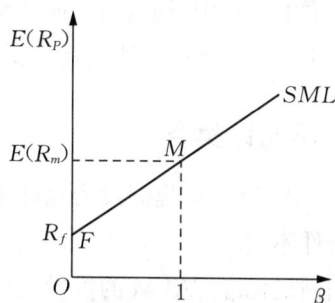

图 10.6　证券市场线—贝塔系数

若定义 $\beta_{iM} = \dfrac{\sigma_{iM}}{\sigma_M^2}$,则公式(10.20)可转化为:

$$\overline{R}_i = R_f + \beta_{iM}(\overline{R}_M - R_f) \tag{10.21}$$

其中,β_{iM} 就是我们通常所说的贝塔系数,它是衡量系统性风险大小的重要指标。贝塔系数版的证券市场线的表达形式如图 10.6 所示。

(4)资本市场线与证券市场线的关系。

① 描述对象不同。

资本市场线描述有效组合的收益与风险之间的关系;证券市场线描述的是单项资产或某个资产组合的收益与风险之间的关系,既包括有效组合又包括非有效组合。

② 风险指标不同。

资本市场线中采用标准差作为风险度量指标,是有效组合收益率的标准差;证券市场线中采用 β 系数作为风险度量指标,是单项资产或某个资产组合的 β 系数。

因此,对于有效组合,可以用两种指标来度量其风险;而对于非有效组合,只能用 β 系数来度量其风险,标准差可能是一种错误度量(用于 CAPM)。

10.2　非标准形式的 CAPM

前一节我们分析了标准 CAPM 的一些问题,现在要将这一模型进行扩展。相对于标准 CAPM 而言,这些模型的假设条件是"非标准"的,但更切合实际一些。

提出非标准 CAPM 可使得我们对均衡价格的决定作出另外一些解释,并可和标准的 CAPM 进行比较,从而说明某些标准 CAPM 所不能说明的问题。

在标准 CAPM 中,通过一些假设把实际情况中的一些影响略去了(如税收),故无法在所得出的结论中对这些因素进行研究。而非标准 CAPM 则可放宽假设条件,加进所要进行研究的因素,从而分析所产生的影响。

在下面的分析中我们将看到,非标准 CAPM 使得我们得出假设条件与金融市场的实际情况更趋于一致的一般均衡模型。

10.2.1　不允许卖空

标准 CAPM 中前提假设为允许无限卖空,若改变这一假设,认为不允许卖空,而其余假设条件不变。

我们回忆标准 CAPM 的推导过程,若不允许卖空,则其将会对资产组合的有效边界产生影响,因为原先的约束条件 $\sum X_i = 1$ 改变为 $\sum X_i = 1$,并且 $X_i \geqslant 0$。我们可证明加入不许卖空这个条件并不改变标准 CAPM 的结论。Lintner 给出了这一结果的严格数学证明,在这里我们只进行描述性分析。因为我们已知,在允许卖空时的均衡状态下,所有投资者都选择市场证券组合作为其最优证券资产组合,而市场证券组合中是没有卖空发生的。在允许卖空的条件下,虽然对于个人投资者而言可有卖空的机会,但对市场总体而言,则不可能存在卖空状态下的资产。因此,任何一个投资者在其有效资产组合边界上没有卖空任何一种证券,改变这一假设而添加不允许卖空约束,实际上并没有起到约束作用,故在允许卖空条件下所得到的 CAPM 所有结论都将和不允许卖空条件下一样。

10.2.2　对无风险借贷假设的修改

实际经济活动中,无限制地借贷无风险资产是不可能的,投资者只可能将自己所有资金贷出,即储蓄或购买短期债券,却不可能无限制地无风险借入。

我们的研究方法是:第一步假设无限制的无风险借和无风险贷两种可能性都不存在;第二步再放松条件限制,即允许资金贷出。

1. 没有无风险借贷

这一模型是现代金融领域中除标准 CAPM 外,第二个被广泛应用的一般市场均衡模型。由于其重要性,下面我们用两种方法推导,而不同的方法所需的数学要求不同,其经济意义直观度也不一样。

(1) 简单推导方法。

我们首先分析一下无风险借贷取消后投资者有效组合的变化。在存在无风险借贷情况下,所有投资者组合中风险资产的比例与市场组合一致。无风险借贷取消后,不同投资者组合可能不一样,因此与市场组合也不一样。这里我们仍要用到单指数模型下的一些结论,收益率只与其系统风险测度有关。更进一步,它们是一种线性关系。因为假设两个证券资产组合 A、B 在坐标平面 $(\overline{R}, \beta)$ 上,两点可以得到一条直线 AB,由单指数模型可知它们组成的组合也在直线 AB 上,通过与标准 CAPM 下相似的套利分析,我们可以推知所有证券组合均在直线 AB 上,又由于市场组合是这些证券的加权平均,因此市场组合也在这条直线上。

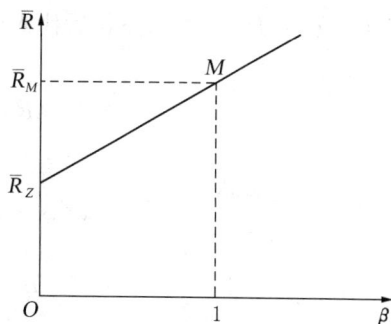

图 10.7 不存在借贷下的证券市场线

为决定此直线方程,必须寻找两个特殊点,显然一点为市场证券组合 $M(\overline{R}_M, 1)$,而另一点我们可选择该直线与纵轴相交之点,即 β 系数为零之点。设该点证券资产组合期望收益为 $\overline{R}_Z$,该点可表示为 $(\overline{R}_Z, 0)$,见图 10.7。容易求得该直线方程为:

$$\overline{R}_i = \overline{R}_Z + (\overline{R}_M - \overline{R}_Z)\beta_i$$

这一方程在现代金融理论中称 CAPM 的零 β 系数形式(zero beta version of the CAPM)。

这个方程和前一节中的证券市场线的方程很相似,差别仅仅在于证券市场线方程中之 R_f 在这里被代之以 R_Z。在有无风险借贷情况下,R_f 为无风险资产之收益,而在这里,因为不存在无风险借贷,故其作用被相应的 R_Z 所代替。从零 β 系数的 CAPM 模型看来,标准 CAPM 可以看作是没有无风险借贷的一种特殊形式,因为在没有无风险资产的情况下,我们构造零 β 的证券组合,而标准 CAPM 下无风险资产的 β 为零,它就是我们寻找的零 β 证券。零 β 系数的资产我们通过求解上述直线与纵轴的交点即可找到,零 β 系数并不表明该资产没有风险,而是与市场组合无关。

(2)严格推导方法。

首先我们需假设市场证券组合 P_M 是在有效边界曲线上的,这一假设在我们后面将进行说明。

与前面的方法类似,我们定义 R'_f 为使投资者选择市场证券组合 P_M 作为其最佳证券资产组合的无风险资产利率(这里我们通过过 M 点作有效边界的切线的方法找到 R'_f),从前面的结论可知有下面等式关系:

$$\lambda(X_1\sigma_{1i} + X_2\sigma_{2i} + \cdots + X_N\sigma_{Ni}) = \overline{R}_i - R'_f$$

这一等式是针对投资者最佳证券资产组合关系的,故简化为:

$$\lambda \operatorname{cov}(R_i, R_M) = \overline{R}_i - R_f' \tag{10.22}$$

公式(10.22)对市场组合亦成立,即可把市场组合 M 作为第 i 种证券资产的选择结果,则有:

$$\lambda \sigma_M^2 = \overline{R}_M - R_f'$$

解出:$\lambda = (\overline{R}_M - R_F')/\sigma_M^2$ 后代入公式(10.22)得:

$$\overline{R}_i = R_f' + \frac{\overline{R}_M - R_f'}{\sigma_M^2} \operatorname{cov}(R_i, R_M) \tag{10.23}$$

因为 $\beta_i = \dfrac{\operatorname{cov}(R_i, R_M)}{\sigma_M^2}$,公式(10.23)最后变为:

$$\overline{R}_i = R_f' + (\overline{R}_M - R_f')\beta_i \tag{10.24}$$

公式(10.24)是在假设存在可以按 R_f' 进行无风险借贷情况下得到的结论,实际上并不存在无风险资产借贷,但是我们发现可以找到收益率为 R_f' 的资产,实际上在实直线 ZC 上的所有风险证券资产组合之期望收益都为 R_f'。这样我们通过数学方法找到了不存在无风险借贷下的证券市场线,所有证券的收益可以由期望收益为 R_F' 的资产和市场组合来描述。

分析:$\overline{R}_i = R_f' + (\overline{R}_M - \overline{R}_Z)\beta_i$。

为要使 $\overline{R}_i = R_f'$,必须 $\beta_i = 0$,实直线 ZC 上所有证券组合的期望收益都为 R_f',因此实直线 ZC 上所有证券组合的 β 系数都为零,即我们用来替换无风险资产的组合其 β 必须为零,或者说实直线 ZC 上所有证券与市场组合的协方差为零。

进一步分析图 10.8,按照投资者避免风险的假定,显然投资者只会选择 ZC 直线上的 Z 点作为其投资策略。因为在实直线 ZC 上,Z 点的方差最小,也即风险最小。

设 Z 点收益为 $\overline{R}_Z$,其 $\beta = 0$,最后得方程:

$$\overline{R}_i = \overline{R}_Z + (\overline{R}_M - \overline{R}_Z)\beta_i$$

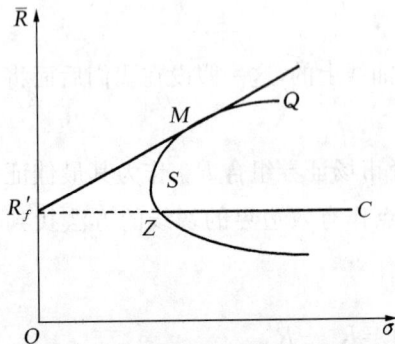

图 10.8 不存在无风险借贷的进一步分析

从图 10.8 可见,$\overline{R}_M > \overline{R}_Z$,这是因为市场 M 点是在有效边界曲线上,而有效边界曲线的斜率是正的,因此过 M 点切线和纵轴之交点必位于 $\overline{R}_M$ 之下。

图 10.8 画出了 Z 点的位置并不在有效边界曲线上,而这并不是偶然作图所致,我们下面将证明 Z 点不可能在有效边界上。

证明:因为已知 $\beta_Z = 0$,故:

$$\mathrm{cov}(R_Z, R_M) = \beta_Z \sigma_M^2 = 0$$

即 Z 证券资产组合和市场证券组合之间无相关关系。

再设 S 点为最小方差处,则证券组合 S 可由证券组合 M 和证券组合 Z 再组合而成。故有:

$$\sigma_S^2 = X_Z^2 \sigma_Z^2 + (1 - X_Z)^2 \sigma_M^2$$

为了使 σ_S^2 最小,求导并令其为零:

$$\frac{\mathrm{d}\sigma_S^2}{\mathrm{d}X_Z} = 2X_Z \sigma_Z^2 - 2\sigma_M^2 + 2X_Z \sigma_M^2 = 0$$

解出:

$$X_Z = \frac{\sigma_M^2}{\sigma_M^2 + \sigma_Z^2}$$

显然可见: $0 < X_Z < 1$,而

$$\overline{R}_S = X_Z \overline{R}_Z + (1 - X_Z) \overline{R}_M$$

因为 $\overline{R}_M > \overline{R}_Z$,且 $0 < X_Z < 1$,故可确定: $\overline{R}_S > \overline{R}_Z$,而按定义: $\sigma_S < \sigma_Z$,由于 Z 点的收益率小于 S 点,方差大于 S 点,从而 Z 点是在 S 点下面及右边,有效边界为曲线 SMQ 段,因此 Z 点已不属于有效边界上的一点了。证明到此完毕。

从上面的一些证明过程,我们可得到另一些结论:投资者的选择可能在 SM 曲线段,也可能在 MQ 曲线段。

若投资者选择 SM 曲线段上一点所代表的证券资产组合,则该证券组合将是由市场子组合 M 和 Z 所构成。

如果投资者选择证券组合点落在 MQ 曲线段上,即意味着卖空证券组合 Z,而投资于市场证券组合 M 上。

任何投资者不可能仅持有证券资产组合 Z,因为这是非有效组合。

投资者总体持有的证券资产组合即为市场证券组合 M。因此,从整体来说,证券组合 Z 的持有为零,即市场上有些投资者投资于证券组合 Z,而另一些则卖空证券资产组合 Z,从而市场总和为零。

从以上讨论可见,我们又得到了"两资产组合决定原理"(two mutual fund theorem),即所有投资者最优证券资产组合是在两个子证券组合之间进行选择,一个为市场证券组合 M,而另一个为零 β 系数且最小方差的证券组合 Z。

在我们严格证明开始前,曾假设市场证券组合在有效边界上,这里我们将给出这一假设一般说明性的证明:由于期望齐次性假设,所有投资者的有效边界是一样的,任何投资者选择的组合均有最小方差,且收益在最小方差点的上方。回忆在允许卖空情况下,

任意两个最小方差组合的再组合亦为最小方差,所以我们若把两个投资者的证券资产组合再组合,则必定是最小方差的组合,而市场证券组合 M 是各投资者资产组合的再组合,因此其必为最小方差。又因各投资者之组合是有效的,且市场组合收益是各投资者组合收益的平均值,故市场组合 M 之收益将是在最小方差边界线上的有效边界部分上,因此,市场证券组合 M 不仅具有最小方差,而且是有效的。

2. 存在无风险贷出,但没有无风险借入

本假设认为投资者虽能贷款,却不能借款,这种情况对于中小投资者来说更具有实际意义。在图 10.9 中,设 R_f 为无风险贷款收益,没有无风险借入。

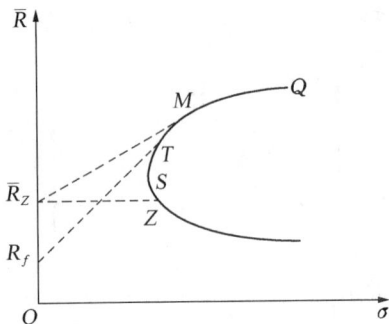

(1) 存在无风险贷出,没有无风险借入下的资本市场线。

由于没有无风险借入,故投资者有效边界为直线,即 $R_f T$,其中 T 点为切点。我们下面将证明:T 点在 M 点左下位置上。

证明:市场上投资者可以分为两类,要么持有风险资产,要么不持有风险资产即仅持有无风险资产。对于持有无风险资产的任何投资者其最优资产组合都将在 $R_f T$ 直线上,也就是说投资者都将持有风险证券组合 T 和无风险资产。对于不愿持有无风险资产的投资者而言,他们只可能选择 TQ 曲线段上的某一风险证券资产组合,而不会选择 TS 曲线段上的风险证券资产组合。然而市场组合 M 是所有投资者风险资产组合的再组合,即 T 点以及 T 点右边的组合再组合而成,所以市场组合 M 的位置只可能在 T 点右上边,而不会到左下边去。证明完毕。

图 10.9　存在无风险贷出的分析

由于 $\bar{R}_z$ 为市场证券组合 M 点切线与纵轴之交点,而 R_f 为过 T 点切线与纵轴交点,故有不等式:

$$\bar{R}_z > R_f$$

投资者整个有效边界为 $R_f T M Q$。在不存在无风险借贷情况下,任何有效组合的再组合亦为有效组合。但在这里,并非所有的有效组合的再组合也一定是有效的,比如无风险资产 R_f 与 TQ 曲线上任一点的组合不再是有效组合。

若投资者所选之最优证券资产组合在 $R_f T$ 直线上,即表示他选择了资产组合 T 和无风险资产构成其最优组合,而组合 T 又是由组合 M 和 Z 组合而成,因此投资者即为选择组合 M、组合 Z 和无风险资产来构成他的最优组合。若最优证券资产组合在曲线 TM 段上,也就是意味着选择组合 M 和组合 Z 来构成其最优资产组合。若最优资产组合落在曲线 MQ 段上,则表示投资者卖空组合 Z 而投资在组合 M 上。

从上述可见,投资者不管是采取什么策略,总是在三种资产市场组合 M、零 β 组合 Z

和无风险资产 f 中进行选择,这一定律称为"三资产组合决定原理"(three mutual fund theorem)。

(2) 没有无风险借入,存在无风险贷出下的证券市场线。

上面我们讨论了有效证券资产组合在$(\bar{R},\sigma)$坐标系中的情况,现在开始研究一般证券市场线,即研究所有资产组合在$(\bar{R},\beta)$坐标系中的情况。

对于所有证券组合在$(\bar{R},\beta)$坐标体系中,我们可以分两种情况加以考虑,即不包含无风险资产的组合和包含无风险资产的组合。如果一个任意资产组合不包含无风险资产,即证券市场线由组合 T 和组合 M 决定,我们得到如下方程:

$$\bar{R}_i = \bar{R}_Z + (\bar{R}_M - \bar{R}_Z)\beta_i$$

这一方程仅仅包含了所有的风险证券资产组合,或单个风险证券资产之收益的描述。它在图 10.10 中表示为直线$\bar{R}_Z TMQ$。它并没有描述无风险资产的收益或者包含无风险资产组合之收益情况。这里$\bar{R}_Z$ 是 β 为零的风险资产的收益率。

如果一个任意资产组合包含无风险资产,则证券市场线的推导可以沿用标准 CAPM 下的结论,即证券市场线由R_f 点和 T 点所决定,故允许无风险贷出部分之证券市场线为$R_f T$。

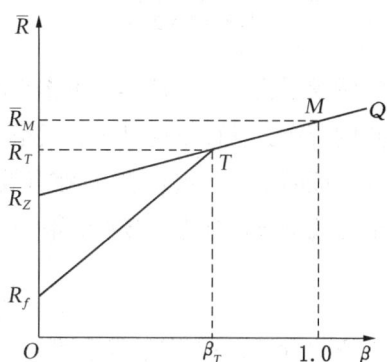

图 10.10　存在无风险贷出的证券市场线

这样我们就知道了不含无风险资产的所有证券在直线$\bar{R}_Z TMQ$ 上,含无风险资产的所有证券在直线 $R_f T$ 上,它们相交于点 T,但是含无风险资产的所有证券并不是整条直线 $R_f T$,因为含无风险资产的其他证券收益也不会超过$\bar{R}_T$,因此含无风险资产的组合位于线段 $R_f T$ 上。

综合上面的分析,我们可知整个证券市场线为折线段 $R_f TMQ$,这是包含无风险贷出资产情况之有效证券资产组合的轨迹。

因此,在标准 CAPM 模型中,投资者仅含风险资产的组合就是市场组合,但在这里投资者在均衡状态下不再持有相同的证券资产组合,其仅含风险资产的组合是收益率高于$\bar{R}_T$ 的任意有效组合。这一结论和实际情况是符合的。它在这一点上可说较之于标准 CAPM 更能正确反映实际,然而仍不令人满意之处是结论中投资者还是持有市场中的大部分证券资产,并且对许多证券进行卖空,这是和实际情况不大相符的。

和标准 CAPM 相似之处是,本模型的证券市场线仍为一直线,意义也相似,只是斜率和截距已不一样。

3. 无风险贷出低于无风险借入

接下来再分析无风险借贷都存在的情况,但与标准 CAPM 不同的是我们假设贷出

利率 R_L 小于借入利率 R_B,这种情况与实际的金融市场更加切合。

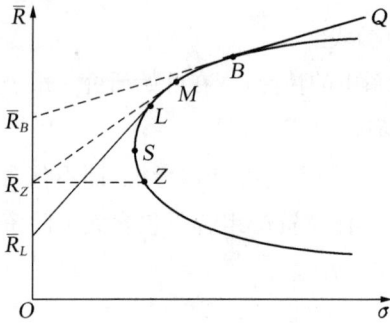

图 10.11　无风险贷出低于
无风险借入的情形

如图 10.11 所示,B 点为相应于 $\overline{R}_B$ 的切点,表示所有借入资金的投资者的风险资产组合;L 点则为相应于 $\overline{R}_L$ 点之切点,表示所有借出资金的投资者的风险资产组合。我们可证明市场证券组合 M 点在 B 点与 L 点之间,这是因为任何投资者的最优资产组合中之风险资产组合不是组合 L 就是组合 B,或者是在 BL 有效边界曲线段上的某一点所代表的风险资产组合。因此,在不允许卖空背景下所有投资者总和的市场组合 M 点也就只会在有效边界曲线上 B 点与 L 点之间,而在卖空背景下我们可以从本节不卖空的 CAPM 的推导方法中知道对市场组合而言不存在卖空的资产。从而不论是否有卖空,M 点总位于 L 点与 B 点之间。

证明了市场组合 M 点在有效边界曲线上 B 点与 L 点间之后,我们可用与以前同样的方式推导出证券市场线,同样得:

$$\overline{R}_i = \overline{R}_z + (\overline{R}_M - \overline{R}_z)\beta_i$$

但要注意,这一方程仅仅描述了不包含无风险资产的证券组合之收益,比如曲线 BL 段上的证券组合,而包含无风险资产借入或贷出的证券组合之收益则不能用此方程描述。

10.3　套利定价模型

资本资产定价模型(CAPM)是一个描述为什么不同的证券具有不同的预期收益率的均衡模型,即证券之所以具有不同的预期收益率是因为它们具有不同的 β 值。另外一个关于资产均衡定价的模型是由罗斯(Stephen Ross)提出的套利定价理论(APT)。

资本资产定价模型要求大量的假设,其中包括马柯维茨在最初研究最基本的均值—方差模型时所作的那些假设。例如,每个投资者根据组合的预期收益率和标准差,并使用无差异曲线来选择最佳组合。相反,套利定价理论使用较少的假设,其首要的假设是,每个投资者都会去利用不增加风险的情况下能够增加组合的收益率的机会。利用这种机会的具体做法是,首先假设证券的收益率与某些因素存在线性关系,通过这些因素可以确定证券对因素的敏感度并构造套利组合,在不存在无风险套利的假设下导出套利定价方程。

10.3.1　单因素下的套利定价方程

1. 单因素模型

套利定价理论的出发点是假设证券的收益率与未知数量的未知因素相联系。我们首先设想只有一个因素,而且这个因素就是工业产值的预期增长率。在这种情况下,证券收益率联系着如下的单因素模型:

$$r_i = a_i + b_i F + e_i$$

其中,r_i 表示证券 i 的收益率;F 表示因素值,这里为工业产值预期增长率;e_i 表示随机误差。

在上述方程中,b_i 是证券 i 对因素的敏感性。

设想市场上有三种证券,每个人都预期这三种证券具有表 10.2 的收益率和敏感性。

表 10.2　三种证券的收益率及敏感性

i	$\overline{R}_i(\%)$	b_i
证券 1	15	0.9
证券 2	21	3.0
证券 3	12	1.8

在这些预期收益率和因素敏感性的假设下,资产的价格不会处于均衡状态。我们将发现市场上存在套利机会,套利机会将改变这些证券收益率并使它们达到均衡。

套利是利用同一种实物资产或证券的不同价格来赚取无风险利润的行为。套利的利润根据定义是无风险的,所以投资者一旦发现这种机会就会设法利用它们。当然,一些投资者要比其他人具有更多的资源和意愿去从事套利。毕竟,只有极少部分积极的投资者能够发现套利机会,并且随着他们的买进和卖出,这些获利机会将会消除。

模型表明,具有相同的因素敏感性的证券或组合除了非因素风险以外将以相同的方式波动。因此,具有相同的因素敏感性的证券或组合必定要求有相同的预期收益率,否则,套利机会便会存在,投资者将利用这些机会,使之最终消失。这就是套利定价理论的最本质的逻辑。

下面我们来分析如何构造套利组合。

2. 构造套利组合

根据套利定价理论,投资者将竭力发现构造一个套利组合的可能性,以便在不增加风险的情况下,增加组合的预期收益率。套利组合究竟是什么呢? 简单而言,就是零投资、零风险、正收益。首先,它是一个不需要投资者任何额外资金的组合,如果 X_i 表示投资者对证券 i 的持有量的权数,套利组合的这一要求可以表述为:

$$X_1 + X_2 + X_3 = 0$$

这个方程表示该组合的投入资金为零,买入某些证券是通过卖出另外一些证券完成的。

其次,一个套利组合对因素 F 没有敏感性,它的含义是当工业产值增长时,组合内的某些证券价格上升,而另外一些证券价格下跌。因为组合对某一因素敏感性恰好是组合中各证券对该因素的敏感性加权平均,因此套利组合的这一性质可表述为:

$$b_1 X_1 + b_2 X_2 + b_3 X_3 = 0$$

在当前的例子中即表述为:

$$0.9 X_1 + 3.0 X_2 + 1.8 X_3 = 0$$

套利组合的非因素风险往往大于零,只是其数量非常小,套利理论认为可以忽略不计。

基于这两个约束,可以构造许多潜在的套利组合,这些候选组合就是那些符合前面两个方程的组合。这里有三个未知数(X_1、X_2 和 X_3)和两个方程,这意味着有无限多组满足两个方程的 X_1、X_2 和 X_3。作为确定一个组合的方法,我们考虑给 X_1 随意赋予一个值,如 0.1,这样就形成两个方程和两个未知数的情形:

$$0.1 + X_2 + X_3 = 0$$

$$0.09 + 3.0 X_2 + 1.8 X_3 = 0$$

它们的解为 $X_2 = 0.075$, $X_3 = -0.175$。因此,具有这样一个权重的组合便是一个潜在的套利组合,如果其预期收益率为正,那么一个套利组合就构造出来了。从而套利组合的第三个也是最后一个要求便是:

$$X_1 \bar{r}_1 + X_2 \bar{r}_2 + X_3 \bar{r}_3 > 0$$

对此例,它即为:

$$15 X_1 + 21 X_2 + 12 X_3 > 0$$

将前面解得的候选组合的权数代入上式的左边,可得其预期收益率为 0.975%,因为这是一个正数,该组合便被确认为一个套利组合。

我们不妨假设单位比例代表 12 000 000 元,则由上面确定的套利组合中包括购买 1 200 000 元的证券 1 和 900 000 元的证券 2。这些数值只需通过将组合的现市值($W_0 = 12\,000\,000$ 元)乘以套利组合的权数 $X_1 = 0.1$ 和 $X_2 = 0.075$ 即可得到。购买这些证券所需要的资产从何处来呢? 它来自于出售 2 100 000 元($= -0.175 \times 12\,000\,000$ 元)的证券 3 来获得。

这样一个套利组合,对于任何一个渴望高收益且不关心非因素风险的投资者是具有吸引力的。它不需要任何额外的资金,没有任何因素风险,却能带来正的预期收益率。

3. 套利组合对资产定价的影响

买入证券 1 和证券 2 并卖出证券 3 的后果将是什么呢？由于每个投资者都将这样做,证券的市场价格便将受到影响,相应地,它们的预期收益率也将作出调整。具体来说,由于不断增加的买方压力,证券 1 和证券 2 的价格将上升,进而导致预期收益率下降;相反,不断增加的卖方压力导致证券 3 的价格下跌和预期收益率的上升。

这一点可以通过考察计算证券预期收益率的方程来看到:

$$\overline{r} = \frac{\overline{P_1}}{P_0} - 1$$

其中,P_0 是证券的当前价格,$\overline{P_1}$ 是证券的预期期末价格,购买证券比如证券 1 和证券 2 将提高它们的当前价格,于是导致其预期收益率 $\overline{r}$ 的下降。相反,出售证券如证券 3 将降低它的当前价格,并导致预期收益率的上升。

这种买卖行为将持续到所有套利机会明显减少或消失为止。而此时,预期收益率和敏感性将满足如下的线性关系:

$$\overline{r}_i = \lambda_0 + \lambda_1 b_i$$

其中 λ_0 和 λ_1 为常数。

这个方程就是在只有一个因素的假设下套利定价理论的资产定价方程。注意这是一个直线方程,从而意味着在均衡时,预期收益率和敏感性之间存在一个线性关系。

我们不妨设 $\lambda_0 = 8$,$\lambda_1 = 4$,从而定价方程为:

$$\overline{r}_i = 8 + 4b_i$$

这将形成证券 1、证券 2 和证券 3 的如下的均衡预期收益率水平:

$$\overline{r}_1 = 8 + 4 \times 0.9 = 11.6(\%)$$

$$\overline{r}_2 = 8 + 4 \times 3.0 = 20(\%)$$

$$\overline{r}_3 = 8 + 4 \times 1.8 = 15.2(\%)$$

也就是说,由于买方压力的增加,证券 1 和证券 2 的预期收益率水平分别从 15% 和 21% 降到 11.6% 和 20%;相反,卖方压力的增加导致证券 3 的预期收益率从 12% 上升到 15.2%。

我们可以将套利定价方程描述为证券预期收益率与证券对某一因素的敏感性成正比,敏感性高的证券预期收益率高。

4. 单因素 APT 模型的严格证明

对于 APT 模型,证明其能够成立的充分条件是:在市场上存在着许多种证券资产,使我们能够构造这样一种含有 n 种证券的资产组合。该组合满足两个条件:零投资和零

风险,即该组合不需要投资者提供任何额外资金,而且组合对因素 F 没有敏感性,用数学式子描述为:

$$\sum_{i=1}^{n} X_i = 0 \ \text{和} \ \sum_{i=1}^{n} X_i b_i = 0$$

同时我们还要求 n 要充分大,以保证该组合不受非因素风险的影响,即:

$$\sum_{i=1}^{n} X_i e_i \approx 0$$

由于该组合为零投资和零风险,在没有套利机会的情况下,其收益必将为零。这也必然意味着该组合的预期收益率为零,即:

$$\sum_{i=1}^{n} X_i \bar{r}_i = 0$$

对上面所述,我们可以用数学知识进行更严格的解释: $\sum\limits_{i=1}^{n} X_i = 0$ 说明该组合的投资比例向量 $\boldsymbol{X} = (X_1, X_2, \cdots, X_n)$ 和 n 维单位向量 $\boldsymbol{E} = (1, 1, \cdots, 1)^{\mathrm{T}}$ 正交; $\sum\limits_{i=1}^{n} X_i b_i = 0$ 说明向量 $\boldsymbol{X}$ 与向量 $\boldsymbol{b} = (b_1, b_2, \cdots, b_n)^{\mathrm{T}}$ 正交;进一步, $\sum\limits_{i=1}^{n} X_i \bar{r}_i = 0$ 说明向量 $\boldsymbol{X}$ 与向量 $\bar{\boldsymbol{r}} = (\bar{r}_1, \bar{r}_2, \cdots, \bar{r}_n)^{\mathrm{T}}$ 正交。

由线性代数的知识我们可以知道,若一个向量和 $n-1$ 个向量正交就意味着和第 n 个向量也正交,则这 n 个向量可以被 $n-1$ 个向量线性组合而成。在这里也就意味着 $\bar{r}$ 向量可被向量 $\boldsymbol{E}$ 和 $\boldsymbol{b}$ 线性组合而成,即:

$$\bar{\boldsymbol{r}} = \lambda_0 \boldsymbol{E} + \lambda_1 \boldsymbol{b}$$

也就是有如下关系式成立:

$$\bar{r}_i = \lambda_0 + \lambda_1 b_i \quad i = 1, 2, \cdots, n$$

5. APT 资产定价线与 APT 定价方程的解释

图 10.12 显示了套利定价的过程。根据套利定价理论,对于一个因素敏感性和预期收益率没有落在那条直线上的证券,其定价就是不合理的。这将给予投资者一个构造套利组合的机会,证券 B 就是一个例子。如果投资者以相同的金额分别买进证券 B 和卖出证券 S,那么他就构造了一个套利组合。

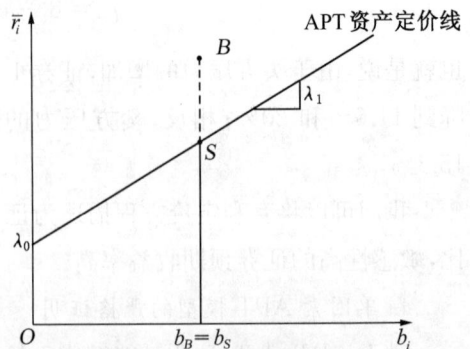

图 10.12 套利定价过程

首先,投资者通过卖出一定数量的证券 S 来支付买入证券 B 的资金,从而投资者不需要任何新的投资。由于证券 B 和证券 S 具有相同的敏感性,因此,对证券 S 的卖出和对证券 B 的买入将构成一个对因素无敏感性的组合。最后套利组合将具有一个正的预期收益率,这是因为证券 B 的预期收益率将比证券 S 大。作为购买证券 B 的结果,证券 B 的价格将上升,进而其预期收益率将下降,直到它位于 APT 资产定价线上为止。

在套利定价方程中出现的常数 λ_0 和 λ_1 该如何解释呢? 假设存在一个风险资产,这样的资产具有一个为常数的预期收益率 r_f,因而其对因素无敏感性,对任何 $b_i = 0$ 的资产均有 $\bar{r}_i = \lambda_0$,从而该方程可改写为:

$$\bar{r}_i = r_f + \lambda_1 b_i$$

就 λ_1 而言,可以考察一个纯因素组合,用 P 表示。该组合对因素具有单位敏感性,意味着 $b_P = 1$,预期收益率为 $\bar{r}_P$,从而得出 λ_1:

$$\lambda_1 = \bar{r}_P - r_f$$

λ_1 是单位敏感性的组合的预期超额收益率(即高出无风险利率的那部分预期收益率)。它也被称作因素风险溢价。

将上述式子代入套利定价方程,即可得到套利定价理论中定价方程的另一种形式。

$$\bar{r}_i = r_f + (\bar{r}_P - r_f)b_i$$

在例子中,$r_f = 8\%$,$\lambda_1 = \bar{r}_P - r_f = 4\%$,从而 $\bar{r}_P = 12\%$。 这意味着对因素 F 具有单位敏感性的组合的预期收益率为 12%。

10.3.2　多因素模型下的套利定价方程

套利模型的假定可以放宽到未知因素可能是很多个。

在 K 个因素(F_1, F_2, $\cdots$, F_K)的情形下,每一个证券在如下的 K—因素模型中都将具有 K 个敏感性(b_{i1}, b_{i2}, $\cdots$, b_{iK}):

$$r_i = a_i + b_{i1}F_1 + b_{i2}F_2 + \cdots + b_{iK}F_K + e_i \quad i = 1, 2, \cdots, N$$

进而可说明证券将由下列方程定价:

$$\bar{r}_i = \lambda_0 + \lambda_1 b_{i1} + \lambda_2 b_{i2} + \cdots + \lambda_K b_{iK}$$

跟以前一样,这也是一个线性方程,不同的是它现在有 $K + 1$ 维变量($\bar{r}_i$, b_{i1}, b_{i2}, $\cdots$, b_{iK})。

跟前面一样,λ_0 等于无风险利率,这是因为无风险资产对任何因素均无敏感性。设 $\bar{r}_{Pj}$ 的值代表一个证券组合 P_j 的预期收益率,该组合只对因素 j 有单位敏感性而对其他因素无敏感性。即这个证券组合 P_j 的预期收益率为 $\bar{r}_{Pj}$,它的敏感系数为 $b_{Pj} = 1$,$b_{Pq} =$

$0 (q \neq j)$，则多因素的定价模型为：

$$\overline{r}_i = r_f + (\overline{r}_{P1} - r_f)b_{i1} + (\overline{r}_{P2} - r_f)b_{i2} + \cdots + (\overline{r}_{PK} - r_f)b_{iK}$$

因此，证券的预期收益率等于无风险利率加上证券对 K 个因素敏感性的风险溢价。

10.3.3　APT 与 CAPM 的联系

不像 APT 那样，CAPM 没有假设收益率由因素模型生成。然而，这并不说明 CAPM 就与因素模型的情形不一致。实际上，可能存在这样一个情形，收益率由因素模型生成，APT 的其余假设仍成立，且 CAPM 的所有假设也都成立。我们现在来研究这样的情形。

考虑一下，如果收益率由一个单因素模型生成，因素为市场组合，将会发生什么。在这种情况下，$\overline{r}_P$ 将与市场组合的预期收益率对应。b_i 将代表证券 i 相对于市场组合测定的 β，因此 CAPM 成立。

如果收益率由单因素模型生成，而因素不是市场组合，那又会怎样呢？现在，$\overline{r}_P$ 对应于一个对因素有单位敏感性的组合的预期收益率。b_i 将代表证券 i 相对于该因素的敏感性。然而，如果 CAPM 也成立的话，那么证券 i 的预期收益率将既与 β，又与敏感性相联系：

$$\overline{r}_i = r_f + (\overline{r}_M - r_f)\beta_{iM}$$

$$\overline{r}_i = r_f + (\overline{r}_P - r_f)b_i$$

这暗示着 β 与敏感性必定在一定程度上相互联系，下面进一步分析。

$$\mathrm{cov}(r_i, r_M) = \mathrm{cov}(a_i + b_i F_1 + e_i, r_M) = b_i \mathrm{cov}(F_i, r_M) + \mathrm{cov}(e_i, r_M)$$

$$= b_i \mathrm{cov}(F_i, r_M)$$

两边同除以 σ_M^2，得

$$\beta_{iM} = \frac{\mathrm{cov}(F_i, r_M)}{\sigma_M^2} b_i$$

其中，$\mathrm{cov}(F_i, r_M)$ 表示因素和市场组合之间的协方差；σ_M^2 表示市场组合的方差。因为 $\mathrm{cov}(F_i, r_M)/\sigma_M^2$ 是一个常量，不会因为证券不同而改变，所以当 CAPM 和单因素的 APT 都成立时，β_{iM} 等于一个常数乘以 b_i。如果因素是工业产值，则一个证券的 β 值等于一个常数乘以证券对工业产值的敏感性。

思考题

1. 设下面两个证券资产是正确地按证券市场线定价的，试求出证券市场线。若某一

资产之 β 系数为 2,该资产的期望收益是多少?

$$\overline{R}_1 = 6\% \qquad \beta_1 = 0.5$$

$$\overline{R}_2 = 2\% \qquad \beta_2 = 1.5$$

2. 证券市场线给出如下:

$$\overline{R}_i = 0.04 + 0.08\beta_i$$

假设分析家们已经估计出两种证券资产的 β 系数值: $\beta_X = 0.5$, $\beta_Y = 2$; 为使得投资于该两种证券是一个好的策略,它们各自的期望收益必须是多少?

3. 假设在一段时期内,分析家们得到的证券市场线方程为:

$$\overline{R}_i = 0.06 + 0.19\beta_i$$

设在同一时期,两个互助基金的资产组合的结果如下:

A 基金: 实际收益 $= 10\%$, $\beta_A = 0.8$;

B 基金: 实际收益 $= 15\%$, $\beta_B = 1.2$。

你认为这两个基金会投资策略成绩如何?

4. 考察如下 CAPM 证券市场线:

$$\overline{R}_i = 0.04 + 0.10\beta_i$$

试对照标准公式,求得 R_F 及 $\overline{R}_M$ 值。

5. 试证明:若不允许卖空,标准 CAPM 照样能够成立。

6. 如题 1 所述之证券市场线,再设存在另一证券资产,其 $\overline{R}_S = 15\%$, $\beta_S = 1.2$。 试设计一个套利策略。

7. 设零 β 模型成立,又设均衡方程为:

$$\overline{R}_i = 0.04 + 0.10\beta_i$$

问:零 β 资产组合的收益是多少? 市场组合的收益又是多少?

8. 给定下列条件:

$$\overline{R}_M = 15, \sigma_M = 22, \overline{R}_Z = 5, \sigma_Z = 8, R_f = 3$$

试画出最小方差曲线和有效边界[在 $(\overline{R}, \sigma)$ 坐标系中],必须能确定关键点的坐标,并且画出证券市场线。

9. 设证券资产收益率可由双因素模型给出:

$$r_i = a_i + b_{i1}F_1 + b_{i2}F_2 + e_i$$

再设由如下三个证券资产组合:

组合	$\bar{r}_i$	b_{i1}	b_{i2}
A	12	1	0.5
B	13.4	3	0.2
C	12	3	-0.5

试求出表述均衡收益的平面方程。

10. 见题 9,若在此均衡收益平面外还存在另一个证券资产组合 D,其特性如下:

$$\bar{r}_D = 10$$
$$b_{D1} = 2$$
$$b_{D2} = 0$$

试叙述如何进行套利活动。

参考文献

杨朝军、蔡明超:《上海股票市场资本资产定价的横截面研究》,《系统工程理论与实践》2001 年第 10 期。

杨朝军:《上海证券市场 CAPM 实证检验》,《上海交通大学学报》1998 年第 3 期。

William F.Sharpe, 1964,"Capital Asset Prices: A Theory of Market Equilibrium Under Conditions of Risk", *Journal of Finance*, 19, no.3, pp.425—442.

John Lintner, 1965, "Security, Prices, Risk, and Maximal Gains from Diversification", *Journal of Finance*, 20, no.4 (December), pp.587—615.

Jan Mossin, 1966, "Equilibrium in a Capital Asset Market", *Econometrica*, 34, no.4 (October), pp.768—783.

Eugene F.Fama, 1968, "Risk, Return, and Equilibrium: Some Clarifying Comments", *Journal of Finance*, 23, no.1(March), pp.29—40.

Edwin J.Elton and Martin J.Gruber, 1991, *Modern Portfolio Theory and Investment Analysis*, John Wiley.

Harry M.Markowitz, 1984,"The Two Beta Trap", *Journal of Portfolio Management*, 11, no.1(Fall), pp.12—20.

Richard Roll, 1977,"A Critique of the Asset Pricing Theory's Tests: Part 1.On Past and Potential Testability of the Theory", *Journal of Financial Economics*, 4, no.2(March), pp.129—176.

附录 10. 1 资本资产定价模型(CAPM)实证检验

一、资本资产定价模型的时间序列检验

资本资产定价模型(CAPM)的时间序列含义是,如果模型中的市场风险因子能够完全解释资产的风险溢价从而完全解释资产的期望收益率,则回归模型的截距项应该等于零。即对于回归模型:

$$R_{it} = \alpha_i + \beta_i (R_{mt} - R_{ft}) + \varepsilon_{it} \tag{1}$$

截距项 $\alpha_i = 0$。

如果只考虑单个资产 i,则在经典线性回归模型的假设条件下,可以用 t 统计量检验 $\alpha_i = 0$。如果同时考虑 N 个资产,则需要根据 Wald、LR 或 LM 统计量联合检验所有的 α 同时等于 0,即 $\alpha_1 = \alpha_2 = \cdots = \alpha_N = 0$。关于 Wald 检验、LR 检验和 LM 检验的阐述,请参阅 Greene(2005)。

二、资本资产定价模型的横截面检验

资本资产定价模型的横截面含义是,资产的期望收益率与其 β 值成正比。在 CAPM 框架下,市场风险是唯一的系统风险因子,它完全解释了资产的预期收益率。如果某一个资产比另一个资产具有更高的 β 值,那么高 β 值的资产具有更高的预期收益率。有两种方法可以检验 CAPM 的横截面含义:

(1)排序法。

首先,构造资产组合,根据 t 期前的信息估计股票的 β 值,按照 β 值的大小将股票从高到低排序,将股票分成若干组。以 5 组为例,第 1 组包含 β 值最高的股票,依次类推,第 5 组包含 β 值最低的股票。

其次,持有资产组合,计算各股票组成的投资组合在未来的收益率。最常用的是等权重组合和价值权重组合。

然后,在每一时期 $t(t = 1, 2, \cdots, T)$ 都根据以上两步操作,即构造资产组合并持有组合计算收益率。这样会得到每一个资产组合收益率的时间序列。由此可以计算各资产组合的平均收益率。

最后,对 β 值最高组合和 β 值最低组合之间的平均收益率之差进行统计检验。一般使用的是 t 统计量。如果两个组合的平均收益率没有显著差别,则说明 β 值对期望收益率没有解释能力。CAPM 不成立。因为,如果 CAPM 成立,β 值能够解释期望收益率的变化,那么平均值收益率应该随着 β 值的上升而增大,即 β 值最高组合的收益率应该显著地高于 β 值最低组合的收益率。

（2）Fama-MacBeth 回归。

在横截面层面上，Fama 和 MacBeth(1973)给出了如下回归方程：

$$R_{it} = \gamma_{0t} + \gamma_{1t}\beta_i + \gamma_{2t}\beta_i^2 + \gamma_{3t}s_i + \varepsilon_{it} \qquad (2)$$

其中，s_i 是一个 β 未能解释的风险度量指标（例如，公司特有的风险）；β_i^2 反映了可能存在的 β_i 的非线性特征。

CAPM 三个可检验的含义为：

假设 1：线性，即 $E(\gamma_{2t}) = 0$；

假设 2：β 完全刻画了系统风险，即 $E(\gamma_{3t}) = 0$；

假设 3：风险与期望收益率正相关，即 $E(\gamma_{1t}) > 0$。

具体回归方程是：

$$R_{pt} = \gamma_{0t} + \gamma_{1t}\beta_{pt-1} + \gamma_{2t}\beta_{pt-1}^2 + \gamma_{3t}s_{pt-1} + \mu_{pt}, \quad p = 1, 2, \cdots, 20 \qquad (3)$$

Fama-MacBeth(1973)将样本区间分为若干个滚动分析周期。每个分析周期分为三段，第一段是 7 年，根据 7 年数据估计股票的 β 值，然后按照 β 值从高到低排序，将所有股票分成 20 个投资组合；第二段是 5 年，根据 5 年数据重新估计每只股票的 β 值，将组合内股票的 β 值平均就得到该组合 β 值的估计；第三段是 4 年，每个月根据 20 个组合的收益率和 β 值估计方程。（3）分析周期每年滚动一次。这样可以得到方程（3）中每个回归系数估计值的时间序列。最后，根据系数估计值的时间序列计算 t 统计量检验假设 1、假设 2 和假设 3。

第11章

有效市场假设理论与投资策略

11.1 有效市场假设理论

自从20世纪60年代有效市场假设(efficient market hypothesis)提出后,学术界和实务界对这一假设进行了长期的探讨和实证检验。有效市场假设认为,证券价格已经充分反映了所有可获得的信息,并对传统的分析工具和技术提出了怀疑,由此带来了一场投资理念的革命,而随后诞生的指数基金也正是这一理论的产物。

11.1.1 有效市场假设的背景

"随机漫步"一词最早出现在1905年美国《自然》杂志刊登的一封通信中,它向人们提出了这样一个问题:如果将一个醉汉置于荒郊野外,之后又必须将他找回来,那么,从什么地方开始找起最好呢? 答案是从醉汉最初所在的地点找起,该地点可能是醉汉未来位置的最佳估计值,因为我们假设醉汉是以一种不可预期的或随机的方式游走。

对近代股票市场价格研究真正起推动作用的是罗伯茨(Roberts)和奥斯本(Osborne)在1959年先后发表的两篇研究报告。罗伯茨发现,从"累积随机数表"中抽取一系列数字,其呈现的形态和前后数字之间的差异与股价时间序列非常相像。奥斯本是美国海军研究实验室的一位杰出的物理学家,他涉足股票市场的目的是想研究股价的波动是否与物理学上的某种现象相似。结果他发现,股价波动符合物理学上的布朗运动。所谓布朗运动,就是指悬浮于液体中的微粒,由于受到液体分子的大量无序撞击而呈现出的随机运动状态。虽然罗伯茨和奥斯本的研究重点不同,然而两人的结论是一致的,即股票价格遵循"随机漫步"的规律。

股票价格的"随机漫步"现象首先使人们对投资分析常用的传统分析技术产生了怀疑,既然价格是随机波动的,那么我们用图形分析、技术指标等分析工具是否还有效? 同时,公司的信息是否还能使股票价格有规律地波动? 价格是信息的载体,良好的宏观经济环境、高的净利润增长率为什么不能使股价朝上升趋势运行,反而是随机波动? 有效市场假设理论对此进行了深入解释。

随机漫步理论认为,股票市场内有成千上万的精明人士。每一个人都懂得分析,而且资料流入市场全部都是公开的,所有人都可以知道,并无秘密可言。既然你也知,我也知,股票现在的价格就已经反映了供求关系。所谓的内在价值,是由每股净资产、市盈率、派息率等基本因素决定。这些因素也不是什么大秘密,每一个人打开报章或杂志都可以找到这些资料。现时股票的市价已经代表了千万个精明投资者的看法,构成了一个合理价位。市价会围绕着内在价值上下波动,这些波动是随意的,没有任何轨迹可寻。造成波动的原因及其含义是:

(1) 新的经济、政治新闻消息流入市场。

(2) 这些消息使基本分析人士重新估计股票的价值,作出买卖决策,致使股票发生新变化。

(3) 因为这些消息无迹可寻,是突然而来的,事前没有人能够预告估计,股票走势预测这件事并不可能成立,图表派所说的只是一派胡言。

(4) 既然所有股票的价格已经反映其基本价值,这个价格就不会再变动,除非如战争、收购、合并、加息或减息、石油战等突发消息。

(5) 既然股价是没有记忆系统的,企图从股价波动中找出一个原理去战胜市场、赢得大市的做法注定要失败。因为股票价格完全没有方向,随机漫步,我们无法预知股市去向,没有谁一定是赢家,亦无人一定会输。至于股票专家的作用其实不大,甚至可以说全无意义。

11.1.2 有效市场假设的精确表达

自 1967 年由罗伯茨首次提出以来,人们就一直习惯于按信息集的三种不同类型将市场效率划分为三种不同水平。

(1) 弱式有效市场。当现在的价格已充分反映价格历史序列数据中所包含的一切信息,从而投资者不可能通过对以往的价格进行分析而获得超额利润时,市场即为弱式有效。"随机游走"正是指此种弱式有效,在这种情况下,技术分析将毫无用处。

(2) 半强式有效市场。若现在的价格不仅体现历史的价格信息,而且反映所有与公司股票有关的公开信息,则为半强式有效。在半强式有效市场中,对一家公司的资产负债表、损益表、股息变动、股票拆细及其他任何可公开获得的信息进行分析,均不可能获得超额利润。在这种市场中,基本分析将失去作用。

(3) 强式有效市场。若市场价格充分反映有关公司的任何公开或未公开的一切信息,从而使任何获得内幕消息的人也不能凭此而获得超额利润时,则称为强式有效市场。

罗伯茨所定义的三种类型的有效
市场可以根据其所包含的信息集描述
如图 11.1 所示。

在 1976 年,法玛(Fama)给出了基
于合理预期理论的更严密的定义,他将
罗伯茨所定义的三种类型的有效市场根
据其所包含的信息集进行描述。在一个
有效率的市场中:

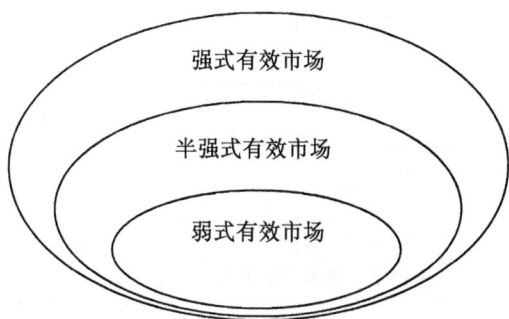

图 11.1　三种有效市场的信息集描述

$$f(p_t \mid \Phi_{t-1}) = f_m(p_t \mid \Phi_{t-1}^m)$$

其中,p_t 表示$(p_{1t}, p_{2t}, \cdots, p_{mt})$,是 t 时刻各种证券价格的向量;Φ_{t-1} 表示 $t-1$ 时
刻可获得的所有信息的集合;Φ_{t-1}^m 表示 $t-1$ 时刻市场实际利用的信息的集合;$f_m(p_t \mid
\Phi_{t-1}^m)$ 表示市场在 Φ_{t-1}^m 条件下估计的 t 时刻价格的概率密度函数;$f(p_t \mid \Phi_{t-1})$ 表示信息
集 Φ_{t-1} 所隐含的真实的 t 时刻价格的概率密度函数。

对于上面的定义,我们可以举一个简单的一维例子进行说明。例如单个股票在 $t-
1$ 时刻,公司所有的信息集为 Φ_{t-1},在这些信息下它的概率密度函数(在离散情况下)为
$f(p_t \mid \Phi_{t-1})$,上涨 10% 的概率为 30%,不涨不跌的概率为 50%,上涨 5% 的概率为
20%,则有效即表示投资者利用的公司信息集为 Φ_{t-1}^m,并且对股票价格的预期 $f_m(p_t \mid
\Phi_{t-1}^m)$ 与前者一致。

因此,在一个有效市场中,在决定未来价格的概率密度函数时,市场利用了所有可获
得的信息。反之,在一个无效的市场中,在决定 $t-1$ 时刻的价格时,市场忽略了信息集
Φ_{t-1} 中的某些信息,或者错误地使用了信息。

我们将法玛的定义与罗伯茨的分类进行结合分析,如果 Φ_{t-1} 仅包含过去价格的信
息则为弱式有效,Φ_{t-1} 包含了过去和现在所有公开的信息则为半强式有效,包含了过去、
现在所有公开的信息以及未公开的信息则称为强式有效市场。

11.1.3　三种有效市场类型与信息反应速度

有效市场假设实际上研究的是证券市场上各种各样的信息对证券价格产生影响的
速度问题。例如,某股份公司声明下一年公司净利润将是原先预期收益的三倍,我们称
之为盈余惊喜(earning surprise),并且确定该利润水平是持久性的。如果投资者都相信
这个声明,显然该公司会被认为更值得投资,其股票价格将会上升。有效市场假设并不
否认在这一信息下股价会上涨,有些人会获得超额收益(超额收益如何定义,我们将会在
实证检验中加以介绍),有效市场假设所关注的是哪一类投资者在什么时候能获取超额
收益。

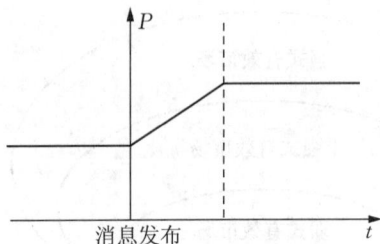

图 11.2 非半强式有效

下面分析三种不同条件下的情况。

首先,设该公司证券价格在该公司声明后一周内逐渐上升,持续一周才充分反映了声明的信息(见图 11.2),则任一投资者在公司证券价格开始上升一天或二天后即购买该公司证券就能获得超额收益。弱式有效市场假设就是要检验类似这种投资方式能否获得超额收益。若弱式有效市场假设成立,原信息就能够充分快地进入证券价格,到投资者从对近几天价格变化分析中开始察觉到公司发生实质性变化时,实质性变化已完成。由于证券价格已经完全反映了这一实质性变化,投资者也就不能获得超额收益。

其次,设投资者听到声明后马上去购买该公司证券。半强式有效市场假设就是要检验这种方式能否获得超额收益。若半强式有效市场假设成立,新的公开信息能被证券价格马上反映出来,则采取马上购买策略也不能获得超额收益,因为价格已上升。进一步分析,该消息公布后,股价会出现两种情形:一是股价并不上升,呈现随机游走模式,但公布前可能已经出现了大幅上升,即半强式有效市场条件下并不否认内幕信息者能获利。二是在无涨停限制下股价可能大幅高升,在涨停限制下股价可能出现若干个涨停交易日。但无论哪一种情形下,在价格上升过程中由于是无成交量上升,因此无人能在知道这一公开信息后获利。对于那些消息发布前就买入股票的人尽管获得了超额收益,但他们不是由于公开消息而是由于内幕消息,因此与半强式有效并不矛盾。

再次,分析投资者在信息公布前利用该信息能否获取超额收益。强式有效市场假设下认为普通投资者没有能力提前获取公司尚未公布的消息,因此对强式有效的检验主要是通过对内幕信息掌握者能否通过买卖股票获利来判断,这些内幕信息掌握者包括公司的大股东、董事、高级管理者和基金经理人等。

11.1.4 有效市场假设的前提

市场有效性假设是以一个完美的市场为前提的:

(1)整个市场没有摩擦,即不存在交易成本和税收;所有资产完全可分割,可交易;没有限制性规定。

(2)整个市场充分竞争,所有市场参与者都是价格的接受者。

(3)信息成本为零;所有市场参与者同时接受信息。

(4)所有市场参与者都是理性的,并且追求效用最大化。

然而,在现实生活中,这些假设条件是很难成立的。世界各国的投资者进行投资都必须考虑以下成本:

(1)交易成本。投资者每做一次交易,都要付给经纪人一定费用。

（2）税收。投资者必须按每次交易的金额或收入，以一定比例纳税。

（3）投标价差（bid-ask spread）。在实行做市商（market maker）制度的市场中，投资者不能按照真正的市场价格买卖证券，而必须买时付高价，卖时得低价。

（4）投资者为了挖掘各种信息，也必须支付一定的费用。

（5）机会成本，包括时间、精力等。

但是，完美市场不存在并不影响人们对市场有效性问题的研究。迈克尔·C.詹森（Michael C. Jensen）在 1978 年提出的关于市场有效性的定义就具有很强的现实意义。他认为，"市场有效性是指，根据某组已知的信息作出的决策不可能给投资者带来经济利润"。这种经济利润是指实际收益减去预期收益和各种成本（包括税收、手续费、机会成本等）后的收益。也就是说，在市场有缺陷的条件下，可以通过检验是否存在经济利润来判断市场的有效性。

11.2 有效市场假设的检验

有效市场假设提出以来引起了很大的争议，它改变了人们对传统投资策略的看法，毕竟技术分析和基本分析是机构投资者武装自己最强大的武器，是积极型基金管理者吸引公众资金加盟的先决条件。因此，学术界和投资分析师花了大量时间对这一假设进行检验。这些检验一方面可以对这一假设进行验证。另一方面也可以帮助投资者选择恰当的投资决策方式。检验主要集中在弱式有效市场和半强式有效市场。

11.2.1 弱式有效市场的检验方法

弱式有效市场是指投资者利用过去的信息无法获取超额收益。这些信息主要是指股价和成交量等历史信息。由于股价和成交量是技术分析手段研究的基本对象，因此弱式有效市场检验常以某一技术分析方法是否获取超额收益为检验内容。

1. 线性相关检验

关系式：$P_t - P_{t-1} = a + b(P_{t-1-T} - P_{t-2-T}) + e_t$，$T = 0, 1, 2, \cdots$。

方程式表现了现阶段证券价格变化和 T 阶段前的价格变化之间的关系。如果认为 ΔP_t 和 ΔP_{t-T} 无关，则 b 应该为零。在这个方程估计过程中，我们通过历史数据可获得相关系数的 r 值。r^2 表示 ΔP_t 中由 ΔP_{t-T} 解释部分所占的百分比。

在上式中，要注意有两个变量 t 和 T。如果要检验某个股票 1990 年 1 月 1 日至 2000 年 1 月 1 日间第二天价格变化与前一天变化的关系，则 t 的取值在上述区间变化，同时 T 取 0。如果要检验某一天价格的变化幅度与前两天变化的关系，则 T 取 1。因此，可以得到一系列相关系数 $r(T)$。如果所有这些相关系数均小于某一临界值，我们可以认为价格之间不相关,则由这些价格得到的移动平均、指数平均、乖离率指标的作用不大。

那么,技术分析的意义在于何处?

如果存在某一技术分析公式(即关于历史价格的函数)可以获取利润,则首先发现这一奥秘的投资者会采用这一公式去购买股票,当所有投资者都掌握这一公式以后自然这一公式就失效了,这一过程就是技术分析的意义所在。即技术分析使股票价格包含了历史信息,或者说技术分析促进了弱式有效市场的形成,如果市场是弱式有效,则技术分析无效。

2. 检验过滤法则

弱式有效检验的另一种方法是对技术分析中的方法进行逐个检验,即检验按照这种方法操作一段时间后,是否能获得超额收益。

过滤法则是技术分析法中常用的策略之一,它是基于这样的逻辑:只要没有新的消息进入市场,股票的价格就应该在其"正常价格"的一定范围内随机波动。如果某个股票市场价格大大偏离其"正常价格",市场上的投资者就会买入或卖出该股票,使其回到合理的价位,这样股票价格波动就有一个上下限。然而,若某一新消息出现,一个新的均衡价格将出现。如果该消息是有利于该股票的,则均衡价格会上升,围绕它的上下限也将上升。投资者在股票价格超过原上限后就可以判定这样的上升不是随机的,而是有实质性的变化,因此可以在股票超过原上限后立即购买,如此就可获得超额收益。同时,如果新消息不利于该股票,均衡价格将下降,围绕它的上下限也将下降。当股票价格下降到低于原下限时,股票持有人就应该断定该股票发生了实质性的变化,应该立即卖出该股票,或卖空该股票,如此就可获得超额收益,见图11.3。

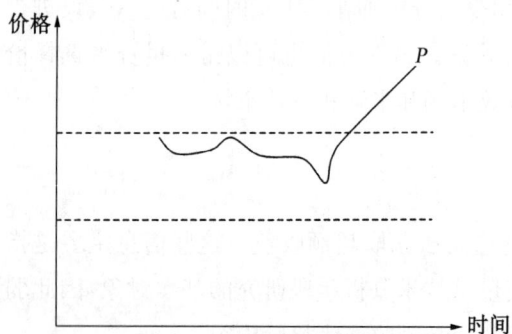

图 11.3 过滤法则示意图

过滤法则在实际运用中,常设定买入点和卖出点。例如,证券价格上升 $X\%$,则投资者就买入股票,并持有该股票直到其价格比最高价下跌 $X\%$ 后再卖出。决定买卖时机的涨跌幅度($X\%$)对于不同的投资者有所不同,涨跌幅度设定得越小,则每个期间发生的交易次数就越多,交易成本也就越高。

运用过滤法则的投资策略所基于的假设是:股票价格是序列正相关的,也就是说,过去价格攀升的股票,价格继续上扬而不是下跌的可能性高。表11.1总结了西方学者考虑交易成本前后,基于从 0.5% 到 20% 的过滤法则的投资交易策略的收益情况(0.5% 的过滤法则意味着当股票价格上涨 0.5% 时买进,下跌 0.5% 时抛出)。

表 11.1　基于过滤法则的投资策略

X 值 (%)	基于过滤法则的投资策略的收益(%)	交易的次数	考虑交易成本后的收益(%)
0.5	11.5	12 514	−103.6
1.0	5.5	8 660	−74.9
2.0	0.2	4 764	−45.2
3.0	−1.7	2 994	−30.5
4.0	0.1	2 013	−19.5
5.0	−1.9	1 484	−16.6
6.0	1.3	1 071	−9.4
7.0	0.8	828	−7.4
8.0	1.7	653	−5.0
9.0	1.9	539	−3.6
10.0	3.0	435	−1.4
12.0	5.3	289	2.3
14.0	3.9	224	1.4
16.0	4.2	172	2.3
18.0	3.6	139	2.0
20.0	4.3	110	3.0

11.2.2　半强式有效市场假设检验

半强式有效假设检验是检验股票价格是否充分反映了与公司有关的基本信息。

如何判断股票市场是否具有半强式有效性,西方学术界提出多种方法,其中以 Fama、Fisher、Jensen 和 Roll(FFJR)提出的"事件研究法"最为广泛。这种方法以影响股票价格的某一特殊事件(如年报公布、股票的分割、公司控股权的转移等)为中心,通过研究该事件前后股票价格的变化来检验股市的半强式有效性。FFJR 研究了上市公司股票分割这一事件,对纽约交易所 1929 年至 1959 年年间公司股票分割前后的月收益率进行分析,尽管公司股票分割以后并不改变投资者拥有的公司股东权益和公司盈利,但从股票买卖的角度来看是一种利好消息。分析结果表明,在公司宣布股票分割以前,股价已逐步上升,投资者可获得超额收益;而在公布之后,投资者已不能再获得超额收益,因而美国股市表现为半强式有效。迈克尔·弗思(Michael Firth)通过研究控股事件对英国股票市场半强式有效的检验也得到相似的结论。

另一种常见的半强式有效市场检验是针对公司的盈利信息。上市公司的盈利信息是一种公开发表的信息。按时间的长短,盈利信息报告有季报、中报和年报之分。其中,上市公司的年报经过会计师事务所审计,是投资者进行决策的重要依据之一。在一个半强式有效市场中,公司的盈利信息能及时反映在公司的股价中。这表现为赢利公司的股价在年报公布以前就已经开始上涨,到年报公布日以后投资者已不可能通过购买该公司的股票获取超额收益。相对于亏损公司而言,投资者也不可能在年报公布日以后通过卖空该公司的股票获取超额收益。

半强式有效检验的方法如下:通常将样本区间分为估计期、事前检验期和事后检验期。在这里正常收益率是按前面介绍的单指数模型所得到的期望收益率,单指数模型所需要用到的 α 系数和 β 系数通常用历史数据来估计。假设事件公布时刻为 0 时刻,取 $(-T_1, -T_2)$ 为参数估计期,取 $(-T_2, 0)$ 为事件检验前期,取 $(0, T_3)$ 为事件检验后期。

(1)计算样本区间股票的收益率。

$$R_t = (P_t - P_{t-1})/P_{t-1} \quad t = -T_1, -T_1+1, \cdots, -T_2$$

(2)以估计期的数据为样本,并依照单指数模型,估计股票的 α 系数和 β 系数。

$$R_t = \alpha + \beta R_{mt} \quad t = -T_1, -T_1+1, \cdots, -T_2$$

(3)利用(2)中计算出的 α 系数和 β 系数,判断股票在检验期(事前及事后)的正常收益率。

$$NR_t = \alpha + \beta R_{mt} \quad t = -T_2, -T_2+1, \cdots, T_3$$

(4)计算股票在事前及事后的超额收益率,即事件期间的实际收益率减正常收益率。

$$AR_t = R_t - NR_t \quad t = -T_2, -T_2+1, \cdots, T_3$$

(5)计算事前及事后的累积超额收益率。

$$CAR_t = \sum_{-T_2}^{t} AR_t \quad t = -T_2, -T_2+1, \cdots, T_3$$

通过对 CAR_t 的检验,可以对市场效率作出判断。在一个半强式有效市场,当 $t > 0$ 时,即利好消息披露以后 CAR_t 值应保持不变。如果 CAR_t 持续上升,表明利好消息公布以后市场并没有迅速反应,买入股票仍可获得超额收益,市场为非半强式有效。

11.3 投资策略

信奉有效市场理论的人认为,股票价格已经反映了所有的信息,没有任何分析可以导致超过市场的收益;而另外一些人则认为市场并非有效,可以通过一定的方法获得超过市场的收益。由此,产生了两种基本的投资策略:消极投资策略和积极投资策略。认为市场有效的投资者采取消极的投资策略，而认为市场非有效的投资者则采取积极的投资策略。

11.3.1　消极的投资策略

信奉市场有效的投资者认为，在任何时候，市场价格都是公司真实价值的最优估计，任何试图通过挖掘市场无效部分而获利的行为是得不偿失的。这些投资者相信市场对信息的反映是及时而准确的，边际投资者（认为获取信息后所得到的边际收入大于为获取信息所付出的边际成本的投资者）能够迅速挖掘出市场的任何无效部分并使之消失。市场中能够长期存在的无效部分都是由于市场摩擦，如交易费用等造成的，它们不能通过套利行为来消除。保罗·萨缪尔森认为积极的投资者继续不断地到处寻找较高的价值，卖出他们认为估价过高的股票并买进他们认为估价过低的股票。积极的投资者这一行动的结果将使当前的股票价格已经体现了公司未来的前景。因此，对于并不亲自寻找估价过低或过高的股票的投资者来说，便会出现一种股票价格模式，它使购买这种股票或购买另一种股票并无区别。这样消极的随机选股就是一种与其他选择方法一样好的挑选股票方法。

相信市场有效的投资者认为，市场价格反映了股票在现有信息下的真实价格，于是采用消极的策略。比如，随机（包括在选择股票以及选择时间方面）地购买股票，但是由风险分散原理可知，单个股票不能分散非系统风险，于是市场产生了对一种投资方式的需求——市场组合，这就是指数基金。风险分散和市场有效假设理论导致了指数基金这种新颖投资工具的产生。指数基金是一种试图完全复制某一证券价格指数或者按照证券价格指数编制原理构建投资组合而进行的证券投资，以追求某个特定市场整体基准回报为目标。由于省去了技术分析工具和基本分析采用的调研、资料等费用，指数基金的管理费用低于其他投资方式。

在 20 世纪 60 年代股票市场牛气冲天的时期，机械地投资于市场组合以追求平均回报率的理念可能是错的。但是 70 年代股票市场的不景气打破了原有某些股票的神话，指数型投资开始真正发挥它的威力。只有这种机械化的投资才能挑战已有的积极进取型投资，而且更为重要的是，这种机械化投资无需很大的开支。从理论上讲，指数基金的运作方法简单，基金管理成本低廉，只要选择某一种市场指数，根据构成该指数的每一种证券在指数中所占的权重购买相应比例的证券，长期持有即可。对于一种纯粹的被动管理式指数基金来说，基金周转率及交易费用都比较低。这种基金不会对某些特定的证券或行业投入过量资金，它一般会保持全额投资而不进行市场投机。

指数型投资也遭到了不少专家的批评，他们认为：

（1）指数型投资起源于市场有效的观点，但只有在投资者研究了所有可获得的市场信息并促使股价反映这些已公布的数据之时，市场才是有效的。这意味着随着指数型投资者比重的增长,投资机构将雇用越来越少的分析人员,市场也将变得非有效。这将使积极型投资经理有机会在业绩表现上超过指数型基金和指数型投资经理。如果每个人都成为市场定价的寄生虫,将妨碍资本体系的发展。

(2) 指数型基金的部分优势来源于它在一个牛市中任何时候都100%地投资于股票,而绝大多数的股权投资基金都要保持净资产5%—10%的现金储备,因此它们在20世纪80年代与90年代股票市场牛市中的表现输给了指数型基金。但在市场下跌期间,毫无疑问指数型基金将比那些保持现金储备的公司遭受更大的损失。在熊市中,选择性的股票购买表现往往比指数型投资更佳。

今天,指数型投资占了全美机构投资的近20%,而且投资的指数非常多,如新兴市场指数、工业指数以及其他证券分类指数。指数型投资作为一种战略,已经被广泛应用于许多不同的投资领域,它为投资者们提供了参与高度分散化资产组合的有效途径。即使是积极型投资基金,也可以选择合适的指数型基金投资,以增加长期的投资业绩。

11.3.2 积极的投资策略

积极投资策略选择投资于某几个股票,或者选择投资的时机,希望能够获得超过指数的表现,而消极投资与之恰恰相反,是一种被动的投资,强调大量分散化、少量交易活动和低成本。

投资者使用各种估价方法挑选价值被低估的股票,希望自己持有的投资组合的收益率高于市场平均水平。积极投资者采用的技术分析法和基本分析法正是有效市场形成的原因。如果所有投资者都认为市场有效,不采用积极的投资策略,则市场又将恢复到无效状态。

市场不一定总是有效,也不一定总是无效。有一则关于金融教授和其学生的随机游走的故事。该金融教授(强式有效市场理论的倡导者)深信市场总是效率非常高。当他和学生看见一张10元美钞落在街上时,他叫学生不必去捡。"如果这真是一张10元美钞,大家早就会把它拾起来了。"这个教授的推理是相当符合逻辑的,但他的结论的前提是前面有人路过这儿,并且路过这儿的人采取了积极的态度。这个故事提出了这样一个问题:到底是积极投资还是消极投资?大家都采用积极投资的方式,则市场有效,积极投资也就无效了;大家都采用消极投资的方式,则市场无效,积极投资也就有效了。

对于积极投资和消极投资的争论依然存在,其实积极投资和消极投资,并不需要严格的界限。最好的投资策略是,在你认为有效的市场上进行消极投资,而在你认为不太有效的市场上进行积极投资,当然也可以在一个市场上将两者结合,一部分组合采取积极投资,另一部分采取消极投资。市场有效性分类与投资策略之间的关系如表11.2所示。

表 11.2　市场有效性分类与投资策略之间的关系

	弱式有效	半强式有效	强式有效
价格信息含量	历史(量、价)信息	所有已公开信息	所有即时相关信息
超额收益的信息来源	历史信息以外的信息	内幕信息	只能获取市场平均收益
投资分析方法的有效性	技术分析无效、但基本分析有效	技术分析、基本分析均无效	完全无效
投资策略或组合经理态度	积极的投资策略:积极努力;选股、择时		消极的投资策略即指数化:买入持有,消极保守
投资期限	短线投资 ⟵⟶ 长期投资		

11.4　市场异常现象

实证研究表明市场有效地反映了绝大多数的公开信息。但也有一些研究发现,市场上存在不规则的现象。这些不规则的现象如此明显,以至于被人们称作市场异常(market anomalies)。

11.4.1　规模效应

实证研究发现小公司股票的收益要高于大公司股票的收益,这种现象被称作规模效应(size effect)。例如,Banz 检验了 1936—1977 年在纽约证券交易所上市的股票后,发现持有小市值的股票将获得超额收益。值得注意的是,这部分超额收益主要是由 Banz 选取的样本中市值最小的 20% 的股票贡献的。

许多研究者对规模效应这个异常的市场现象进行了研究,并做出了许多解释,主要有:(1)计算小公司股票收益率的方法高估了其收益率;(2)小公司股票的风险被低估了;(3)超额收益的很大一部分被交易成本抵消;(4)公司规模可能代表另外某种经济变量。

11.4.2　季节效应

我们没有明显的理由认为在股票市场上某些月份的收益率会高于其他月份。但是,在一项检验纽约证券交易所上市股票每个月收益的研究中却发现了明显的一月效应,即一月份的收益率显著高于其他 11 个月的平均收益率。这种效应被称为季节效应(seasonal effect)。表 11.3 列举了纽约证券交易所上市股票在部分时间段的月收益。

表 11.3 月收益表

时间段	一月份平均收益率(%)	其他月份平均收益率(%)	差别
1904—1928 年	1.3	0.44	0.86
1929—1940 年	6.63	−0.6	7.23
1941—1974 年	3.91	0.7	3.21
1904—1974 年	3.48	0.42	3.06

资料来源：Michael S. Rozeff and William R. Kinney, "Capital Market Seasonality: The Case of Stock Return", *Journal of Financial Economics*, 3, no.4：p.388。

从表 11.3 中我们可以看到,尽管在 20 世纪初一月份收益与其他月份差距不大,但是近期一月份的收益要高出 3% 左右。

11.4.3 周日效应

通常认为一周内每天的预期收益率应该是相同的,周一到周五的收益率不会明显不同。但一些实证研究否定了这种看法。两项较早的研究计算了纽约证券交易所上市股票每天的平均收益率,结果发现星期一的收益率比其他任何一天的收益率低很多(见表11.4)。实际上,星期一的收益率为负,而其他日期的收益率为正。这种现象被称为周日效应(week-day effect)。

表 11.4 日收益率表

	星期一	星期二	星期三	星期四	星期五
1. French 的研究					
1953 年 1 月—1977 年 12 月	−0.17%	0.02%	0.10%	0.04%	0.09%
2. Gibbons 和 Hess 的研究					
1962 年 7 月—1978 年 12 月	−0.13%	0.00%	0.10%	0.03%	0.08%

资料来源：Kenneth R. French, "Stock Returns and the Weekend Effect", *Journal of Financial Economics*, 8, no.1(March 1980)：p.58; and Michael R. Gibbons and Patrick Hess, "Day of the Week Effects and Asset Return", *Journal of Business*, 54, no.4(October 1981)：pp.582—583。

一天的收益率通常按照如下的公式计算:

$$r_t = \frac{(P_t - P_{t-1}) + D_t}{P_{t-1}}$$

其中,P_t 是当天的收盘价;P_{t-1} 是前一交易日的收盘价;D_t 是当天发放的红利。这就意味着计算星期一的收益率是用星期一的收盘价减去上个星期五的收盘价,反映了周末加上星期一这段时间的股票价格变化,所以有人就把这种现象称作周末效应。另外,也有些人把星期五收盘到星期一开盘这段时间的股价变化称作周末效应,而把星期一开盘到收盘这段时间的股价变化称作周一效应(monday effect)。

与周末效应相关的另外一个市场异常现象是假日效应(holiday effect)。一项研究表明,在假日前几天的交易日内的平均收益率是其他交易日的 9—14 倍,并且这一异常的收益分布在假日前两天收盘到假日后第一天开盘这段时间内。

思考题

1. 过滤法则是一种利用过去历史价格数据来预测将来的运动趋势的方法,讨论另一种利用过去数据的方法,并说明你将如何检验它。

2. 在选择证券的方法中,一种方法是购买高增长、低 P/E 比率的证券,如何对这种方法进行检验?

3. 曾有人建议,有效市场假设可以被用来决定你是否拥有垄断途径获得某一种信息。试解释如何做到这一点。

4. 若市场是半强式有效的,则它是否必然是弱式有效的?

5. 当一公司总经理宣布退休时,你确信购买该公司股票可以获得超额收益,试设计一种方法来检验你的假设。

6. 试分析当前我国的证券市场,你认为是属于何种有效市场模型?

参考文献

杨朝军、蔡明超:《上海股票市场弱式有效性实证分析》,《上海交通大学学报》1998 年第 3 期。

杨朝军、蔡明超:《上海股市基于会计信息反应半强式有效性实证分析》,《预测》1999 年第 5 期。

杨朝军、蔡明超、刘波:《中国股票市场信息传递效率实证分析》,《上海交通大学学报》2000 年第 11 期。

张艾、杨朝军:《中国股市小市值组合的界定方法与实证研究》,《上海交通大学学报》(哲社版)2005 年第 4 期。

Fama Eugene,1991,"Efficient Capital Market: II", *Journal of Finance*, vol 46.

Burton G. Malkiel, 1990, *A Random Walk Down Wall Street*, W. W. Norton & Company, Inc.

George Foster, Chris Olsen, and Terry Shevlin, 1984, "Earnings Release, Anomalies, and the Behavior of Securities Returns", *Accounting Review*, vol 59.

William Brock，Josef Lakonishok and Blake Lebaron，1992，"Simple Technical Trading Including Rules and the Stochastic Properties of Stock Returns"，*Journal of Finance*，vol 47，December.

Fama，E.，1965，"The Behavior of Stock Market Prices"，*Journal of Business*，38(1)，January，pp.34—105.

Harry V.Roberts，1959，"Stock Market Patterns and Financial Analysis：Methodiological Suggestions"，*Journal of Finance*，14，no.1(March).

Eugene F.Fama，1970，"Efficient Capital Markets：A Review of Theory and Empirical Work"，*Journal of Finance*，25，no.5(May).

附录 11.1　中国证券市场有效性检验[*]

2013 年 10 月 14 日，瑞典皇家科学院宣布授予美国经济学家尤金・法玛、拉尔斯・皮特・汉森和罗伯特・希勒该年度诺贝尔经济学奖，以表彰他们在研究资本市场的发展趋势时采用了新方法。瑞典皇家科学院指出，三位经济学家"为资产价值的认知奠定了基础"。令人深思的是，法玛和希勒教授持有完全不同的学术观点，前者认为市场是有效的，而后者则坚信市场存在缺陷。两者的理论都有道理，但其假设有很多差别，学者们关于金融市场上到底哪一种理论更符合实际情况进行了大量实证研究。

一、中国股票市场弱式有效检验

（一）检验方法

1. Pearson 相关系数

对于收益率的时间序列 R_1，R_2，$\cdots$，R_n，可以得到前后距离内为 k 的样本 Pearson 相关系数：

$$r_k = \left(\frac{1}{n-k} \sum_{i=1}^{n-k} R_i R_{k+i} - (\bar{R})^2 \right) \Big/ s^2$$

其中：

$$\bar{R} = \frac{1}{n} \sum_{i=1}^{n} R_i \quad s^2 = \frac{1}{n} \sum_{i=1}^{n} (R_i - \bar{R})^2$$

如果各 R_i 相互独立则相关系数应为 0，在原假设 $R_k = 0$ 之下，当 n 充分大时，统计量 $N_k = r_k \sqrt{n-k}$ 渐近地服从正态 $N(0, 1)$。用统计量 N_k 来对不同 k 值进行检验，在 α

　＊ 摘自杨朝军等：国家自然科学基金研究报告《中国证券市场价格行为与风险控制》(2000 年,1 月)。

显著性水平上作时间序列相关性检验。

$$H_0 : U_0 = 0 \qquad H_1 : U_0 \neq 0$$

先查表求得 $\lambda_{a/2}$，使标准正态分布函数 $F(n)$ 在 $\frac{\alpha}{2}$ 点有 $F(\lambda_{a/2}) = 1 - \alpha/2$，则当 $N_k > \lambda_{a/2}$ 时，可在 α 显著水平上否定原假设 $R_k = 0$，我们取 $\alpha = 0.05$，得 $\lambda_{a/2} = 1.96$。

2. Q 值检验

上面是对不同 k 值的相关系数分别进行检验。另外，还可以构造统计量，将不同 k 值的相关系数融合进同一个统计量 Q 中，如下式：

$$Q = \sum_{k=1}^{10} (n-k) r_k^2 \sim \chi^2$$

当 n 很大时，Q 渐近服从 χ^2 分布。本文研究的方法中取 $n = 10$。

3. Spearman 秩相关系数

当样本随机变量服从正态分布时，用 Pearson 相关系数进行检验比较合适，而当样本的分布完全未知时，则用 Spearman 秩相关系数更为有效。该方法是一种非参数检验方法，统计构造如下：

$$r_k = 1 - 6 \sum_{i=1}^{n-k} d_i^2 / n(n^2 - 1)$$

其中 d_i 为 R_i 与 R_{i+k} 之间秩的差值，样本的定义仍与前面 Pearson 系数检验一致。

(二) 检验结果与分析

(1) Pearson 时序相关检验表明，在 $\alpha = 0.01$ 的显著水平上，上海股票市场和深圳股票市场在样本区间 91.1—92.12 内存在高度相关性，在 93.1—98.12 区间内不存在时序相关性。

(2) Spearman 秩相关检验针对上证综指的检验与 Pearson 相关检验的结果完全一致，但深圳市场的检验结果却不一致。Spearman 秩相关检验表明 1993 年以前深圳股市为弱式有效，1993 年以来接近弱式有效。Spearman 秩相关检验是一种针对样本总体分布特征未知的检验方法，前一节的结论已经验证了指数日收益率并不符合分布正态性，因而相比之下 Spearman 检验更优。

(3) 综合以上分析，1993 年以来上海股市为弱式有效市场，1992 年以前为非有效市场，而深圳市场自 1993 年以来接近弱式有效市场。

二、基于会计信息的上海股票市场半强式有效性检验

(一) 样本的选择及模型的建立

本文选取的样本空间来自上海证交所上市的所有公司自 1993 年以来的交易数据，

以及各上市公司公布的 1996 年、1997 年年报。在公司的所有财务指标中,每股盈利能力是决定股票价格的最直接和最重要的因素,而公司的利润增长率也是投资者评价公司的重要因素。因此,本文根据上市公司 1997 年净利润增长率的大小,分别选出净利润增长率最大的 50 家上市公司作为"赢家组合",净利润增长率最小的 50 家上市公司作为"输家组合"。样本时限为各公司年报公布日前后各 20 天的交易数据。

为了比较两种组合在年报公布前后的不同市场反映,本文采取 Ball 和 Brown 提出的"累计超常收益分析法"。

(1) 计算组合中各股票在样本时限内的日收益率 R_{jt} 和市场指数收益率 R_{mt}。在计算收益率时,本论文采用了对数差分收益率,即:

$$R_t = \ln P_t - \ln P_{t-1}$$

同时,在计算收益率时考虑了公司分红对收益率的影响。

若假设公司 j 同时发生送股、配股、送股息的情况,配股价为 P,配股比例为 n_1,送股比例为 n_2,股息为 d,那么收益率的计算公式应调整为:

$$R_t^j = \ln P_{t+1}^j - \ln\left(\frac{P_t^j + n_1 P - d}{1 + n_1 + n_2}\right)$$

$$R_t^i = \ln I_t - \ln I_{t-1}$$

其中,I_t、I_{t-1} 为上证综合指数在第 t 日和第 $t-1$ 日的收盘价。

(2) 用市场模型来计算每种股票的正常收益率 ER_t^j:

$$ER_t^j = A^j + B^j \cdot R_t^I$$

其中,A^j、B^j 分别为第 j 种股票的回归系数。

(3) 计算两种组合在样本时限内的平均超常收益率 AR_t:

$$AR_t = \frac{1}{50}\sum_{j=1}^{50}(R_t^j - ER_t^j) \quad t = -20, -19, \cdots, -1, 0, 1, \cdots, 19, 20$$

(4) 计算年报公布日前后 20 天各组合的累计平均日超额收益率 CAR_i:

$$CAR_i = \sum_{t=-20}^{i} AR_t \quad i = -20, -19, \cdots, -1, 0, 1, \cdots, 19, 20$$

CAR_i 为各组合从前 20 天到第 i 天的累计平均日超额收益率。

同时,为了分析年报公布前后两种组合的不同超额收益状况,本文将第 -20 天到年报公布日前一天作为组合形成期,从年报公布日到第 20 天为组合检验期,分别对两种组合的超额收益进行显著性 t 检验。

（二）检验结果分析及结论

针对两种不同的超额收益率，我们得到如图 1 以及表 5 所示的结果。从图 1 中，我们可以发现：

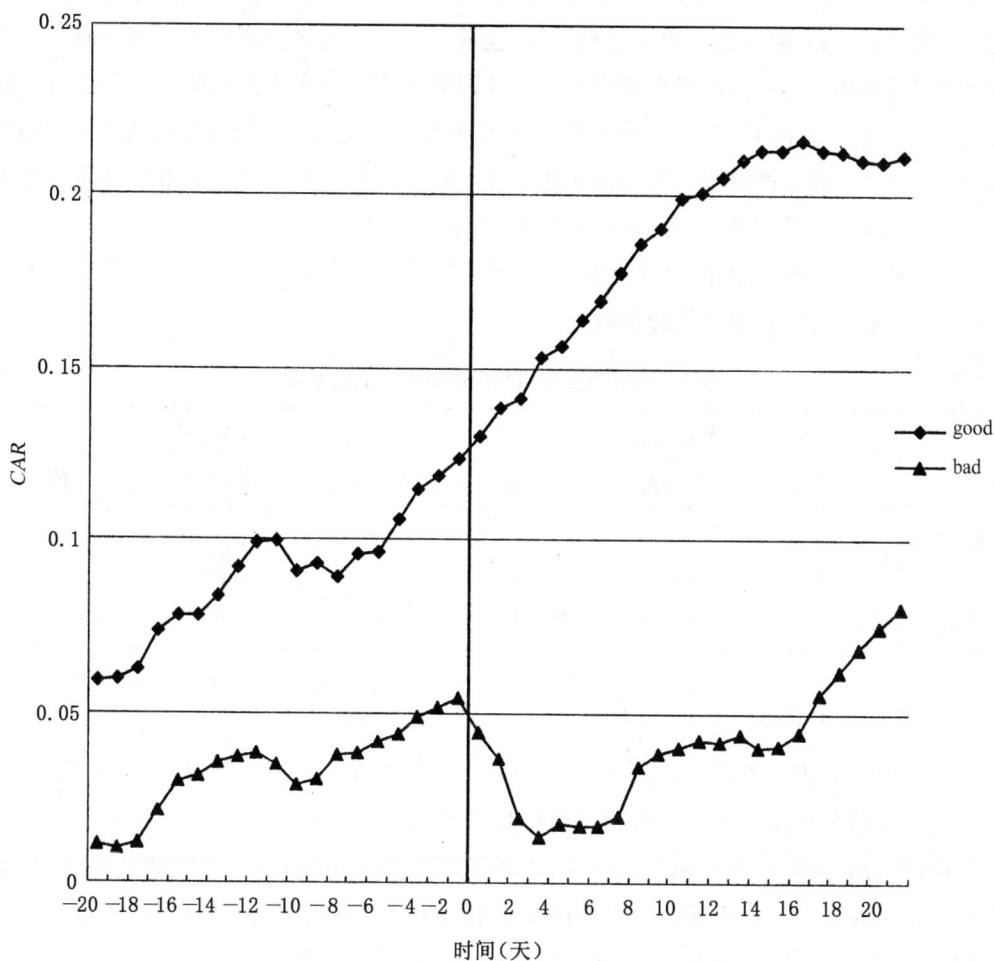

图 1　两种组合累计超额收益率之比较

（1）从整体看，赢家组合的累计超额收益均高于输家组合，这说明市场对不同盈余公司能区别对待，或者说会计盈余数据可以向投资者传递与决策有关的信息。

（2）赢家组合和输家组合对信息的反应速度有所差异。赢家组合在年报公布前 5 天股价已开始上扬，投资者可获得超额收益；而输家组合则在年报公布前 8 天已出现明显的超额收益。

（3）按照半强式有效市场假设，在年报公布日以后，股票的超额收益应该等于零，在图 1 中就应该表现为 CAR 在 $t > 0$ 时趋向于平稳。但我们发现，赢家组合的 CAR 并没有停止其不断上升的趋势（这一过程一直持续到年报公布以后的第 13 天）。这说明在年报公布以后,投资者通过购买该股票仍然可以获得超额收益。这说明对于赢家组合,市场存在反应不足的现象。

(4)就输家组合来看,平均超额收益显著大于零,这显然不符合有效市场假设。这个结果可以从如下方面解释:从输家组合的构成来看,其中大多为效益很差的公司(不少为 ST 股票,如 ST 粤海发),对于这类公司,投资者认为其大多有资产重组的可能。考虑到我国股市的实际情况,市场对资产重组类公司的炒作是一个永恒的题材。这样对于输家组合年报公布以前 CAR 的不断上升就不难理解了。但当年报公布的前两天,CAR 却呈现出下滑的趋势,这说明投资者对于业绩较差的公司仍然具有风险规避的倾向。年报公布一周后 CAR 的稳步上升,说明市场的炒作仍在继续。

(5)从表 5 的显著性检验的分析中,我们可以看出无论是年报公布以前还是年报公布以后,赢家组合均有显著的超额收益。

表 5　两种组合平均超额收益率显著性检验

	赢家组合			输家组合		
	AR 均值	标准差	t 值	AR 均值	标准差	t 值
形成期	0.003 26	0.004 82	3.027***	0.002 46	0.004 45	2.475**
检验期	0.003 45	0.003 88	4.076***	0.002 50	0.006 91	1.662*
事件期	0.003 36	0.004 31	4.991***	0.002 49	0.005 77	2.759***

注:(1)"*"为在 0.1 水平上显著,"**"为在 0.05 的水平上显著,"***"为在 0.001 的水平上显著。(2)所有检验均为双侧 t 检验。

通过以上分析可以看出,无论是业绩好还是业绩差的公司,市场都能及时作出反应,这说明会计盈余数据的披露具有明显的信息含量和市场效应。但反应的程度却和有效市场假设有所差距:对于业绩好的公司,市场的反应明显不足;对于业绩较差的公司,具有正的超额收益。这说明我国的股票市场还不是半强式有效市场。同时,我国股市的投机炒作性很强,业绩较差的公司往往都是资产重组的炒作对象。

第12章

债券分析

债券的基本要素包括债券的到期日、票面利率和付息方式。债券研究中的一个基本原理是贴现现金流模型：一般债券的价值是该债券在其生命期内所有现金流量现值之和。

本章我们将讨论债券的收益和价值以及影响债券收益的各种因素，同时还将对债券的风险结构进行分析并利用财务比率对违约风险进行测度。

12.1 利率

利率本质上是对出让资金使用权的回报，是资金使用权的价格。我们在日常生活中及经济文献中常要碰到关于利率的名词，但在不同场合，所指利率往往含义不一，视具体情况而定。

为了严格区分各种利率，有必要确定三个日期：

定约日期 t_0：指借贷双方商定借款的日期；

借出货币日期 t_1：指实际借出货币的日期；

收回借款日期 t_2：指实际收回借款的日期。

利率严格表示法应同时标明这三个日期，一般利率用 i 表示，严格正确标记法为：$_{t_0}i_{t_1t_2}$。为了简便起见，本章一律假设 $t_0=0$，这样并不影响分析问题，利率略记作：$i_{t_1t_2}$，它表示这笔贷款在 0 时期签约，实际贷出时期为 t_1，收回时期为 t_2。

下面具体介绍几种最普遍常见的利率。

12.1.1 即期利率

若借款者和投资者商定，借款者也即债券发行人将在未来某一时刻一次连本带利偿还所有款项,投资者所获得的收益称之为即期利率(spot rates)。一般来说,t 年期的即期利率记为 i_{0t}。例如,某债券初始价格为 797.19 元,规定两年后还清债券面值 1 000 元,设即期利率为 i_{02},则有:

$$797.19 = \frac{1\,000}{(1 + i_{02})^2}$$

解得:$i_{02} = 12\%$。

美国财政部债券(treasure bill)即属此类债券。这种债券期限均不超过一年,拍卖时对债券打折扣出售,期终时刻按面值一次还清,债券只标明本金金额(principal),而不附有息票(coupon),债券出售时所打的折扣就算是利息。这种债券是比较典型和普遍的,在现代金融研究中称其为纯贴现债券(pure discount bond),以后将简称为 PDB 债券。

12.1.2　远期利率

若借款者和投资者现在签订一个合约,规定资金在第 t_1 年借出,在第 t_2 年偿还,借期的利率在合约上规定,这个利率就是远期利率(forward rates)。一般来说,从 t_1 到 t_2 的远期利率记为 $i_{t_1 t_2}$。

显然,远期利率是借贷合约规定的利率,并且该合约的订立日期和真正实施日期是不同的,一般来说,合约在订立一年或更长时间后才实施。例如,一笔贷款现在订立合同,规定一年后贷出 797.19 元,第三年收回本金 1 000 元,故这笔贷款共借出两年,这时的利率称为远期利率 i_{13}。

$$(1 + i_{13})^2 = \frac{1\,000}{797.19}$$

解得:$i_{13} = 12\%$。

远期利率也可以从即期利率计算出来。若 t_1 年期的即期利率为 i_{0t_1},t_2 年期的即期利率 i_{0t_2},则我们可以计算出从 t_1 到 t_2 的远期利率 $i_{t_1 t_2}$。

不妨设初始投资为 A,则有:

$$A(1 + i_{0t_2})^{t_2} = A(1 + i_{0t_1})^{t_1} (1 + i_{t_1 t_2})^{t_2 - t_1}$$

解得:

$$i_{t_1 t_2} = \left[\frac{(1 + i_{0t_2})^{t_2}}{(1 + i_{0t_1})^{t_1}} \right]^{\frac{1}{t_2 - t_1}} - 1$$

例如,若已知两年期即期利率为 12%,一年期即期利率为 11%,我们可以计算出第二年开始的一年期的远期利率 i_{12}。

设想初始投资为 A,则两年后为 $A(1.12)^2$,于是有:

$$A(1.12)^2 = A(1.11) \times (1 + i_{12})$$

解得:

$$i_{12} = \frac{1.12^2}{1.11} - 1 = 13\%$$

以上所讨论的即期利率和远期利率都为一次性偿付,都属于 PDB 债券类,所区别之处在于订立合约和真正实施之间的时间距离,即即期利率的时间距离为零,远期利率则不为零。

表 12.1 和表 12.2 演示即期利率和远期利率的计算法则。

表 12.1　即期利率的计算

到期年	成本	现金流(各年份)					计　　算	即期利率
		1	2	3	4	5		
1	−909.09	1 000					$(1 + i_{01}) = \dfrac{1\,000}{909.09}$	$i_{01} = 10\%$
2	−811.62	0	1 000				$(1 + i_{02})^2 = \dfrac{1\,000}{811.62}$	$i_{02} = 11\%$
3	−711.78	0	0	1 000			$(1 + i_{03})^3 = \dfrac{1\,000}{711.78}$	$i_{03} = 12\%$
4	−635.52	0	0	0	1 000		$(1 + i_{04})^4 = \dfrac{1\,000}{635.52}$	$i_{04} = 12\%$
5	−519.37	0	0	0	0	1 000	$(1 + i_{05})^5 = \dfrac{1\,000}{519.37}$	$i_{05} = 14\%$

表 12.2　远期利率的计算

实际实施年	贷款期限	现金流(各年份)					计　　算	远期利率
		1	2	3	4	5		
1	1	−909.09	1 000				$(1 + i_{12}) = \dfrac{1\,000}{909.09}$	$i_{12} = 10\%$
1	2	−797.19	0	1 000			$(1 + i_{13})^2 = \dfrac{1\,000}{797.19}$	$i_{13} = 12\%$
2	2		−797.19	0	1 000		$(1 + i_{24})^2 = \dfrac{1\,000}{797.19}$	$i_{24} = 12\%$
3	2			−811.62	0	1 000	$(1 + i_{35})^2 = \dfrac{1\,000}{811.62}$	$i_{35} = 11\%$
4	1			−884.96	1 000		$(1 + i_{45}) = \dfrac{1\,000}{884.96}$	$i_{45} = 13\%$

12.1.3　本期利率

债券的年利息收益除以其价格,即为本期利率(current yield)。

例如,某债券每半年可获得 50 元的利息,而其成本为 800 元,则其本期利率为:

$$\frac{50\times2}{800}=12.5\%$$

对于像美国财政部债券之类的无附息的 PDB 债券,由于其没有息票,故其本期利率为零。

12.1.4　到期收益率

到期收益率(yield to maturity)是引用最多的一种收益率,它是自投资者购买债券之日起直至债券到期还本为止的平均复回报率。到期收益率是承诺收益,就是说投资者完全地和适时地收到发行者承诺的所有现金流,因此到期收益率是使债券的未来现金流量现值恰好等于该种债券的发行价格的贴现率。用数学式表示,它是下列方程中 i 的值(也就是说,它是这种债券的内部收益率)。

$$P=\sum_{t=1}^{T}\frac{C_t}{(1+i)^t}+\frac{PV}{(1+i)^T} \tag{12.1}$$

其中,C_t 指每期支付的利息;T 是时期数;PV 指债券的面值(到期时支付的金额);P 指债券的当前的市场价格。

例如,若某息票债券的面值为 1 000 元,从现在起每年的利息收入为 100 元,3 年到期,到期时支付债券的面值 1 000 元,现在市场中该债券的出售价格为 900 元,则其到期收益率 i 满足下式:

$$900=\frac{100}{(1+i)}+\frac{100}{(1+i)^2}+\frac{100}{(1+i)^3}+\frac{1\,000}{(1+i)^3}$$

解得:$i=14.3\%$。

实际中绝大多数债券是每半年支付一次利息,设每半年获利息 50 元,共 3 年,到期收回本金 1 000 元,则有:

$$900=\frac{50}{1+\frac{i}{2}}+\frac{50}{\left(1+\frac{i}{2}\right)^2}+\frac{50}{\left(1+\frac{i}{2}\right)^3}+\frac{50}{\left(1+\frac{i}{2}\right)^4}+\frac{50}{\left(1+\frac{i}{2}\right)^5}+\frac{50+1\,000}{\left(1+\frac{i}{2}\right)^6}$$

解得:$i=14.2\%$。

对于 PDB 债券来说,由于没有息票,其到期收益率和即期利率是一样的。对于投资者来说,到期收益率是他一直持有债券直至到期日的收益,并且假设其每次利息收入都按到期收益率重新投资直至到期日。

12.1.5　实现复利收益

我们已经知道,投资者只有将每个息票收入以债券的到期收益率进行再投资才能获得到期收益。当投资者以不同于到期收益率的利率将息票收入进行再投资时,得到的收益称为实现的复利收益(realized compound yield)。如果再投资的利率大于债券的到期收益率,则实现的复利收益大于到期收益;相反,如果再投资的利率小于到期收益率,则实现的复利收益小于到期收益。

为了说明实现复利收益的计算,我们假设一位具有三年期投资期限的投资者正在考虑购买一张 20 年期、息票利率为 8%、面值为 1 000 元的债券,现时价格为 828.40 元。这张债券的到期收益率为 10%。这位投资者预期:他能够按 6% 的年利率把息票利息收入进行再投资,并且在计划投资期限结束时,那张 17 年期的债券将可以以 7% 的到期收益率售出。下面我们来计算这张债券的实现复利收益。

由于再投资年利率为 6%,假设半年付息一次,我们可计算出息票收入与利息的再投资收入的和。息票收入每半年 40 元(= 1 000 × 4%),在投资期限内总共支付 6 次,则息票收入与利息的再投资收入的和为:

$$40 \times (1+3\%)^5 + 40 \times (1+3\%)^4 + 40 \times (1+3\%)^3 + 40 \times (1+3\%)^2$$
$$+ 40 \times (1+3\%) + 40 = 258.74(元)$$

由于 3 年以后 17 年期债券的到期收益率为 7%,故 3 年后该债券的出售价格可以通过确定 34 次 40 元息票收入的现值加上 3.5% 贴现的 1 000 元到期价值的现值来求出,即:

$$\sum_{t=1}^{34} \frac{40}{(1+3.5\%)^t} + \frac{1\,000}{(1+3.5\%)^{34}} = 1\,098.51(元)$$

由于投资者持有这张债券直到到期期限所获得的收益包括投资期限内的利息收入、利息的再投资收入和期限结束时债券的价值,因此投资者在投资期限内的总收益为:

$$258.74 + 1\,098.51 = 1\,357.25(元)$$

现在我们可以计算投资期限内每半年的实现复利收益:

$$\left(\frac{1\,357.25}{828.40}\right)^{\frac{1}{6}} - 1 = 8.58\%$$

最后,8.58% × 2 = 17.16%,即为 3 年投资期限内的实现复利收益。

12.1.6　赎回收益

某些债券附有早赎条款,也就是在到期之前可能被赎回。对于这样的债券来说,通常用赎回收益(call yield)来测算收益。用于计算赎回收益的现金流量,就是如果这种债券在其第一个赎回日被赎回将会造成的现金流量。赎回收益是使现金流量的现值等于债券在第一个赎回日被赎回情形下的债券价格的贴现率。

从数学上看,赎回收益可以表示为:

$$P = \sum_{t=1}^{n} \frac{C_t}{(1+y)^t} + \frac{CP}{(1+y)^n} \qquad (12.2)$$

其中,P 表示债券市价;$2y$ 表示第一次赎回时的赎回收益;n 表示直到第一个赎回日的时期数(年数的 2 倍);CP 表示赎回价格;$2C_t$ 表示息票利率。

为了说明赎回收益的计算,我们来分析一张 18 年期、息票利率为 11%、现在价格为 1 168.97 元、面值为 1 000 元的债券。假设第一个赎回日为从现在算起 13 年后,并且赎回价格为 1 055 元。如果在 13 年后被赎回,这张债券的现金流量为每 6 个月支付 55 元的 26 次利息支付和从现在算起 26 个时期后的 1 055 元。通过公式(12.2)就可以求出 y 的值为 4.5%。因此,该债券的赎回收益为 9%。

12.1.7 连续复利

计算一笔投资的收益率,用不同的复利计算期可以使计算结果不一致。设 r 表示年利率,n 表示一年中计算复利的次数,则实际利率 r_e 就可以通过下列方程进行计算。

$$\left(1+\frac{r}{n}\right)^n = 1+r_e$$

例如,设某银行宣布 10 年期存款的每年利息率为 7.75%。

若银行每半年支付一次利息,对 7.75% 的年利率按每半年计算一次复利可得:

$$\left(1+\frac{0.077\ 5}{2}\right)^2 = (1+0.387\ 5)^2 = 1.079$$

则实际年利率为 7.9%。

若银行每季度支付一次利息,按每季度计算一次复利可得:

$$\left(1+\frac{0.077\ 5}{4}\right)^4 = (1+0.193\ 8)^4 = 1.079\ 78$$

则实际年利率为 7.978%。

其他不同的复利计算期可以依此类推。随着复利计算期限的不断缩短,计算复利的次数(n)就会不断增加,实际利率 r_e 也会不断增加。

根据微积分学中的极限理论,可以证明当 n 不断增加时,$\left(1+\frac{r}{n}\right)^n$ 的极限值就会不断趋近于 e^r,e 的固定值为 2.718 28。在本例中 $e^{0.077\ 5}=1.080\ 6$,这说明实际年利率为 8.06%。

我们可以从上面这个例子中归纳出连续复利计算的一般公式。设年度利率为 r,连续计算复利,t 年以后 P 元投资将增加为 F_t 元,则 P、r 和 F_t 之间的关系如下:

$$Pe^{rt} = F_t$$

同理,按照年利率 r 连续计算复利,t 年后可以收回 F_t 的现值为:

$$P = \frac{F_t}{\mathrm{e}^{rt}}$$

因此,如果将即期利率看作是连续计算复利的年度利率,则贴现因子可以计算如下:

$$d_t = \frac{1}{\mathrm{e}^{rt}}$$

以上三个公式可以用来计算包括分数在内的任何 t 值(例如,如果 F_t 在 2.5 年收回,则 $t = 2.5$)。

12.2 债券的价值

债券的价值是由现在(或未来)的盈利、风险等基本经济变量决定的,它等于债券持有人将来所能期望获得的现金流的现值。

设 P 表示债券的价值,C_t 表示债券在 t 时期的息票利率,PV 表示债券的面值,t 表示债券的到期时间,i^* 表示债券的贴现率,则债券的价值可表示为:

$$P = \sum_{t=1}^{n} \frac{C_t}{(1+i^*)^t} + \frac{PV}{(1+i^*)^n} \tag{12.3}$$

在公式(12.3)中,债券的贴现率要反映货币的时间价值和该债券的风险。它是机会成本,即投资者在相同期限和相同信用程度的类似债券中赚取的现时市场利率。因此,市场利率直接体现在贴现率中。同时我们也可以看出,在有效的债券市场中,当市场利率下降(上升)时,债券价格上升(下降)。

例如,假设 3 年到期的债券的面值为 1 000 元,每年支付的利息为 60 元,市场利率为 9%,则债券的价值为:

$$P = \frac{60}{1+0.09} + \frac{60}{(1+0.09)^2} + \frac{1\,060}{(1+0.09)^3} = 924.06(元)$$

关于债券的贴现率,还需要说明的是,如果几种债券的风险相同,例如都为政府债券,那么各债券在同一时期所获得的收益应被同一利率贴现,这就是一价定律。下面,我们通过一价定律来分析一个例子,见表 12.3。

从表 12.3 中的数据可以看出,债券 A 在第一年和第二年的收益相当于 22/21 的债券 B 与 1/21 的债券 C 构成的组合体的收益。由于债券 A 和组合体有相同的现金流模式,按照一价定律,它们应该有相同的价格。

表 12.3　三种债券的现金流

债　券	价　格	现　金　流	
		1 阶段	2 阶段
A	P_A	10	110
B	P_B	5	105
C	P_C	100	0

事实上,设 $i_{01}=10\%$, $i_{02}=12\%$,则:

$$P_A=\frac{10}{1.10}+\frac{110}{1.12^2}=96.78$$

$$P_B=\frac{5}{1.10}+\frac{105}{1.12^2}=88.25$$

$$P_C=\frac{100}{1.10}=90.91$$

如此我们方可以证实:

$$\frac{22}{21}\times P_B+\frac{1}{21}\times P_C=P_A$$

关于债券的价值,我们再提出一个公式:

$$P=\frac{C_1}{1+i_{01}}+\frac{C_2}{(1+i_{02})^2}+\cdots+\frac{C_t}{(1+i_{0t})^t}+\frac{PV}{(1+i_{0t})^t}$$

其中, i_{01} , i_{02} , $\cdots$, i_{0t} 为即期利率; C_t 为年利息收入; PV 为债券的面值; t 为债券的到期期限。

为了简便起见,我们举一个 3 年期附息债券的例子。该债券每年得利息收入 75 元,面值为 1 000 元,则其价值计算如下:

$$P=\frac{75}{1+i_{01}}+\frac{75}{(1+i_{02})^2}+\frac{1\,075}{(1+i_{03})^3} \tag{12.4}$$

我们可以把该债券看成是由三个 PDB 债券构成的组合债券。这三个债券分别是 1 年期、2 年期及 3 年期的 PDB 债券,分别获得 75 元、75 元、1 075 元的收入。

公式(12.4)中 i_{01} 、 i_{02} 、 i_{03} 为即期利率。而且,我们可确知该债券的到期收益率 i 是在这三个即期利率的最大值和最小值中间,证明如下:

考虑向下倾斜的收益曲线,显然有 $i_{01}>i_{02}>i_{03}$,根据到期收益率的定义,到期收益率的值取决于下式:

$$P = \frac{75}{1+i} + \frac{75}{(1+i)^2} + \frac{1\,075}{(1+i)^3} \tag{12.5}$$

将公式(12.5)与公式(12.4)进行比较,我们可以得到 $i_{01} > i > i_{03}$。否则,这两个公式所表示的债券的价值是不相同的,那就自相矛盾了。

在这里,我们还补充介绍一下永久性债券的价值。永久性债券在无限长的期限内每年支付给投资者的利息是固定的。英国统一公债是一种没有到期日的债券,英国政府有义务持续不断地支付固定数额的利息。

设永久性债券每年支付的利息是 C,贴现率为 r,则永久性债券的价值 P 为:

$$P = \frac{C}{r}$$

例如,如果一张永久性债券每年支付的利息是 60 元,贴现率为 12%,则该债券的价值为:

$$P = \frac{60}{12\%} = 500(元)$$

在债券市场中,若投资者弄清楚了债券的价值,并将其与市场价格比较,就能作出理性的投资决策。方法如下:

假设投资者以现时价格购买债券,则投资者的净现值为债券的价值 P 与市场价格 P_0 之差,即 $NPV = P - P_0$。

若 $NPV > 0$,债券价格被低估,此时债券现时市价的到期收益率大于市场利率,投资者可购买这种债券;

若 $NPV < 0$,债券价格被高估,此时债券现时市价的到期收益率小于市场利率,投资者可出售或卖空这种债券;

若 $NPV = 0$,债券具有真实价格,此时债券现时市价的到期收益率等于市场利率。

在本节的第一个例子中,若该债券的市场价格为 900 元,则可计算出其 $NPV = 24.06$ 元,债券现时市价的到期收益率为 10.02%。由于 $NPV > 0$,或该债券现时市价的到期收益率大于市场利率,所以该债券值得投资。

必须注意的是,我们在使用上述方法进行判断时,必须先确定 C_t、P、i^* 的值,其中 C_t、P 是比较容易确定的,但债券的贴现率 i^* 却比较难以确定,因为它取决于投资者对债券的特点以及当前市场条件的主观评价。因此,债券分析的关键是如何确定 i^* 的合理取值。

12.3 债券价值的决定因素

标准的债券价值理论主要是研究到期收益率或价值的决定因素。研究指出,影响债券到期收益率的重要因素有以下几个方面:(1)距到期日的时间长短(即期限长度);(2)收不到利息或本金的风险;(3)对各种现金收入流不同税收待遇的影响;(4)债券被发行人提前赎回的条款规定;(5)一般市场利率变化的影响。前四个因素是由债券的性质特征决定的,是内在因素,它对债券到期收益率的影响是本节我们要讨论的内容。至于最后一个因素,它是债券的外在因素,研究它对债券价格的影响对债券组合的管理有极其重要的意义,因此,我们将在下章详细讨论。

下面,我们分别介绍债券的内在因素是如何影响债券的到期收益率或价值的。

12.3.1 期限结构理论

债券收益和债券距离到期日的时间的关系称为债券的"期限结构"。更精确一点来说,期限结构理论(term structure theory)是研究为什么债券由于具有不同的到期日而具有不同的到期收益的问题。

为了便于研究债券的到期期限对到期收益率的影响,在研究时,我们选择 PDB 债券中的政府债券作为研究对象。这样,一方面可以避免对附息票的分析及每期利息的影响,另一方面选择政府债券还可使我们提及的影响到期收益率的(2)、(3)、(4)因素都一样,实际分析时可不予考虑。当然,在研究过程中,我们还要假设市场利率不发生变化。

为了更好地了解债券的期限结构,我们引入收益曲线这个概念。收益曲线反映的是在一定时点不同期限的债券收益与到期期限之间的关系。在实际经济活动中,收益曲线主要包括三种类型:向上倾斜的、持平的和向下的收益曲线,见图 12.1。

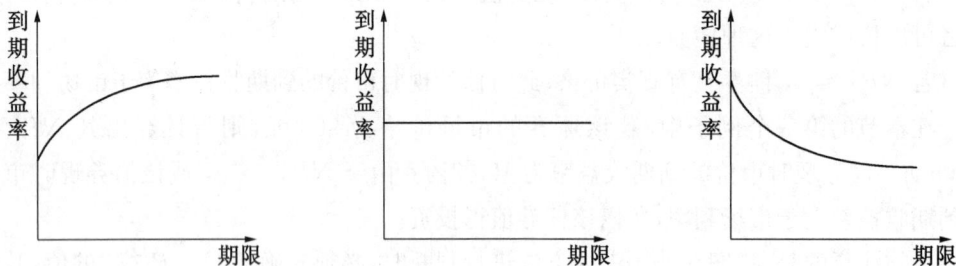

图 12.1 债券的收益曲线

其中第三种利率期限结构倒挂情况(yield curve invert)较少出现,然若出现则可能预示市场将反转的动荡。

对于这三种情况,债券的期限结构理论有四种解释,下面逐一介绍。

1. 纯预期理论

在假定投资者希望持有债券期间收益最大且对债券的特定期限无相应偏好的基础上,纯预期理论(pure expectation theory)认为,如果投资者预期未来的短期利率会上升,那么长期利率就会高于短期利率,这时收益曲线就会向上倾斜;如果投资者预期未来的短期利率会下降,那么长期利率就会低于短期利率,这时收益曲线就会向下倾斜;如果投资者预期未来的短期利率会保持不变,那么收益曲线就会保持水平。

这里我们要解释一下该理论的理论基础,即投资者不考虑债券期限,仅仅选择能获得最大期望收益的债券的含义是什么。

若设一年期 PDB 债券的到期收益率为 10%,两年期 PDB 债券的到期收益率为 12%,投资者预期一年后的一年期即期利率为 16%,则 1 元投资在两年期 PDB 债券上期满后可得:

$$1.12^2 - 1 = 0.254(元)$$

另外,投资者也可以分两次购买一年期的 PDB 债券,则两年后的预期收益为:

$$1.1 \times 1.16 - 1 = 0.276(元)$$

比较可见,两次购买一年期的 PDB 债券能获得较高收益。

若投资者只想投资一年,他可以购买一年期债券,也可以购买两年期债券,但在一年后将其卖出。对于两年期债券而言,一年后出售时仍有一年到期。因此,它必须能提供 16% 的收益才能卖出。该债券每 1 元价值出售时价格应有:

$$P \times 1.16 = 1.12^2$$

解得 $P = 1.08$ 元,所以,投资在两年期 PDB 债券的 1 元一年后可得收益 0.08 元。

另外,投资者投资 1 元购买一年期 PDB 债券,一年后可得收益 $1.10 - 1 = 0.10$ 元。

显然,若只投资一年,投资者购买一年期债券比购买两年期债券能获得更高收益。

在上面两种情形中,投资者都会购买一年期的 PDB 债券,卖出两年期 PDB 债券,致使一年期 PDB 债券价格上升,收益下降;两年期 PDB 债券价格下降,收益上升。最终,使得购买两年期 PDB 债券的收益和购买一年期 PDB 债券的收益相同。用数学式子表述,即为:

$$(1 + i_{02})^2 = (1 + i_{01})(1 + i_{12})$$

其中,i_{01} 为一年期 PDB 债券的即期利率;i_{12} 为预期下一年期即期利率;i_{02} 为两年期 PDB 债券的即期利率。这个式子是我们下面分析问题的基础。

下面我们再通过一个例子,简单地说明为什么对未来利率的不同预期会产生不同形状的收益曲线。

例如,设一年期即期利率 i_{01} 为 10%,预期下一年期即期利率 i_{12} 为 16%,i_{02} 为两年期 PDB 债券的到期收益率,则有:

$$(1 + i_{02})^2 = 1.10 \times 1.16$$

解得 $i_{02} = 13\%$,此时,由于 $i_{01} < i_{02}$,收益曲线就会向上倾斜。

若 $i_{12} = 8\%$,则有:

$$(1+i_{02})^2 = 1.10 \times 1.08$$

解得 $i_{02}=9\%$，此时，由于 $i_{01} > i_{02}$，收益曲线就会向下倾斜。

若 $i_{12}=10\%$，则有：

$$(1+i_{02})^2 = 1.10 \times 1.10$$

解得 $i_{02}=10\%$，此时，由于 $i_{01}=i_{02}$，收益曲线就会保持水平。

必须注意的是，一年后的一年期利率之期望值 $\bar{i}_{12}$ 和一年后的一年期远期利率 i_{12} 在概念上是两种不同的利率，然而我们在纯预期理论中，实际上却简单地认为这两者是相等的，即 $\bar{i}_{12}=i_{12}$。

在实际中，我们是这样从纯预期理论推导出收益曲线的三种形状的，表 12.4 数据即演示之。

其中，$\bar{i}$ 为一年期即期利率的预期值，i 为到期收益率。必须注意的是，表 12.4 中对于利率的运算法则与前面介绍的不一样，它是一种近似计算。例如：

$$i_{03} = \frac{0.10+0.11+0.12}{3} = 11\%$$

表 12.4 三种收益曲线的有关数据（%）

期限 t（年）	上升收益曲线 L_1		下降收益曲线 L_2		水平收益曲线 L_3	
	$\bar{i}$	i	$\bar{i}$	i	$\bar{i}$	i
1	10	10.0	10	10	10	10
2	11	10.5	9	9.5	10	10
3	12	11.0	8	9.0	10	10
4	13	11.5	7	8.5	10	10
5	14	12.0	6	8.0	10	10
6	15	12.5	5	7.5	10	10
7	16	13.0	5	7.1	10	10
8	16	13.4	5	6.9	10	10
9	16	13.6	5	6.7	10	10
10	16	13.9	5	6.5	10	10

2. 流动性贴水理论

流动性贴水理论（liquidity premium theory）基本上承认期限结构的纯预期理论，但是对它有一个重大的修正。流动性贴水理论认为，长期债券比短期债券的流动性差，必须给予投资者以更高的期望收益，才能使得他们愿意持有长期债券。因为长期债券比短期债券担负着更大的市场风险——价格波动和难以变现的风险。这种由于增加的市场风险而产生的对长期债券收益的报酬称为流动性贴水。当然，对于债券发行者而言，由于金融市场上长期投资者少而短期投资者多，因此，长期资本的筹集所付出的成本较高。

例如,一年期即期利率 i_{01} 为 10%,预期下一年即期利率 i_{12} 为 16%,在我们前面所述的纯预期理论中,两年期 PDB 债券的到期收益率 i_{02} 为 13%,但在流动性贴水理论中却认为,两年期的到期收益率要高于 13%,才能使得那些原来持有一年期债券的人愿意持有两年期的债券,也就是说,除了 13% 的收益外,尚需再加一个流动性贴水(premium)。

流动性贴水理论认为,不论对未来利率的预期是多少,流动性贴水理论预测的长期收益将高于纯预期理论。当预期利率不变时(在纯预期理论中为平坦收益曲线),流动性贴水理论的收益曲线则是一条稍微向上倾斜的曲线;当预期利率上升时(在纯预期理论中为向上倾斜的收益曲线),流动性贴水理论的收益曲线的斜率更大,曲线更陡;当预期利率下降时(在纯预期理论中为向下倾斜的收益曲线),流动性贴水理论的收益曲线则为稍微向下倾斜的曲线,或者几乎是一条平坦的或稍微向上倾斜的曲线。

流动性贴水理论还认为,贴水随着债券到期期限的延长而变大,例如,三年期债券利率贴水要大于两年期债券利率贴水。下面我们通过一个例子来说明此结论。表 12.5 中的数据是从表 12.4 中的上升收益曲线部分取得,同时再加上流动性贴水。

表 12.5　考虑流动性贴水的收益曲线的有关数据

t	一年期即期利率	贴水	到期收益率
1	10	0	10.00
2	11	0.2	10.06
3	12	0.4	11.20
4	13	0.6	11.79
5	14	0.8	12.39

例如,计算三年期到期收益率 i_{03}:

$$(1+i_{03})^3 = (1.10)(1.11+0.002)(1.12+0.004)$$

解得: $i_{03} = 11.2\%$。

一般来说,流动性贴水理论更能说明向上倾斜的收益曲线的存在原因,如图 12.2 所示。也就是说,或许即期利率不一定呈上升趋势,但加上流动性贴水以后,收益曲线就向上倾斜。

3. 市场分隔理论

市场分隔理论(market segmentation theory)认为一些投资者和债券发行人对债券的某一期限有特殊偏好,而对不同期限债券不感兴趣,换句话说,高利率也不能吸引他

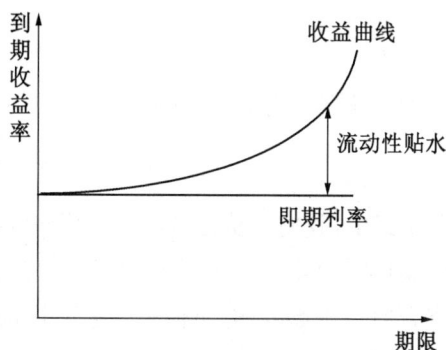

图 12.2　流动性贴水理论对收益曲线的解释

们。这种观点比较符合贷款人和借款人的实际情况。从贷款人角度来看,短期债券具有流动性并且价格稳定,因此市场风险较小。另一方面,长期债券的收益相对稳定,通过购买长期债券,贷款人在许多年后可获得一定的固定收入。这样,偏好收入稳定而非价格稳定的贷款人显然钟情于长期债券,而偏好保值超过稳定收入的贷款人则更愿意持有短期债券。因此,市场上任何期限的债券与其他期限债券是完全分隔的,任何期限债券的利率仅由该期限债券的供求因素决定,很少受其他期限债券的影响,即短期利率仅由短期资金的供求决定,长期利率仅由长期资金的供求决定。根据该理论,如果当前企业和政府主要发行长期债券,那么长期利率将高于短期利率,此时收益曲线要向上倾斜;如果当前企业和政府主要发行短期债券,那么短期利率将高于长期利率,此时收益曲线要向下倾斜。

市场分隔理论目前在学术界尚未取得足够的支持,有些学者认为有些投资者对收益的相对高低是敏感的,但这一理论在实际应用中却受到越来越多的人的注意和欢迎。

4. 期限偏好理论

期限偏好理论(term preference theory)认为投资者对特定期限都有很强的偏好,因而收益曲线不会严格地服从纯预期理论和流动性贴水理论的预测。投资者之所以如此,是因为在债券投资过程中,投资者的资产周期和负债周期正确匹配会使其处于最低风险状态。例如银行和货币市场共同基金一般购买短期债券,而人寿保险公司则偏好于购买长期债券。但是,如果不符合投资者偏好的期限赚取的预期额外收益变大时,实际上投资者将修正原来偏好的期限。比如,当长期债券的预期收益远远超过短期债券的收益时,银行和货币市场共同基金将增加该期限的资产,也就是说,他们将购买长期债券。如果购买短期债券的预期收益变大,人寿保险公司将暂时取消只投资长期债券的规定,并在他们的资产组合中加入适当的短期债券。换句话说,如果投资者已经使自己处于某种期限偏好状态,则要使其离开原偏好状态,就必须提供额外贴水 P 作为增加风险的补偿。

例如,在纯预期理论中,对两年期债券来说,有:

$$(1+i_{02})^2 = (1+i_{01})(1+\bar{i}_{12})$$

在期限偏好理论中,则应是:

$$(1+i_{02})^2 = (1+i_{01})(1+\bar{i}_{12}+P)$$

从上式中,我们容易看出,若短期资金供给较多,则投资者偏好于购买短期债券,要使其购买长期债券,必须提供风险贴水,也就是说,$P > 0$;相反,若长期资金供给较多,则投资者偏好于购买长期债券,要使其购买短期债券,必须提供风险贴水,也就是说,$P \leqslant 0$。

期限偏好理论以实际的观念为基础,即投资者为预期的额外收益而承担额外的风险。在接受市场分隔理论和纯预期理论部分观点的同时,也剔除了二者极端的观点。该理论能较近似地解释现实世界的现象。

12.3.2 违约风险

和政府债券相比,公司债券可能存在着拖欠风险,也就是说不能按时或者不能完全保证偿还投资者的本金和利息。因为政府债券没有拖欠风险,所以公司债券的拖欠风险比政府债券高,从而债券发行人需要给予投资者以更高的到期收益率作为补偿。到期收益率中的违约风险部分叫做违约贴水(default premium),它是债券的到期收益率和预期到期收益率的差额。预期到期收益率(expected yield-to-maturity)是到期收益率的期望值,它是考虑债券所有可能的收益情况及其出现的可能性,再通过加权平均计算出来的。通常,风险债券的预期到期收益率与具有相同期限和票面利率的无违约债券的到期收益率的差额,叫做风险贴水(risk premium)。

对于一张债券,虽然其标明收益可达 17%,但若本金和利息有可能得不到,其期望收益就可能只有 15%,再由于存在系统风险,期望收益也要打折扣。因此,对于存在拖欠风险的债券来说,投资者要求的收益要高于无拖欠风险的债券,以作补偿。

例如,无拖欠风险债券利率为 14%,风险贴水为 1%,而违约贴水为 2%,故该债券收益必须达到:14%+1%+2%=17%,才能吸引投资者。

需要注意的是,违约贴水和风险贴水是不同的。违约贴水是拖欠风险的报酬,这种风险是可以通过分散化投资来消除的;风险贴水是系统风险的报酬,这种风险是不能通过分散化投资来消除的。

在美国,有著名的穆迪公司和标准普尔公司专门对各种债券的违约可能性进行客观的综合评估,帮助投资者了解发债单位的实力,债券风险程度的大小,从而使投资者决定是否购买或购买多少。如果是政府债券,则必须对该国政治制度的稳定性、社会环境、国际关系、经济增长及国际收支状况作出综合的评估。评估时考察的因素包括:公司总收益和所付利息的比率,收入变化,资产负债比率,短期资产和短期负债的比率,等等。

按国际惯例,债券的等级(bond ratings)一般分为三等九级,即 A、B、C 三等,每等下面又分为三个小级。

表 12.6 债券等级的划分

穆迪等级	标准普尔等级	主　要　内　容
Aaa	AAA	最高级,保证偿还本息
Aa	AA	高级,还本付息能力高
A	A	中上级,具备较高偿还本息能力,但比上两级易受经济变化影响

穆迪等级	标准普尔等级	主 要 内 容
Baa	BBB	中级,具备一定偿还本息能力,但需一定保护措施,一旦有变,偿还能力削弱
Ba	BB	中下级,有投机性质,不能认为将来有保证,对本息保护是有限的
B	B	下级,不具备理想投资条件,还本付息保证极小,有投机因素
Caa	CCC	信誉不好,可能违约,危及本息安全,投机性较强
Ca	CC	高度投机性,经常违约,有明显缺点
C	C	等级最低,经常违约,根本不能作真正的投资

此种分类划分为两大级:从 AAA 至 BBB 等级,风险较小,为投资级(investment grade);BB 级及以下,风险较大,为投机级(speculative grade)。债券等级的划分对投资者是很重要的,真正的投资者不会购买等级较低的债券。如果某企业债券等级较低,发行者就很难推销,因此,他们尽力使其债券维持较高的等级,风险越小的债券,支付利息率越低,也就是融资的成本越小。

对于不同等级的债券,由于风险不一样,其承诺的到期收益率也不一样。等级越低的债券,其承诺的到期收益率越高。同时,不同等级的债券之间的收益差额在不同时期变化很大。在债券分析中,收益差额通常是指公司债券与另一种具有相同到期期限及票面利率的债券(通常是政府债券)所承诺的到期收益率之间的差额,若违约风险越大,这种差额就越大。一般来说,经济衰退时期违约的可能性大,收益差额也会变大;经济繁荣时期,收益差额会变小。关于具有不同违约风险债券之间的收益差额分析,称为债券的风险结构分析。

为了对公司债券的违约风险进行比较精确的测度,我们介绍两种利用公司企业的财务比率来预测债券违约的方法,它们是单变量法和多变量法。单变量法就是寻找一个能够预测企业债券违约的最佳财务指标;多变量法就是找出能够预测企业债券违约的多个财务指标的最佳组合。下面分别介绍这两种方法。

1. 单变量法

我们知道,当企业的现金余额低于零时,很可能就会发生债券违约。这说明当现有现金余额较少,预期净现金流量(在向债权人和股东支付之前)较少,净现金流量变化较大时,企业债券违约的可能性将会增大。

通过对各种指标的比较分析发现,企业净现金流量(在扣除折旧、摊提及各种摊销费用之前)与总债务之间的比率是极为重要的指标。图 12.3(a)显示了一组发生债券违约的公司的净现金流量/总债务比率与另一组没有发生债券违约的公司的净现金流量/总债务比率的平均值。在发生债券违约的前 5 年,两组公司的净现金流量/总债务比率的差距开始明显扩大,随后变得越来越大,直至发生违约。

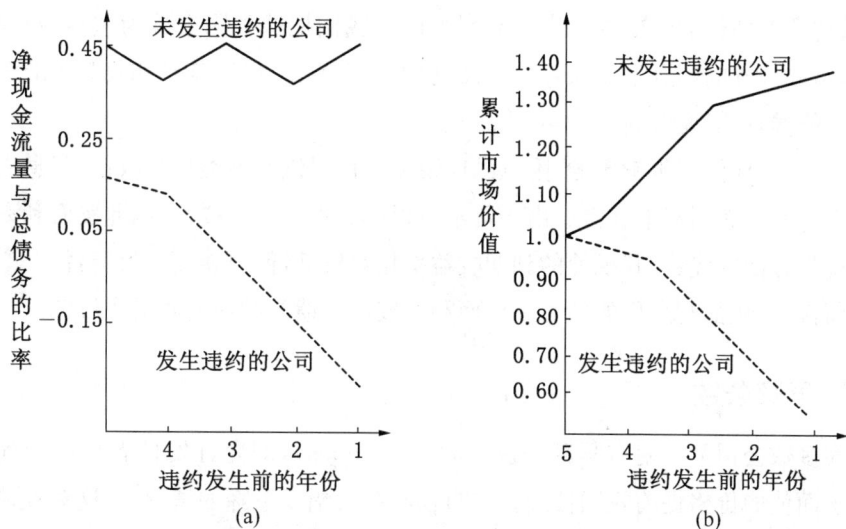

图 12.3　发生债券违约和没有发生债券违约的公司的财务比率及市值

两组公司在净现金流量/总债务比率上的这种差异表明,在整个时期,发生债券违约的可能性并不是一成不变的。有些迹象会表明这种可能性在加大,从而导致公司的债券和股票在市场上的价格一起下跌。图 12.3(b)显示了在市场上确实可以发现这种迹象。随着违约日期的临近,我们可以发现发生债券违约的公司的股票在市场上价格逐步下跌,而没有发生债券违约的公司的股票在市场上价格将上升。

2. 多变量法

某些财务比率和现金流量的变量一直被认为是可以作为预测公司债券违约的指标。统计分析表明,由公司企业的某些财务比率计算出来的 Z 指标能够预测债券的违约风险,其计算公式如下:

$$Z = 0.012 \times R_1 + 0.014 \times R_2 + 0.033 \times R_3 + 0.006 \times R_4 + 0.010 \times R_5$$

其中,R_1 表示流动资产/资产总额;R_2 表示留存盈余/资产总额;R_3 表示息前税前收益/资产总额;R_4 表示股东权益的市场价值/负债的账面价值;R_5 表示销售额/资产总额。

当一个公司的 Z 指标低于 1.8 时,我们就可以认为该公司的债券很有可能违约。公司的 Z 指标越低,其债券违约的可能性也就越大。

另外,借鉴历史上破产公司或成功公司的 Z 指标,我们可以预测一个公司的债券违约可能性。如果某公司的 Z 指标接近破产公司的 Z 指标,则该公司破产的可能性较大,从而债券违约风险较大;如果某公司的 Z 指标接近成功公司的 Z 指标,则其债券违约风险较小。

12.3.3　税收待遇

不同种类的债券的税收待遇是不同的,有的债券免征利息税,有的则征利息税。因此,税收待遇对债券的到期收益率是有影响的。我们把这种因素称为债券的税收风险。在美国,市政债券的利息不交联邦税,有的也不用交州税,所以其到期收益率低于其他必须赋税的债券,一般要低30%—40%。

另一方面,任何折价销售的、附息的应税债券都提供两种类型的收益:利息支付和由于价格上升所带来的资本利得。由于资本所得税比利息所得税低,因此票面利率较低的债券有税收方面的优势,其税前的到期收益率相对较低,但也能吸引投资者。

总而言之,免征利息税的债券和票面利率较低的债券的到期收益率较低。

12.3.4　早赎条款

绝大多数公司债券附有早赎条款(call provisions),即允许发债者在债券到期之前以略高于面值的价格提前收回债券。在市场收益大幅度下降的情况下,这对发债者来说是有好处的,因为发债者通常可以以成本较低的低收益债券来代替它们;然而,这对投资者来说又是不怎么受欢迎的,因为提前收回债券会使他们的实际到期收益率低于承诺的到期收益率。因此,此类债券的到期收益率应高于没有早赎条款规定的债券。并且,票面利率越高或早赎价格越低的债券由于提前赎回的可能性越大,到期收益率也应该越高。

提前赎回债券的价格通常称为早赎价格(call price),它与面值的差额称为早赎贴水(call premium)。一般来说,早赎贴水随时间的延长而下降,如发行一年后就赎回的贴水为5%,两年后赎回的贴水为4%,三年后赎回的贴水为3%,等等。

有一种债券的期权特性被称为沉入资金期权(sinking fund option),如某公司发行一批10年期的债券,但说定每年年底将随机抽取5%债券进行赎回。这对每个投资者来说,就都存在着自己的债券被赎回的危险,这种债券一般期望收益要求较高。

思考题

1. 设一债券每年现金流入为100元,共5年,第5年年底再得本金1 000元,其现在价格为960元。问:该债券的本期利率是多少?到期收益率是多少?

2. 给定下列债券及价格,试问其即期利率和远期利率是多少?

单位:元

债券	价格	1 年	2 年	3 年	4 年
A	900	1 000			
B	820		1 000		
C	725			1 000	
D	675				1 000

3. 给定下列现金流,问一价定律是否满足? 若非,则债券 C 之价格应为多少方能满足一价定律?

单位:元

债券	价格	1 阶段	2 阶段
A	982	80	1 080
B	880	1 100	
C	1 010	120	1 120

4. 假设有一张期限为 3 年、年息票为 80 元、面值为 1 000 元的债券,计算当此债券以下列价格售出时的到期收益:(1)面值;(2)800 元;(3)1 100 元。

5. 以面值 1 000 元购买息票利率为 10% 的非赎回 20 年期债券,半年支付一次利息,如果利息再投资利率等于到期收益率 10%,该债券半年付息。试问投资者实现的复利收益是多少?

6. 某投资者平价购买一张面值为 1 000 元、息票利率为 9% 的 5 年期债券。假定每年支付利息一次,如果所有的利息收入的再投资利率为 15%,试计算投资者的实现复利收益是多少? 如果所有的利息收入都被立即消费掉,试问实现复利收益是多少?

7. 面值为 1 000 元、息票利率为 6%(按年支付)的 3 年期债券以 948.46 元的价格出售,试计算到期收益。如果再投资利率分别为 4%、10% 和 0,分别计算它们的实现复利收益,并说明到期收益率、再投资利率和实现复利收益之间的关系。

8. 息票利率 12%(每半年支付一次)的 10 年期债券以面值 1 000 元发行,上市 5 年后以 1 050 元赎回,这时赎回收益是多少?

9. 某投资者最近购买了一张面值为 1 000 元、息票利率为 10%、尚有 5 年到期的债券,此债券每年付息一次,购买时支付的价格为 1 032.40 元,试问此债券的到期收益是多少? 如果此债券两年后以 1 100 元的价格被赎回,赎回收益是多少?

10. 某投资者正考虑买进一张现时售价为 8 785.07 元的债券。此债券的面值为 10 000 元,还有一年到期,息票利率为 8%。下一次付息是在一年以后,类似风险程度的投资适用 10% 的贴现率。

(1)计算这张债券的内在价值,并根据计算结果说明该投资者是否应该购入?

(2)计算此债券的到期收益率,并根据计算结果说明该投资者是否应该购入此债券?

参考文献

杨朝军:《我国单利计息制度问题分析》,《预测》1995 年第 5 期。

Karlyn Mitchell，1991，"The Call，Sinking Fund，and Term-To-Maturity Features of Corporate Bonds：An Empirical Investigation"，*Journal of Financial and Quantitative Analysis*，26，no.2(June)，pp. 201—222.

Ricardo J. Rodriguez，1988，"Default Risk，Yield Spreads，and Time to Maturity"，*Journal of Financial and Quantitative Analysis*，23，no. 1（March），pp. 111—117.

Marshall E.Blume and Donald B.Keim，1991，"Realized Returns and Defaults on Low-Grade Bonds：The Cohort of 1977 and 1978"，*Financial Analysts Journal*，47，no.2(March / April)，pp. 63—72.

Lawrence Fisher，1959，"Determinants of Risk Premiums on Corporate Bonds"，*Journal of Political Economy*，67，no.3(June)，pp. 217—237.

Frank J.Fabozzi ed.，1991，*The Handbook of Fixed-Income Securities*，Homewood，IL：Business One Irwin，3rd ed..

Steven Russell，1992，"Understanding the Term Structure of Interest Rates：The Expectations Theory"，Federal Reserve Bank of St.Louis，*Review*，74，no.4 (July/August)，pp. 36—50.

Fabozzi Frank and T. Dessa Fabozzi，1989，*Bond Markets，Analyses and Strategies*，Prentice Hall，Englewood Cliffs，NJ.

附录 12.1　中国国债期限结构问题分析

一、国债期限构成问题

期限结构过于集中且单一是造成我国债务负担的主要原因。根据国债偿债率中的相关变量还本付息额,从二级市场待偿国债的期限结构考虑,如表1所示,选取1999—2016年记账式国债托管量(按照期限分类统计),可以发现我国待偿国债中中期国债占有很大比例,但短期国债和长期国债占比较小。

从一级市场新发行国债的期限结构考虑,国债按照期限可以分为短期国债、中期国债和长期国债。其中短期国债的定义为1年期及1年期以下的国债,在我国国债市场上有3个月、6个月、9个月和1年期的短期国债。中期国债的定义为1年期以上(不含1年期)且10年期以下(不含10年期)的国债,我国国债市场上有3年期、5年期和7年期的中期国债。长期国债的定义为10年期及10年期以上的国债,我国国债市场上有10年期、15年期、20年期、30年期和50年期超长期国债。

表 1　1999—2016 年国债记账式债余额期限统计(亿元)

年份	短期国债	中期国债			长期国债	
	1 年期及以下	3 年期	5 年期	7 年期	10 年期	10 年期以上
1999	158.21	650.25	350.34	1 063.90	1 828.04	2 700.00
2000	360.00	1 045.60	1 035.48	1 275.08	2 740.00	2 700.00
2001	892.00	1 051.10	1 858.97	2 051.11	2 140.00	2 980.00
2002	734.70	2 578.13	2 680.80	4 120.00	2 493.30	3 720.00
2003	1 666.63	2 855.80	3 791.50	5 060.00	1 797.10	5 863.57
2004	2 121.30	4 495.18	5 887.70	4 569.50	1 239.50	5 863.57
2005	3 657.70	5 338.30	6 705.10	3 488.40	966.20	6 546.87
2006	3 715.60	7 152.20	6 144.90	3 295.30	1 302.40	7 037.77
2007	4 496.00	8 630.70	4 976.40	3 268.20	8 914.48	15 916.27
2008	5 606.90	7 870.90	4 675.30	2 884.00	9 877.68	16 976.27
2009	7 624.50	6 814.70	5 745.20	3 987.00	10 759.78	18 396.27
2010	7 344.60	7 133.20	6 584.70	12 492.98	5 540.20	20 532.17
2011	5 891.90	8 305.20	7 543.40	13 232.88	7 707.90	21 852.17
2012	5 925.90	9 225.90	15 166.28	7 735.20	17 647.40	14 973.67
2013	6 956.60	10 644.80	16 025.58	10 523.00	18 359.20	15 613.67
2014	8 206.20	18 477.28	10 897.70	12 776.30	18 278.30	16 893.67
2015	10 254.00	20 505.08	14 499.70	21 437.10	10 079.20	18 114.47
2016	17 997.18	18 172.30	18 961.80	22 116.30	10 409.10	20 206.97

资料来源:中央国债登记结算有限公司(www.chinabond.com.cn)。

　　其中 50 年期超长国债是财政部于 2009 年 11 月面向银行间市场及交易所市场首次发行的记账式附息国债。该债券发行量为 200 亿元,中标利率为 4.3%,每半年付息一次。50 年期超长期国债的发行意义重大。首先,丰富了国债品种,满足了社保基金这类有长期资产配置需求的投资机构。其次,完善了政府负债的期限结构。由于 2009 年金融危机以来为了刺激经济实行了积极财政政策,财政支出大幅度增加;但与此同时,财政收入又由于金融危机的创伤增长缓慢,政府面临巨大的财政压力。而发行超长期国债有利于缓解兑付到期国债的资金压力。但是,200 亿的发行量在国债市场上并不大,对市场的影响非常有限。可见这次发行主要是对于完善国债市场的一种试探性尝试。

　　从表 2 中可以发现,原来的国债期限主要集中在中期,几乎没有短期,而长期也主要集中在较短的 10 年期。随着国债市场的发展,期限宽度不断扩展,但仍然没有改变国债期限集中于中期的单一构成现象。综上所述,我国国债期限构成并不合理,具体表现为中期国债比例过高而短期国债和长期国债较为欠缺。

表 2　1999—2016 年国债各期限年发行量统计(亿元)

年份	短期国债	中期国债			长期国债	
	1 年期及以下	3 年期	5 年期	7 年期	10 年期	10 年期以上
1999	—	652.00	220.00	454.00	1 120.00	—
2000	200.00	400.00	302.00	697.50	1 120.00	—
2001	—	663.53	400.00	700.00	800.00	520.00
2002	265.00	1 079.10	584.00	1 460.00	573.30	500.00
2003	355.00	480.00	520.00	1 520.00	423.80	2 143.57
2004	634.80	1 554.38	977.70	1 399.50	242.40	—
2005	1 396.50	1 009.20	667.40	985.60	300.00	683.30
2006	2 121.80	1 340.00	908.00	1 312.60	640.00	610.90
2007	2 261.50	1 019.29	580.00	1 289.40	7 614.48	9 118.50
2008	1 749.20	1 321.79	800.00	1 052.20	1 043.20	1 280.00
2009	5 356.30	2 094.63	1 825.75	1 874.80	1 642.10	1 420.00
2010	5 047.36	1 942.61	2 113.70	2 003.70	2 290.80	2 480.00
2011	2 853.49	3 233.21	2 041.30	2 111.50	2 730.90	2 020.00
2012	2 289.50	3 278.66	2 928.66	2 862.90	3 043.1	1 660.00
2013	2 287.80	4 626.81	4 289.10	3 853.60	2 566.70	1 420.00
2014	2 889.10	4 431.88	3 870.17	4 098.50	3 397.70	1 560.00
2015	4 644.62	10 637.95	15 354.06	13 795.14	12 234.22	1 560.00
2016	9 317.60	16 967.32	23 942.19	20 460.04	16 795.55	2 403.40

资料来源:根据中央国债登记结算有限公司(www.chinabond.com.cn)统计月报统计。

二、国债利率期限结构问题

国债利率期限结构反映国债即期收益率与国债剩余期限的关系。以半年为一周期选取从 2014 年 6 月 30 日至 2016 年 12 月 31 日,以及以 2 个月为一周期选取 2016 年度的中央国际结算公司利用赫尔米特模型编制的中债指数中的国债利率期限结构图,如图 1 和图 2 所示。

根据流动性偏好理论,由于未来经济活动的不确定性,剩余期限越长,利率波动的概率越大,利率风险增加。因此,持有长期国债的投资人要求更多的流动性报酬,即风险报酬。由图 1 和图 2 可以发现,我国国债利率期限结构随着剩余期限的增加呈现上升趋势,与流动性偏好理论相符。

按不同到期期限进行分析,可以发现对于短期债券,即期利率上升较快,收益率曲线较为倾斜,而中长期债券利率上升表现相对缓慢。中长期国债即期利率利差较小,可能导致短期和长期债券流动性不足。中长期债券的即期利率曲线上升趋势平缓,即期利率相差不大,不能完全反映市场的风险状况。

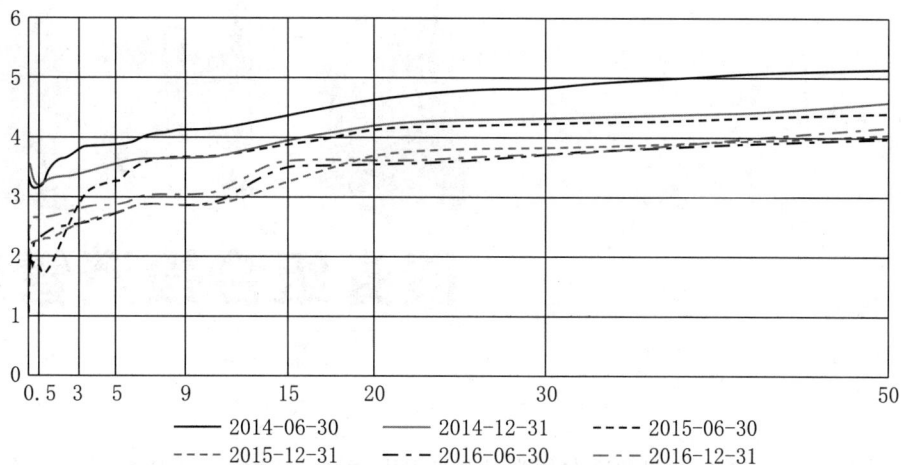

图 1　2014—2016 年 6 时点国债收益率曲线

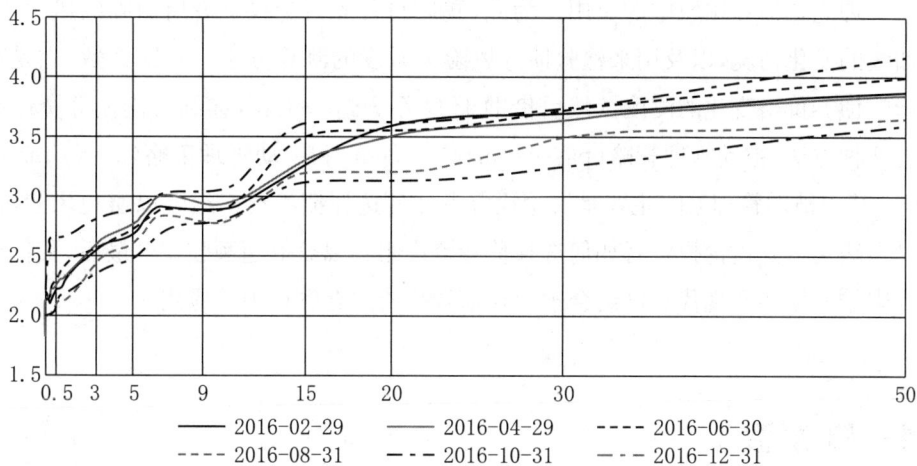

图 2　2016 年 6 时点国债收益率曲线

第 **13** 章
债券组合投资管理

现代证券资产组合管理理论在债券管理方面的影响及其应用要比在股票之类的普通产权管理上的影响及应用要少。本章将讨论一些用于债券分析的特殊技术和一般的资产组合理论在债券领域中的应用。为此,我们将首先讨论投资者所面临的风险来源、收益曲线的变化情况,以及用来检验债券风险灵敏度的测算方法——D 系数,它是利率变化影响债券价格变化的测度。然后借助于 D 系数这一工具,详细讨论债券资产组合管理的两种方法:被动管理策略(passive management)和主动管理策略(active management)。其中被动管理策略主要是讨论投资者如何选择债券资产组合以避免风险,而主动管理策略主要是讨论投资者如何选择债券资产组合以获取超额收益。最后,我们还要讨论期限结构模型和现代资产组合理论在债券投资组合管理中的应用。

13.1　**D** 系数

我们已知债券的收益包括两个组成部分:一是利息收入;二是资本所得,即由于时间的消逝,或收益曲线的移动而导致的债券价格变动。对后一部分,我们将重点讨论。

13.1.1　时间价值

首先,举例说明时间的消逝是如何影响价格的。

设某一市场上的即期利率为:$i_{01} = i_{02} = i_{03} = 10\%$,则面值为 1 000 元的某 3 年期 PDB 债券的现时价格为:

$$P_3 = \frac{1\ 000}{(1 + i_{03})^3} = 751.31(元)$$

若设第一年期内债券即期利率没有变化,则第一年结束时该债券的价格为:

$$P_2 = \frac{1\,000}{(1+i_{02})^2} = 826.45(元)$$

由于一年时间的消逝而引起的债券价格变化为 $P_2 - P_3$,投资者收益为:

$$\frac{P_2 - P_3}{P_3} = 10\%$$

此即为一年期即期利率值。

随着时间的推移而对 PDB 债券价格的影响是较容易理解的,因为 PDB 债券并不付利息,收益是由价格差转变而成的。而对附息票债券,同样存在价格随时间而变化的情况。在现实市场上,绝大多数债券都很相似,区别点仅在于支付不同的利息上,它们应该向投资者提供相同的收益。因此,对这些债券来说,将可预料到一个价格变化。

例如,对于附有息票的债券,其名义利息率为 4%,则必存在一个预期的价格变化,使得附加收益率为 6%。这样,总收益达到 10%,和 PDB 债券具有同等的收益率,否则该债券就卖不出去。

13.1.2 市场基础利率变化

与股票类似,债券风险有两部分构成,一部分为可分散化个体风险,即发债主体资信评级而面对的;另一部分则为市场风险,是由市场基准利率变化而致的。

债券收益曲线的移动,也就是将来市场利率期望值的变化往往出乎人的意料。这种突然变化也将导致价格的变化。

见上例,设收益曲线突然移动,使得:$i_{01} = i_{02} = i_{03} = 14\%$,则 3 年期 PDB 债券现在价格为:

$$P_3' = \frac{1\,000}{(1.14)^3} = 674.97(元)$$

若收益曲线保持稳定,期望收益保持不变,则随时间而导致的价格变化是易于计算出来的,而由于没有预料到的价格变化是难以把握的。假如我们知道将来利率期望值的变化情况,则我们可以将所有的钱都投资到具有最大收益的债券上去,但这在现实中是不可能的。我们唯一能做的是度量各个债券的价格对收益曲线移动的反应程度。

13.1.3 *D* 系数

1. *D* 系数的定义

和我们前面用 β 系数来度量普通股票价格对指数变量变化的方法一样,我们用"*D* 系数"来度量债券价格对利率变化的反应程度。

定义：$\dfrac{\Delta P}{P_0} = -D \times \Delta I$。

其中，ΔP 表示由于利率变化而引起的没有预料到的债券价格改变量；P_0 表示债券的现时价格；D 表示 D 系数；$\Delta I = \dfrac{\Delta(1+i)}{(1+i)}$，即 $(1+i)$ 的变化率；i 表示假设平行收益情况下的利率，即所有不同期限债券利率都相同时的利率，这是市场上唯一的利率，这个假设可以简化我们的分析。

首先通过理论推导来理解 PDB 债券 D 系数的含义，若 T 年期 PDB 债券面值为 C_T，则其现在价格为：

$$P_0 = \frac{C_T}{(1+i)^T}$$

两边求微分：

$$dP_0 = -\frac{C_T}{(1+i)^T} \times T \frac{d(1+i)}{(1+i)} = -TP_0 \frac{d(1+i)}{(1+i)}$$

有：

$$\frac{dP_0}{P_0} = -T \times \frac{d(1+i)}{(1+i)}$$

和 D 系数的定义相比较可知，$D = T$，这说明对于 PDB 债券来说，其 D 系数即为其期限长度。

为了理解附息票债券 D 系数的含义，设 T 年期附息票债券在第 t 年的利息为 C_t，其中 C_T 不仅包括第 T 年利息收入，还包括最后本金，则该债券的现时价格为：

$$P_0 = \sum_{t=1}^{T} \frac{C_t}{(1+i)^t}$$

两边求微分：

$$dP_0 = -\left(\sum_{t=1}^{T} \frac{tC_t}{(1+i)^t} \right) \times \frac{d(1+i)}{(1+i)}$$

有：

$$\frac{dP_0}{P_0} = -\left(\frac{1}{P_0} \sum_{t=1}^{T} \frac{tC_t}{(1+i)^t} \right) \times \frac{d(1+i)}{(1+i)}$$

显然，

$$D = \frac{1}{P_0} \sum_{t=1}^{T} \frac{tC_t}{(1+i)^t} = \sum_{t=1}^{T} \left[\frac{\dfrac{C_t}{(1+i)^t}}{P_0} \right] \times t$$

这说明附息票债券的 D 系数为其未来现金流的平均到期时间。

我们也可以通过另外一种途径推导出附息票债券的 D 系数公式。将附息票债券视作几种 PDB 债券的组合,然后应用已经讨论过的资产组合理论可知,附息票债券的收益是各 PDB 债券收益的加权平均和,而权数则为投资于 PDB 部分的比例。

例如,设某债券有两次收入,一次为 5 年后,再一次为 10 年后。再设 R'_u 为由于没有预料到的利率变化而导致的 5 年后收入变化的收益,R''_u 则对应 10 年后收入变化的收益,则有:

$$R'_u = -5\Delta I \quad R''_u = -10\Delta I$$

设 P' 代表 5 年后收入的现值,P'' 代表 10 年后收入的现值,R_u 为该债券没有预料到的收益,则有:

$$R_u = \left(\frac{P'}{P_0}\right)R'_u + \left(\frac{P''}{P_0}\right)R''_u$$

其中 P_0 为该债券的现在价格,代入 R'_u 和 R''_u 的表达式,整理后得到:

$$R_u = -\left(\frac{P'}{P_0}\times 5 + \frac{P''}{P_0}\times 10\right)\Delta I$$

上式中括号内即为该债券的 D 系数计算公式,此式可被推广应用于 T 年期附息债券的一般情况。设 C_t 为债券在第 t 年所得利息,其现时价值为 $\frac{C_t}{(1+i)^t}$,其中 $t = 1, 2, \cdots,$ T,并且 C_T 包括第 T 年利息收入和最后本金价值,按上式推广的 D 系数公式为:

$$D = \frac{\frac{C_1}{(1+i)}}{P_0}\times 1 + \frac{\frac{C_2}{(1+i)^2}}{P_0}\times 2 + \cdots + \frac{\frac{C_T}{(1+i)^T}}{P_0}\times T$$

显然,该公式与我们前面得到的 D 系数公式是完全一样的。

总而言之,不管是 PDB 债券,还是附息票债券,它们的 D 系数即为完全收回利息和本金的加权平均期限;也可以说,债券的 D 系数即为债券的平均寿命或平均期限。

2. D 系数的性质

(1) 附息票债券的 D 系数总比到期期限短,因为 D 系数表示的是以年现金流的现值和债券市价之比为权重的平均期限。PDB 债券的 D 系数等于到期期限,因为只有到期时才有总的现金流。

例如,3 年期附息票债券的利息为 6%,市场债券利率 $i = 10\%$,本金为 100 元,则有:

$$P_0 = \frac{6}{1.1} + \frac{6}{1.21} + \frac{106}{1.33} = 90.05(元)$$

$$D = \frac{1}{90.05}\left(\frac{6}{1.1} + \frac{6\times 2}{1.21} + \frac{106\times 3}{1.33}\right) = 2.82$$

可见,3 年期附息票债券的 D 系数小于其期限,即小于相应 PDB 债券的 D 系数。这也说明其价格对收益曲线移动的反应较 PDB 债券迟钝。

我们再看一个例子。表 13.1 中列出了一些不同期限债券的 D 系数,我们可以注意到它们的 D 系数都比到期期限小,特别是对于期限较长的债券。该表中设市场利率为10%,债券利息每年支付一次。

表 13.1　一些不同期限债券的 D 系数

附息利率 i(%)	到期期限 T(年)		
	3	5	10
4	2.88	4.57	7.95
6	2.82	4.41	7.62
8	2.78	4.28	7.04
10	2.74	4.17	6.76
12	2.70	4.07	6.54
14	2.66	3.99	6.36

在这里,我们解释一下为什么 PDB 债券一般期限较短,而附息票债券一般期限较长。这是因为 PDB 债券的 D 系数等于到期期限,如果其期限较长,则其 D 系数越大,从而收益曲线的变动导致的风险就大,所以一般期限较短,以减小风险;对于附息票债券来说,其 D 系数小于其到期期限,尽管期限较长,但 D 系数较小,收益曲线的变动导致的风险较小,因此一般期限较长。

(2) D 系数与息票利率呈相反关系。息票利率越大,D 系数越小,因为总的现金流的大部分依利息支付形式更早出现。

例如,在上例中,如果每年的利息率为 10%,则可计算出 $D=2.74$,显然小于利息率为 6% 时的 D 系数。

另外,从表 13.1 中我们也可以看出,随着附息利率的增加,附息票债券的 D 系数是减少的,因而收益曲线的变动导致的风险也会减小。

(3) D 系数与债券的市场利率之间具有相反关系。如果市场利率较低,则债券后期的现金流的现值较大,使得后期年数的加权系数变大,从而导致 D 系数越大。

例如,在上例中,如果市场利率为 14%,则可计算出 $D=2.81$,小于市场利率为 10%时的 D 系数。

(4) 如果永久性债券每年收益率为 i,则其 D 系数为 $\dfrac{1+i}{i}$。

例如,某种永久性债券每年收益率为 15%,则其 D 系数为 $1.15/0.15=7.67$。

3. D 系数的应用

我们来看一个例子,见表 13.2。

表 13.2　5 种期限 PDB 债券的价格随市场利率的变化情况

期限(年)	价格(元)		价格变化百分比
	$i = 10\%$	$i = 10.11\%$	
1	909.09	908.18	−0.1
2	826.45	824.80	−0.2
3	751.31	749.07	−0.3
4	683.01	680.29	−0.4
5	620.92	617.83	−0.5

表 13.2 列出了具有 5 种期限 PDB 债券的情况,所有债券均在期满时获得本金 1 000 元,第二栏和第三栏则给出了利率为 10% 和 10.11% 时所对应的现时价格。比如说 2 年期债券,在利率为 10% 时,现价为 $\frac{1\,000}{(1+0.1)^2} = 826.45$ 元,若利率突然变化至 10.11%,则现价变为 $\frac{1\,000}{(1+0.101\,1)^2} = 824.80$ 元,价格变化百分比为 $\frac{824.80 - 826.45}{826.45}$ $= -0.2\%$。另一方面,由于 $\Delta I = \frac{1.101\,1 - 1.10}{1.10} = 0.1\%$,$D = T = 2$,根据 D 系数的定义公式,可计算出 $\frac{\Delta P}{P_0} = -D \times \Delta I = -0.2\%$,这和第一种算法得到的结果一样。由此可见,$D$ 系数公式能较准确地反映 PDB 债券对没有预料到收益变化的反应情况。但是我们也应该清楚地认识到,当利率变化幅度很大时,即 ΔI 较大时,D 系数公式会出现误差。

13.1.4　凸度

在应用 D 系数公式计算由利率变化而引起的债券价格变化百分比时,必须要求利率变化幅度很小,否则会出现较大误差。为了计算利率变化幅度很大时债券价格变化百分比,我们引入凸度(convexity)的概念。

凸度定义为:

$$V = \frac{1}{2} \times \frac{\sum_{t=1}^{T} \frac{C_t}{(1+i)^t} \times t(t+1)}{P_0}$$

若利率 $1+i$ 的变化率为 ΔI,则债券价格的变化百分比可近似为:

$$\frac{\Delta P}{P_0} = -D \times \Delta I + V \times (\Delta I)^2$$

上式中符号的含义与 D 系数公式的一致。

现在我们来证明这个结论是成立的。

债券的价格 P 是关于利率 i 的函数,利用 Taylor 展开式,有:

$$P \approx P_0 + \frac{dP_0}{di}\bigg|_{\Delta i=0} \Delta i + \frac{1}{2}\frac{d^2 P_0}{di^2}\bigg|_{\Delta i=0}(\Delta i)^2$$

其中,Δi 为利率的变化幅度。由于债券价格为:

$$P_0 = \sum_{t=1}^{T} \frac{C_t}{(1+i)^t}$$

故有:

$$\frac{dP_0}{di}\bigg|_{\Delta i=0} = -\sum_{t=1}^{T} \frac{tC_t}{(1+i)^t} \times \frac{1}{1+i}$$

$$\frac{d^2 P_0}{di^2}\bigg|_{\Delta i=0} = \sum_{t=1}^{T} \frac{t(t+1)C_t}{(1+i)^t} \times \frac{1}{(1+i)^2}$$

进而我们得到:

$$\frac{\Delta P}{P_0} = \frac{P-P_0}{P_0} = -D \times \frac{\Delta i}{1+i} + V \times \left(\frac{\Delta i}{1+i}\right)^2$$

又由于 $\Delta I = \dfrac{\Delta i}{1+i}$,代入上式即得:

$$\frac{\Delta P}{P_0} = \frac{P-P_0}{P_0} = -D \times \Delta I + V \times (\Delta I)^2$$

下面我们通过一个例子来介绍如何利用凸度来求债券价格的变化百分比。

例如,面值为 1 000 元、息票率为 8% 的 10 年期债券的到期收益为 8%,如果预期未来收益为 9%,则债券价格的变化百分比是多少?

我们易计算出 $\Delta I = \dfrac{9\%-8\%}{1+8\%} = 0.926\%$ 以及 $D=7.25$,现在我们来计算债券的凸度 V:

$$V = \frac{1}{2} \times \frac{70\,604.84}{1\,000} = 35.3$$

因此,

$$\frac{\Delta P}{P_0} = -D \times \Delta I + V \times (\Delta I)^2$$

$$= -7.25 \times \frac{1\%}{1+8\%} + 35.3 \times \frac{(1\%)^2}{(1+8\%)^2}$$

$$= -6.41\%$$

而直接利用 D 系数公式计算出来的债券价格的变化百分比是 -6.71%,显然这是有比较大的误差的。

13.2　被动管理策略

被动管理策略认为债券市场有效，投资者不可能通过债券投资获得超额收益，唯一能做的是寻找使债券资产组合能避免利率期限结构移动影响的方法与技术。因为利率期限结构的移动是债券资产组合的主要风险来源，它将会影响一切债券价格的变化。

下面我们介绍两种最普遍使用的方法。

13.2.1　现金流匹配法

所谓现金流匹配法（cash-flow matching），是指选择具有最低成本的资产组合，并且该组合的现金流模式和投资者所将要面临的支出流模式刚好相同，也就是现金流和支出流相匹配。

例如，某养老基金会预计其在今后的第一年要支出 1 000 万元，在第二年要支出 2 000 万元，在第三年要支出 3 000 万元等，基金管理者就应该将资金投资在这样一种债券组合上，该组合的期限结构及利息加本金的偿还能恰好使基金会在今后三年正好分别有 1 000 万元、2 000 万元、3 000 万元的现金流，以应付其所需支出。

匹配法是一种被动的投资策略，因为一旦债券资产组合确定后，组合没有任何再投资现金流，也就没有再投资利率风险。而且由于债券仅在到期时出售，所以也没有利率风险。因此，任何变化因素，甚至是收益曲线较大的变化也不会影响组合结构，仅仅在债券存在违约风险时，才会改变匹配法所决定的组合构成。

尽管由匹配法所决定的证券组合不存在不能偿还债务的风险（违约风险除外），但是研究结果表明，现金流量匹配的证券组合一般成本较高，其主要原因通常是现金流和支出流的匹配不是十全十美的。这也就要求必须为匹配支出准备比实际需要还要多的资金，然而超额资金通常是以某种保守的再投资利率进行再投资的。

13.2.2　免疫法

在债券资产组合的管理过程中，选择 D 系数与投资期限相等的债券资产组合，如果市场利率发生变化，那么在投资期结束时，利息再投资的变化和债券价格的变化会恰好相互抵消，从而使得债券资产组合的总价值保持不变。这种方法称为免疫法（immunization）。简单地说，免疫法是一种使资产和负债相匹配，从而消除期限结构移动影响的方法。

下面我们举例来解释免疫法的基本技术。假设 5 年后投资者要支付 100 元，投资者必须使自己的投资策略能满足这个要求。如果投资者投资 5 年期债券,则他可确切知道 5 年后债券的价值,然而他却不可能知道每年所获得的利息能以多大的利率再投资,从而也不能确证 5 年后的总价值。设 5 年后债券的总价值为 P,则:

$$P = C_1(1+i)^4 + C_2(1+i)^3 + C_3(1+i)^2 + C_4(1+i) + (C_5 + 本金)$$

其中,C_t 是第 t 年所获得的利息;i 是再投资利率。

若已知 C_t 及本金,则将 $P = 100$ 代入,即可从公式中解出相应的 i_0。若实际市场利率 $i \geqslant i_0$,则可保证 5 年后的支付;若 $i < i_0$,则购买该债券不能保证 5 年后的所需支付。

若投资者不是投资 5 年期债券,而是购买期限大于 5 年的债券,则他不但不能确知利息收入再投资的利率,甚至连该债券 5 年后的价值也不能确知。

已知利息总收入为:

$$\sum_{t=1}^{5} C_t(1+i)^{(5-t)}$$

若利率上升,利息再投资后总收入也上升,但是 5 年后该债券的价值却因利率的上升而下降。所以,综合这两种结果,利率上升后,只要我们适当地选择债券的期限,5 年后债券的总价值可能会不变。同样,利率下降后,虽然利息收入下降,但 5 年后该债券的价值会上升,故适当选择债券期限也可使 5 年后的总价值不变。

研究结果表明,当债券持有期限和该债券的 D 系数相等时,利息再投资收益的变化恰好和债券价值的变化相互抵消,从而使得持有期结束时,该债券的总价值不变。

下面我们再看一个对个别债券进行免疫管理的例子。

假设投资者 4 年以后要支付 163.68 元,投资者必须使自己的管理策略能满足这个要求。

如果现时利率为 11%,且利率呈水平期限结构,管理者可投资于年息票利率为 13.52%,面值为 100 元的 4 年期债券。这样,4 年后债券的总价值为:

$$P = 13.52 \times (1 + 11\%)^3 + 13.52 \times (1 + 11\%)^2 + 13.52 \times (1 + 11\%) + 13.52 + 100$$
$$= 163.68(元)$$

投资者正好能应付支出。同时我们也很容易看出,如果现时利率上升,管理者能保证支付,如果下降则不能。这说明上述投资策略不能回避利率风险,不可取。

如果投资者投资于年息票利率为 13.52%、面值为 100 元的 5 年期债券,当市场利率为 11% 时,可计算该债券的 D 系数为 4 年,正好为投资者的债务到期时间。下面我们借助于表 13.3 来进行分析。

由表 13.3 可以看出,当市场收益为 11% 时,债券在第 4 年年末的价值为 165.95 元,管理者能够支付第 4 年年末到期的债务。

若利率突然下降到 10%，则债券的价格会上升，且净增 0.93 元；但利息再投资收入会下降，减少 0.93 元。于是，债券价格的增加和利息再投资收入的减少恰好完全相互抵消，债券在第 4 年年末的价值仍为 165.95 元。若利率突然上升到 12%，计算的结果基本相等。

表 13.3　利率的期限结构对债券价值的影响

时间（年）	现金流（元）	债券在第 4 年年末的利息的利息、利息收入、资本利得		
		10%	**11%**	**12%**
1	13.52	13.52(1.1)3	13.52(1.11)3	13.52(1.12)3
2	13.52	13.52(1.1)2	13.52(1.11)2	13.52(1.12)2
3	13.52	13.52(1.1)	13.52(1.11)	13.52(1.12)
4	13.52	13.52	13.52	13.52
5	113.52	$\dfrac{113.52}{1.1}$	$\dfrac{113.52}{1.11}$	$\dfrac{113.52}{1.12}$
债券在第 4 年年末的价值		165.95	165.95	165.97

分析上面所举的例子，读者也许会奇怪为什么该债券具有如此特性。实际上，该债券息票利率的选取是精心设计计算了的，以使得其 D 系数为 4 年，恰好等于投资期限。从另一方面看，4 年期 PDB 债券的 D 系数为 4，与该附息债券的 D 系数相等，所以可以认为该附息债券的价值变化和 4 年期 PDB 债券的价值变化是一样的。由于 4 年期 PDB 债券的价值不变，所以可推知该附息债券的价值也不变。

上述分析表明，不论利率是上升还是下降，债券在第 4 年年末的价值基本保持不变，投资者能够支付第 4 年年末到期的债务。这也说明投资者运用免疫法消除了利率变动对债券价值的影响。

以上所述免疫法在现代金融管理中被广泛用于减少利率变化所产生的影响。

在债券组合的管理过程中，投资者大量地使用免疫的债券组合来减少利率风险。对债券资产组合 P，设 D_i 为组合中第 i 种债券的 D 系数，X_i 为第 i 种债券在组合 P 中所占的比例，组合 P 中的债券数为 N 种，则债券资产组合的 D 系数为：

$$D_P = \sum_{i=1}^{N} X_i D_i$$

一般来说，在构造免疫的债券资产组合过程中，先决定 D_P 的值，然后通过变化 X_i 的值，或选择 D_i 值不相同的债券，构成不同的债券资产组合。

使用免疫法构造免疫债券资产组合总是假定收益曲线是水平的，曲线是平行移动的，并且移动只发生在所购买的债券产生任何现金流之前。然而在现实中，收益曲线在开始时不会是水平的，而且移动既不可能是平行的，也不可能在时间上有任何限制。另一方面,收益曲线的移动会使得债券和债券组合的 D 系数发生变化,从而使得债券组合失去免疫能力。因此,需要频繁地对债券组合进行调整,重新构造免疫的债券组合,从这个意义上说,免疫法是一个积极的战略。

13.3 主动管理策略

前面已经讲过,主动管理策略的理论依据是债券市场不是充分有效。实施主动管理策略的投资者可以通过识别错误定价的债券和对市场利率进行预测,从而获得超过市场平均的收益。主动管理策略很多,这里我们主要介绍三种:时限分析、债券互换和有条件免疫。

13.3.1 时限分析

任何债券在持有期的收益包括三部分:资本利得、息票收入和利息上的利息。时限分析(horizon analysis)就是要求投资者对债券未来的市场收益进行预测,估计出持有债券的期末价格。如果债券的现时价格较低,那么债券的预期收益较高,值得投资。相反,如果债券的现时价格较高,那么债券的预期收益较低,就不值得投资。

例如,投资者考虑投资年息票利率为 10%、面值为 1 000 元的 20 年期的债券。目前的到期收益是 9%,投资者预测两年后的到期收益为 8%。其中在两年内,利息以 7% 的利率再投资。下面我们来计算债券在两年持有期内的预期收益。

(1) 现时的价格 $= 100 \times \sum_{n=1}^{20} \dfrac{1}{(1+9\%)^n} + 1\,000 \times \dfrac{1}{(1+9\%)^{20}} = 1\,091.29(元)$

(2) 两年后的预测价格 $= 100 \times \sum_{n=1}^{18} \dfrac{1}{(1+8\%)^n} + 1\,000 \times \dfrac{1}{(1+8\%)^{18}}$

$\qquad\qquad\qquad\qquad = 1\,187.44(元)$

(3) 资本利得 $= 1\,187.44 - 1\,091.29 = 96.15(元)$

(4) 两年的利息 $= 200(元)$

(5) 利息上的利息 $= 100 \times 7\% = 7(元)$

(6) 两年的回报率 $= \dfrac{96.15 + 200 + 7}{1\,091.29} = 0.278 = 27.8\%$

因此,实现的复利收益为 $(1.278)^{\frac{1}{2}} - 1 = 13\%$。

从上面的这个例子可以看出,未来收益不同的预测结果会导致得到不同的复利率收益,因此投资者应十分注意对债券未来收益结构的预测,以获得较高回报。

13.3.2　债券互换

债券互换(bond swaping)是指投资者通过对错误定价的债券进行识别和对未来市场利率进行预测,而将现存的债券组合中的一些债券掉换成同等数量的另一些债券,以提高债券组合收益的主动投资策略。债券互换通常包括以下几种:纯收益获利互换、利率预测互换、替代互换和市场间差额互换。

1. 纯收益获利互换

纯收益获利互换(pure yield pickup swap)是指投资者将较低息票利率或较低到期收益或二者都较低的债券转换为相应较高的债券,以获得较高收益。这种债券互换不需要投资者对利率、收益差额和信用质量这些方面的变化进行预期。

2. 利率预测互换

利率预测互换(rate anticipation swap)是指投资者通过对未来市场利率进行预测,根据期限掉换债券组合中的某些债券,以获得由于预期利率波动而产生的收益。如果预期利率下降,债券价格将会上升,而且长期债券价格上升的幅度较大,因此将短期债券换成长期债券将会获得较高的收益。如果预期利率下降,长期债券会比短期债券价格下降的幅度更大,因此将长期债券换成短期债券将会避免不少损失。

3. 替代互换

替代互换(substitution swap)是指投资者将债券组合中的一些债券换成息票利率、到期期限、信用等级和其他方面与之相似,但是能够提供较高收益的另一些债券。这种互换的产生是由于市场的暂时不均衡,使得两种债券的价格不同从而到期收益不同。如果将低收益债券换成高收益债券,当两种债券的收益趋于相同时,投资者就会获得较高收益。投资者在进行替代互换时所面临的风险是所购买的债券可能实际上并不等同于被出售的债券。例如,所购买的债券能提供较高收益不是由于债券市场不均衡,而是因为信用质量不同、风险增加造成的,这时进行债券互换,风险很大。

例如,债券 A 是息票利率为 12.0%、按面值 1 000.00 元出售、30 年期的 AA 级公司债券,到期收益率为 12.0%。债券 B 是息票利率为 12.0%、面值为 1 000.00 元、30 年期的 AA 级公司债券,到期收益率为 12.2%,出售的价格为 984.08 元。投资者预期 1 年后,债券 B 的价格为 1 000.00 元,到期收益率下降到 12.0%。两种债券的再投资利率都为 12.0%。由于债券 B 比债券 A 的到期收益率高,投资者准备出售债券 A,购买债券 B。

从表 13.4 的分析可以看出,期初时债券 B 的到期收益率只比债券 A 多 0.2%(即 0.2% × 100 = 20 个基点),但 1 年后,债券 B 的实现复利收益竟比债券 A 多出了 1.71%(171 个基点),所以投资者出售债券 A、购买债券 B 是有利可图的。

表 13.4　两种债券之间的替代互换

	出售债券 A	购买债券 B
初始投资(元)	1 000.00	984.08
1 年的利息(元)	120.00	120.00
利息上的利息,半年付息(元)	3.60	3.60
1 年后的债券价格(元)	1 000.00	1 000.00
1 年后的债券总价值(元)	1 123.60	1 123.60
1 年后的总盈利(元)	123.60	139.52
1 元投资盈利(元)	0.123 6	0.141 8
1 年的实现复利收益(%)	12.00	13.71

4. 市场间差额互换

市场间差额互换(intermarket spread swap)是债券市场中两种不同部门债券之间的互换。当投资者认为两种不同部门债券之间的收益差额暂时不一致时,就进行这种互换并可获得额外收益。

当两种不同部门债券之间的收益差额暂时较小时,预期会变大,如果待出售债券的到期收益率比待购买债券的到期收益率高,进行差额互换有较好收益。这是因为互换后购买的债券与出售的债券相比,到期收益率会更低,价格会更高,从而产生更高的资本利得。相反,当两种不同部门债券之间的收益差额暂时较大时,预期会变小,如果待出售债券的到期收益率比待购买债券的到期收益率低,进行差额互换同样有较好收益。这是因为互换后购买的债券与出售的债券相比,到期收益率会变低,价格会更高,从而产生更高的资本利得。

例如,若 20 年期财政债券与 20 年期 BBB 级公司债券的收益差额为 3%,而历史差额为 2%。如果市场会重新调整到 3%的差额,那么投资者就应考虑卖出财政债券,而去购买公司债券,这样会获得超额收益。

但是要注意,如果收益差额发生变化是由于违约风险或市场衰退造成的,那么这时公司债券的价格与财政债券相比并不具有吸引力,只是由于信用风险增加而进行的调整。

13.3.3　有条件免疫

有条件免疫(contingent immunization)是指投资者通过实施主动的债券管理策略使得债券组合的收益大于或等于令其得到最低满意程度的一种较低的安全净收益(safety net return)。当债券组合的收益等于安全净收益时,投资者就应该免疫这个债券组合以确保获得安全净收益。

下面我们通过一个例子来说明这一策略。

假定在可能的免疫收益为 12％时，一位投资 5 000 万元的投资者愿意接受的收益水平是：4 年投资计划期限内 10％的收益。这个 10％的收益称为安全净收益。免疫收益与安全净收益的差额称为安全缓冲（safety cushion）。在这个例子中，安全缓冲为 200 个基点 （＝12％－10％）。

由于初始债券组合价值为 5 000 万元，所以，以半年复利为基础，4 年后结束时的最低目标值为：

$$50\ 000\ 000 \times 1.05^8 = 73\ 872\ 772(元)$$

由于此时的收益为 12％，所以这时实现最低目标值 73 872 772 元所要求的资产是在半年的基础上以 12％来贴现的现值，即为：

$$\frac{73\ 872\ 772}{1.06^8} = 43\ 348\ 691(元)$$

因此，200 个基点的安全缓冲转换为 6 651 309 元（＝50 000 000－43 348 691）的初始现金安全边际（dollar safety margin）。

假定投资者把所有的 5 000 万元投资于 20 年期、息票利率为 12％、以 12％的收益按票面价值出售的息票债券。如果到 6 个月末时市场收益下降到 9％，此时债券组合的价值是 6 个月的息票利息和 19.5 年期在 9％市场收益情况下的息票债券价格之和。经计算，此时息票利息为 300 万元，债券价格为 6 367 万元，所以 6 个月末时债券组合的价值为 6 667 万元。为了得到实现最低目标值所需要的资产，我们计算 3.5 年期 9％收益率的最低目标值的现值：

$$\frac{73\ 872\ 772}{1.045^7} = 54\ 283\ 888(元)$$

显然，6 667 万元的债券组合价值大于所需的 54 283 888 元，所以，投资者可以继续主动地管理这个债券组合。现在现金安全边际为 12 386 112 元（＝66 670 000－54 283 888）。只要现金安全边际为正，对这个债券组合便可以进行主动管理。

如果 6 个月末时利率上升到 14.26％，此时债券的价格会下降到 42 615 776 元，该债券组合的价值则等于 45 615 776 元（债券的市场价格加上 300 万元的息票利息）。在市场收益为 14.26％的条件下，为实现 73 872 772 元的最低目标值，所需的资产为：

$$\frac{73\ 872\ 772}{1.071\ 3^7} = 45\ 614\ 893(元)$$

所需的资产数额大致等于债券组合价值（即现金安全边际几乎为零）。因此，投资者一定要免疫该债券组合，以便在投资期限内实现最低目标值（安全净收益）。

13.4 期限结构模型在债券组合管理中的应用

前面我们讨论过了债券的价格对收益曲线的水平移动的反应方式及其敏感程度,这对债券管理有着重要意义。然而在实际的债券组合管理中,收益曲线变化更为复杂,不仅利率水平会发生变化,而且利率结构也会发生变化。因此,确定债券组合对收益曲线变化的反应方式成了债券管理的一项至关重要的任务。首先,投资者要对一些系统性因素进行评价,这些因素基本上可以说明所投资的债券将如何对利率水平和结构作出反应。其次,投资者应测量债券投资组合对这些因素的敏感度。

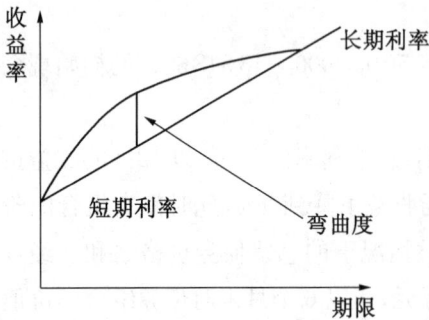

图 13.1 期限结构图

期限结构模型(term structure models)是使用因素分析法建立的一个测量债券如何对三种因素作出反应的分析模型。研究表明,对于高质量的债券或无信用风险的债券,例如政府债券,这个三因素模型能够解释大部分收益率变异性。如图 13.1 所示,收益曲线主要有三种属性,期限结构模型正是基于这三种属性而建立起来的。三种属性分别为:(1)利率水平高低,可以用图中的短期利率高低表示;(2)倾斜度,可以用图中的短期利率与长期利率的利差来表示;(3)弯曲度,即图中曲线的凸度。

收益曲线的上述三种属性分别对应于三种风险因素。第一种因素(d_1)是债券的平均期限(也即 D 系数),所测量的是债券价格对收益曲线平行移动(即利率水平变动)的敏感度。所谓平行移动,就是整条收益曲线上下平移,即到期收益率在整条收益曲线上变化幅度都相同。第二种因素(d_2)测量的是债券价格对收益曲线旋转(即利率期限结构倾斜度变化)的敏感度,也就是收益曲线变得更陡了或更平了。第三种因素(d_3)测量的是债券价格对收益曲线弯曲度变化(即利率期限结构弯曲度变化)的敏感度。借助于这一模型,收益曲线的变化可以看作是这些基本类型变化的综合。

现在我们通过一个例子来说明三因素模型在分析债券收益率中的应用。如图13.2所示,收益曲线是向上倾斜的,并逐渐变平缓;并且收益曲线向上平移了 100 个基点,而曲线的倾斜度下

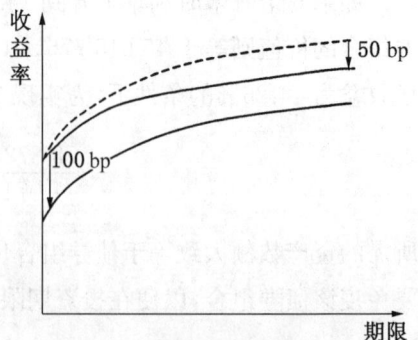

图 13.2 向上倾斜并变平缓的曲线

降了 50 个基点。表 13.5 中的数据更进一步地说明了三种因素(即 d_1、d_2、d_3)的变化所引起的债券收益率的变化情况。当利率升高 1% 时,由于对 d_1 风险因素的敏感度导致债券投资收益率下降 4%。而该债券又因为对第二种风险因素的敏感度而获益,即曲线倾斜度的下降使得收益率升高 1.5%。因为第三种风险因素没有变化,所以没有来自 d_3 因素即弯曲度变化而导的收益。因此,债券的净收益损失率为 2.5%。

表 13.5　向上倾斜并变平缓的曲线

变化原因	d 值	到期收益率变化	债券收益率
d_1(水平高低)	4	+1.0%	−4.0%
d_2(倾斜度)	3	−0.5%	+1.5%
d_3(弯曲度)	3	—	—
合　计			−2.5%

下面我们借助于期限结构模型对债券投资组合进行管理。

首先我们要确定债券投资组合对三种风险因素的敏感度。因为投资组合是组成投资组合的各种债券的简单加权平均,所以我们能够直接确定出投资组合对上述因素的敏感度。例如,投资组合的 D 系数是组成投资组合的各种债券 D 系数的简单加权平均。同样,我们也可以用简单加权平均的方法由单个债券对倾斜度和弯曲度的敏感度计算出投资组合对这些因素的敏感度。

借助于表 13.6 我们来说明由 7 种政府长期债券组成的投资组合对 d_1、d_2 和 d_3 敏感度的计算过程。投资组合中各种债券所占比重大致相同,但到期期限各不一样,从 20—30 年不等。单个债券 D 系数取值范围为 1.86—12.66,而加权平均后投资组合的 D 系数为 6.22,也就是利率每上升 1% 导致价格下降 6%。单个债券对 d_2 的敏感度取值范围为 0.45—11.16,而加权平均后投资组合对 d_2 的敏感度为 4.39。表 13.6 中的数据说明因素 d_2 或 d_3 每变化 1% 会导致投资组合价格减少 4.4%。

表 13.6　债券组合因素敏感度

持有种类	到期收益率(%)	到期期限	d_1	d_2	d_3	权重(%)
政府债券	6.03	1998.4.30	1.86	0.45	1.07	14.54
政府债券	6.17	1999.2.15	2.53	0.82	1.81	14.29
政府债券	6.40	2001.4.30	4.23	2.07	3.90	14.49
政府债券	6.57	2003.2.15	5.37	3.15	5.21	14.51
政府债券	6.65	2006.2.15	7.21	5.07	6.71	13.68
政府债券	7.06	2016.5.15	10.07	8.41	6.33	15.35
政府债券	6.89	2026.2.15	12.66	11.16	5.74	13.13
	6.54		6.22	4.39	4.38	100.00
指数标准	6.70		5.00	3.30	3.59	
差　异	−0.16		1.22	1.09	0.79	

计算出所持有投资组合的综合风险因素敏感度后,我们可以将它与市场组合或投资者感兴趣的债券总体的综合风险因素敏感度进行比较。通常,我们以某种指数来代表市场组合或某类债券的总体。假设在 1996 年 4 月 30 日,某债券指数的 D 系数为5.0,d_2 的敏感度为 3.30,d_3 的敏感度为 3.59。债券指数对各种因素敏感度的计算同投资组合对因素敏感度计算相同,计算值列于表 13.6 中的倒数第二行。该表中的最后一行是投资组合同债券指数对各种因素敏感度之间的差值。从该表中我们可以看出,投资组合的因素敏感度超过了债券指数的因素敏感度。

使用表 13.6 中的比较数据资料,投资者可以对投资组合进行定位管理,以使投资组合满足长期目标的需要,或能根据对利率变化趋势及利率变异程度的判断改变投资组合构成。例如,如果投资者希望获得与某债券指数相一致的收益率,就需要将投资组合进行定位,使其 D 系数及对 d_2、d_3 的敏感度与市场指数对各种因素的敏感度相一致,以保证投资组合以最小可能的变异性获得与市场指数一致的收益率。如果投资者希望取得超过市场指数的业绩时,就应该首先预测利率的变化或有关收益曲线的其他变化,并由此确定投资组合对各因素的敏感度应该是多少。例如,预测利率有下降的趋势,就应该使投资组合对 d_1(即债券的平均期限)的敏感度高于市场指数对 d_1 的敏感度。而预测曲线的倾斜度加大,则应该使投资组合对 d_2 的敏感度低于市场指数对 d_2 的敏感度。

思考题

1. 设某债券每年支付利息 100 元,10 年期,本金为 1 000 元,成本为 1 000 元。设收益曲线为水平形状,到期收益为 10%。试求出其 D 系数。若设收益曲线不变化,试问:该债券 3 年期的 D 系数是多少?5 年期的 D 系数是多少?8 年期的 D 系数是多少?

2. 给定下列债券,试构成两个不同的债券组合,但组合的 D 系数都为 9。

债券	D 系数
A	5
B	10
C	12

3. 投资者被要求将下列债券考虑进公司的固定收入投资组合。

发行者	票息(%)	到期收益(%)	到期期限(年)	D 系数(年)
Wiser 公司	8	8	10	7.25

(1)① 解释为什么债券的 D 系数小于到期期限。

② 解释到期期限为什么没有 D 系数更适合于度量债券对利率变化的灵敏度。

(2) 简要解释下列条件对此公司债券 D 系数的影响。

① 票息为 4% 而不是 8%。

② 到期收益为 4% 而不是 8%。

③ 到期期限为 7 年而不是 10 年。

4. 假设有面值为 1 000 元、年息票利息为 100 元的 5 年期债券按面值出售,若债券的到期收益提高到 12%,则价格变化的百分比是多少?若到期收益下降到 8%,则价格变化的百分比又是多少?

5. 假设一张 20 年期、息票利率为零、到期收益为 7.5% 的债券,计算利率下降 50 个基点时价格变化的百分比,并与利用凸度计算出来的价格变化百分比进行比较。

6. 面值 1 000 元、息票利率 12%(按年支付)的 3 年期债券的到期收益率为 9%,计算它的 D 系数和凸度。如果预期到期收益率增长 1%,那么价格变化多少?

7. 在某种程度上,对于投资者来说,免疫一个债券投资组合是有吸引力的。

(1) 讨论利率的风险因素,换句话说,假设期间的一个利率变化,解释投资者面对的两种风险。

(2) 给免疫下定义并讨论投资者为什么能免疫他的债券投资组合。

8. 投资者有 4 年计划期,可以选择两种债券,如何构造债券组合,使其 D 系数等于投资计划期?债券组合的价格是多少?计算证明利率上升(下降)1%,这个债券组合是免疫的(再投资按年计算)。

债券	到期期限(年)	年息票利率(%)	到期收益(%)	现时价格(元)	D 系数
1	2	8	10	965.29	1.925
2	6	12	10	1 087.11	4.665

9. 什么是债券互换?它包括哪几种?各种债券互换之间有何区别?

参考文献

杨朝军等:《国债投资的风险测度研究》,《预测》1994 年第 6 期。

蔡明超、杨朝军:《债券风险分析的布朗桥运动模型》,《上海交通大学学报》2002 年第 4 期。

蔡明超、杨朝军:《国债价格行为的布朗桥运动模型与久期方法比较》,《中国管理科学》2003 年第 1 期。

Bierwag G.O. George Kaufman and Alden Toevs, 1983, "Duration: Its Development and Use in Bond Portfolio Management", *Financial Analysts Journal* (July/ August), pp.15—37.

Reilly Frank and Rupinder Sidlus, 1980, "The Many Uses of Bond Duration", *Financial Analysts Journal* (July/August), pp.58—72.

Gerald O. Bierwag, 1987, *Duration Analysis*, Cambridge, MA: Ballinger Publishing.

Rorbert Brooks and Miles Livingston, 1989, "A Closed-Form Equation for Bond Convexity", *Financial Analysts Journal*, 45, no.6 (November/December), pp. 78—79.

Leibowitz Martin, 1975, "Horizon Analysis for Managed Portfolios", *Journal of Portfolio Management* (Spring), pp.23—34.

McAdams Lloyd and Evangelos Karagiannis, 1994, "Using Yield Curve Shapes to Manage Bond Portfolios", *Financial Analysts Journal* (May/June), pp.57—60.

Iraj Fooladi and Gordon S.Rorberts, 1992, "Bond Portfolio Immunization", *Journal of Economics and Business*, 44, no.1(February), pp. 3—17.

第 **14** 章

金融期货与期权

14.1 金融期货概述

14.1.1 金融期货的定义

金融期货是指交易双方同意在未来某一特定时间以事先商定的价格买入或卖出某种金融资产的协议。金融期货合约的种类很多,按各种合约标的资产的性质,大致可分为三种:外汇期货、利率期货和股价指数期货。

最早出现的金融期货合约是 1972 年推出的外汇期货合约,它是在布雷顿森林体系崩溃后,为满足人们规避外汇风险的需要而产生的。由于外汇期货获得成功,随后出现了其他创新的金融期货品种,其中最主要的品种是 20 世纪 70 年代推出的各种利率期货和 80 年代推出的各种股价指数期货。

14.1.2 标准化的金融期货合约条款

金融期货合约是在有组织的交易所内进行的。为了规范、便利期货交易的进行,各个交易所对金融期货合约的一些重要条款作了一些规定。它们主要表现在以下几个方面:

1. 交易单位

交易单位规定了每一金融期货合约中交易的金融资产的数量。交易所要根据有关金融期货交易参加者的需要和交易特点决定适当的合约规模。交易单位过大,就不能满足小的套期保值者和投机者的需要,而交易单位过小的话,就会增加单位交易额的交易成本,因而影响交易的正常进行。例如,在芝加哥期货交易所(CBOT)交易的长期国债期货,其每份合约交易的金融资产是面值为 100 000 美元的美国长期债券。在芝加哥商品交易所(CME)的国际货币市场分部(IMM)交易的国库券期货,它每份合约交易的金融资产是面值为 1 000 000 美元的国库券。

2. 最小变动价位

最小变动价位是指由交易所规定的、在买卖期货合约时期货合约价格变动的最小幅度。它乘以交易单位所得的积,就是整份合约的最小变动值。例如,在 IMM 交易的 90 天国库券期货合约的最小变动价位为 0.01,即一个点,它相当于年利率的 0.01%。一份该合约的最小价格变动值为 25 美元 ($= 1 000 000 \times 0.01\% \times 90/360$)。

3. 每日价格变动限制

每日价格变动限制是指期货合约每日价格波动的最大允许的幅度,它是交易所为了防止期货价格剧烈波动造成交易混乱而规定的。例如,CBOT 规定,美国长期国债期货的每日价格变动限制为 3 个点。这表明每份长期国债期货合约价格涨跌的最大幅度为 3 000 美元。

4. 合约月份

合约月份是指期货合约交割的月份。在金融期货交易中,绝大部分合约的交割月份为每年的 3 月、6 月、9 月和 12 月。

5. 最后交易日

最后交易日是指由交易所规定的各种期货合约在交割月份的最后一个交易日。在最后交易日还未冲销的头寸必须通过实物交割和现金结算来结清其头寸。例如,CBOT 规定,10 年期国债期货合约的最后交易日为从交割月份最后营业日往回数的第 7 个营业日。

6. 交割

交割是指由交易所规定的各种金融期货合约因到期未平仓而进行实际交割的各种款项。金融期货合约中一般对交割时间、可交割资产的等级等作出规定。交易所及清算行则为交割建立一定的程序。根据具体合约条款和交割程序,空头方交割资产与多头方,多头方相应地支付货款与空头方。

金融期货交易中交割可分为两种方式,即实物交割和现金交割。金融期货中的黄金、债券等适用实物交割。其他一些期货交易,如股指期货交易等,则采用现金交割的方式。合约到期时,交易所选定一个价格,一般是以最终收盘价格作为结算价格。空头与多头方根据这个结算价格计算盈亏,以现金方式交割。

金融期货交易实际上很少进行交割,95% 以上的合约在到期之前都冲销掉了。如果期货合约在到期日仍未冲销,则合约的持有人需要进行交割。

14.1.3　保证金制度和盯市

跟商品期货交易一样,金融期货交易中也实行日结算制,即期货交易各方的收益或损失,由清算行根据当日收盘价与上一日间的变动,每日进行清算,直至交易方冲销其头寸或合约到期为止。因此,交易者的最终收入或损失就由这样一系列的现金流量构成。这样的结算方式称为盯市。

盯市的好处在于,一方面,期货交易者无需担心对手的信用问题;另一方面,盯市制度下交易方冲销头寸十分容易。

与盯市制度相配合的是保证金制度。金融期货合约的交易者必须交付一定的保证金至其经纪人的账户下,而经纪人则必须在清算行开有保证金账户。保证金实际上是为防止期货买卖各方因价格出现不利波动而违约的一种信用存款。期货交易所设定各项交易的最低保证金。一般来说,保证金占合约总金额的 5%—18%。而经纪人对客户则可根据其财务和信用状况收取不同水平的保证金。

保证金制度的一个重要之处在于盯市的结算是在保证金账户下进行。交易者的保证金账户余额根据每日盯市的结果进行调整。保证金有两种:初始保证金和维持保证金。初始保证金是交易者建立一个期货头寸前必须存入的保证金,它由交易所根据合约价格波动情况规定及调整。维持保证金是指保证金账户中应保持的最低的余额水平,一般是初始保证金的 75%。如果由于价格的不利变动,交易者的保证金账户余额低于维持保证金水平,该交易者就会收到保证金通知,要求追加保证金存款至初始保证金水平。如果交易者不能按要求及时追加保证金的话,经纪人有权单方面地冲销其头寸。另一方面,交易者可以随时提取其保证金账户余额中超过初始保证金的部分。

金融期货的保证金制度决定了金融期货交易是一种以小搏大的投资形式,只要期货价格出现微小的变动,交易者就可能获得较高的投资收益,或者出现较大的资本损失。

14.1.4　金融期货市场的基本功能

现代金融期货市场的经济功能有很多,但主要包括两个方面:一是套期保值;二是形成公正价格。

1. 套期保值

所谓套期保值,是指人们为了规避或减少各种金融风险,而在金融期货市场上建立与其现货市场相反的头寸,并在期货合约到期前进行冲销以结清头寸的交易方式。因为金融期货价格和现货价格一般呈同方向的变动关系,所以交易者在金融期货市场建立了与现货市场相反的头寸之后,若价格(利率、汇率和股价指数等)发生变动,则他必然在一个市场受损,而在另一个市场获利,以获利弥补亏损,即可规避或减少风险,达到保值目的。

2. 形成公正价格

因为现代金融期货市场集中了金融期货合约的大量买者和卖者,竞争公开公平,在这样的市场中形成的价格能反映金融资产的供求状况和真实价格,可能是公正权威的价格。

一旦金融期货市场形成了能反映金融资产真实价格的公正价格后,这个价格就可以作为金融资产现货价格的基准价格。

14.2　利率期货

利率期货是为了满足人们避免利率波动风险的需要而产生的。所谓利率期货,是指交易双方约定在未来某一特定时间,按事先商定的价格买卖某种固定收益证券的协议。由于这种期货主要受当前和未来利率的影响,故称为利率期货。

14.2.1　利率期货合约

因为可作为利率期货标的资产的利率相关证券很多,所以,利率期货的种类也很多。它们可分为两大类:一类是以短期固定收益证券为标的资产的,如短期国库券期货合约、欧洲美元期货合约等;另一类是以长期固定收益证券为标的资产的,如中、长期国债期货合约。

下面我们主要介绍短期国库券期货合约和长期国债期货合约这两种期货合约的合约规格。

1. 短期国库券期货合约

我们以在 IMM 上市的 90 天短期国库券期货合约为例,介绍短期国库券期货合约的有关规定(见表 14.1)。

表 14.1　在 IMM 上市的 90 天短期国库券期货合约的合约规格

交易单位	1 000 000 美元面值的短期国库券
最小变动价位	0.01
合约月份	3 月,6 月,9 月,12 月
交易时间	8:00—14:00(芝加哥时间)
最后交易日	交割日前一天
交割日	交割月份中一年期国库券尚有 13 周期限的第一天

必须说明的是,在期货市场上,国库券期货的价格是以指数方式报出的。所谓指数,是指 100 减去国库券的年贴现率。例如,当国库券的贴现率为 3% 时,期货市场即以 97 报出国库券期货的价格。

最小变动价位为 0.01,即 1 个基本点,它相当于年利率的 0.01%。如果 IMM 指数从 97.00 变为 97.01,价位就变动 1 个基本点。当最小变动价位为 0.01 时,期货合约的最小变动价值为 25 美元 $(= 1\,000\,000 \times 0.01\% \times 90/360)$。

2. 长期国债期货合约

由于美国的长期国债期货合约主要在芝加哥期货交易所(CBOT)上市,所以我们介绍 CBOT 推出的 10 年期国债期货合约的合约规格,见表 14.2。

表 14.2　在 CBOT 上市的 10 年期国债期货合约的合约规格

交易单位	100 000 美元的长期国库券
最小变动价位	1 点的 1/32
每日价格波动限制	3 个点(每份合约 3 000 美元)
合约月份	3 月,6 月,9 月,12 月
交易时间	周一至周五 7:20—14:00(芝加哥时间)
最后交易日	从交割月份最后营业日往回数的第 8 个营业日
交割日	合约月份的任一营业日
交割方式	联储电汇转账系统

也需要说明的是,美国长期国债期货的最小变动价位及每日价格波动限制中的 1 个点是指交易单位的 1%。因此,最小波动价位是 1 点的 1/32,意味着期货合约的最小变动值为 31.25 美元 $\left(=100\ 000 \times \dfrac{1}{32}\%\right)$。

关于长期国债期货合约,我们还必须明白一个极为重要的概念,即折算系数(conversion factors)。

美国长期国债期货的标的债券是期限为 20 年、息票利率为 8% 的美国长期公债券。然而在现货市场上,实际存在的债券往往并不符合这　要求,这使得期货合约的空方在到期时无法获得现货债券进行交割。为避免这种不利国债期货发展的现象出现,长期国债期货合约规定,在期货到期时,任何一种期限在 15 年以上,或在 15 年内不可赎回的长期债券都可用来进行交割,这大大地提高了空方的交割能力。

尽管长期国债期货合约的空方可从各种不同的可交割债券中任选一种用于交割,但是,为了使空方投资者用不同的债券进行交割时获得的收益基本相同,交易所采用折算系数法对空方收取的现金额进行调整,使得当交割的债券不同时,空方所收取的现金额也不同。

关于折算系数,其实质是将面值为 1 美元的可交割债券在其剩余期限内的现金流量,用 8% 的标准息票利率所折成的现值。通过折算系数的调整,各种不同期限和不同息票利率的可交割债券的价格均可折算成期货合约所规定的标准化债券价格的一定的倍数。

折算系数的计算方法有多种,在这里我们介绍较直观的一种。

设 CF 为折算系数,i 表示年息票利率,S 为该债券在剩余期限内的付息次数(每半年一次),则当 S 为偶数时:

$$CF = \sum_{t=1}^{S} \frac{i/2}{(1.04)^t} + \frac{1}{(1.04)^S}$$

当 S 为奇数时：

$$CF = \frac{1}{(1.04)^{1/2}} \left[\sum_{t=1}^{S} \frac{i/2}{(1.04)^t} + \frac{1}{(1.04)^S} + \frac{i}{2} \right] - \frac{1}{2} \times \frac{i}{2}$$

例如,设某投资者准备以 2026 年 3 月 15 日到期、息票利率为 7.25% 的现货债券交割 2005 年 3 月到期的美国长期国债期货合约。显然 $i = 7.25\%$, $S = 42$(偶数)。根据上述公式,该债券的折算系数为:

$$CF = \sum_{t=1}^{42} \frac{0.036\,25}{(1.04)^t} + \frac{1}{(1.04)^{42}} = 0.924\,302\,4$$

一般来说,实际息票利率高于标准息票利率的可交割债券,其折算系数大于 1;而实际息票利率低于标准息票利率的可交割债券,其折算系数小于 1。同时,当实际息票利率高于标准息票利率时,可交割债券的剩余期限越短,其折算系数越接近于 1;而当实际息票利率低于标准息票利率时,可交割债券的剩余期限越长,其折算系数越接近于 1。

知道折算系数后,根据折算系数方法,空方在交割后所能收到的现金数量可由下列公式计算出来:

空方所得现金额＝期货合约交割价格×交割债券的折算系数＋交割债券的累计利息

例如,一投资者卖出一份 2006 年 9 月到期的长期国债期货合约。在 2006 年 8 月 30 日,该投资者向清算所表示交割意向。当日该期货合约的收市价为89.156 25。在 9 月 2 日该投资者决定以 2024 年到期的长期债券进行交割,该债券的折算系数为 1.375 5,每半年付息额为面值的 6%,最后一次付息日是 2006 年 8 月 15 日,下一次付息在 2007 年 2 月 15 日,两次付息之间共有 184 天。2006 年 9 月 3 日交割日与上次付息日 8 月 15 日之间相隔 19 天。每份期货合约的面值为 100 000 美元。根据上述公式可计算出投资者所能收到的现金数量:

$$100\,000 \times 0.891\,562\,5 \times 1.375\,5 + 6\,000 \times 19/184 = 123\,253.99(美元)$$

14.2.2　利率期货的定价

首先,我们介绍由持有成本模型得到的利率期货的理论价格公式。

设 F 为利率期货的理论价格;S 为用于交割的标的证券的现货价格;C 为持有成本,即为购买交割用标的证券而所借款项的利息;I 是持有收益。则:

$$F = S + C - I$$

需要说明的是,对于短期国库券而言,在其持有期限内没有任何利息支付,$I=0$。

下面我们看一个关于 90 天短期国库券期货理论价格的例子。

假设可用于交割的短期国库券的现价为 970 000 美元,从现在到交割日,970 000 美元借款的利息为 14 180 美元。这样,期货的理论价格为 984 180 美元。

当期货的实际交割价高于理论价格时,例如 984 190 美元,套利者就可以通过借 970 000 美元买入国库券同时卖出期货的策略得到 10 美元的无风险利润。当期货价格为 984 170 美元时,套利者则可买入期货、卖出国库券并将所得现金贷出,从而获取 10 美元的利润。

现在我们再介绍几个利用无套利均衡得到的两个利率期货理论价格公式。

设 F 为证券的期货价格,S 为证券的现货价格,T 为期货合约的到期时间,t 为当前时间,r 为时刻 t 以连续复利率计算的无风险利率,I 为合约有效期间($T-t$)所得收益的现值,则:

(1) 对于无收益证券,如贴现证券和不付红利的股票即属于此类证券,有:

$$F = Se^{r(T-t)}$$

(2) 对于支付已知现金收益证券,如支付利息的债券和支付股息的股票,有:

$$F = (S - I)e^{r(T-t)}$$

14.2.3 利率期货的交易

利率期货交易分为三种:套期保值、投机和套利。

1. 套期保值

(1) 套期保值的种类。

为了避免利率的波动对持有的债券造成损失,投资者往往利用利率期货进行套期保值。套期保值又可分为三大类:多头套期保值、空头套期保值和交叉套期保值。

① 多头套期保值。

当投资者计划在未来某日期买进某债券现货时,为了回避市场利率下降造成债券价格上升的风险,他们可以在期货市场上买进该债券的期货合约,以锁定市场利率和债券价格,这种策略叫做多头套期保值。

我们通过一个关于利用国库券期货进行套期保值的例子介绍多头套期保值。

例如,在 1 月 15 日,现货市场的国库券贴现率为 8%。一个投资者打算将一个月以后收到的 10 000 000 美元的款项投资于 3 个月期的美国国库券。为了避免利率下降而造成损失,该投资者对此进行套期保值,具体操作过程如表 14.3 所示。

表 14.3 利用国库券期货进行多头套期保值

现 货 市 场	期 货 市 场
1 月 15 日　贴现率为 8%	以 91.00 的价格买入 10 份 3 月份到期的国库券期货合约
2 月 15 日　贴现率为 7.5%	以 91.50 的价格卖出 10 份 3 月份到期的国库券期货合约
现货市场亏损：	期货市场盈利：
损　　益　$10\,000\,000 \times (7.5\% - 8\%) \times \dfrac{90}{360}$ $= -12\,500(美元)$	$(91.5-91)\% \times 1\,000\,000 \times 10 \times \dfrac{90}{360}$ $= 12\,500(美元)$

　　从表 14.3 可以看出,期货市场的盈利正好弥补现货市场的亏损,投资者完全避免了利率下降的风险。

　　② 空头套期保值。

　　当投资者在某一期间内持有现货债券时,为了回避市场利率上升造成债券价格下降的风险,他们可以在期货市场上卖出该债券的期货合约,以实现套期保值,这种策略叫做空头套期保值。

　　例如,一个投资者预计在 2008 年 3 月 2 日至 12 月 2 日有一笔闲置的资金,总金额为 1 000 000 美元。他计划将这笔资金投资于长期国债。为避免利率上升带来损失,他决定利用期货市场卖出长期债券期货合约进行套期保值,具体操作过程见表 14.4。

表 14.4 利用长期债券期货合约进行空头套期保值

现 货 市 场	期 货 市 场
3 月 2 日　买入面值为 1 000 000 美元,息票利率为 $7\frac{1}{4}\%$,20 年期的长期国债,价格为 $86\frac{1}{32}\%$	卖出 10 份 12 月期长期国债期货合约,价格为 $92\frac{5}{32}$
12 月 2 日　卖出所持国债,价格为 $82\frac{9}{32}\%$	买入 10 份 12 月期长期国债期货合约,价格为 $89\frac{19}{32}$
现货损失：	期货盈利：
损　　益　$\left(82\frac{9}{32} - 86\frac{1}{32}\right)\% \times 1\,000\,000$ $= -37\,500(美元)$	$\left(92\frac{5}{32} - 89\frac{19}{32}\right)\% \times 100\,000 \times 10$ $= 25\,625(美元)$

　　从上面套期保值的结果来看,净损失为 11 875 美元。尽管如此,通过空头套期保值,投资者利用期货市场的盈利弥补了现货市场的大部分损失,所以这种套期保值是值得的。

③ 交叉套期保值。

在上面我们介绍的套期保值中,需要套期保值的金融资产与作为套期保值工具的金融期货合约的标的资产是完全一样的,不仅种类相同,而且期限也相同。这种套期保值叫做直接套期保值,它是最简单的一种套期保值。然而在实际的套期保值中,有很多需要套期保值的金融资产没有以该资产为标的资产的金融期货合约,有些金融资产即使有,但它们的期限不一样。这时,我们就需要交叉套期保值。所谓交叉套期保值,就是选择标的资产价格与需要套期保值资产价格相关性程度最高的异种金融期货合约,或者是合约到期日与需要套期保值交易日期相异的同种期货合约进行套期保值。例如,用国库券期货对不是国库券的其他短期金融资产进行套期保值。又如,用 3 个月期的国库券期货对期限不是 3 个月期的现货国库券进行套期保值。在交叉套期保值的过程中,关于套期保值所需要的合约数的计算与直接套期保值相比要复杂一些。下面我们通过例子来具体介绍交叉套期保值。

例如,6 月 10 日,某投资者预期将在 3 个月后能收到一笔金额为 20 000 000 美元的款项,当时 6 个月期国库券的贴现率为 12%,该投资者认为这是一个比较合意的收益率,故准备在收到上述款项后立即买进 6 个月期的美国国库券。为了避免市场利率下跌、国库券市场价格上升的风险,该投资者决定以 3 个月期的国库券期货来作套期保值,具体操作过程如表 14.5 所示。

表 14.5　利用不同期限的同种期货合约进行交叉套期保值

	现 货 市 场	期 货 市 场
6 月 10 日	6 个月期国库券贴现率为 12%,投资者准备于 3 个月后将 20 000 000 美元投资于该国库券	买进 40 份 9 月份到期的 3 个月期美国国库券期货合约,价格为 89.5
9 月 10 日	6 个月期国库券贴现率为 10.5%,投资者收到 20 000 000 美元并买进该国库券	卖出 40 份 9 月份到期的 3 个月期美国国库券期货合约,价格为 91
损　益	投资者损失: $20\,000\,000 \times (10.5\% - 12\%) \times \dfrac{180}{360} = -150\,000$(美元)	投资者盈利: $(91 - 89.5)\% \times 40 \times 1\,000\,000 \times \dfrac{90}{360} = 150\,000$(美元)

(2) 套期保值比率。

所谓"套期保值比率",就是指套期保值者在对现货部位进行套期保值时,用以计算买进或卖出的某种期货合约的数量的比率。这一数量确定得是否得当,在一定程度上决定了套期保值的效率。

一般来说,套期保值中所需的合约数可通过下面的公式来计算:

$$套期保值所需合约数 = \frac{现货部位的面值}{期货部位的面值} \times 到期日调整系数 \times 加权系数$$

其中，到期日调整系数 $= \dfrac{套期保值对象的到期日（天）}{期货合约标的物的到期日（天）}$，期货部位的面值是指一份期货合约的交易单位。

在计算套期保值所需的合约数时，若期货合约标的物与现货金融工具具有不同的到期日，则必须用"到期日调整系数"加以矫正。若它们对利率具有不同的敏感性，则要用"加权系数"加以调整，以提高套期保值的效率。

例如，在上面交叉套期保值交易的例子中，所需的 40 份合约是这样得到的：

由于到期日调整系数为：

$$\frac{6 \times 30}{3 \times 30} = 2$$

故所需的合约数为：

$$\frac{20\,000\,000}{1\,000\,000} \times 2 = 40$$

在长期国债期货的套期保值中，我们以最廉交割债券的折算系数作为套期保值比率，以此来计算套期保值所需的合约数。其计算公式为：

$$套期保值所需合约数 = \frac{现货部位的面值总额}{期货合约的交易单位} \times 折算系数$$

例如，某投资者持有面值总额为 500 万美元的长期国债券，准备用 2005 年 9 月份到期的长期国债期货来套期保值。假设该投资者所持有的现货债券对 2005 年 9 月份交割的合约来说正好是最廉交割债券，其折算系数为 1.38，则在套期保值时，该投资者所需卖出的合约数根据上述公式可计算出：

$$\frac{5\,000\,000}{100\,000} \times 1.38 = 69$$

2. 套利

所谓套利，就是指人们利用暂时存在的不合理的价格关系，通过同时买进和卖出相同或相关的金融资产或期货合约而赚取其中的价差收益的交易行为。在这里，不合理的价格关系包括三种不同的情况。第一种情况是同种金融资产或金融期货合约在不同市场之间的不合理的价格关系；第二种情况是同一市场、同种金融期货在不同交割月份之间的不合理的价格关系；第三种情况是同一市场、同一交割月份的不同种金融期货合约之间的不合理的价格关系。这三种不合理的价格关系只是暂时存在的，通过套利者的套利活动，不合理的价格关系很快就会变得合理。

根据上述三种不合理的价格关系，套利者可以分别采取三种不同的套利策略进行套利,它们是跨月份套利、跨品种套利和跨市场套利。下面我们分别介绍这三种套利策略。

(1) 跨月份套利。

跨月份套利是指投资者在同一交易所同时买进和卖出不同交割月份的同种金融期货合约的交易行为。在具体的跨月份套利操作中,应遵循如下原则:

① 如果两种金融期货合约均上涨,则买入预期涨幅较大的交割月份的期货合约,卖出预期涨幅较小的交割月份的期货合约。

② 如果两种金融期货合约均下跌,则卖出预期跌幅较大的交割月份的期货合约,买入预期跌幅较小的交割月份的期货合约。

现在我们看一个例子。

例如,3 月 10 日,在国际货币市场上市的 3 个月国债期货合约中,9 月份合约的价格为 91.00,12 月份合约的价格为 92.20,它们之间的价差为 120 个基本点。某投资者认为这个价差已超出 100 个基本点的正常水平,他预期当价格上涨时,9 月份合约的上涨幅度将大于 12 月份合约的上涨幅度,以使价格关系回复到正常水平。于是,该投资者决定买进 9 月份合约,同时卖出 12 月份合约。

8 月 20 日,9 月份合约的价格涨至 91.80(涨了 80 个基本点),而 12 月份合约的价格涨至 92.80(涨了 60 个基本点),这两种合约的价差缩小为 100 个基本点。此时,投资者通过冲销 9 月份合约可以获利 2 000 美元(= 25×80),而通过冲销 12 月份合约则损失 1 500 美元(=25×60)。这样,投资者通过这种跨月份套利策略获得了 500 美元的净收益。

(2) 跨品种套利。

所谓跨品种套利,是指投资者在同一交易所或不同交易所,同时买进和卖出不同种类、但具有某种相关性的金融期货合约的套利活动。

由于两种不同种金融期货合约具有相关性,因此它们的价格变动方向是一样的,并且还具有某种正常的价格关系。当投资者认识到这种关系,并发现它们暂时被扭曲时,他就可以利用这两种金融期货合约进行跨品种套利,以期在这两种合约的价格关系恢复到正常时,通过冲销头寸而获取利润。

在跨品种套利的操作过程中,一般的原则如下:

① 当投资者发现两种金融期货合约之间的价差大于正常的价差时,如果预期此价差将会缩小,则买进被低估的合约,卖出被高估的合约。

② 当投资者发现两种金融期货合约之间的价差小于正常的价差时,如果预期此价差将会扩大,则买进被低估的合约,卖出被高估的合约。

例如,1 月 5 日,在 CBOT 交易的美国长期国债期货和 10 年期美国中期国债期货的行情如表 14.6 所示。

表 14.6   利用不同种类的期货合约进行跨品种套利

合约月份	T-bond 期货	10 年期 T-note 期货	价差
3 月	$99\frac{12}{32}$	$100\frac{2}{32}$	$\frac{22}{32}$
6 月	$99\frac{4}{32}$	$99\frac{21}{32}$	$\frac{17}{32}$
9 月	$98\frac{29}{32}$	$99\frac{14}{32}$	$\frac{17}{32}$

从表 14.6 中可以看出,这两种期货的 3 月份合约的价差最大。投资者认为这一价差不合理,并预期将会被缩小。于是,他买进 3 月份的 T-bond 期货合约,并同时卖出 3 月份的 T-note 期货合约。

3 月 10 日,T-bond 期货合约的价格涨至 $99\frac{23}{32}$(上涨了 $\frac{11}{32}$),而 T-note 期货合约的价格涨至 $100\frac{9}{32}$(上涨了 $\frac{7}{32}$)。此时,投资者通过冲销 T-bond 期货而获利 343.75 美元($=31.25\times11$),但通过冲销 T-note 期货损失了 218.75 美元($=31.25\times7$)。相互抵消后,投资者通过跨品种套利获得了 125 美元的净收益。

如果 3 月 10 日,两种期货合约的价格下跌,T-bond 期货合约的价格跌至 $99\frac{9}{32}$(跌了 $\frac{3}{32}$),而 T-note 期货合约的价格跌至 $99\frac{26}{32}$(跌了 $\frac{8}{32}$),两种期货合约的价差缩小了,那么投资者通过冲销 T-bond 期货合约将会损失 93.75 美元,不过通过冲销 T-note 期货合约,他将会获利 250 美元。相互抵消后,投资者可净获利 156.25 美元。

从这个例子可以看出,不管期货合约的价格是上涨还是下跌,只要投资者对价差的变动预期准确,进行跨品种套利就可以获利。这也告诉我们,跨品种套利者只需要关心价差变动的情况。

(3) 跨市场套利。

所谓跨市场套利,是指投资者在不同交易所同时买进和卖出相同交割月份的同种金融期货合约或类似金融期货合约,以赚取价差利润的套利行为。

尽管同种金融期货合约或类似金融期货合约在不同交易所的价格有所不同,但它们之间应该有一个合理的价差水平。如果它们在两个市场中的实际价差超出了这个价差水平,则其中一个市场的合约被高估,另一个市场的合约被低估。如果投资者认识到这一点,他就可以进行无风险的跨市场套利。

① 当投资者发现同种或类似的金融期货合约之间的价差大于正常的价差时,如果

预期此价差将会缩小,则买进被低估的合约,卖出被高估的合约。

② 当投资者发现同种或类似的金融期货合约之间的价差小于正常的价差时,如果预期此价差将会扩大,则买进被低估的合约,卖出被高估的合约。

为了说明跨市场套利,我们看这样一个例子。

例如,在 5 月 8 日,美国的 3 个月期的国库券期货在 A、B 两个交易所的行情如下:

表 14.7　跨市场套利

合约月份	交易所 A	交易所 B	价　　差
6 月	87.20	87.21	1 个基本点
9 月	87.30	87.32	2 个基本点
12 月	87.32	87.40	8 个基本点

如果 3 个月期国库券期货在 A、B 两个交易所的价差为 2 个基本点是正常、合理的,那么 12 月份交割的 3 个月期国库券期货在两个交易所的价差为 8 个基本点是不正常的,是被扭曲了的。于是,投资者在 A 交易所买进,而在 B 交易所卖出。这样,A 交易所的合约需求增加,使得合约的价格上涨,而 B 交易所的合约供给增加,合约价格下降,最终合约在两个交易所的价差逐渐缩小,回复到 2 个基本点的价差水平。此时,投资者通过冲销即可在两个交易所同时获利。在本例中,投资者可获利 150 美元($=25\times6$)。

3. 投机

利率期货投机就是指投资者通过买卖利率期货合约,从利率期货的价格变动中获取利润的交易行为。如果投资者预测某种利率期货合约价格将要上涨,则买入这种期货合约,以期在金融期货的市场价格上涨后通过冲销而获利。此种投机方式称为多头投机。如果投资者预测某种利率期货合约价格将要下跌,则卖出这种期货合约,以期在市场价格下跌后通过冲销而获利。此种投机方式称为空头投机。

(1) 利率期货的多头投机。

假设在 2 月 10 日,3 月份美国国库券期货的价格为 90.00,某投机者预期该期货价格将要上涨,于是买进 10 份 3 月份到期的国库券期货合约。

在 3 月 10 日,如果 3 月份到期的国库券期货合约的价格上涨到 90.50,则投机者通过冲销其头寸即可获利 12 500 美元($=50\times25\times10$)。如果期货合约价格下降到 89.00,则投机者平仓后会造成 25 000 美元($=100\times25\times10$)的损失。如果期货价格保持不变,则投机者既不会盈利,也不会亏损。

从上面的分析可以看出,多头投机者的盈利完全取决于期货合约市场价格的变动方向和变动幅度。若市场价格上涨,则投机者获利,并且价格上涨的幅度越大,投机者获利越多。若市场价格下跌,则投机者受损,并且价格下跌的幅度越大,投机者受损越多。

(2) 利率期货的空头投机。

我们还是看上面的这个例子。假设投机者预期该期货价格将要下跌,于是卖出 10 份 3 月份到期的国库券期货合约。

在 3 月 10 日,如果 3 月份到期的国库券期货合约价格下降到 89.00,则投机者平仓后会盈利 25 000 美元 ($=100 \times 25 \times 10$)。如果期货价格保持不变,则投机者既不会盈利,也不会亏损。如果期货合约的价格上涨到 90.50,则投机者通过冲销其头寸会损失 12 500 美元 ($=50 \times 25 \times 10$)。

通过这个例子可以看出,空头投机者的盈亏和多头投机者的盈亏完全相反。

14.3 股价指数期货

股价指数期货是为了满足人们规避股票价格波动的风险而产生的,准确地说,是为了规避股票市场的系统风险。所谓股价指数期货,是指以股票市场的价格指数作为标的物的标准化期货合约的交易。股价指数期货合约要求交易者双方在未来一定日期以一定价格交割相关指数所对应的现金。

14.3.1 股价指数期货合约

由于股价指数期货合约的标的物是指数,并且以现金结算的方式进行交割,因此,股价指数期货的合约规格不同于其他金融期货。

1. 交易单位

股价指数期货合约的交易单位是由标的指数的点数与某一既定的货币金额的乘积来表示的。例如,在芝加哥交易所上市的标准普尔 500 种股价指数期货(简称S＆P500股指期货),其交易单位是 500 美元乘以该期货合约的标的指数的点数。当S＆P500股指期货为 400 时,该股指期货的每份合约的价值为 200 000 美元 ($=500 \times 400$)。

2. 最小变动价位

股价指数期货的最小变动价位通常也以一定的指数点来表示。例如,在堪萨斯期货交易所上市的价值线指数期货,其最小变动价位为 0.05 个指数点。由于每个指数点的价值为 500 美元,因此每份合约的最小变动价位为 25 美元。

3. 每日价格波动限制

目前,绝大多数期货交易所对在其上市的股价指数期货合约规定了每日价格波动限制,主要表现在限制的幅度和方式上,不过不同的交易所的规定有所不同。

4. 现金结算方式

在股价指数期货交易中,当合约到期时,卖方无需交付股票,买方也无需交付合约总值,清算行根据最后结算价格计算出买卖双方的盈亏金额,通过贷记或借记保证金账户来结清交易双方的头寸。在确定最后结算价格时,不同的交易所的确定方式有所不同,如有的根据开盘价确定,有的根据收盘价确定,还有的根据最后交易日中某一段时间内的平均价格来确定。

下面,我们通过列表的形式介绍世界主要股价指数期货合约的规格。

表 14.8　标准普尔 500 种股价指数期货合约

交易所名称	芝加哥商业交易所指数与期权市场
股价指数的计算	以纽约证券交易所上市的 500 家公司股票,采用股票市值为权数的加权平均法计算
交易单位	500 美元×S&P500 股价指数
最小变动价位	0.05 个指数点(每份合约 25 美元)
开盘价格限制	在开盘期间内,成交价格不得高于或低于前一交易日结算价格 5 个指数点。若在交易的最初 10 分钟结束时,主要期货合约的买入价或卖出价仍受到 5 个指数点的限制,则交易将停止 2 分钟后以新的开盘价重新开盘
合约月份	3 月、6 月、9 月、12 月
交易时间	芝加哥时间上午 8:30—下午 3:15
最后交易日	在最后结算价格确定日之前的那个营业日
交割方式	以最后结算价格实行现金结算,最后结算价格根据合约月份第三个星期五特别报出的 S&P 股价指数的成分股票的开盘价确定

14.3.2　股价指数期货的定价

绝大多数股票价格指数可以看成是支付红利的证券价格,而这种证券就是指数所涵盖的股票所构成的投资组合。因此,股价指数期货的定价与有红利支付的股价期货的定价一样。我们不妨设股价指数的现价为 S,期货价格为 F,q 为红利收益率,t 为现在时刻(年),T 为股价指数期货合约的到期时刻(年),则有:

$$F = S e^{(r-q)(T-t)}$$

例如,假定一个 S&P500 股价指数的 6 个月期期货合约,该指数所覆盖的股票每年的红利收益率为 2.5%,指数现值为 610,连续复利的无风险利率为 8%。此时,$r=0.08$,$S=610$,$T-t=0.5$,$q=0.025$,因此,期货价格 F 为:

$$F = 610e^{(0.08-0.025)\times0.5} = 627.01$$

也就是说,该指数的期货价格应该为 627.01,否则就会出现无风险套利。

需要说明的是,在实际当中,股价指数所涉及的股票组合的红利收益率每周都是不同的。例如,在纽约交易所交易的股票中,大部分都是每年的 2 月、5 月、8 月和 11 月上旬支付。这样 q 值应该为股指期货合约有效期间内的平均红利收益率,用来估计 q 的红利应是那些除息日在期货合约有限期内的股票的红利。

在某些情形下,股价指数可以看作是带有固定已知收入的证券。此时,股价指数的期货价格为:

$$F = (S - D)e^{r(T-t)}$$

其中 D 为所涉及的股票组合股息的现值。

从上面的例子我们可以看出,当股指期货的实际价格与理论价格不相同时,就会出现无风险套利。具体来说,当 $F > Se^{(r-q)(T-t)}$ 时,则投资者可以通过购买股价指数中的成分股票,同时卖出股指期货合约而获利。当 $F < Se^{(r-q)(T-t)}$ 时,则投资者可以通过相反操作,即卖出股价指数中的成分股票,买进股指期货合约而获利。这些策略称为股指套利。大的机构投资者经常是这种交易的参与者。股指交易通常通过市场上的程序进行,即利用电脑系统形成一次买卖一组股票的指令而进行交易。

14.3.3　股价指数期货的交易

在实际操作当中,股价指数期货交易也分为三大类:套期保值、套利和投机。

1. 套期保值

(1) 套期保值的种类。

股价指数期货的套期保值又可分为两类:多头套期保值和空头套期保值。

① 多头套期保值。

投资者将来有一笔收入准备购买股票,若他预期股票价格将上升,则他可以利用股价指数期货合约进行套期保值,建立股价指数期货合约多头头寸,以期在股票价格上升后,用期货市场的收益来弥补在股票现货市场高价买进股票的损失。这种套期保值叫做多头套期保值。

例如,在 5 月 1 日,某投资者预计在 7 月 1 日可收到金额为 150 000 美元的款项,他准备用这笔款项购买某公司股票。该公司股票的现在价格为 15 美元,若投资者现在用 150 000 美元购买股票,则可购买 10 000 股。为了防范股票价格在 7 月 1 日上涨造成损失,投资者以 450 的价格买进 10 份 3 月期 S＆P500 股指期货进行多头套期保值。

如果在 7 月 1 日,公司股票价格上涨到 20 美元,该投资者收到的 150 000 美元只能购买 7 500 股股票。若他想购买 10 000 股,则还缺少 50 000 美元的资金。由于投资者买进了 10 份 3 月期 S＆P500 股指期货,如果在 7 月 1 日,S＆P500 股指期货的价格上涨到 460,则投资者通过平仓即可获利 50 000 美元,正好能弥补购买 10 000 股股票所缺少的资金。这样,投资者通过多头套期保值把两个月后购买的股票价格锁定于 5 月 1 日的水平。具体套期保值过程见表 14.9。

表 14.9 利用股指期货进行多头套期保值

	现货市场	期货市场
5 月 1 日	预计 7 月 1 日可收到 150 000 美元,准备购买某公司股票,当天股票市价为 15 美元,按此价格,投资者可购买 10 000 股股票	买进 10 份 3 月期的 S & P500 股指期货合约,价格为 450
7 月 1 日	收到 150 000 美元,股票价格上涨到 20 美元,若投资者仍购买 10 000 股,还缺少 50 000 美元的资金	卖出 10 份 3 月期的 S & P500 股指期货合约,价格为 460,获利 50 000 美元(即 $500 \times 10 \times 10$ 美元)
套期保值结果:期货市场获利正好弥补现货市场亏损		

② 空头套期保值。

当投资者持有股票时,如果他预期未来股票价格会下跌,则会出售股价指数期货合约,以期在股票价格下跌时,用期货市场的收益来弥补在股票现货市场低价卖出股票的损失。这种套期保值叫做空头套期保值。

例如,在 11 月 2 日,某投资者持有价值为 700 000 美元的股票。由于预期股票价格将会下跌,投资者卖出了 20 份 12 月份到期的主要市场指数期货合约,该合约当天的价格为 482。到了 12 月初,股市下跌,投资者所持有的股票价值减少了 70 000 美元。但当时主要市场指数期货的价格下降到了 466,由于投资者进行了空头套期保值,因此他在期货市场上获利 80 000 美元 $[=(482-466) \times 250 \times 20]$。 这样,投资者通过空头套期保值规避了股市下跌的损失,而且还有 10 000 美元的盈利。

(2) β 系数与股价指数期货的套期保值。

在一般情况下,广大的投资者所持有的证券组合的风险与整个股市的风险是不一致的,尤其是某些个人投资者所持有的或准备持有的某个别股票更是同整个股市的风险是不一致的。这样,在利用股指期货进行套期保值的过程中,如果套期保值者对这种风险的不一致性估计不足或根本没加以考虑,则这种套期保值一定是不完全的。之所以如此,是因为在一般情况下,某些证券组合的风险,特别是某个别股票的风险通常大于股市的风险。因此,在套期保值时,如果人们不考虑这一因素,则在现货市场上所存在的全部风险中,至少有一部分风险根本没有得到应有的防范。

为了避免上述情况的发生,尽可能实现完美的套期保值,在利用股指期货进行套期保值时,人们通常用 β 系数来调整套期保值所需的期货合约数,以尽可能地使全部风险都得到防范。

在股指期货的套期保值中,利用 β 系数,套期保值所需的期货合约数可由下面的公式求出:

$$套期保值所需的期货合约数 = \frac{现货股票或证券组合的总值}{一张期货合约的价值} \times \beta 系数$$

显然,当现货股票或证券组合的总值和一份期货合约的价值一定时,β 系数越大,则所需的期货合约数就越多;β 系数越小,则所需的期货合约数就越少。

例如,某机构投资者持有一证券组合,其 β 系数为 1.2。3 月 10 日时,日经 225 指数为 36 000,该证券组合的总值为 50 亿日元。为了避免股市下跌造成损失,该机构投资者决定用 6 月份到期的日经 225 指数期货合约作空头套期保值。当期货价格为 36 500 时,其应卖出的期货合约数根据上述公式可求得:

$$\frac{5\,000\,000\,000}{1\,000 \times 36\,500} \times 1.2 = 164(份)$$

2. 套利

套利交易也可分为跨月份套利、跨品种套利和跨市场套利三大类,其操作原理及策略跟利率期货一样,因此,我们只是做简单介绍。对于后面的投机交易,我们同样处理。

投资者利用股指期货不同月份的合约的价差,在入市时同时买进和卖出不同交割月份的同种股指期货合约,然后平仓出市,从中获利。这样的套利策略称为跨月份套利。

由于两种不同种类、但具有某种相关性的股指期货合约之间存在着价差,在价差不合理时,投资者可以同时买进和卖出这两种期货合约,在价差合理时通过冲销头寸即可获利。这样的套利策略称为跨品种套利。

如果同种股指期货合约在不同的交易所存在价差,那么投资者就可以在股指期货价格较低的交易所买入期货合约,然后在股指期货价格较高的交易所卖出期货合约,从而从中获利。这样的套利策略称为跨市场套利。

下面我们看一个跨月份套利交易的例子。

例如,5 月 15 日,在大阪交易所上市的日经 225 指数期货 6 月份合约的指数价格为 10 300。投资者预期股市价格将会下跌,于是卖出 10 份 6 月份该指数期货合约。为了避免预期错误带来更大损失,该投资者又买入 10 份 9 月份该指数期货合约,价格为 10 280。5 月 30 日,股市下跌,6 月份合约的指数价格下跌为 10 200,9 月份合约下跌为 10 230。于是投资者冲销其头寸,由于两个合约的价格变动之差为 50,所以,该投资者获利为 500 000 日元(= 1 000 日元 × 50 × 10)。

3. 投机

股价指数期货投机交易是指投资者根据股指期货价格的走势决定买进或卖出股指期货合约,然后在其价格上涨或下跌时通过冲销头寸而获利的交易策略。如果投资者是买进期货合约,则称这种交易行为为多头投机;若是卖出期货合约,就称为空头投机。

下面我们看一个股指期货空头投机的例子。

例如,1 月 15 日,香港恒生指数期货的价格为 10 180。某投资者预期该股指期货的价格将下跌,于是就卖出 10 份 3 月期该股指期货合约。这样在合约到期时,投资者将会面临三种不同的情况:市场价格下跌、市场价格不变和市场价格上升。

如果市场价格下跌,比如跌到 9 180,则投资者通过平仓可获利 500 000 港元[=50×(10 180−9 180)×10]。

如果市场价格不变,则投资者既不亏损,也不盈利。

如果市场价格上升,不妨假设上升到 10 280,则投资者平仓后将会损失 50 000 港元[=50×(10 180−10 280)×10]。

在日常的股指期货交易当中,其基本交易策略有三种:第一种是当天交易法,它是指投资者在一天之内完成开仓和平仓的行为。如果股指期货价格在一天之内波动很大,投资者可以利用此策略获利。第二种是顺流交易法,它是指投资者在股市价格上涨时买入期货合约而在股市下跌时卖出期货合约的交易行为。因为上涨或下跌的长期趋势一旦形成,惯性作用将使市场价格沿着已形成的趋势变动。此时,投资者建立相应的多头或空头头寸,在合约价格更高或更低时冲销头寸即可盈利。第三种是逆流交易法,是指投资者利用期货价格因超买或超卖而暂时偏离合理价格的时机进行交易的行为。超买时,股指期货价格过度上涨,不久就会下跌,投资者可卖出期货合约,相反可买入期货合约。这样,当股指期货价格变动合理时,投资者冲销头寸即可获利。

14.4　金融期权概述

金融期权交易在西方发达国家的经济中已有多年历史,自 1973 年芝加哥期权交易所成立后,它的发展速度惊人,成交金额甚至超过股票交易额。之所以如此,是因为金融期权应用非常广泛,特别是在金融风险管理中,它是投资者十分有效的套期保值的金融工具。因此,金融学术界对它的研究热度逐日递增。期权价值理论的两位创始人是 Black F. 和 Scholes,他们合作的论文《期权价值与公司债务》首次对期权契约的价值进行了卓有成效的研究,并得出了著名的 B-S 期权价值公式。随后,Cox J. 和 S.Ross 于 1976 年在两人合作的论文《随机过程中之期权估价》中将 B-S 期权理论发展到了更一般意义上的现代"有条件要求权金融工具"的价值理论。

期权(options)的定义本书前面已经讲过,它是一种契约,给予购买者在某一时期内以某一特定价格购买或卖出一定金融资产和期货合约的权利。这一特定价格被称作执行价格(exercise price)。期权的购买者为获得期权合约所赋予的权利必须向期权的出售者支付一定的价格,这个价格就是期权价格(premium)。期权合约有个最后期限日,过了这个期限日,合约即为无效。

金融期权的种类按照不同的标准有多种不同的划分:(1)按照期权合约赋予期权购买者的不同权利,金融期权可分为看涨期权和看跌期权;(2)按照期权合约规定的执行时间的不同,金融期权可分为欧式期权和美式期权;(3)按照期权合约中标的物的性质,金融期权可分为现货期权和期货期权;(4)按照期权合约的执行价格和标的物的市场价格之间的关系,金融期权又可分为实值期权、虚值期权和平价期权。当然,期权分类的方法很多,在这里我们只介绍以上几种分类方法划分的期权种类。

14.4.1　看涨期权和看跌期权

看涨期权和看跌期权是证券市场上交易量最大的种类。

所谓看涨期权(calls),就是能给予购买者在一定时期内的任一时刻以某一预先订好的价格购买一定数量金融资产或期货合约的权利,而看涨期权出售者则在购买者要购买金融资产或期货合约时必须卖给期权购买者。

如果期权购买者是套期保值者,他买进看涨期权是因为预计该期权标的物的价格将上涨,买进这种期权后,尽管日后标的物的价格上涨,但期权购买者仍能以较低的执行价格买进标的物资产,从而避免了由于价格上涨所带来的损失。对于投机者来说,买进看涨期权可以使他在价格上涨时以较低的执行价格买进标的物资产,然后在现货市场上以较高的价格卖出去,从而赚取价差收益。

看跌期权(puts)定义和看涨期权类似,只是规定的是出售一定数量的金融资产或期货合约的权利,看跌期权购买者可向出卖者以某一预先订好的价格出售一定数量的金融资产或期货合约,而不管当时它们的市场价格是多少。

如果期权购买者是套期保值者,他买进看跌期权是因为预计该期权标的物的价格将下跌,买进这种期权后,尽管日后标的物的价格下跌,但期权购买者仍能以较高的执行价格卖出标的物资产,从而避免了由于价格下跌所带来的损失。对于投机者来说,买进看跌期权可以使他在价格下跌时在现货市场上以较低的价格买进标的物资产,然后再以较高的执行价格卖出去,从而赚取价差收益。

对于期权购买者来说,无论是买进看涨期权还是看跌期权,他都只有权利而无义务。当然,在他执行期权会造成损失时,他可以放弃这种权利。对于期权出售者而言,他只有义务而无权利。同时,对于期权购买者来说,无论是买进看涨期权还是看跌期权,他都必须支付期权费用亦即期权价格,以获取执行期权的权利。对于期权出售者而言,他需要向期权购买者收取期权费用。

在西方发达国家市场的具体实践中,看跌期权和看涨期权一样,很少有真正实施执行的,大部分都是在期终之前出售给别的投资者。

14.4.2　欧式期权和美式期权

欧式期权(European options)的购买者只能在期权的最后期限日这一天行使其权利,而美式期权的购买者既可以在最后期限日执行期权,也可以在最后期限日之前的任何时间执行其期权。顾名思义,在美国期权市场上主要交易美式期权(American options),但也交易欧式期权。同样,在欧洲期权市场上也交易美式期权。目前,在世界各主要的金融期权市场上,美式期权的交易量远大于欧式期权的交易量。

对于期权购买者来说,美式期权更为灵活,选择性更强,他可以根据标的物市场价格的变动灵活地选择执行期权的时间,以使自己的收益最大化。对于期权的出卖者来说,他必须随时做好期权被执行的准备,从而使得他承担的风险较大。所以,在其他条件相同的情况下,美式期权的期权价格要高于欧式期权的价格。

由于欧式期权相对简单一些,研究起来更为方便。所以,在后面的讨论中,我们主要研究欧式期权的定价及其投资策略。

14.4.3 现货期权和期货期权

现货期权(spot options)是指以各种金融工具本身作为期权合约之标的物的期权,如各种股票期权、股价指数期权、外汇期权和利率期权等。期货期权(futures options)是指以各种金融期货合约作为期权合约之标的物的期权,如各种外汇期货期权、利率期货期权及股价指数期货期权等。

金融期权之所以要分为现货期权和期货期权这两大类,是因为这两类期权在具体的交易规则、交易策略以及定价原理等方面有很大的不同。

需要说明的是,除了现货期权和期货期权这两个基本类型外,在金融期权中,还有一种所谓的“复合期权”。这种期权的标的物本身也是一种期权合约,所以它实际上是“期权的期权”。

14.4.4 实值期权、虚值期权和平价期权

在介绍这三个概念之前,我们有必要先解释一下期权的内在价值。所谓“内在价值”,是指期权购买者通过执行期权而获得的收益,它是由期权合约的执行价格和该期权之标的物的市场价格之间的关系决定的。

若某期权的内在价值为正,则称该期权为实值期权;若某期权的内在价值为负,则称该期权为虚值期权;若某期权的内在价值为零,则称该期权为平价期权。具体来说,当标的资产的市场价格大于执行价格时,看涨期权为实值期权,看跌期权为虚值期权。当标的资产的市场价格小于执行价格时,看涨期权为虚值期权,看跌期权为实值期权。当标的资产的市场价格等于执行价格时,无论看涨期权还是看跌期权都为平价期权。

一般来说,只有当期权为实值时,期权购买者才会执行期权,而当期权为虚值或平价时,期权购买者会放弃执行期权的权利。

14.5 期权交易的基本利润图

在现实的金融期权交易活动中,有无数种期权交易策略供投资者选择。但是,这些交易策略都是以四种基本的期权交易策略为基础的,它们是买进看涨期权、卖出看涨期权、买进看跌期权和卖出看跌期权。下面,我们分别介绍这四种基本交易策略。

14.5.1 买进看涨期权

当投资者预计某标的资产的价格会上涨时,他就会购买该标的资产的看涨期权。若在该期权最后期限日,标的资产的市场价格上涨到该期权的执行价格以上,投资者就会获利。并且由于标的资产的价格上涨的幅度是无限的,期权购买者的获利程度也是无限的。相反,若标的资产的市场价格下跌并且跌至执行价格以下,期权购买者就会放弃期权,但是要受到损失,不过损失是有限的,最大的损失是他购买看涨期权时所支付的期权价格。

设某股票看涨期权的价格为 C,该期权的执行价格为 E,股票在期权之最后期限日的价格为 S_T,则购买该看涨期权在最后期限日那天的利润 π_C 为:

$$\pi_C = \max(S_T - E - C, -C)$$

例如,设某期权价格为 5 元,执行价格为 50 元,若最后期限日的股价为 100 元,则:

$$\pi_C = \max(100 - 50 - 5, -5) = 45$$

图 14.1(a)为购买该看涨期权的利润图。从图中可以看出,当股价 S_T 小于执行价格 E 时,投资者损失最大,最大损失为期权的价格 C;当股价超过执行价格时,损失逐渐减少,直到超过执行价格与期权价格之和时,投资者开始有利润,并且超过得越多利润就

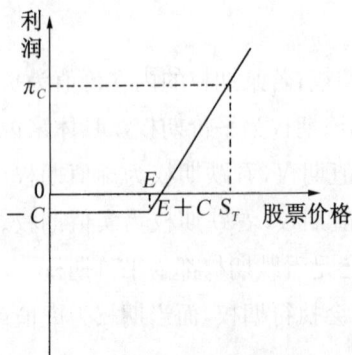

(a) 购买看涨期权   (b) 出售看涨期权

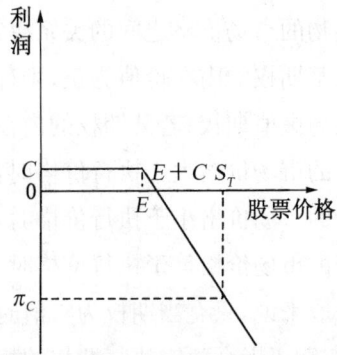

图 14.1 购买和出售看涨期权的利润图

越多。

一般来说,看涨期权所涉及交易的股票公司的某些行动会影响到股票价格,从而影响到期权价值。为此,大多数期权契约中都包含有自动调节的条文,自动调节执行价和可购数量等,以达到避免变动的效果。

14.5.2　卖出看涨期权

当投资者预计标的物资产的市场价格会下降时,在其他投资者要买入看涨期权的情况下,该投资者就会卖出看涨期权,从而得到期权价格收入。若市场股价在期权的最后期限日下跌并且跌至执行价格以下时,期权购买者会自动放弃期权。这样,期权出售者就会因得到期权价格收入而获利。不过,这种获利是有限的,最大的利润只是期权价格收入。反之,若市场股价在期权的最后期限日高于执行价格,期权购买者就会要求执行期权,这时期权出售者的利润会减少甚至出现损失,并且股价上涨的幅度越大,损失越大。

同样设某股票看涨期权的价格为 C,该期权的执行价格为 E,股票在期权之最后期限日的价格为 S_T,则出售该看涨期权在最后期限日那天的利润 π_C 为:

$$\pi_C = -\max(S_T - E - C, -C)$$

例如,同样假设某期权价格为 5 元,执行价格为 50 元,若最后期限日的股价为 100 元,则期权出售者在最后期限日那天卖出该看涨期权的利润 π_C 为:

$$\pi_C = -\max(100 - 50 - 5, -5) = -45$$

亦即损失 45 元。

图 14.1(b)为出售该看涨期权的利润图。从该图中可以看出,当股价 S_T 小于执行价格 E 时,投资者有最大利润 C;当股价 S_T 大于执行价格 E 和期权价格 C 之和时,投资者遭受损失,并且损失是无限的。

显然,看涨期权的买卖双方实际是零和博弈,买方的利润即为卖方的损失或买方的损失即为卖方的利润。

14.5.3　买进看跌期权

当投资者预计某标的资产的价格会下跌时,他就会买进该标的资产的看跌期权。若标的资产的市场价格在期权的最后期限日下跌并且跌至执行价格以下,该投资者就会执行期权。如果投资者是套期保值者,他就会以较高的执行价格出卖其标的资产,从而避免了市场价格下跌造成的损失。如果投资者是投机者,他就会以较低的市场价格在现货市场上买进标的资产,然后以较高的执行价格卖出,从而获利。并且标的资产的价格下跌的幅度越大,投资者的获利就越多。相反,若标的资产的价格上涨并超过执行价格,投资者就会遭受损失,且最大损失为期权价格支出。

设某股票看跌期权的价格为 P,该期权的执行价格为 E,股票在期权之最后期限日的价格为 S_T,则购买该看跌期权在最后期限日那天的利润 π_P 为:

$$\pi_P = \max(E - P - S_T, -P)$$

例如,设 $P = 5$ 元,$E = 50$ 元,$S_T = 40$ 元,则:

$$\pi_P = \max(50 - 5 - 40, -5) = 5$$

即期权购买者获利 5 元。

图 14.2(a)为购买该看跌期权的利润图。从图中可以看出,当标的资产价格 S_T 小于执行价格 E 和期权价格 P 之差时,投资者获利;否则,投资者将遭受损失,并且当标的资产价格 S_T 大于执行价格 E 时,损失最大,为期权价格支出 P。

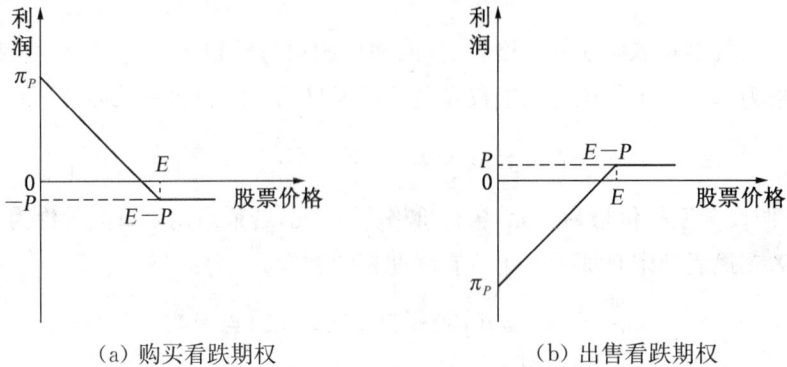

(a) 购买看跌期权　　　　　　　　(b) 出售看跌期权

图 14.2　购买和出售看跌期权的利润图

14.5.4　卖出看跌期权

当投资者对某标的资产的价格看涨时,在有其他投资者因看跌而要求购买该标的资产的看跌期权的情况下,他就会卖出看跌期权。若标的资产的市场价格在期权的最后期限日上涨并且涨至执行价格以上时,期权购买者会自动放弃期权。这样,期权出售者就会因得到期权价格收入而获利。不过,这种获利是有限的,最大的利润只是期权价格收入。反之,若市场股价在期权的最后期限日低于执行价格,期权购买者就会要求执行期权,这时期权出售者的利润会减少甚至出现损失,并且股价下降的幅度越大,损失越大。

同样假设某股票看跌期权的价格为 P,该期权的执行价格为 E,股票在期权之最后期限日的价格为 S_T。由于看跌期权的买卖双方是零和博弈,故出售该看跌期权在最后期限日那天的利润 π_P 为:

$$\pi_P = -\max(E - P - S_T, -P)$$

例如,同样设 $P=5$ 元,$E=50$ 元,$S_T=40$ 元,则:

$$\pi_P=-\max(50-5-40,\ -5)=-5$$

即期权出售者损失 5 元。

图 14.2(b)为出售看跌期权的利润图。从该图中可以看出,当标的资产价格 S_T 大于执行价格 E 时,投资者获得最大利润,即为期权价格收入 P;当标的资产价格 S_T 小于执行价格 E 和期权价格 P 之差时,投资者遭受损失,并且损失可能无限大。

14.6　金融期权价值及其影响因素

所谓期权的价值,就是指它可以给期权购买者带来的收益。从理论上说,期权的价值包括两个部分,即内在价值和时间价值。在本节及以后的讨论中,为了方便,我们使用股票期权。一个标准的股票期权合约给购买者在其最后期限日以前任何时候以执行价格购买或出售 100 股股票的权利。

14.6.1　期权的内在价值和时间价值

期权的内在价值是指在一定时刻期权合约如即刻执行给期权购买者带来的最大收益。例如,一种股票的市场价格为 25 元,以这种股票为标的物的看涨期权的执行价格为每股 20 元。由于股票看涨期权的交易单位为 100 股股票,所以该期权的购买者立即执行此期权就可以获得 500 元 $[=(25-20)\times100]$ 的收益。这 500 元的收益就是这一看涨期权的内在价值。

前面我们已经介绍过,根据期权的执行价格与其标的物的市场价格的关系,期权的内在价值从理论上讲可能为正,可能为负,也可能为零。但实际上期权的内在价值都大于或等于零,不可能小于零。这是因为期权购买者只有执行期权的权利而无执行期权的义务。当期权的内在价值为正时,期权购买者执行期权将有利可图;而当期权的内在价值小于零或等于零时,他就会放弃期权,因为他执行期权不可能获利,而有可能遭受损失。对于看涨期权而言,若标的物的市场价格大于期权执行价格,期权购买者将执行期权,否则就放弃期权。对于看跌期权而言,若标的物的市场价格小于期权执行价格,期权购买者将执行期权,否则就放弃期权。

根据以上分析,若我们以 IV_T 表示期权合约的内在价值,以 E 表示期权合约的执行价格,以 S_T 表示该期权标的物的市场价格,以 m 表示股票期权合约的交易单位,则每一份看涨期权的内在价值为:

$$IV_T = \max\big((S_T - E) \times m,\ 0\big) = \begin{cases} (S_T - E) \times m & (S_T > E) \\ 0 & (S_T \leqslant E) \end{cases}$$

同理,每一份看跌期权的内在价值为:

$$IV_T = \max\big((E - S_T) \times m,\ 0\big) = \begin{cases} 0 & (S_T > E) \\ (E - S_T) \times m & (S_T \leqslant E) \end{cases}$$

以上两种情形可以用图 14.3 表示。

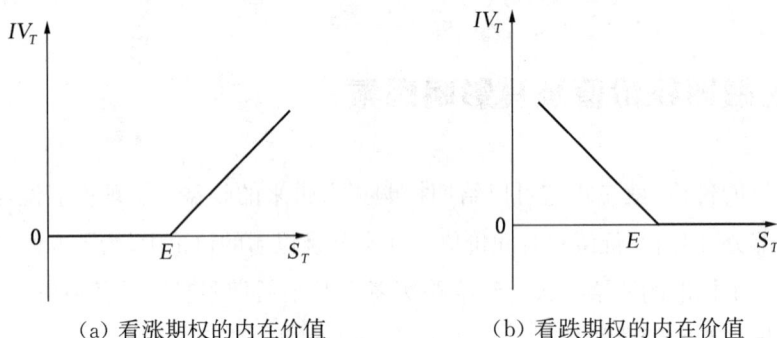

（a）看涨期权的内在价值　　　（b）看跌期权的内在价值

图 14.3　期权的内在价值

在实际的期权交易中,期权的价格在最后期限日之前一般都高于其内在价值,它们之间的差额就是期权的时间价值。期权之所以具有时间价值,是因为随着时间的推移和股票价格的变动,期权的购买者希望它的内在价值会增加。换句话说,时间价值反映了期权的购买者愿意为由于股票价格的不确定性而给他所带来的预期收益所付出的代价。

一般情况下,我们用期权的实际价格减去其内在价值得到期权的时间价值。例如,在上例中,若一份该期权的市场价格为 600 元,由于一份该期权的内在价值为 500 元,故该期权的时间价值为 100 元。

期权的时间价值的大小和执行价格与市场价格的差距有关。若执行价格与市场价格的差距越大,则时间价值越小;相反,若执行价格与市场价格的差距越小,则时间价值越大。我们以看涨期权来说明。在图 14.4 中,实线表示期权价格,虚线表示期权的内在价值,实线与虚线之间的间隔则表示期权的时间价值。从该图中可以看到,当一种期权处于极度实值或虚值时,其时间价值都会趋近于零;当一种期权处于平价时,其时间价值最大。对于看跌期权,情形也是如此。

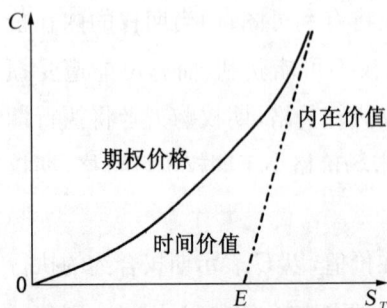

图 14.4　看涨期权价格

14.6.2　影响期权价值的主要因素

因为期权的价值包括内在价值和时间价值两个部分,所以,凡是影响内在价值或时间价值的因素都会影响期权的价值。这样的因素主要有以下五种:(1)股票价格与执行价格;(2)距期权合约最后期限日所剩余的时间;(3)股票价格的波动性;(4)无风险利率;(5)期权有效期内的股息。下面我们来分析这些因素是如何影响期权的价值的。

1. 股票价格与执行价格

股票价格与执行价格是影响期权价值最重要的因素,股票期权的价值基本上取决于这两者之间的差异,亦即内在价值。对于看涨期权,随着股票价格的上升,期权的内在价值上升,期权的价值也随之上升;反之,随着执行价格的上升,期权的内在价值下降,期权的价值也随之下降。同样的原因,对于看跌期权,其价值随着股票价格上升而下降,但随着执行价格的上升而上升。图 14.5 描述了期权的价值与股价和执行价格之间的关系。

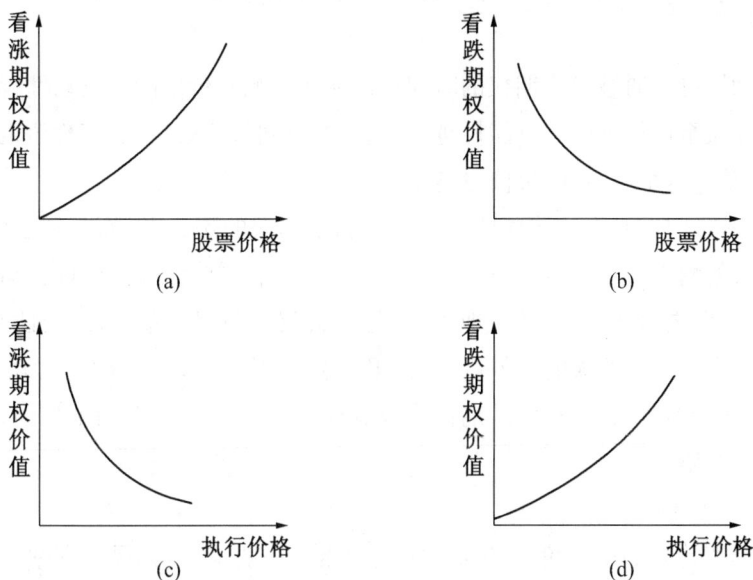

图 14.5　股票价格和执行价格对期权价值的影响

2. 距期权合约最后期限日所剩余的时间

在其他条件不变的情况下,期权的剩余时间越长,其价值越高;剩余时间越短,其价值越低。图 14.6 描述了期权距到最后期限日所剩余的时间与其价值的关系。

期权距最后期限日的时间对期权价值的影响主要表现在对其时间价值的影响上。期权的剩余时间越长,它就能够给期权的购买者提供更多的执行机会,其时间价值就越大,价值也随之越大;相反,期权的剩余时间越短,其时间价值就越小,价值也随之越小。

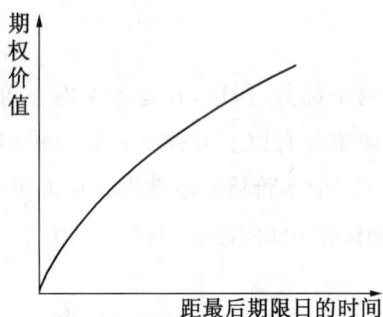

图 14.6　距最后期限日的时间
对期权价值的影响

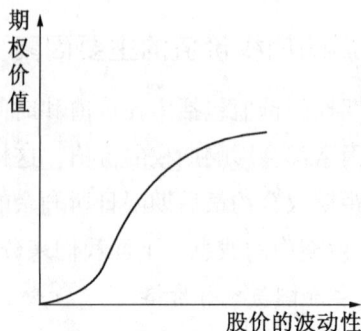

图 14.7　股价波动性对
期权价值的影响

3. 股票价格的波动性

股票价格的波动性对期权的价值有重大影响。股价的波动性越大,期权的价值越大;股价的波动性越小,期权的价值越小。图 14.7 描述了股票价格的波动性与期权价值的关系。

股价波动性也是通过影响期权的时间价值从而影响其价值的。波动性越大,股价涨至执行价格或跌至执行价格的可能性越大,期权的时间价值就越大,其价值也随之越大;相反,股价波动性越小,期权的价值也越小。

从实际的角度看,股价的波动性越大越有利于期权的购买者,而不利于期权的出售者。对于期权的购买者来说,若股价波动对他有利,他就会执行期权,且波动性越大,他的收益就越大;反之,若股价波动对他不利,他就会放弃期权。总之,波动性越大对期权的购买者越有利。对于期权的出售者而言,很显然,股价的波动性越大,他承受的风险越大。所以,当股价的波动性越大时,期权的价值应该越大,以此作为对期权出售者承担更大风险的一种补偿。

4. 无风险利率

无风险利率是影响期权价值的又一重要因素。一般来说,无风险利率水平越高,看涨期权的价值越大,看跌期权的价值越小;相反,无风险利率水平越低,看涨期权的价值越小,看跌期权的价值越大。图 14.8 描述了无风险利率与期权价值的关系。

下面我们从投资者的角度分析一下无风险利率与期权价值的关系。对于投资者来说,买进股票和买进看涨期权是相互竞争的投资战略。当无风险利率上升时,投资者直接购买股票的成本会增加,与买进看涨期权相比,这种策略的吸引力下降。于是,投资者倾向于买进看涨期权,从而使得看涨期权的价值上升。同样,卖出股票和买进看跌期权以后再以执行价格卖出股票对于投资者来说也是相互替代的投资策略,当无风险利率上升时,投资者倾向于卖出股票,以取得现金用于再投资从而获取较多的利息。这样,看跌期权的价值就会下降。

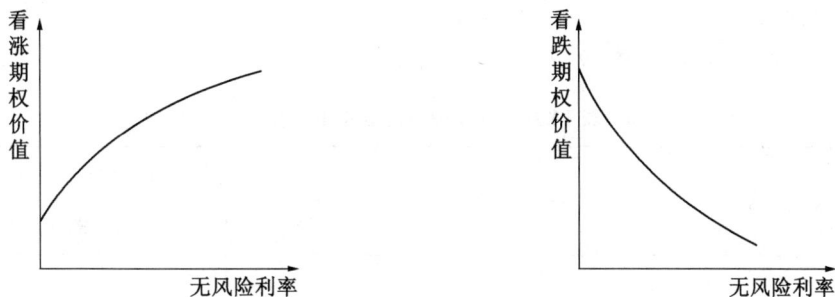

图 14.8 无风险利率对期权价值的影响

5. 期权有效期内的股息

股息会影响股票的价格，股票价格会在除息日降低，这显然对看涨期权的购买者不利，而对看跌期权的购买者有利。当股息水平越高时，看涨期权的价值就越小，而看跌期权的价值就越大。图 14.9 描述了股息对期权价值的影响。

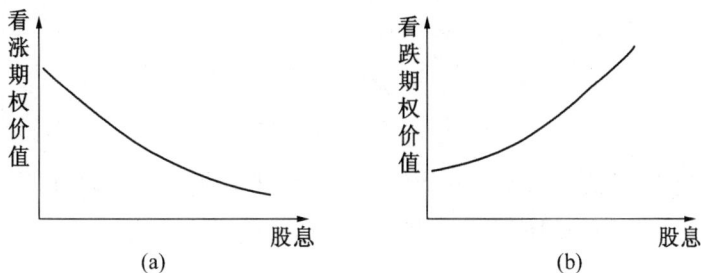

图 14.9 股息对期权价值的影响

14.7 期权价值

14.7.1 期权价值的基本特性

在我们正式分析期权定价模型前，我们将对期权的一些基本特性进行讨论。期权的这些基本结论对期权的定价是有帮助的。

1. 欧式看涨期权的最小价值

为界定欧式看涨期权的最小价值，我们可设想这样两种资产组合：A 和 B。

资产 A：购买一份股票的欧式看涨期权和一张债券，要求该债券的到期日和看涨期权的到期日相同，且该债券之价值和期权执行价格一致。若定义 r 为看涨期权的估价日至期限日之间的无风险利率（连续复利），E 为看涨期权的执行价格，则必须购买价值为 Ee^{-rT} 的债券，设估价日的时刻为 0，到期日的时刻为 T，C 为欧式看涨期权的现行价格。

资产 B：直接购买股票，并且定义 S_T 为 A 中债券的期终日时股票的价格，S_0 为现在股票的价格。

由上面两个资产组合体,列表 14.10 显示现金流模式。

表 14.10　两个资产组合体的现金流

组　合		投　资	期　终　日　价　值	
			若 $S_T > E$	若 $S_T \leqslant E$
A	购买看涨期权	$-C$	$S_T - E$	0
	购买债券	$-Ee^{-rT}$	E	E
A	总　　和	$-(C + Ee^{-rT})$	S_T	E
B	购买股票	$-S_0$	S_T	S_T

从表 14.10 可见,若 $S_T > E$,则组合 A 收入和组合 B 收入一样都为 S_T;若 $S_T \leqslant E$,则组合 A 所得 E 大于组合 B 所得 S_T。因此可得结论,组合 A 之价值至少和组合 B 之价值一样。从而有:

$$C + Ee^{-rT} \geqslant S_0$$

得:

$$C \geqslant S_0 - Ee^{-rT}$$

我们最终得结论为:欧式看涨期权的价值肯定是大于零或等于零,并且将大于或等于股票现行价格和执行价格的现值之差。其数学表达式如下:

$$C \geqslant \max(0, S_0 - Ee^{-rT})$$

2. 看涨期权的提前执行

现代期权价值理论的一个最惊人的结论是,在看涨期权的到期日之前,实际执行期权是不合算的,换句话说,在看涨期权期终日之前将它卖出是上策。

下面我们通过一个例子说明这一结论。

设某股票现价为 60 元,投资者持有的看涨期权的执行价格为 50 元,假设投资者预期现在至期终日之间的这段时期内股票价格将要下降。

在上面的情况下,投资者可以马上执行看涨期权,但也可以卖出看涨期权,我们对这两种方法作一比较。

若实际执行,投资者获利润 10 元,所以为了要使投资者更愿意出卖看涨期权,看涨期权的价格必须高于 10 元。那么,为什么看涨期权价格会高于 10 元呢? 理由如下:

看涨期权有两个价值来源:一个为马上可获得的价值 10 元;另一个为从现在到期终日之间实际执行看涨期权的时间价值,只要期权具有时间价值,看涨期权的总价值就要高于 10 元。

那么,为什么另外的投资者在期权出售者认为股价将要下跌时却愿意买这份看涨期权呢？这是因为各个投资者对市场的判断不一致。

我们再通过理论来证明这一原理：美式看涨期权价值大于或等于欧式看涨期权价值，而欧式看涨期权价值大于或等于 $\max(0,\ S_0 - Ee^{-rT})$。所以，美式看涨期权价值大于或等于 $\max(0,\ S_0 - Ee^{-rT})$。但是如果执行美式看涨期权，则价值为 $S_0 - E$。因为 $S_0 - Ee^{-rT} > S_0 - E$，所以卖出看涨期权比执行看涨期权获利更多。

上面我们是在假设股票不在期终日前支付股息，或者是看涨期权已通过一些附加条款得到保护。但若假设不成立，则可能会出现提前执行的情况，如股票不久要支付利息，则在支付股息后至期终日之间股票价格将要下降，所以投资者会立即执行期权，获利 10 元，这是最好的结果。

3. 看涨期权和看跌期权的等同

一般来说，一份看跌期权和它所涉及的股票可以组成一个资产组合，该组合和一份看涨期权可有相同的收益结构。同样，一份看涨期权和股票也可以构成一个资产组合，该组合和一份看跌期权也有相同的收益结构。若上述结论成立，我们就可以用证券的价格来衡量看跌期权和看涨期权的价格。

设 S_0 在时刻 0 时的价格，即股票现价；S_T 为股票在期终日时刻 T 的价格；r_B 为借款利率；r_L 为贷款利率；E 为执行价格；C 为看涨期权价格；P 为看跌期权价格。

设想一组合 A，是由一份股票，一份看跌期权，再加上借款 Ee^{-r_bT} 所构成，则该借款在期终日应还款为：

$$Ee^{-r_bT} \times e^{-r_BT} = E$$

资产组合现金流式见表 14.11。

表 14.11　一个资产组合和一份看涨期权的现金流等同

组　　合		期终日价值	
		若 $S_T > E$	若 $S_T < E$
A	买股票	S_T	S_T
	买看跌期权	0	$E - S_T$
	借款	$-E$	$-E$
组合 A		$S_T - E$	0
买看涨期权		$S_T - E$	0

从表 14.11 现金流式中可见，资产组合 A 和一份看涨期权的收益结构是一样的。因此，若两种投资的成本不同，投资者将会选择较便宜的，而卖出较贵的一种，不担风险地获利。

若组合 A 比看涨期权便宜，投资者将买组合 A 而卖出看涨期权，但是这种情况在有

效运转的市场上是不能持续长久的,因此,看涨期权不可能比 A 组合更有价值,即:

$$C \leqslant S_0 + P - Ee^{-r_B T}$$

上式右边为组合 A 之成本。

若看涨期权价格比组合 A 价格小,投资者将购买看涨期权而卖出组合 A;同样道理,组合 A 的价值也不可能比看涨期权价格大,有:

$$S_0 + P - Ee^{-r_L T} \leqslant C$$

综合这两个不等式,得到:

$$S_0 + P - Ee^{-r_B T} \geqslant C \geqslant S_0 + P - Ee^{-r_L T}$$

若 $r_L = r_B = r$,上面的不等式就变成了等式,我们可得到看跌期权价值和看涨期权价值之间等同的关系式:

$$P = C - S_0 + Ee^{-r T}$$

通过前面的讨论,我们已知期权价值之间的等同关系。但要指出的是,当看涨期权价格较高时,可采取如下战略:购买股票、购买一份看跌期权、借款,同时卖出看涨期权。当看涨期权价格较低时,则可卖空股票、卖出看跌期权、贷款,同时买入一份看涨期权。

由于我们前面所讨论的为欧式期权,应用于美式期权时,由于组合 A 中的看跌期权可能被提前执行,而所涉及的股票可能在期终日前支付股息等,这些都使得我们前面所获得的看涨看跌期权等同关系不能严格成立,但是可作为一个近似关系式。

14.7.2　期权定价模型

现在我们开始讨论欧式看涨期权的定价模型。我们取欧式看涨期权作为考察对象,是因为我们在前面已经知道,美式看涨期权不值得提前执行,所以可以用对欧式看涨期权一样的定价办法来对其进行定价。另外,我们也已经知道看跌期权价值和看涨期权价值之间的等同关系,所以,看涨期权的定价公式也可用于对看跌期权的定价。

下面讨论两个定价模型,它们的区别在于对股票价格随时间而变化方式的不同假设。

1. 二项期权价格公式

期权的定价模型有许多种,二项期权价格模型是其中最简单的,它的收益结果只能有两个可能值。

我们举例说明该模型的原理。考虑一看涨期权的价值,该期权离期终日还有一年时间,股票现价 50 元,投资者预计一阶段后股价或是升至 75 元,或是降至 25 元。设借贷利率均为 25%,执行价 E 为 50 元,构造一个资产组合,其现金流模式如表 14.12 所示。

表 14.12　一个资产组合的现金流模式

组合构成	0 阶段现金流	1 阶段现金流	
		$S_T = 25$	$S_T = 75$
卖两份看涨期权	$+2C$	0	-50
买一股股票	-50	$+25$	$+75$
借款 20 元	$+20$	-20×1.25	-20×1.25
		0	0

从表 14.12 中可见,该组合一阶段后的总和结果为零,不管 S_T 为何值。所以,该组合的投资价值亦为零,即 $2C - 50 + 20 = 0$,解得 $C = 15$ 元。

我们通过具体例子,说明了在这种情况下,看涨期权的价值为 15 元。但是,若实际上看涨期权价格为 10 元,则会在市场上存在着一个无风险套利机会。表 14.13 数据说明了该套利机会的存在及利用方式。

从表 14.13 可见,投机者可毫无风险地立即获利 10 元。

表 14.13　利用资产组合进行无风险套利

组合构成	0 阶段现金流	1 阶段现金流	
		$S_1 = 25$	$S_1 = 75$
买两份看涨期权	-20	0	$+50$
卖空一股股票	$+50$	-25	-75
贷款 20 元	-20	$+25$	$+25$
	$+10$	0	0

然而在实际市场上并不存在这些机会,因此我们可以断定这种情况(即 $C = 10$ 元)虽然可能发生,但肯定不会持久。同样道理,若看涨期权价格为 20 元,我们可用相同方法证明投机者可立即获利 10 元,而这一可能显然与市场情况不符,因此看涨期权为 20 元的情况也不可能长久存在。

综合上述分析,我们可肯定看涨期权价格只能为 15 元,不会高,也不可能低。

上面我们通过实际例子演示了看涨期权价值确定问题,现在我们将运用一般推理方法来确定看涨期权的价值。

从上述例子中我们可得到启示,组合的构成必须使得一阶段后的总收入不管股票价格如何变动,都将保持一致,如此可再加进借贷款项来使得一阶段后收入为零。前面所举例子中,两份看涨期权搭配一股股票,这个比例称作"套头比例"(hedge ratio)。

设 S_0 为股票现价;S_T 为一阶段后股票价格;u 为从阶段 0 到 1 之间股价上涨时的变化百分比加 1;d 为从阶段 0 到 1 之间股价下跌时的变化百分比加 1;r 为无风险借贷

利率(年率,连续复利);α 为套头比例;C_u 为股价上升时的看涨期权价格,即为 $\max(uS_0 - E, 0)$;C_d 为股价下跌时的看涨期权价格,即为 $\max(dS_0 - E, 0)$。 具体现金流式如表 14.14 所示。

表 14.14　构造资产组合为看涨期权定价

组合构成	阶段 0 现金流	阶段 1 现金流	
		$S_T = uS_0$	$S_T = dS_0$
卖一份看涨期权	C	$-C_u$	$-C_d$
买 α 股股票	$-\alpha S_0$	αuS_0	αdS_0
借款	$(\alpha dS_0 - C_d)e^{-rT}$	$C_u - \alpha uS_0$	$C_d - \alpha dS_0$

从表 14.14 中可见,因为阶段现金流必须独立于股价变动,因此有:

$$-C_d + \alpha dS_0 = -C_u + \alpha uS_0$$

解得:

$$\alpha = \frac{C_u - C_d}{S_0(u - d)}$$

因此,当 α 为上式值时,阶段 1 借款的现金流可相等,都为 $C_d - \alpha dS_0$,所以借款 $(\alpha dS_0 - C_d)e^{-rT}$,可使得阶段 1 现金流互相抵消为零。

因为该组合价值为零,故阶段 0 投资应为零:

$$C - \alpha S_0 + (\alpha dS_0 - C_d)e^{-rT} = 0$$

解得:

$$C = e^{-rT}(\alpha e^{rT}S_0 + C_d - \alpha dS_0)$$

再把 α 代入上式,并且令 $P = \dfrac{e^{rT} - d}{u - d}$,最终可得看涨期权价格为:

$$C = e^{-rT}[C_u P + C_d(1 - P)] \qquad (14.1)$$

当期权合约离期终日有两个阶段时,我们可以利用倒推的办法求出目前的期权价值。

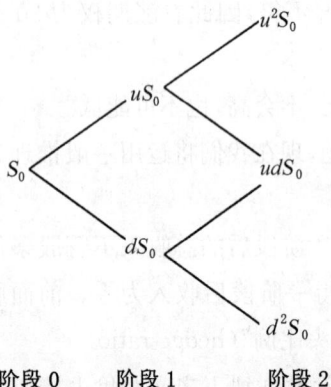

阶段 0　　阶段 1　　阶段 2

图 14.10　两阶段股票价格的波动

如图 14.10 所示,设 C_u^2 为阶段 2 期终时连续两次股价上升时的看涨期权值:

$$C_u^2 = \max(u^2 S_0 - E, 0)$$

C_{ud} 为阶段 2 期终时股价一次上升、一次下跌时的看涨期权值:

$$C_{ud} = \max(udS_0 - E, 0)$$

C_d^2 为阶段 2 期终时连续两次股价下跌时的看涨期权值:

$$C_d^2 = \max(d^2 S_0 - E, \ 0)$$

推广应用公式(14.1),可得一阶段时看涨期权值:

$$C_u = \mathrm{e}^{-rT}[PC_u^2 + (1-P)C_{ud}]$$

$$C_d = \mathrm{e}^{-rT}[PC_{ud} + (1-P)C_d^2]$$

再倒推至阶段 0:

$$C = \mathrm{e}^{-rT}[PC_u + (1-P)C_d]$$

在上式中代入 C_u、C_d 表示式,整理后得到:

$$C = \mathrm{e}^{-2rT}[P^2 C_u^2 + 2P(1-P)C_{ud} + (1-P)^2 C_d^2] \tag{14.2}$$

当期权合约离期终日有 n 个阶段时,假设 k 为股票价格上涨的次数,$(n-k)$ 为股票价格下跌的次数,我们将上述两阶段情形下的期权价值公式进行推广,即可得到这种情形下的期权价值为:

$$C = \mathrm{e}^{-nrT} \sum_{k=0}^{n} \frac{n!}{k!\ (n-k)!} P^k (1-P)^{n-k} \max(0, \ u^k d^{n-k} S_0 - E)$$

下面,我们通过一个例子来说明二项期权定价模型的应用。

例如,设某股票现价为 60 元,已知在未来的半年里该股票价格变动经历长度相等的两个时期,在每个时期或者上升 10%,或者下降 10%。现有该股票的一个半年期看涨期权,执行价格为 62 元,无风险利率为 8%。现在我们通过二项期权定价公式来求此时该看涨期权的价格。

显然,$S_0 = 60$, $u = 1.1$, $d = 0.9$, $r = 8\%$, $E = 62$。利用前面的结论,易求出:

$$P = \frac{\mathrm{e}^{-0.25 \times 0.08} - 0.9}{1.1 - 0.9} = 0.601\ 0$$

股票价格的波动如图 14.11 所示。从图中我们可以看出,$C_u^2 = 10.6$, $C_{ud} = 0$, $C_d^2 = 0$,代入两阶段的二项期权定价公式可得:

$$C = \mathrm{e}^{-0.08 \times 0.5}(0.601\ 0^2 \times 10.6 + 0 + 0) = 3.678$$

故此时该看涨期权的价格应该为 3.678 元,否则就会存在无风险套利机会。

2. B-S 期权定价模型

本模型由两个金融学家费希尔·布莱克(Fischer

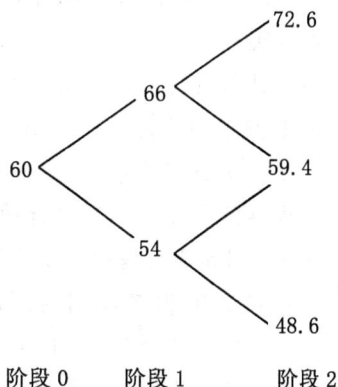

图 14.11　一个关于两阶段股票价格波动的例子

Black)和迈伦·斯科尔斯(Myron Scholes)共同提出,基本方法是利用前面所介绍的二项公式,但允许股票价格的连续变化,具体方法是使得股价上下运动的时间距离尽可能变小来实现,由于时间距离变小,前后期股票的差价也就变小了。

我们再进一步假设股票收益的连续复利率遵循正态分布,前面介绍过的期权价格模型就发展成 B-S 公式。

$$C = S_0 N(d_1) - E e^{-rT} \times N(d_2) \tag{14.3}$$

其中:

$$d_1 = \frac{\ln\left(\frac{S_0}{E}\right) + \left(r + \frac{\sigma^2}{2}\right)t}{\sigma\sqrt{t}} \qquad d_2 = \frac{\ln\left(\frac{S_0}{E}\right) + \left(r - \frac{\sigma^2}{2}\right)t}{\sigma\sqrt{t}}$$

式中,各符号定义如下:C 为看涨期权的价格;S_0 为股票的现行价格;E 为期权的执行价格;r 为无风险借贷连续复利率;t 为估值时刻离期终日的时间,以年为单位;σ 为年收益标准差;$N(d)$ 为正态分布积累值;$N(d) = \int_{-\infty}^{d} f(x)\mathrm{d}x$。

以上我们所介绍的 B-S 公式适用于任何看涨期权的定价,公式的推导过程较为艰深和繁杂,这里不予以讨论,仅给出结果,以利于应用。

思考题

1. 区分某个期货交易策略是套期保值还是投机的决定因素有哪些?

2. 如果 3 个月期国库券的现货价格为 98 美元,3 个月无风险利率为 1%,那么一份 3 个月期国库券期货合约的价格为多少?

3. 某投资者认为在未来几个月里长期利率和短期利率的差将会缩小,但他不知道利率的总体水平将向哪个方向变动。如果他的判断准确的话,他应该持有什么样的期货头寸才能获利?

4. 某投资者以 310 指数点购买了 5 份 12 个月 S&P500 股指期货合约。如果 S&P500 股价指数上涨到 318,他将获利多少美元?

5. 假定当期 S&P500 股价指数为 200,在未来 6 个月内该指数所代表的股票的红利收益率预计为 4%,新发行的 6 个月期国库券现在以 6% 的 6 个月收益率出售。问 6 个月 S&P500 股指期货合约的理论价格是多少?

6. 在 7 月 20 日,9 月份到期的 S&P500 股指期货合约的价格为 475,股价指数为 465,合约到期日为 9 月 21 日,无风险利率为 6%,股价指数的红利收益为 3%。问这种期货合约定价是偏高还是偏低?

7. 考虑购买一资产组合,该组合由两份看跌期权和一份看涨期权组成。设看涨期权的成本为 5 元,看跌期权的成本为 5 元,两种期权的执行价格都为 50 元。试画出该组合在到期日的利润图。

8. 有两份看涨期权,一份执行价格为 40 元,售价为 8 元,另一份的执行价格为 45 元,售价为 5 元,这两份看涨期权的到期日相同。若构成一资产组合:售出两份执行价格为 45 元的看涨期权,同时买进一份执行价格为 40 元的看涨期权。试画出这种战略在到期日的利润图。

9. 一股票售价为 44.25 元,6 个月后到期、执行价格为 50 元的欧式看涨期权价格为 2.25 元,无风险利率为 8%(年利,连续复利)。如果看涨期权和看跌期权有相同的执行价格,则 6 个月后看跌期权的价格是多少?

10. 考虑一个两年期欧式看跌期权,假设二项期权定价模型成立,当前股价为 50 元,执行价格为 52 元,$u=1.2$,$d=0.8$,$r=5\%$,$T=1$ 年。试求出看跌期权的价格 C。

11. 假设 B-S 公式成立,股票现在售价为 95 元,股票收益标准差为 0.6,看涨期权的执行价格为 150 元,离到期日还有 8 个月,借款利率为 8%。试求出此时看涨期权的价格。

参考文献

蔡明超、杨朝军:《不完全证券市场中衍生证券定价模型》,《预测》2001 年第 4 期。

蔡明超、杨朝军:《期权在资产组合管理绩效报酬中的应用》,《管理工程学报》2005 年第 4 期。

杨朝军:《国债期市的教训与深层次原因分析》,《上海证券报》1995 年 6 月 6 日。

Robert C.Merton, Myron S.Scholes and Mathew L.Gladstein, 1978, "The Returns and Risk of Alternative Call Option Portfolio Investment Strategies", *Journal of business*, 51, no.1(April), pp.183—242.

Robert C.Merton, Myron S.Scholes and Mathew L.Gladstein, 1982, "The Returns and Risk of Alternative Put Option Portfolio Investment Strategies", *Journal of business*, 55, no.1(January), pp.1—55.

Brenner Menachem and Marti Subrahmanyam, 1994, "A Simple Approach to Option Valuation and Hedging in the Black-Scholes Model", *Financial Analysts Journal* (March/April), pp.25—28.

Cox. John C., Stephen Ross and Mark Rubinstein, 1979, "Option Pricing: A Simplified Approach", *Journal of Financial Economics* (September), pp.229—263.

Figlewski Stephen, N.K.Chidamburan and Scott Kaplan, 1993, "Evaluating the Performance of the Protective Put Strategy", *Financial Analysts Journal* (July/August), pp.46—56.

Garcia C.B. and F.J.Gould, 1987, "Empirical Study of Portfolio Insurance", *Financial Analysts Journal* (July/August), pp.44—54.

Pozen Robert C., 1978, "The Purchase of Protective Puts by Financial Institutions", *Financial Analysts Journal* (July/August), pp.47—60.

Samorajski Gregory and Bruce Phelps, 1990, "Using Treasury Bond Future to Enhance Total Return", *Financial Analysts Journal* (January/February), pp.58—65.

Brennan Michael and Eduardo Schwartz, 1990, "Arbitrage in Stock Index Futures", *Journal of Business* (January), pp.7—31.

F.J.Gould, 1988, "Arbitrage in Stock Index Futures: The Arbitrage Cycle and Portfolio Insurance", *Financial Analysts Journal* (January/February), pp.48—62.

Hans R.Stoll and Robert E.Whaley, 1990, "The Dynamics of Stock Index and Stock Index Futures Returns", *Journal of Financial and Quanticative Analysis* (December), pp.441—468.

Avanidhar Subrahmanyam, 1991, "A Theory of Trading in Stock Index Futures", *Review of Financial Studies* 4, no.1, pp.17—51.

附录 14.1　中国股指期货

一、中国股指期货品种、交易方式简介

股指期货合约的推出是中国资本市场上的重大变革,它为投资者提供了风险对冲工具,极大地提高了市场效率。

中国目前共有三大股指期货品种:沪深 300 指数期货于 2010 年 4 月 16 日推出,中证 500 指数期货和上证 50 指数期货于 2015 年 4 月 16 日推出。其中:上证 50 股指期货合约的标的为上海证券交易所编制和发布的上证 50 指数,交易代码为 IH;沪深 300 股指期货合约的标的为中证指数有限公司编制、沪深证券交易所联合发布的沪深 300 指数,交易代码为 IF;中证 500 指数期货合约的标的为中证指数有限公司编制和发布的中证小盘 500 指数,交易代码为 IC。

(1) 股指期货合约相关条款。

上证 50 期指与中证 500 期指相比沪深 300 期指主要有两点不同:其一,标的指数不同;其二,合约乘数不同。沪深 300 期指与上证 50 期指均为 300 元每点,中证 500 期指为 200 元每点。其他条款基本相同。因此,以沪深 300 期指合约为例,中金所规定的相关条款如下:

合约标的:中证指数有限公司编制和发布的沪深 300 指数。

合约乘数:每点人民币 300 元。股指期货合约价值为股指期货指数点乘以合约乘数。

报价单位:沪深 300 股指期货合约以指数点报价。

最小变动价位:0.2 指数点,合约交易报价指数点为 0.2 点的整数倍。

合约月份:当月、下月及随后两个季月。季月是指 3 月、6 月、9 月、12 月。

最后交易日:合约到期月份的第三个周五,最后交易日即为交割日。最后交易日为国家法定假日或者因异常情况等原因未交易的,以下一交易日为最后交易日和交割日。到期合约交割日的下一交易日,新的月份合约开始交易。

交易时间:交易日 9:15—11:30(第一节)和 13:00—15:15(第二节),最后交易日交易时间为 9:15—11:30(第一节)和 13:00—15:00(第二节)。

每日价格最大波动限制:指其每日价格涨跌停板幅度,为上一交易日结算价的 ±10%,首日及最后交易日为±20%。

最低交易保证金:交易所根据市场风险状况进行不定期调整。截至 2017 年 3 月,上证 50、沪深 300 股指期货非套保持仓保证金为合约价值的 20%,中证 500 指数期货为 30%;三大期指套保仓保证金均为合约价值的 20%。

交割方式:沪深 300 股指期货合约到期时采用现金交割方式。

交易单位:"手",期货交易以交易单位的整数倍进行。

涨跌:指某一期货合约在当日交易期间的最新价与上一交易日结算价之差。

申买量:指某一期货合约当日交易所交易系统中未成交的最高价位申请买入的下单数量。

申卖量:指某一期货合约当日交易所交易系统中未成交的最低价位申请卖出的下单数量。

结算价:指某一期货合约当日一定时间内成交价格按照成交量的加权平均价。结算价是进行当日未平仓合约盈亏结算和计算下一交易日交易价格限制的依据。

持仓量:指期货交易者所持有的未平仓合约的单边数量。

平今仓交易手续费:指当日建仓并平仓的平仓手续费,目前为成交金额的万分之九点二(截至 2017 年 3 月)。中金所根据市场状况不定期进行调整。

日内开仓限制:截至 2017 年 3 月,股指期货合约在单个产品、单日开仓交易量超过 20 手的构成"日内开仓交易量较大"的异常交易行为。套期保值交易开仓数量不受此限。

(2) 股指期货合约的交易指令与成交。

中国金融期货交易所交易细则中规定:市价指令只能和限价指令撮合成交,成交价格等于即时最优限价指令的限定价格;交易指令的报价只能在合约价格限制范围内,超过价格限制范围的报价为无效报价,交易指令申报经交易所确认后生效。

交易指令每次最小下单数量为 1 手,市价指令每次最大下单数量为 50 手,限价指令每次最大下单数量为 100 手。

限价指令连续竞价交易时,交易所系统将买卖申报指令以价格优先、时间优先的原则进行排序,当买入价大于、等于卖出价则自动撮合成交。撮合成交价等于买入价(bp)、卖出价(sp)和前一成交价(cp)三者中居中的一个价格。

同时,中国金融期货交易所交易细则还规定新上市合约的挂盘基准价由交易所确定并提前公布。挂盘基准价是确定新合约上市首日涨跌停板幅度的依据。

二、中国股指期货投资者类型

1. 按交易方式

按交易方式划分，我国股指期货投资者包括三大类：套期保值者、套利者和投机者，中金所相应地为这三类投资者开设不同的投资账户。

目前，套利策略主要包括三种：期现套利、跨期套利和阿尔法策略。期现套利又称基差套利，指投资者通过在期现货市场买卖赚取价差的行为；跨期套利即同时买入价值被低估的期指合约，卖出价值被高估的期指合约，赚取差价。跨期套利又分为牛市套利和熊市套利，前者认为近期的股指期货价格被低估，因此买入近期合约，卖出远期合约；后者则买入远期合约，卖出近期合约。阿尔法策略即投资者在持有股票现货组合的同时，做空对应期指，对冲系统性风险。

投机者是指纯粹以获取股指期货涨跌幅价差为目的的期指市场投资者，无需在现货市场持有反向头寸。一般来说，中金所会限制投机者的持仓仓位。因此机构投资者发行相关产品都会申请套保仓。套保仓相对于投机仓一方面额度更大，另一方面成本更低（保证金比例低）。

2. 按投资者属性

按投资者属性划分，投资者可以分为散户和机构投资者，其中散户又分为一般法人和自然人投资者，机构投资者又可以细分为证券公司、基金公司、信托公司、私募基金、QFII 及 RQFII、保险机构等。

根据中金所 2015 年 6 月 15 日与同年 7 月 2 日公布的投资者持仓数据，我国股指期货市场投资者分布如图 1 所示。

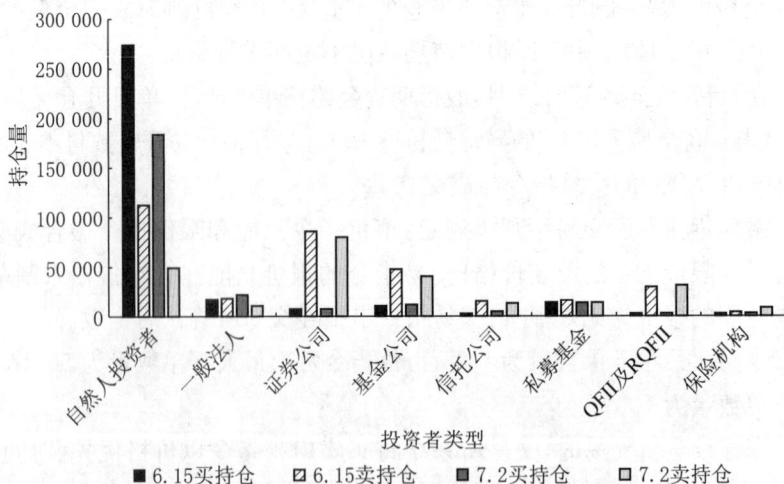

资料来源：中国金融期货交易所。

图 1　股指期货投资者持仓情况

由图 1 可知，在 2015 年"股灾"的这段时间，股指期货多头主要是散户投资者，而空头主要是机构投资者。由于中国股票现货市场融券卖空受限,散户集中在多头的特征表明国内散户投资者投机性较强。相反,股指期货市场的机构投资者有做空期指对冲现货市场多头风险的需求。

三、中国股指期货合约自上市以来的数据统计

分别选取上证 50、沪深 300、中证 500 股指期货主力合约收盘价与当日汇总持仓量数据,比较二者随时间变化的关系。时间区间为股指期货上市至今。

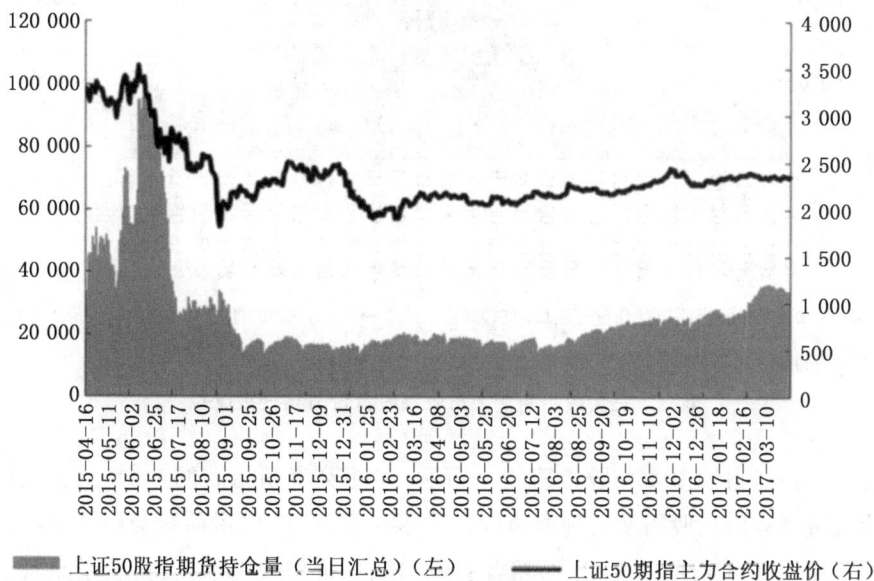

上证50股指期货持仓量(当日汇总)(左) 上证50期指主力合约收盘价(右)

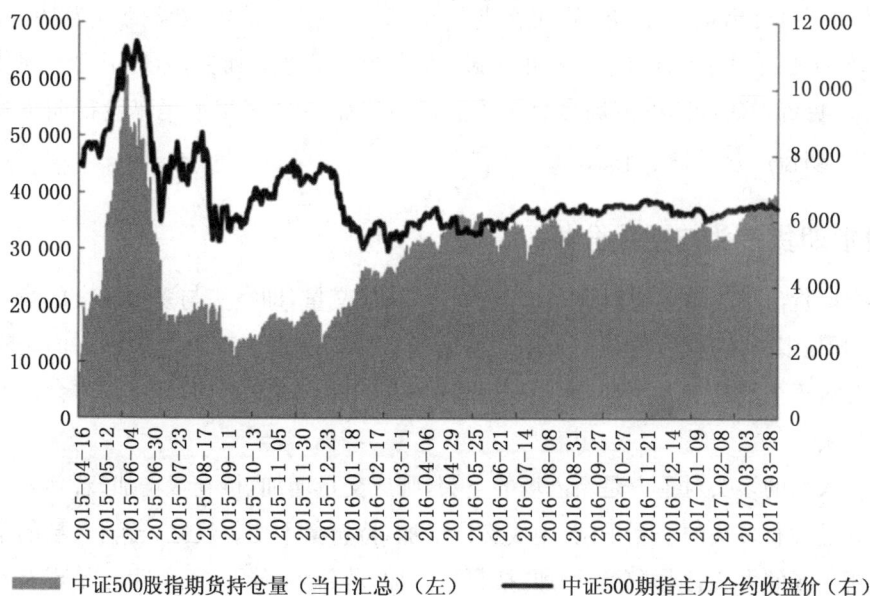

中证500股指期货持仓量(当日汇总)(左) 中证500期指主力合约收盘价(右)

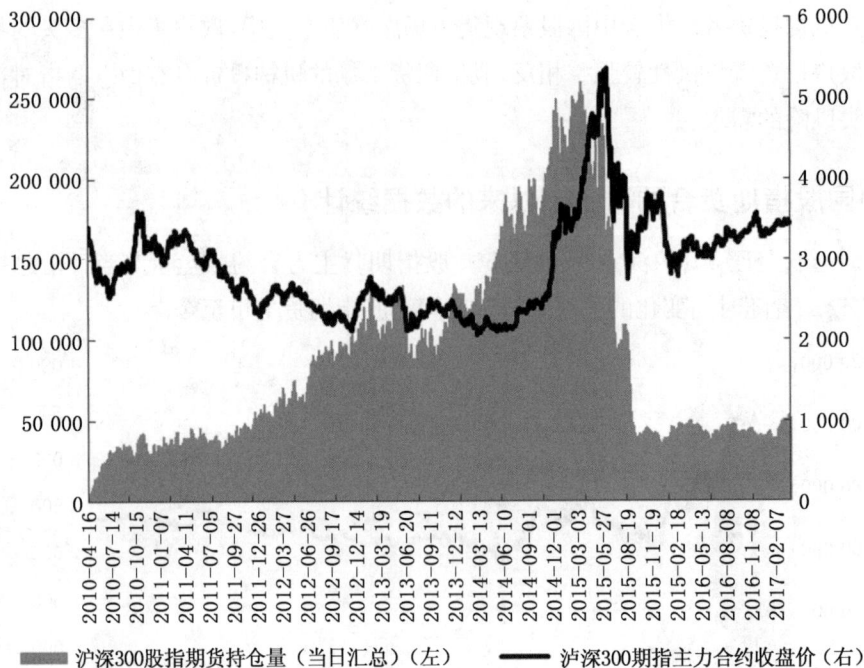

沪深300股指期货持仓量（当日汇总）（左）　　　沪深300期指主力合约收盘价（右）

资料来源：国泰安数据库、WIND金融终端。

图2　三大股指期货上市以来收盘价与持仓量比较

由图2可见，自沪深300股指期货上市后，伴随着市场指数的走低，持仓量持续增加，表明投资者有借助股指期货规避风险的需求。上证50股指期货与中证500股指期货在2015年A股牛市期间上市，伴随着股价与期指价格的上涨，其持仓量出现了迅速增长，体现了投资者看多股市，从而在期指市场买入多头锁定收益的行为特征；而自2015年6月15日开始，伴随着价格的下跌，期指持仓量迅速减少，体现了由于现货市场卖空受限，投资者通过期指市场释放卖压的行为特征。2015年下半年股指期货被限制开仓之后，期指持仓量趋于平稳。

四、股指期货多头与空头分析

股指期货市场一单多头对应一单空头。所谓成交量，即空头与多头成交的量。所谓持仓量，既是多头持仓量，也是空头持仓量。净空头与净多头在整个市场层面是不存在的。只有对于个别投资者而言，其自身持有的多头与空头头寸不一致时，才会出现净空头与净多头。

若新入场的多头对手方是新入场的空头，则成交量增加，持仓量增加；若新入场的多头对手方是现有多头的获利了结，则成交量增加，持仓量不变。反之，若新入场的空头对手方是新入场的多头，则成交量增加，持仓量增加；若新入场的空头对手方是现有空头的回补，则成交量增加，持仓量不变。期指价格的涨跌取决于多头与空头力量的强弱。以

2014—2015 年中国牛市与"股灾"期间为例,对股指期货多空力量对比进行分析。

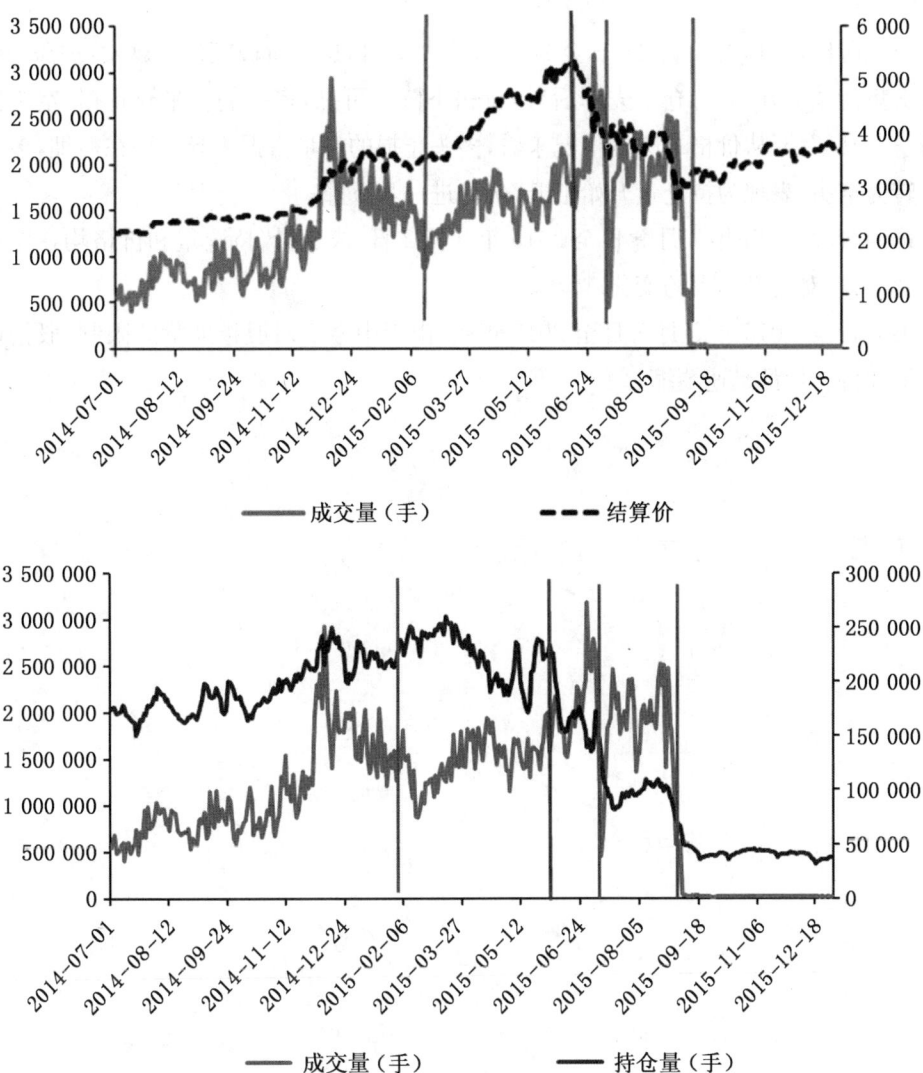

资料来源:国泰安数据库、WIND 金融终端。

图 3　沪深 300 股指期货量价分析(2014 年 7 月 1 日—2015 年 12 月 31 日)

第一阶段,2014 年 7 月初至 2015 年 2 月末。前期沪深 300 期指成交量、持仓量、价格均有显著上升,表明新入场的多头占据优势;后期持仓量继续上升,成交量、价格略有下降,表明多头入场开始放缓,新入场的空头力量逐渐强势。

第二阶段,2015 年 3 月至 2015 年 6 月 12 日。这一阶段牛市逐渐见顶。首先,成交量、价格上升,持仓量下降,表明空头们先是积极平仓止损,而多头们也积极平仓了结,但空头的止损意愿相对更为强劲;随后成交量、价格略有下降,持仓量上升,表明有新的空头入场(可能是获利了结的多头们反手做空),但力量不强。之后,成交量、价格继续上升,持仓量出现下降,表明随着价格继续回升,空头们再度平仓止损,多头们再度平仓了结。

第三阶段,2015 年 6 月 15 日至 2015 年 7 月 8 日,这一阶段"股灾"爆发,沪深 300 期指成交量持续上升,而持仓量先降后升,价格下降。可见,多头们在平仓止损,空头们也在纷纷获利了结,从价格下跌的情况来看,多头止损的力量占据主导。而在后期,多头们纷纷转为空头,表现为持仓量开始上升,价格进一步下降。

第四阶段,2015 年 7 月 9 日至 2015 年 9 月 2 日,成交量、持仓量和价格均在原地波动,多空力量对比没有大的变化。

第五阶段,2015 年 9 月 7 日至 2015 年底,由于中金所对股指期货的限制,股指期货成交量和持仓量都迅速萎缩。

第 **15** 章

投资组合管理与业绩评估

15.1 投资管理

15.1.1 投资管理机构

在实践过程中,规范化的投资管理机构一般包括三个当事人:投资人、信托人(托管人)、经理人。投资人即资产的实际所有者;信托人(托管人)为资产的名义持有者,它负责资产的保管;经理人则是由各类投资专家组成的资产管理公司,负责资产的投资运作。投资人将资产集中起来交给信托人(托管人)保管,再由经理人去经营。通过这种活动,经理人获得管理收益,而投资人实现了资产的保值增值或其他目标。在投资人、信托人和经理人之间的三角组合关系中,经理人的作用最为重要,因为资产的投资回报完全取决于经理人的经营业绩。经理人必须由具有广博的理论知识和丰富的实践经验的投资专家担任,他们通过对市场状况进行周密的分析研究,制定出切实可行的投资组合与策略,可以确保有效的投资运作,努力达到资产稳健增值的目的。

目前,证券市场上最常见的投资管理机构就是证券投资基金。证券投资基金的运作结构图如图 15.1。

与其他的投资方式相比,投资管理机构具有以下特点:

1. 专业化管理

专业化的管理和科学的运作结构是投资管理机构的最大特点。投资资产由专业的资产管理公司负责管理。投资者仅承担极低的费用,便可享受到专业经理人的专业理财服务。资产管理公司配备了大量的投资专家,他们不仅掌握了广博的投资分析和投资组合理论知识,而且在投资领域也积累了相当丰富的经验。

2. 集合资金

投资管理机构往往集合了大量中小投资者或数家机构投资者的资金,拥有雄厚的资

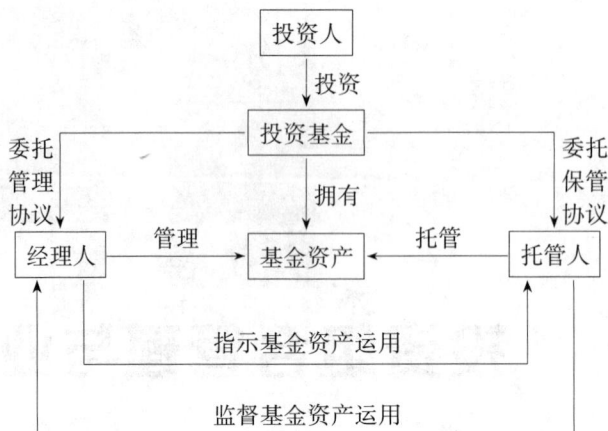

图 15.1 证券投资基金的运作结构

金实力,能够进行大规模的资本运作。

3. 分散投资风险

拥有雄厚的资金实力的投资管理机构可以进行科学的投资组合,分散投资于多种证券,有效地降低"非系统风险"。当然投资管理也是一种投资行为,其投资也同样存在风险,投资者应根据其风险偏好和承受能力选择不同类型的基金投资。

4. 便于境外投资者

在全球经济一体化迅速加快的情况下,跨国投资已成为国际资本市场的重要内容,境外投资市场吸引着越来越多的投资者。然而投资者要想直接投资于境外证券市场,由于信息不灵,交易交收不便,存在着许多现实困难。但是如果通过投资管理机构,一切就变得简单易行了。因此,可以说投资管理机构是境外投资者间接投资于异地证券市场的理想中介。从投资基金的起源来看,投资基金的产生就是由于跨洋投资的需要。正因为如此,投资管理备受境外投资者的青睐,也正在日益成为世界各国或地区,尤其是发展中国家或地区吸引外资的重要途径之一。

15.1.2 资产管理公司的投资决策流程

1. 投资决策流程的设计与选择

任何投资策略成功与否均取决于投资管理者的经营战略是否科学,投资战略的确定科学与否又取决于管理者对投资运作所面临的外部环境和内部条件的综合认识与判断是否正确。只有使外部经营环境和内部条件在投资运作中达到动态协调时,确定的投资战略才可能通过投资实践得以实现。而完成这一过程在很大程度上要决定于管理者所采用的决策管理机制,科学灵活的投资决策机制是任何投资策略与风险防范成功与否的基础。

一般的投资决策流程基本都是由研究开发部门根据宏观经济环境、行业特征以及企业发展状况,提出投资研究报告,以投资建议的形式交投资决策委员会审议,公司投资决策委员会根据投资建议,决定基金投资的总体计划(包括基金资产的分散程度以及各项投资的比重等),并制定投资计划书,由资产管理部或证券投资部按计划书制定具体的操作方案组织实施,操作执行完毕后由资产管理部或证券投资部作总结交投资决策委员会审核备案。

2. 基金投资管理程序

科学合理的投资决策机制只是投资管理运作成功的第一步,决定基金投资成功与否的另一重要因素是投资管理程序的设计。

投资管理程序是投资管理者考虑如何决策、投资何种证券以及何时进行投资的一个总体的思路。投资管理程序包括以下五个步骤:

(1) 确定投资政策,包括投资目标、投资范围和投资策略;

(2) 实施证券分析;

(3) 建立资产组合;

(4) 调整投资组合;

(5) 业绩评估。

这五个步骤组成了投资管理程序的整个循环过程,如图 15.2 所示。

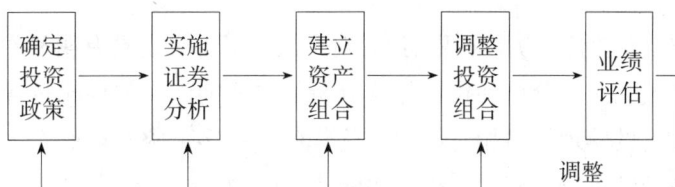

图 15.2　投资管理程序图

15.2　资产组合管理的业绩评估

任何决策过程一个不可缺少的步骤是对决策结果的评价,不管是投资者自己直接管理还是雇用证券专家来为之进行投资决策。对于投资基金而言,主要的当事人包括基金经理(资产组合管理人)和基金持有人(委托人)。

在实际证券市场中,大部分的投资决策是由专业证券分析师来进行的,专业投资机构则有共同基金、养老基金、学院基金和保险公司等。因此,在进行投资决策评估时,不仅要比较基金最终管理的结果,还要知道基金的投资机构以及经理人对这些投资策略的执行情况。同时,对于不同投资目标的投资基金而言,比如股票投资基金和债券投资基金,由于它们的风险差别很大,因此即使取得了相同的最终收益率,也不能认为它们的绩效相同。

对投资结果进行评估,不仅是针对职业基金经理人和投资机构,个人投资者也可以对自有资金的投资进行评估。如果我们是针对基金管理人持有的组合进行评估,通常也称为基金的绩效评估(performance evaluation)。

投资组合调整与基金业绩评估是紧密联系在一起的。投资组合调整首先是通过与某些基准进行比较来评估基金投资组合的绩效,这些基准通常为确定的目标组合的投资收益率,如某一市场指数组合的收益或是资产管理公司自己设定的某一证券组合的收益。然后第二步要通过分析实际投资收益与目标组合收益的偏差及其产生的原因,对基金的投资组合进行合理的调整,使之符合实现基金投资目标的需要。事实上,尽管有时资产管理人所管理的基金投资组合的绩效会好于基准投资组合的收益,但如果该投资组合不能满足投资者的其他要求,那么在这一投资管理过程的一开始,即在投资目标和投资政策的设立时就存在着问题。在这种情况下,通过对基金业绩的评价和分析,资产管理人还有可能对基金的投资目标和投资政策进行某种调整。所以,基金业绩的评价既是基金投资管理的阶段性总结,也是下一投资管理过程的开始,而整个投资管理程序也因此成为一个循环往复、不断总结评价、不断自我调整的有机体。

15.2.1　业绩评估的必要性

(1) 基金作为专业证券机构投资者,相对个人投资者来说具有明显的资金、信息、技术优势,在基本分析、技术分析和投资组合分析等方面的能力都要超过普通的散户投资者。而资产管理者的管理能力相对散户的优势到底有多大呢? 最好的办法就是对证券投资基金的经营业绩进行合理的分析和评价,同时也为投资者选择正确的证券投资基金进行投资提供一定的依据。

(2) 从投资者不同的风险、收益偏好来看新基金业绩评价的必要性。依据投资者对风险收益的不同偏好,证券市场上投资者可以分为三种,即风险厌恶型、风险中性型、风险偏爱型。随着新基金的数量越来越多、规模越来越大,各自的投资风格日益呈现。如何确定具有不同投资风格的基金的风险和收益,为不同风险收益偏好的投资者提供不同的新基金品种显得十分必要。

(3) 从管理层和资产管理人本身来看新基金业绩评价的必要性。从管理层的角度来看,通过新基金的不断发行,使新基金这种理性的大机构投资者起到促进市场稳定发展的作用,同时也为广大散户树立了一种良好的中长期投资理念的典范。这种目标的实现需要新基金取得比较高的投资收益,这就提出了如何科学合理地评价新基金的经营业绩的问题。而对新基金资产管理人来说,其经营业绩的好坏直接影响到报酬的高低,所以资产管理人也必须定期或不定期地对其本身经营业绩进行科学评价,使其所管理的基金资产能够得到长期稳定的增值。

15.2.2　业绩评估的基本要素

资产组合管理评估的基本要素包括收益和风险两个方面。

对证券组合结果的评估主要是比较各证券之间的收益大小问题。但在评估时必须注意,进行比较的证券组合不但风险要一样,而且约束条件也要相同。比如说,某金融机构限制其管理者投资于 AA 等级或更高等级的债券,就不应该把该机构的证券资产组合直接与别的没有这样限制的机构的证券资产组合进行比较。

1. 收益率计算

(1) 简单收益率。

在前面几章节中,我们给出了单个证券收益率的计算公式:

$$收益率＝(资本所得＋股息)/初始投资值$$

因此,若某证券支付股息 3.00 元,资本所得为 7.00 元,初始投资为 100 元,则其收益率为 10%[＝(7＋3)/100]。 但对于证券组合来说,在计算收益率时就必须小心,因为证券组合在某一时间段上会有许多现金流入和流出。

表 15.1　投资组合在不同阶段的现金流量

	0	1	2	3
流入流出前价值	100	110	231	55
流入(流出)	0	100	(181)	
总投资量	100	210	50	
期末值	110	231	55	

再看表 15.1 中所示的投资组合的收益率的计算。该证券组合每阶段收益率为 10%,但由于在阶段 2 开始时现金流出为 181 元,使得期末值小于期初值,因此仅仅比较期初期末值而决定收益率是不正确的,没有反映流入流出变化。

(2) 金额加权收益率。

所谓金额加权收益率,就是将追加投入的资金纳入考虑后计算得出的基金投资收益率。其计算公式为:

$$F_n = F_0(1+r)^n + \sum C_i(1+r)^{n-i}$$

其中,r 为金额加权收益率;F_0 为期初的本金;F_n 为期末基金价值;C_i 为时刻 i 的现金流量。金额加权收益率与前面介绍的内部收益率是一致的。

用一个简单的例子说明如下:假定投资组合运作期限为 2 年,组合只包含一种股票即甲股票,且股价期初为 10 元,第一年年底为 8 元,第二年年底为 16 元。我们来分析基金 A 和基金 B 所管理的投资组合的收益率。A 基金在期初以 10 元购入 10 亿元的甲股票,持有 2 年,B 基金在期初以 10 元购入 5 亿元的甲股票,又在第一年底以 8 元的价格购入 5 亿元的甲股票,共持有股数为 1.125 亿股,则运用金额加权收益率法所计算的收益率为:

A 基金:$10(1+r)^2=16$,$r=26.5\%$

B 基金:$5(1+r)^2+5(1+r)=1.125\times16=18$,$r=46.2\%$

(3) 时间加权收益率。

时间加权收益率是指在每单位期间计算其金额加权收益率后,计算整个期间收益率的几何平均数。其计算公式为:

$$r=[(1+r_1)(1+r_2)\cdots(1+r_n)]^{1/n}-1$$

其中,r 为时间加权收益率;r_i 为每个期间 i 的金额加权收益率;n 为全部时间的长度。

同样以上面例子中的数据,我们可以利用上述公式同时计算出 A、B 两家投资基金的时间加权收益率:

因为:$r_1=-20\%$,$r_2=100\%$,

故有:$r=(0.8\times2)^{1/2}-1=26.5\%$。

我们看下面的例子,见表 15.2。该表显示了基金 C 和基金 D 两种流入流出模式,这两个基金的流入量和流出量在此期间都是相等的,并且两个基金的收益率在各个阶段也是相同的。

表 15.2　有资金追加下的收益率比较

		0 阶段	1 阶段	2 阶段	3 阶段末净值
	基金收益率	20%	-10%	10%	
基金 C	流入流出前值	100	240	126	138.6
	流入(流出)	100	(100)	0	
	投资量	200	140	126	
	期末值	240	126	138.6	
基金 D	流入流出前值	100	120	198	107.8
	流入(流出)	0	100	(100)	
	投资量	100	220	98	
	期末值	120	198	107.8	

但是,从表 15.2 中可见,C 和 D 两个基金的期末值是完全不同的,C 基金为 138.6,D 基金为 107.8。这是因为 C 基金管理者把其 100 元资金投放到具有最大利润的阶段 0,而在亏损阶段 1 再把它抽了出来,而 D 基金管理者却错误地把其 100 元资金在阶段 1 投入,而在能获利的阶段 2 抽出,因此最后绩效远低于 C 基金。

但在许多情况下,比如说开放式基金的基金受益人要求赎回,基金管理人往往不能主动地决定对看好的股票追加投资,同时有可能在熊市背景下基金受益人申购基金导致基金规模扩大。这时候评判组合优劣的标准通常是用各阶段的收益率。从考虑现金流的出入角度而言,C、D 两个基金的绩效完全一样,各阶段的收益率为 20%、-10% 和 10%,其时间加权收益率为:$5.91\%[=(1.2 \times 0.9 \times 1.1)^{1/3} - 1]$。

下面对金额加权收益率和时间加权收益率进行比较。金额加权收益率在计算不同期限的收益率时需知道基金之期初及期末的净资产,及现金流动净额和时间,计算更为精确。它的优点可以这样比喻:赚 10% 的时候资金投入 1 亿元,而亏 10% 的时候只投入 1 万元,这个业绩是不错的。但是由于新的资金流入流出非基金管理人所能完全控制,故此方法在评价基金管理人的资产运作能力方面仍有许多局限,往往不能反映经理人的主观判断能力。时间加权收益率通过对金额加权收益率进行几何平均处理,其受非经理人主观因素导致的现金流量变化的影响已经降低到很小的程度,因此它完全可以作为评价基金管理人资产运作能力的指标。这也是时间加权收益率最大的优点。

在前面的例子中,A 基金和 B 基金在两个阶段的收益率一样,但 B 基金在收益率高的阶段所投入的金额大,因此金额加权收益率的结果是 B 基金优。从时间加权收益率看,两个基金在两个阶段都采用了全部金额对同一股票投资的操作战略,因此评估的结果是两个基金一样好。在实际操作中,大多数欧美资产运作评价机构都采用时间加权收益率作为衡量基金投资绩效的主要指标。

2. 风险测算

在风险衡量时,正如我们前面介绍的,存在着两种风险核算方法,即总风险和系统风险。比如说某一所大学的捐赠基金投资,其所注重的是总风险,若投资中尚有部分可分散化风险没有分散掉则可以说是一个失策。另一方面,对于一个大型养老基金,若它所有资产被分配给多位管理者分别管理时,则风险将主要来自不可分散化风险,因此在进行评估时,更关注由不可分散化风险所带来的收益情况。在估计风险时,用收益的均方差来衡量总风险程度,而用 β 系数来衡量不可分散化风险的大小。

15.2.3 基金业绩评价的主要方法

1. 直接比较法

在进行证券组合比较时,最简单最常用的方法是对具有相同风险的证券组合的收益进行比较。这种方法在美国主要是用于对各共同基金的评价上,由于共同基金的数据是可以从公开信息获得,因此对共同基金的研究也是学者们成果最多的领域。

直接比较法的一个前提是强调对风险相同的基金进行比较。比如说两个风险不同的基金,一个基金主要是投资于债券市场,另一个基金主要是投资于一些小公司的股票,如果我们采用直接比较法发现它们的收益相同,我们就不能说这两个基金的绩效相同。因为投资于债券市场的基金管理人,给基金受益人带来的风险很小,但他取得了与投资股票的基金相同的绩效,显然应该是绩效优良的基金。

下面是一个有趣的实证分析结果。Friend、Blame 和 Crockett 等人做了一个模拟实验对基金绩效进行评估。在表 15.3 中,他们将一些基金自 1960 年 1 月至 1968 年 6 月的绩效根据其风险状况进行分类,然后构造三个风险水平相同的由随机挑选的股票构成的组合,结果发现随机挑选的股票所构成的组合其绩效超过了基金。这一结果产生的原因是由于基金在进行投资时常常受到一些约束。比如基金不能随意地按市场价购入小公司的股票,因为基金管理的资金规模大,购买发行量小的股票时势必会抬高股票价格造成成本上升,而在随机构造的股票组合中假设自己能按照市场上交易的价格买入任意量的股票,同时由于市场有效性的趋强,因此会产生基金绩效不如随机构造组合的收益率的结果。

表 15.3　相同风险下基金持有组合的收益与随机构造组合收益的比较

风险等级	样　本　数　量		平　均　方　差		平　均　收　益	
	共同基金	随机组合	共同基金	随机组合	共同基金	随机组合
低	43	62	0.001 20	0.001 18	0.102	0.128
中	25	51	0.001 82	0.001 84	0.118	0.142
高	18	50	0.002 80	0.002 79	0.138	0.162

2. 单系数指标比较法

下面我们将给出几种单系数指标比较法,它的区别起源于对风险定义的差别和投资者调整自己所投资证券风险的能力的不同假设上。

(1) 特雷诺指标。

美国学者特雷诺(Treynor)在 1965 年提出了一种结合风险调整的基金绩效评价指标。在这种评价方法中,他利用投资组合的市场风险度量 β_p 对基金的投资收益进行调整,其计算公式如下:

$$T_p = (R_p - R_f)/\beta_p$$

其中,T_p 为特雷诺指标(Treynor index);R_p 为投资组合的收益率;R_f 为市场上无风险资产的投资收益率;β_p 则为投资组合的市场风险亦即系统风险。

特雷诺指标衡量的是基金投资组合的单位市场风险所能带来的投资回报。利用这个指标对基金管理人运用基金资产的能力进行评价,能够看出基金管理人在投资风险与收益之间的权衡与选择水平的高低。

(2) 夏普比率。

我们在前面曾分析了存在风险借贷的情况,投资者将选择有效边界上的某一点作为其证券组合的最优构成。夏普将风险超额收益 $(\overline{R}_p - R_F)/\sigma_p$ 作为证券组合评比的优劣指标,因此该指标被称为夏普比率(Sharpe ratio)。

夏普比率主要是从投资者的角度来考虑的,一般在对共同基金的证券组合进行评比时,分析家们都用该指标作为判别准绳。

（3）詹森阿尔法值。

我们在谈到资产组合管理的业绩时,往往希望用收益的百分比形式来表达,而特雷诺指标和夏普比率都用收益率去除以另外一个变量,因此表示的是基金绩效的相对性,这些指标只能将基金的表现进行排序比较。詹森(Jensen,1968)给出了一个绝对指标,即基金的 ALFA 值(也称 Jensen's ALFA)。下面是 ALFA 值产生的简单理论推导。

组合 j 在任意时期 t 的收益率 $\overline{R}_{jt}$ 由资本资产定价模型可表示为:

$$\overline{R}_{jt} = R_{ft} + \beta_j (\overline{R}_{mt} - R_{ft}) \tag{15.1}$$

或

$$R_{jt} - R_{ft} = \beta_j (R_{mt} - R_{ft}) + e_{jt} \tag{15.2}$$

公式(15.2)左边是投资组合 j 的风险升水,只要资本资产定价是有效的,股票或投资组合的风险升水就应该等于 $\beta_j (\overline{R}_{mj} - R_{ft})$ 加上随机项。

对于一个随机构造的组合(unmanaged portfolio),公式(15.2)可以很好地估计投资组合的系统风险测度,同时 e_{jt} 是一个均值为 0 的扰动项。但对于具有很强预测能力的基金经理,他构造的投资组合可能出现 e_{jt} 总是大于 0 的情形,因此可以将公式(15.2)重新写成:

$$R_{jt} - R_{ft} = \alpha_j + \beta_j (R_{mt} - R_{ft}) + u_{jt} \tag{15.3}$$

其中,u_{jt} 是一个均值为 0 的、序列不相关的扰动项;α_j 为非零常数项,它是投资组合的超额收益率与市场组合的超额收益率进行回归得到的截距项,詹森称之为 ALFA 指标。如果基金经理对证券价格有很强的预测能力,则 ALFA 值就应大于 0,否则就小于 0,而对于随机构造的组合并采取买入并持有策略,ALFA 就是 0。

（4）总阿尔法值。

法玛(Fama,1972)将夏普采用的总风险调整方法与詹森采用的收益率表现形式相结合,提出了基金绩效评估的总风险调整阿尔法(total risk-adjusted Alfa,TRA)。

$$TRA_i = \overline{R}_i - \left(R_f + \frac{\overline{R}_m - R_f}{\sigma_m} \times \sigma_i\right)$$

如图 15.3 所示,设 A 点为要评估的证券组合,设 $R_f = 5\%$,$\overline{R}_m = 10\%$,$\sigma_m = 20\%$,$\sigma_A = 15\%$,$\overline{R}_A = 12\%$,则该基金的总阿尔法值为:

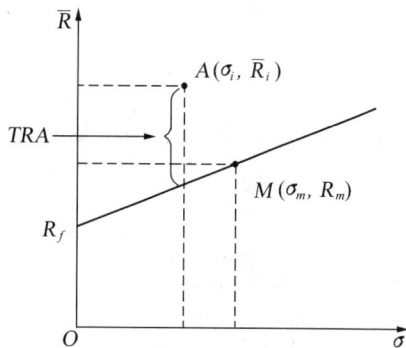

图 15.3　总阿尔法值(TRA)

$$TRA_A = 12\% - \left(5\% + \frac{10\% - 5\%}{20\%} \times 15\%\right) = 3.25\%$$

（5）估价比率。

估价比率（appraisal ratio）方法是指用资产组合的阿尔法值除以其非系统风险，它测算的是每单位非系统风险所带来的超额收益。非系统风险是指在原则上可以通过持有市场上全部资产组合而完全分散掉的那一部分风险。

（6）风险调整绩效。

Franco Modigliani 和 Leah Modigliani(1997)提出了一种新的方法。这个方法是将所有待评估的资产组合的风险调整到市场风险水平，称为风险调整绩效（risk-adjusted performance，RAP）。对于任意投资组合，若平均收益率和标准差为 $\overline{R}_i$ 和 σ_i，Franco 和 Leah 给出了一个构造一类等价风险组合的方法。所谓等价风险类组合（risk-equivalent portfolio），是指所有由该投资组合 i 和无风险资产构成的新组合，这一类组合的收益率和标准差分别记为 $\overline{R}(i)$ 和 $\sigma(i)$。等价风险类组合的风险有可能高于投资组合 i，也可能相反。如果在拥有投资组合 i 的基础上再借入比例为 d_i 的无风险资产去购买投资组合 i，则所得到的等价风险类组合 $\sigma(i)$ 会上升，称为有杠杆组合（levered portfolio），新组合中资产组合 i 的比例为 $1+d_i(d_i > 0)$。反之，如果在拥有投资组合 i 的基础上卖出比例为 d_i 的投资组合 i，同时将得到的资金用于购买无风险资产，则所形成的等价风险类组合的风险 $\sigma(i)$ 会下降，称为无杠杆组合（unlevered portfolio），新资产组合中组合 i 的投资比例为 $1+d_i(d_i < 0)$。

RAP 指标构造的一个出发点，就是等价风险类组合具有相同的绩效，在等价风险类组合中可以确定一个特定的组合，这个组合与市场组合（或其他基准组合）有相同的总风险。假设为了得到这一组合需要借入的资金比例为 d_i，则有：

$$\sigma(i) = (1+d_i)\sigma_i = \sigma_m$$

即

$$d_i = \sigma_m/\sigma_i - 1$$

Franco 和 Leah 将与市场风险相等的等价风险类组合的收益率定义为风险调整绩效（RAP）指标，即：

$$RAP(i) = \overline{R}(i) = (1+d_i)\overline{R}_i - d_i R_f$$

将 d_i 代入上式，得：

$$RAP(i) = (\sigma_m/\sigma_i)\overline{R}_i - (\sigma_m/\sigma_i - 1)R_f = (\sigma_m/\sigma_i)(\overline{R}_i - R_f) + R_f$$

可以证明，任意两个资产组合 i 和 j，如果它们是等价风险类组合，即其中一个组合可以由另一个资产组合与无风险资产构成，则它们的 RAP 是相同的。RAP 指标的核心在于如果一个资产组合的收益率比另外一个资产组合的收益率高,但如果总风险也增加了相同的比例,则它们具有相同的绩效。

　　最后我们补充介绍上述几个指标在基金绩效评估中的应用。一般来说,基金绩效评估的实证分析主要集中在两个领域:一是不同基金间的比较;二是基金与市场或指数的比较,即专家理财是否能战胜市场。后者的结论对我国投资者具有指导意义。夏普(1965)选择了 34 支在 1954 年至 1963 年间交易的基金进行了实

图 15.4　市场风险调整绩效指标

证研究。其间道·琼斯指数的平均收益率为 16.3%,变动率为 19.94%,无风险利率采用了当时的美国 10 年期国债的到期收益率 3%,得到市场组合的夏普比率为 0.667。在 34 支基金中只有 11 支基金的夏普比率超过市场组合。詹森(1968)在对美国共同基金绩效进行研究时,采用的是连续时间收益率。设基金 j 在第 t 年来的净资产为 $NA_{j,t}$,则第 t 期的收益率为:

$$R_{j,t} = \ln NA_{j,t}/NA_{j,t-1}$$

其中净收益率、总收益率是分别考虑和不考虑基金管理费用的收益率。减去管理费用后,115 支基金的平均 Alfa 值为 −0.011。这表明平均而言,基金的收益率低于它们在相应市场风险下的应有收益率 1.1%。在詹森的研究结果中,76 支基金的 Alfa 值为负,只有 36 支基金取得了正的 Alfa 值。

15.2.4　资产组合管理中择时能力的评估

　　基金投资绩效评价的另一个重要方面是对基金经理人择时能力的评价。所谓择时能力,就是根据市场条件的变化将基金资产在股票与国债等投资品种间作投资转换,以获取高额回报并同时降低投资风险的能力。

　　美国经济学家罗伯特·C.默顿(Robert C.Merton)在 1981 年提出了一种对基金管理人择时能力进行评价的模型。默顿认为一个具有出色择时能力的基金管理人在给定一段时间内的组合投资收益 R_{pt} 应当可用下述公式进行表示:

$$R_{pt} = r_f + \max(R_{st} - r_f, R_{bt} - r_f, 0)$$

其中,R_{st} 与 R_{bt} 分别为 t 时段内股票市场与债券市场上基准组合的投资收益率;r_f 为无风险资产的投资收益率。

　　因此,对基金管理人在 t 时段内择时能力的评价可用下面的回归方程进行:

$$R_{pt} - r_f = \alpha + \beta_b(R_{bt} - r_f) + \beta_s(R_{st} - r_f) + \gamma[\max(R_{st} - r_f, R_{bt} - r_f, 0)] + U_t$$

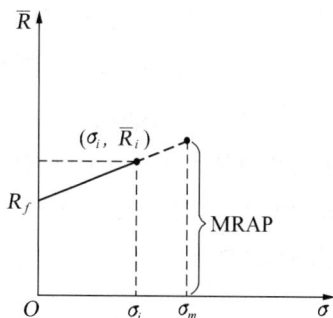

式中，α 为类似于詹森指标的选择能力；β_b 和 β_s 分别为投资组合相对于股票市场和债券市场的系统风险的度量；γ 系数的大小可以作为评价基金管理人择时能力的尺度。

埃里克·J.魏格尔（Eric J.Weigel）曾利用上述模型，在 1991 年对美国证券市场上 17 家基金的基金管理人的择时能力进行过计算和评价，结果是这 17 家基金的平均 γ 系数大约为 0.30，这表明这些作为专业投资者的基金管理人在择时能力方面的确有超过市场平均水平的表现。

15.2.5　基金业绩总体评估的分解

前面我们分析了几种证券组合优劣总体评价准则，现在我们来介绍分析影响总体水平的各个侧面的技术，也就是将构成资产组合的总体业绩进行分解。这一研究是由法玛（Fama，1972）提出的。

图 15.6 中直线为所有无风险借贷和市场组合组成的组合可能性区域。

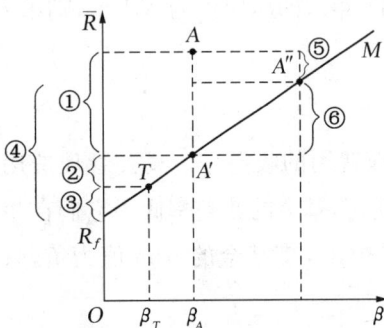

图 15.6 中①段表示经理选择能力带来的收益，称之为"选择的收益"。因为 A' 点和 A 点所代表的资产组合系统风险（不可分散风险）相同，但 A' 点为平均选择的结果，A 点是基金经理选择的组合，故 A' 和 A 收益差可认为是积极选择的结果。A 组合位于直线的上方（这与所有证券均在证券市场线上并不矛盾，因为 A 组合并没有被均衡定价）。

图 15.5　资产组合收益的分解

值得注意的是，A 和 A' 点虽然具有相同的不可分散风险，但两点的总风险却是不相同的（即 σ 值不同）。在直线 $R_f M$ 段上的证券组合其风险主要是由于市场组合的波动而发生，所以证券组合 A' 的风险是不可分散化的。A 证券组合不是市场证券组合。A 证券组合在获取超额收益时必须承受一部分可分散风险。

由于 A 和 A' 证券组合的总风险不一样，因此我们可在直线 $R_f M$ 上找到一个总风险和 A 证券组合相同的组合，这点定义为 A''，则图 15.6 中⑤段差距定义为选择净增收益，（因为 A 与 A'' 相比，总风险相同，但管理人却能发现具有高收益的组合 A），选择净增收益数量为（$\overline{R}_A - \overline{R}_{A''}$）。

区间⑥定义为非分散化收益。由于 $\overline{R}_{A''}$ 是与组合 A 具有相同总风险的资产在均衡定价时产生的收益，$\overline{R}_{A'}$ 是与组合 A 具有相同不可分散风险的资产在均衡定价时产生的收益，因此（$\overline{R}_{A''} - \overline{R}_{A'}$）就是非分散化收益（读者不难发现，买入市场组合或指数基金的投资经理不具备选择净增收益能力和非分散化收益能力），如此作出第一轮分解：

$$\overline{R}_A - \overline{R}_{A'} = (\overline{R}_A - \overline{R}_{A''}) + (\overline{R}_{A''} - \overline{R}_{A'})$$

第二轮分解是分解$(\overline{R}_{A'} - R_f)$。这个值表示承受系统风险 β_A 而获得的额外收益(即选择了购买股票,而不是储蓄)。设资产组合管理者被资产组合委托人规定证券组合风险不得超过某一水平 β_T,则区间③被认为是由于委托人或顾客愿意接受风险而获得收益,数值为$(\overline{R}_T - R_f)$。区间②为管理者敢于选择更高系统风险水平的证券组合而获得的收益,数值为$(\overline{R}_{A'} - \overline{R}_T)$。区间 ④ 则为总超额收益$(\overline{R}_A - R_f)$。总结以上两轮分解,得:

$$④ = ① + ② + ③ = (⑤ + ⑥) + ② + ③$$

以上的含义相当明确,即因选择风险资产 A 而获得的超额收益由四个部分组成:资产委托人愿意承担某一系统风险 β_T 而获得的投资人风险收益$(\overline{R}_T - R_f)$;资产管理人愿意承担更大的系统风险 β_A 而获得的管理人风险收益$(\overline{R}_{A'} - \overline{R}_T)$;资产管理人愿意承担更大的非系统风险而获得的收益 $(\overline{R}_{A''} - \overline{R}_{A'})$;资产管理人因积极选择发现了低定价资产而获得的选择净增收益 $(\overline{R}_A - \overline{R}_{A''})$。

15.2.6　资产管理组合能力的持续性

由于证券投资基金的资产组合管理的业绩是定期公开披露的,我们仍以投资基金为例研究资产组合管理能力的持续性。

证券投资基金绩效的持续性(persistence)受到了西方学者和市场人士的关注。证券投资基金的绩效的持续性在基金评估中具有举足轻重的地位。对于证券投资基金的潜在投资者而言,他们关注基金的绩效是为了更好地选择基金;对于证券投资基金的持有人或者说基金管理公司的董事而言,他们关注基金的绩效是为了决定是否继续聘用这些基金经理。如果基金的绩效没有持续性,那么就不可能通过过去的绩效来对基金经理的未来表现作出评判。根据基金的过去绩效来选择购买基金或基金管理公司实际上隐含了一个前提条件,即证券投资基金的绩效具有持续性。那么在实际的资本市场上,基金经理的绩效是否具有持续性? 30 多年来西方学者在这个领域进行了大量研究,20 世纪 90 年代以前的研究认为基金的绩效不具有持续性,而 90 年代以后的研究却大都认为基金的绩效具有持续性。

基金绩效的持续性大多采用了两种方法,一种是采用分组的方法,另外一种是双向表(two-way table),下面分别介绍。

1. 分组法

Hendricks、Patel 和 Zeckhauser(1993)研究了 165 支共同基金在 1974 年至 1988 年间业绩的持续性。他们采用的方法是检验上一个阶段中业绩较好、排序在前面的基金在下一个阶段的收益率怎么样,具体的方法如下:

表 15.4　国外学者对共同基金业绩持续性的研究结果

作　者	研究时间(年份)	样本区间(年份)	是否具有持续性
Friend, Brown, Herman & Vickers	1962	1953—1958	无
Sharpe	1966	1954—1963	无
Jensen	1968	1945—1964	无
Friend et al.	1970	1945—1964	无
Carlson	1970	1948—1967	有
Mcdonald	1974	1960—1969	无
Mains	1977	1955—1964	部分
Kon & Jen	1979	1960—1971	有
Shawky	1982	1973—1977	无
Chang & Lewellen	1984	1971—1979	无
Henriksson	1984	1968—1980	无
Lehman & Modest	1987	1968—1982	有
Robson	1986	1969—1978	无
Grinblatt & Titman	1989	1974—1984	无
Ippolito	1989	1965—1984	无
Cumby & Glen	1990	1982—1988	无
Elton et al.	1990	1980—1988	无
Hendricks, Patel & Zeckhauser	1993	1974—1988	有
Goetzmann & Ibbotson	1994	1976—1988	有
Kahn & Rudd	1995	1983—1990	有
Volkman & Wohar	1995	1980—1989	有
Grinblatt, Titman & Wermers	1995	1974—1984	有
Malkiel	1995	1971—1990	部分
Elton, Gruber & Blake	1996	1977—1993	有
Gruber	1996	1984—1994	有

(1) 每个阶段包含一个季度。从 1974 年第一季度开始,计算各基金的超额收益率,然后根据这个收益率从小到大排序,分成 8 个组。

(2) 计算 8 个组各组的基金的平均超额收益率。

(3) 根据 165 支基金 1974 年第二季度的超额收益率,将基金重新分组,并计算第二个季度各组的平均超额收益率。依此类推,一直得到 1988 年第四季度各组基金的平均超额收益率。

(4) 将所有季度各组的平均超额再进行平均,得到各组基金的平均超额收益率。观察分组在前面的基金平均收益率是否较小,由此判断绩效的持续性。

(5) 将第一阶段包含的时间分别改为 2 个季度、4 个季度和 8 个季度,重复步骤(1)、(2)、(3)、(4),再得到各组的平均超额收益率。

表 15.5　按劣、优分组的基金在下一阶段的平均超额收益率(%)

第一阶段包含的季节数	1	2	3	4	5	6	7	8
1	1.42	1.66	1.84	1.91	2.11	2.54	2.41	2.67
2	1.33	1.73	1.81	1.99	2.07	1.99	2.33	3.24
4	0.99	1.68	1.40	1.82	1.90	2.32	2.94	3.47
8	0.69	1.05	1.40	1.76	1.59	2.24	2.11	2.80

不难看出,第一个季度业绩最好的基金在下一个季度要超出业绩最差的基金
1.25%,头 8 个季度业绩最好的基金在随后的 8 个季度要超出业绩差的基金2.11%,因此
Hendricks,Patel 和 Zeckhauser 认为美国共同基金业绩具有持续性。

2.双向表法

Goetzmen 和 Ibbotson(1994)采用双向表的方法研究了美国共同基金在 1976 年至
1988 年 13 年间业绩的持续性。样本数从最初的 258 个上升到 1988 年的 728 个。他们
的具体做法是这样的:

(1)根据 1976 年各基金的收益率排序,排在前半部分的称为赢家,后半部分的称为
输家,分别统计出第一年、第二年的赢输情况。

(2)依次计算出 1977 年至 1988 年的赢输情况,然后统计出在前一年赢或输的情况
下第二年赢或输的比率。观察在前一年赢或输的情形下第二年赢输的概率,由此判断绩
效的持续性。

(3)分别以 2 年和 3 年为一个时期,重复步骤(1)、(2)。

表 15.6　给定前一时期业绩状态下下一时期业绩的概率(%)

第一时期的业绩	下一时期业绩					
	每时期长度为 1 年		每时期长度为 2 年		每时期长度为 3 年	
	赢家	输家	赢家	输家	赢家	输家
赢家	55.3	44.7	59.9	40.1	61.2	38.8
输家	44.9	55.1	40.3	59.7	22.9	77.1

不管时期长度为 1 年、2 年还是 3 年,前一时期业绩好则下一时期业绩继续好的概
率都超过 50%,前一时期业绩差则下一时期业绩继续差的概率也都超过了 50%,这说明
基金的业绩具有一定程度的持续性。

15.3　美国晨星公司的基金评估技术

随着近年来投资于共同基金的资产迅速增长,数量更大、形式更多样的共同基金

也相应出现,因此,许多组织创造出了评价共同基金的方法。其中,最突出的是芝加哥的晨星(Morningstar)公司。除提供基金的丰富信息之外,它还对其过去的收益率做深入的分析。据《华尔街杂志》和《波士顿环球》的一项研究表明,股票基金新增资金的90%投资于被晨星公司评为五星或四星级的基金,低于三星级的基金则遭受资金的净流出。在有些共同基金的广告中,只提及晨星评级。可见,晨星评级在实际操作中应用的广泛性。

我们以晨星公司对美国著名的投资基金诚信·麦哲伦的评级为例,介绍晨星共同基金评估方法(评定日期是 1994 年 2 月 28 日)。晨星共同基金评估方法主要可以通过以下四个部分来反映:风险调整级别、历史表现、MPT 统计指标和投资风格。

15.3.1　风险调整级别

首先确定基金的过去收益率。

表 15.7　诚信·麦哲伦股票基金的业绩分析

	总收益率 (%)	相对 S&P 的超额 收益率(%)	在所有基金中 的排名(%)	在同风格基金中 的排名(%)	初始 $ 10 000 投资后的期末值 ($)
3 个月	6.27	4.46	17	22	10 627
6 个月	3.95	1.82	30	52	10 359
1 年	22.77	14.45	14	11	12 277
3 年	18.63	7.02	12	16	16 695
5 年	18.59	4.95	6	11	23 459
10 年	19.69	4.21	2	2	60 323
15 年	26.16	4.52	1	1	326 290

表 15.7 列示的是到 1994 年 2 月 28 日为止的以 3 个月到 15 年不等的时间区间计算的基金的平均收益率。这些收益率已考虑了经营费和每年的或有销售费的因素,但承销费未计算在内。因此,该表反映了投资者在购进基金后的收益状况。对于固定收益基金来说,用莱曼兄弟公司加值债券指数(Lehman Brothers Aggregate Bond Index)代替 S&P500 指数。该表的最后一列表示在相应时间内 10 000 美元投资额的最后增长结果(忽略税收和承销费)。

在 1994 年 2 月 28 日之前的 3 个月中,麦哲伦基金的收益率为 6.27%,比 S&P500 指数高出 4.46%,因此该基金在所有基金中列前 17%,同时在有相似目标的基金中列前 22%,都处于前 20% 左右的位置。而且,在过去的 15 年中,麦哲伦基金比 S&P500 指数好出许多,使之在整个基金及其所处的基金类别中都名列榜首。若在 1979 年 2 月 28 日投资 10 000 美元到麦哲伦基金中,15 年后,到 1994 年 2 月 28 日,这笔投资就变成了 326 290 美元。

接下来进行风险调整的评级。

表 15.8 诚信·麦哲伦股票基金的风险调整评级分析

	相对平均收益率	在所有基金中的风险级别(%)	在同风格基金中的风险级别(%)	平均风险
3 年	1.37	61	13	0.65
5 年	1.54	63	13	0.75
10 年	1.92	58	26	0.84

以该基金过去 3 年的表现评级为例。首先,计算过去 3 年中与麦哲伦基金有相似投资目标的资产组合的平均收益率。在此,实际净收益率已对由投资者承担的费用进行了调整。接着将所有相似基金的平均收益率在过去 3 年的基础上平均。然后将麦哲伦基金的平均收益率除以这一总平均数。于是,大于 1 的比值表示基金比平均水平的效益好。麦哲伦基金的回报率指标为 1.37,表示其平均收益比总体平均值高出 37%。

再看风险平均数这一列。先用过去 36 个月的净收益率减去国库券月收益率以计算出基金的超常收益率,然后将负的超常收益额加总后取绝对值除以 36 个月就得到基金收益下滑风险的测度值。

例如,假设该风险测度仅算 6 个月的,并有表 15.9 所示的收益率。

表 15.9 用基金收益率与国库券收益率计算平均风险(%)

月份	基金收益率	国库券收益率	收益率差
1	4.0	0.5	3.5
2	−2.0	0.5	−2.5
3	0.4	0.6	−0.2
4	5.0	0.6	4.4
5	−3.0	0.6	−3.6
6	1.0	0.7	0.3

3 个负的超额收益率−2.5%,−0.2%和−3.6%,加起来得到−6.3%,取绝对值用 6 除就得到下跌风险 1.05(=6.3/6)。

晨星公司为所有相似基金计算此下跌风险,于是可以得到这些基金的总平均值。然后用基金的下跌风险除以这一总平均值,结果就是基金相对风险测度值。在麦哲伦基金的例子中,该测度值为 0.65,表明在 3 年期中该基金比平均风险水平低 35%。

将该基金的风险测度值分别与所有基金的风险测度值和同风格基金的风险测度值相比,可以很容易地得到表 15.8 中的风险级别。排名 1 表示风险最小,排名 100 则表示风险最大。麦哲伦基金 3 年间的排名分别是 61 和 13,表示在所有基金中,它比 61%的基金风险要高,但在同风格的基金中,它比 13％的基金风险要高。

给定相对平均收益率和平均风险后,晨星评级系统的 5 种级别由表 15.10 给出。

表 15.10   晨星评级系统的 5 种级别评定标准

星　级	百分数	收益率级	风险级
5	1—10	最高或高	最低或低
4	11—32.5	平均水平以上	平均水平以下
3	33.5—67.5	平均水平	平均水平
2	68.5—90	平均水平以下	平均水平以上
1	91—100	最低或低	最高或高

因此,对于具有相同风格的基金组合来说,其所处的百分比级别决定了基金的星级及其他级别。

晨星风险调整评级是通过收益率测度值减去基金下跌风险测度值进行的。麦哲伦基金的 3 年期风险调整测度值为 0.72(=1.37-0.65)。对于其他具有相似目标的基金来说,这一测度值当然也可以以同样的方法计算出来,从而可以计算百分比级数。麦哲伦基金的排名在 11—32.5 之间,因此是四星级。

15.3.2   过去业绩的总体表现

分别对前述的 3 年、5 年、10 年期收益率指标赋予 20％、30％、50％的方法得到加权平均收益率。在对具有相同风格的基金计算加权平均值之后,便得到百分比级别,从而进行排名。麦哲伦基金的百分比处于 1—10 之间,因此排在较高级的位置。基金下跌风险测度以及风险调整测度也可通过此法加权平均,麦哲伦基金的风险评级为低于平均水平,风险调整级别为五星级。

15.3.3   MPT 统计指标

MPT 统计指标包括基金的 α 系数、β 系数和可决系数 R^2。MPT 是现代资产组合理论的简称,计算方法与资产组合的市场回归模型相似。两种模型的不同点是,MPT 中的指标用超额收益率代替收益率。晨星公司对共同基金前 36 个月的超额收益率与 S&P500 指数相应的 36 个月超额收益率进行线性回归,便分别得到基金的 α 系数、β 系数和可决系数 R^2。

麦哲伦基金 β 系数为 1.01,与 S&P500 指数相似;事后 α 系数为 6.4％,表明它比市场有更好的业绩;R^2 为 84(％),则表明基金超额收益率的变动有 84％左右要归于 S&P500 指数超额收益率的变动。在基金的 MPT 统计指标中还包括基金的夏普比率。

表 15.11　基金的 MPT 统计指标

Alpha	Beta	$R^2(\%)$	标准差(%)	均值(%)	夏普比率
6.4	1.01	84	11.13	17.81	1.27

15.3.4　投资风格

晨星公司进一步给出了基金公司持股的平均市盈率、平均市净率(市价与账面值比率)、过去 5 年利润增长率、总资产收益率、资产负债率和持股市值中位数，并从价值与增长、大盘与小盘两个方面来衡量基金的投资风格。

基金公司持股的 6 个指标的含义如下：

(1) 平均市盈率。这个指标是麦哲伦基金所持股票的加权平均市盈率，每种证券的权数就是基金投资于该证券的比例。例如，在 1994 年 2 月 28 日，麦哲伦基金所持股票的平均市盈率为 23.9。同时，将该数除以 S&P500 指数中股票的平均市盈率 7.6 得到 1.14，即比市场平均市盈率高 14%。

(2) 平均市净率。这个指标是麦哲伦基金所持股票的加权平均市净率。例如，麦哲伦基金所持股票的平均市净率为 3.6，比 S&P500 指数低 2%。

(3) 过去 5 年利润增长率(%)。这是各证券的 5 年期利润增长率平均值，有负收益的证券不加入平均。

(4) 总资产收益率(%)。即各证券税后利润与总资产比率的平均值。

(5) 资产负债率(%)。即各证券长期负债与总资产比率的均值。

(6) 持股市值中位数(百万美元)。即处于中位数证券的股票市场价值。

将上述指标值除以相应的 S&P500 指标值，就可以很直观地将基金持有的股票与市场总体状况相比较。

对投资于固定收入证券的基金来说，基本指标是证券的平均到期日、信用质量和息票利率，同时，莱曼兄弟的加总债券指数也将取代 S&P500 指数作为比较的参照值。

表 15.12　衡量麦哲伦基金投资风格的主要指标

	平均市盈率	平均市净率	过去 5 年利润增长率	总资产收益率	资产负债率	持股市值中位数
基金的投资组合	23.9	3.6	10.9%	7.4%	32.0%	2 854(百万美元)
与 S&P500 指数的相对值	1.14	0.98	1.17	1.02	1.09	0.22

晨星公司的"风格阵"是一个 3×3 的矩阵，它从价值与增长、大盘与小盘两个方面来衡量基金的投资风格。风格矩阵的列代表基金是价值型还是增长型的投资风格。一种基金的风格通过基金的市盈率与市净率之和来确定，这两个比率都是相对 S&P500 指数

的值。对于 S&P500 指数来说,这一和为 2.00。晨星公司认为,如果基金这两个指标的和小于 1.75,那么基金是价值型的,这表示基金总体上投资于具有相对低的价格的股票。相反,如果和大于 2.25,则基金被视作增长型,基金投资的股票都有着相对高的价格,因为投资者预期这类股票有很大的增长潜力。如果和在 1.75 到 2.25 之间,则表明基金是混合型的,该类型的股票没有明显的风格。麦哲伦基金的和为 2.12(=1.14+0.98),因此是混合型的。因为 S&P500 指数本身的价值比率为 2.00,说明麦哲伦基金倾向于购买市盈率和市价账面值之比的均值稍稍高于 S&P500 指数的股票。

表 15.13　基金的投资风格矩阵

价值型	混合型	增长型	
			大型
			中型
			小型

　　风格矩阵的行是以基金所持股票的市值规模为基础,市值通过基金持有股票的市值中位数来确定。如果该数值低于 10 亿美元,则基金是小型的,而一旦高于 50 亿美元,则是大型基金。麦哲伦基金的持股市值中位数为 28.54 亿美元,介于 10 亿美元和 50 亿美元之间,因此是中型基金。

　　对固定收益基金而言,风格矩阵的列按基金所持证券的平均到期日来分,因此这一矩阵强调基金的利率敏感性。列标为期限,有短期(如到期日少于 4 年)、中期(若在 4 年至 10 年之间)和长期(10 年以上)。行则按基金中证券的信用质量分,因此主要测度其违约风险,分为高级(若平均债券评级为 AA 以上)、一般(在 BBB 和 AA 之间)和低级(平均值低于 BBB)。

　　晨星业绩测度有助于投资者迅速了解一家基金在过去与其他基金相比较的业绩表现。但是,以下几点应引起注意:

　　(1) 所有的股票型基金都与 S&P500 指数作比较,但这一指数并不适用于某些特定基金。例如,主要投资于在 NASDAQ 上市的股票的基金,基准指数采用该市场指数更合适。

　　(2) 晨星的业绩测度并没有给出基金经理的择时或者择股能力,以及经理人成功地运用了下面哪一种策略:①购买价值低估证券并从其随后的升值中获利;②在市场将跌之前撤回资金,尔后在市场将升之前又投入资金;③两者均采用。

　　(3) 将相同风格的基金放在一起来评定业绩的方法在概念和操作上都存在严重的缺陷。例如,同类基金的选择可能不尽合理,从而使得评级出现误导。一家基金可能仅限于购买在纽约证券交易所上市的股票,而另一家则可自由选择在 NYSE、AMEX 或 NASDAQ 上市的任何股票。

思考题

1. 下表给出了五个基金的有关数据：

基 金	收益率(%)	标准差(%)	贝塔系数
A	14	6	1.5
B	12	4	0.5
C	16	8	1
D	10	6	0.5
E	20	10	2

若无风险利率为 3%，试用总风险调整来比较基金。

2. 若题 1 中，将总风险用系统风险来代替，试对各基金排序。

3. 若题 1 中，市场组合收益率为 13%，标准差为 5%，试根据总阿尔法值对各基金排序。

4. 题 3 中，市场组合收益率为 13%，试根据詹森阿尔法值对各基金排序。

5. 对于 A 基金和 B 基金，若题 1 中，要使 A 基金和 B 基金的排序互换，则 B 基金的收益应为多少？

6. XYZ 股票的价格与分红情况如下表：

年 份	年初价格	年末分红
1995	100	4
1996	120	4
1997	90	4
1998	100	4

一位投资者在 1995 年初买了 3 股 XYZ 股票，在 1996 年初又买了另外 2 股，在 1997 年初卖出 1 股，在 1998 年初卖出剩下的 4 股。

(1) 这位投资者的算术与几何平均的时间加权收益率分别是多少？

(2) 货币加权的回报率是多少？（提示：仔细作出一张与四个期间相联系的从 1995 年 1 月到 1998 年 1 月收益的现金流量表）

7. 一位投资者今天购买了 3 股股票，并在此后的 3 年中每年卖出其中的 1 股，他的行为与股票的价格历史信息总结如下（假定该股票不付红利）：

时 间	价 格	行 为
0	90	买入 3 股
1	100	卖出 1 股
2	100	卖出 1 股
3	100	卖出 1 股

（1）计算这一股票的时间加权几何平均收益率。

（2）计算这一股票的时间加权算术平均收益率。

（3）计算这一股票的金额加权的平均收益率。

8. 在目前的股利收益及预期的资本利得基础上，资产组合 A 与资产组合 B 的期望收益率分别 12% 与 16%。资产组合 A 的 β 值为 0.7，而资产组合 B 的 β 值为 1.4，现行国库券利率为 0.05，而 S&P500 指数的期望收益率为 13%。资产组合 A 的标准差每年为 12%，资产组合 B 的标准差每年为 31%，而 S&P500 指数的标准差为 18%。

（1）如果你现在拥有市场指数组合，你愿意在你所持有的资产组合中加入哪一个组合？说明理由。

（2）如果你只能投资于国库券和这些资产组合中的一种，你会作何选择？

9. 考虑只对股票 A 与股票 B 的两个超额收益率的单指数模型回归的结果，在这段时间内无风险利率为 6%，市场平均回报率为 14%。

	股票 A	股票 B
单指数回归模型估计	$1\% + 1.2(r_M - r_f)$	$2\% + 0.8(r_M - r_f)$
R^2	0.576	0.436
残差的标准差	10.3%	19.1%
超额收益的标准差	21.6%	24.9%

（1）计算每支股票的下列指标：

① 阿尔法；

② 估价比率；

③ 夏普比率；

④ 特雷诺指标。

（2）在下列情况下哪支股票是最佳选择？

① 这是投资者唯一持有的风险资产；

② 这支股票将与投资者的其他债券资产组合混合，是目前市场指数基金的一个独立组成部分；

③ 这是投资者目前正在分析以便构建一个积极的管理型股票资产组合的众多股票中的一种。

参考文献

杨朝军、蔡明超：《投资基金评估技术的发展与探讨》，《预测》2002 年第 3 期。

James L.Farrell Jr. and Walter J.Reinhart，1997，*Portfolio Management：Theory and Application*，McGraw-Hill Companies.Inc..

Jeffery V.Bailey and Robert D.Arnott，1986，"Cluster Analysis and Manager Selection"，*Financial Analysts Journal*，42，no.6.

C.B.Garcia and F.J.Gould，1991，"Some Observations on Active Manager Performance and Passive Indexing"，*Financial Analysts Journal*，47，no.6.

Andre F. Perold and William F. Sharpe，1998，"Dynamic Strategies for Asset Allocation"，*Financial Analysts Journal*，44，no.1.

Carhart Mark M.，1997，"On Persistence in Mutual Fund Performance"，*Journal of Finance*，52，pp.56—82.

Elton E.J.，M.J.Gruber and Blake，1996，"The Persistence of Risk-Adjusted Mutual Fund Performance"，*Journal of Business*，69，pp.133—157.

Grinblatt Mark and Sheridan Titman，1989，"Adverse Risk Incentives and the Design of Performance-Based Contracts"，*Management Science*，35，no.7，pp.807—822.

Jensen Michael C.，1968，"Problems in Selection of Security Portfolios: The Performance of Mutual Funds in the Period 1945—1964"，*Journal of Finance*，23(2)，pp.389—419.

Sharpe William F.，1964，"Capital Asset Prices: A Theory of Market Equilibrium under Conditions of Risk"，*Journal of Finance*，19，pp.425—442.

Sharpe William F.，1966，"Mutual Fund Performance"，*Journal of Business*，39(1)，pp.119—138.

Sharpe William F.，1994，"The Sharpe Ratio"，*Journal of Portfolio Management*，Fall，pp.49—58.

思考题答案要点及提示

第 2 章

1. 答:普通股之所以是风险最大的股票是由于以下的原因:

普通股票的股息收益在股票发行时是不确定的,它随股份公司的经营状况和盈利大小而变化。公司经营好、盈利多,普通股票的股息收益就可能大;反之,公司经营差、盈利少,其股息收益就可能小。而且在分配顺序上,普通股票的股息收益排在最后,在公司偿付了其债务和债息及优先股股息之后才能分得,加之普通股的价格波动幅度较大,因此,对于普通股股东来说,普通股的收益具有很大的波动性,是风险最大的股票。

2. 答:与普通股票相比较,优先股票的特点表现在如下四个方面:

(1)股息率固定。优先股票与普通股票不同,在发行之时就约定了固定的股息率,无论公司经营状况和盈利水平如何变化,该股息率不变。

(2)股息分派优先。在股份公司盈利分配顺序上,优先股票排在普通股票之前。从风险角度看,优先股票小于普通股票。

(3)剩余资产分配优先。当股份公司因破产或解散进行清算时,在对公司剩余财产的分配上,优先股股东排在债权人之后、普通股股东之前,也就是说,优先股股东可优先于普通股股东分配公司的剩余资产。

(4)一般无表决权。优先股股东权利也是有限制的,最主要的是表决权,优先股股东通常不享有公司的经营参与权。在一般情况下,他们没有投票表决权,从而就无法参与公司的经营管理,只有在特殊情况下,如讨论涉及优先股股东权益的议案时,他们才能行使表决权。

4. 答:债券与股票的相同点主要表现在三个方面:第一,两者都属于有价证券。债券和股票本身无价值,是虚拟资本,但又都是真实资本的代表。持有债券和股票,都有可能获取一定的收益,并能进行权利的行使和转让活动。因此,债券和股票都是有价证券体系中的成员,都可以在证券市场上交易,并构成了证券市场的两大支柱。第二,两者都是筹措资金的手段。债券和股票都是有关经济主体为筹资需要而发行的有价证券。从资金融通角度看,债券和股票作为筹资手段,与向银行贷款等间接融资相比,其筹资的数额大、时间长、成本低,且不受贷款银行的条件限制。第三,两者的收益率相互影响。从单个债券和股票看,它们的收益率经常会发生差异,而且有时差距还很大;但是,从整个社会考察,如果市场是有效率的,那么,债券的平均利率和股票的平均收益率会大体上接近,或者其差异将反映两者的风险程度。这是因为,在市场规律的作用下,证券市场上一种融资手段收益率的变动,会引起另一种融资手段收益率发生同向变动。

债券与股票的区别主要表现在五个方面:第一,两者权利不同。债券是债权凭证,债权持有者只可按期获取利息及到期收回本金,无权参与公司的经营决策。股票是所有权凭证,股票所有者拥有投票权,可以通过选举董事行使对公司的经营决策权和监督权。第二,两者目的不同。发行债券是公司追加资金的需要,它属于公司的负债,不是资本金。股票发行则是股份公司为创办企业和增加资本的需要,筹措的资金列入公司资本。另外,发行债券的经济主体不限于公司,还有政府、金融机构等。第三,两者期限不同。债券一般有规定的偿还期,期满时债务人必须按时归还本金,因此债券是有期投资。股票通常是不能偿还的,股东不能从股份公司抽回本金,因此股票是无期投资。第四,两者收益不同。债券有规定的利率,可获固定的利息。股票的股息红利不固定,一般视公司经营情况而定。第五,两者风险不同。债券风险相对较小,股票风险较大。这是因为,其一,债券利息固定,股票的股息红利不固定,且在支付时要排在债券利息之后;其二,倘若公司破产,有剩余资产偿还时,债券在前,股票在后;其三,在二级市场上,债券市场价格较稳定,股票市场价格波动频繁。

5. 答:证券投资基金主要有以下四大功能:

(1) 为中小投资者拓宽了投资渠道。对于中小投资者来说,存款或购买债券收益率较低,而投资于股市又有诸多障碍。例如,小额资金入市难;资金量有限,难以组合投资和分散风险;缺乏投资经验,又受资讯条件限制,难以得到好的投资收益。证券投资基金把众多投资者的小额资金汇集起来进行组合投资,由专家管理运作,经营稳定,收益可观,可以说是专为中小投资者设计的间接投资工具,大大拓宽了中小投资者的投资渠道。

(2) 把储蓄转化为投资,促进了生产发展和经济增长。基金吸收社会闲散资金,为企业在证券市场上筹集资金创造了良好的融资环境,实际上起到了把储蓄资金转化为生产资金的作用,为生产发展和经济增长提供了重要的资金来源。

(3) 对证券市场的发展具有重要意义。第一,有利于证券市场的稳定。基金的出现和发展,能有效地改善证券市场的投资者结构,成为稳定市场的中坚力量。基金由专家经营管理,他们精通专业知识,投资经验丰富,信息资料齐备,分析手段先进,投资行为相对理性,客观上能起到稳定市场的作用。同时,基金一般注重资本的长期增长,大多采取长期的投资行为,不会在证券市场上频繁进出,能减少证券市场的波动。第二,基金的出现和发展,增加了证券市场的投资品种,扩大了证券市场的交易规模,起到了丰富证券品种和活跃证券市场的作用。

(4) 促进了证券市场的国际化。发展中国家通过和外国合作组建基金,逐步、有序地引进外资投资于本国证券市场,从而促进了本国证券市场的国际化。

6. 答:契约型基金与公司型基金主要有以下几个方面区别:

(1) 资金性质不同。契约型基金的资金是信托财产,公司型基金的资金为公司的法人资本。

(2) 投资者的地位不同。契约型基金的投资者是基金契约的当事人之一;公司型基金的投资者是基金公司的股东。因此,契约型基金的投资者没有管理基金资产的权利,而公司型基金的股东通过股东大会享有管理基金公司的权利。

(3) 运营依据不同。契约型基金依据基金契约运营基金,公司型基金依据基金公司章程运营基金。

尽管契约型基金和公司型基金存在上述区别,但对投资者来说,投资于公司型基金和投资于契约型基金无多大区别,它们的投资方式都是把投资者的资金集中起来,按照基金设立时所规定的投资目标和策略,将基金资产分散投资于众多的金融产品上,获取收益后再分配给投资者。

7. 答:封闭式基金与开放式基金有以下区别:

(1) 期限不同。封闭式基金通常有固定的封闭期;开放式基金没有固定期限,投资者可以随时向基金管理人赎回基金单位。

(2) 基金规模限制不同。封闭式基金列明基金规模,在封闭期内未经法定程序不得增加发行;开放式基金没有规模限制,投资者可随时认购或赎回,基金规模就随之增加或减少。

(3) 基金单位交易方式不同。封闭式基金的基金单位只能在证券交易所交易;开放式基金可以在首次发行结束一段时间后随时向基金管理人或中间机构购买或赎回。

(4) 基金单位交易价格的计算标准不同。封闭式基金的买卖价格受市场供求关系的影响,常出现溢价或折价,并不必然反映基金单位的净资产值;开放式基金的交易价格取决于基金单位净资产值的大小,不直接受市场供求的影响。

(5) 投资策略不同。封闭式基金可作长期投资,基金资产组合能有效地在预定计划内进行;开放式基金的基金资产不能全部用来投资,更不能把全部资本用来作长线投资,在投资组合上需保留一部分现金和高流动性的金融商品。

9. 答:金融产品的三要素是收益性、风险性和流动性。其中风险与收益相对应,风险越大,收益越高。收益性和流动性相互矛盾,一般来说,流动性越好,收益越低。

第3章

1. 答:证券市场功能目标是优化资源配置,其细分功能包括筹集资金、资产定价和提供证券的流动性。

3. 答:对于散户投资者而言,主要考虑买卖差价,所以广度指标最为重要。对于机构投资者而言,主要关心成交量对股价的影响,所以深度指标最为重要。

4. 解:(1) 投资者购买时的初始保证金比例为:

$$\frac{25 \times 100 - 1\,500}{25 \times 100} = 40\%$$

(2) 当公司股票的价格上升到每股 30 元时,投资者的实际保证金为:

$$\frac{30 \times 100 - 1\,500}{30 \times 100} = 50\%$$

(3) 当公司股票的价格下降到每股 20 元时,投资者的实际保证金为:

$$\frac{20 \times 100 - 1\,500}{20 \times 100} = 25\%$$

5. 解:(1) 如果投资者在年末以每股 40 元的价格卖掉股票,则该投资者的年投资收益率为:

$$\frac{10 - 13\% \times 30 \times 45\%}{30 \times 55\%} = 50\%$$

(2) 如果投资者在年末以每股 20 元的价格卖掉股票,则该投资者的年投资收益率为:

$$\frac{-10-13\%\times30\times45\%}{30\times55\%}=-71\%$$

6. 解:(1) 若公司股票价格上升到每股 60 元,则实际保证金比例为:

$$\frac{50\times200+50\times200\times45\%-200\times60}{200\times60}=20.8\%$$

(2) 若公司股票价格下降到每股 40 元,则实际保证金比例为:

$$\frac{50\times200+50\times200\times45\%-200\times40}{200\times40}=81.3\%$$

8. 解:新基准股票市价总值＝原基准股票市价总值×$\dfrac{新样本股票市价总值}{原样本股票市价总值}$

$$=(8.8\times1\,500+3.6\times1\,000+10.5\times3\,000+12.7\times1\,000)$$

$$\times\frac{9.2\times1\,500+10.9\times3\,000+13.5\times1\,000+15.1\times1\,000}{9.2\times1\,500+3.8\times1\,000+10.9\times3\,000+13.5\times1\,000}$$

$$=61\,000\times\frac{75\,100}{63\,800}=71\,804.075$$

8 月 1 日股价指数 ＝$\dfrac{新样本股票市价总值}{新基准股票市价总值}\times100=\dfrac{75\,100}{71\,804.075}\times100=104.59$

8 月 2 日股价指数 ＝$\dfrac{9.6\times1\,500+11.0\times3\,000+13.8\times1\,000+15.8\times1\,000}{71\,804.075}\times100=107.24$

第 4 章

2. 答:(1) 执行一项未能预期到的扩张性货币政策,由于对经济的过度刺激或由于过多的货币促使物价上涨,从而使得通货膨胀率上升。

(2) 在扩张性货币政策下,由于资金的供给导致经济的增长,从而使实际利率至少在短期内会下降。

(3) 名义利率可能上升,也可能下降。这是实际利率可能下降和通货膨胀率可能上升共同作用的结果。

(4) 在扩张性货币政策下,真实产出和就业率至少在短期内将增加。

4. 答:主要从 1978 年以来我国的 GDP 增长率以及失业率两个角度来划分短周期和长周期。

5. 答:首先应该明确对冲率可以是存量概念也可以是流量概念;其次应该从央行资产负债表入手计算。

第 5 章

1. 答:大市值公司一定出现于拥有大空间的行业,但要成就大市值公司还需要实现相对的垄断或独占,其中技术标准、难易仿制的盈利模式或商业模式是关键,或者形成全行业无法或缺的运营平台,而这种垄断或独占有可以以某种标准化不断被封闭式复制。

2. 答:会发生变化。比如早期的零售业主要的业态是单店经营,当连锁、加盟技术出现,以及信息技术、物流技术、采购技术的集成运用导致零售业的市场结构从充分竞争向垄断竞争转化。

3. 答:非连续创新、标准化、颠覆性替代等特征导致技术类行业的生命周期较短,难以长期形成对技术的垄断或独占。

4. 答:市场化垄断更多依赖垒高竞争门槛或者是修建强大的护城河,而政策性垄断依附于行政干预。从长期来说,政策的改变将导致原本依附于政策垄断的行业出现新的竞争格局,不具有可预期的持续性。而市场化垄断往往具有一种自我加强的特征,通常需要反垄断干预才能改变。

第6章

4. 答:根据杜邦分析图,资产收益率等于销售利润率与资产周转率的乘积。如果某公司的销售利润率低于行业平均水平,且资产收益率高于平均水平,那么该公司的资产周转率肯定高于行业平均水平。

5. 解:现金流的现值 $= \dfrac{3}{1.1} + \dfrac{4}{1.1^2} + \dfrac{7}{1.1^3} + \dfrac{9}{1.1^4} + \dfrac{11}{1.1^5} = 24.3(元)$

6. 解:该股票的内在价值为: $V = \dfrac{CF_1}{r-g} = \dfrac{5 \times (1+6\%)}{14\% - 6\%} = 66.25(元)$

7. 解:(1) 按照甲投资员的预测,该公司的内在价值为:

$$\frac{3 \times (1+5\%)}{1.14} + \frac{3 \times (1+5\%)^2}{1.14^2} + \frac{3 \times (1+5\%)^3}{1.14^3} + \cdots = 35(元)$$

(2) 按照乙投资员的预测,该公司的内在价值为:

$$\frac{3 \times (1+20\%)}{1.14} + \frac{3 \times (1+20\%)^2}{1.14^2} + \frac{3 \times (1+20\%)^3}{1.14^3}$$

$$+ \frac{3 \times (1+20\%)^3(1+4\%)}{1.14^4} + \frac{3 \times (1+20\%)^3(1+4\%)^2}{1.14^5} + \cdots = 43.4(元)$$

10. 答:市盈率主要是由企业盈利增长率和风险水平两个因素决定的。盈利增长率与市盈率成正比,企业盈利增长越快,市盈率越高。风险水平与市盈率成反比,风险水平越高,市盈率越低。

第7章

3. 答:成交量是技术分析中一个重要的指标,而基本分析不考虑成交量因素。

7. 答:事实上,头肩顶和头肩底在实际运用中很难提早加以区别。

8. 答:移动平均线是一个成交均价的概念,代表了投资者的平均持股成本。

第8章

1. 解:

(1) 资产 A 的期望收益: $16 \times \dfrac{1}{4} + 12 \times \dfrac{1}{2} + 8 \times \dfrac{1}{4} = 12$

标准差：$\left[(16-12)^2 \times \dfrac{1}{4} + (12-12)^2 \times \dfrac{1}{2} + (8-12)^2 \times \dfrac{1}{4}\right]^{\frac{1}{2}} = 2.83$

资产 B 的期望收益：$4 \times \dfrac{1}{4} + 6 \times \dfrac{1}{2} + 8 \times \dfrac{1}{4} = 6$

标准差：$\left[(4-6)^2 \times \dfrac{1}{4} + (6-6)^2 \times \dfrac{1}{2} + (8-6)^2 \times \dfrac{1}{4}\right]^{\frac{1}{2}} = 1.41$

资产 C 的期望收益：$20 \times \dfrac{1}{4} + 14 \times \dfrac{1}{2} + 8 \times \dfrac{1}{4} = 14$

标准差：$\left[(20-14)^2 \times \dfrac{1}{4} + (14-14)^2 \times \dfrac{1}{2} + (8-14)^2 \times \dfrac{1}{4}\right]^{\frac{1}{2}} = 4.24$

资产 D 的期望收益：$16 \times \dfrac{1}{3} + 12 \times \dfrac{1}{3} + 8 \times \dfrac{1}{3} = 12$

标准差：$\left[(16-12)^2 \times \dfrac{1}{3} + (12-12)^2 \times \dfrac{1}{3} + (8-12)^2 \times \dfrac{1}{3}\right]^{\frac{1}{2}} = 3.27$

(2) 资产 A 与资产 B 之间的协方差：

$$(16-12) \times (4-6) \times \dfrac{1}{4} + (12-12) \times (6-6) \times \dfrac{1}{2} + (8-12) \times (8-6) \times \dfrac{1}{4} = -4$$

资产 A 与资产 C 之间的协方差：

$$(16-12) \times (20-14) \times \dfrac{1}{4} + (12-12) \times (14-14) \times \dfrac{1}{2} + (8-12) \times (8-14) \times \dfrac{1}{4} = 12$$

资产 B 与资产 C 之间的协方差：

$$(4-6) \times (20-14) \times \dfrac{1}{4} + (6-6) \times (14-14) \times \dfrac{1}{2} + (8-6) \times (8-14) \times \dfrac{1}{4} = -6$$

显然，由于市场状况和下雨量之间没有关系，故资产 A 和资产 D、资产 B 和资产 D、资产 C 和资产 D 之间的协方差均为 0。

(3) 组合 P_1 的期望收益率：$12 \times \dfrac{1}{2} + 14 \times \dfrac{1}{2} = 13$

标准差：$\left[\left(\dfrac{1}{2}\right)^2 \times 8 + \left(\dfrac{1}{2}\right)^2 \times 18 + 2 \times \left(\dfrac{1}{2}\right) \times \left(\dfrac{1}{2}\right) \times 12\right]^{\frac{1}{2}} = 3.54$

组合 P_2 的期望收益率：$12 \times \dfrac{1}{3} + 6 \times \dfrac{1}{3} + 12 \times \dfrac{1}{3} = 10$

标准差：$\left[\left(\dfrac{1}{3}\right)^2 \times 8 + \left(\dfrac{1}{3}\right)^2 \times 2 + \left(\dfrac{1}{3}\right)^2 \times 10.67 + 2 \times \left(\dfrac{1}{3}\right) \times \left(\dfrac{1}{3}\right) \times (-4)\right]^{\frac{1}{2}}$
$$= 1.19$$

组合 P_3 的期望收益率：$12 \times \dfrac{1}{4} + 6 \times \dfrac{1}{4} + 14 \times \dfrac{1}{4} + 12 \times \dfrac{1}{4} = 11$

标准差：$\Big[\left(\dfrac{1}{4}\right)^2 \times 8 + \left(\dfrac{1}{4}\right)^2 \times 2 + \left(\dfrac{1}{4}\right)^2 \times 18 + \left(\dfrac{1}{4}\right)^2 \times 10.67 + 2 \times \left(\dfrac{1}{4}\right)$

$\times \left(\dfrac{1}{4}\right) \times (-4) + 2 \times \left(\dfrac{1}{4}\right) \times \left(\dfrac{1}{4}\right) \times 12 + 2 \times \left(\dfrac{1}{4}\right) \times \left(\dfrac{1}{4}\right) \times (-6)\Big]^{\frac{1}{2}}$
$$= 1.63$$

2. 解：由于由等比例投资构成的证券组合的方差为：$\sigma_P^2 = \frac{1}{N}\overline{\sigma_i^2} + \frac{N-1}{N}\overline{\sigma_{ik}}$，其中，$\overline{\sigma_i^2}$ 是 N 种证券方差之平均值，$\overline{\sigma_{ik}}$ 是 $N(N-1)$ 种协方差的平均值，所以：

当 $N = 5$ 时，$\sigma_P^2 = \frac{1}{5} \times 50 + \frac{5-1}{5} \times 10 = 18$；

当 $N = 10$ 时，$\sigma_P^2 = \frac{1}{10} \times 50 + \frac{10-1}{10} \times 10 = 14$；

当 $N = 20$ 时，$\sigma_P^2 = \frac{1}{20} \times 50 + \frac{20-1}{20} \times 10 = 12$；

当 $N = 50$ 时，$\sigma_P^2 = \frac{1}{50} \times 50 + \frac{50-1}{50} \times 10 = 10.8$；

当 $N = 100$ 时，$\sigma_P^2 = \frac{1}{100} \times 50 + \frac{100-1}{100} \times 10 = 10.4$。

3. 解：(1) ① 设资产 A 的投资比例为 x，资产 B 的投资比例为 $1-x$，则资产组合的方差为：$8x^2 + 2(1-x)^2 + 2x(1-x)(-4)$。经计算，当 $x = \frac{1}{3}$ 时，方差最小，此时方差为 0。进一步可以得到该组合的期望收益为 $12 \times \frac{1}{3} + 6 \times \frac{2}{3} = 8$。

② 易计算出 $\rho_{AB} = -1$，故在不允许卖空的情况下，资产组合的可能性曲线为折线段 ACB，如图 1 所示。在图 1 中，直线段 AC 为该投资组合的有效边界。

(2) 若允许卖空，则资产组合的可能性曲线如图 2 所示。其中射线 CA 为该投资组合在允许卖空情形下的有效边界。

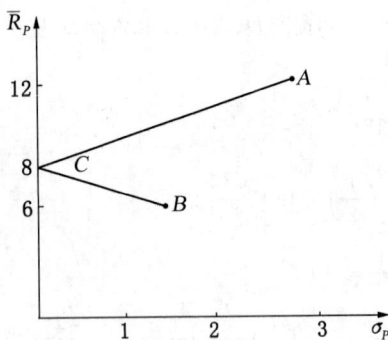

图 1

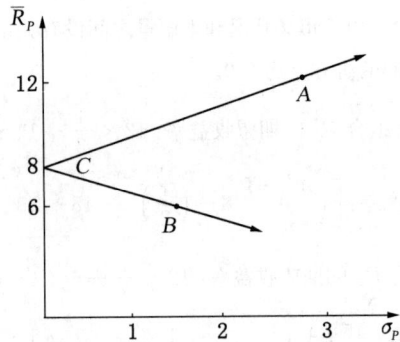

图 2

4. 解：设两个证券资产为证券 A、证券 B，它们的期望收益率分别为 $\overline{R}_A$ 和 $\overline{R}_B$，方差分别为 σ_A 和 σ_B，并设资产组合中证券 A 的比例为 x，则组合的期望收益率和方差分别为：

$$\overline{R}_P = x\overline{R}_A + (1-x)\overline{R}_B$$

$$\sigma_P^2 = x^2\sigma_A^2 + (1-x)^2\sigma_B^2 + 2x(1-x)\sigma_A\sigma_B\rho_{AB}$$

由于 $\rho_{AB} = -1$，所以：

$$\sigma_P^2 = \left[x\sigma_A - (1-x)\sigma_B\right]^2$$

当 $x\sigma_A - (1-x)\sigma_B > 0$ 即 $x > \dfrac{\sigma_B}{\sigma_A + \sigma_B}$ 时,有:

$$\sigma_P = x\sigma_A - (1-x)\sigma_B$$

进一步解得:

$$x = \frac{\sigma_P + \sigma_B}{\sigma_A + \sigma_B}$$

代入 $\overline{R}_P = x\overline{R}_A + (1-x)\overline{R}_B$ 即可得到:

$$\overline{R}_P = \left(\frac{\overline{R}_A - \overline{R}_B}{\sigma_A + \sigma_B}\right)\sigma_P + \frac{\sigma_B\overline{R}_A + \sigma_A\overline{R}_B}{\sigma_A + \sigma_B}$$

当 $x\sigma_A - (1-x)\sigma_B < 0$ 即 $x < \dfrac{\sigma_B}{\sigma_A + \sigma_B}$ 时,同样可以得到:

$$\overline{R}_P = -\left(\frac{\overline{R}_A - \overline{R}_B}{\sigma_A + \sigma_B}\right)\sigma_P + \frac{\sigma_B\overline{R}_A + \sigma_A\overline{R}_B}{\sigma_A + \sigma_B}$$

综上所述,由证券 A、证券 B 构成的组合在 $(\overline{R}_P , \sigma_P)$ 坐标系中所有可能位置的表达式为:

当 $x > \dfrac{\sigma_B}{\sigma_A + \sigma_B}$ 时,$\overline{R}_P = \left(\dfrac{\overline{R}_A - \overline{R}_B}{\sigma_A + \sigma_B}\right)\sigma_P + \dfrac{\sigma_B\overline{R}_A + \sigma_A\overline{R}_B}{\sigma_A + \sigma_B}$;

当 $x < \dfrac{\sigma_B}{\sigma_A + \sigma_B}$ 时,$\overline{R}_P = -\left(\dfrac{\overline{R}_A - \overline{R}_B}{\sigma_A + \sigma_B}\right)\sigma_P + \dfrac{\sigma_B\overline{R}_A + \sigma_A\overline{R}_B}{\sigma_A + \sigma_B}$;

当 $x = \dfrac{\sigma_B}{\sigma_A + \sigma_B}$ 时,$\overline{R}_P = \dfrac{\sigma_B\overline{R}_A + \sigma_A\overline{R}_B}{\sigma_A + \sigma_B}$。

5. 解:由于

$$\overline{R}_1 - R_f = Z_1\sigma_1^2 + Z_2\sigma_{12} + Z_3\sigma_{13}$$

$$\overline{R}_2 - R_f = Z_1\sigma_{21} + Z_2\sigma_2^2 + Z_3\sigma_{23}$$

$$\overline{R}_3 - R_f = Z_1\sigma_{31} + Z_2\sigma_{32} + Z_3\sigma_3^2$$

将表中的数据代入上面方程组可得:

$$10 - 5 = 16Z_1 + 20Z_2 + 40Z_3$$

$$12 - 5 = 20Z_1 + 100Z_2 + 70Z_3$$

$$8 - 5 = 40Z_1 + 70Z_2 + 196Z_3$$

解方程组得:

$$Z_1 = 0.537 \quad Z_2 = 0.039\,2 \quad Z_3 = -0.109\,5$$

进一步由公式 $X_i = \dfrac{Z_i}{\sum\limits_{i=1}^{N} Z_i}$ 求得:

$$X_1 = 1.151 \quad X_2 = 0.084 \quad X_3 = -0.235$$

这就是投资组合中 A、B、C 三种证券的最佳投资组合比例。

6. 解:设资产 A 的投资比例为 x,资产 B 的投资比例为 $1-x$,则资产组合的期望收益和方差分别为:

$$\overline{R}_P = 10x + 8(1-x)$$

$$\sigma_P^2 = 36x^2 + 16(1-x)^2 + 2 \times 20x(1-x)$$

消去 x,计算得到:

$$\overline{R}_P = \frac{22}{3} \pm \frac{\sqrt{3\sigma_P^2 - 44}}{3}$$

这条曲线所描述的即为投资组合的可能性曲线。

同时也可计算出方差最小的投资组合,其期望收益和标准差分别为 7.3 和 3.83。因此,该投资组合的有效边界为上述可能性曲线在 (7.3,3.83) 点的向右上外延部分。

7. 解:从美国投资者的角度出发,两国市场的收益通过计算可以得到:

阶　段	美国(%)	英国(%)
1	10	-12.5
2	15	-5
3	-5	-8
4	12	-19
5	6	83.3

于是,美国投资者在本国投资的平均收益为:

$$\frac{10\% + 15\% - 5\% + 12\% + 6\%}{5} = 7.6\%$$

均方差为:

$$\left[\frac{(10\% - 7.6\%)^2 + (15\% - 7.6\%)^2 + (-5\% - 7.6\%)^2 + (12\% - 7.6\%)^2 + (6\% - 7.6\%)^2}{5}\right]^{\frac{1}{2}}$$

$$= 6.95\%$$

美国投资者在英国投资的平均收益为:

$$\frac{-12.5\% - 5\% - 8\% - 19\% + 83.3\%}{5} = 7.76\%$$

均方差为:

$$\left[\frac{(-12.5\% - 7.76\%)^2 + (-5\% - 7.76\%)^2 + (-8\% - 7.76\%)^2 + (-19\% - 7.76\%)^2 + (83.3\% - 7.76\%)^2}{5}\right]^{\frac{1}{2}} = 38.06\%$$

进一步计算,两个市场收益之间的相关系数为 -0.13。

从英国投资者的角度出发,用同样的办法可以计算两国市场的收益:

阶　段	美国(%)	英国(%)
1	32	5
2	15	−5
3	18.75	15
4	49.33	8
5	−36.4	10

同样可以计算英国投资者在本国投资的平均收益为6.6%,均方差为6.65%;英国投资者在美国的平均投资收益为15.74%,均方差为28.7%。对英国投资者来说,两个市场收益之间的相关系数为−0.13。

第9章

1. 解:利用 SPSS 统计软件计算得到:

(1) 股票 A:$\alpha = -0.61$,$\beta = 1.18$;

　　股票 B:$\alpha = 2.97$,$\beta = 1.02$;

　　股票 C:$\alpha = -3.42$,$\beta = 2.32$。

(2) 股票 A 回归方程的剩余项方差为21.87;

　　股票 B 回归方程的剩余项方差为24.80;

　　股票 C 回归方程的剩余项方差为152.31。

(3) 股票 A 与市场指数收益之间的相关系数为0.77;

　　股票 B 与市场指数收益之间的相关系数为0.68;

　　股票 C 与市场指数收益之间的相关系数为0.65。

(4) 市场平均收益率和方差分别为3.01和20.91。

2. 解:利用 EXCEL 软件计算得到:

(1) 单指数模型法:

股票 A 的期望收益和方差分别为2.95和51.15;

股票 B 的期望收益和方差分别为6.03和46.60;

股票 C 的期望收益和方差分别为3.55和265.00。

利用历史数据法计算三种股票的收益和方差得到的结果与单指数模型法一样。

(2) 单指数模型法:

A、B 股票之间的协方差为25.26;

A、C 股票之间的协方差为57.44;

B、C 股票之间的协方差为49.55。

历史数据法:

A、B 股票之间的协方差为18.49;

A、C 股票之间的协方差为61.62;

B、C 股票之间的协方差为54.12。

(3) 利用单指数模型计算等比例投资组合的收益和标准差分别为4.18和8.35;利用历史数据法计

算等比例投资组合的收益和标准差分别为 4.18 和 8.37。

3. 解：根据题意可知 $\mathrm{cov}(e_i, e_j) = K$，所以任意两个证券之间的协方差为：

$$
\begin{aligned}
\sigma_{ij} &= E[(R_i - \overline{R}_i)(R_j - \overline{R}_j)] \\
&= E\left[\left(\beta_i(R_m - \overline{R}_m) + e_i \right) \left(\beta_j(R_m - \overline{R}_m) + e_j \right) \right] \\
&= \beta_i \beta_j E(R_m - \overline{R}_m)^2 + \beta_j E[e_i(R_m - \overline{R}_m)] + \beta_i E[e_j(R_m - \overline{R}_m)] + E(e_i e_j) \\
&= \beta_i \beta_j \sigma_m^2 + K
\end{aligned}
$$

任意组合的方差为：

$$
\begin{aligned}
\sigma_P^2 &= E(R_P - \overline{R}_P)^2 \\
&= E\left(\sum_{i=1}^n a_i X_i + \sum_{i=1}^n X_i \beta_i R_m + \sum_{i=1}^n e_i X_i - \sum_{i=1}^n a_i X_i - \sum_{i=1}^n X_i \beta_i \overline{R}_m \right)^2 \\
&= E\left(\sum_{i=1}^n X_i \beta_i (R_m - \overline{R}_m) + \sum_{i=1}^n e_i X_i \right)^2 \\
&= E\left(\sum_{i=1}^n X_i^2 \beta_i^2 (R_m - \overline{R}_m)^2 + \sum_{i=1}^n e_i^2 X_i^2 + \sum_{i=1}^N \sum_{\substack{j=1 \\ j \neq i}}^N X_i X_j \beta_i \beta_j (R_m - \overline{R}_m)^2 + \sum_{i=1}^N \sum_{\substack{j=1 \\ j \neq i}}^N X_i X_j e_i e_j \right) \\
&= \sum_{i=1}^n X_i^2 \beta_i^2 \sigma_m^2 + \sum_{i=1}^n X_i^2 \sigma_{ie}^2 + \sum_{i=1}^N \sum_{\substack{j=1 \\ j \neq i}}^N X_i X_j \beta_i \beta_j \sigma_m^2 + K \sum_{i=1}^N \sum_{\substack{j=1 \\ j \neq i}}^N X_i X_j
\end{aligned}
$$

4. 解：由于所有证券之间的相关系数都相同，且为 ρ^*，所以对于三种证券 i、j 和 k 来说，有：

$$
\rho^* = \frac{\mathrm{cov}(R_i, R_j)}{\sigma_i \sigma_j} = \frac{\mathrm{cov}(R_i, R_k)}{\sigma_i \sigma_k}
$$

又因为单指数模型是成立的，得：

$$
\frac{\beta_i \beta_j \sigma_m^2}{\sqrt{(\beta_i^2 \sigma_m^2 + \sigma_{ei}^2)(\beta_j^2 \sigma_m^2 + \sigma_{ej}^2)}} = \frac{\beta_i \beta_k \sigma_m^2}{\sqrt{(\beta_i^2 \sigma_m^2 + \sigma_{ei}^2)(\beta_k^2 \sigma_m^2 + \sigma_{ek}^2)}}
$$

化简得：

$$
\frac{\beta_j}{\sqrt{\beta_j^2 \sigma_m^2 + \sigma_{ej}^2}} = \frac{\beta_k}{\sqrt{\beta_k^2 \sigma_m^2 + \sigma_{ek}^2}}
$$

对于证券 j、k 而言，有：

$$
\rho^* = \frac{\mathrm{cov}(R_j, R_k)}{\sigma_j \sigma_k}
$$

最后得到：

$$
\rho^* = \frac{\beta_j \beta_k \sigma_m^2}{\sqrt{(\beta_j^2 \sigma_m^2 + \sigma_{ej}^2)(\beta_k^2 \sigma_m^2 + \sigma_{ek}^2)}} = \frac{\beta_j^2 \sigma_m^2}{\beta_j^2 \sigma_m^2 + \sigma_{ej}^2}
$$

从上式中解出 β_j，得：

$$
\beta_j = \sqrt{\frac{\rho^*}{1 - \rho^*}} \frac{\sigma_{ej}}{\sigma_m}
$$

因此，任意证券的 β 表达式为：$\sqrt{\dfrac{\rho^*}{1 - \rho^*}} \dfrac{\sigma_{ej}}{\sigma_m}$。

5. 解:根据题目表中的数据计算可得下表:

证券编号 i	$\overline{R}_i$	β	$\sigma_{e_i}^2$	D_i	C_i
1	15	1	30	10	2.5
2	12	1.5	20	4.67	4.69
3	11	2	40	3	4.31
4	8	0.8	10	3.75	4.53
5	9	1	20	4	4.62
6	14	1.5	10	6	4.70

据分析,由于不允许卖空,故 $C^* = 4.70$,最优证券组合包含证券 1 和证券 2。

进一步计算可得:

$$Z_1 = \frac{\beta_1}{\sigma_{e_1}^2}(D_1 - C^*) = 0.177 \quad Z_2 = 0.195$$

最后求得最优证券组合中各证券的投资比例:

$$X_1 = 47.5\% \quad X_2 = 52.5\%$$

6. 解:若允许卖空,则 $C^* = 4.3$,通过计算可得到最优证券组合构成:

$$Z_1 = 0.19 \quad Z_2 = 0.254 \quad Z_3 = 0.027 \quad Z_4 = -0.015 \quad Z_5 = -0.044 \quad Z_6 = -0.065$$

进而求得最优证券组合中各证券的投资比例:

$$X_1 = 54.8\% \quad X_2 = 73.4\% \quad X_3 = 7.8\% \quad X_4 = -4.4\% \quad X_5 = -12.8\% \quad X_6 = -18.85\%$$

7. 解:所有证券之间的相关系数都相同,为 $\rho = 0.5$,根据第 4 题的结论,任意证券的 β 表达式为:

$$\beta_i = \frac{\sigma_{e_i}}{\sigma_m}\sqrt{\frac{\rho}{1-\rho}} = \frac{\sigma_{e_i}}{\sigma_m}$$

则 $\sigma_{e_i}^2 = \beta_i^2 \sigma_m^2$,代入式 $\sigma_i^2 = \beta_i^2 \sigma_m^2 + \sigma_{e_i}^2$ 得 $\beta_i = \frac{\sigma_i}{\sqrt{2}\sigma_m}$。因此,有

$$D_i = \frac{\overline{R}_i - R_f}{\beta_i} = \frac{(\overline{R}_i - R_f)}{\sigma_i}\sqrt{2}\sigma_m$$

$$C_i = \frac{\sigma_m^2 \sum_{j=1}^i \frac{(\overline{R}_j - R_f)\beta_j}{\sigma_{e_j}^2}}{1 + \sigma_m^2 \sum_{j=1}^i \frac{\beta_j^2}{\sigma_{e_j}^2}} = \frac{\sum_{j=1}^i \frac{(\overline{R}_j - R_f)}{\sigma_j}}{1 + i}\sqrt{2}\sigma_m$$

由于 D_i 和 C_i 中都含有 $\sqrt{2}\sigma_m$,根据数据计算得下表:

证券排序 (根据 D 值由大到小)	证券编号 i	$\overline{R}_i$	σ_i	D_i ($\times\sqrt{2}\sigma_m$)	C_i ($\times\sqrt{2}\sigma_m$)
1	1	15	10	1	0.5
2	2	20	15	1	0.667

续表

证券排序 （根据 D 值由大到小）	证券编号 i	$\overline{R}_i$	σ_i	D_i $(\times\sqrt{2}\sigma_m)$	C_i $(\times\sqrt{2}\sigma_m)$
3	5	10	5	1	0.75
4	6	14	10	0.9	0.78
5	4	12	10	0.7	0.767
6	3	18	20	0.65	0.75
7	7	16	20	0.55	0.725

若不允许卖空，则 $C^*=0.78\times\sqrt{2}\sigma_m$，并且最优证券组合包含证券1、2、5和6。进一步计算可得：

$$Z_1=0.044,\ Z_2=0.029,\ Z_3=0.088,\ Z_4=0.024$$

最后求得最优证券组合中证券1、2、5 和 6 的投资比例分别为：23.78%、15.68%、47.57% 和 12.97%。

8. 解：若允许卖空，则 $C^*=0.725$，通过计算可得到：

$$Z_1=0.055\quad Z_2=0.0367\quad Z_3=-0.0075\quad Z_4=-0.005$$
$$Z_5=0.11\quad Z_6=0.035\quad Z_7=-0.0175$$

进而求得最优证券组合中各证券的投资比例：

$$X_1=26.6\%\quad X_2=17.7\%\quad X_3=-3.63\%\quad X_4=-2.42\%$$
$$X_5=53.2\%\quad X_6=16.9\%\quad X_7=-8.47\%$$

第 10 章

1. 解：证券市场线为：$\overline{R}_i=0.08-0.04\beta_i$，该资产的期望收益为 0。

2. 解：为了使得投资于这两种证券是一个好的策略，它们各自的期望收益必须分别是 $\overline{R}_X=0.08$，$\overline{R}_Y=0.2$。

3. 解：通过证券市场线方程求得：

A 基金期望收益：$\overline{R}_A=21.2\%$；

B 基金期望收益：$\overline{R}_B=28.8\%$。

显然这两个基金的实际收益分别都小于期望收益，故投资策略成绩不理想。

4. 解：题中的证券市场线变形可得：

$$\overline{R}_i-0.04=\beta_i(0.14-0.04)$$

故 $R_f=0.04$，$\overline{R}_M=0.14$。

6. 解：构建投资组合 A，其中 $\beta_1=0.5$ 的证券所占的投资比例为 30%，$\beta_2=1.5$ 的证券所占的投资比例为 70%。经计算，组合 A 的期望收益为 $\overline{R}_A=3.2\%$，β 系数为 $\beta_A=1.2$。再设 $\overline{R}_S=15\%$、$\beta_S=1.2$ 的证券资产为 B，则投资者可构造一个新的投资组合 C：卖空 100 元的投资组合 A 并投资于投资组合 B。

组　合	初期投资	期望收益	β
A	-100	-3.2	-1.2
B	$+100$	$+15$	1.2
C	0	11.8	0

显然投资者投资于组合 C，可以无风险地套利并赚取 11.8 元。

7. 解：均衡方程可变形为：

$$\overline{R}_i - 0.04 = \beta_i (0.14 - 0.04)$$

显然零 β 资产组合的收益为 0.04，市场组合的收益为 0.14。

8. 解：先求出最小方差点。最小方差点 S 的组合由组合 M 和 Z 构成，其中组合 Z 所占的比例设为 X_Z。

因为 $\beta_Z = 0$，所以：

$$\mathrm{cov}(\overline{R}_M, \overline{R}_Z) = \beta_Z \sigma_m^2 = 0$$

从而有：

$$\sigma_S^2 = X_Z^2 \sigma_Z^2 + (1 - X_Z)^2 \sigma_M^2$$

为了使得 σ_S^2 最小，通过计算求得：

$$X_Z = \frac{\sigma_M^2}{\sigma_M^2 + \sigma_Z^2}$$

代入数据得：

$$X_Z = 0.883\,2$$

进一步计算得到：

$$\overline{R}_S = 6.2 \quad \sigma_S = 7.5$$

由于 $R_f = 3$，通过复杂的计算可以求出过 R_f 与最小方差曲线相切的切点 T 所代表的资产组合的期望收益与标准差分别为：

$$\overline{R}_T = 9.3 \quad \sigma_T = 10.4 \quad \beta_T = 0.43$$

于是可以画出最小方差曲线如图 3，投资者的有效边界为曲线 $R_F TMQ$。

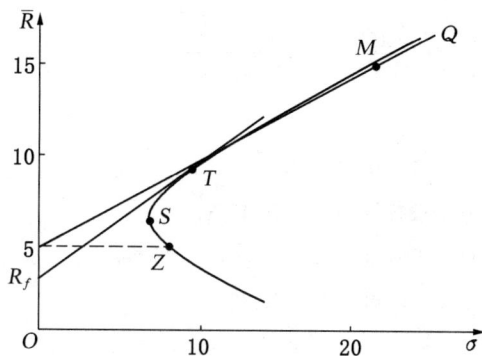

图 3

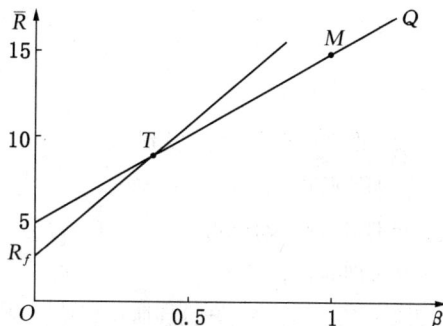

图 4

在图 3 的基础上画出证券市场线如图 4,图中折线段 $R_F TMQ$ 即为证券市场线。

9. 解:根据题意,该模型均衡收益的平面方程为:

$$\bar{r}_i = \lambda_0 + \lambda_1 b_{i1} + \lambda_2 b_{i2}$$

将表中的数据分别代入上式得到:

$$12 = \lambda_0 + \lambda_1 + 0.5\lambda_2$$

$$13.4 = \lambda_0 + 3\lambda_1 + 0.2\lambda_2$$

$$12 = \lambda_0 + 3\lambda_1 - 0.5\lambda_2$$

求解上述方程组得到:

$$\lambda_0 = 10 \quad \lambda_1 = 1 \quad \lambda_2 = 2$$

故所求的平面方程为:

$$\bar{r}_i = 10 + b_{i1} + 2b_{i2}$$

10. 解:利用第 9 题的结论,在均衡收益的平面上选择一个资产组合 D': $\bar{r}_{D'} = 12$, $b_{D'1} = 2$, $b_{D'2} = 0$。于是构造下列套利组合:卖空 100 元组合 D 并投资于组合 D'。

组合	投资	$\bar{r}_i$	b_{i1}	b_{i2}
D	-100	-10	-2	0
D'	100	12	2	0
套利组合	0	2	0	0

显然,投资者可以无风险地得到套利 2 元。

第 12 章

1. 解:该债券的本期利率为:

$$\frac{100}{960} \times 100\% = 10.42\%$$

设该债券的到期收益为 i,则 i 满足:

$$960 = \frac{100}{1+i} + \frac{100}{(1+i)^2} + \frac{100}{(1+i)^3} + \frac{100}{(1+i)^4} + \frac{1\,000 + 100}{(1+i)^5}$$

求解方程得到: $i = 11\%$。

2. 解:设 1 年期即期利率分别为 i_{01}: $900(1+i_{01}) = 1\,000$,求解得: $i_{01} = 11.11\%$;

2 年期即期利率分别为 i_{02}: $820(1+i_{02})^2 = 1\,000$,求解得: $i_{02} = 10.43\%$;

3 年期即期利率分别为 i_{03}: $725(1+i_{03})^3 = 1\,000$,求解得: $i_{03} = 11.32\%$;

4 年期即期利率分别为 i_{04}: $675(1+i_{04})^4 = 1\,000$,求解得: $i_{04} = 10.33\%$。

再设从第 i 年到第 j 年的远期利率为 i_{ij},则:

$(1+i_{02})^2 = (1+i_{01})(1+i_{12})$,代入数据求解得: $i_{12} = 9.75\%$;

$(1+i_{03})^3=(1+i_{01})(1+i_{13})^2$,代入数据求解得:$i_{13}=11.43\%$;

$(1+i_{04})^4=(1+i_{01})(1+i_{14})^3$,代入数据求解得:$i_{14}=10.07\%$;

$(1+i_{03})^3=(1+i_{02})^2(1+i_{23})$,代入数据求解得:$i_{23}=13.12\%$;

$(1+i_{04})^4=(1+i_{02})^2(1+i_{24})^2$,代入数据求解得:$i_{24}=10.23\%$;

$(1+i_{04})^4=(1+i_{03})^3(1+i_{34})$,代入数据求解得:$i_{34}=7.41\%$。

3. 解:一价定律不满足。经计算,由 1.037 单位债券 A 和 0.033 7 单位债券 B 构成的组合 C' 与债券 C 具有相同的现金流,但组合 C 与 C' 不具有相同的价格,故一价定律不满足。

由于债券组合 C' 的价格为 1 047.96,所以只有当债券 C 的价格为 1 047.96 时,一价定律才能满足。

4. 解:设到期收益率为 i,计算如下:

(1) 债券以面值出售:

$$1\,000=\frac{80}{1+i}+\frac{80}{(1+i)^2}+\frac{1\,080}{(1+i)^3}$$

求解得:$i=8\%$;

(2) 债券以 800 元出售:

$$800=\frac{80}{1+i}+\frac{80}{(1+i)^2}+\frac{1\,080}{(1+i)^3}$$

求解得:$i=17\%$;

(3) 债券以 1 100 元出售:

$$1\,100=\frac{80}{1+i}+\frac{80}{(1+i)^2}+\frac{1\,080}{(1+i)^3}$$

求解得:$i=4\%$。

5. 解:因为到期收益率 10%,息票利息每半年为 50 元,故由利息与利息再投资所得构成的总回报为:

$$50\sum_{i=1}^{40}(1+5\%)^{i-1}=6\,040$$

进一步得到投资者的年实现复收益为:

$$2\left[\left(\frac{6\,040+1\,000}{1\,000}\right)^{\frac{1}{40}}-1\right]=10\%$$

6. 解:因为息票利率为 9%,利息每年为 90 元,故由利息与利息再投资所得构成的总回报为:

$$90\sum_{i=1}^{5}(1+15\%)^{i-1}=606.8$$

从而投资者的实现复利收益为:

$$\left(\frac{606.8+1\,000}{1\,000}\right)^{\frac{1}{5}}-1=9.95\%$$

如果投资者立即消费掉利息收益收入,则投资者的实现复利收益为:

$$\left(\frac{450+1\,000}{1\,000}\right)^{\frac{1}{5}}-1=7.71\%$$

7. 解:设到期收益率为 i,则:

$$948.46=\frac{60}{1+i}+\frac{60}{(1+i)^2}+\frac{1\,060}{(1+i)^3}$$

求解得: $i=8\%$。

若再投资利率为 4%,经计算,由利息与利息再投资所得构成的总回报为187.296元,进一步求得投资者的年实现复收益为:

$$\left(\frac{187.296+1\,000}{948.46}\right)^{\frac{1}{3}}-1=7.77\%$$

若再投资利率为 10%,则由利息与利息再投资所得构成的总回报为 198.6 元,进而求得投资者的年实现复收益为:

$$\left(\frac{198.6+1\,000}{948.46}\right)^{\frac{1}{3}}-1=8.11\%$$

若再投资利率为 0,则由利息与利息再投资所得构成的总回报为 180 元,进而求得投资者的年实现复收益为:

$$\left(\frac{180+1\,000}{948.46}\right)^{\frac{1}{3}}-1=7.55\%$$

通过对上面的计算结果进行分析可以看出,当利息的再投资利率低于到期收益率时,投资者实现的复利收益也低于到期收益率;当利息的再投资利率高于到期收益率时,投资者实现的复利收益也高于到期收益率。

8. 解: $1\,000=\sum\limits_{t=1}^{10}\frac{60}{(1+i)^t}+\frac{1\,050}{(1+i)^{10}}$

解得: $i=6.4\%$,则赎回收益率为 $2i=12.8\%$。

9. 解:设到期收益率为 i,赎回收益率为 i',则:

$$1\,032.40=\frac{100}{1+i}+\frac{100}{(1+i)^2}+\frac{100}{(1+i)^3}+\frac{100}{(1+i)^4}+\frac{1\,000+100}{(1+i)^5}$$

解得: $i=9\%$;

$$1\,032.40=\frac{100}{1+i'}+\frac{1\,100}{(1+i')^2}$$

解得: $i'=8\%$。

10. 解:(1) 债券的内在价值为:

$$\frac{10\,000+800}{1+10\%}=9\,818.18$$

由于债券的内在价值高于售价,故投资者应该买入该债券。

（2）设该债券的到期收益率为 i，则：

$$8\,785.07 = \frac{10\,000 + 800}{1+i}$$

解得：$i = 22.9\%$，该债券的到期收益率大于同等风险程度债券的贴现率，故投资者应该买入此债券。

第 13 章

1. 解：若债券的期限是 10 年，则其 D 系数为：

$$D_{10} = \sum_{t=1}^{10}\left[\frac{\dfrac{C_t}{(1+i)^t}}{P_0}\right] \times t = \frac{\dfrac{100}{(1+10\%)}}{1\,000} \times 1 + \frac{\dfrac{100}{(1+10\%)^2}}{1\,000} \times 2 + \cdots$$

$$+ \frac{\dfrac{100}{(1+10\%)^9}}{1\,000} \times 9 + \frac{\dfrac{1\,100}{(1+10\%)^{10}}}{1\,000} \times 10$$

解得：$D_{10} = 6.76$。

若债券的期限是 3 年，则其 D 系数为：

$$D_3 = \frac{\dfrac{100}{(1+10\%)}}{1\,000} \times 1 + \frac{\dfrac{100}{(1+10\%)^2}}{1\,000} \times 2 + \frac{\dfrac{1\,100}{(1+10\%)^3}}{1\,000} \times 3$$

解得：$D_3 = 2.74$。

若债券的期限是 5 年，则其 D 系数为：

$$D_5 = \frac{\dfrac{100}{(1+10\%)}}{1\,000} \times 1 + \frac{\dfrac{100}{(1+10\%)^2}}{1\,000} \times 2 + \frac{\dfrac{100}{(1+10\%)^3}}{1\,000}$$

$$\times 3 + \frac{\dfrac{100}{(1+10\%)^4}}{1\,000} \times 4 + \frac{\dfrac{1\,100}{(1+10\%)^5}}{1\,000} \times 5$$

解得：$D_5 = 4.17$。

若债券的期限是 8 年，则其 D 系数为：

$$D_8 = \sum_{t=1}^{8}\left[\frac{\dfrac{C_t}{(1+i)^t}}{P_0}\right] \times t = \frac{\dfrac{100}{(1+10\%)}}{1\,000} \times 1 + \frac{\dfrac{100}{(1+10\%)^2}}{1\,000} \times 2 + \cdots$$

$$+ \frac{\dfrac{100}{(1+10\%)^7}}{1\,000} \times 7 + \frac{\dfrac{1\,100}{(1+10\%)^8}}{1\,000} \times 8$$

解得：$D_8 = 5.87$。

2. 解：显然只有债券 A 与债券 B、债券 A 与债券 C 构成的组合，它们的 D 系数才可能为 9，首先考虑债券 A 与债券 B 构成的组合，设该组合中债券 A 所占的比例为 x，根据题意则有：

$$5x + 10(1-x) = 9$$

解得：$x = 0.2$。这说明在债券 A 与债券 B 构成的组合中,如果债券 A 所占的比例为20%,债券 B 所占的比例为80%,则该组合的 D 系数为9。

同样的方法可求出在债券 A 与债券 C 构成的组合中,如果债券 A 所占的比例为42.9%,债券 B 所占的比例为57.1%,则该组合的 D 系数为9。

3. 答:(1) ①因为投资者在债券持有期间有现金流收入。②这是因为用到期期限来度量债券对利率变化的灵敏度忽视了债券中间时期的现金流,仅关注到期时的最后支付,然而利息支付(中间时期现金流)对于利率风险是很重要的;而利用 D 系数度量债券对利率变化的灵敏度则考虑到了这些不足。

(2) ①D 系数增大。因为总的现金流的大部分依利息支付形式更晚出现。②D 系数增大。到期收益率低,会使得债券后期的现金流的现值较大,进一步使得后期年数的加权系数变大,从而导致 D 系数增大。③D 系数变小。因为到期期限越短,现金流回报越快,从而 D 系数变小。

4. 解:易计算该债券的到期收益率 i,$i = 10\%$。

由第一题的结论可知该债券的 D 系数为 4.17,所以,当债券的到期收益率提高到12%时,其价格变化率为:

$$-4.17 \times \frac{12\% - 10\%}{1 + 10\%} = -7.58\%$$

当债券的到期收益率下降到8%时,其价格变化率为:

$$-4.17 \times \frac{8\% - 10\%}{1 + 10\%} = 7.58\%$$

5. 解:该债券的 D 系数为 20,当利率下降 0.5% 时,债券价格的变化率为:

$$-20 \times \frac{-0.5\%}{1 + 7.5\%} = 9.3\%$$

再计算该债券的凸度:

$$V = \frac{1}{2} \times \frac{\frac{20 \times 21 \times C_{20}}{(1+i)^{20}}}{P_0}$$

又因为 $C_{20} = P_0(1+i)^{20}$,所以:

$$V = \frac{1}{2} \times \frac{\frac{20 \times 21 \times C_{20}}{(1+i)^{20}}}{P_0} = \frac{1}{2} \times 20 \times 21 = 210$$

于是利用凸度计算出来的价格变化百分比为:

$$-20 \times \frac{-0.5\%}{1 + 7.5\%} + 210 \times \left(\frac{-0.5\%}{1 + 7.5\%}\right)^2 = 9.76\%$$

6. 解:计算债券的现值:

$$P_0 = \frac{120}{(1+9\%)} + \frac{120}{(1+9\%)^2} + \frac{1\,120}{(1+9\%)^3} = 1\,075.94$$

计算债券的 D 系数为：

$$D = \frac{\frac{120}{(1+9\%)}}{1\,075.94} \times 1 + \frac{\frac{120}{(1+9\%)^2}}{1\,075.94} \times 2 + \frac{\frac{1\,120}{(1+9\%)^3}}{1\,075.94} \times 3 = 2.7$$

债券的凸度为：

$$V = \frac{1}{2} \times \left[\frac{\frac{120}{(1+9\%)}}{1\,075.94} \times 1 \times 2 + \frac{\frac{120}{(1+9\%)^2}}{1\,075.94} \times 2 \times 3 + \frac{\frac{1\,120}{(1+9\%)^3}}{1\,075.94} \times 3 \times 4 \right] = 5.2$$

由于预计到期收益率增长 1%，故该债券价格变化的百分比为：

$$-2.7 \times \frac{1\%}{1+9\%} + 5.2 \times \left(\frac{1\%}{1+9\%} \right)^2 = -2.44\%$$

8. 解：设债券 1 在投资组合中所占的比例为 x，为了使得 D 系数等于投资计划期 4 年，则需：

$$1.925x + 4.665(1-x) = 4$$

解得：$x = 0.243$。进一步求得债券组合的价格为：

$$965.29 \times 0.243 + 1\,087.11 \times 0.757 = 1\,057.51$$

当到期收益率为 9% 时，经计算，在投资计划期末，债券 1 的回报为 1 168 元，债券 2 的回报为 1 591.63 元，债券组合的总回报为 1 488.69 元。当到期收益率为 11% 时，经计算，在投资计划期末，债券 1 的回报为 1 168.8 元，债券 2 的回报为 1 582.3 元，债券组合的总回报为 1 481.82 元，这与到期收益率为 10% 时债券组合的总回报基本相等，故这个债券组合是免疫的。

第 14 章

1. 答：区分套期保值和投机的关键在于考察投资者在现货市场是否具有与期货市场相反的头寸。如果有则为套期保值；否则为投机交易。

2. 解：$F = 98 \times e^{1\% \times \frac{90}{360}} = 98 \times e^{\frac{1}{400}} = 98.245$（美元）

3. 答：买进长期利率期货，卖出短期利率期货。这是因为长期利率和短期利率的差在未来几个月里的缩小会使得长期利率期货和短期利率期货的价格差扩大，投资者通过买进长期利率期货、卖出短期利率期货即可获利。

4. 解：$(318 - 310) \times 5 \times 500 = 20\,000$（美元）

5. 解：$F = 200 \times e^{(6\% - 4\%)} = 204$（美元）

6. 解：9 月到期的 S&P500 指数期货合约的理论价格为：

$$F = 465 \times e^{(6\% - 3\%) \times \frac{1}{6}} = 467.33$$

显然，该期货合约的实际价格大于理论价格，故定价偏高。

7. 答：该资产组合在到期日的利润图如图 5。

8. 答：该资产组合在到期日的利润图如图 6。

9. 解:看跌期权的价格为:

$$P = C - S_0 + E\mathrm{e}^{-rT} = 2.25 - 44.25 + 50 \times \mathrm{e}^{-0.08 \times 0.5} = 6.04(元)$$

10. 解:风险中性概率 P 的值为:

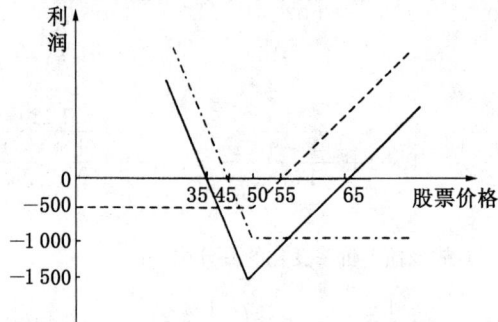

图 5

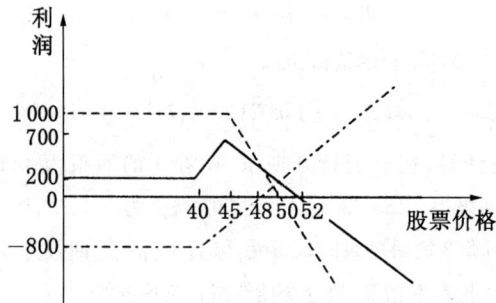

图 6

$$P = \frac{\mathrm{e}^{-0.05 \times 1} - 0.8}{1.2 - 0.8} = 0.628\,2$$

最后股票的可能价格为 72 元、48 元和 32 元。在这种情况下,$C_u^2 = 0$,$C_{ud} = 4$,$C_d^2 = 20$,代入两阶段的二项期权定价公式可得:

$$C = \mathrm{e}^{-2 \times 0.05 \times 1}(0.628\,2^2 \times 0 + 2 \times 0.628\,2 \times 0.371\,8 \times 4 + 0.371\,8^2 \times 20) = 4.192\,3(元)$$

11. 解:由于 $S_0 = 95$ 元,$E = 150$ 元,$t = 2/3$(8 个月),$\sigma = 0.6$,$r = 8\%$,于是可以计算出:

$$d_1 = \frac{\ln\left(\dfrac{95}{150}\right) + \left(8\% + \dfrac{0.36}{2}\right) \times \dfrac{2}{3}}{0.6\sqrt{2/3}} \approx -0.578\,7$$

$$d_2 = \frac{\ln\left(\dfrac{95}{150}\right) + \left(8\% - \dfrac{0.36}{2}\right) \times \dfrac{2}{3}}{0.6\sqrt{2/3}} \approx -1.068\,6$$

查正态分布表可得:

$$N(d_1) = N(-0.578\,7) = 0.281\,0$$

$$N(d_2) = N(-1.068\,6) = 0.142\,3$$

最后计算看涨期权的价格为：

$$C = 95 \times 0.281\,0 - 150 \times \mathrm{e}^{-8\% \times \frac{2}{3}} \times 0.142\,3 = 6.488(元)$$

第 15 章

1. 解：用总风险调整各基金的投资收益得到它们的夏普比率：

基金 A：$\dfrac{14\% - 3\%}{6\%} = 1.83$

基金 B：$\dfrac{12\% - 3\%}{4\%} = 2.25$

基金 C：$\dfrac{16\% - 3\%}{8\%} = 1.63$

基金 D：$\dfrac{10\% - 3\%}{6\%} = 1.17$

基金 E：$\dfrac{20\% - 3\%}{10\%} = 1.7$

据此，各基金按业绩从优到劣可排序为：基金 $B>$ 基金 $A>$ 基金 $E>$ 基金 $C>$ 基金 D。

2. 解：用系统风险调整各基金的投资收益得到它们的特雷诺指标：

基金 A：$\dfrac{14\% - 3\%}{1.5} = 0.073\,3$

基金 B：$\dfrac{12\% - 3\%}{0.5} = 0.18$

基金 C：$\dfrac{16\% - 3\%}{1} = 0.13$

基金 D：$\dfrac{10\% - 3\%}{0.5} = 0.14$

基金 E：$\dfrac{20\% - 3\%}{2} = 0.085$

据此，各基金按业绩从优到劣可排序为：基金 $B>$ 基金 $D>$ 基金 $C>$ 基金 $E>$ 基金 A。

3. 解：根据已知条件可得：

$$\frac{\overline{R}_m - R_f}{\sigma_m} = \frac{13\% - 3\%}{5\%} = 2$$

在此基础上可计算出各基金的总阿尔法值：

基金 A：$TRA = 14\% - (3\% + 2 \times 6\%) = -1\%$

基金 B：$TRA = 12\% - (3\% + 2 \times 4\%) = 1\%$

基金 C：$TRA = 16\% - (3\% + 2 \times 8\%) = -3\%$

基金 D：$TRA = 10\% - (3\% + 2 \times 6\%) = -5\%$

基金 E：$TRA = 20\% - (3\% + 2 \times 10\%) = -3\%$

据此,各基金按业绩从优到劣可排序为:基金 B>基金 A>基金 C=基金 E>基金 D。

4. 解:根据已知条件可得:

$$\overline{R}_m - R_f = 13\% - 3\% = 10\%$$

在此基础上可计算出各基金的詹森阿尔法值:

基金 A:$14\% - (3\% + 1.5 \times 10\%) = -4\%$

基金 B:$12\% - (3\% + 0.5 \times 10\%) = 4\%$

基金 C:$16\% - (3\% + 1 \times 10\%) = 3\%$

基金 D:$10\% - (3\% + 0.5 \times 10\%) = 2\%$

基金 E:$20\% - (3\% + 2 \times 10\%) = -3\%$

据此,各基金按业绩从优到劣可排序为:基金 B>基金 C>基金 D=基金 E>基金 A。

5. 解:在题 1 中,要使基金 A 和基金 B 的排序互换,则要求:

$$\frac{\overline{R}_B - 3\%}{4\%} < \frac{14\% - 3\%}{6\%}$$

解得:$\overline{R}_B < 10.33\%$,故基金 B 的收益率至多为 10.33%。

6. 解:(1) 时间加权收益率是以各年的收益率为基础的。

年　　份	收益率＝(资本利得＋红利)/价格(%)
1995—1996	$[(120-100)+4]/100 = 24.00$
1996—1997	$[(90-120)+4]/120 = -21.67$
1997—1998	$[(100-90)+4]/90 = 15.56$

算术平均:$(24.00 - 21.67 + 15.56)/3 = 5.96\%$;

几何平均:$(1.24 \times 0.783\,3 \times 1.155\,6)^{1/3} - 1 = 0.039\,2 = 3.92\%$。

(2)

日　　期	现金流	解　　释
1995 年 1 月 1 日	-300	在 100 元的价位购买 3 股股票
1996 年 1 月 1 日	-228	在 120 元的价位买入 2 股股票,减去原持有的 3 股的红利收入
1997 年 1 月 1 日	110	5 股股票的红利加上在 90 元的价位卖出 1 股股票
1998 年 1 月 1 日	416	4 股股票的红利加上在 100 元的价位卖出 4 股股票

利用 EXCEL 即可算出货币加权收益率为 $-0.160\,7\%$,亦即内部收益率。

7. 解:

时间	现金流	持有期收益率(%)
0	3(-90)	
1	100	$(100-90)/90 = 11.11$
2	100	0
3	100	0

(1) 时间加权几何平均收益率 $= (1.111\ 1 \times 1.0 \times 1.0)^{1/3} - 1 = 3.57\%$;

(2) 时间加权算术平均收益率 $= (11.11 + 0 + 0)/3 = 3.70\%$;

(3) 货币加权收益率 $= 5.46\%$。

8. 解:(1)

	$E(r)$	σ	β
资产组合 A	12%	12%	0.7
资产组合 B	16%	31%	1.4
市场指数	13%	18%	1.0
无风险资产	5%	0	0

两个资产组合的 α 值为:

$$\alpha_A = 12 - [5 + 0.7(13 - 5)] = 1.4(\%)$$

$$\alpha_B = 16 - [5 + 1.4(13 - 5)] = -0.2(\%)$$

最理想的是持有资产组合 A 的多头和资产组合 B 的空头。

(2) 如果只持有两个资产组合中的一个,则夏普比率是适当的测度标准:

$$S_A = (12 - 5)/12 = 0.583$$

$$S_B = (16 - 5)/31 = 0.355$$

根据夏普比率测度,资产组合 A 更好。

9. 解:(1)

	股票 A	股票 B
① 阿尔法是回归直线的截距	1%	2%
② 评估比率 $= \alpha/\sigma$	0.097 1	0.104 7
③ 夏普比率 $= (r_p - r_f)/\sigma$	0.490 7	0.337 3
④ 特雷诺指标 $= (r_p - r_f)/\beta$	8.833	10.5

(2)

① 如果这是唯一的风险资产,则应使用夏普比率,股票 A 的值较大,所以更好;

② 如果股票与指数基金混合,则对整体的夏普比率的贡献由评估比率决定,因此股票 B 更好;

③ 如果它是众多股票中的一个,则特雷诺指标起作用,股票 B 更好。

图书在版编目(CIP)数据

证券投资分析/杨朝军主编.—4 版.—上海：
格致出版社:上海人民出版社,2018.7(2021.8 重印)
高等院校金融专业教材系列
ISBN 978 - 7 - 5432 - 2890 - 0

Ⅰ.①证…　Ⅱ.①杨…　Ⅲ.①证券投资-投资分析-
高等学校-教材　Ⅳ.①F830.91

中国版本图书馆 CIP 数据核字(2018)第 142977 号

责任编辑　程筠函
装帧设计　路　静

高等院校金融专业教材系列
证券投资分析(第四版)
杨朝军　主编

出　　版　格致出版社
　　　　　上海人民出版社
　　　　　(200001　上海福建中路 193 号)
发　　行　上海人民出版社发行中心
印　　刷　浙江临安曙光印务有限公司
开　　本　787×1092　1/16
印　　张　28.75
插　　页　1
字　　数　572,000
版　　次　2018 年 7 月第 1 版
印　　次　2021 年 8 月第 2 次印刷
ISBN 978 - 7 - 5432 - 2890 - 0/F·1127
定　　价　65.00 元

高等院校金融专业教材系列

证券投资分析(第四版)
杨朝军/主编

个人理财(第三版)(备有教学课件)
桂詠评/主编

金融机构与风险管理(第二版)(备有教学课件)
陈选娟 柳永明/主编

投资银行学(第三版)(备有教学课件)
金德环/编著

商业银行经营管理(备有教学课件)
王向荣/主编

信用评级理论与实务(第二版)(备有教学课件)
叶伟春/主编

国际金融学(第二版)(备有教学课件)
陈信华/编著

保险学教程(备有教学课件、习题解答、案例分析)
尹应凯/主编

保险学(备有教学课件、习题解答)
张玲 方华 高广阔/编

外汇管理——理论与实务(第二版)(备有教学课件)
孔刘柳 张青龙/编著

证券投资分析:理论、方法和实验(备有教学课件)
高广阔/编著

黄金投资(备有教学课件)
桂詠评/主编

金融英语(备有教学课件、习题解答)
赵薇/编著